Busse/Dirnberger
Die neue Bayerische Bauordnung
Handkommentar

Die neue Bayerische Bauordnung

Handkommentar

von

Dr. Jürgen Busse
Geschäftsführender Direktor des
Bayerischen Gemeindetags

und

Dr. Franz Dirnberger
Direktor beim
Bayerischen Gemeindetag

5. Auflage, 2013

::rehm

Bibliografische Informationen der Deutschen Nationalbibliothek
Die Deutsche Nationalbibliothek verzeichnet diese Publikation in der Deutschen Nationalbibliografie; detaillierte bibliografische Daten sind im Internet über <http://dnb.d-nb.de> abrufbar.

Bei der Herstellung des Werkes haben wir uns zukunftsbewusst für umweltverträgliche
und wiederverwertbare Materialien entschieden.
Der Inhalt ist auf elementar chlorfreiem Papier gedruckt.

ISBN 978-3-8073-0404-5

E-Mail: kundenbetreuung@hjr-verlag.de

Telefon: +49 89/2183-7928
Telefax: +49 89/2183-7620

© 2013 ::rehm, eine Marke der Verlagsgruppe Hüthig Jehle Rehm GmbH
Heidelberg, München, Landsberg, Frechen, Hamburg

www.rehmnetz.de

Dieses Werk, einschließlich aller seiner Teile, ist urheberrechtlich geschützt. Jede Verwertung außerhalb der engen Grenzen des Urheberrechtsgesetzes ist ohne Zustimmung des Verlages unzulässig und strafbar. Dies gilt insbesondere für Vervielfältigungen, Übersetzungen, Mikroverfilmungen und die Einspeicherung und Verarbeitung in elektronischen Systemen.

Satz: TypoScript GmbH, München
Druck: CPI Clausen & Bosse, Leck

Vorwort zur 5. Auflage

Der vorgelegte Handkommentar ist für die Praxis geschrieben; er soll eine Hilfestellung für die Anwendung der neuen Bayerischen Bauordnung geben.

Ein Schwerpunkt wurde bei den Erläuterungen auf die neueren Vorschriften (z. B. Freistellungsverfahren, vereinfachtes Genehmigungsverfahren, Nachweisberechtigung für bautechnische Anforderungen) gelegt. Ausführlich erläutert wurden auch die abstandsrechtlichen Vorgaben, die Geschossflächenberechnung sowie der Stellplatznachweis, da diese Bereiche in der Praxis immer wieder zu Schwierigkeiten führen. Die Neuerungen der Bauordnungsnovelle 2013 sind vollständig kommentiert.

Für Kritik und Anregungen zur Verbesserung in den künftigen Auflagen sind wir dankbar.

Unser besonderer Dank gilt unserer Sekretärin, Frau Katrin Zimmermann, die die Schreibarbeiten in hervorragender Weise getätigt hat, Herrn Baudirektor a. D. Helmut Rauscher, der die Zeichnungen gefertigt und wertvolle Anmerkungen zu den Abstandsflächen und der Geschossflächenberechnung gemacht hat, und der Lektorin der Verlagsgruppe Hüthig Jehle Rehm, Frau Constanze Dittenheber.

München im August 2013

Die Verfasser

1) Baul. Anlage (Anwendungsbereich BayBO)
   Art 1. (1) S1 und Art.2 (1) 1-3
2) Genehmigungspflicht nach Art 55 (1)
   Art des Vorhabens?
3) Verfahrensfrei? Art.57
4) Freistellung? Art.58
5) Fliegende Bau? Art.72 (max. 3. Monate)
6) Sonderfälle? Art.56/73

Inhaltsverzeichnis

	Seite
Vorwort zur 5. Auflage	V
Abkürzungsverzeichnis	XI
Einführung	XV

Erster Teil
Allgemeine Vorschriften

Art. 1	Anwendungsbereich	1
Art. 2	Begriffe	4
Art. 3	Allgemeine Anforderungen	26

Zweiter Teil
Das Grundstück und seine Bebauung

Art. 4	Bebauung der Grundstücke mit Gebäuden	50
Art. 5	Zugänge und Zufahrten auf den Grundstücken	55
Art. 6	Abstandsflächen, Abstände	56
Art. 7	Nicht überbaute Flächen der bebauten Grundstücke; Kinderspielplätze	103

Dritter Teil
Bauliche Anlagen

Abschnitt I
Baugestaltung

Art. 8	Baugestaltung	107

Abschnitt II
Allgemeine Anforderungen an die Bauausführung

Art. 9	Baustelle	112
Art. 10	Standsicherheit	115
Art. 11	Schutz gegen Einwirkungen	116
Art. 12	Brandschutz	118
Art. 13	Wärme-, Schall- und Erschütterungsschutz	123
Art. 14	Verkehrssicherheit	126

Abschnitt III
Bauprodukte und Bauarten

Art. 15	Bauprodukte	131
Art. 16	Allgemeine bauaufsichtliche Zulassung	137
Art. 17	Allgemeines bauaufsichtliches Prüfzeugnis	139
Art. 18	Nachweis der Verwendbarkeit von Bauprodukten im Einzelfall	141

	Seite
Art. 19 Bauarten	142
Art. 20 Übereinstimmungsnachweis	144
Art. 21 Übereinstimmungserklärung des Herstellers	147
Art. 22 Übereinstimmungszertifikat	148
Art. 23 Prüf-, Zertifizierungs- und Überwachungsstellen	150

Abschnitt IV
Brandverhalten von Baustoffen und Bauteilen; Wände, Decken, Dächer

Art. 24 Allgemeine Anforderungen an das Brandverhalten von Baustoffen und Bauteilen	152
Art. 25 Tragende Wände, Stützen	156
Art. 26 Außenwände	159
Art. 27 Trennwände	162
Art. 28 Brandwände	165
Art. 29 Decken	172
Art. 30 Dächer	176

Abschnitt V
Rettungswege, Öffnungen, Umwehrungen

Art. 31 Erster und zweiter Rettungsweg	181
Art. 32 Treppen	185
Art. 33 Notwendige Treppenräume, Ausgänge	188
Art. 34 Notwendige Flure, offene Gänge	194
Art. 35 Fenster, Türen, sonstige Öffnungen	198
Art. 36 Umwehrungen	200

Abschnitt VI
Technische Gebäudeausrüstung

Art. 37 Aufzüge	201
Art. 38 Leitungsanlagen, Installationsschächte und -kanäle	205
Art. 39 Lüftungsanlagen	207
Art. 40 Feuerungsanlagen, sonstige Anlagen zur Wärmeerzeugung, Brennstoffversorgung	210
Art. 41 Nicht durch Sammelkanalisation erschlossene Anwesen	216
Art. 42 Sanitäre Anlagen	220
Art. 43 Aufbewahrung fester Abfallstoffe	221
Art. 44 Blitzschutzanlagen	222

Abschnitt VII
Nutzungsbedingte Anforderungen

Art. 45 Aufenthaltsräume	223
Art. 46 Wohnungen	226
Art. 47 Stellplätze	229
Art. 48 Barrierefreies Bauen	240

Inhaltsverzeichnis

Seite

Vierter Teil
Die am Bau Beteiligten

Art. 49 Grundpflichten 244
Art. 50 Bauherr 247
Art. 51 Entwurfsverfasser 250
Art. 52 Unternehmer 252

Fünfter Teil
Bauaufsichtsbehörden, Verfahren

Abschnitt I
Bauaufsichtsbehörden

Art. 53 Aufbau und Zuständigkeit der Bauaufsichtsbehörden 253
Art. 54 Aufgaben und Befugnisse der Bauaufsichtsbehörden 259

Abschnitt II
Genehmigungspflicht, Genehmigungsfreiheit

Art. 55 Grundsatz 265
Art. 56 Vorrang anderer Gestattungsverfahren 268
Art. 57 Verfahrensfreie Bauvorhaben, Beseitigung von Anlagen 272
Art. 58 Genehmigungsfreistellung 294

Abschnitt III
Genehmigungsverfahren

Art. 59 Vereinfachtes Baugenehmigungsverfahren 304
Art. 60 Baugenehmigungsverfahren 307
Art. 61 Bauvorlageberechtigung 309
Art. 62 Bautechnische Nachweise 315
Art. 63 Abweichungen 320
Art. 64 Bauantrag, Bauvorlagen 323
Art. 65 Behandlung des Bauantrags 327
Art. 66 Beteiligung des Nachbarn 332
Art. 67 Ersetzung des gemeindlichen Einvernehmens 339
Art. 68 Baugenehmigung und Baubeginn 342
Art. 69 Geltungsdauer der Baugenehmigung und der Teilbaugenehmigung 350
Art. 70 Teilbaugenehmigung 351
Art. 71 Vorbescheid 353
Art. 72 Genehmigung fliegender Bauten 357
Art. 73 Bauaufsichtliche Zustimmung 361

Seite

Abschnitt IV
Bauaufsichtliche Maßnahmen

Art. 74 Verbot unrechtmäßig gekennzeichneter Bauprodukte 366
Art. 75 Einstellung von Arbeiten 367
Art. 76 Beseitigung von Anlagen, Nutzungsuntersagung 371

Abschnitt V
Bauüberwachung

Art. 77 Bauüberwachung 378
Art. 78 Bauzustandsanzeigen, Aufnahme der Nutzung 383

Sechster Teil
Ordnungswidrigkeiten, Rechtsvorschriften

Art. 79 Ordnungswidrigkeiten 387
Art. 80 Rechtsverordnungen 392
Art. 81 Örtliche Bauvorschriften 397

Siebter Teil
Ausführungsbestimmungen zum Baugesetzbuch

Art. 82 Frist zur Nutzungsänderung ehemaliger landwirtschaftlicher Gebäude 404

Achter Teil
Übergangs- und Schlussvorschriften

Art. 83 Übergangsvorschriften 404
Art. 84 Inkrafttreten 406

Anhang 1 Verordnung über den Bau und Betrieb von Garagen sowie über die Zahl der notwendigen Stellplätze (GaStellV) 409
Anhang 2 Starnberger Satzung über Stellplätze, Garagen und Einfriedungen 429
Anhang 3 Verordnung über Bauvorlagen und bauaufsichtliche Anzeigen (BauVorlV) 437
Anhang 4 Verordnung über die Prüfingenieure, Prüfämter und Prüfsachverständigen im Bauwesen (PrüfVBau) 451

Stichwortverzeichnis 485

Abkürzungsverzeichnis

A

ABl.EG	Amtsblatt der Europäischen Gemeinschaft
Abs.	Absatz
AllMBl.	Allgemeines Ministerialblatt Bayern
Art.	Artikel

B

BauGB	Baugesetzbuch
BauNVO	Baunutzungsverordnung
BauPG	Bauproduktengesetz
BauR	Baurecht (Zeitschrift)
BayBM	Bayerischer Bürgermeister (Zeitschrift)
BayBO	Bayerische Bauordnung
BayNatSchG	Bayerisches Naturschutzgesetz
BayRS	Bayerische Rechtssammlung
BayStrWG	Bayerisches Straßen- und Wegegesetz
BayVBl.	Bayerische Verwaltungsblätter (Zeitschrift)
BayVGH	Bayerischer Verwaltungsgerichtshof
BayWG	Bayerisches Wassergesetz
Bek.	Bekanntmachung
BestG	(Bayerisches) Bestattungsgesetz
BGBl.	Bundesgesetzblatt
BKleingG	Bundeskleingartengesetz
BImSchG	Bundes-Immissionsschutzgesetz
BRS	Baurechtssammlung
BVerwG	Bundesverwaltungsgericht

D

DIN	Deutsches Institut für Normung
DSchG	(Bayerisches) Denkmalschutzgesetz
DVBl.	Deutsche Verwaltungsblätter (Zeitschrift)

E

etc.	et cetera (und so weiter)

Abkürzungsverzeichnis

F

ff.	fortfolgende
FStrG	Bundes-Fernstraßengesetz

G

GaStellV	(Bayerische) Garagen- und Stellplatzverordnung
GO	(Bayerische) Gemeindeordnung
GVBl.	Bayerisches Gesetz- und Verordnungsblatt

I

i.V.m.	in Verbindung mit

L

LStVG	(Bayerisches) Landesstraf- und Verordnungsgesetz

M

MABl.	Ministerialamtsblatt der bayerischen inneren Verwaltung

N

NJW	Neue Juristische Wochenschrift
NVwZ	Neue Zeitschrift für Verwaltungsrecht

O

OWiG	Gesetz über Ordnungswidrigkeiten

R

RdNr.	Randnummer

S

S.	Seite
StMI	Bayerisches Staatsministerium des Innern
StPO	Strafprozessordnung
StVO	Straßenverkehrsordnung

U

UPR	Zeitschrift für Umwelt- und Planungsrecht

V

VAwS	Verordnung über Anlagen zum Umgang mit wassergefährdende Stoffen
VbF	Verordnung über brennbare Flüssigkeiten
vgl.	vergleiche
VVB	(Bayerische) Verordnung über die Verhütung von Bränden

W

WHG	Wasserhaushaltsgesetz

Z

z. B.	zum Beispiel
ZfBR	Zeitschrift für deutsches und internationales Baurecht

Einführung

Die Bayerische Bauordnung hat in den vergangenen 12 Jahren drei große Reformen erfahren, in denen die bauaufsichtlichen Genehmigungsverfahren reduziert und die bauaufsichtlichen Prüfungen in den weiterhin bestehenden Genehmigungsverfahren eingeschränkt wurden. Zugleich wurden die materiellrechtlichen Anforderungen gestrafft und vereinfacht.

1. Die Änderung der Bayerischen Bauordnung im Jahr 1994

Die zum 1. Juni 1994 in Kraft getretene Änderung der Bayerischen Bauordnung basierte auf dem Gesetz zur Vereinfachung und Beschleunigung bau- und wasserrechtlicher Verfahren vom 12. April 1994 (GVBl. S. 210). Im Mittelpunkt des Gesetzes stand eine umfassende Neuregelung des Bauordnungsrechts. Sie wurde flankiert von Änderungen des Bayerischen Architektengesetzes (Umsetzung der EG-Diplomrichtlinie, Einführung einer „Architekten GmbH"), des Bayerischen Ingenieurkammergesetzes – Bau (Umsetzung der EG-Diplomrichtlinie), des Denkmalschutzrechts (Einschränkung der Beteiligung des Landesamtes für Denkmalpflege in baurechtlichen Genehmigungsverfahren), der Gemeindeordnung (Zuständigkeit für die Behandlung von Bebauungsplanverfahren) und des Gesetzes zur Ausführung der Verwaltungsgerichtsordnung (Beschränkung des Normenkontrollverfahrens).

Neben der Zielsetzung, normative und administrative Hemmnisse abzubauen, wollte der Gesetzgeber den neuen Anforderungen an das Bauordnungsrecht vor dem Hintergrund aktueller städtebaulicher Tendenzen – wie etwa im Hinblick auf den öffentlichen Personennahverkehr – Rechnung tragen. Weiter waren die Umsetzung der EG-Bauproduktenrichtlinie, des Bauproduktengesetzes des Bundes und der EG-Diplomrichtlinie notwendig.

Durch die Novellierung der Bauordnung im Jahre 1994 wurde eine grundlegende Neuordnung des Bauordnungsrechts, insbesondere der bauaufsichtlichen Genehmigungsverfahren eingeleitet, die eine weitreichende Privatisierung bauaufsichtlicher Prüfungen erreichen sollte. Die drei Ansätze der Bayerischen Bauordnung 1994 waren:

Die Genehmigungsfreiheit für plankonforme Wohngebäude geringer Höhe im Geltungsbereich qualifizierter Bebauungspläne (§ 30 Abs. 1 BauGB) wurde durch ein Genehmigungsfreistellungsverfahren nach § 70 sichergestellt. Nicht genehmigungsfreie Wohngebäude geringer Höhe und vergleichbar einfache bauliche Anlagen wurden in einem vereinfachten Genehmigungsverfahren nach Art. 80 geprüft.

In Art. 76 Abs. 4 wurde eine Rechtsgrundlage für besonders qualifizierte Sachverständige geschaffen, deren Bescheinigungen die bauaufsichtliche Prüfung bestimmter Aufgabenfelder ersetzen sollen (zweite Stufe) und für eine dritte (End-)Stufe, die (nur noch) planungsrechtliche Genehmigung, wenn die Bauvorhaben von einem noch zu schaffenden besonders qualifizierten Entwurfsverfasser stammen.

2. Änderung der Bayerischen Bauordnung zum 1. Januar 1998

Der Gesetzgeber führte mit der Bauordnung 1998 die Bauordnungsnovelle 1994 konsequent fort. Die Bauordnung vom 4. August 1997 (GVBl. 1997 S. 433) trat zum 1. Januar 1998 in Kraft. In der Gesetzesbegründung zum **2. Gesetz zur Vereinfachung und Beschleunigung baurechtlicher Verfahren vom 26. Juli 1997** (GVBl. 1997 S. 323) wurde darauf hingewiesen, dass sich das Genehmigungsfreistellungsverfahren des Art. 70 und das vereinfachte Genehmigungsverfahren des Art. 80 bewährt haben. Im Bereich der einfachen Bauvorhaben verblieb es grundsätzlich bei der bisherigen Regelung (Genehmigungsfreistellungsverfahren nach Art. 70, vereinfachtes Genehmigungsverfahren nach Art. 80).

Neu definiert wurde ein Bereich von Bauvorhaben mittlerer Schwierigkeit, der nach oben hin zu den Sonderbauten (Art. 2 Abs. 4) abgegrenzt wurde.

Sonderbauten sind solche Bauvorhaben, die auf Grund ihrer Größe, Art oder Nutzung besondere Risiken bergen, bei deren Realisierung erhebliche Schäden auch und besonders für Leben und Gesundheit größerer Personenkreise in Betracht kommen.

Innerhalb des mittleren Bereiches wird die Einhaltung der Anforderungen an Schall- und Wärmeschutz durch den Entwurfsverfasser gewährleistet, während den vorbeugenden Brandschutz (Rettungswege, Brandabschnitte usw.) der Entwurfsverfasser mit zusätzlicher Berufserfahrung oder einer ergänzenden Qualifikation sicherstellen soll. Die Standsicherheit einschließlich der Feuerwiderstandsdauer der tragenden Bauteile gewährleistet ein Sachverständiger (nach Art. 76 Abs. 4) für diese Fachbereiche, der aus dem bisherigen Prüfingenieur entwickelt, aber nicht mehr als beliehener Unternehmer hoheitlich, sondern ausschließlich privatrechtlich tätig sowie vom Bauherrn und nicht von der Bauaufsichtsbehörde beauftragt wird. Für diese Anforderungsfelder entfallen die bauaufsichtlichen Prüfungen. Es ergaben sich verfahrensrechtlich daraus die folgenden Konsequenzen:

- Das Genehmigungsfreistellungsverfahren wurde ausgedehnt auf Gebäude mittlerer Höhe, die ausschließlich zu Wohnzwecken oder neben einer Wohnnutzung teilweise oder ausschließlich freiberuflich oder gewerblich gemäß § 13 BauNVO genutzt werden sowie Lagergebäude mit einer Grundfläche bis 500 m^2 und in Gewerbe- und Industriegebieten eingeschossige handwerklich oder gewerblich genutzte Gebäude mit maximal 500 m^2 Grundfläche, sofern sie keine Sonderbauten sind,

- das vereinfachte Genehmigungsverfahren wurde ausgedehnt auf alle übrigen baulichen Anlagen unterhalb der Sonderbautengrenze. Auch im Bereich dieser Sonderbauten wurden präventive bauaufsichtliche Prüfungen teilweise zurückgenommen, nämlich dadurch, dass

    - für die Einhaltung der Anforderungen an den Schall- und Wärmeschutz ausschließlich der Entwurfsverfasser verantwortlich ist,

Einführung

– für den Bereich des vorbeugenden Brandschutzes ein vom Bauherrn (zunächst nach dessen Wahl als Alternative zur behördlichen Prüfung) einzuschaltender Sachverständiger im Sinn des Art. 69 Abs. 4 geschaffen wurde,

während es für den Bereich der Standsicherheit einschließlich der Feuerwiderstandsdauer der tragenden Bauteile bei dem bisherigen System der – als beliehene Unternehmer im Auftrag der Bauaufsichtsbehörde – hoheitlich tätig werdenden Prüfingenieure verblieb.

Daneben nahm der Gesetzgeber eine weitgehende Harmonisierung der Abstandsflächen und der Brandschutzabstände zu einem einheitlichen System von Gebäudeabständen vor und richtete die materiellen bauordnungsrechtlichen Anforderungen auf das 1994 eingeführte System der Abweichungen (Art. 70) aus.

Zudem wurde in der Neufassung die Bauordnung wiederum auf entbehrliche Vorschriften überprüft und gestrafft.

Es wurden z. B. die Vorschriften über die Wasserversorgungsanlagen sowie die Anlagen für Abwässer, Niederschlagswasser und feste Abfallstoffe (Art. 43, 44) gestrichen. Nach Auffassung des Gesetzgebers waren diese Vorschriften entbehrlich, da das Erfordernis der Sicherung der ausreichenden Versorgung mit einwandfreiem Wasser (Art. 43 alter Fassung) bereits durch das bauplanungsrechtliche Kriterium der gesicherten Erschließung, flankierend durch die in der Trinkwasserverordnung enthaltenen Qualitätsanforderungen abgedeckt war. Gleiches galt für die Forderung des Art. 44 alter Fassung, dass bauliche Anlagen nur errichtet werden dürfen, wenn die einwandfreie Beseitigung der Abwässer und des Niederschlagswassers sowie die ordnungsgemäße Entsorgung der Abfälle gesichert ist.

3. Änderung der Bayerischen Bauordnung zum 1. Januar 2008

Die neue Bayerische Bauordnung hat nach der Gesetzesbegründung vom 4.1.2007 (LtDrs. 15/7161) die Umsetzung der Musterbauordnung zum Ziel. Die auf bayerische Initiative erarbeitete Musterbauordnung wurde am 7./8.11.2002 von der Bauministerkonferenz weitgehend neu gefasst und orientiert sich im Verfahrensrecht eng an dem bayerischen Modell im Bereich der Genehmigungsfreistellung und im vereinfachten Baugenehmigungsverfahren. Sie bietet aber die Möglichkeit zu weiterem Verfahrensabbau, wie die Ausweitung der Genehmigungsfreistellung bis zur Sonderbautengrenze, auch im gewerblichen Bereich, eine Reduzierung des Prüfprogramms in den Baugenehmigungsverfahren sowie eine Ermöglichung der vollständigen „Privatisierung" der Prüfung der bautechnischen Nachweise für Standsicherheit und Brandschutz. Im materiellen Recht wurden die Anforderungen zum Teil deutlich über die frühere bayerische Rechtslage hinaus reduziert (z. B. Vereinfachung des Abstandsflächenrechts, Erleichterungen insbesondere bei der Verwendung der Holzbauweise im neuen Brandschutzkonzept, Absenkung der Anforderungen an Wohnungen und Aufenthaltsräume, Verlagerung der Stellplatzregelung auf die Gemeinden, Beseitigung überflüssiger Doppelregelungen im Verhältnis zum Fachrecht).

Der bayerische Gesetzgeber war im Gesetzgebungsverfahren bemüht, einen Kompromiss zwischen der Umsetzung der Musterbauordnung und der Beibehaltung bewährter Strukturen des bayerischen Landesrechts zu finden. So wurde der Entwurf eines Gesetzes zu der Deregulierung des Bauordnungsrechts in einem Workshop in Beilngries am 21./22.2.2005 eingehend diskutiert und am 6.7.2005 zu den Eckpunkten des neuen Bauordnungsrechts zwischen dem Bayerischen Staatsministerium des Innern, Bayerischen Gemeindetag und Bayerischen Städtetag Einvernehmen erzielt: Bei den **Abstandsflächen** wurde festgelegt, dass das im ursprünglichen Entwurf enthaltene Konzept deutlich reduzierter Abstandsflächen nicht in Kraft treten soll. Die Gemeinden sollen lediglich die Option erhalten, zu bestimmen, dass die neuen Vorschriften im jeweiligen Gemeindegebiet oder in Teilen des Gemeindegebiets angewendet werden können.

Zu den **Stellplätzen** fordert die Bayerische Bauordnung auch in der Neufassung den Nachweis von Stellplätzen, deren Anzahl sich am verursachten Bedarf orientiert. Eine Rechtsverordnung legt insbesondere die prinzipiell erforderliche Stellplatzzahl fest, um den Vollzug zu erleichtern und zu vereinheitlichen.

Beim **Freistellungsverfahren** wird der Geltungsbereich weiter bis zur Grenze des Sonderbaus ausgedehnt. Die Gemeinden sollen allerdings die Möglichkeit erhalten, im Bebauungsplan festzusetzen, dass das Freistellungsverfahren für (bestimmte) gewerbliche und handwerkliche Bauvorhaben ausgeschlossen wird. Die Einhaltung ortsrechtlicher Vorschriften bleibt weiter Voraussetzung des Freistellungsverfahrens. Auch im **vereinfachten Genehmigungsverfahren** sollen die ortsrechtlichen Vorschriften, also vor allem gemeindliche Gestaltungssatzungen und Stellplatzsatzungen, im Prüfumfang der Bauaufsichtsbehörde verbleiben.

Aufgrund dieses Kompromisses war es möglich, im Jahr 2007 das Gesetzgebungsverfahren zur neuen Bayerischen Bauordnung rasch durchzuführen, so dass die Bauordnung zum 1.1.2008 in Kraft getreten ist. Neu geregelt wurde das Baugenehmigungsverfahren, welches durch eine (weitere) Beschränkung des Prüfprogramms auf die spezifischen baurechtlichen Anforderungen – bauplanungs- und bauordnungsrechtliche Zulässigkeit – grundlegend neu konzipiert wurde. Sonstiges öffentliches Recht wird darüber hinaus nur geprüft, wenn dies das nicht-baurechtliche (Fach-)Recht ausdrücklich vorsieht („aufgedrängtes sonstiges öffentliches Recht"). Das vereinfachte Baugenehmigungsverfahren wurde im Wesentlichen auf eine bauplanungsrechtliche und die Prüfung des „aufgedrängten" sonstigen öffentlichen Rechts reduziert. Der Anwendungsbereich der Genehmigungsfreistellung wurde generell bis zur Sonderbautengrenze und damit auch grundsätzlich auf gewerbliche Bauvorhaben ausgeweitet. Auch das Brandschutzkonzept wurde neu gestaltet. Für kleine Gebäude und für die Gebäude mit Zellenbauweise wurden Erleichterungen für die Feuerwiderstandsfähigkeit der Bauteile umgesetzt und die konstruktive Holzverwendung für Gebäude mit bis zu 5 Geschossen eröffnet. Den Kommunen

Einführung

wurde im Abstandsflächenrecht eine Optionsmöglichkeit eröffnet, eine Reduzierung der Abstandsflächen einzuführen. Beim Abstandsflächenrecht ermöglicht es die neue Bayerische Bauordnung den Gemeinden, experimentell ein neues Abstandsflächenrecht durch örtliche Bauvorschrift einzuführen. In diesem Recht wird die Regelabstandsfläche auf 0,4 H (H = Wandhöhe) reduziert. Zugleich entfällt eine Vielzahl von – auch deshalb – überflüssigen Detailregelungen, so dass nach Auffassung des Gesetzgebers eine deutliche, auch der Rechtssicherheit und der Ablesbarkeit durch die am Bau Beteiligten förderliche Straffung der Abstandsflächen, stattfindet, die auch zu einer Entlastung von Bauaufsichtsbehörden sowie Verwaltungsgerichten führen kann.

Der Gesetzgeber will nach einem angemessenen Zeitraum von vier bis fünf Jahren nach Inkrafttreten der Bauordnung, die mit dem neuen Abstandsflächenrecht gesammelten Erfahrungen evaluieren. Auf der Grundlage des Berichts soll dann über das künftige Abstandsflächensystem neu entschieden werden.

In Art. 63 Abs. 3 wurde eine neue Zuständigkeit für die Gemeinden für Abweichungen von örtlichen Bauvorschriften und für Ausnahmen und Befreiungen bei verfahrensfreien Bauvorhaben eingeführt. Durch diese neue Zuständigkeit werden nach der Gesetzesbegründung den Gemeinden keine zusätzlichen Aufwendungen mehr entstehen, da sie sich im Rahmen ihrer ansonsten erforderlichen Einvernehmensentscheidung gegenüber der Bauaufsichtsbehörde ohnehin mit der materiellen Zulässigkeit der Abweichung, Ausnahme oder Befreiung befassen müssen. Die Gemeinden können für ihre Entscheidung entsprechende Gebühren erheben.

Die Anforderungen an Aufenthaltsräume und Wohnungen werden in der neuen Bauordnung in vielen Details vermindert. Sie werden teilweise nicht mehr auf Wohngebäude der Gebäudeklassen 1 und 2 angewandt.

Im Stellplatzrecht werden die Realherstellung von Stellplätzen und ihre Ablösung gleichgestellt, was die Erfüllung von Stellplatzanforderungen erleichtern und die Gemeinden bei der Realisierung örtlicher Verkehrskonzepte stärken soll. Die Stellplatzablöse bei einem satzungsrechtlichen Stellplatzverbot entfällt.

4. Änderung der Bayerischen Bauordnung zum 1. August 2009

Mit Wirkung zum 1.8.2009 wurde die Bayerische Bauordnung einer „kleinen" Novellierung unterzogen. Unmittelbarer Anlass für diese Änderungen war das Inkrafttreten der Richtlinie 2006/123/EG des Europäischen Parlaments und des Rates über Dienstleistungen im Binnenmarkt am 12.12.2006, die neben Regelungen zur Dienstleistungs- und Niederlassungsfreiheit auch zahlreiche Vorgaben zum Verfahren enthält. Diese Richtlinie war vom Gesetzgeber bis zum 28.12.2009 in nationales Recht umzusetzen. In der Bauordnung mussten dazu spürbare Umgestaltungen der Regelungen über die Bauvorlagenberechtigung des Art. 61 und die Nachweisberechtigung des Art. 62 erfolgen.

Einführung

Darüber hinaus enthält die Novelle 2009 eine Reihe von eher redaktionellen oder klarstellenden Änderungen.

5. Änderung der Bayerischen Bauordnung zum 1. Januar bzw. zum 1. Juli 2013

Das Gesetz zur Änderung der Bayerischen Bauordnung und des Baukammerngesetzes vom 11. Dezember 2012 (GVBl S. 633) enthielt drei spürbare Änderungen der Bayerischen Bauordnung sowie einige Randkorrekturen. Unmittelbarer Anlass für die Novelle war die Aufhebung des Bauproduktengesetzes zum 1. Juli 2013 als Folge des Inkrafttretens der EU-Bauproduktenverordnung, die nun unmittelbar gilt. Die Regelungen der Art. 14 ff. BayBO mussten an diese Änderung angepasst werden. Der zweite größere Block der Novelle hängt mit der Einführung der DIN 18040-1 und -2 „Barrierefreies Bauen – Planungsgrundlagen" als Technische Baubestimmung zusammen. Die Regelungen der BayBO konnten dadurch in diesem Bereich gestrafft und auf eher verfahrensmäßige Besonderheiten beschränkt werden. Als dritte grundlegendere Veränderung ist die Einführung der Rauchwarnmelderpflicht in Art. 46 Abs. 4 BayBO erwähnenswert. Im Übrigen reagierte die Novelle 2013 auf Erfahrungen, die mit den Änderungen aus dem Jahre 2008 zusammenhängen, sowie auf Rechtsprechung, an die die Bauordnung anzupassen war.

Anwendungsbereich   **Art. 1**

Bayerische Bauordnung (BayBO)

i.d.F. der Bek. vom 14.8.2007 (GVBl. S. 588, BayRS 2132-1-I),
zuletzt geändert durch § 1 Nr. 13 G vom 8.4.2013 (GVBl. S. 174)

ERSTER TEIL
Allgemeine Vorschriften

Art. 1
Anwendungsbereich

(1) ¹Dieses Gesetz gilt für alle baulichen Anlagen und Bauprodukte. ²Es gilt auch für Grundstücke sowie für andere Anlagen und Einrichtungen, an die nach diesem Gesetz oder in Vorschriften aufgrund dieses Gesetzes Anforderungen gestellt werden.

(2) Dieses Gesetz gilt nicht für
1. Anlagen des öffentlichen Verkehrs sowie ihre Nebenanlagen und Nebenbetriebe, ausgenommen Gebäude an Flugplätzen,
2. Anlagen, die der Bergaufsicht unterliegen,
3. Rohrleitungsanlagen sowie Leitungen aller Art, ausgenommen in Gebäuden,
4. Kräne und Krananlagen,
5. Gerüste,
6. Feuerstätten, die nicht der Raumheizung oder der Brauchwassererwärmung dienen, ausgenommen Gas-Haushalts-Kochgeräte,
7. Messestände in Messe- und Ausstellungsgebäuden.

Erläuterungen

Übersicht

1   Allgemeines
2   Der sachliche Anwendungsbereich (Abs. 1)
3   Verhältnis der Bauordnung zum Bauplanungsrecht

Zur Neufassung 2013:

Bei Abs. 2 wird eine Nr. 7 angefügt, durch die klargestellt wird, dass der Anwendungsbereich der Bayerischen Bauordnung keine Messestände, die in Gebäuden auf genehmigtem Messe- und Ausstellungsgelände errichtet werden, erfasst.

Art. 1 Anwendungsbereich

1 Allgemeines

Art. 1 bestimmt primär den sachlich-inhaltlichen Bereich der BayBO. Der örtliche Anwendungsbereich der Bauordnung erstreckt sich als Landesgesetz auf das Gebiet des Freistaates Bayern.

Kernstück des Art. 1 ist der Anwendungsbereich der materiellen Vorschriften, die nur gelten, wenn seine Voraussetzungen vorliegen. Ist der Geltungsbereich der BayBO eröffnet, so sind die materiellen Regelungen unabhängig davon anzuwenden, ob ein Vorhaben genehmigungspflichtig im Sinn des Art. 55 ff. ist. Somit kann z. B. eine Krananlage nicht verunstaltend im Sinn der BayBO sein; anders ist dies für ein genehmigungsfreies Gebäude (Art. 58) zu beurteilen (vgl. hierzu z. B. BayVGH, Urteil vom 20.10.1975, BayVBl. 1976, S. 437). Nach dem BayVGH (Urteil vom 30.3.2009, BayVBl. 2010, S. 214) können für Anlagen, die nicht dem Anwendungsbereich der BayBO unterliegen, auch keine örtlichen Bauvorschriften erlassen werden.

2 Der sachliche Anwendungsbereich (Abs. 1)

Der Gesetzgeber hat den Anwendungsbereich der BayBO über die baulichen Anlagen hinaus (Legaldefinition in Art. 2 Abs. 1) bereits durch die Bauordnungsnovelle 1994 auch auf die „Bauprodukte" erstreckt. Unter **baulichen Anlagen** sind nach der gesetzlichen Definition (Art. 2 Abs. 1) alle baulichen Anlagen über und unter der Erde ohne Rücksicht auf Umfang, Bauart, Nutzungsart, Zweckbestimmung und Besitzverhältnisse erfasst. **Andere Anlagen** (Abs. 1 Satz 2) sind Anlagen und Einrichtungen, die keine baulichen Anlagen sind, z. B. Grünflächen, Bäume, Sträucher, Kinderspielplatz, Baustelleneinrichtungen etc. Auch ein Flugplatz für Modellflugzeuge stellt eine andere Anlage dar (OVG Münster, Beschluss vom 27.4.1999, BauR 1999, S. 1444).

Abgrabungen gelten nicht als bauliche Anlagen, da sie dem Bayerischen Abgrabungsgesetz (BayAbgrG) unterliegen. Zu beachten ist, dass auch Aufschüttungen nur dann als bauliche Anlagen gelten, wenn sie nicht unmittelbare Folgen von Abgrabungen sind (Art. 2 Abs. 1 Satz 3 Nr. 1 BayBO).

Nach Abs. 2 Nrn. 1 und 3 gilt die Bauordnung nicht für **Anlagen des öffentlichen Verkehrs** einschließlich ihrer Gebäude mit Ausnahme der Gebäude an Flugplätzen. Insofern hat der Gesetzgeber die 1994 getroffene Entscheidung, alle Gebäude, die zu Anlagen des öffentlichen Verkehrs gehören, aus dem Anwendungsbereich der Bauordnung herauszunehmen, für die Flugplatzgebäude durch die BayBO 1998 korrigiert. Unter Flugplätzen nach § 6 Abs. 1 Satz 1 des Luftverkehrsgesetzes (LuftVG) versteht man Flughäfen, Landeplätze und Segelflughäfen. Mit dieser Regelung wurde die Ungleichbehandlung zwischen privaten und öffentlichen Flugplätzen beseitigt; dabei besteht für diesen Bereich eine weitgehende baurechtliche Genehmigungsfreiheit (Art. 57 Abs. 3). Da die Bauordnung nicht für Anlagen des öffentlichen Verkehrs gilt, erfasst sie auch nicht die Bestandteile von öffentlichen Straßen, Wegen und Plätzen (vgl. § 1 Abs. 4 FStrG, Art. 2 BayStrWG).

Anwendungsbereich   Art. 1

Erfasst werden jedoch straßenfremde Anlagen, wie z. B. eine Litfaßsäule auf einem Weg (Hbg. OVG, Urteil vom 20.2.1997 BRS 59, S. 422). Öffentliche Straßen können gleichwohl planungsrechtliche Relevanz haben und somit Anlagen nach § 29 Satz 1 BauGB darstellen (BayVGH, Urteil vom 14.9.2009,BayVBl .2010, S. 176).

Ausgenommen sind auch **öffentliche Bahnanlagen**; problematisch sind jedoch Fälle von Mischnutzungen bei Bahnhofsgebäuden. Nichtbahnanlagen unterliegen dem Baurecht (OVG Münster, Urteil vom 27.4.1998, BauR 1999, S. 383). Wenn Läden in Bahnhofsgebäuden errichtet werden und ein über den Reisebedarf hinausgehendes Sortiment führen, handelt es sich weder um Bahnanlagen, noch um Nebenanlagen; für sie ist die Bauordnung anzuwenden (Nds. OVG, Urteil vom 31.5.1996, NVwZ 1997, S. 602, OVG Münster, Urteil vom 15.3.2011, UPR 2011, S. 360, BayVGH, Urteil vom 11.3.2009, BayVBl. 2009, S. 637).

Auch bei den sog. **Rohrleitungsanlagen** sieht die Bauordnung davon ab, inhaltliche Vorgaben zu machen. Durch die Freistellung der Rohrleitungsanlagen werden nunmehr ebenfalls die mit einer Rohrleitung unmittelbar zusammenhängenden Hochbauten, wie Pump- oder Schieberstationen von der Bauordnung nicht mehr erfasst. Die Genehmigung von Rohrleitungen kann im Rahmen einer Planfeststellung oder Plangenehmigung erfolgen (hierzu § 20 i. V. m. Anlage 1 Nrn. 19.3 bis 19.7 UVPG).

Durch die Änderung der Bayerischen Bauordnung zum 1.1.2013 hat der Gesetzgeber Messestände, die in Messe- und Ausstellungsgebäuden errichtet werden, vom Anwendungsbereich der Bauordnung ausgenommen. In der Gesetzesbegründung wird hierzu dargelegt, dass diese Regelung der Klarstellung dient, da Messestände in Gebäuden auf genehmigtem Messe- und Ausstellungsgelände keine baulichen Anlagen sondern Einrichtungsgegenstände darstellen. Messestände, die im Freien auf genehmigtem Messe- und Ausstellungsgelände errichtet werden, sind nach den Vorgaben des Art. 57 Abs. 1 Nr. 14d verfahrensfrei.

3 Verhältnis der Bauordnung zum Bauplanungsrecht

Die Anlagen und Einrichtungen, die vom Anwendungsbereich des Art. 1 nicht erfasst werden, unterliegen grundsätzlich nicht den planungsrechtlichen Vorschriften der §§ 29 ff. BauGB.

§ 29 Abs. 1 BauGB eröffnet den Anwendungsbereich der §§ 30 bis 37 BauGB grundsätzlich nur für die Errichtung, Änderung oder Nutzungsänderung von Vorhaben, die bodenrechtlich relevant sind. Nach dem Bundesverwaltungsgericht setzt diese Relevanz voraus, dass das Vorhaben auch tatsächlich Gegenstand bauplanungsrechtlicher Festsetzungen nach § 9 Abs. 1 BauGB sein kann (Urteil vom 16.12.1993, ZfBR 1993, S. 148). Bei Vorhaben nach § 29 Abs. 1 BauGB ist jedoch der Landesgesetzgeber nicht ohne weiteres berechtigt, die Anwendung von Bundesrecht (hier: §§ 29 ff. BauGB) generell auszuschließen. Das Bundesverwaltungsgericht hat im Wyhl-Urteil vom 19.12.1985 (DVBl. 1986, S. 190) deutlich gemacht, dass größere bodenrechtlich relevante Vorhaben von den Ländern nicht von den

Art. 2 — Begriffe

nach Bundesrecht erforderlichen bauplanungsrechtlichen Vorgaben freigestellt werden können. Zudem gelten die §§ 30 ff. BauGB nach § 29 Abs. 1 BauGB 2. Halbsatz auch dann, wenn über die Zulässigkeit des Vorhabens in einem anderen Verfahren zu entscheiden ist. Somit sind bodenrechtlich relevante Vorhaben am Bauplanungsrecht zu messen und bedürfen auch des gemeindlichen Einvernehmens nach § 36 BauGB. Verfahrensfrei sind nach Art. 55 BayBO z. B. Grenzgebäude mit einem Bruttorauminhalt bis 75 m^3, Garagen mit einer Nutzfläche bis 50 m^2 sowie Mobilfunkantennen. Da diese baulichen Anlagen somit ohne Verfahren und auch ohne ein gemeindliches Einvernehmen nach § 36 BauGB errichtet werden können, findet trotz einer bestehenden bodenrechtlichen Relevanz in der Praxis keine Überprüfung des Bauplanungsrechts statt.

Art. 2
Begriffe

(1) [1]Bauliche Anlagen sind mit dem Erdboden verbundene, aus Bauprodukten hergestellte Anlagen. [2]Ortsfeste Anlagen der Wirtschaftswerbung (Werbeanlagen) einschließlich Automaten sind bauliche Anlagen. [3]Als bauliche Anlagen gelten Anlagen, die nach ihrem Verwendungszweck dazu bestimmt sind, überwiegend ortsfest benutzt zu werden, sowie

1. Aufschüttungen, soweit sie nicht unmittelbare Folge von Abgrabungen sind,
2. Lagerplätze, Abstellplätze und Ausstellungsplätze,
3. Campingplätze und Wochenendplätze,
4. Freizeit- und Vergnügungsparks,
5. Stellplätze für Kraftfahrzeuge.

[4]Anlagen sind bauliche Anlagen sowie andere Anlagen und Einrichtungen im Sinn des Art. 1 Abs. 1 Satz 2.

(2) Gebäude sind selbstständig benutzbare, überdeckte bauliche Anlagen, die von Menschen betreten werden können.

(3) [1]Gebäude werden in folgende Gebäudeklassen eingeteilt:
1. Gebäudeklasse 1:
    a) freistehende Gebäude mit einer Höhe bis zu 7 m und nicht mehr als zwei Nutzungseinheiten von insgesamt nicht mehr als 400 m^2 und
    b) land- oder forstwirtschaftlich genutzte Gebäude,
2. Gebäudeklasse 2:
    Gebäude mit einer Höhe bis zu 7 m und nicht mehr als zwei Nutzungseinheiten von insgesamt nicht mehr als 400 m^2,
3. Gebäudeklasse 3:
    sonstige Gebäude mit einer Höhe bis zu 7 m,

Begriffe Art. 2

4. Gebäudeklasse 4:
Gebäude mit einer Höhe bis zu 13 m und Nutzungseinheiten mit jeweils nicht mehr als 400 m²,

5. Gebäudeklasse 5:
sonstige Gebäude einschließlich unterirdischer Gebäude.

²Höhe im Sinn des Satzes 1 ist das Maß der Fußbodenoberkante des höchstgelegenen Geschosses, in dem ein Aufenthaltsraum möglich ist, über der Geländeoberfläche im Mittel. ³Bei der Berechnung der Flächen nach Satz 1 bleiben die Flächen im Kellergeschoss außer Betracht.

(4) Sonderbauten sind Anlagen und Räume besonderer Art oder Nutzung, die einen der nachfolgenden Tatbestände erfüllen:

1. Hochhäuser (Gebäude mit einer Höhe nach Abs. 3 Satz 2 von mehr als 22 m),
2. bauliche Anlagen mit einer Höhe von mehr als 30 m,
3. Gebäude mit mehr als 1600 m² Fläche des Geschosses mit der größten Ausdehnung, ausgenommen Wohngebäude und Garagen,
4. Verkaufsstätten, deren Verkaufsräume und Ladenstraßen eine Fläche von insgesamt mehr als 800 m² haben,
5. Gebäude mit Räumen, die einer Büro- oder Verwaltungsnutzung dienen und einzeln mehr als 400 m² haben,
6. Gebäude mit Räumen, die einzeln für eine Nutzung durch mehr als 100 Personen bestimmt sind,
7. Versammlungsstätten
   a) mit Versammlungsräumen, die insgesamt mehr als 200 Besucher fassen, wenn diese Versammlungsräume gemeinsame Rettungswege haben,
   b) im Freien mit Szenenflächen sowie Freisportanlagen jeweils mit Tribünen, die keine fliegenden Bauten sind und insgesamt mehr als 1 000 Besucher fassen,
8. Gaststätten mit mehr als 40 Gastplätzen in Gebäuden oder mehr als 1 000 Gastplätzen im Freien, Beherbergungsstätten mit mehr als zwölf Betten und Spielhallen mit mehr als 150 m²,
9. Gebäude mit Nutzungseinheiten zum Zweck der Pflege oder Betreuung von Personen mit Pflegebedürftigkeit oder Behinderung, deren Selbstrettungsfähigkeit eingeschränkt ist, wenn die Nutzungseinheiten
   a) einzeln für mehr als sechs Personen bestimmt sind,
   b) für Personen mit Intensivpflegebedarf bestimmt sind oder
   c) einen gemeinsamen Rettungsweg haben und für insgesamt mehr als zwölf Personen bestimmt sind,
10. Krankenhäuser,
11. sonstige Einrichtungen zur Unterbringung von Personen sowie Wohnheime,

Art. 2

Begriffe

12. Tageseinrichtungen für mehr als zehn Kinder sowie Menschen mit Behinderung und alte Menschen,
13. Schulen, Hochschulen und ähnliche Einrichtungen,
14. Justizvollzugsanstalten und bauliche Anlagen für den Maßregelvollzug,
15. Camping- und Wochenendplätze,
16. Freizeit- und Vergnügungsparks,
17. fliegende Bauten, soweit sie einer Ausführungsgenehmigung bedürfen, sowie Fahrgeschäfte, die keine fliegenden Bauten und nicht verfahrensfrei sind,
18. Regale mit einer Oberkante Lagerguthöhe von mehr als 7,50 m,
19. bauliche Anlagen, deren Nutzung durch Umgang mit oder Lagerung von Stoffen mit Explosions- oder erhöhter Brandgefahr verbunden ist,
20. Anlagen und Räume, die in den Nrn. 1 bis 19 nicht aufgeführt und deren Art oder Nutzung mit vergleichbaren Gefahren verbunden sind, ausgenommen Wohngebäude, die keine Hochhäuser sind.

(5) Aufenthaltsräume sind Räume, die zum nicht nur vorübergehenden Aufenthalt von Menschen bestimmt oder geeignet sind.

(6) Flächen von Gebäuden, Geschossen, Nutzungseinheiten und Räumen sind als Brutto-Grundfläche zu ermitteln, soweit nichts anderes geregelt ist.

(7) [1]Geschosse sind oberirdische Geschosse, wenn ihre Deckenoberkanten im Mittel mehr als 1,40 m über die Geländeoberfläche hinausragen; im Übrigen sind sie Kellergeschosse. [2]Hohlräume zwischen der obersten Decke und der Bedachung, in denen Aufenthaltsräume nicht möglich sind, sind keine Geschosse.

(8) [1]Stellplätze sind Flächen, die dem Abstellen von Kraftfahrzeugen außerhalb der öffentlichen Verkehrsfläche dienen. [2]Garagen sind Gebäude oder Gebäudeteile zum Abstellen von Kraftfahrzeugen. [3]Ausstellungs-, Verkaufs-, Werk- und Lagerräume für Kraftfahrzeuge sind keine Stellplätze oder Garagen.

(9) Feuerstätten sind in oder an Gebäuden ortsfest benutzte Anlagen, die dazu bestimmt sind, durch Verbrennung Wärme zu erzeugen.

(10) Barrierefrei sind bauliche Anlagen, soweit sie für Menschen mit Behinderung in der allgemein üblichen Weise, ohne besondere Erschwernis und grundsätzlich ohne fremde Hilfe zugänglich und nutzbar sind.

(11) Bauprodukte sind
1. Baustoffe, Bauteile und Anlagen, die hergestellt werden, um dauerhaft in bauliche Anlagen eingebaut zu werden,
2. aus Baustoffen und Bauteilen vorgefertigte Anlagen, die hergestellt werden, um mit dem Erdboden verbunden zu werden, wie Fertighäuser, Fertiggaragen und Silos.

(12) Bauart ist das Zusammenfügen von Bauprodukten zu baulichen Anlagen oder Teilen von baulichen Anlagen.

Begriffe **Art. 2**

Erläuterungen

Übersicht

1 Allgemeines
2 Bauliche Anlagen (Abs. 1)
3 Fingierte bauliche Anlagen (Abs. 1 Satz 2)
4 Gebäude (Abs. 2)
5 Einteilung von Gebäude in Gebäudeklassen
5a Höhenermittlung bei Gebäuden nach Abs. 3
6 Sonderbauten
7 Aufenthaltsräume
8 Flächen
9 Geschosse
10 Begriff des Vollgeschosses
11 Stellplätze und Garagen
12 Feuerstätten
13 Barrierefreiheit
14 Bauprodukte
15 Bauarten

Zur Neufassung 2013:

Der Gesetzgeber fügt in Abs. 4 Nr. 7b eine Ergänzung ein, danach stellen Versammlungsstätten im Freien mit Szeneflächen und Freisportanlagen mit Tribünen mit mehr als 1.000 Besuchern dann Sonderbauten dar, wenn sie keine fliegende Bauten sind. Damit sollen zum einen nur Veranstaltungen mit baulichen Anlagen (Tribünen) Sonderbauten darstellen können, zum anderen soll deutlich gemacht werden, dass temporäre Veranstaltungen nicht erfasst werden, sondern Art. 72 BayBO unterliegen. In Abs. 4 Nr. 8 wird für die Gaststätten durch die Aufnahme von Schank- und Speisegaststätten mit mehr als 1.000 Sitzplätzen im Freien klargestellt, dass auch große Biergärten als Sonderbauten zu qualifizieren sind.

In Abs. 4 Nr. 9 werden Gebäude als Sonderbauten definiert, wenn in ihnen Personen mit Pflegebedürftigkeit oder Behinderung gepflegt und betreut werden. Dabei liegt ein Sonderbau nur vor, wenn diese Nutzungseinheiten ausdrücklich für den Zweck der Pflege und Betreuung gewidmet sind. Es werden drei Unterfälle aufgeführt: Nutzungseinheiten ab 7 Personen mit Pflegebedürftigkeit oder Behinderung, Einrichtungen für Personen mit Intensivpflegebedarf oder Gebäude mit Nutzungseinheiten mit einem gemeinsamen Rettungsweg mit mehr als 12 Personen.

In Abs. 4 Nr. 10 werden Krankenhäuser als eigene Sonderbaukategorie aufgeführt. Sonstige Einrichtungen werden in Abs. 4 Nr. 11 als eigene Kategorie aufgenommen, z. B. Wohnheime.

In Abs. 4 Nr. 12 wird festgelegt, dass Sonderbauten dann vorliegen, wenn es sich um Tageseinrichtungen für mehr als 10 Kinder sowie Menschen mit Behinderung und alte Menschen handelt.

Art. 2

Begriffe

Damit werden diese Einrichtungen von noch als wohnartig anzusehenden Tageseinrichtungen abgegrenzt.

Im neuen Abs. 10 wird eine einheitliche Definition der Barrierefreiheit geschaffen. § 4 des Gesetzes zur Gleichstellung behinderter Menschen (Behindertengleichstellungsgesetz – BGG) und Art. 4 des Bayerischen Gesetzes zur Gleichstellung, Integration und Teilhabe von Menschen mit Behinderung (Bayerisches Behindertengleichstellungsgesetz – BayBGB) werden damit in der BayBO umgesetzt.

1 Allgemeines

Der Gesetzgeber definiert in der Neufassung des Abs. 1 Satz 2 Werbeanlagen als bauliche Anlagen und unterwirft sie damit allgemein den für bauliche Anlagen geltenden bauordnungsrechtlichen Vorschriften. Art. 12 und Art. 72, in denen bisher die Werbeanlagen geregelt waren, wurden aufgehoben.

In Abs. 3 wird für Gebäude, die weder Gebäude geringer Höhe noch Hochhäuser sind, der Begriff „Gebäude mittlerer Höhe" eingeführt.

Im neu eingefügten Abs. 4 werden die Vorhaben nach Schwierigkeitsgraden unterteilt. In Satz 1 werden die Vorhaben geringer Schwierigkeit definiert und erweitert. Dabei umfasst der Begriff der einfachen baulichen Anlage auch die einfache Änderung anderer baulicher Anlagen. Die baulichen Anlagen geringer Schwierigkeit erfassen neben einer Wohnnutzung auch die teilweise oder ganz freiberuflich im Sinn des § 13 BauNVO genutzten Gebäude geringer Höhe. In Nr. 4 wird der Kreis der den Vorhaben geringer Schwierigkeit zuzurechnenden Gebäude auf eingeschossige Gebäude mit freien Stützweiten von nicht mehr als 12 m, die jedoch nicht oder nur vorübergehend zum Aufenthalt einzelner Personen bestimmt sind, erweitert.

Abs. 4 Satz 2 enthält eine abschließende gesetzliche Begriffsbestimmung der Gebäude und Räume besonderer Art oder Nutzung, die einheitlich als Sonderbauten bezeichnet werden. Art. 55 bisheriger Fassung wird aufgehoben.

Abs. 4 Nr. 16 stellt eine generalklauselartige Regelung für Nutzungen mit erhöhten Gefährdungspotentialen dar.

Abs. 4 Satz 3 stellt klar, dass alle anderen baulichen Anlagen, die nicht unter Satz 1 und Satz 2 fallen, Vorhaben mittlerer Schwierigkeit sind.

Der Gesetzgeber hat mit der Bauordnungsnovelle 2008 in Abs. 3 Satz 1 eine neue zusätzliche Gliederung der Gebäude in Gebäudeklassen eingefügt, die als systematische Grundlage für das Brandschutzkonzept maßgeblich ist. Die Brandschutzanforderungen richten sich nicht mehr maßgeblich nach der Gebäudehöhe, sondern nach einer Kombination der Gebäudehöhe mit der Zahl und Größe von Nutzungseinheiten. Dabei werden geringere Brandschutzanforderungen für ausreichend gehalten, wenn Gebäude Nutzungseinheiten aufweisen, die deutlich kleiner sind als Brandabschnitte, die gegeneinander mit Brandschutzqualität abge-

Begriffe **Art. 2**

trennt sind und die über ein eigenes Rettungswegenetz verfügen, z. B. Wohnungen, kleine Verwaltungseinheiten, Praxen und kleine Läden.

Weiter enthält Art. 2 gesetzliche Definitionen und Klarstellungen. So werden in Art. 2 Abs. 1 Satz 4 die Anlagen definiert und in Abs. 3 Satz 2 ist eine Klarstellung zur Gebäudehöhe aufgenommen sowie bei der Flächenberechnung festgelegt, dass bei den Gebäudeklassen nur auf die oberirdischen Teile abgestellt wird.

Der Katalog der Sonderbauten wurde durch die Bauordnungsnovelle 2008 weitergezogen, um auch unterhalb der bisherigen Einstiegsschwellen materielle baurechtliche Standards aufstellen zu können. Bei den Sonderbauten nach Abs. 4 Nr. 3 werden Gebäude mit 1600 m² Fläche in einem Geschoss erfasst, nicht jedoch Wohngebäude und Garagen. Bei Gebäuden mit Büro- und Verwaltungsnutzungen wird nach Abs. 4 Nr. 5 auf eine einzelne Grundfläche von mehr als 400 m² abgestellt. Bei Verkaufsflächen wird nach Abs. 4 Nr. 4 der Sonderbau ab 800 m² angenommen. Auch die Versammlungsstätten werden differenziert geregelt. Schließlich enthält Abs. 4 Nr. 20 einen Auffangtatbestand für Sonderbauten, die nicht vom Katalog erfasst werden.

Art. 2 enthält Legaldefinitionen wichtiger Begriffe der Bauordnung. Festgelegt werden die Begriffe: bauliche Anlage (Abs. 1), Werbeanlagen (Abs. 1 Satz 2), Gebäudeklassen 1 bis 5 (Abs. 3), Höhe (Abs. 3, S. 2), Sonderbauten (Abs. 4), Aufenthaltsräume (Abs. 5), Geschosse (Abs. 7), Stellplätze (Abs. 8), Feuerstätten (Abs. 9), Bauprodukte (Abs. 10) und Bauart (Abs. 11).

Weitere Begriffsbestimmungen für bauliche Anlagen finden sich in der Bauordnung z. B. für Gebäudeabschlusswand (Art. 31 Abs. 1), innere Brandwand (Art. 31 Abs. 1), harte Bedachung (Art. 30 Abs. 1), Sicherheitstreppenraum (Art. 32 Abs. 2), notwendige Treppen (Art. 33 Abs. 1), Feuerungsanlagen (Art. 40 Abs. 1), bautechnische Nachweise (Art. 62) und Bauvorlagen (Art. 64 Abs. 2). Die Aufzählung ist nicht abschließend.

2 Bauliche Anlagen (Abs. 1)

Abs. 1 Satz 1 definiert die **bauliche Anlage als eine „aus Bauprodukten hergestellte Anlage"**. Voraussetzung einer baulichen Anlage ist ihre Verbindung mit dem Erdboden. Werbeanlagen werden als bauliche Anlagen definiert und damit den geltenden bauordnungsrechtlichen Vorschriften unterworfen. Dabei wird eine Beschränkung auf ortsfeste Werbeanlagen vorgenommen, so dass bewegliche Anlagen, wie z. B. auf Kraftfahrzeugen montierte Reklamen nicht unter den Begriff der Werbeanlage im Sinne des Art. 2 fallen (OVG Münster, Beschluss vom 22.7.2003, BauR 2004, S. 67). Ortsfeste Werbeanlagen sind z. B. Spannposter an Gebäudewänden (BayVGH, Urteil vom 16.7.2002, BayVBl 2003, S. 82). Mit dem zusätzlichen Erfordernis der Wirtschaftswerbung soll eine Abgrenzung zu der dem Baurecht nicht unterliegenden politischen und religiösen Werbung erfolgen. Nach der Rechtsprechung des Bundesverwaltungsgerichts (Urteil vom 3.12.1992, BRS 54, Nr. 127) fallen unter den Begriff der ortsfesten Werbeanlagen auch Anla-

Art. 2

Begriffe

gen, die mit dem Boden nur mittelbar verbunden sind. Daher stellen z. B. auch auf einem Gebäude angebrachte Lichtreklamen bauliche Anlagen dar und sind somit an Art. 8 Satz 2 (Verunstaltung) zu messen.

Ortsfest sind auch Schilder, die an einem Kfz-Anhänger befestigt sind (BayObLG Beschluss vom 31.7.1997 BayVBl. 1998, S. 350) sowie Himmelsstrahler, die durch Lichtstrahlen am Nachthimmel werben (VGH Beschluss vom 18.12.1995, BayVBl. 1996, S. 343, VG Stuttgart Beschluss vom 9.7.1999, NVwZ-RR 2000, S. 14).

Schwierigkeiten bereitet oft die Abgrenzung zu Maschinen. Maschinen sind nach der Verkehrsauffassung und dem Sprachgebrauch keine baulichen Anlagen, auch wenn sie mit dem Boden verbunden sind (BayVGH, Urteil vom 30.5.1974, BRS 28, S. 218). Vielmehr sind Maschinen bewegliche Geräte, die als selbstständige technische Gebilde von baulichen Anlagen unabhängig erfasst werden können. So sind z. B. Aufzüge und Turbinen keine baulichen Anlagen; eine bauliche Anlage ist aber die bauliche Umhüllung der Aufzugsanlage oder das Fundament der Turbine.

3 Fingierte bauliche Anlagen (Abs. 1 Satz 2)

Als bauliche Anlagen gelten unverändert auch solche Anlagen, die nach ihrem Verwendungszweck dazu bestimmt sind, überwiegend ortsfest benutzt zu werden (Abs. 1 Satz 2). Insofern kommt es maßgeblich darauf an, ob die Anlage langfristig oder fortgesetzt an einem Ort aufgestellt wird, d. h. die Anlage muss im Gegensatz zu sog. fliegenden Bauten (Art. 72 Abs. 1 Satz 1) für eine kontinuierliche ortsfeste Nutzung eingesetzt werden.

Von einer solchen überwiegend ortsfesten Nutzung wird man z. B. bei Wohnwagen bei einer geplanten oder tatsächlichen Aufstellungsdauer von zwei bis drei Monaten auszugehen haben (Hessischer VGH, Beschluss vom 22.8.1986, NVwZ 1987, S. 427, OVG Münster, Beschluss vom 13.9.2010, BauR 2011, S. 242). Heute ist anerkannt, dass ein Wohnwagen eine bauliche Anlage darstellt, wenn er als Ersatz für ein Gebäude und nicht für die Urlaubsnutzung dient.

Verkaufswagen, die als Ladenersatz dienen, sind ebenfalls bauliche Anlagen. Hier wird eine überwiegend ortsfeste Nutzung bereits dann angenommen, wenn der Verkaufswagen regelmäßig einmal in der Woche auf einem bestimmten Grundstück abgestellt wird (OVG Saarland, Beschluss vom 12.10.1988, NVwZ 1989, S. 1982).

Ein Fahrgastschiff, welches als Gaststätte genutzt wird, ist zumindest dann eine bauliche Anlage, wenn es seit Jahren immobil ist.

Der bauordnungsrechtliche Begriff der baulichen Anlage stimmt weitgehend mit dem **Planungsrecht** (§ 29 Abs. 1 BauGB) überein. Unter § 29 Abs. 1 BauGB fallen alle Anlagen, die in einer auf Dauer gedachten Weise künstlich mit dem Erdboden verbunden werden und die in § 1 Abs. 6 BauGB genannten Belange tangieren. Bei den sog. fiktiven baulichen Anlagen in Abs. 1 Satz 2 ist sorgfältig zu prüfen, ob es

Begriffe **Art. 2**

sich hier um eine Anlage handelt, die bodenrechtliche Relevanz im Sinne von § 29 BauGB hat, so dass das Bauplanungsrecht Anwendung findet (anzunehmen z. B. bei einem Wohnwagen).

Aufschüttungen und Abgrabungen werden als bauliche Anlagen in Abs. 1 Satz 3 Nr. 1 fingiert; das Bauplanungsrecht ist auf sie gem. § 29 Abs. 1 BauGB anwendbar. Dies gilt jedoch nicht für Abgrabungen, die dem BayAbgrG unterfallen (vgl. Art. 1 BayBO Ziffer 2).

Auch Lagerplätze, Abstellplätze und Ausstellungsplätze werden als bauliche Anlagen fingiert (Abs. 1 Satz 3 Nr. 2). Lager- und Abstellplätze sind dann gegeben, wenn hier Gegenstände für kürzere oder längere Zeit aufgenommen, d. h. gelagert werden sollen (z. B. Baustofflagerung, aber auch Abstellen von Kraftfahrzeugen, BayVGH, Beschluss vom 19.1.1993 Az 15 CS 92.3420).

Der Begriff der Campingplätze ist seit der Aufhebung der Verordnung über Zeltlagerplätze und Lagerplätze für Wohnwagen (Campingplatzverordnung) nicht mehr definiert. In dieser Verordnung waren auch die Anforderungen an einen Campingplatz im Einzelnen geregelt.

Neu eingefügt als bauliche Anlage wurden die Freizeit- und Vergnügungsparks; sie sind nach Art. 2 Abs. 4 Nr. 14 als Sonderbauten definiert.

Stellplätze für Kraftfahrzeuge (Abs. 1 Satz 3 Nr. 5) sind die nicht überdachten Stellplätze (vgl. Art. 2 Abs. 8); überdachte Stellplätze sind bereits gem. Abs. 1 Satz 1 bauliche Anlagen.

Auch **Straßen** stellen nach dem BayVGH (Urteil vom 14.09.2009, BayVBl. 2010, S. 176) bauliche Anlagen dar; dies soll auch dann gelten, wenn sie als öffentliche Verkehrsanlagen vom Anwendungsbereich der BayBO ausgenommen sind (Art. 1 Abs. 1 Nr. 1).

Um zu gewährleisten, dass der **Begriff der Anlagen** in der Bauordnung künftig einheitlich verwendet wird, wird dieser in Abs. 1 Satz 4 legal definiert. Hierunter fallen andere Anlagen und Einrichtungen, an die nach diesem Gesetz oder nach Vorschriften auf Grund der Bayerischen Bauordnung Anforderungen gestellt werden.

4 Gebäude (Abs. 2)

Die Definition des Gebäudes hat in 2007 keine Änderung erfahren. Gebäude sind nach Abs. 2 bauliche Anlagen, die selbstständig zu benutzen und überdeckt sind und von Menschen betreten werden können. Der Begriff des Gebäudes ist insbesondere für die Abstandsflächen relevant, denn grundsätzlich müssen nur vor den Außenwänden von Gebäuden Abstandsflächen liegen.

Ein Gebäude ist dann selbstständig benutzbar, wenn es z. B. einen eigenen Eingang, eine eigene Treppe (Art. 32) besitzt. Die selbstständige Benutzbarkeit setzt zwar nicht voraus, dass z. B. ein Nebengebäude abgetrennt oder abtrennbar von dem Hauptgebäude sein muss; jedoch fehlt es z. B. bei einer Etagenwohnung man-

Art. 2
Begriffe

gels selbstständiger Benutzbarkeit an der ein selbstständiges Gebäude auszeichnenden Eigenart. Die selbstständige Benutzbarkeit ist dann ausgeschlossen, wenn ein untrennbarer funktionaler Zusammenhang zwischen mehreren Anlagen besteht. Dagegen stellt ein Reihenhaus ein selbstständiges Gebäude dar (Nds. OVG, Beschluss vom 22.2.1980, BRS 36, S. 321, VGH Ba-Wü Beschluss vom 8.3.1988, BRS, S. 415).

Ein Gebäude muss keine Umfassungswände haben; es muss aber **überdeckt** sein. Daher ist ein überdachter Stellplatz ein Gebäude.

Das Gebäude muss von Menschen betretbar sein, d. h. es müssen selbstständige Ein- und Ausgangsmöglichkeiten bestehen. Ein Silo, welches nur durch Luken oder von oben her durch Einsteigen betreten werden kann, ist kein Gebäude.

5 Einteilung von Gebäude in Gebäudeklassen

Die Absätze 3 bis 5 wurden neu gefasst. Dabei enthält Abs. 3 Satz 1 eine neue zusätzliche Gliederung der Gebäude in Gebäudeklassen, die als systematische Grundlage für das Brandschutzkonzept erforderlich ist. Während bisher die Gebäude in Gebäude geringer, mittlerer Höhe sowie Hochhäuser eingeteilt wurden, wird nunmehr eine Kombination von Gebäudehöhe mit der Zahl und Größe von Nutzungseinheiten vorgenommen. Der Gesetzgeber hat sich von der Überlegung leiten lassen, dass Gebäude mit Nutzungseinheiten, die deutlich kleiner sind als Brandabschnitte, die gegeneinander mit Brandschutzqualität abgetrennt sind und die über ein eigenes Rettungssystem verfügen, wie z. B. Wohnungen, kleine Verwaltungseinheiten, Praxen, kleine Läden, für die Brandausbreitung und die Brandbekämpfung durch die Feuerwehr ein geringeres Risiko darstellen als Gebäude mit ausgedehnten Nutzungseinheiten. Die Kombination von Gebäudehöhe mit Größe der Nutzungseinheiten führt zu Bildung von fünf Gebäudeklassen.

Die **Gebäudeklasse 1** umfasst Gebäude mit einer Höhe bis zu 7 m Höhe (vgl. Abs. 3 Satz 2), mit nicht mehr als zwei Nutzungseinheiten von insgesamt nicht mehr als 400 m^2. Somit handelt es sich hierbei vor allem um freistehende Ein- und Zweifamilienhäuser, jedoch ist die Gebäudeklasse nicht auf Wohnnutzungen beschränkt.

Ein Gebäude, das „auf einen Anbau ausgerichtet ist" (Doppelhaushälfte), ist kein solches freistehendes Gebäude (Jäde, BayVBl. 2009, 709 ff.).

Die landwirtschaftlichen Betriebsgebäude sind in der Gebäudeklasse 1 enthalten. Bei der Gebäudeklasse 1 gelten erleichterte Anforderungen an Wände, Art. 25, Decken, Art. 29, Dächer Art. 30, Treppen, Art. 32, 33 und Flure, Art. 34, aber auch bei Abstandsflächen, Art. 6 Abs. 3 Nr. 2 sowie bei Aufenthaltsräumen, Art. 45 und bautechnischen Nachweisen, Art. 62 Abs. 2 und 3.

Die **Gebäudeklasse 2** umfasst ebenfalls freistehende Gebäude mit einer Höhe von bis zu 7 m, mit nicht mehr als zwei Nutzungseinheiten von insgesamt nicht mehr als 400 m^2. Jedoch ist hier nicht von freistehenden Gebäuden die Rede, da diese

Begriffe **Art. 2**

Gebäude auch angebaut werden können. Nicht erfasst sind dabei die landwirtschaftlichen Betriebsgebäude. Auch bei der Gebäudeklasse 2 gelten die bei Gebäudeklasse 1 angeführten erleichterten Anforderungen an Wände, Decken, Dächer, Treppen, Flure, Abstandsflächen, Aufenthaltsräume sowie bautechnische Nachweise.

In **Gebäudeklasse 3** werden alle übrigen Gebäude mit einer Höhe bis zu 7 m eingeordnet.

Abb. 1

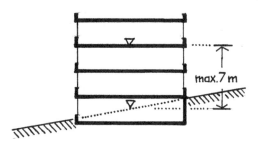

Gebäudeklasse 4 umfasst Gebäude mit einer Höhe bis zu 13 m und Nutzungseinheiten mit jeweils nicht mehr als 400 m^2.

In **Gebäudeklasse 5** sind alle sonstigen Gebäude, einschließlich unterirdischer Gebäude erfasst.

Es ist darauf hinzuweisen, dass die Einstufung in Gebäudeklassen unabhängig von der Einstufung als Sonderbau nach Abs. 4 ist. Die Sonderbauten sind in Abs. 4 im Einzelnen aufgeführt.

Bei der Flächenberechnung werden nach Abs. 3 Satz 3 **Flächen in Kellergeschossen** ausgenommen. Es wird somit nur auf die oberirdischen Teile eines Gebäudes abgestellt. Der Grund hierfür liegt daran, dass für Räume in Kellergeschossen das Brandschutzkonzept eigene Regelungen enthält. Selbstständige unterirdische Gebäude werden nicht von den Gebäudeklassen 1 bis 4, sondern von Gebäudeklasse 5 erfasst. Insofern kommt es auf die Flächengröße nicht an.

5a Höhenermittlung bei Gebäuden nach Abs. 3

Durch die Baurechtsnovelle 1994 wurde in das Gesetz der Begriff des Gebäudes geringer Höhe aufgenommen. Danach lag ein Gebäude geringer Höhe dann vor, wenn der höchstgelegene (mögliche) Aufenthaltsraum an keiner Stelle 7 m über der natürlichen oder festgelegten Geländeoberfläche liegt. Die Höhe wurde nach Brandschutzkriterien (Einsatzbereich der tragbaren vierteiligen Steckleiter) ausgerichtet. Nunmehr stellt der Gesetzgeber auf die Fußbodenoberkante des höchstgelegenen Geschosses, in dem ein Aufenthaltsraum möglich ist, über der Geländeoberfläche **im** Mittel (anstelle des ungünstigsten Punkts) ab. So sollen Härten ver-

Art. 2
Begriffe

mieden werden, die sich andernfalls bei Gebäuden in Hanglagen durch eine strengere verfahrensrechtliche Einordnung und verschärfte Anforderungen hinsichtlich der bautechnischen Nachweise ergeben können. In der Gesetzesbegründung wird ausgeführt, dass dies auch im Hinblick auf die Erfordernisse der Personenrettung vertretbar ist, da die Anforderungen an die Zugänge und Zufahrten für Rettungsfahrzeuge der Feuerwehr (Art. 5) und an die Rettungswege (Art. 31 ff.) davon unberührt bleiben. Zu beachten ist, dass das Gesetz wie in den bisherigen Fassungen nur auf die Möglichkeit von Aufenthaltsräumen abstellt, nicht auf ihr tatsächliches Vorhandensein. Insofern geht es nicht darum, ob die Aufenthaltsräume rechtlich zulässig sind, sondern Aufenthaltsräume sind immer dann möglich, wenn – unabhängig von der planungsrechtlichen Situation – nach den Gebäudeausmaßen ein Raum entstehen kann, der die Merkmale eines Aufenthaltsraums nach seiner Fläche und Höhe erfüllt.

Bei der Geländeoberfläche im Mittel ist im Regelfall auf die natürliche Geländeoberfläche abzustellen, die in den genehmigten Bauvorhaben dargestellt ist. Wenn über den natürlichen Verlauf des Geländes Zweifel bestehen, kommt eine Festlegung der Geländeoberfläche in Betracht. Die Festlegung der Geländeoberfläche ist ein Verwaltungsakt, der in der Regel mit der Baugenehmigung erlassen wird (BayVGH Beschluss vom 24.3.1992 BayVBl. 1992, S. 697, Beschluss vom 2.3.1998 Fdst. 1999 Rdnr. 76). Zwar ist die Festlegung der Gebäudefläche in der BayBO 08 nicht mehr aufgeführt, sie ist gleichwohl zulässig. Dabei sind auch nachbarliche Belange zu berücksichtigen (Koch/Molodovsky/Famers Art. 2 Rdnr. 98, 99). Die Festlegung ist, wenn sie im Rahmen des Prüfprogramms des Baugenehmigungsverfahrens (Art. 59, 60) getroffen wird, ein Verwaltungsakt (BayVGH, Beschluss vom 24.3.1992, BayVBl. 1992, S. 697).

6 Sonderbauten

Art. 2 Abs. 4 enthält eine Aufzählung der Sonderbauten. Die Sonderbauten unterliegen (grundsätzlich) weder der Genehmigungsfreistellung (Art. 58) noch dem vereinfachten Baugenehmigungsverfahren (Art. 59), sondern dem Baugenehmigungsverfahren nach Art. 60. Insofern sind in jedem Fall im Genehmigungsverfahren die bauordnungsrechtlichen Anforderungen zu prüfen, so dass gesonderte Anforderungen (Art. 54 Abs. 3) gestellt werden können oder Abweichungen nach Art. 63 Abs. 1 möglich sind. Zu beachten ist, dass bei Sonderbauten auch besondere Anforderungen an die bautechnischen Nachweise gestellt werden. So obliegt bei den Sonderbauten die Einhaltung des präventiven Brandschutzes einem vom Bauherrn zu beauftragenden Sachverständigen; für Standsicherheit und konstruktiven Brandschutz verbleibt es bei dem bisherigen System der – als beliehene Unternehmer im Auftrag der Bauaufsichtsbehörde – hoheitlich tätig werdenden Prüfingenieure.

Begriffe **Art. 2**

Zu den einzelnen Sonderbauten:

Nr. 1 definiert die Hochhäuser als Sonderbauten. Die Reglungen haben sich nicht verändert. Beim Begriff der Hochhäuser wurde die 22-m-Grenze aus Gründen des Brandschutzes festgelegt. Erfahrungsgemäß sind ab dieser Höhe die Rettungs- und Löscharbeiten mit allgemein gebräuchlichen Geräten der Feuerwehr schwierig durchzuführen. Hohe Gebäude, die über der 22-m-Grenze keine Aufenthaltsräume enthalten, sind somit keine Hochhäuser im Sinne der Bauordnung (z. B. Lagerhäuser).

Nr. 2 regelt bauliche Anlagen mit einer Höhe von mehr als 30 m.

Davon werden alle baulichen Anlagen mit einer Höhe von mehr als 30 m erfasst, da mit dieser Höhe bautechnische konstruktive Probleme verbunden sind. Die Höhenberechnung erfolgt nicht nach Abs. 3 Satz 2, sondern es ist auf den höchsten Punkt der baulichen Anlage abzustellen.

Nr. 3 erfasst Gebäude mit mehr als 1 600 m^2 Fläche.

Diese Regelung entspricht grundsätzlich Nr. 4 a. F. Erfasst werden jedoch nur noch Gebäude, mit mehr als 1 600 m^2 Fläche (Abs. 6) des Geschosses mit der größten Ausdehnung, ausgenommen Wohngebäude und Garagen. In der alten Fassung wurden auch andere bauliche Anlagen als Gebäude einbezogen. Nach der Gesetzesbegründung knüpft die Regelung anstelle der Grundfläche von 1 600 m^2 an die Systematik der Brandabschnittsbildung und der Rettungswege an, die naturgemäß bei Gebäuden bedeutsam sein kann, ausgenommen sind Wohngebäude und Garagen. Bei den Garagen werden die an diese zu stellenden Anforderungen gesondert in der Garagenverordnung sowie hinsichtlich der bautechnischen Nachweise in Art. 62 Abs. 2 Satz 3, Abs. 3 Satz 3 Nr. 3 geregelt. Insofern entfällt auch Nr. 13 a. F., in dem die Großgaragen geregelt waren.

Nr. 4 nimmt Verkaufsstätten als Sonderbauten dann an, wenn deren Verkaufsräume und Ladenstraßen eine Geschossfläche (Abs. 6) von insgesamt mehr als 800 m^2 haben. Im Gegensatz zur früheren Fassung (Nr. 5 a. F.) wird aus Gründen des Brandschutzes die Sonderbautenschwelle auf 800 m^2 abgesenkt. Dabei werden nicht mehr die nach den übrigen Tatbeständen einzuordnenden Messe- und Ausstellungsbauten erfasst. Zu den Verkaufsstätten führt die Gesetzesbegründung aus, dass nur die größeren Supermärkte als Sonderbauten eingestuft werden, während die gängigen Nachbarschaftsläden außerhalb des Kreises der Sonderbauten bleiben.

Nr. 5 erfasst Gebäude mit Räumen, die einer Büro- und Verwaltungsnutzung dienen und einzeln eine Grundfläche vom mehr als 400 m^2 haben. Die Abgrenzung knüpft an die Maßgrößen der für die Zuordnung zu den Gebäudeklassen maßgeblichen Nutzungseinheiten an (Abs. 3 Satz 1 Nr. 1a, 2 und 4). Damit soll den mit der darüber hinausgehenden Größe der Nutzungseinheit verbundenen Brandrisiken Rechnung getragen werden.

Art. 2
Begriffe

Nr. 6 trägt dem schon in der alten Fassung angelegten Grundsatz Rechnung, dass bei für den Aufenthalt von mehr als 100 Personen bestimmten Räumen besondere Vorkehrungen für die Personenrettung (Rettungswege) erforderlich sein können.

Nr. 7 regelt die Versammlungsstätten (vgl. auch § 2 VStättV). Sie werden ab einer Größe von mehr als 100 Personen als Sonderbauten eingestuft. Die Kirchen unterliegen zwar nicht der Versammlungsstättenverordnung, sie sind aber Versammlungsstätten und daher nach Nr. 6 Sonderbauten, wenn sie für eine Nutzung durch mehr als 100 Personen bestimmt sind.

Des Weiteren werden die Versammlungsstätten unterteilt. Nach Nr. 7a werden Versammlungsräume, die insgesamt mehr als 200 Besucher fassen, als Sonderbauten angenommen, sofern diese Versammlungsräume gemeinsame Rettungswege haben. Die bisherige Regelung des Nr. 7b bzgl. der Versammlungsstätten im Freien mit Szenenflächen wurde konkretisiert. Typische Versammlungsstätten im Freien sind Freilichttheater, Anlagen für den Rennsport oder Reitbahnen sowie Sportstadien – also ortsfeste, auf Dauer angelegte Anlagen mit tribünenartiger Anordnung der Besucherbereiche. Szenenflächen und Freisportanlagen mit Tribünen als bauliche Anlagen für Zuschauer mit einem dauerhaften Nutzungszweck sind Voraussetzungen dafür, unter die Regelung zu fallen. Demgegenüber werden temporäre Veranstaltungen, wie Musikfestivals auf Freiflächen, nicht erfasst. Sofern bei solchen Veranstaltungen Tribünen (und Bühnen) aufgestellt werden, handelt es sich um fliegende Bauten, die nach Art. 72 genehmigungspflichtig sind.

Nr. 8 regelt Gaststätten mit mehr als 40 Gastplätzen, Beherbergungsstätten mit mehr als 12 Betten sowie Spielhallen mit mehr als 150 m^2. Neu aufgenommen wurden Schank- und Speisegaststätten mit mehr als 1.000 Sitzplätzen im Freien. Nach der Gesetzesbegründung wird damit klargestellt, dass auch große Biergärten als Sonderbauten zu qualifizieren sind. Bisher wurden diese unter dem Auffangtatbestand des Art. 2 Abs. 4 Nr. 18 eingeordnet. Die Bauaufsichtsbehörde hat bei diesen Sonderbauten die Möglichkeit, auf der Grundlage von Art. 54 Abs. 3 Satz 1 Hs. 1 besondere Anforderungen zu stellen. Dabei lehnt sich die Schwelle von 1.000 Sitzplätzen an den Grenzwert für Versammlungsstätten im Freien nach Art. 2 Abs. 4 Nr. 7b an.

Nr. 9 hat in der bisherigen Fassung alle Einrichtungen zur Unterbringung oder Pflege von Personen, unabhängig von deren Anzahl, zum Sonderbau bestimmt. Somit wurden durch die alte Regelung auch Wohngemeinschaften von Personen mit Pflegebedürftigkeit oder Behinderung erfasst, deren Zahl sich in der Größenordnung der üblichen Bewohner einer Wohnung bewegt. Durch die Neufassung wird nunmehr die Sonderbautenschwelle angehoben. Es fallen nur noch Gebäude mit Nutzungseinheiten zum Zweck der Pflege oder Betreuung von Personen mit Pflegebedürftigkeit oder Behinderung darunter, deren Selbstrettungsfähigkeit eingeschränkt ist, sofern die Nutzungseinheiten einzeln für mehr als 6 Personen bestimmt sind (Nr. 9a) oder für Personen mit Intensivpflegebedarf, wie etwa Patienten im Wachkoma (Nr. 9b) oder die Nutzungseinheiten, die einen gemeinsamen

Begriffe **Art. 2**

Rettungsweg haben und für insgesamt mehr als 12 Personen bestimmt sind (Nr. 9c).

Der Rechtsbegriff „bestimmt" setzt voraus, dass die Nutzungseinheiten zum Zweck der Pflege oder Betreuung ausdrücklich, sei es bei der Neuerrichtung des Gebäudes, sei es im Wege der Nutzungsänderung, gewidmet sind. Eine Wohnung, in der aufgrund eines Unfalls pflegebedürftig gewordene Ehepartner weiterleben, wird durch den bloßen Aufenthalt nicht zum Zweck der Pflege bestimmt und dadurch auch nicht zum Sonderbau. Dies gilt auch für Wohnungen, die aufgrund der Anforderungen des Art. 48 Abs. 1 barrierefrei erreichbar und in einem bestimmten Umfang auch barrierefrei nutzbar sind.

Nach Nr. 9a werden Nutzungseinheiten ab 7 Personen mit Pflegebedürftigkeit oder Behinderung als Sonderbauten qualifiziert. Grund hierfür ist, dass ab dieser Personenzahl ein Gefahrenpotential besteht, welches im Baugenehmigungsverfahren nach Art. 60 einer Einzelfallbeurteilung unterzogen werden muss. Die Sonderbaueigenschaft entsteht aber nur, wenn die Nutzungseinheiten einzeln den Schwellenwert „mehr als 6 Personen" erreichen. Einzeln bedeutet, dass die Nutzungseinheit baulich und organisatorisch eigenständig sein muss.

Nicht mehr als Sonderbauten aufgeführt werden „Heime", da dieser Begriff in den Nachfolgeregelungen zum früheren Heimrecht nicht mehr verwendet wird (vgl. Art. 2 Abs. 1 Satz 1 des Gesetzes zur Regelung der Pflege-, Betreuungs- und Wohnqualität im Alter und bei Behinderung-, Pflege- und Wohnqualitätsgesetz vom 08.07.2008 GVBl S. 346). Gleichwohl fallen diese Einrichtungen in den Anwendungsbereich der Nr. 9.

Nach Nr. 9b ist ein Sonderbau gegeben, wenn Einrichtungen oder Wohnungen darauf ausgerichtet sind, dem besonderen Zweck zu dienen, Personen mit Intensivpflegebedarf aufzunehmen, z. B. Menschen mit phallischem Syndrom (Wachkoma) oder mit Beatmungsbedarf. Auf die Personenzahl in der Nutzungseinheit komme es in diesen Fällen nicht an.

Nach Nr. 9c liegt ein Sonderbau dann vor, wenn 13 oder mehr Personen, die in den Nutzungseinheiten zum Zwecke der Pflege oder Betreuung von Personen leben, einen gemeinsamen Rettungsweg haben. Hierbei sind nur die Personen anzurechnen, die gepflegt oder betreut werden. So sind insbesondere Helfer und Betreuer nicht hinzuzurechnen. Es kommt somit auf die Personen an, die sich im Gefahrenfall nicht selbst retten können, sondern auf die Hilfe der Einsatzkräfte der Feuerwehr angewiesen sind. Dabei sind lediglich die Nutzungseinheiten zu betrachten, die auf einen gemeinsamen baulichen Rettungsweg angewiesen sind. Erdgeschosswohnungen, die über einen eigenen Ausgang unmittelbar ins Freie verfügen, können unberücksichtigt bleiben.

Bei der Ermessensausübung hat die untere Bauaufsichtsbehörde nach Art. 54 Abs. 3 Satz 1 Hs. 1 zu beachten, dass weitergehende Anforderungen nur für Nutzungseinheiten nach Nr. 9 und deren Rettungswege, nicht aber für andere Gebäu-

Art. 2

Begriffe

deteile ohne Sonderbaunutzung gestellt werden können. In der Gesetzesbegründung wird ausgeführt, dass das Innenministerium im Einvernehmen mit dem Staatsministerium für Arbeit und Sozialordnung, Familien und Frauen eine Richtlinie für Nutzungseinheiten, in denen einzeln nicht mehr als 12 Personen leben, erlassen wird. Es soll in dieser Richtlinie insbesondere für neue Wohnformen für Menschen mit Pflege- oder Betreuungsbedarf ein angemessenes Schutzniveau definiert werden, dass den Zielen des selbstbestimmten Wohnens Rechnung trägt.

In den Fällen der Nr. 9a und b soll die Personenrettung hauptsächlich dadurch unterstützt werden, dass die Bewohner ausreichend lang in einem sicheren Bereich verbleiben oder einen sicheren Bereich aufsuchen können. Dafür sollen alternativ zwei brandschutztechnisch getrennte Bereiche oder die Schlafräume als brandschutztechnisch voneinander getrennte Zellen ausgebildet werden. Eine Bereichs- oder Zellenbildung ist dort nicht erforderlich, wo in jedem Geschoss ein zweiter, jedem Bewohner zugänglicher Ausgang, unmittelbar ins Freie vorhanden oder in Gebäuden der Gebäudeklassen 1 und 2 ein zweiter baulicher Rettungsweg ausgebildet ist. Sofern Bereiche oder Zellen ausgebildet werden, ist bei Nutzungseinheiten nach Nr. 9a ein zweiter baulicher Rettungsweg nicht erforderlich, bei Nutzungseinheiten nach Nr. 9b nur bei mehr als 6 Personen.

In den Fällen nach Nr. 9c werden in der Regel Bedenken wegen der Personenrettung nach Art. 31 Abs. 3 Satz 2 bis 24 Personen nicht angenommen. Ein zweiter baulicher Rettungsweg ist damit nicht erforderlich, wenn die Nutzungseinheiten so angeordnet sind, dass eine Brand- und Rauchausbreitung zwischen den Nutzungseinheiten ausreichend lang verhindert wird oder die Nutzungseinheiten an einem Treppenraum liegen, der sicherheitstechnisch so ertüchtigt ist, dass eine Personenrettung über den Treppenraum ausreichend lang ermöglicht wird. Notwendige Flure nach Art. 34 Abs. 1 Satz 1 sind innerhalb der Nutzungseinheit nicht erforderlich. In Nutzungseinheiten nach Nr. 9a und b sollen alle Aufenthaltsräume und Flure miteinander vernetzte Rauchwarnmelder haben.

Unter den Begriffen „Pflegebedürftigkeit oder Betreuung" ist zu verstehen, dass die Personen mindestens auf ambulante Pflege- oder Betreuungsdienstleistungen angewiesen sind.

Des Weiteren setzt Nr. 9 für die drei Alternativen voraus, dass die Selbstrettungsfähigkeit der Personen eingeschränkt ist. Insofern können betreute Gruppen z. B. für Menschen mit seelischer Behinderung denen Selbstrettungsfähigkeit unterstellt werden kann, vom Anwendungsbereich der Nr. 9 ausgenommen werden.

In Nr. 10 werden Krankenhäuser als eigene Sonderbaukategorie aufgeführt, um die Unterscheidung zur neuen Nr. 11 zu verdeutlichen.

Nr. 11 erfasst sonstige Einrichtungen zur Unterbringung von Personen, die nicht in den Anwendungsbereich der Nr. 9 fallen. Dabei werden die Wohnheime als eigener Typus im Katalog der Sonderbauten beibehalten, da diese Gebäude (z. B. Studentenwohnheime) nicht als „Wohngebäude" betrachtet werden. Die einzel-

| Begriffe | Art. 2 |

nen Appartements sind in aller Regel nicht wie in einem Gebäude mit Wohnungen als feuerwiderstandsfähig gegeneinander abgetrennt, wie „Zellen" ausgebildet, sondern gleichen eher den einzelnen Zimmern in einem Hotel oder in einer Pflegeeinrichtung. Der für Wohngebäude als „Nicht-Sonderbauten" regelmäßig zugestandene Verzicht auf eine Prüfung nach Art. 31 Abs. 3 Satz 2 (ob der zweite Rettungsweg über Rettungsgeräte der Feuerwehr zulässig ist) stützt sich aber maßgeblich auf die feuerwiderstandsfähige Abtrennung der einzelnen Wohnungen gegeneinander. Es bedarf daher bei den Wohnheimen der verfahrenssteuernden Wirkung des Sonderbaubegriffs, um die Prüfung der Bauvorlagen einschließlich des Brandschutznachweises und ggf. der Möglichkeit, einzelfallbezogenen Anforderungen nach Art. 54 Abs. 3 Satz 1 Hs. 1 zu stellen, für solche Gebäude beizubehalten.

In Nr. 12 n. F. wird eine rechtssichere handhabbare Abgrenzung von noch als „wohnartig" anzusehenden Tageseinrichtungen für Kinder und solchen Tageseinrichtungen für mehr als 10 Kinder, die wegen des mit ihren verbunden Gefahrpotentials als Sonderbauten einzustufen sind, vorgenommen.

Nr. 13 regelt die Schulen, Hochschulen und ähnliche Einrichtungen als Sonderbauten und entspricht insofern der alten Fassung.

Nr. 14 regelt die Justizvollzugsanstalten und bauliche Anlagen für den Maßregelvollzug ohne Änderungen gegenüber der alten Fassung.

Nr. 15 regelt die Camping- und Wochenendplätze als Sonderbauten.

Nr. 16 regelt die Freizeit- und Vergnügungsparks in einer gesonderten Nummer, da nach der Gesetzesbegründung dies dem Problempotenzial der Parks entspricht, welches deutlich das der Campingplätze übersteigt.

Nr. 17 bestimmt fliegende Bauten als Sonderbauten, soweit sie einer Ausführungsgenehmigung bedürfen.

Nr. 18 bestimmt, dass Regale mit einer Oberkante Lagerguthöhe von mehr als 7,50 m Sonderbauten darstellen.

Nr. 19 legt fest, dass bauliche Anlagen Sonderbauten sind, deren Nutzung durch Umgang oder Lagerung von Stoffen mit Explosions- oder erhöhter Brandgefahr verbunden ist. Dies entspricht im Wesentlichen der alten Fassung.

Nr. 20 enthält neu einen Auffangtatbestand für Anlagen und Räume, die in den Nummern 1 bis 19 nicht aufgeführt sind. Nach der Gesetzesbegründung sollen damit Sonderfälle erfasst werden können, die bei der Erstellung des Katalogs nicht erkennbar waren. Der Auffangtatbestand kann aber nicht dazu herangezogen werden, um in den übrigen Nummern abschließend umrissene Sonderbautatbestände zu erweitern.

Art. 2 — Begriffe

7 Aufenthaltsräume

Aufenthaltsräume sind Räume, die zum nicht nur vorübergehenden Aufenthalt von Menschen bestimmt oder geeignet sind. Dabei kommt es nicht auf die Beurteilung durch den Bauherrn an, sondern ob der Raum nach Lage und Größe als Aufenthaltsraum **benutzt werden kann**. Maßgeblich ist somit nicht die Bezeichnung eines Raums in den Bauplänen, sondern die objektive Beurteilung, ob ein Raum als Aufenthaltsraum geeignet ist. Dabei ist unerheblich, ob z. B. sanitäre Anlagen vorhanden sind oder ob ein bestimmter Ausbaustandard vorliegt. Als Aufenthaltsräume gelten z. B. Wohnzimmer und Wohndielen, Schlafzimmer, Kinderzimmer, Koch- und Essküchen, Büroräume, Praxisräume, Geschäftszimmer, Verkaufs- und Ladenräume, Arbeitsräume, Werkstätten, Speisezimmer und Kantinen, Galträume, Beherbergungsräume, Versammlungsstätten, Klassenräume, Hörsäle, Übungsräume, Labors und Krankenzimmer.

Nicht als Aufenthaltsräume anzusehen sind Räume, die nach Art und Größe nur dem vorübergehenden Aufenthalt von Menschen dienen. Dies kann insbesondere bei Nebenräumen wie Gängen, Fluren, Treppenräumen, Hausarbeitsräumen (Näh- und Bügelräumen), Wasch- und Aborträumen, Duschen, Spülküchen für Wohnungen, Speisekammern, Vorrats- und Abstellräumen, Trockenräumen, Wasch- und Futterküchen, Garagen, Heizräumen, Ställe etc. der Fall sein.

Sofern es sich um Räume im Keller und Dachgeschoss handelt und diese nicht die objektiven Merkmale von Aufenthaltsräumen erfüllen, fallen sie nicht unter den Begriff der Aufenthaltsräume. Hobbyräume und Schwimmräume, Bastel- und Werkräume gelten somit in der Regel nicht als Aufenthaltsräume.

8 Flächen

In Art. 2 Abs. 6 wird klargestellt, dass Flächen in Gebäuden, Geschossen, Nutzungseinheiten und Räumen als Brutto-Grundfläche zu ermitteln sind. Etwas anderes gilt nur dann, wenn ausdrücklich eine andere Regelung besteht.

9 Geschosse

In Abs. 7 werden die oberirdischen und die Kellergeschosse definiert. Danach handelt es sich um oberirdische Geschosse, wenn ihre Deckenoberkanten im Mittel mehr als 1,40 m über die Geländeoberfläche hinausragen. Sofern dies nicht der Fall ist, handelt es sich um Kellergeschosse.

Zudem stellt der Gesetzgeber klar, dass Hohlräume zwischen der obersten Decke und der Bedachung, in denen Aufenthaltsräume nicht möglich sind, keine Geschosse darstellen. Diese Legaldefinition stimmt mit § 2 Abs. 6 Musterbauordnung überein, s. a. die Synopse hierzu in den Arbeitshilfen.

10 Begriff des Vollgeschosses

Die frühere Definition des Vollgeschosses ist entfallen, da dem Vollgeschossbegriff keine bauordnungsrechtliche Bedeutung mehr zukommt. Jedoch enthält Art. 83

Begriffe   Art. 2

Abs. 7 eine auflösend bedingte **Fortgeltungsregelung** für die Legaldefinition des Vollgeschosses in Art. 2 Abs. 5. a. F., um die weitere praktische Handhabung von nach Inkrafttreten des neuen Rechts aufgestellten Bebauungsplänen zu ermöglichen. Es ist davon auszugehen dass das bundesrechtliche Regelungsdefizit des Vollgeschosses in § 20 Abs. 1 BauNVO noch eine gewisse Zeit fortbestehen wird. Daher erfolgt die Kommentierung an dieser Stelle, s. a. die Synopse hierzu in den Arbeitshilfen.

Der Begriff des Vollgeschosses hat nicht nur für bauordnungsrechtliche Vorschriften (vgl. zu den Anforderungen an Wände, Decken und Treppen) Relevanz, er ist vor allem für das planungsrechtliche „Maß der baulichen Nutzung" (§§ 16, 20, 21a BauNVO), die sog. Geschossflächenberechnung bedeutsam. Die Geschossfläche eines Gebäudes bildet die Summe der Flächen sämtlicher Vollgeschosse dieses Gebäudes.

Unter dem Begriff „Geschoss" sind die Ebenen („Stockwerke") eines Gebäudes zu verstehen, in denen sich üblicherweise die Räume befinden. Die Geschosse werden mit Ausnahmen von Sonderfällen durch Geschossdecken voneinander getrennt, sie müssen nicht allseits von Wänden umschlossen sein. Nach der Rechtsprechung ist daher auch der Raum zwischen Geländeoberfläche und Deckenunterseite eines auf Stützen stehenden Gebäudes ein Geschoss (VGH Bad.-Württ., Urteil vom 19.9.1988, RS 48 Nr. 91).

Geschosse können als versetzte Geschosse höhenmäßige Sprünge in Boden- und Deckenbereich haben. Die Abgrenzung, wann eine versetzte Geschoss-„Ebene" oder bereits ein neues Geschoss vorliegt, ist in der Praxis oft schwierig zu beurteilen. Ein eigenes Geschoss liegt stets dann vor, wenn es nach außen wegen seiner Fassadenhöhe als solches in Erscheinung tritt oder wenn es als Dachgeschoss oder Kellergeschoss die entsprechenden Voraussetzungen für ein Vollgeschoss erfüllt.

Als Sonderfälle sind Galeriegeschosse und fiktive Geschosse (z. B. bei einer Halle mit einer Raumhöhe über 3,50 m) bei der Geschossflächenermittlung von Bedeutung.

Es zählen als **Vollgeschosse** Geschosse, die vollständig über der natürlichen oder festgelegten Geländeoberfläche liegen und über mindestens zwei Drittel ihrer Grundfläche eine Höhe von mindestens 2,3 m haben.

Die Grundfläche eines Geschosses ist begrenzt durch die Außenkanten seiner Umfassungsmauern bzw. der schrägen Dachflächen. Dachüberstände sind hierbei zu vernachlässigen. Die **Geschosshöhe** wird von der Oberkante des fertigen Fußbodens bis zur Oberkante des fertigen Fußbodens des darüber liegenden Geschosses gemessen. Im Dachgeschoss ist die horizontale Schnittfläche mit der Dachaußenhaut in 2,3 m Höhe als obere Geschossbegrenzung maßgeblich.

Podesteinbauten und sonstige künstliche Anhebungen der Fußbodenfläche reduzieren die Geschosshöhe nicht. Sie sind nicht geeignet, z. B. aus einem Vollgeschoss wegen GFZ-Überschreitung ein Nichtvollgeschoss zu konstruieren.

Art. 2

Begriffe

Die Geschosshöhe von 2,3 m ist nicht zu verwechseln mit der „lichten Raumhöhe", dem Endmaß zwischen fertigem Fußboden und Deckenunterkante. In der Regel entspricht eine Geschosshöhe von 2,3 m einer lichten Raumhöhe von 2 m bis 2,1 m. Daraus ist ersichtlich, dass Vollgeschosse auch solche sein können, in denen keine Aufenthaltsräume zulässig sind, da deren Mindesthöhe 2,4 m unterschreitet (Art. 45 Abs. 1).

Neben dem Vollgeschoss gibt es auch Nichtvollgeschosse mit einer Geschosshöhe unter 2,3 m über zwei Drittel ihrer Grundfläche. Diese können auch oberirdisch liegen, z. B. Technikgeschosse für Heizungs- und Lüftungsanlagen.

Dachgeschosse können Vollgeschosse oder Nichtvollgeschosse sein; dies wirkt sich nur bei der Ermittlung der GFZ, jedoch nicht auf die bauordnungsrechtliche Zulässigkeit von Aufenthaltsräumen aus (zu Aufenthaltsräumen vgl. Art. 45).

Beim Dachgeschoss kommt es – wie bisher – für den Begriff des Vollgeschosses nicht auf die nach Ausbauzustand veränderbaren Innenmaße, sondern auf die Außenmaße eines Gebäudes, gemessen bis zur Dachaußenhaut, an.

Bei der Überprüfung, ob es sich beim Dachgeschoss um ein Vollgeschoss handelt, ist die Größe der Schnittfläche zu ermitteln, die entsteht, wenn die fertige Dachaußenhaut in einer Höhe von 2,3 m über dem fertigen Fußboden des Dachgeschosses horizontal durchschnitten wird. Hierbei sind auch die Schnittflächen von Gauben etc. anzurechnen, sofern sie höher als 2,3 m über den Fußboden hinausragen. Wenn die so ermittelte Fläche mindestens zwei Drittel der Grundfläche des Dachgeschosses aufweist, handelt es sich um ein Vollgeschoss.

Abb. 2: Dachgeschoss als Vollgeschoss – Rechennachweis

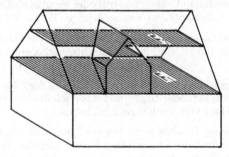

F_2 = Schnittfläche
2,3 m über F_1 mit der Dachhaut

F_1 = Grundfläche
Dachgeschoss (Oberkante fertiger Fußboden)

Sofern $F_2 \geq {}^2/_3\, F_1$
zählt das Dachgeschoss als Vollgeschoss.

Begriffe **Art. 2**

Es ist unverständlich, warum der Gesetzgeber trotz der bekannten Ungereimtheiten nach wie vor die Grundfläche des Dachgeschosses und nicht die des darunter liegenden Geschosses als Bezugsfläche definiert. Dies führt auch weiterhin zu einer Bevorzugung von austragenden Dachgeschossen und zu einer Benachteiligung von Terrassengeschossen (Penthäuser). Bei Sonderdachformen, wie z. B. Laternengeschossen, ist eine eindeutige Definition der Grundfläche nicht immer möglich. Behaftet mit diesen Rechtsunsicherheiten werden die Genehmigungsbehörden weiterhin mit sog. Näherungsmethoden praxisgerechte Beurteilungen finden müssen.

Auch **Kellergeschosse** können Vollgeschosse oder Nichtvollgeschosse sein. Ein Kellergeschoss – Untergeschoss – rechnet dann als Vollgeschoss (Art. 83 Abs. 7, Art. 2 Abs. 5 a. F.), wenn es

- über mindestens zwei Drittel seiner Grundfläche die Geschosshöhe 2,3 m aufweist und

- mit seiner „Deckenoberkante" (= Fläche des Erdgeschossfußbodens) im rechnerischen Mittel 1,2 m oder mehr aus dem Gelände herausragt.

Dies gilt sowohl für ebenes als auch für geneigtes Gelände. Bei künstlichen (von der Bauaufsichtsbehörde festgelegten) Geländeveränderungen ist die Geländeoberfläche im Endzustand maßgeblich.

Bei der rechnerischen Überprüfung, ob in einem hängigen Gelände ein Untergeschoss ein Vollgeschoss ist, muss rechnerisch das **Volumen** ermittelt werden, mit dem das Untergeschoss aus dem Gelände herausragt. Wenn das so ermittelte Volumen gleich oder größer ist als das Vergleichsvolumen, das sich bei derselben Grundrissfläche und einer gleich bleibenden Höhe von 1,2 m ergibt, handelt es sich um ein Vollgeschoss. Diese Berechnungsmethode ist zwar mathematisch präzise, in der praktischen Anwendung jedoch kaum vollziehbar.

Bei annähernd rechteckigen Grundrissen genügt es, als Näherungsmethode die zwischen Gelände und „Deckenoberkante" des Kellers frei liegende Fläche F sämtlicher Außenwände zu ermitteln. Sofern diese gleich oder größer ist als die Vergleichsfläche F', die sich aus dem Gebäudeumfang multipliziert mit der Höhe von 1,2 m ergibt, handelt es sich um ein Vollgeschoss.

Art. 2

Begriffe

Abb. 3: Kellergeschoss – Untergeschoss als Vollgeschoss – Rechennachweis

Vergleichsgebäude   Zu überprüfendes Gebäude

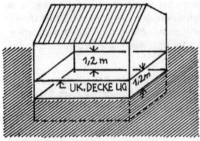 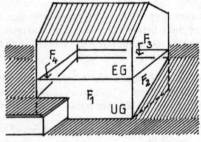

F' = GEBÄUDEUMFANG × 1,2 m $F = F_1 + F_2 + F_3 + F_4$
                                   UG = VOLLGESCHOSS, WENN $F \geq F'$

Die Abgrenzung zwischen oberirdischen Geschossen und Kellergeschossen wird nach Abs. 7 Satz 1 1. Hs. in der Weise vorgenommen, dass es sich um **oberirdische Geschosse** handelt, wenn ihre Deckenoberkanten im Mittel mehr als 1,40 m über die Geländeoberfläche herausragen.

Abb. 4: Oberirdische Geschosse Abs. 7 – Rechennachweis

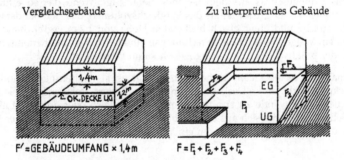

Vergleichsgebäude   Zu überprüfendes Gebäude

F' = GEBÄUDEUMFANG × 1,4 m $F = F_1 + F_2 + F_3 + F_4$

Das Untergeschoss zählt als oberirdisches Geschoss, wenn F gleich oder größer ist als F'. Die Wandflächenhöhe wird jeweils vom Geländeanschnitt bis zur Oberkante der Kellerdecke gemessen.

Aufenthaltsräume und Wohnungen sind in Kellergeschossen zulässig, wenn sie die Anforderungen nach Art. 45 erfüllen, ganz gleich, ob der Keller nach den o. g. Kriterien ein Vollgeschoss ist oder nicht. Sofern ein Bebauungsplan die Anzahl der Vollgeschosse festsetzt, ist der o. g. Vollgeschossnachweis maßgeblich.

Begriffe **Art. 2**

11 Stellplätze und Garagen

Eine Legaldefinition für Stellplätze und Garagen enthält Abs. 8. Sowohl Garagen wie Stellplätze sind gemäß Abs. 1 als bauliche Anlagen anzusehen, Garagen, gemäß Abs. 1 Satz 1 und Stellplätze gemäß Abs. 1 Satz 3 Nr. 4. **Stellplätze** sind Flächen, die dem Abstellen von Kraftfahrzeugen außerhalb der öffentlichen Verkehrsflächen dienen. Es muss sich um privat genutzte Flächen handeln, die zum Abstellen von Kraftfahrzeugen bestimmt und geeignet sind. Dabei sind Stellplätze auch Stellplätze mit Schutzdächern, die nur im Rahmen der bautechnischen Regelung der Garagenverordnung als offene Garagen gelten (§ 1 Abs. 1 Satz 3 GaStellV).

Nach Abs. 8 Satz 3 gelten Ausstellungs-, Verkaufs-, Werk- und Lagerräume für Kraftfahrzeuge nicht als Stellplätze oder Garagen.

Garagen sind ganz oder teilweise umschlossene Räume zum Abstellen von Kraftfahrzeugen. Hierfür ist Voraussetzung, dass die Garage durch ein Dach und nach mindestens zwei Seiten durch Wände abgeschlossen ist (BayObLG Beschluss vom 12.5.1977, BayVBl. 1977, S. 508). Der Raum muss zum Abstellen von Kraftfahrzeugen bestimmt sein oder jedenfalls regelmäßig dazu benutzt werden. Es kommt nach Auffassung des Bayerischen Obersten Landesgerichts nicht darauf an, ob das Gebäude als Garage genehmigt ist oder den Anforderungen an Garagen entspricht. Regelungen für offene, geschlossene, oberirdische, automatische, Klein-, Mittel- und Großgaragen enthält die Garagenverordnung. Zur Stellplatzpflicht vgl. Art. 47 BayBO Ziffer 1.

12 Feuerstätten

In Abs. 9 wird der Begriff der Feuerstätte definiert, Voraussetzung für Feuerstätten sind in oder an Gebäuden ortsfest benutzte Anlagen oder Einrichtungen, die dazu bestimmt sind, durch Verbrennung Wärme zu erzeugen.

Zu den Anforderungen an Feuerstätten vgl. Art. 40 BayBO Ziffer 1.

13 Barrierefreiheit

Der neue Abs. 10 definiert für das Bauordnungsrecht einheitlich den Begriff der Barrierefreiheit. In Übereinstimmung mit § 4 des Gesetzes zur Gleichstellung behinderter Menschen (Behindertengleichstellungsgesetz – BGG) und Art. 4 des Bayerischen Gesetzes zur Gleichstellung, Integration und Teilhabe von Menschen mit Behinderung (Bayerisches Behindertengleichstellungsgesetz – BayBGG) gelten als barrierefreie bauliche Anlagen, soweit sie für Menschen mit Behinderung in der allgemein üblichen Weise, ohne besondere Erschwernis und grundsätzlich ohne fremde Hilfe zugänglich und nutzbar sind. Dies bedeutet keine Veränderung der materiell-rechtlichen Anforderungen an die Barrierefreiheit, sondern eine rechtstechnische Vereinfachung: Überall wo die BayBO den Begriff „barrierefrei" benutzt, kann auf die Definition des i. S. d. Art. 2 Abs. 10 BayBO 2013 zurückgegriffen werden.

Art. 3 — Allgemeine Anforderungen

14 Bauprodukte

Abs. 11 definiert den Begriff „Bauprodukte" im Sinn der Bauproduktenverordnung bzw. des § 2 Abs. 1 BauPG. Insofern werden hier die Bauprodukte von den Einrichtungsgegenständen abgegrenzt. Unter Bauprodukten versteht man Baustoffe, Bauteile und Anlagen, die mit der Zielsetzung einer dauerhaften Einbindung in bauliche Anlagen hergestellt werden bzw. aus Baustoffen und Bauteilen gefertigte Anlagen, die nach ihrer Herstellung im Sinn des Abs. 1 verwendet werden sollen. Einrichtungen, die hierunter nicht fallen, wie z. B. Mülltonnenbehältnisse, sind von Art. 1 Abs. 1 Satz 2 erfasst.

Zu Bauprodukten s. Vorbemerkung zu Art. 15 BayBO Ziffer 1 ff.

15 Bauarten

In Abs. 12 ist der Begriff der Bauart legal definiert. Er wird in der Kommentierung zu Art. 19 näher erläutert.

Art. 3
Allgemeine Anforderungen

(1) ¹Anlagen sind unter Berücksichtigung der Belange der Baukultur, insbesondere der anerkannten Regeln der Baukunst, so anzuordnen, zu errichten, zu ändern und instand zu halten, dass die öffentliche Sicherheit und Ordnung, insbesondere Leben und Gesundheit, und die natürlichen Lebensgrundlagen nicht gefährdet werden. ²Sie müssen bei ordnungsgemäßer Instandhaltung die allgemeinen Anforderungen des Satzes 1 ihrem Zweck entsprechend angemessen dauerhaft erfüllen und ohne Missstände benutzbar sein.

(2) ¹Die vom Staatsministerium des Innern oder der von ihm bestimmten Stelle durch öffentliche Bekanntmachung als Technische Baubestimmungen eingeführten technischen Regeln sind zu beachten. ²Bei der Bekanntmachung kann hinsichtlich ihres Inhalts auf die Fundstelle verwiesen werden. ³Von den Technischen Baubestimmungen kann abgewichen werden, wenn mit einer anderen Lösung in gleichem Maße die allgemeinen Anforderungen des Abs. 1 erfüllt werden; Art. 15 Abs. 3 und Art. 19 bleiben unberührt. ⁴Werden die allgemein anerkannten Regeln der Baukunst und Technik beachtet, gelten die entsprechenden bauaufsichtlichen Anforderungen dieses Gesetzes und der aufgrund dieses Gesetzes erlassenen Vorschriften als eingehalten.

(3) Für die Beseitigung von Anlagen, für die Änderung ihrer Nutzung und für Baugrundstücke gelten Abs. 1 Satz 1 und Abs. 2 entsprechend.

(4) Bauprodukte und Bauarten, die in Vorschriften eines anderen Mitgliedstaates der Europäischen Union oder eines anderen Vertragsstaates des Abkommens vom 2. Mai 1992 über den Europäischen Wirtschaftsraum genannten tech-

Allgemeine Anforderungen **Art. 3**

nischen Anforderungen entsprechen, dürfen verwendet oder angewendet werden, wenn das geforderte Schutzniveau in Bezug auf Sicherheit, Gesundheit und Gebrauchstauglichkeit gleichermaßen dauerhaft erreicht wird.

Erläuterungen

Übersicht

1 Allgemeines
2 Voraussetzungen des Abs. 1 Sätze 1 und 2
3 Beachtung der eingeführten Technischen Baubestimmungen
4 Beseitigung und Änderung von baulichen Anlagen
5 Gleichwertigkeitsklausel für Bauprodukte und Bauarten anderer europäischer Länder

1 Allgemeines

Art. 3 Abs. 1 Satz 1 ist die Grundnorm des Bauordnungsrechts; sie erweitert die Aufgaben des Bauordnungsrechts über das Sicherheitsrecht hinaus und fordert auch einen Schutz für die natürlichen Lebensgrundlagen. Art. 3 stellt zudem die Auffangnorm in der Bauordnung dar. Sie kommt dann zur Anwendung, wenn keine bauaufsichtlichen Spezialvorschriften ein Eingreifen der Bauaufsichtsbehörden ermöglichen. Dabei nehmen zahlreiche Rechtsvorschriften auf Art. 3 Bezug, wie Art. 16 Abs. 1, Art. 54 Abs. 3, Abs. 5 und Art. 80 Abs. 1.

2 Voraussetzungen des Abs. 1 Sätze 1 und 2

Die Begriffe der baulichen und anderen Anlagen sind in Art. 1 definiert (vgl. Art. 1 Ziffer 2). Die bauordnungsrechtliche Generalklausel des Art. 3 Abs. 1 wurde neu geregelt. Nunmehr sind Anlagen unter Berücksichtigung der Belange der **Baukultur** insbesondere der anerkannten Regeln der Baukunst so anzuordnen, zu errichten und instand zu halten, dass die öffentliche Sicherheit und Ordnung und die natürlichen Lebensgrundlagen nicht gefährdet werden. Damit soll klargestellt werden, dass der Gesetzgeber auch mit dem neuen Bauordnungsrecht eine Verpflichtung für eine qualitätvolle Gestaltung der baulichen Umwelt festlegt. Die bauordnungsrechtliche Generalklausel umfasst auch die Gestaltung (vgl. auch Art. 8). Sofern Zweifel über den Inhalt der Regeln der Baukunst bestehen, so sind hierzu sachverständige Personen hinzuzuziehen (BayVGH, Urteil vom 20.7.1999, BayVBl. 2000, S. 690, BVerwG, Beschluss vom 6.12.1999, BayVBl. 2000, S. 698).

Der Begriff „**anordnen**" meint den Standort der Anlagen. Es geht dabei auch um die Stellung der Anlage auf dem Grundstück.

Unter dem Begriff „**ändern**" ist die Umbildung einer baulichen Anlage vom Arbeitsbeginn bis zum vollständigen Werk im Inneren oder Äußeren zu verstehen. So stellt z. B. auch die Änderung der äußeren Erscheinungsform (Anstrich, Beschriftung, etc.) eine solche Änderung dar.

Art. 3
Allgemeine Anforderungen

Der Begriff „**Instandhaltung**" wurde durch die Bauordnungsnovelle 1994 in Anlehnung an die Bauproduktenrichtlinie eingeführt. Er umfasst ebenso wie der bisherige Begriff „Unterhaltung" alle Maßnahmen, die dazu dienen, Gebrauchsfähigkeit und Wert baulicher Anlagen unter Belassung von Konstruktion und äußerer Gestalt zu erhalten.

Der Begriff „**öffentliche Sicherheit**" umfasst unverändert nicht nur den Schutz von Leben, Gesundheit, Eigentum, Besitz und grundlegenden Einrichtungen des Staates, sondern speziell im Bauordnungsrecht den Schutz der Belange Standsicherheit, Brandschutz, Schall- und Wärmeschutz, Immissionsschutz, Verkehrssicherheit und Gesundheitsschutz. Zur „**öffentlichen Ordnung**" gehört die Gesamtheit der für ein funktionierendes staatsbürgerliches Gemeinschaftsleben geltenden Anschauungen; im Bauordnungsrecht zählen hierzu insbesondere gestalterische, aber auch soziale Aspekte. So kann z. B. die öffentliche Ordnung durch ein Dirnenwohnheim in der Nähe einer Schule gefährdet sein.

Unter dem Begriff der „**natürlichen Lebensgrundlagen**" (vgl. Art. 141 BV) ist der Schutz des Bodens, des Wassers, der Luft, des Waldes, des Klimas, der Pflanzen- und Tierwelt sowie von Natur und Landschaft zu verstehen (BayVerfGH, Urteil vom 21.2.1986, BayVBl., S. 298).

Eine **Gefährdung der Schutzgüter** liegt dann vor, wenn ein Schadenseintritt hinreichend wahrscheinlich ist. Nach der Rechtsprechung muss bei dem Grad der Wahrscheinlichkeit nach der Bedeutung des Schutzgutes differenziert werden (BVerwG, Urteil vom 26.6.1970, BayVBl. 1971, S. 149). Daraus wird deutlich, dass an die Wahrscheinlichkeit des Schadenseintritts umso geringere Anforderungen gestellt werden können, umso größer der zu befürchtende Schaden ist. Für den Erlass von Einzelanordnungen muss stets eine konkrete Gefahr vorliegen. Dies bedeutet, dass ein Schaden im konkreten Einzelfall in einem überschaubaren Zeitraum mit hinreichender Wahrscheinlichkeit eintritt. Eine staatliche Schutzpflicht gegen hypothetische Gefahren besteht nicht (BVerwG, Beschluss vom 28.2.2002, NJW 2002, 1638, VGH-BW, Beschluss vom 19.4.2002, NVwZ-RR 2003, 27 und Beschluss vom 2.3.2004, ZfBR 2004, 808 zu Mobilfunkanlagen).

Abs. 1 Satz 2 fordert die dauerhafte Gewährleistung der Anforderungen nach Satz 1. Dieses Erfordernis ist in Art. 10 bis 14 näher ausgestaltet.

Dabei ist unter „ihrem Zweck entsprechend angemessene Dauerhaftigkeit" die geplante Nutzungs- bzw. gewöhnliche Lebensdauer entsprechender baulicher Anlagen zu verstehen. Art. 3 soll sicherstellen, dass während dieses Zeitraums weder von der Gesamtanlage noch von Teilen derselben Gefahren für die öffentliche Sicherheit und Ordnung und die natürlichen Lebensgrundlagen ausgehen dürfen.

Allgemeine Anforderungen   **Art. 3**

3 Beachtung der eingeführten Technischen Baubestimmungen

Durch die Bauordnungsnovelle 1994 wurde die Berücksichtigung der allgemein anerkannten Regeln der Technik als Prüfungsmaßstab für Bauvorhaben aufgehoben. Abs. 2 Satz 1 fordert vom Bauherrn nur die Beachtung der vom Bayerischen Staatsministerium des Innern bzw. der von ihm bestimmten Stelle eingeführten technischen Baubestimmungen. Durch diese Regelung wurde die Zahl der zu beachtenden technischen Regelungen erheblich reduziert. Dabei ist der Begriff der allgemein anerkannten Regeln der Technik und Baukunst nicht bauordnungsrechtlich bedeutungslos geworden, vielmehr gilt nach Abs. 2 Satz 4, dass bei einer Beachtung der allgemein anerkannten Regeln der Baukunst und Technik die entsprechenden bauaufsichtlichen Anforderungen der Bauordnung und der auf Grund der Bauordnung erlassenen Vorschrift als eingehalten gelten. Auf die ordnungsgemäß eingeführten technischen Baubestimmungen kann nach der Rechtsprechung des BVerwG (Beschluss vom 23.7.2010, BayVBl. 2010, S. 767) Bezug genommen werden. Dabei erfassen allgemein anerkannte Regeln der Technik die technischen Regeln für den Entwurf und die Ausführung baulicher Anlagen, die in Wissenschaft und Praxis bekannt und als richtig und anerkannt sind. Unter dieser Voraussetzung kommen vor allem folgende Regeln der Technik in Betracht:

- Die Normen des Normausschusses Bauwesen (NABau) im Deutschen Institut für Normung e. V.
- VDE-Bestimmungen des Verbandes deutscher Elektrotechniker für die Errichtung, Herstellung oder den Betrieb elektrischer Anlagen oder Betriebsmittel.
- DVGW-Regeln des Deutschen Vereins der Gas- und Wasserfachleute, die für die Errichtung und Erhaltung von Niederdruckgasanlagen in Gebäuden und auf Grundstücken dienen.
- VDI-Richtlinien des Vereins Deutscher Ingenieure e. V., zu nennen sind hier die VDI 3471 Tierhaltung Schweine sowie die VDI 3472 Tierhaltung Hühner.
- Unfallverhütungsvorschriften der Träger der gesetzlichen Unfallversicherung. Diese kommen dann in Betracht, wenn die besondere Tätigkeit des Bauens Unfallgefahren bedingen können.
- Verwaltungsvorschriften von Bund, Ländern und Kommunen, die eine technische Zielsetzung haben, wie z. B. die TA-Lärm, die TA-Luft (hierzu BVerwG, Urt. v. 20.12.1999, NVwZ 2000, 440).

Damit wird einerseits sichergestellt, dass die Regeln, die der Gefahrenabwehr dienen, beachtlich bleiben. Zudem soll zweifelsfrei festgelegt werden, welche Regeln der Bauherr aus öffentlich-rechtlicher Sicht heraus einzuhalten hat. Auf diese Weise sollen in weitem Umfang technisch gleichwertige Lösungen, die noch nicht allgemein anerkannt sind, realisiert werden können. Nach der **Regelvermutung** des Abs. 2 Satz 4 kann der Bauherr bei Beachtung der allgemein anerkannten Regeln der Technik und Baukunst davon ausgehen, dass er die entsprechenden bauaufsichtlichen Anforderungen eingehalten hat. Hat die Behörde hieran Zweifel, so trägt sie die Beweislast.

Art. 3
Allgemeine Anforderungen

Neu gefasst wurde Abs. 2 Satz 3. Danach kann von den technischen Baubestimmungen abgewichen werden, wenn mit einer anderen Lösung im gleichem Maße die allgemeinen Anforderungen des Abs. 1 erfüllt werden; Art. 15 Abs. 3 und Art. 19 bleiben unberührt. Während bisher nur durch die Zulassung einer Abweichung nach Art. 70 a. F. von technischen Baubestimmungen abgewichen werden durfte, sind nunmehr Abweichungen von technischen Baubestimmungen unmittelbar dann zulässig, wenn die abweichende Lösung im gleichen Maße die Grundanforderung des Art. 3 Abs. 1 erfüllt. Es bedarf somit keiner bauaufsichtlichen Einzelfallentscheidung mehr, wenn die Lösung die allgemein anerkannten Regeln der Technik gleichermaßen erfüllt. Dennoch haben die allgemein anerkannten Regeln der Baukunst und Technik im Bereich des Zivilrechts und des Strafrechts Verbindlichkeit (Parmentier, BauR 1998, S. 207, Reichelt, BauR 2007, S. 1483, Seibel ZfBR 2008, S. 635). Unberührt hiervon bleiben jedoch die bauprodukterechtlichen Zulassungsvorschriften sowie die Einhaltung des Grundsatzes, dass Abweichungen von den materiellrechtlichen Anforderungen der Bayerischen Bauordnung selbst und von Rechtsvorschriften auf ihrer Grundlage stets einer Abweichungsentscheidung nach Art. 63 Abs. 1 bedürfen.

4 Beseitigung und Änderung von baulichen Anlagen

Für die Beseitigung baulicher Anlagen, anderer Anlagen und Einrichtungen, für die Nutzungsänderung sowie für Baustellen und Baugrundstücke gelten die Grundsätze der Gefahrabwehr des Abs. 1 Satz 1 sowie die Pflicht zur Einhaltung der eingeführten Technischen Baubestimmungen nach Abs. 2 Satz 1 entsprechend.

Die Beseitigung von Baudenkmälern kann nach Art. 3 nicht verhindert werden, sondern nur über die Vorschriften des Denkmalschutzgesetzes (Art. 1 DSchG BY) bzw. über Erhaltungssatzungen nach §§ 172 ff. BauGB.

5 Gleichwertigkeitsklausel für Bauprodukte und Bauarten anderer europäischer Länder

Neu geregelt hat der Gesetzgeber für Bauprodukte und Bauarten, die in Vorschriften eines anderen Mitgliedstaates der Europäischen Union oder eines anderen Vertragsstaates des Abkommens vom 2. Mai 1992 über den Europäischen Wirtschaftsraum genannten technischen Anforderungen entsprechen, dass diese verwendet oder angewendet werden dürfen, wenn das geforderte Schutzniveau in Bezug auf Sicherheit, Gesundheit und Gebrauchstauglichkeit, gleichermaßen dauerhaft erreicht wird. In der Gesetzesbegründung wird hierzu ausgeführt, dass diese allgemeine Gleichwertigkeitsklausel den entsprechenden Forderungen der EU-Kommission im Notifizierungsverfahren entspricht.

Allgemeine Anforderungen **Art. 3**

Anlage
Liste der Technischen Baubestimmungen[1])
– Fassung Januar 2013 –

Vorbemerkungen

Die Liste der Technischen Baubestimmungen (Liste der TB) enthält technische Regeln für die Planung, Bemessung und Konstruktion baulicher Anlagen, deren Einführung als Technische Baubestimmungen auf der Grundlage des Art. 3 Abs. 2 Satz 1 BayBO erfolgt. Technische Baubestimmungen sind allgemein verbindlich, da sie nach Art. 3 Abs. 2 Satz 1 BayBO zu beachten sind.

Es werden nur die technischen Regeln eingeführt, die zur Erfüllung der Grundsatzanforderungen des Bauordnungsrechts unerlässlich sind. Die Bauaufsichtsbehörden sind allerdings nicht gehindert, im Rahmen ihrer Entscheidungen zur Ausfüllung unbestimmter Rechtsbegriffe auch auf nicht eingeführte allgemein anerkannte Regeln der Technik zurückzugreifen.

Soweit technische Regeln durch die Anlagen in der Liste der TB geändert oder ergänzt werden, gehören auch die Änderungen und Ergänzungen zum Inhalt der Technischen Baubestimmungen.

Wird in Technischen Baubestimmungen, die noch nicht an die Eurocodes angepasst sind, auf nationale Normen verwiesen, dürfen anstelle dieser die in der Liste enthaltenen Eurocodes in Verbindung mit ihren Nationalen Anhängen angewendet werden. Dabei ist Folgendes zu beachten: Beim Nachweis des Gesamttragwerks nach den in der Liste enthaltenen Eurocodes ist die Bemessung einzelner Bauteile nach den noch nicht an die Eurocodes angepassten nationalen Normen nur zulässig, wenn diese einzelnen Bauteile innerhalb des Tragwerkes Teiltragwerke bilden und die Schnittgrößen und Verformungen am Übergang vom Teiltragwerk zum Gesamttragwerk entsprechend der jeweiligen Norm berücksichtigt wurden. Gleiches gilt auch für den Fall, dass das Gesamttragwerk nach nationalen Normen bemessen wird und Teiltragwerke nach den Eurocodes.

Vorgenanntes gilt auch für Typenprüfungen und allgemeine bauaufsichtliche Zulassungen, die auf nationale technische Regeln Bezug nehmen. Für das von diesen Regeln betroffene Bauteil erfolgt die Bemessung nach den in der Typenprüfung oder Zulassung in Bezug genommenen technischen Regeln und die Nachweise des übrigen Tragwerks (Grenzzustände der Tragfähigkeit und der Gebrauchstauglichkeit) nach den in der Liste enthaltenen Technischen Baubestimmungen.

---

1) Die Verpflichtungen aus der Richtlinie 98/34/EG des Europäischen Parlaments und des Rates vom 22. Juni 1998 über ein Informationsverfahren auf dem Gebiet der Normen und technischen Vorschriften und der Vorschriften für die Dienste der Informationsgesellschaft (ABl. L 204 vom 21. Juli 1998, S. 37), zuletzt geändert durch die Richtlinie 2006/96/EG des Rates vom 20. November 2006 (ABl. L 363 vom 20. Dezember 2006, S. 81), sind beachtet.

Art. 3
Allgemeine Anforderungen

Sofern die Nationalen Anhänge „NCI" (en: non-contradictory complementary information) enthalten, sind diese Bestandteil der Technischen Baubestimmungen und damit zu beachten.

Anlagen, in denen die Verwendung von Bauprodukten (Anwendungsregelungen) nach harmonisierten Normen nach der Bauproduktenrichtlinie geregelt ist, sind durch den Buchstaben „E" kenntlich gemacht.

Gibt es im Teil I der Liste keine technischen Regeln für die Verwendung von Bauprodukten nach harmonisierten Normen und ist die Verwendung auch nicht durch andere allgemein anerkannte Regeln der Technik geregelt, können Anwendungsregelungen auch im Teil II Abschnitt 5 der Liste enthalten sein.

Europäische technische Zulassungen enthalten im Allgemeinen keine Regelungen für die Planung, Bemessung und Konstruktion baulicher Anlagen und ihrer Teile, in die die Bauprodukte eingebaut werden. Die hierzu erforderlichen Anwendungsregelungen sind im Teil II Abschnitt 1 bis 4 der Liste aufgeführt.

Im Teil III sind Anwendungsregelungen für Bauprodukte und Bausätze, die in den Geltungsbereich von Verordnungen nach Art. 15 Abs. 4 und Art. 19 Abs. 2 BayBO fallen (zurzeit nur § 1 der Verordnung über bauordnungsrechtliche Regelungen für Bauprodukte und Bauarten: Feststellung der wasserrechtlichen Eignung durch Nachweise nach der BayBO), aufgeführt.

Die technischen Regeln für Bauprodukte werden nach Art. 15 Abs. 2 BayBO in der Bauregelliste A bekannt gemacht. Sofern die in Spalte 2 der Liste aufgeführten technischen Regeln Festlegungen zu Bauprodukten (Produkteigenschaften) enthalten, gelten vorrangig die Bestimmungen der Bauregellisten.

Teil I: Technische Regeln für die Planung, Bemessung und Konstruktion baulicher Anlagen und ihrer Teile

Inhaltsverzeichnis

1 Technische Regeln zu Grundlagen der Tragwerksplanung und Einwirkungen
2 Technische Regeln zur Bemessung und zur Ausführung
    2.1 Grundbau
    2.2 Mauerwerksbau
    2.3 Beton-, Stahlbeton- und Spannbetonbau
    2.4 Metall- und Verbundbau
    2.5 Holzbau
    2.6 Bauteile
    2.7 Sonderkonstruktionen
3 Technische Regeln zum Brandschutz

Allgemeine Anforderungen — Art. 3

4 Technische Regeln zum Wärme- und zum Schallschutz
4.1 Wärmeschutz
4.2 Schallschutz
5 Technische Regeln zum Bautenschutz
5.1 Schutz gegen seismische Einwirkungen
5.2 Holzschutz
6 Technische Regeln zum Gesundheitsschutz
7 Technische Regeln als Planungsgrundlagen

Übersicht der Technischen Baubestimmungen	
Norm	lfd. Nr.
DIN 1045	2.3.1
DIN 1052	2.5.1
DIN 1053	2.2.1
DIN 1054	2.1.1
DIN 1056	2.7.1
DIN 4102	3.1
DIN 4108	4.1.1
DIN 4109	4.2.1
DIN 4119	2.4.5
DIN 4121	2.6.1
DIN 4123	2.1.4
DIN 4131	2.7.3
DIN V 4133	2.7.1
DIN 4134	2.7.4
DIN 4149	5.1.1
DIN 4178	2.7.5
DIN 4213	2.3.5
DIN 4223	2.3.8
DIN 4232	2.3.4
DIN V 11535	2.7.7
DIN 11622	2.7.8
DIN 18040	7.3

Art. 3

Allgemeine Anforderungen

Übersicht der Technischen Baubestimmungen	
Norm	lfd. Nr.
DIN 18065	7.1
DIN 18069	2.6.3
DIN 18159	4.1.2
DIN 18168	2.6.4
DIN 18516	2.6.5
DIN 18551	2.3.6
DIN 18807	2.4.4
DIN 68800	5.2.1
DIN EN 206	2.3.1
DIN EN 1090-2	2.4.1
DIN EN 1090-3	2.4.3
DIN EN 1337	2.6.2
DIN EN 1536	2.1.2
DIN EN 1537	2.1.5
DIN EN 1990	1.1
DIN EN 1991	1.2
DIN EN 1992	2.3.2
DIN EN 1993	2.4.1
DIN EN 1994	2.4.2
DIN EN 1995	2.5.1
DIN EN 1997	2.1.1
DIN EN 1999	2.4.3
DIN EN 12699	2.1.3
DIN EN 13084	2.7.1
DIN EN 13670	2.3.1
DIN EN 13782	2.7.2
DIN EN 13814	2.7.2
DIN EN 14199	2.1.6
DIN EN 14487	2.3.6

Allgemeine Anforderungen **Art. 3**

Übersicht der Technischen Baubestimmungen	
Norm	lfd. Nr.
DIN SPEC 18537	2.1.5
DIN SPEC 18538	2.1.3
DIN SPEC 18539	2.1.6
DIN SPEC 18140	2.1.2
DIN EN ISO 17660	2.3.3

Richtlinie (Kurztitel)	lfd. Nr.
Asbest-Richtlinie	6.2
ETB-Absturzrichtlinie	1.3
Flächen für die Feuerwehr	7.4
Harnstoff-Formaldehydharz-Orts.	4.1.3
Hochfeuerhemm. Holzbauweise	3.8
Industriebau-Richtlinie	3.2
Instandsetzungs-Richtlinie	2.3.7
Kunststofflager-Richtlinie	3.7
Lehmbau-Regeln	2.7.11
Leitungsanlagen-Richtlinie	3.6
Löschwasser-Rückhalteanlagen-R.	3.4
Lüftung fensterloser Küchen u.Ä.m.	6.3
Lüftungsanlagen-Richtlinie	3.5
PCB-Richtlinie	6.1
PCP-Richtlinie	6.4
Systemböden-Richtlinie	3.3
Verglasungen, linienförmig gelagert	2.6.6
Verglasungen, absturzsichernd	2.6.7
Verglasungen, punktförmig gelagert	2.6.8
Windenergieanlagen	2.7.9

Art. 3
Allgemeine Anforderungen

1 Technische Regeln zu Grundlagen der Tragwerksplanung und Einwirkungen[1])

Lfd. Nr.	Bezeichnung	Titel	Ausgabe	Bezugsquelle/ Fundstelle
1	2	3	4	5
1.1	DIN EN 1990 Anlage 1.1/1	Eurocode – Grundlagen der Tragwerksplanung	Dezember 2010	*)
	DIN EN 1990/ NA	Nationaler Anhang – National festgelegte Parameter – Eurocode: Grundlagen der Tragwerksplanung	Dezember 2010	*)
1.2	DIN EN 1991	Eurocode 1: Einwirkungen auf Tragwerke		
	-1-1	–; Teil 1-1: Allgemeine Einwirkungen auf Tragwerke – Wichten, Eigengewicht und Nutzlasten im Hochbau	Dezember 2010	*)
	-1-1/NA	Nationaler Anhang – National festgelegte Parameter – Eurocode 1: Einwirkungen auf Tragwerke – Teil 1-1: Allgemeine Einwirkungen auf Tragwerke – Wichten, Eigengewicht und Nutzlasten im Hochbau	Dezember 2010	*)
	-1-2	–; Teil 1-2: Allgemeine Einwirkungen – Brandeinwirkungen auf Tragwerke	Dezember 2010	*)
	-1-2/NA Anlage 1.2/1	Nationaler Anhang – National festgelegte Parameter – Eurocode 1: Einwirkungen auf Tragwerke – Teil 1-2: Allgemeine Einwirkungen – Brandeinwirkungen auf Tragwerke	Dezember 2010	*)
	-1-3 Anlage 1.2/2	–; Teil 1-3: Allgemeine Einwirkungen, Schneelasten	Dezember 2010	*)
	-1-3/NA	Nationaler Anhang – National festgelegte Parameter – Eurocode 1: Einwirkungen auf Tragwerke – Teil 1-3: Allgemeine Einwirkungen, Schneelasten	Dezember 2010	*)
	-1-4 Anlage 1.2/3	–; Teil 1-4: Allgemeine Einwirkungen, Windlasten	Dezember 2010	*)
	-1-4/NA	Nationaler Anhang – National festgelegte Parameter – Eurocode 1: Einwirkungen auf Tragwerke – Teil 1-4: Allgemeine Einwirkungen, Windlasten	Dezember 2010	*)
	-1-7 Anlage 1.2/4	–; Teil 1-7: Allgemeine Einwirkungen – Außergewöhnliche Einwirkungen	Dezember 2010	*)
	-1-7/NA	Nationaler Anhang – National festgelegte Parameter – Eurocode 1: Einwirkungen auf Tragwerke – Teil 1-7: Allgemeine Einwirkungen – Außergewöhnliche Einwirkungen	Dezember 2010	*)

---

1) Die Fußnoten *), **), ***), ****) und *****) befinden sich am Ende der Liste.

Allgemeine Anforderungen **Art. 3**

Lfd. Nr.	Bezeichnung	Titel	Ausgabe	Bezugs-quelle/Fundstelle
1	2	3	4	5
	-3 Anlage 1.2/01	–; Teil 3: Einwirkungen infolge von Kranen und Maschinen	Dezember 2010	*)
	-3/NA	Nationaler Anhang – National festgelegte Parameter – Eurocode 1: Einwirkungen auf Tragwerke – Teil 3: Einwirkungen infolge von Kranen und Maschinen	Dezember 2010	*)
	-4 Anlage 1.2/5	–; Teil 4: Einwirkungen auf Silos und Flüssigkeitsbehälter	Dezember 2010	*)
	-4/NA	Nationaler Anhang – National festgelegte Parameter – Eurocode 1: Einwirkungen auf Tragwerke – Teil 4: Einwirkungen auf Silos und Flüssigkeitsbehälter	Dezember 2010	*)
	DIN-Fachbericht 140	Auslegung von Siloanlagen gegen Staubexplosionen	Januar 2005	*)
1.3	Richtlinie Anlage 1.3/1	ETB-Richtlinie – „Bauteile, die gegen Absturz sichern"	Juni 1985	*)

2 Technische Regeln zur Bemessung und zur Ausführung

2.1 Grundbau

Lfd. Nr.	Bezeichnung	Titel	Ausgabe	Bezugs-quelle/Fundstelle
1	2	3	4	5
2.1.1	DIN EN 1997	Eurocode 7: Entwurf, Berechnung und Bemessung in der Geotechnik		
	-1 Anlage 2.1/1 E	–; Teil 1: Allgemeine Regeln	September 2009	*)
	-1/NA	Nationaler Anhang – National festgelegte Parameter – Eurocode 7: Entwurf, Berechnung und Bemessung in der Geotechnik – Teil 1: Allgemeine Regeln	Dezember 2010	*)
	DIN 1054 Anlage 2.1/5	Baugrund – Sicherheitsnachweise im Erd- und Grundbau – Ergänzende Regelungen zu DIN EN 1997-1	Dezember 2010	*)
2.1.2	DIN EN 1536	Ausführung von Arbeiten im Spezialtiefbau – Bohrpfähle	Dezember 2010	*)
	DIN SPEC 18140	Ergänzende Festlegungen zu DIN EN 1536:2010-12, Ausführung von Arbeiten im Spezialtiefbau – Bohrpfähle	Februar 2012	*)

Art. 3 Allgemeine Anforderungen

Lfd. Nr.	Bezeichnung	Titel	Ausgabe	Bezugs-quelle/ Fundstelle
1	2	3	4	5
2.1.3	DIN EN 12699 Anlagen 2.1/2 und 2.1/3 E	Ausführung spezieller geotechnischer Arbeiten (Spezialtiefbau) – Verdrängungspfähle	Mai 2001	*)
	DIN SPEC 18538	Ergänzende Festlegungen zu DIN EN 12699:2001-05, Ausführung von speziellen geotechnischen Arbeiten (Spezialtiefbau) – Verdrängungspfähle	Februar 2012	*)
2.1.4	DIN 4123	Ausschachtungen, Gründungen und Unterfangungen im Bereich bestehender Gebäude	Mai 2011	*)
2.1.5	DIN EN 1537 Anlage 2.1/4	Ausführung von besonderen geotechnischen Arbeiten (Spezialtiefbau) – Verpressanker	Januar 2001	*)
	DIN SPEC 18537	Ergänzende Festlegungen zu DIN EN 1537:2001-01, Ausführung von besonderen geotechnischen Arbeiten (Spezialtiefbau) – Verpressanker	Februar 2012	*)
2.1.6	DIN EN 14199	Ausführung von besonderen geotechnischen Arbeiten (Spezialtiefbau) – Pfähle mit kleinen Durchmessern (Mikropfähle)	Januar 2012	*)
	DIN SPEC 18539	Ergänzende Festlegungen zu DIN EN 14199:2012-01, Ausführung von besonderen geotechnischen Arbeiten (Spezialtiefbau) – Pfähle mit kleinen Durchmessern (Mikropfähle)	Februar 2012	*)

2.2 Mauerwerksbau

Lfd. Nr.	Bezeichnung	Titel	Ausgabe	Bezugs-quelle/ Fundstelle
1	2	3	4	5
2.2.1	DIN 1053 Anlage 2.2/1 E	Mauerwerk		
	-1 Anlage 2.2/2 E	–; Berechnung und Ausführung	November 1996	*)
	Teil 3	–; Bewehrtes Mauerwerk; Berechnung und Ausführung	Februar 1990	AllMBl. 1990 S. 933
	-4	–; Teil 4: Fertigbauteile	Februar 2004	*)
	-100 Anlage 2.2/3	–; Teil 100: Berechnung auf der Grundlage des semiprobabilistischen Sicherheitskonzeptes	September 2007	*)

Allgemeine Anforderungen **Art. 3**

2.3 Beton-, Stahlbeton- und Spannbetonbau

Lfd. Nr.	Bezeichnung	Titel	Ausgabe	Bezugsquelle/ Fundstelle
1	2	3	4	5
2.3.1	DIN 1045	Tragwerke aus Beton, Stahlbeton und Spannbeton		
	-2 Anlagen 2.3/1 und 2.3/2 E DIN EN 206-1	–; Teil 2: Beton; Festlegung, Eigenschaften, Herstellung und Konformität – Anwendungsregeln zu DIN EN 206-1 Beton – Teil 1: Festlegung, Eigenschaften, Herstellung und Konformität	August 2008 Juli 2001	*) AllMBl.– Sonderheft Nr. 1/2002
	-1/A1	–; – Änderung A1	Oktober 2004	AllMBl.– Sonderheft Nr. 1/2005
	-1/A2	–; – Änderung A2	September 2005	*)
	-3	–; Teil 3: Bauausführung – Anwendungsregeln zu DIN EN 13670	März 2012	*)
	DIN EN 13670	Ausführung von Tragwerken aus Beton	März 2011	*)
	-4 Anlage 2.3/3 E	–; Teil 4: Ergänzende Regeln für die Herstellung und die Konformität von Fertigteilen	Juli 2001	AllMBl.– Sonderheft Nr. 1/2002
	-100	–; Teil 100: Ziegeldecken	Dezember 2011	*)
2.3.2	DIN EN 1992	Eurocode 2: Bemessung und Konstruktion von Stahlbeton- und Spannbetontragwerken		
	-1-1 Anlagen 2.3/4 und 2.3/01	–; Teil 1-1: Allgemeine Bemessungsregeln und Regeln für den Hochbau	Januar 2011	*)
	-1-1/NA	Nationaler Anhang – National festgelegte Parameter – Eurocode 2: Bemessung und Konstruktion von Stahlbeton- und Spannbetontragwerken – Teil 1-1: Allgemeine Bemessungsregeln und Regeln für den Hochbau	Januar 2011	*)
	-1-2 Anlage 2.3/5	–; Teil 1-2: Allgemeine Regeln – Tragwerksbemessung für den Brandfall	Dezember 2010	*)
	-1-2/NA	Nationaler Anhang – National festgelegte Parameter – Eurocode 2: Bemessung und Konstruktion von Stahlbeton- und Spannbetontragwerken – Teil 1-2: Allgemeine Regeln – Tragwerksbemessung für den Brandfall	Dezember 2010	*)

Art. 3   Allgemeine Anforderungen

Lfd. Nr.	Bezeichnung	Titel	Ausgabe	Bezugs-quelle/ Fundstelle
1	2	3	4	5
2.3.3	DIN EN ISO 17660 Anlage 2.3/6	Schweißen – Schweißen von Betonstahl		
	-1	–; Teil 1: Tragende Schweißverbindungen	Dezember 2006	*)
	-2	–; Teil 2: Nichttragende Schweißverbindungen	Dezember 2006	*)
2.3.4	DIN 4232	Wände aus Leichtbeton mit haufwerksporigem Gefüge – Bemessung und Ausführung	September 1987	*)
2.3.5	DIN 4213 Anlage 2.3/7	Anwendung von vorgefertigten bewehrten Bauteilen aus haufwerksporigem Leichtbeton in Bauwerken	Juli 2003	*)
2.3.6	DIN EN 14487-1	Spritzbeton Teil 1: Begriffe, Festlegungen und Konformität	März 2006	*)
	DIN EN 14487-2	Spritzbeton Teil 2: Ausführung	Januar 2007	*)
	DIN 18551	Spritzbeton – Nationale Anwendungsregeln zur Reihe DIN EN 14487 und Regeln für die Bemessung von Spritzbetonkonstruktionen	Februar 2010	*)
2.3.7	Instandsetzungs-Richtlinie Anlagen 2.3/8 und 2.3/9 E	DAfStb-Richtlinie – Schutz und Instandsetzung von Betonbauteilen (Instandsetzungs-Richtlinie) Teil 1: Allgemeine Regelungen und Planungsgrundsätze Teil 2: Bauprodukte und Anwendung Teil 3: Anforderungen an die Betriebe und Überwachung der Ausführung	Oktober 2001 Oktober 2001 Oktober 2001	*) *) *)
2.3.8	DIN 4223	Vorgefertigte bewehrte Bauteile aus dampfgehärtetem Porenbeton		
	-2	–; Teil 2: Bauteile mit statisch anrechenbarer Bewehrung; Entwurf und Bemessung	Dezember 2003	*)
	-3	–; Teil 3: Wände aus Bauteilen mit statisch nicht anrechenbarer Bewehrung; Entwurf und Bemessung	Dezember 2003	*)
	-4 Anlage 2.3/10	–; Teil 4: Bauteile mit statisch anrechenbarer Bewehrung; Anwendung in Bauwerken	Dezember 2003	*)
	-5	–; Teil 5: Sicherheitskonzept	Dezember 2003	*)

Allgemeine Anforderungen **Art. 3**

2.4 Metall- und Verbundbau

Lfd. Nr.	Bezeichnung	Titel	Ausgabe	Bezugsquelle/ Fundstelle
1	2	3	4	5
2.4.1	DIN EN 1993	Eurocode 3: Bemessung und Konstruktion von Stahlbauten		
	-1-1 Anlagen 2.3/4 und 2.4/1 E	–; Teil 1-1: Allgemeine Bemessungsregeln und Regeln für den Hochbau	Dezember 2010	*)
	-1-1/NA	Nationaler Anhang – National festgelegte Parameter – Eurocode 3: Bemessung und Konstruktion von Stahlbauten – Teil 1-1: Allgemeine Bemessungsregeln und Regeln für den Hochbau	Dezember 2010	*)
	-1-2 Anlage 2.3/5	–; Teil 1-2: Allgemeine Regeln – Tragwerksbemessung für den Brandfall	Dezember 2010	*)
	-1-2/NA	Nationaler Anhang – National festgelegte Parameter – Eurocode 3: Bemessung und Konstruktion von Stahlbauten – Teil 1-2: Allgemeine Regeln – Tragwerksbemessung für den Brandfall	Dezember 2010	*)
	-1-3	–; Teil 1-3: Allgemeine Regeln – Ergänzende Regeln für kaltgeformte Bauteile und Bleche	Dezember 2010	*)
	-1-3/NA	Nationaler Anhang – National festgelegte Parameter – Eurocode 3: Bemessung und Konstruktion von Stahlbauten – Teil 1-3: Allgemeine Regeln – Ergänzende Regeln für kaltgeformte dünnwandige Bauteile und Bleche	Dezember 2010	*)
	-1-5	–; Teil 1-5: Plattenförmige Bauteile	Dezember 2010	*)
	-1-5/NA	Nationaler Anhang – National festgelegte Parameter – Eurocode 3: Bemessung und Konstruktion von Stahlbauten – Teil 1-5: Plattenförmige Bauteile	Dezember 2010	*)
	-1-6	–; Teil 1-6: Festigkeit und Stabilität von Schalen	Dezember 2010	*)
	-1-6/NA	Nationaler Anhang – National festgelegte Parameter – Eurocode 3: Bemessung und Konstruktion von Stahlbauten – Teil 1-6: Festigkeit und Stabilität von Schalen	Dezember 2010	*)
	-1-7	–; Teil 1-7: Plattenförmige Bauteile mit Querbelastung	Dezember 2010	*)
	-1-7/NA	Nationaler Anhang – National festgelegte Parameter – Eurocode 3: Bemessung und Konstruktion von Stahlbauten – Teil 1-7: Plattenförmige Bauteile mit Querbelastung	Dezember 2010	*)
	-1-8	–; Teil 1-8: Bemessung von Anschlüssen	Dezember 2010	*)
	-1-8/NA	Nationaler Anhang – National festgelegte Parameter – Eurocode 3: Bemessung und Konstruktion von Stahlbauten – Teil 1-8: Bemessung von Anschlüssen	Dezember 2010	*)

Art. 3
Allgemeine Anforderungen

Lfd. Nr.	Bezeichnung	Titel	Ausgabe	Bezugsquelle/ Fundstelle
1	2	3	4	5
	-1-9	–; Teil 1-9: Ermüdung	Dezember 2010	*)
	-1-9/NA	Nationaler Anhang – National festgelegte Parameter – Eurocode 3: Bemessung und Konstruktion von Stahlbauten – Teil 1-9: Ermüdung	Dezember 2010	*)
	-1-10	–; Teil 1-10: Stahlsortenauswahl im Hinblick auf Bruchzähigkeit und Eigenschaften in Dickenrichtung	Dezember 2010	*)
	-1-10/NA	Nationaler Anhang – National festgelegte Parameter – Eurocode 3: Bemessung und Konstruktion von Stahlbauten – Teil 1-10: Stahlsortenauswahl im Hinblick auf Bruchzähigkeit und Eigenschaften in Dickenrichtung	Dezember 2010	*)
	-1-11	–; Teil 1-11: Bemessung und Konstruktion von Tragwerken mit Zuggliedern aus Stahl	Dezember 2010	*)
	-1-11/NA	Nationaler Anhang – National festgelegte Parameter – Eurocode 3: Bemessung und Konstruktion von Stahlbauten – Teil 1-11: Bemessung und Konstruktion von Tragwerken mit Zuggliedern aus Stahl	Dezember 2010	*)
	-1-12	–; Teil 1-12: Zusätzliche Regeln zur Erweiterung von EN 1993 auf Stahlgüten bis S700	Dezember 2010	*)
	-1-12/NA	Nationaler Anhang – National festgelegte Parameter – Eurocode 3: Bemessung und Konstruktion von Stahlbauten – Teil 1-12: Zusätzliche Regeln zur Erweiterung von EN 1993 auf Stahlgüten bis S700	August 2011	*)
	-4-1	–; Teil 4-1: Silos	Dezember 2010	*)
	-4-1/NA	Nationaler Anhang – National festgelegte Parameter – Eurocode 3: Bemessung und Konstruktion von Stahlbauten – Teil 4-1: Silos, Tankbauwerke und Rohrleitungen – Silos	Dezember 2010	*)
	-5	–; Teil 5: Pfähle und Spundwände	Dezember 2010	*)
	-5/NA	Nationaler Anhang – National festgelegte Parameter – Eurocode 3: Bemessung und Konstruktion von Stahlbauten – Teil 5: Pfähle und Spundwände	Dezember 2010	*)
	-6 Anlage 2.4/01	–; Teil 6: Kranbahnen	Dezember 2010	*)
	-6/NA	Nationaler Anhang – National festgelegte Parameter – Eurocode 3: Bemessung und Konstruktion von Stahlbauten – Teil 6: Kranbahnen	Dezember 2010	*)
	DIN EN 1090-2 Anlage 2.4/2	Ausführung von Stahltragwerken und Aluminiumtragwerken – Teil 2: Technische Regeln für die Ausführung von Stahltragwerken	Oktober 2011	*)

Allgemeine Anforderungen   **Art. 3**

Lfd. Nr.	Bezeichnung	Titel	Ausgabe	Bezugs-quelle/Fundstelle
1	2	3	4	5
2.4.2	DIN EN 1994	Eurocode 4: Bemessung und Konstruktion von Verbundtragwerken aus Stahl und Beton		
	-1-1 Anlage 2.3/4	–; Teil 1-1: Allgemeine Bemessungsregeln und Anwendungsregeln für den Hochbau	Dezember 2010	*)
	-1-1/NA	Nationaler Anhang – National festgelegte Parameter – Eurocode 4: Bemessung und Konstruktion von Verbundtragwerken aus Stahl und Beton – Teil 1-1: Allgemeine Bemessungsregeln und Anwendungsregeln für den Hochbau	Dezember 2010	*)
	-1-2 Anlage 2.3/5	–; Teil 1-2: Allgemeine Regeln – Tragwerksbemessung für den Brandfall	Dezember 2010	*)
	-1-2/NA	Nationaler Anhang – National festgelegte Parameter – Eurocode 4: Bemessung und Konstruktion von Verbundtragwerken aus Stahl und Beton – Teil 1-2: Allgemeine Regeln – Tragwerksbemessung für den Brandfall	Dezember 2010	*)
2.4.3	DIN EN 1999	Eurocode 9: Bemessung und Konstruktion von Aluminiumtragwerken		
	-1-1	–; Teil 1-1: Allgemeine Bemessungsregeln	Mai 2010	*)
	-1-1/NA	Nationaler Anhang – National festgelegte Parameter – Eurocode 9: Bemessung und Konstruktion von Aluminiumtragwerken – Teil 1-1: Allgemeine Bemessungsregeln	Dezember 2010	*)
	-1-2 Anlage 2.3/5	–; Teil 1-2: Tragwerksbemessung für den Brandfall	Dezember 2010	*)
	-1-2/NA	Nationaler Anhang – National festgelegte Parameter – Eurocode 9: Bemessung und Konstruktion von Aluminiumtragwerken – Teil 1-2: Tragwerksbemessung für den Brandfall	April 2011	*)
	-1-4	–; Teil 1-4: Kaltgeformte Profiltafeln	Mai 2010	*)
	-1-4/A1	–;–; Änderung A1	November 2011	*)
	-1-4/NA	Nationaler Anhang – National festgelegte Parameter – Eurocode 9: Bemessung und Konstruktion von Aluminiumtragwerken – Teil 1-4: Kaltgeformte Profiltafeln	Dezember 2010	*)
	-1-5	–; Teil 1-5: Schalentragwerke	Mai 2010	*)
	-1-5/NA	Nationaler Anhang – National festgelegte Parameter – Eurocode 9: Bemessung und Konstruktion von Aluminiumtragwerken – Teil 1-5: Schalentragwerke	Dezember 2010	*)
	DIN EN 1090-3 Anlage 2.4/3	Ausführung von Stahltragwerken und Aluminiumtragwerken – Teil 3: Technische Regeln für die Ausführung von Aluminiumtragwerken	September 2008	*)
2.4.4	DIN 18807	Trapezprofile im Hochbau		

Art. 3

Allgemeine Anforderungen

Lfd. Nr.	Bezeichnung	Titel	Ausgabe	Bezugs-quelle/ Fundstelle
1	2	3	4	5
	Teil 3 Anlagen 2.4/4, 2.4/5 und 2.4/6 -3/ A1	–; Stahltrapezprofile; Festigkeitsnachweis und konstruktive Ausbildung	Juni 1987	AllMBl. 1990 S. 987
		–; –, Änderung A1	Mai 2001	AllMBl. 2002 S. 1087
	-9 Anlage 2.4/6	–; Teil 9: Aluminium-Trapezprofile und ihre Verbindungen; Anwendung und Konstruktion	Juni 1998	AllMBl. 2000 S. 227
2.4.5	DIN 4119	Oberirdische zylindrische Flachboden-Tankbauwerke aus metallischen Werkstoffen		
	Teil 1 Anlage 2.4/4 und 2.4/7	–; Grundlagen, Ausführung, Prüfungen	Juni 1979	*)
	Teil 2	–; Berechnung	Februar 1980	*)

2.5 Holzbau

Lfd. Nr.	Bezeichnung	Titel	Ausgabe	Bezugs-quelle/ Fundstelle
1	2	3	4	5
2.5.1	DIN EN 1995	Eurocode 5: Bemessung und Konstruktion von Holzbauten		
	-1-1 Anlagen 2.5/ 1 E und 2.5/2	–; Teil 1-1: Allgemeines – Allgemeine Regeln und Regeln für den Hochbau	Dezember 2010	*)
	-1-1/NA 9	Nationaler Anhang – National festgelegte Parameter – Eurocode 5: Bemessung und Konstruktion von Holzbauten – Teil 1-1: Allgemeines – Allgemeine Regeln und Regeln für den Hochbau	Dezember 2010	*)
	-1-2 Anlage 2.3/5	–; Teil 1-2: Allgemeine Regeln – Tragwerksbemessung für den Brandfall	Dezember 2010	*)
	-1-2/NA	Nationaler Anhang – National festgelegte Parameter – Eurocode 5: Bemessung und Konstruktion von Holzbauten – Teil 1-2: Allgemeine Regeln – Tragwerksbemessung für den Brandfall	Dezember 2010	*)
	-2 Anlagen 2.5/ 1 E und 2.5/2	–; Teil 2: Brücken	Dezember 2010	*)
	-2/NA	Nationaler Anhang – National festgelegte Parameter – Eurocode 5: Bemessung und Konstruktion von Holzbauten – Teil 2: Brücken	August 2011	*)
	DIN 1052-10	Herstellung und Ausführung von Holzbauwerken – Teil 10: Ergänzende Bestimmungen	Mai 2012	*)

Allgemeine Anforderungen **Art. 3**

2.6 Bauteile

Lfd. Nr.	Bezeichnung	Titel	Ausgabe	Bezugsquelle/ Fundstelle
1	2	3	4	5
2.6.1	DIN 4121	Hängende Drahtputzdecken; Putzdecken mit Metallputzträgern, Rabitzdecken; Anforderungen für die Ausführung	Juli 1978	*)
2.6.2	DIN EN 1337-1 Anlage 2.6/1 E	Lager im Bauwesen – Teil 1: Allgemeine Regelungen	Februar 2001	*)
2.6.3	DIN 18069 Anlage 2.2/2 E	Tragbolzentreppen für Wohngebäude; Bemessung und Ausführung	November 1985	MABl. 1987 S. 113
2.6.4	DIN 18168-1 Anlage 2.6/2 E	Gipsplatten-Deckenbekleidungen und Unterdecken – Teil 1: Anforderungen an die Ausführung	April 2007	*)
2.6.5	DIN 18516	Außenwandbekleidungen, hinterlüftet		
	-1 Anlagen 2.6/3 und 2.6/4	–; Anforderungen, Prüfgrundsätze	Juni 2010	*)
	-3 Anlage 2.6/5	–; Naturwerkstein; Anforderungen, Bemessung	November 2011	*)
	Teil 4 Anlagen 2.6/6, 2.6/7 E und 2.6/8	–; Einscheiben-Sicherheitsglas; Anforderungen, Bemessung, Prüfung	Februar 1990	AllMBl. 1992 S. 961
	-5	–; Betonwerkstein; Anforderungen, Bemessung	Dezember 1999	AllMBl. 2001 S. 815
2.6.6	Richtlinie Anlagen 2.6/9, 2.6/7 E und 2.6/8	Technische Regeln für die Verwendung von linienförmig gelagerten Verglasungen (TRLV)	August 2006	**) 3/2007, S. 110
2.6.7	Richtlinie Anlagen 2.6/7 E, 2.6/8 und 2.6/10	Technische Regeln für die Verwendung von absturzsichernden Verglasungen (TRAV)	Januar 2003	**) 2/2003, 3. S. 58
2.6.8	Richtlinie Anlagen 2.6/7 E, 2.6/11 und 2.6/8	Technische Regeln für die Bemessung und Ausführung von punktförmig gelagerten Verglasungen (TRPV)	August 2006	**) 3/2007, S. 106

2.7 Sonderkonstruktionen

Lfd. Nr.	Bezeichnung	Titel	Ausgabe	Bezugsquelle/ Fundstelle
1	2	3	4	5
2.7.1	DIN EN 13084-1 Anlage 2.7/1	Freistehende Schornsteine – Teil 1: Allgemeine Anforderungen	Mai 2007	*)

Art. 3 — Allgemeine Anforderungen

Lfd. Nr.	Bezeichnung	Titel	Ausgabe	Bezugs-quelle/Fundstelle
1	2	3	4	5
	DIN EN 13084-2 Anlage 2.7/2	Freistehende Schornsteine – Teil 2: Betonschornsteine	August 2007	*)
	DIN EN 13084-4 Anlage 2.7/3	Freistehende Schornsteine – Teil 4: Innenrohre aus Mauerwerk – Entwurf, Bemessung und Ausführung	Dezember 2005	*)
	DIN 1056 Anlage 2.4/7	Freistehende Schornsteine in Massivbauart – Tragrohr aus Mauerwerk – Berechnung und Ausführung	Januar 2009	*)
	DIN V 4113 Anlagen 2.4/7 und 2.7/4	Freistehende Stahlschornsteine	Juli 2007	*)
	DIN EN 13084-6 Anlage 2.7/5	Freistehende Schornsteine – Teil 6: Innenrohre aus Stahl – Bemessung und Ausführung	März 2005	*)
	DIN EN 13084-8 Anlage 2.7/6	Freistehende Schornsteine – Teil 8: Entwurf, Bemessung und Ausführung von Tragmastkonstruktionen mit angehängten Abgasanlagen	August 2005	
2.7.2	DIN EN 13782 Anlage 2.7/7	Fliegende Bauten – Zelte – Sicherheit	Mai 2006	*)
	DIN EN 13814 Anlage 2.7/8	Fliegende Bauten und Anlagen für Veranstaltungsplätze und Vergnügungsparks – Sicherheit	Juni 2005	*)
2.7.3	DIN 4131 Anlagen 2.7/4 und 2.7/9	Antennentragwerke aus Stahl	November 1991	AllMBl. 1993 S. 1190
2.7.4	DIN 4134 Anlage 2.7/10	Tragluftbauten; Berechnung, Ausführung und Betrieb	Februar 1983	MABl. 1984 S. 539
2.7.5	DIN 4178	Glockentürme	April 2005	*)
2.7.6	In Bayern nicht besetzt.			
2.7.7	DIN V 11535-1 Anlagen 2.6/7 E und 2.6/8	Gewächshäuser; Teil 1: Ausführung und Berechnung	Februar 1998	AllMBl. 2000 S. 266
2.7.8	DIN 11622	Gärfuttersilos und Güllebehälter		
	-1	–; Teil 1: Bemessung, Ausführung, Beschaffenheit; Allgemeine Anforderungen	Januar 2006	*)
	-2	–; Teil 2: Bemessung, Ausführung, Beschaffenheit; Gärfuttersilos und Güllebehälter aus Stahlbeton, Stahlbetonfertigteilen, Betonformsteinen und Betonschalungssteinen	Juni 2004	*)
	-4	–; Teil 4: Bemessung, Ausführung, Beschaffenheit; Gärfutterhochsilos und Güllehochbehälter aus Stahl	Juli 1994	*)

Allgemeine Anforderungen **Art. 3**

Lfd. Nr.	Bezeichnung	Titel	Ausgabe	Bezugs-quelle/Fundstelle
1	2	3	4	5
2.7.9	Richtlinie Anlagen 2.4/7 und 2.7/12	Richtlinie für Windenergieanlagen; Einwirkungen und Standsicherheitsnachweise für Turm und Gründung	März 2004	Schriften des DIBt, Reihe B, Heft 8
2.7.10	In Bayern nicht besetzt.			
2.7.11	Richtlinie Anlage 2.7/15	Lehmbau-Regeln	Februar 2008	****)

3 Technische Regeln zum Brandschutz

Lfd. Nr.	Bezeichnung	Titel	Ausgabe	Bezugs-quelle/Fundstelle
1	2	3	4	5
3.1	DIN 4102 Anlage 3.1/1	Brandverhalten von Baustoffen und Bauteilen		
	-4 Anlage 3.1/2	–; Teil 4: Zusammenstellung und Anwendung klassifizierter Baustoffe, Bauteile und Sonderbauteile	März 1994	*)
	-4/A1 Anlage 3.1/3	–; –; Änderung A1	November 2004	AllMBl.- Sonderheft Nr. 1/2005
	-22 Anlage 3.1/4	–; Teil 22: Anwendungsnorm zu DIN 4102-4 auf der Bemessungsbasis von Teilsicherheitsbeiwerten	November 2004	AllMBl.- Sonderheft Nr. 1/2005
3.2	Richtlinie Anlage 3.2/1	Richtlinie über den baulichen Brandschutz im Industriebau (Industriebau-Richtlinie – Ind-BauR)	März 2000	**) 6/2000, S. 212
3.3	Richtlinie Anlage 3.3/01	Richtlinie über brandschutztechnische Anforderungen an Systemböden (Systemböden-Richtlinie – SysBöR)	September 2005	**) 3/2006, S. 135
3.4	Richtlinie Anlage 3.4/1	Richtlinie zur Bemessung von Löschwasser-Rückhalteanlagen beim Lagern wassergefährdender Stoffe (LöRüRL)	August 1992	AllMBl. 1993 S. 662
3.5	Richtlinie Anlage 3.5/01	Richtlinie über brandschutztechnische Anforderungen an Lüftungsanlagen (Lüftungsanlagen-Richtlinie – LüAR)	September 2005, geändert Juli 2010	**) 1/2011, S. 8
3.6	Richtlinie Anlage 3.6/01	Richtlinie über brandschutztechnische Anforderungen an Leitungsanlagen (Leitungsanlagen-Richtlinie – LAR)	November 2005	**) 4/2006, S. 158
3.7	Richtlinie	Richtlinie über den Brandschutz bei der Lagerung von Sekundärstoffen aus Kunststoff	Dezember 1996	AllMBl. 1998 S. 916
3.8	Richtlinie Anlage 3.8/01	Richtlinie über brandschutztechnische Anforderungen an hochfeuerhemmende Bauteile in Holzbauweise (HFHHolzR)	Juli 2004	**) 5/2004, S. 161

Art. 3
Allgemeine Anforderungen

4 Technische Regeln zum Wärme- und zum Schallschutz

4.1 Wärmeschutz

Lfd. Nr.	Bezeichnung	Titel	Ausgabe	Bezugs-quelle/Fundstelle
1	2	3	4	5
4.1.1	DIN 4108	Wärmeschutz und Energie-Einsparung in Gebäuden		
	-2 Anlage 4.1/1	–; Teil 2: Mindestanforderungen an den Wärmeschutz	Juli 2003	AllMBl.– Sonderheft Nr. 1/2005
	-3 Anlage 4.1/2	–; Teil 3: Klimabedingter Feuchteschutz; Anforderungen, Berechnungsverfahren und Hinweise für Planung und Ausführung	Juli 2001	AllMBl. 2002 S. 1109
	DIN V 4108-4 Anlagen 4.1/3 und 4.1/4 E	–; Teil 4: Wärme- und feuchteschutztechnische Bemessungswerte	Juni 2007	*)
	-10	–; Anwendungsbezogene Anforderungen an Wärmedämmstoffe – Teil 10: Werkmäßig hergestellte Wärmedämmstoffe	Juni 2008	*)
4.1.2	DIN 18159	Schaumkunststoffe als Ortschäume im Bauwesen		
	Teil 1	–; Polyurethan-Ortschaum für die Wärme- und Kältedämmung; Anwendung, Eigenschaften, Ausführung, Prüfung	Dezember 1991	AllMBl. 1992 S. 949
	Teil 2	–; Harnstoff-Formaldehydharz-Ortschaum für die Wärmedämmung; Anwendung, Eigenschaften, Ausführung, Prüfung	Juni 1978	MABl. 1979 S. 499
4.1.3	Richtlinie	ETB-Richtlinie zur Begrenzung der Formaldehydemission in der Raumluft bei Verwendung von Harnstoff-Formaldehydharz-Ortschaum	April 1985	MABl. 1986 S. 75

4.2 Schallschutz

Lfd. Nr.	Bezeichnung	Titel	Ausgabe	Bezugs-quelle/Fundstelle
1	2	3	4	5
4.2.1	DIN 4109	Schallschutz im Hochbau	November 1989	AllMBl. 1991 S. 220
	Anlagen 4.2/1 und 4.2/2 -/A1	–; Anforderungen und Nachweise –; –; Änderung A1	Januar 2001	AllMBl. 2002 S. 1156
	Beiblatt 1 zu DIN 4109 Anlage 4.2/2	–; Ausführungsbeispiele und Rechenverfahren	November 1989	AllMBl. 1991 S. 248

Allgemeine Anforderungen   **Art. 3**

5 Technische Regeln zum Bautenschutz

5.1 Schutz gegen seismische Einwirkungen

Lfd. Nr.	Bezeichnung	Titel	Ausgabe	Bezugsquelle/ Fundstelle
1	2	3	4	5
5.1.1	DIN 4149 Anlage 5.1/1	Bauten in deutschen Erdbebengebieten – Lastannahmen, Bemessung und Ausführung üblicher Hochbauten	April 2005	*)

5.2 Holzschutz

Lfd. Nr.	Bezeichnung	Titel	Ausgabe	Bezugsquelle/ Fundstelle
1	2	3	4	5
5.2.1	DIN 68800	Holzschutz		
	Teil 2	–; Vorbeugende bauliche Maßnahmen im Hochbau	Mai 1996	*)
	Teil 3 Anlage 5.2/1	–; Vorbeugender chemischer Holzschutz	April 1990	AllMBl. 1991 S. 450

6 Technische Regeln zum Gesundheitsschutz

Lfd. Nr.	Bezeichnung	Titel	Ausgabe	Bezugsquelle/ Fundstelle
1	2	3	4	5
6.1	PCB-Richtlinie Anlage 6.1/1	Richtlinie für die Bewertung und Sanierung PCB-belasteter Baustoffe und Bauteile in Gebäuden	September 1994	AllMBl. 1995 S. 496
6.2	Asbest-Richtlinie Anlage 6.2/1	Richtlinie für die Bewertung und Sanierung schwach gebundener Asbestprodukte in Gebäuden	Januar 1996	AllMBl. 1997 S. 582
6.3	Richtlinie Anlage 6.3/01	Bauaufsichtliche Richtlinie über die Lüftung fensterloser Küchen, Bäder und Toilettenräume in Wohnungen	April 2009	**) Heft 5/ 2010
6.4	PCP-Richtlinie Anlage 6.4/1	Richtlinie für die Bewertung und Sanierung Pentachlorphenol (PCP)-belasteter Baustoffe und Bauteile in Gebäuden	Oktober 1996	AllMBl. 1997 S. 589

Art. 4   Bebauung der Grundstücke mit Gebäuden

7   Technische Regeln als Planungsgrundlagen

Lfd. Nr.	Bezeichnung	Titel	Ausgabe	Bezugs-quelle/ Fundstelle
1	2	3	4	5
7.1	DIN 18065 Anlage 7.1/1	Gebäudetreppen – Begriffe, Messregeln, Hauptmaße	Juni 2011	*)
7.2	In Bayern nicht besetzt.			
7.3	DIN 18040	Barrierefreies Bauen – Planungsgrundlagen		
	-1 Anlage 7.3/01	Teil 1: Öffentlich zugängliche Gebäude	Oktober 2010	*)
	-2 Anlage 7.3/02	Teil 2: Wohnungen	September 2011	*)
7.4	Richtlinie Anlage 7.4/1	Richtlinie über Flächen für die Feuerwehr	Februar 2007	AllMBl. 2008 S. 806

*) Beuth Verlag GmbH, 10772 Berlin
**) Deutsches Institut für Bautechnik, „DIBt-Mitteilungen", zu beziehen beim Verlag Ernst & Sohn, Bühringstr. 10, 13086 Berlin
***) Stahlbau-Verlagsgesellschaft mbH, Sohnstr. 65, 40237 Düsseldorf
****) GWV Fachverlage GmbH, Abraham-Lincoln-Str. 46, 65189 Wiesbaden

ZWEITER TEIL
Das Grundstück und seine Bebauung

Art. 4
Bebauung der Grundstücke mit Gebäuden

(1) Gebäude dürfen nur unter folgenden Voraussetzungen errichtet werden:
1. Das Grundstück muss nach Lage, Form, Größe und Beschaffenheit für die beabsichtigte Bebauung geeignet sein;
2. das Grundstück muss in einer angemessenen Breite an einer befahrbaren öffentlichen Verkehrsfläche liegen.

(2) Abweichend von Abs. 1 Nr. 2 sind im Geltungsbereich eines Bebauungsplans im Sinn der §§ 12 und 30 Abs. 1 des Baugesetzbuchs (BauGB) und innerhalb eines im Zusammenhang bebauten Ortsteils (§ 34 BauGB) nicht erforderlich
1. die Befahrbarkeit von Wohnwegen begrenzter Länge, wenn keine Bedenken wegen des Brandschutzes oder des Rettungsdienstes bestehen,
2. die Widmung von Wohnwegen begrenzter Länge, wenn von dem Wohnweg nur Wohngebäude der Gebäudeklassen 1 bis 3 erschlossen werden und gegenüber dem Rechtsträger der Bauaufsichtsbehörde rechtlich gesichert ist,

Bebauung der Grundstücke mit Gebäuden **Art. 4**

dass der Wohnweg sachgerecht unterhalten wird und allgemein benutzt werden kann.

(3) Im Außenbereich genügt eine befahrbare, gegenüber dem Rechtsträger der Bauaufsichtsbehörde rechtlich gesicherte Zufahrt zu einem befahrbaren öffentlichen Weg.

Erläuterungen

Übersicht

1 Allgemeines
2 Geeignetheit des Grundstücks
3 Angemessene Breite
4 Erschließung nach Abs. 2 und 3
5 Benutzbarkeit der Erschließungsanlagen
6 Abweichungen von den Zufahrtskriterien

1 Allgemeines

Aufgabe des Art. 4 ist es, sicherzustellen, dass ein Grundstück für die Errichtung von Gebäuden geeignet und ausreichend erschlossen ist. Diese Anforderungen sind auch bei der Aufstellung von Bauleitplänen zu beachten (vgl. BayVGH Urteil vom 3.2.1987, BayVBl. 1987, S. 696). Art. 4 dient jedoch nicht dem Nachbarschutz (vgl. BayVGH, Beschluss vom 12.8.2002 – 2 CS 1358 –).

Der Begriff des Grundstücks wird durch das BGB ausgefüllt, d. h. es ist von einem **Buchgrundstück** auszugehen, welches im Grundbuch unter einer besonderen Nummer gebucht ist. Ausnahmen sind nur dann zu machen, wenn bei Verwendung des grundbuchrechtlichen Begriffs die Gefahr entstünde, dass der Sinn des Art. 4 handgreiflich verfehlt würde (vgl. BVerwG, Urteil vom 14.12.1973, BVerwGE 44, S. 250; ähnlich BVerwG, Urteil vom 14.12.1991, NJW 1991, S. 2783).

Ein Bauvorhaben kann sich auch über mehrere Buchgrundstücke hinweg erstrecken (Jäde/Dirnberger/Bauer/Weiß, Art. 4 RdNr. 12; anders wohl Koch/Molodovsky/Famers Art. 4 Rn. 12a; in diese Richtung wohl auch BayVGH, Urteil vom 15.3.2006, BayVBl. 2007, 45).

2 Geeignetheit des Grundstücks

Ein Grundstück erfüllt dann die Anforderungen eines Baugrundstücks, wenn es nach Lage, Form, Größe und Beschaffenheit als Baugrundstück geeignet ist (Abs. 1 Nr. 1).

Dabei ist ein Grundstück nach der Lage dann nicht für eine Bebauung geeignet, wenn durch die Situierung des Gebäudes Gefahren für Leib, Leben oder Sachgüter zu befürchten sind, also z. B. Überschwemmungs-, Bergrutsch-, Steinschlagoder Lawinengefahren bestehen bzw. bei Grundstücken unmittelbar an Waldrän-

Art. 4 Bebauung der Grundstücke mit Gebäuden

dern im Baumwurfbereich (vgl. BayVGH, Urteil vom 10.3.1987, BRS 47, S. 453). Zu den Fragen einer etwaigen Haftungsfreistellung vgl. Jäde/Dirnberger/Bauer/ Weiß, Art. 4 RdNr. 19.

Ein Grundstück ist von seiner Form her nur dann als Baugrundstück geeignet, wenn es die beabsichtigte Bebauung gestattet (zur Übernahme von Abstandsflächen, vgl. Art. 6 Abs. 2 Satz 3).

Die notwendige Grundstücksgröße kann sich auch aus einem Bebauungsplan (§ 9 Abs. 1 Nr. 3 BauGB) ergeben; im Innenbereich muss das Grundstück so groß sein, dass Gebäude und Nebenanlagen aufgenommen werden können und die Voraussetzungen des § 34 BauGB hinsichtlich des Einfügens erfüllt sind.

Bei der Beschaffenheit des Baugrundes ist insbesondere auf die Standsicherheit (Art. 10) und den Schutz gegen Einwirkungen (Art. 11) zu achten.

3 Angemessene Breite

Nach Abs. 1 Nr. 2 darf ein Gebäude nur dann errichtet werden, wenn das Grundstück in angemessener Breite an einer **befahrbaren öffentlichen Verkehrsfläche** liegt. Die Funktion der Zufahrt ist die Erreichbarkeit eines bewohnten Gebäudes durch den damit zusammenhängenden Verkehr, aber auch durch Fahrzeuge der Feuerwehr, Müllabfuhr etc. Dabei liegt eine befahrbare Verkehrsfläche dann vor, wenn die Fläche auf Grund ihrer Breite und Befestigung ohne Schwierigkeiten benutzbar ist. Die Anforderungen richten sich nach der Zweckbestimmung des Bauvorhabens und dem Ausmaß des gesamten Verkehrs (BVerwG, Urteil vom 30.8.1985, BRS 44 Nr. 75). So sind z. B. für landwirtschaftliche Vorhaben im Außenbereich keine zu strengen Anforderungen zu stellen (vgl. unten Ziffer 6).

Die Voraussetzung einer öffentlichen Verkehrsfläche erfordert, dass die Fläche grundsätzlich gewidmet sein muss. Öffentliche Straßen sind Straßen im Sinn des Bayerischen Straßen- und Wegegesetzes; bei anderen Straßen (Bundesstraßen, Staatsstraßen, Kreisstraßen etc.) ist eine Sondernutzungserlaubnis (§ 8a FStrG, Art. 19 BayStrWG) notwendig. Die Bebauung eines sog. Hinterliegergrundstücks ist grundsätzlich nicht zulässig, wenn das Grundstück nur über einen Privatweg erreichbar ist (BayVGH, Urteil vom 22.2.1978, BayVBl. 1978, S. 434). Die Festsetzung von privaten Zufahrten zu Hinterliegergrundstücken in einem Bebauungsplan ist aber zulässig (vgl. auch unten Ziffer 6). Eine private Zuwegung reicht aber dann aus, wenn der Bestand der Straße für die Anlieger gesichert ist, weil sie im Eigentum der Gemeinde steht und die Gemeinde durch Genehmigung von Bauten an der Straße zur Erschließung verpflichtet ist (BayVGH, Urteil vom 11.4.1994, BayVBl. 1995, S. 154). Bei **Wohnwegen von begrenzter Länge** ist eine Breite von 3 m bis 4 m ausreichend.

4 Erschließung nach Abs. 2 und 3

Die Erfordernisse der Erschließung sind bei einem Bauvorhaben in bauplanungs- und bauordnungsrechtlicher Sicht einzuhalten. Die Gemeinde und die Bauauf-

Bebauung der Grundstücke mit Gebäuden **Art. 4**

sichtsbehörde haben zu prüfen, ob die bauplanungsrechtlichen Anforderungen an die gesicherte Erschließung erfüllt sind. Die Einhaltung der bauordnungsrechtlichen Erfordernisse des Art. 4 wird durch die Bauaufsichtsbehörde überwacht; im vereinfachten Verfahren sowie im Freistellungsverfahren – also bis zur Grenze des Sonderbaus – allerdings nicht präventiv überprüft.

Da zum 1.1.1998 die Vorschriften über die Teilungsgenehmigung (§§ 19 ff. BauGB) weggefallen sind, findet keine präventive Prüfung der rechtlichen Zulässigkeit von Grundstücksteilungen durch die Gemeinde und die Bauaufsichtsbehörde statt. Jedoch ändert dies nichts an der Unzulässigkeit einer Grundstücksteilung, durch die die verkehrsmäßige Erschließung eines Grundstücks aufgehoben wird. Der Bauherr muss eine alternative verkehrliche Erschließung nachweisen oder es kommt eine Nutzungsuntersagung seines Vorhabens in Betracht.

5 Benutzbarkeit der Erschließungsanlagen

Bis zum Beginn der Benutzung des Gebäudes müssen insbesondere die Zufahrtswege sowie die Wasserversorgungs- und Abwasserbeseitigungsanlagen in dem erforderlichen Umfang benutzbar sein (Art. 78 Abs. 2 Satz 3). Es ergibt sich im Übrigen bereits aus dem Bauplanungsrecht, dass die Baugenehmigung dann zu versagen ist, wenn sich bei der Prüfung des Bauantrags ergibt, dass die Benutzbarkeit der Erschließungsanlage insoweit nicht gesichert ist.

Die Erschließung ist auch dann nicht gesichert, wenn die Gemeinde nicht bereit oder finanziell in der Lage ist, die Erschließungsanlagen herzustellen und keine Erschließungspflicht besteht. Beim Freistellungsverfahren wird die Benutzbarkeit der Erschließungsanlagen von der Bauaufsichtsbehörde nicht mehr geprüft. Auch die Gemeinde hat in diesem Verfahren keine Prüfungspflicht; sie kann und sollte jedoch im Rahmen ihres Prüfungsrechts prüfen, ob eine ordnungsgemäße Erschließung besteht. Sofern der Bauherr trotz fehlender ordnungsgemäßer Erschließung ein Wohngebäude im Rahmen des Freistellungsverfahrens errichtet, kann die Nutzung auf der Grundlage des Art. 78 Abs. 2 Satz 3 untersagt werden.

6 Abweichungen von den Zufahrtskriterien

Im Innenbereich und in Bebauungsplangebieten verzichtet Abs. 2 Nr. 1 bei **Wohnwegen von begrenzter Länge** auf das Erfordernis der **Befahrbarkeit**. Eine Zulassungsentscheidung der Bauaufsichtsbehörde ist nicht mehr erforderlich. Voraussetzung ist, dass, bezogen auf die Wegelänge sowie die Zahl und Größe der Gebäude, noch von einer ordnungsgemäßen Erschließung ausgegangen werden kann. Im Regelfall darf die zulässige Länge von Wohnwegen max. 60 m bis 80 m betragen (BayVGH, Urteil vom 9.5.1983, BRS 40 Nr. 127: unzulässig bei einem Wohnweg von 125 m). Zudem dürfen keine Bedenken aus Gründen des Brandschutzes oder des Rettungsdienstes bestehen. Solche Bedenken können dann gegeben sein, wenn der Wohnweg eine schmale Sackgasse ohne Umkehrmöglichkeit darstellt.

Art. 4
Bebauung der Grundstücke mit Gebäuden

Auf die **Widmung als öffentliche Verkehrsfläche** verzichtet das Gesetz gemäß Abs. 2 Nr. 2 dann, wenn der Wohnweg nur Wohngebäude der Gebäudeklassen 1 bis 3 erschließt und gegenüber dem Rechtsträger der Bauaufsichtsbehörde rechtlich gesichert ist, dass der Wohnweg sachgerecht unterhalten wird und allgemein benutzt werden kann. Auch hier ist eine Einzelfallentscheidung der Bauaufsichtsbehörde nicht mehr notwendig.

Vor der Novelle 1998 war als **rechtliche Sicherung** für die vom – Regelfall abweichende – Zulässigkeit von Wohnwegen nach Abs. 2 Nr. 2 alter Fassung eine doppelte Sicherung, nämlich eine Dienstbarkeit (§ 1018 BGB) im Verhältnis der beteiligten Grundstücke sowie eine beschränkt persönliche Dienstbarkeit (§ 1090 BGB) korrespondierenden Inhalts zugunsten des Rechtsträgers der Bauaufsichtsbehörde (Freistaat Bayern oder Gemeinde) erforderlich. Die beschränkt persönliche Dienstbarkeit sollte sicherstellen, dass der Sicherungszweck – die öffentliche Zugänglichkeit des Grundstücks – nicht durch privatrechtliche Aufhebungsvereinbarungen der beteiligten Grundstückseigentümer unterlaufen werden konnte. Das Gesetz verzichtet jedoch zugunsten einer (bloßen) „Einfachsicherung" auf diese Doppelsicherung. Als Mittel der Einfachsicherung kommt in erster Linie die beschränkt persönliche Dienstbarkeit zugunsten des Rechtsträgers der Bauaufsichtsbehörde in Betracht. Sofern nur die Bebaubarkeit einer bestimmten Fläche des Nachbargrundstücks auszuschließen ist, reicht dies aus bauordnungsrechtlicher Sicht aus. Falls mit der zu sichernden bauaufsichtlichen Anforderung an die verkehrliche Erschließung eine Unterhaltspflichten auslösende Benutzbarkeit des Nachbargrundstücks einhergeht, muss, um die Unterhaltspflichten nicht bei dem Rechtsträger der Bauaufsichtsbehörde anfallen zu lassen, wohl die Form der Grunddienstbarkeit gewählt werden. Den privaten Beteiligten steht es frei, darüber hinausgehende Regelungen zu treffen; sie sind jedoch nach Art. 4 aus öffentlich-rechtlicher Sicht nicht mehr zwingend.

Wohnwege stellen aber **bauplanungsrechtlich** nur dann eine ordnungsgemäße Erschließung dar, wenn sie geeignet sind, den zu erwartenden Verkehr aufzunehmen. So reicht z. B. ein 3 m breiter Weg für eine Wohnanlage mit 32 Wohnungen und 41 Stellplätzen nicht aus (OVG Saar, Urteil vom 12.3.1982, BRS 39 Nr. 220).

Bei **Grundstücken in Außenbereichslage** im Sinn des § 35 BauGB reicht gemäß Abs. 3 als wegemäßige Erschließung eine befahrbare, gegenüber dem Rechtsträger der Bauaufsichtsbehörde rechtlich gesicherte Zufahrt zu einem befahrbaren öffentlichen Weg aus. Somit genügt für alle planungsrechtlich im Außenbereich zulässigen Vorhaben **eine jeweils nach dessen Anforderungen im Einzelfall zu bemessende ausreichende Erschließung**. In der Rechtsprechung ist anerkannt, dass die Erschließung im Außenbereich regelmäßig nicht so vollkommen sein muss, wie die Erschließung im Planungs- und Innenbereich. Die Zufahrt muss so beschaffen sein, dass die im Außenbereich von Menschen bewohnbaren und benutzten Gebäude von Rettungsdienst und Feuerwehr erreicht werden können. Die weiteren Anforderungen an die wegemäßige Erschließung richten sich nach dem durch die Nutzung des Grundstücks zu erwartenden Verkehr. So ist bei Kleinbetrieben

Zugänge und Zufahrten auf den Grundstücken — Art. 5

nicht stets ein asphaltierter oder betonierter Weg notwendig. Bei nichtprivilegierten Vorhaben ist eine wegemäßige Erschließung erforderlich, die in etwa der Befahrbarkeit eines Weges für ein entsprechendes Vorhaben im Innenbereich, wenn auch nicht in der Breite des Weges entspricht (BVerwG, Urteil vom 7.2.1986, DVBl. 1986, S. 684). Zur rechtlichen Sicherung gelten die Ausführungen zu den Wohnwegen von begrenzter Länge entsprechend.

Art. 5
Zugänge und Zufahrten auf den Grundstücken

(1) ¹Von öffentlichen Verkehrsflächen ist insbesondere für die Feuerwehr ein geradliniger Zu- oder Durchgang zu rückwärtigen Gebäuden zu schaffen; zu anderen Gebäuden ist er zu schaffen, wenn der zweite Rettungsweg dieser Gebäude über Rettungsgeräte der Feuerwehr führt. ²Zu Gebäuden, bei denen die Oberkante der Brüstung von zum Anleitern bestimmten Fenstern oder Stellen mehr als 8 m über dem Gelände liegt, ist in den Fällen des Satzes 1 an Stelle eines Zu- oder Durchgangs eine Zu- oder Durchfahrt zu schaffen. ³Ist für die Personenrettung der Einsatz von Hubrettungsfahrzeugen erforderlich, sind die dafür erforderlichen Aufstell- und Bewegungsflächen vorzusehen. ⁴Bei Gebäuden, die ganz oder mit Teilen mehr als 50 m von einer öffentlichen Verkehrsfläche entfernt sind, sind Zufahrten oder Durchfahrten nach Satz 2 zu den vor und hinter den Gebäuden gelegenen Grundstücksteilen und Bewegungsflächen herzustellen, wenn sie aus Gründen des Feuerwehreinsatzes erforderlich sind.

(2) ¹Zu- und Durchfahrten, Aufstellflächen und Bewegungsflächen müssen für Feuerwehreinsatzfahrzeuge ausreichend befestigt und tragfähig sein; sie sind als solche zu kennzeichnen und ständig frei zu halten; die Kennzeichnung von Zufahrten muss von der öffentlichen Verkehrsfläche aus sichtbar sein. ²Fahrzeuge dürfen auf den Flächen nach Satz 1 nicht abgestellt werden.

Erläuterungen

1 Allgemeines

Art. 5 beschäftigt sich vergleichsweise detailliert mit den **Anforderungen an Feuerwehrzufahrten und Bewegungsflächen.** Die gegenüber der früheren Bestimmung genaueren und aus sich selbst heraus verständlichen Formulierungen sind daraus gerechtfertigt, dass die entsprechenden Anforderungen von der Bauaufsichtsbehörde nicht geprüft werden, sondern der Bauherr und sein Entwurfsverfasser die Verantwortung für diesen besonders sicherheitssensiblen Bereich haben.

Art. 6

Abstandsflächen, Abstände

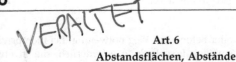

Art. 6
Abstandsflächen, Abstände

(1) ¹Vor den Außenwänden von Gebäuden sind Abstandsflächen von oberirdischen Gebäuden freizuhalten. ²Satz 1 gilt entsprechend für andere Anlagen, von denen Wirkungen wie von Gebäuden ausgehen, gegenüber Gebäuden und Grundstücksgrenzen. ³Eine Abstandsfläche ist nicht erforderlich vor Außenwänden, die an Grundstücksgrenzen errichtet werden, wenn nach planungsrechtlichen Vorschriften an die Grenze gebaut werden muss oder gebaut werden darf.

(2) ¹Abstandsflächen sowie Abstände nach Art. 28 Abs. 2 Nr. 1 und Art. 30 Abs. 2 müssen auf dem Grundstück selbst liegen. ²Sie dürfen auch auf öffentlichen Verkehrs-, Grün- und Wasserflächen liegen, jedoch nur bis zu deren Mitte. ³Abstandsflächen sowie Abstände im Sinn des Satzes 1 dürfen sich ganz oder teilweise auf andere Grundstücke erstrecken, wenn rechtlich oder tatsächlich gesichert ist, dass sie nicht überbaut werden, oder wenn der Nachbar gegenüber der Bauaufsichtsbehörde schriftlich, aber nicht in elektronischer Form, zustimmt; die Zustimmung des Nachbarn gilt auch für und gegen seinen Rechtsnachfolger. ⁴Abstandsflächen dürfen auf die auf diesen Grundstücken erforderlichen Abstandsflächen nicht angerechnet werden.

(3) Die Abstandsflächen dürfen sich nicht überdecken; das gilt nicht für
1. Außenwände, die in einem Winkel von mehr als 75 Grad zueinander stehen,
2. Außenwände zu einem fremder Sicht entzogenen Gartenhof bei Wohngebäuden der Gebäudeklassen 1 und 2,
3. Gebäude und andere bauliche Anlagen, die in den Abstandsflächen zulässig sind.

(4) ¹Die Tiefe der Abstandsfläche bemisst sich nach der Wandhöhe; sie wird senkrecht zur Wand gemessen. ²Wandhöhe ist das Maß von der Geländeoberfläche bis zum Schnittpunkt der Wand mit der Dachhaut oder bis zum oberen Abschluss der Wand. ³Die Höhe von Dächern mit einer Neigung von mehr als 70 Grad wird voll, von Dächern mit einer Neigung von mehr als 45 Grad zu einem Drittel hinzugerechnet. ⁴Die Höhe der Giebelflächen im Bereich des Dachs ist bei einer Dachneigung von mehr als 70 Grad voll, im Übrigen nur zu einem Drittel anzurechnen. ⁵Die Sätze 1 bis 4 gelten für Dachaufbauten entsprechend. ⁶Das sich ergebende Maß ist H.

(5) ¹Die Tiefe der Abstandsflächen beträgt 1 H, mindestens 3 m. ²In Kerngebieten genügt eine Tiefe von 0,50 H, mindestens 3 m, in Gewerbe- und Industriegebieten eine Tiefe von 0,25 H, mindestens 3 m. ³Werden von einer städtebaulichen Satzung oder einer Satzung nach Art. 81 Außenwände zugelassen oder vorgeschrieben, vor denen Abstandsflächen größerer oder geringerer Tiefe als nach den Sätzen 1 und 2 liegen müssten, finden die Sätze 1 und 2 keine Anwendung, es sei denn, die Satzung ordnet die Geltung dieser Vorschriften an; die

Abstandsflächen, Abstände   **Art. 6**

ausreichende Belichtung und Belüftung dürfen nicht beeinträchtigt, die Flächen für notwendige Nebenanlagen nicht eingeschränkt werden. [4]Satz 3 gilt entsprechend, wenn sich einheitlich abweichende Abstandsflächentiefen aus der umgebenden Bebauung im Sinn des § 34 Abs. 1 Satz 1 BauGB ergeben.

(6) [1]Vor zwei Außenwänden von nicht mehr als 16 m Länge genügt als Tiefe der Abstandsflächen die Hälfte der nach Abs. 5 erforderlichen Tiefe, mindestens jedoch 3 m; das gilt nicht in Kern-, Gewerbe- und Industriegebieten. [2]Wird ein Gebäude mit einer Außenwand an eine Grundstücksgrenze gebaut, gilt Satz 1 nur noch für eine Außenwand; wird ein Gebäude mit zwei Außenwänden an Grundstücksgrenzen gebaut, so ist Satz 1 nicht anzuwenden; Grundstücksgrenzen zu öffentlichen Verkehrsflächen, öffentlichen Grünflächen und öffentlichen Wasserflächen bleiben hierbei unberücksichtigt. [3]Aneinandergebaute Gebäude sind wie ein Gebäude zu behandeln.

(7) Die Gemeinde kann durch Satzung, die auch nach Art. 81 Abs. 2 erlassen werden kann, abweichend von Abs. 4 Sätze 3 und 4, Abs. 5 Sätze 1 und 2 sowie Abs. 6 für ihr Gemeindegebiet oder Teile ihres Gemeindegebiets vorsehen, dass

1. nur die Höhe von Dächern mit einer Neigung von weniger als 70 Grad zu einem Drittel, bei einer größeren Neigung der Wandhöhe voll hinzugerechnet wird und

2. die Tiefe der Abstandsfläche 0,4 H, mindestens 3 m, in Gewerbe- und Industriegebieten 0,2 H, mindestens 3 m, beträgt.

(8) Bei der Bemessung der Abstandsflächen bleiben außer Betracht

1. vor die Außenwand vortretende Bauteile wie Gesimse und Dachüberstände,

2. untergeordnete Vorbauten wie Balkone und eingeschossige Erker, wenn sie

    a) insgesamt nicht mehr als ein Drittel der Breite der Außenwand des jeweiligen Gebäudes, höchstens jedoch insgesamt 5 m, in Anspruch nehmen,

    b) nicht mehr als 1,50 m vor diese Außenwand vortreten und

    c) mindestens 2 m von der gegenüberliegenden Nachbargrenze entfernt bleiben,

3. untergeordnete Dachgauben, wenn

    a) sie insgesamt nicht mehr als ein Drittel der Breite der Außenwand des jeweiligen Gebäudes, höchstens jedoch insgesamt 5 m, in Anspruch nehmen und

    b) ihre Ansichtsfläche jeweils nicht mehr als 4 m^2 beträgt und eine Höhe von nicht mehr als 2,5 m aufweist.

(9) [1]In den Abstandsflächen eines Gebäudes sowie ohne eigene Abstandsflächen sind, auch wenn sie nicht an die Grundstücksgrenze oder an das Gebäude angebaut werden, zulässig

Art. 6 — Abstandsflächen, Abstände

1. Garagen einschließlich deren Nebenräume, überdachte Tiefgaragenzufahrten, Aufzüge zu Tiefgaragen und Gebäude ohne Aufenthaltsräume und Feuerstätten mit einer mittleren Wandhöhe bis zu 3 m und einer Gesamtlänge je Grundstücksgrenze von 9 m, bei einer Länge der Grundstücksgrenze von mehr als 42 m darüber hinaus freistehende Gebäude ohne Aufenthaltsräume und Feuerstätten mit einer mittleren Wandhöhe bis zu 3 m, nicht mehr als 50 m^3 Brutto-Rauminhalt und einer Gesamtlänge je Grundstücksgrenze von 5 m; abweichend von Abs. 4 bleibt bei einer Dachneigung bis zu 70 Grad die Höhe von Dächern und Giebelflächen unberücksichtigt,
2. gebäudeunabhängige Solaranlagen mit einer Höhe bis zu 3 m und einer Gesamtlänge je Grundstücksgrenze von 9 m,
3. Stützmauern und geschlossene Einfriedungen in Gewerbe- und Industriegebieten, außerhalb dieser Baugebiete mit einer Höhe bis zu 2 m.

²Die Länge der die Abstandsflächentiefe gegenüber den Grundstücksgrenzen nicht einhaltenden Bebauung nach den Nrn. 1 und 2 darf auf einem Grundstück insgesamt 15 m nicht überschreiten.

Erläuterungen

Übersicht

1 Allgemeines
2 Funktion der Abstandsflächen
3 Die Prinzipien des Abs. 1 Satz 1
4 Abstandsflächen und Bauplanungsrecht
5 Lage der Abstandsflächen nach Abs. 2 Satz 1
6 Erstreckung von Abstandsflächen auf Nachbargrundstücke (Abs. 2 Satz 3)
7 „Überdecken" von Abstandsflächen nach Abs. 3
8 Wandhöhe als Maß der Abstandsflächentiefe nach Abs. 4
9 Versetzte Außenwandteile
10 Anrechnung der Dach- und Giebelhöhe bei der Ermittlung der Abstandsflächen nach Abs. 4 Sätze 3 und 4
11 Anrechnung der Dachhöhen und Giebelhöhen bei Sonderdachformen
12 Tiefe der Abstandsflächen in Abhängigkeit von unterschiedlichen Baugebietstypen
13 Andere Abstandsflächen durch Festsetzungen in einer Satzung bzw. aufgrund der Umgebungsbebauung (Abs. 5 Sätze 3 und 4)
14 16-m-Privileg
15 Die „Experimentierklausel" des Abs. 7
16 Untergeordnete Bauteile (Abs. 8)
17 Abstandsflächenirrelevante bauliche Anlagen (Abs. 9)
18 Nachbarschutz
19 Abbildungen

Abstandsflächen, Abstände   **Art. 6**

1 Allgemeines

Die Grundregel des Abs. 1 Satz 1 legt dem Bauherrn die Verpflichtung auf, vor den Außenwänden seines Gebäudes eine bestimmte Fläche, d. h. die Abstandsfläche von oberirdischen Gebäuden freizuhalten. Die Abstandsfläche vor einer Gebäudewand richtet sich prinzipiell nach der Länge und Höhe dieser Wand (Abs. 4 Satz 1). Das Grundprinzip der Abstandsflächenregeln besteht darin, die Wandfläche eines Gebäudes von der Senkrechten in die Waagrechte zu klappen und so die Länge und Tiefe des freizuhaltenden Bereichs zu ermitteln. Das Gebäude ist so zu situieren, dass die Abstandsflächen grundsätzlich auf dem eigenen Grundstück gelegen sind und sich mit den Abstandsflächen gegenüberliegender Gebäudewände nicht überdecken.

Nachdem jedes Gebäude für sich „seine" Abstandsflächen einhalten muss, regelt die Vorschrift indirekt die Mindestabstände mehrerer Gebäude zueinander.

Besondere Auswirkungen auf die o. g. Grundsätze des Abstandsflächenrechts hat die Regelung des Abs. 2 Satz 3. Dadurch ist es möglich, auch ohne Einhaltung der notwendigen Abstandsflächen zur Grundstücksgrenze ein Bauvorhaben zu realisieren, sofern der Nachbar damit einverstanden ist. Diese Anordnung macht deutlich, dass es bei den Abstandsflächen in erster Linie darum geht, einen bestimmten Mindestabstand zwischen den Gebäuden zu sichern.

2 Funktion der Abstandsflächen

Funktion der Abstandsflächen ist es, durch Grenz- und Gebäudeabstände eine ausreichende Belichtung, Besonnung und Lüftung zu gewährleisten (vgl. etwa Gr. Senat des BayVGH, Beschluss vom 17.4.2000, BayVBl. 2000, S. 562). Daran wird deutlich, dass Abstandsflächen in erster Linie eine sicherheitsrechtliche Zielsetzung besitzen. Sie dienen dazu, eine sozial- und gesundheitspolitisch erwünschte aufgelockerte Bodennutzung zu erreichen. Durch Freiflächen soll auch eine Verbesserung der Arbeits- und Wohnverhältnisse erreicht werden. Die Sicherstellung des Brandschutzes stellt eine weiteres gewichtiges Ziel dar. Letztlich werden die schützenswerten Interessen der Nachbarn im Sinn eines Ausgleichs berücksichtigt. Daher kommt dem Abstandsflächenrecht auch nachbarschützende Bedeutung zu (BVerwG, Urteil vom 16.5.1991, BVerwGE 88, S. 191). Bauplanungsrechtliche Zielsetzungen darf das Abstandsflächenrecht aber nicht absichern (vgl. BayVGH, Urteil vom 30.5.2003, BayVBl. 2004, S. 369).

Heute hat das Abstandsflächenrecht insbesondere im Wohnbereich eine sehr einseitige Ausrichtung auf den Nachbarschutz erfahren. Die Gerichte prüfen häufig zentimetergenau, ob die Abstandsflächen eingehalten sind. Insofern ist es zu begrüßen, dass die Regelungen zum Abstandsflächenrecht dem Bauherrn seit der Novelle 1994 einen größeren Gestaltungsspielraum als bisher eröffnen, wenn er die schriftliche Zustimmung des Nachbarn erhält.

Art. 6

Abstandsflächen, Abstände

3 Die Prinzipien des Abs. 1 Satz 1

Nach Abs. 1 Satz 1 sind vor den Außenwänden von Gebäuden Abstandsflächen einzuhalten, die von oberirdischen Gebäuden freizuhalten sind (vgl. hierzu **Abbildung 1**). Die Vorschrift gilt also zunächst für Gebäude im Sinn des Art. 2 Abs. 2. Das bedeutet, dass z. B. auch Carports ohne reale Außenwände den Vorschriften des Abstandsflächenrechts genügen müssen.

Wie sich aus Abs. 1 Satz 2 ergibt, gilt die Freihaltepflicht aber natürlich auch für bauliche Anlagen, von denen Wirkungen wie von Gebäuden ausgehen. Ob entsprechende Wirkungen anzunehmen sind, beurteilt sich danach, inwieweit die Zwecksetzungen des Abstandsflächenrechts von der baulichen Anlage ebenso beeinträchtigt werden können wie durch ein Gebäude. Dabei sind vor allem die Größe, aber auch das Material und die Funktion der baulichen Anlage von Bedeutung. Wirkungen wie von einem Gebäude können etwa von Aufschüttungen (BayVGH, Beschluss vom 12.11.2001, BayVBl. 2003, S. 120), von größeren Werbetafeln (BayVGH, Urteil vom 28.6.2005, BayVBl. 2006, 114), von erhöhten Terrassen, von Masten (vgl. BayVGH, Beschluss vom 12.3.1999, BayVBl. 2000, S. 630) oder auch von Windkraftanlagen (grundlegend BayVGH, Urteil vom 28.7.2009, BayVBl. 2010, S. 47) ausgehen. Abs. 9 Satz 1 Nr. 3 enthält jetzt eine klare Aussage des Gesetzes, wonach bei Stützmauern und Einfriedungen – unabhängig von ihrer Breite – bis zu einer Höhe von 2 m keine abstandsflächenrelevanten Wirkungen zu befürchten sind.

Außenwände im Sinne des Abs. 1 Satz 1 können auch sog. fiktive Außenwände sein. Diese ergeben sich häufig z. B. durch Fassadenvorbauten, wie längere Laubengänge, überdeckte Balkonreihen u. Ä., die analog Abs. 8 nicht mehr als untergeordnete Bauteile und Vorbauten beurteilt werden können. Als Außenwand gilt in diesen Fällen die von den Balkonbrüstungen begrenzte vertikale Fläche (vgl. hierzu Abbildung 7).

Keine Abstandsflächen sind für unterirdische Anlagen, wie Tiefgaragen, Schutzräume etc. notwendig (vgl. dazu Gr. Senat des BayVGH, Beschluss vom 21.4.1986, BayVBl. 1986, S. 397).

Die Pflicht zur Einhaltung von Abstandsflächen besteht nicht nur bei der Errichtung eines Gebäudes, sondern auch bei **Änderungen von Gebäuden**. Ausschlaggebend ist insoweit, ob durch die Änderung die Abstandsflächenfrage des Gebäudes insgesamt neu aufgeworfen wird. Dies gilt vor allem dann, wenn abstandsflächenrelevante bauliche Änderungen an Gebäuden vorgenommen werden (z. B. Errichtung eines Kniestocks oder Erhöhung der Dachneigung über 45 Grad). Auch bei einem Gebäude, das **bestandsgeschützt** ist, jedoch mit dem geltenden Abstandsflächenrecht nicht in Einklang steht, müssen bei der Neuerrichtung oder baulichen Erweiterungen die Vorschriften des Abstandsflächenrechts jedenfalls dann eingehalten werden, wenn durch die Änderung bei natürlicher Betrachtungsweise eine neue bauliche Anlage entstehen soll.

Nutzungsänderungen können insbesondere dann Auswirkungen auf die Abstandsflächen haben, wenn vom Abstandsflächenrecht „privilegierte" Nutzungen geändert werden sollen. Dies ist z. B. der Fall, wenn eine Grenzgarage als Aufenthaltsraum genutzt werden soll. Diese Nutzungsänderung ist in der Regel nicht genehmigungsfähig, wenn der Nachbar die Abstandsflächen nicht übernimmt (Abs. 2 Satz 3). Entscheidend ist dabei, ob durch die Nutzungsänderung die durch die Abstandsflächen geschützten Belange in besonderer Weise nachteilig betroffen sind (vgl. etwa BayVGH, Urteil vom 20.2.1990, BayVBl. 1990, S. 500).

4 Abstandsflächen und Bauplanungsrecht

Grundsätzlich gilt, dass die bauplanungsrechtlichen Anforderungen neben den bauordnungsrechtlichen Anforderungen stehen, dass also ein Bauvorhaben sowohl das Bauplanungsrecht als auch das Bauordnungsrecht einzuhalten hat. Allerdings hat sich die BayBO dazu entschieden, grundsätzlich dem Bauplanungsrecht den Vorrang einzuräumen. Dies wird in erster Linie durch Abs. 5 Satz 3 sichergestellt, wonach das in der Bauordnung geregelte Abstandsflächenrecht von der Gemeinde insbesondere durch die Bauleitplanung modifiziert werden kann. Die Gemeinde kann größere oder geringere Abstandsflächen festsetzen, als diese nach Art. 6 zulässig wären.

Im Übrigen stellt Abs. 1 Satz 3 das entscheidende Bindeglied zwischen Bauplanungsrecht und Abstandsfläche dar. Danach ist eine Abstandsfläche nicht erforderlich vor Außenwänden, die an Grundstücksgrenzen errichtet werden, wenn nach planungsrechtlichen Vorschriften an die Grenze gebaut werden muss oder gebaut werden darf. Bei diesen planungsrechtlichen Vorschriften handelt es sich um die Festsetzungen über die Bauweise nach § 22 BauNVO.

Wird im Bebauungsplan **offene Bauweise** (§ 22 Abs. 2 BauNVO) festgesetzt, sind die Gebäude mit seitlichem Grenzabstand zu errichten. Vor allen Gebäudeseiten sind Abstandsflächen einzuhalten. In der offenen Bauweise sind Gebäude als Einzelhäuser, Doppelhäuser oder Hausgruppen (Reihenhäuser) mit einer Gesamtlänge bis zu 50 m auch über mehrere Grundstücksgrenzen hinweg zulässig. Das bedeutet, dass auch bei Festsetzung der offenen Bauweise etwa eine Doppelhaushälfte auf der Grundstücksgrenze errichtet werden darf. Die Gemeinde hat aber auch die Möglichkeit, **geschlossene Bauweise** nach § 22 Abs. 3 BauNVO festzusetzen. Die Gebäude sind hier ohne seitlichen Grenzabstand zu errichten. Des Weiteren ist es zulässig, die sog. **halb offene Bauweise** nach § 22 Abs. 4 BauNVO festzusetzen. Hier werden die Gebäude nur an einer seitlichen Grenze angeordnet. Dadurch ist eine bessere Grundstücksnutzung möglich; nach § 22 Abs. 4 Satz 2 BauNVO kann auch ausdrücklich festgesetzt werden, inwieweit an die vorderen, rückwärtigen und seitlichen Grundstücksgrenzen herangebaut werden darf oder muss.

Auch in Gebieten ohne Bebauungsplan, im sog. nicht beplanten Innenbereich nach § 34 BauGB, können städtebauliche Vorgaben eine Grenzbebauung erzwingen. Dies gilt vor allem dann, wenn sich aus der Umgebungsbebauung eine

Art. 6
Abstandsflächen, Abstände

geschlossene Bauweise im Sinne des § 22 Abs. 3 BauNVO ableiten lässt (vgl. dazu BayVGH, Urteil vom 23.3.2010, BayVBl. 2011, S. 81).
Die Novelle 2008 hat im Übrigen die Regelungen des **Art. 6 Abs. 1 Sätze 3 und 4 a. F.** gestrichen. Danach konnte von der Bauaufsichtsbehörde eine Grenzbebauung zugelassen oder sogar verlangt werden, wenn zwar nach planungsrechtlichen Vorschriften nicht an die Grenze gebaut werden durfte, aber auf dem Nachbargrundstück eine Grenzbebauung vorhanden war. Umgekehrt konnte in geschlossener Bauweise die Einhaltung von Abstandsflächen gestattet oder verlangt werden, wenn auf dem Nachbargrundstück ein Gebäude mit Grenzabstand existierte. Die Begründung zum Gesetzentwurf rechtfertigte die Streichung dieser Bestimmungen zum einen mit einer Entscheidung des BVerwG (Beschluss vom 11.3.1994, NVwZ 1994, S. 1008) sowie damit, dass die gestrichenen Vorschriften überflüssige Doppelregelungen enthielten.

Der Wegfall der genannten Vorschriften ist bedauerlich, weil er ein zwar vergleichsweise selten eingesetztes, dann aber umso praxisgerechteres Instrument der Bauaufsichtsbehörde beseitigt. Zuzugestehen ist dem Gesetz – und auch der zitierten Entscheidung des BVerwG –, dass der Landesgesetzgeber eine bauplanungsrechtlich zwingende Vorgabe über die Bauweise mit Abstandsflächenvorschriften nicht aushebeln darf. Allerdings gab es – und wird es auch in Zukunft Fälle geben –, in denen die planungsrechtliche Beurteilung nicht völlig eindeutig war und über Art. 6 Abs. 1 Sätze 3 und 4 a. F. eine klare und interessengerechte Lösung gefunden werden konnte. In Zukunft bleibt nichts anderes übrig, als dass die Gemeinde in problematischen Situationen von ihren bauleitplanerischen Möglichkeiten Gebrauch macht.

5   Lage der Abstandsflächen nach Abs. 2 Satz 1

Nach Abs. 2 Satz 1 müssen die Abstandsflächen sowie die – brandschutzrechtlichen – Abstände nach Art. 28 Abs. 2 Nr. 1 und Art. 30 Abs. 2 in ihrer gesamten Breite und Tiefe auf dem Grundstück selbst liegen – vgl. hierzu **Abbildung 1** – (zum Begriff des Grundstücks s. Art. 4 Ziffer 1). Die Abstandsflächen dürfen sich nach Abs. 2 Satz 2 auch auf die halbe Tiefe **öffentlicher Verkehrsflächen, öffentlicher Grünflächen und öffentlicher Wasserflächen** erstrecken (vgl. hierzu **Abbildung 2**). Dabei sind diese Flächen dann als öffentlich anzusehen, wenn sie der Öffentlichkeit dienen; es ist nicht entscheidend, ob sie im Eigentum der öffentlichen Hand oder einer Privatperson stehen. Die öffentliche Zweckbestimmung muss jedoch dauerhaft gewährleistet sein, z. B. durch eine rechtliche Sicherung. Unter öffentlicher Verkehrsfläche versteht man Bereiche, die dem öffentlichen Verkehr gewidmet sind. Die Begriffe öffentliche Grünfläche bzw. öffentliche Wasserfläche entsprechen den planungsrechtlichen Begriffen nach § 9 Abs. 1 Nrn. 15 und 16 BauGB.

Der Planfertiger hat im Lageplan den überprüfbaren Nachweis über die Lage und Vermaßung der Abstandsflächen zu erbringen. Er muss insbesondere darstellen, ob und um welches Maß die Abstandsflächen (teilweise) auf dem Nachbargrundstück liegen und ob sie die Straßenmitte einhalten oder überschreiten.

6 Erstreckung von Abstandsflächen auf Nachbargrundstücke (Abs. 2 Satz 3)

Abs. 2 Satz 3 regelt die Möglichkeiten, Abstandsflächen auf die Nachbargrundstücke zu erstrecken (vgl. hierzu **Abbildung 3**). Die früher in Art. 7 Abs. 5 a. F. enthaltene Vorschrift kennt dabei zwei grundsätzliche Alternativen. Einmal dürfen sich Abstandsflächen dann auf das Nachbargrundstück erstrecken, wenn rechtlich oder tatsächlich gesichert ist, dass sie nicht überbaut werden. Zum anderen steht das Nachbargrundstück dann zur Verfügung, wenn der Nachbar zustimmt.

Nach Abs. 2 Satz 3 1. Halbsatz dürfen sich also Abstandsflächen auf das Grundstück des Nachbarn erstrecken, **wenn eine Überbauung dieses Bereichs aus rechtlichen oder tatsächlichen Gründen nicht möglich** ist. Dies ist z. B. dann der Fall, wenn auf dem Nachbargrundstück eine durch das Bayerische Naturschutzgesetz geschützte Fläche liegt, die nicht überbaut werden darf. Ein tatsächlicher Grund für die Nichtüberbaubarkeit kann sich insbesondere aus den topographischen Gegebenheiten ableiten.

Eine Inanspruchnahme des Nachbargrundstücks für die notwendigen Abstandsflächen ist auch dann möglich, wenn der Nachbar **gegenüber der Bauaufsichtsbehörde** schriftlich – allerdings reicht die elektronische Form, also ein E-Mail nicht aus – zustimmt. Nach Auffassung des Gesetzgebers sollten es die staatlichen Behörden respektieren, wenn sich die Nachbarn darüber einigen, dass der eine – sei es ohne oder mit Gegenleistung – ein Grundstück für Abstandsflächen zur Verfügung stellt.

Die Rechtssicherheit soll dadurch gewährleistet sein, dass die schriftliche Zusicherung gegenüber der Bauaufsichtsbehörde zu erfolgen hat und über eine einfache Nachbarzustimmung nach Art. 66 Abs. 1 hinausgeht.

Wie sich aus dem eindeutigen Wortlaut der Vorschrift ergibt, bindet die Zustimmung des Nachbarn auch seine Rechtsnachfolger.

Für die Praxis ergibt sich nach dem Wegfall der Genehmigungspflicht von Grundstücksteilungen, dass sich die Abstandsflächen in wesentlich größerem Umfang als früher nicht mehr an den Grundstücksgrenzen orientieren. Vielmehr richten sich die Abstandsflächen an den notwendigen Abständen zwischen Gebäuden aus. Daraus folgt eine besondere **Aufklärungspflicht für die Bauaufsichtsbehörden.** Wenn der Bauherr die Zustimmung des Nachbarn erreicht, so dass dieser Abstandsflächen übernimmt, so muss gegenüber dem Nachbarn der Hinweis erfolgen, dass sein (späteres) Bauvorhaben zusätzliche Abstandsflächen einhalten muss. Eine Überdeckung der Abstandsflächen des Bauvorhabens des Bauherrn und des künftigen Bauvorhabens des Nachbarn ist nicht zulässig. Obwohl künftig eine dingliche Sicherung durch eine Dienstbarkeit wohl nicht mehr notwendig ist, steht es doch den Beteiligten frei, die Übernahme der Abstandsflächen auch weiterhin durch eine Dienstbarkeit zu sichern. Es ist nicht eindeutig geklärt, ob diese

Art. 6   Abstandsflächen, Abstände

Nachbarzustimmung auch eine zivilrechtliche Bindungswirkung entfaltet, vgl. BayObLG, Urteil vom 2.7.1990, BayVBl. 1991, S. 28, Grziwotz, Amtspflichten bei der Abstandsflächenübernahme, BayVBl. 1997, S. 365.

Zudem muss die Bauaufsichtsbehörde prüfen, ob der zustimmende Nachbar die (alleinige) Dispositionsbefugnis für das Nachbargrundstück hat. So liegt z. B. keine wirksame Zustimmung vor, wenn Miteigentum am Grundstück besteht und nur ein Miteigentümer seine Zustimmung erteilt.

Die Zustimmung des Nachbarn ist immer an das **konkrete Bauvorhaben,** das entstehen soll, gebunden. Eine isolierte Abstandsflächenübernahme auf Vorrat ist durch die Nachbarzustimmung nicht erreichbar (BayVGH, Beschluss vom 8.10.2002, FStBay 2003/227). Falls die Parteien dies wünschen, müssen sie die herkömmliche grundbuchrechtliche Sicherung wählen.

7 „Überdecken" von Abstandsflächen nach Abs. 3

Nach Abs. 3 Halbsatz 1 dürfen sich die Abstandsflächen nicht überdecken (vgl. hierzu **Abbildung 4**). Dies gilt gemäß Abs. 3 Halbsatz 2 Nr. 1 zunächst nicht für Abstandsflächen vor Wänden, die in einem Winkel von mehr als 75 Grad zueinander stehen. Das sind in der Regel (annähernd) rechtwinklig zueinander stehende Wände. Es kommt bei dieser Regelung nicht darauf an, ob es sich um Wände von zwei freistehenden Gebäuden oder um Wände eines L-förmig abgewinkelten Gebäudes handelt. Sofern die Außenwände von zwei Gebäuden nicht aneinander stoßen, sind die Wandfluchten bis zum gemeinsamen Schnittpunkt zu verlängern, um den Winkel festzustellen (vgl. hierzu **Abbildung 5**). Vom Überdeckungsverbot befreit sind gemäß Abs. 3 Halbsatz 2 Nr. 2 darüber hinaus Außenwände zu einem fremder Sicht entzogenen Gartenhof bei Wohngebäuden der Gebäudeklassen 1 und 2. Dabei handelt es sich regelmäßig um sog. Atriumhäuser (vgl. hierzu **Abbildung 6**). Schließlich enthält Abs. 3 Halbsatz 2 Nr. 3 die Selbstverständlichkeit, dass auch Gebäude und andere bauliche Anlagen, die in den Abstandsflächen zulässig sind, nicht vom Überdeckungsverbot erfasst sind.

Das Überdeckungsverbot hat vor allem dann erhebliche Auswirkungen für den Nachbarn, wenn dessen Grundstück noch unbebaut ist und er es gestattet hat, dass sich die Abstandsflächen auf sein Grundstück erstrecken können (Abs. 2 Satz 3). Will der Nachbar später selbst bauen, so muss er mit seinem Gebäude die Abstandsflächen zum gegenüberliegenden Gebäude einhalten, die sich aus der Addition der jeweiligen Abstandsflächen ergeben (vgl. auch Abs. 2 Satz 4).

8 Wandhöhe als Maß der Abstandsflächentiefe nach Abs. 4

Parameter des Maßes der Abstandsflächen sind nach Abs. 4 Sätze 1 und 2 ihre Tiefe und Breite. Die Breite der Abstandsfläche ist identisch mit der Wandlänge (vgl. Gr. Senat des BayVGH, Beschluss vom 21.4.1986, BayVBl. 1986, S. 397). Die Tiefe der Abstandsfläche wird gem. Abs. 4 Satz 1 nach der tatsächlichen Wandhöhe bestimmt. Untere Bezugslinie ist die natürliche bzw. die von der Bauauf-

Abstandsflächen, Abstände　　　　　　　　　　　　　　　　　　　　**Art. 6**

sichtsbehörde festgelegte Geländeoberfläche – und zwar die des Baugrundstücks und nicht die des Nachbargrundstücks – entlang der Wand. Von dieser Linie ausgehend ist die **Wandhöhe** bis zur Linie des oberen Wandabschlusses zu messen. Bei geneigten Dächern bildet die Schnittlinie von Wandaußenfläche und Dachaußenhaut (im Fertigzustand) den oberen Wandabschluss. Diese Linie liegt in der Regel höher als die Trauflinie (vgl. hierzu **Abbildung 7**).

Die **Tiefe der Abstandsfläche** wird senkrecht vom Fußpunkt der jeweiligen Außenwand ausgehend gemessen (vgl. hierzu **Abbildung 8a**). „Senkrecht" bedeutet dabei im 90°-Winkel zur Wandfläche. Ob das Gelände von diesem Fußpunkt ausgehend senkrecht zur Wand gemessen ansteigt oder fällt, ist dabei nicht zu berücksichtigen (vgl. hierzu **Abbildung 8b**).

Bei entlang dem zur Außenwand ansteigenden Gelände ist die Außenwand bergseits niedriger als talseitig. Entsprechend hat auch die Abstandsfläche an der bergseitigen Hauskante eine geringere Tiefe als an der talseitigen Kante. Die Abstandsfläche ist trapezförmig. Der Grenzabstand ist auch an der ungünstigsten (tiefsten) Stelle einzuhalten (vgl. hierzu **Abbildung 8c**).

9　Versetzte Außenwandteile

Der Gesetzgeber hat in der Novelle 2008 die Sonderregelung für **versetzte Außenwandteile** gestrichen (vgl. Abs. 3 Satz 3 a. F.). Ausweislich der Begründung zum Gesetzentwurf versteht es sich nämlich von selbst, dass in diesem Fall die Wandhöhe für jeden Wandteil gesondert zu ermitteln ist. Dies gilt auch weiterhin sowohl für waagrecht, wie auch für senkrecht versetzte Außenwandteile. Damit hat sich durch die Novelle 2008 an der Rechtslage materiell insoweit nichts verändert.

Zu unterscheiden ist zwischen Gebäuden und deren abstandsflächenrelevant versetzten Außenwandteilen sowie zwischen Gebäudeteilen und deren abstandsflächenrelevant versetzten Außenwandteilen. In der Praxis ist diese Differenzierung nur hinsichtlich der Definition von versetzten Außenwandteilen und der gesonderten Berechnung der Abstandsflächen bedeutsam. Folgende Fallgruppen sind zu differenzieren:

Unter **waagrecht (horizontal) versetzten Außenwandteilen** sind solche zu verstehen, die im Gebäudegrundriss als Vor- und Rücksprünge erkennbar sind und sich über die gesamte Wandhöhe erstrecken. Jeder Außenwandteil hat seine eigene Abstandsfläche, sofern als untergeordneter Teil der Außenwand zu beurteilen ist. So können z. B. aus den Gebäuden herausragende Treppenhäuser abstandsrelevante Außenwandteile sein (vgl. hierzu **Abbildung 9**). Bei stark gegliederten Gebäuden ergeben sich zwischen den einzelnen Gebäudevorsprüngen gegenüberliegende Wandteile, deren Abstandsflächen sich gegenseitig überschneiden können. Dies ist bei Vorsprüngen geringer Tiefe (bis 2 m) hinnehmbar, wenn keine Bedenken wegen der Belichtung bestehen.

Art. 6
Abstandsflächen, Abstände

Senkrecht (vertikal) versetzte Außenwandteile sind im Gebäudeschnitt durch vor- oder rückspringende Geschosse dargestellt. Ausschlaggebend für die Ermittlung der Abstandsfläche ist entweder die Außenwand oder der versetzte Wandteil, dessen oberer Wandabschluss (evtl. inkl. einer anzurechnenden Dachhöhe) bei einem Sonneneinfallwinkel von 45 Grad den längsten Schatten wirft (vgl. hierzu **Abbildung 10**). Bei diesem Winkel ist die Wandhöhe dieser fiktiven Wand gleich ihrer Abstandsfläche.

Unter **höhenmäßig versetzten Wänden** sind solche zu verstehen, die in der senkrechten Wandfläche einen oder mehrere nach oben versetzte Höhensprünge aufweisen. Sofern diese keine Giebelfläche im Sinne des Abs. 4 Satz 4 darstellen, sind sie voll der Wandhöhe zuzurechnen (vgl. hierzu **Abbildung 11**). In der modernen Architektur sind Wandflächen, die von der Rechteckform abweichen, nicht selten. Insbesondere Wände mit unregelmäßigen oberen Abschlüssen und schräge Glaswände von Solarhäusern bereiten Interpretationsschwierigkeiten bei der Wandhöhenermittlung. Sofern diese Wände insgesamt nicht eine den Giebelflächen vergleichbare Verjüngung nach oben haben, sind sie als versetzte Wände oder **Wände mit variablen Wandhöhen** zu interpretieren (vgl. **Abbildung 12**). Die (unregelmäßige) Wandhöhe wird für jeden höhenversetzten Teil der Wand gesondert ermittelt und an der jeweiligen Stelle als Abstandsfläche angesetzt (vgl. hierzu **Abbildungen 12 und 17**).

10 Anrechnung der Dach- und Giebelhöhe bei der Ermittlung der Abstandsflächen nach Abs. 4 Sätze 3 und 4

Die **Höhe von Dächern und Giebelflächen mit einer Neigung von mehr als 70 Grad** ist bei der Ermittlung der Abstandsflächen voll anzurechnen (Abs. 4 Sätze 3 und 4). Damit wird der Zielsetzung des Abstandsflächenrechts Rechnung getragen, im nachbarlichen Interesse eine ausreichende Belichtung, Belüftung und Besonnung sicherzustellen. Dächer und Giebel von mehr als 70 Grad Dachneigung haben für den Nachbarn eine senkrechten Wänden vergleichbare Wirkung. Bis zur Novelle 2008 hatte die entsprechende Grenze noch bei 75 Grad gelegen, das Gesetz hat die entsprechende Schwelle aber in Anpassung an die Musterbauordnung um fünf Grad gesenkt.

Dächer mit einer Neigung von mehr als 45 Grad und Giebelflächen generell werden zur Wandhöhe (H_1) zu einem Drittel ihrer Höhe ($^1/_3\ H_2$) hinzugerechnet und bilden in der Summe jeweils die Gesamthöhe ($H = H_1 + ^1/_3\ H_2$). Diese ist identisch mit der jeweiligen Tiefe der Abstandsfläche vor der betreffenden Wand. Die anrechenbare Teilhöhe $^1/_3\ H_2$ ist dabei auf die volle Wandlänge einzuhalten.

Die Berechnung der Abstandsflächen für den Regelfall erläutert die **Abbildung 13**.

Die gesetzliche Regelung der Dachhöhenanrechnung zu einem Drittel bei Dächern mit einer Neigung zwischen 45 Grad und 70 Grad bringt eine gewisse **Inkonsequenz** im Abstandsflächenrecht mit sich. So werden bei der Berechnung der dach-

Abstandsflächen, Abstände **Art. 6**

seitigen Abstandsfläche Gebäude mit einer Dachneigung knapp über 45° „benachteiligt" gegenüber Gebäuden mit einer Dachneigung über 56°. Bei einer Dachneigung von z. B. 46° ist gegenüber einem Dach mit 45° die Abstandsfläche um $^1/_3$ der Dachhöhe (also wesentlich) zu erhöhen, obwohl der Verschattungseffekt für das Nachbargrundstück nur minimal zunimmt. Ein Dach mit einer Neigung von über 56° hat demgegenüber eine geringere Abstandsfläche als eine im First endende vergleichbare senkrechte Wand einzuhalten (vgl. dazu **Abbildung 14**).

Unter einer **Giebelfläche im Bereich des Daches** nach Abs. 4 Satz 4 ist bei dem als Regelfall zugrunde gelegten Satteldachbaukörper der dreieckige obere Wandteil an der Schmalseite des Gebäudes zu verstehen. Er wird seitlich von den Dachkanten begrenzt. Seine Grundlinie ist die Verbindungslinie zwischen den beiden Schnittpunkten der rechten und linken (senkrechten) Wandkanten mit den schrägen Dachkanten. Diese können bei asymmetrischen Dächern verschieden hoch liegen. Der senkrechte Abstand (Lot) vom Dachfirst zur o. g. Verbindungslinie ist die Giebelhöhe (vgl. hierzu **Abbildung 15**); strittig, a. A. – Zerlegung in Wandabschnitte und Bildung von Teilgiebelflächen etwa Koch/Molodovsky/Famers Art. 6 Rn. 138, ausdrücklich offen gelassen von BayVGH, Beschluss vom 10.2.1984, BRS 42 Nr. 115; Beschluss vom 30.4.2007, NVwZ-RR 2008, 80). Daraus folgt, dass **Kniestöcke** abstandsflächenrechtlich Bestandteil der Wandfläche und nicht der Giebelfläche sind. Sie sind in ihrer Höhe voll anzurechnen. Als Giebel zu behandeln sind auch solche Flächen, die zwar nicht exakt dem gerade beschriebenen Bild entsprechen, sich aber von diesem „Normalfall" nicht wesentlich unterscheiden bzw. sich davon noch ableiten lassen. Kein Giebel liegt dann mehr vor, wenn der Wandteil in einem nennenswerten, auch deutlich in Erscheinung tretenden Bereich eben nicht mehr durch die Flächen eines Satteldaches begrenzt wird (vgl. Dirnberger in: Jäde/Dirnberger/Bauer/Weiß, Die neue Bayerische Bauordnung, Art. 6 RdNr. 139).

Die gesetzliche Regelung, Giebelflächen nur mit einem Drittel ihrer Höhe anzurechnen, ist darin begründet, dass sich diese Flächen nach oben „verjüngen" und somit die Beeinträchtigung für den Nachbarn im Verhältnis zu einer rechteckigen Wandfläche erheblich vermindert ist. Der geometrische Schwerpunkt einer Dreiecksfläche liegt exakt im Drittel der Dreieckshöhe ($^1/_3$ H). Aus nachbarrechtlicher Sicht wird auch deutlich, dass diese Regelung nicht für beliebig breite „Giebelflächen" zugrunde gelegt werden kann. Sobald für den Nachbarn der o. g. „Verjüngungseffekt" einer Giebelfläche nicht mehr spürbar ist und diese eher den optischen Eindruck einer breiten Wand mit geneigtem oberen Abschluss vermittelt, erscheint es angebracht, als Abstandsfläche die volle Höhe dieser Wand (mit variabler Höhe s. Ziffer 9) anzurechnen (vgl. hierzu **Abbildungen 12 und 20**). Dies trifft z. B. auf eine Werkhalle mit 30 m „Giebelbreite" und einem flach geneigten Satteldach (15 Grad) zu.

11 Anrechnung der Dachhöhen und Giebelhöhen bei Sonderdachformen

In der Praxis kommt eine Vielzahl von Dachformen vor, die von der Grundform des Satteldachs abweichen (vgl. hierzu **Abbildungen 15 bis 25**). Die häufigsten

Art. 6
Abstandsflächen, Abstände

Formen sind dabei Pultdächer, versetzte Pultdächer, Mansardendächer, Laternendächer, Tonnendächer und kreissegmentförmige Dächer. Entsprechend vielseitig sind deren Giebelformen.

Die **anrechenbare Dachhöhe** ist wie folgt zu ermitteln:

Bei der Überprüfung, inwieweit die Dachhöhen dieser Sonderfälle auf die Abstandsflächen anzurechnen sind, werden die Dachflächen in Teilflächen mit einer Neigung über 70 Grad (volle Anrechnung), von 45 bis 70 Grad (Drittelanrechnung) und Teilflächen unter 45 Grad (keine Anrechnung) zerlegt. Dies ist z. B. bei Tonnendächern angebracht. Die Summe der anrechenbaren Teilhöhen ergibt die anrechenbare Dachhöhe (vgl. hierzu **Abbildungen 21 und 26**).

Die Anwendung dieser Berechnungsmethode auf den konkreten Einzelfall ist allerdings **umstritten**. Die wohl h. M. wendet die Grundsätze in einem wörtlichen Sinn an. Dies hat zur Folge, dass etwa bei einem eingeknickten Satteldach oder einem Mansarddach die Dachhöhen vollständig außer Betracht bleiben, die eine geringere Neigung als 45 Grad aufweisen (vgl. etwa OVG Münster, Beschluss vom 31.1.1994, BRS 56 Nr. 97; Dirnberger in: Jäde/Dirnberger/Bauer/Weiß, Die neue Bayerische Bauordnung, Art. 6 RdNrn. 132 ff.) Nach anderer Auffassung ist unter Bildung von Hilfslinien ein „Ersatz"-Dach zu bilden, das dem Normalfall des Satteldachs angenähert wird (Rauscher in: Simon/Busse, Bayerische Bauordnung, Art. 6 RdNrn. 200 ff.). Die unterschiedlichen Auswirkungen der entsprechenden Ansätze sind beispielsweise aus **Abbildung 21)** ersichtlich.

Bei nicht zurechenbaren Sonderformen, aber auch zur Kontrolle bei allen Bauformen, empfiehlt es sich in jedem Fall, mit Hilfe des Sonneneinfallwinkels von 45 Grad die nachbarrechtlich relevante Abstandsfläche zu überprüfen (dies ist die Schattenfläche im ebenen Gelände vor der Außenwand vgl. **Abbildungen 10 und 22)**.

Auch bei der Frage der **Anrechenbarkeit der Giebelhöhe** ist der bereits bei den Dächern angesprochene Meinungsstreit anzutreffen: Eine Auffassung versucht, durch Hilfslinien näherungsweise eine Ersatzgiebelfläche zu konstruieren, die der Grundform eines vergleichbaren dreiseitigen Satteldachs entspricht. Die Höhe dieses Ersatzgiebels ($^1/_3$ H) wird den Abstandsflächen zugrunde gelegt. Die andere Auffassung setzt darauf auf, den Schwerpunkt der jeweiligen Giebelfläche zu ermitteln. Der Abstand dieses Schwerpunkts von der unteren Giebelbegrenzungslinie soll die jeweils anrechenbare Giebelhöhe und zugleich die Höhe des „Ersatzgiebels" mit vergleichbaren Auswirkungen aus nachbarrechtlicher Sicht definieren.

Zu unterschiedlichen Ergebnissen gelangen die beiden Meinungen insbesondere bei Giebelflächen von sehr breiten Dächern mit geringer Höhe (z. B. steile Mansarddächer mit relativ flacher „Spitze") oder auch bei Tonnendächern. Einzelheiten sind aus den **Abbildungen 18, 19, 21, 23 bis 25** ersichtlich).

Abstandsflächen, Abstände **Art. 6**

12 Tiefe der Abstandsflächen in Abhängigkeit von unterschiedlichen Baugebietstypen

Das Gesetz teilt in Abs. 5 Satz 2 den verschiedenen Baugebieten unterschiedliche einzuhaltende Tiefen der Abstandsflächen zu. Es unterscheidet **drei Gruppen von Baugebieten** nach der Baunutzungsverordnung.

Erste Fallgruppe: In reinen, allgemeinen und besonderen Wohngebieten, in Kleinsiedlungsgebieten, Dorf- und Mischgebieten beträgt die Regelabstandsfläche 1 H (volle Wandhöhe).

Zweite Fallgruppe: In Kerngebieten wird die Regelabstandsfläche auf 0,5 H reduziert.

Dritte Fallgruppe: In Gewerbe- und Industriegebieten ist eine weitere Reduzierung auf 0,25 H zulässig.

Sondergebiete sind je nach der besonderen Nutzungsart in eine der drei Gruppen einzuordnen. Für alle drei Fallgruppen gilt die Mindestabstandsfläche von 3 m.

Diese Regelungen können entsprechend auch in Gebieten ohne Bebauungsplan angewendet werden. In Gemengelagen (also bei diffuser sowohl gewerblicher als auch Wohnnutzung) ist die Anwendung der Vorschrift jedoch ausgeschlossen, selbst wenn Baugrundstück und Nachbargrundstück von der gewerblichen Nutzung geprägt sind (BayVGH, Beschluss vom 28.1.1993, BayVBl. 1993 S. 278, a. M. Nds. OVG, Beschluss vom 23.10.1987, BRS 47 Nr. 98).

13 Andere Abstandsflächen durch Festsetzungen in einer Satzung bzw. aufgrund der Umgebungsbebauung (Abs. 5 Sätze 3 und 4)

Schon seit je konnte die Gemeinde in einem Bebauungsplan andere Abstandsflächen, als in Art. 6 festgelegt, vorschreiben. Notwendig war hierfür jedoch eine konkrete auf die Abstandsflächen bezogene schriftliche Festsetzung. Der Regelfall bei Bebauungsplänen war jedoch der, dass keine solchen von Art. 6 abweichenden Festsetzungen getroffen waren. In der Praxis führte dies dazu, dass häufig die Bauräume nicht ausgenutzt werden konnten. Wenn im Bebauungsplan durch Festsetzung von Baugrenzen, Baulinien oder die Zahl der Vollgeschosse eine Ausnutzung dieser Vorgaben nur mit einer Überschreitung der Abstandsflächen möglich war, hatte der Bauherr in der Praxis im Regelfall die Wahl, eine rechtliche Sicherung vorzulegen oder auf die Ausnutzung des abstandsflächenrelevanten Baurechts zu verzichten.

Die Bauordnungsnovelle 1994 beseitigte dieses Problem. Die Vorschrift legte den grundsätzlichen Vorrang der gemeindlichen, im Bebauungsplan, in einer sonstigen städtebaulichen oder in einer Gestaltungssatzung getroffenen Entscheidungen (seinerzeit in Art. 7 Abs. 1 Satz 1 a. F.) fest (vgl. hierzu BayVGH, Urteil vom 7.2.1994, BayVBl. 1994, S. 307). Die Bauordnungsnovelle 2008 hat diese Grundentscheidung beibehalten und die Vorschrift nach Abs. 5 Satz 3 verschoben. Werden von einer städtebaulichen oder einer Satzung nach Art. 81 Außenwände zugelas-

Art. 6 — Abstandsflächen, Abstände

sen oder vorgeschrieben, vor denen Abstandsflächen größerer oder geringerer Tiefe als vom Grundsatz her erforderlich liegen müssten, so gehen die Festlegungen der Satzung vor, es sei denn die Satzung ordnet wiederum ausdrücklich die Geltung der bauordnungsrechtlichen Abstandsflächenvorschriften an.

Unter dem Begriff der städtebaulichen Satzung werden sowohl Bebauungspläne – unter Einschluss des einfachen und des vorhabenbezogenen Bebauungsplans – als auch die Satzungen nach § 34 Abs. 4 BauGB und des § 35 Abs. 6 BauGB verstanden. In Frage kommen auch ortsrechtliche Vorschriften nach Art. 81.

Die Festsetzungen, die die „bauplanungsrechtlichen" Abstandsflächen steuern, müssen – wie dies bereits früher möglich war – entweder eigene Abstandsflächen festlegen oder aber Außenwände beschreiben, indem – regelmäßig durch Festsetzung einer Baugrenze oder Baulinie – die **Lage** der Außenwand und – etwa durch die Festsetzung der Wandhöhe oder der Zahl der zulässigen Vollgeschosse – die **Höhenentwicklung** der Außenwand vorgeschrieben werden. Sofern in diesem Fall die bauplanungsrechtlichen Festsetzungen mit dem Abstandsflächenrecht des Art. 6 Abs. 5 Sätze 1 und 2 kollidieren, geht die Festsetzung des Bebauungsplans oder einer Satzung nach § 34 Abs. 4 BauGB bzw. nach § 35 Abs. 6 BauGB oder nach Art. 81 vor. Entscheidend ist, dass die Satzung die entsprechende Außenwand nicht etwa zwingend festsetzen muss, sondern es genügt, dass Höchstgrenzen festgelegt sind. Diese darf der Bauherr dann ausnutzen, ohne an das Abstandsflächenrecht gebunden zu sein.

Die Festsetzungen in der Satzung über die Außenwand müssen **hinreichend bestimmt** sein. Allerdings ist eine Vermaßung nicht zwingend erforderlich (vgl. BayVGH, Beschluss vom 12.8.2002, FStBay 2003/182).

Abs. 5 Satz 3 ordnet als Rechtsfolge an, dass bei entsprechenden Festsetzungen Abs. 5 Sätze 1 und 2 keine Anwendung finden. Das bedeutet, dass statt der an sich erforderlichen Abstandsflächentiefe die sich aus der Satzung ergebende **Tiefe** gilt. Ein völliger Verzicht auf Abstandsflächen ist allerdings über Abs. 5 Satz 3 nicht möglich, ebenso wenig eine Regelung über die Lage der Abstandsflächen.

Die Gemeinde hat besonderes Augenmerk darauf zu legen, dass die Abstandsflächen nachbarschützend sind und somit die Festsetzung von Baukörpern im Bebauungsplan, die die Abstandsflächen zu den Nachbargrundstücken nicht einhalten, einer sorgfältigen Abwägung bedarf (§ 1 Abs. 7 BauGB). In die Abwägung ist auch das Erfordernis einer ausreichenden Belichtung und Belüftung einzubeziehen (Abs. 1 Satz 2). Zu beachten sind selbstverständlich auch die aus Brandschutzgründen erforderlichen Abstandsflächen (vgl. Art. 28 Abs. 2 Nr. 1 und Art. 30 Abs. 2). Eine ausreichende Belichtung und Belüftung der Grundstücke muss sichergestellt sein. Die Flächen für notwendige Nebenanlagen, besonders für Kinderspielplätze (Art. 7), Garagen und Stellplätze (Art. 47) sind vorrangig sicherzustellen. Sie dürfen nicht durch eine Abweichung von Abstandsflächen eingeschränkt werden.

Abstandsflächen, Abstände **Art. 6**

Die Regelung findet nur auf Bebauungspläne Anwendung, deren Entwurf nach § 3 Abs. 2 BauGB nach dem Inkrafttreten der Bauordnungsnovelle 1994 (1. Juni 1994) öffentlich ausgelegt worden ist. Will die Gemeinde die Anwendung des Abs. 1 auf alte Bebauungspläne erstrecken, so muss sie entweder das Verfahren zur Aufstellung dieser Bebauungspläne erneut einleiten (Art. 93 Abs. 1 Satz 2 a. F.) oder einen Beschluss fassen, dass Abs. 5 Satz 3 auch auf Bebauungspläne anzuwenden ist, die vor dem Inkrafttreten der Bauordnung 1994 ausgelegt worden sind. Dieser Beschluss ist ortsüblich bekannt zu machen; er wird mit der Bekanntmachung wirksam.

Die Novelle 2009 hat Abs. 5 um einen – bedeutungsvollen – Satz 4 ergänzt: Die einzuhaltenden Abstandsflächentiefen können sich danach nicht nur aus einer städtebaulichen Satzung oder einer Satzung nach Art. 81 ergeben, sondern **auch aus der Umgebungsbebauung im Sinne des § 34 BauGB**, wenn dort einheitlich abweichende Tiefen vorliegen. Problematisch dürfte dabei vor allem die Feststellung dieser Einheitlichkeit sein, da in der Praxis in aller Regel keine vollständig gleichen Verhältnisse auf allen betroffenen Grundstücken vorliegen dürften. Erforderlich ist, dass die – abweichenden – Tiefen prägend sind; diffuse uneinheitliche Tiefen genügen nicht. Abweichende Tiefen können im Übrigen nicht nur geringere, sondern auch größere Tiefen sein.

In der Praxis dürfte die Regelung vor allem bei **Traufgassen** bzw. engen Reihen Anwendung finden, die nach der Rechtsprechung (BayVGH, Urteil vom 22.11.2006, BayVBl. 2007, 282; a. A. Dirnberger in: Jäde/Dirnberger/Bauer/Weiß, Die neue Bayerische Bauordnung, Art. 6 RdNr. 57) nicht gemäß Abs. 1 Satz 3 behandelt werden können. Eine Rolle spielen kann Abs. 5 Satz 4 darüber hinaus für **Ersatzbauten**, insoweit nimmt die Vorschrift die fortdauernde prägende Wirkung einer beseitigten Bebauung auf und lässt es zu, dass auch ein Ersatzbau ggf. vom Regelfall abweichende Abstandsflächentiefen aufweisen darf (vgl. dazu auch die Vollzugshinweise zur BayBO-Novelle 2009, Schreiben des StMI vom 24.7.2009).

14 16-m-Privileg

Nach Abs. 6 kann die Abstandsflächentiefe vor jeweils zwei Außenwänden von nicht mehr als 16 m Länge um die Hälfte verringert werden. Der Mindestabstand von 3 m ist stets einzuhalten. Das 16-m-Privileg gilt nicht in Kern-, Gewerbe- und Industriegebieten, da dort die Wandhöhe an allen vier Seiten bereits reduziert ist (Abs. 4 Satz 2). Grundsätzlich gilt das 16-m-Privileg für zwei Außenwände eines Gebäudes, wobei der Bauherr wählen kann, auf welche Außenwände sich diese Vergünstigung erstrecken soll (vgl. hierzu **Abbildung 28**). Der Nachbar hat auf diese Entscheidung des Bauherrn keinen Einfluss.

Es war die Intention des Gesetzgebers, dass mit dem Maß von 16 m Wandlänge die meisten (gewöhnlichen) Bauvorhaben erfasst werden und die Aufenthaltsräume bei einer Gebäudetiefe von max. 16 m von der Vorder- und Rückseite noch

Art. 6 — Abstandsflächen, Abstände

eine ausreichende Belichtung und Belüftung erhalten. Beim sog. Normalfall des 16-m-Privilegs (Gebäude mit rechteckigem Grundriss) entstehen keine Anwendungsschwierigkeiten. Interpretationsprobleme gibt es bei Gebäuden mit unregelmäßigen Grundrissen, gegliederten Wandflächen, schräg abgeknickten Grundrissen, dreieckigen Grundrissen und bei kreisförmigen Baukörpern (vgl. hierzu **Abbildung 34**). Schwierig zu beurteilen ist die Frage, unter welchem Winkel zwei Außenwände zueinander stehen müssen, damit man von zwei Außenwänden ausgehen kann. Als gesichert gilt, dass analog Abs. 3 Halbsatz 2 Nr. 1 eine Abweichung von 15° vom rechten Winkel zulässig ist. Aus geometrischer Sicht erscheint es gerechtfertigt, eine Abweichung vom rechten Winkel bis zu 45° zuzulassen. Dreieckige Gebäude können das 16-m-Privileg auf zwei Seiten beanspruchen. Bei runden Gebäuden kann der Bauherr zwei Abschnitte frei wählen. Diese dürfen jedoch jeweils max. 16 m Segmentlänge haben.

Generell ist beim 16-m-Privileg entscheidend, wie der **Begriff der Außenwandlänge** zu verstehen ist. Geht man von der Intention des Gesetzgebers aus, ein verdichtetes flächensparendes Bauen zu ermöglichen, so steht nicht die tatsächliche Länge der Außenwand im Vordergrund, sondern nur die Teillänge der Außenwand oder der Außenwandteile, die die volle Wandhöhe als Abstandsflächen nicht einhalten können. Insofern ist nur zu prüfen, ob die Gesamtlänge der Wandteile, die nur die halbe Wandfläche als Abstandsfläche einhalten können, auf den jeweiligen Gebäudeseiten 16 m nicht überschreitet und ob von den restlichen Wandteilen das volle Maß des Abs. 5 eingehalten wird (Großer Senat des BayVGH, Beschluss vom 21.4.1986, BayVBl. 1986, S. 297). Bei einer Gliederung einer Außenwand durch Vor- und Rücksprünge kann also eine Überschreitung der Gesamtlänge der Außenwand von 16 m gegeben sein; die Abstandsfläche ist jedoch eingehalten, wenn das Gebäude mit einer Länge von 16 m ½ H und die (im Bezug auf die Grundstücksgrenze) zurückspringende Außenwand 1 H einhält. Eine solche Wand hat das 16-m-Privileg rechtlich voll ausgenutzt, sodass nur noch eine zweite Wand ähnlich angerechnet werden kann (vgl. hierzu **Abbildung 29**). Diese Überlegung bezieht sich zwar primär auf eine durch Vor- und Rücksprünge gegliederte Wand; sie kann jedoch sinngemäß insbesondere aus nachbarlicher Sicht auch für eine durchgehende Wand herangezogen werden, wenn sich die Wandabschnitte beispielsweise aus der unterschiedlichen Entfernung der Wand zur Grundstücksgrenze ergeben (vgl. **Abbildung 30**; BayVGH, Urteil vom 25.5.1998, BayVBl. 1999, S. 246).

Wird ein Gebäude mit einer Außenwand an einer Grundstücksgrenze gebaut, so gilt das 16-m-Privileg nach Abs. 6 Satz 2 nur noch für eine Gebäudeseite (bei Doppelhäusern oder Reiheneckhäusern) – vgl. hierzu **Abbildung 31** –. Sofern zwei Außenwände an die Grundstücksgrenze oder an ein anderes Gebäude gebaut werden, geht die Privilegierung gänzlich verloren (vgl. hierzu **Abbildung 32**). Daher muss ein Reihenmittelhaus bezüglich der beiden freien Außenwände die vollen Abstandsflächen einhalten, da es als selbstständiges Gebäude bereits mit zwei Außenwänden an andere Gebäude angrenzt.

Abstandsflächen, Abstände   **Art. 6**

Die **Außenwände aneinander gebauter Gebäude** sind wie die Außenwände eines Gebäudes zu behandeln. Dies gilt auch für Gebäude, die auf verschiedenen Baugrundstücken errichtet werden (Großer Senat des BayVGH, Beschluss vom 21.5.1990, BayVBl. 1990, S. 498) – vgl. hierzu **Abbildung 33** –. Bei profilgleichen Gebäuden zählen dabei die Wände, an denen Gebäude aneinander gebaut sind, rechtlich nicht als Außenwände. Der Schutzzweck der Norm ist erfüllt, wenn dem Nachbarn höchstens ein 16 m langes Außenwandteil in einem Abstand von ½ H zur Grundstücksgrenze zugemutet wird.

Nach – nicht unumstrittener – Auffassung des Großen Senats des BayVGH (Beschluss vom 17.4.2000, BayVBl. 2000, S. 562) ist es ausgeschlossen, dass neben dem 16-m-Privileg von der Bauaufsichtsbehörde für eine dritte Außenwand eine Abweichung nach Art. 63 zugelassen wird. Die Vorschrift des Abs. 6 sei eine Ausnahmevorschrift zu Abs. 5, was dazu führe, dass bei Fehlen der Voraussetzungen des Schmalseitenprivilegs automatisch wieder die Grundregel gelten müsse. Allerdings ist es nicht ausgeschlossen, dass eine Abstandsflächenverkürzung für drei Außenwände über die Erteilung von Abweichungen für jede Seite erfolgt (vgl. BayVGH, Beschluss vom 11.6.2002, BayVBl. 2003, S. 470).

15 Die „Experimentierklausel" des Abs. 7

Den Einstieg in ein Experiment wagt die BayBO mit **Abs. 7** (vgl. **Abbildung 35**). Kurz gefasst und etwas vergröbert erhält die Gemeinde die Möglichkeit, durch örtliche Bauvorschrift die Berechnungsregeln und die Abstandsflächentiefen nach Art der Musterbauordnung vorzuschreiben. Die Ermächtigung erlaubt es dabei der Gemeinde, das neue Abstandsflächenregime auch für Teile des Gemeindegebiets einzuführen (vgl. zu einer relativ kleinen Fläche BayVGH, Urteil vom 15.12.2008, BayVBl. 2009, S. 530). Das bedeutet, dass es der Gemeinde etwa auch freisteht, (nur) für den Geltungsbereich eines Bebauungsplans das neue Recht zur Anwendung kommen zu lassen. Dies kann auch im Bebauungsplan selbst geschehen, weil Abs. 7 auf Art. 81 Abs. 3 verweist. Entschließt sich die Gemeinde, das neue Recht zu optieren, gilt allerdings das „Alles-oder-Nichts-Prinzip"; mit anderen Worten muss die Gemeinde das Abstandsflächenregime des Abs. 7 insgesamt übernehmen und kann sich nicht einzelne Regelungen – etwa die generelle Verkürzung der Abstandsflächentiefe auf 0,4 H – „herauspicken". Die entsprechende Ermächtigung für die Gemeinden ist gemäß § 4 Abs. 2 Nr. 2 des Gesetzes zur Änderung der Bauordnung und Änderungsgesetz bereits am 1. September 2007 in Kraft getreten.

Abs. 7 enthält trotz seiner Kürze außerordentlich weitreichende Modifikationen des bisherigen Ansatzes der Abstandsflächen. Dies gilt zunächst für die **Methode der Ermittlung der Abstandsflächen.** Verzichtet wird dabei auf die Anrechnungsregel für Giebelflächen gemäß Abs. 4 Satz 4. Dies führt dazu, dass auch der Giebel als Wandfläche behandelt wird. Es geschieht also keine Trennung von Wand und Giebelteil und keine Um- oder Anrechnung des Giebels zur Wandabstandsfläche, sondern die jeweilige Wand einschließlich des Giebelteils wird abgeklappt und ist

::rehm   Bayerische Bauordnung Handkommentar   73

in dieser Form auch in der Abstandsfläche erkennbar. Wegen der generellen Verkürzung der Abstandsflächentiefe auf 0,4 H entsteht damit eine Abstandsfläche, die in ihrer Form der auf 40 % gestauchten Wand entspricht (vgl. **Abbildung 35**). Zuzugestehen ist diesem Konzept, dass es die Berechnung der Abstandsflächen insbesondere bei eigenwillig gestalteten Giebelseiten erheblich vereinfacht. Als Nachteil könnte sich erweisen, dass die entsprechenden Abstandsflächen nicht mehr rechteckig sind und daher – wegen des Überdeckungsverbots – die Ordnung der baulichen Anlagen zueinander nicht mehr in 90°-Winkeln bzw. in paralleler Ausrichtung erfolgt. Dies ist – zugegebenermaßen – aber ein städtebauliches Problem, das die Gemeinde über entsprechende Regelungen im Bebauungsplan lösen müsste. Eine weitere Ungereimtheit dürfte dadurch entstehen, dass die Abstandsflächen tendenziell an den Giebelseiten tiefer werden als an den Traufseiten, weil – ein gleich geneigtes Satteldach unterstellt – an der Giebelseite die Höhe bis zum First maßgebend ist und an der Traufseite nur eine Drittelanrechnung der Dachhöhe erfolgt. Allerdings wird auch nach der geltenden Rechtslage über das 16-m-Privileg schon jetzt und auch zukünftig fast immer ein ähnliches Ergebnis erzeugt.

Abs. 7 Nr. 1 regelt die **Anrechnung von Dächern**. Gegenüber dem „normalen" Recht verändert wird, dass eine Dachanrechnung ab dem ersten Grad Dachneigung erfolgt. Abs. 7 Nr. 2 verkürzt bei Erlass einer entsprechenden Satzung durch die Gemeinde die **Abstandsflächentiefe** – unter Wegfall des 16-m-Privilegs – vor allen Außenwänden auf 0,4 H, in Gewerbe- und Industriegebieten auf 0,2 H. Die Mindestabstandsfläche von 3 m bleibt allerdings in jedem Fall erhalten. In der Begründung zum Gesetzentwurf wird diese deutliche Verringerung damit gerechtfertigt, dass mit den verkürzten Abstandsflächentiefen ein sicherheitsrechtlicher Mindeststandard erreicht werde, der auch in Ansehung der DIN 5034 (Tageslicht in Innenräumen) eine ausreichende Belichtung von Aufenthaltsräumen sicherstelle.

Die Novelle 2008 betrachtet die zu erwartende „Zweigleisigkeit" des Abstandsflächenrechts ausdrücklich als **Experiment**. In der Begründung zum Gesetzentwurf wird darauf hingewiesen, dass nach einer Zeit von ca. vier bis fünf Jahren eine Evaluation der gemachten Erfahrungen erfolgen soll. Dann wird der Bayerische Landtag zu entscheiden haben, ob das neue Abstandsflächenrecht flächendeckend eingeführt wird, ob es beim alten Recht bleibt oder ob die Zweigleisigkeit beibehalten werden soll.

16 Untergeordnete Bauteile (Abs. 8)

Vor die Außenwand vortretende, untergeordnete Bauteile und Vorbauten sowie Dachgauben dürfen bei der Abstandsflächenberechnung unter den in Abs. 8 genannten Voraussetzungen außer Betracht bleiben. Die Vorschrift wurde durch die Novelle 2008 gegenüber ihrer Vorläufernorm (Abs. 3 Satz 7 a. F.) präziser gefasst, ohne dass damit – ausweislich der Begründung zum Gesetzentwurf – eine Maßstabsverschärfung verbunden sein sollte. Die Novelle 2009 hat die Bestim-

Abstandsflächen, Abstände — Art. 6

mung nochmals ergänzt. Erfasst werden durch die Vorschrift zunächst vor die Außenwand vortretende untergeordnete Bauteile wie Gesimse, Dachüberstände und Vorbauten – wie Balkone und eingeschossige Erker – wenn sie insgesamt nicht mehr als ein Drittel der Breite der Außenwand des jeweiligen Gebäudes, höchstens jedoch insgesamt 5 m, in Anspruch nehmen, nicht mehr als 1,50 m vor diese Außenwand vortreten und mindestens 2 m von der gegenüberliegenden Nachbargrenze entfernt bleiben. Voraussetzung für die Anwendbarkeit dieser Regelung ist ferner, dass das Gebäude selbst die Abstandsflächen einhält.

Die Aufzählung der untergeordneten Nebenanlagen ist nicht abschließend. Als **vortretende Bauteile**, die in den Genuss der Privilegierung des Abs. 8 kommen können, kommen allerdings – auch wenn dies das Gesetz nicht ausdrücklich anordnet – nur solche Bauteile in Frage, die nach ihrer Größe und Funktion gegenüber dem Gebäude untergeordnet sind, z. B. Werbeanlagen oder Dachrinnen. Bei den **Vorbauten** kommen neben den ausdrücklich angesprochenen Balkonen und Erkern auch Schaufenstervorbauten oder Warenautomaten in Betracht. Grundsätzlich nicht privilegiert sind aber solche Vorbauten, deren Zweck auch ohne Vorbau erreicht werden könnte, die also ausschließlich der Flächenmehrung dienen (vgl. beispielsweise BayVGH, Urteil vom 30.10.2002, BayVBl. 2003, S. 630).

Durch Abs. 8 Nr. 3 werden schließlich auch **Dachgauben** unter bestimmten Voraussetzungen abstandsflächenrechtlich privilegiert. Die Vorschrift ist die gesetzgeberische Reaktion auf die Rechtsprechung des BayVGH (Beschluss vom 25.6.2008 – 2 CS 08.1250), die eine entsprechende Anwendung des Abs. 8 Nr. 2 abgelehnt hatte und die Kriterien des Art. 6 Abs. 3 Satz 7 a. F. anlegen wollte.

17 Abstandsflächenirrelevante bauliche Anlagen (Abs. 9)

Die Bauordnungsnovelle 2008 hat eine erhebliche Umgestaltung der Regelung über die baulichen Anlagen an der Grundstücksgrenze vorgenommen. Bislang galt gemäß Art. 7 Abs. 4 a. F., dass Garagen einschließlich deren Nebenräume, überdachte Tiefgaragenzufahrten und Aufzüge zu Tiefgaragen mit einer Gesamtnutzfläche bis zu 50 m² sowie Nebengebäude ohne Feuerstätte mit einer Nutzfläche bis zu 20 m² keine Abstandsflächen zur Grundstücksgrenze einzuhalten brauchten, wenn an der Grenze eine Wandhöhe von 3 m im Mittel nicht überschritten wurde. Die Grenzbebauung durfte auf dem Grundstück insgesamt 50 m² nicht überschreiten; die Grenzaußenwand durfte je Grundstücksgrenze maximal 8 m lang sein. Die jetzige Rechtslage des Abs. 9 weicht davon sowohl, was den Anwendungsbereich als auch die Rechtsfolgen betrifft, deutlich ab.

Von der Vorschrift erfasst werden drei Arten baulicher Anlagen:

Zunächst kommen gemäß Abs. 9 Satz 1 Nr. 1 – wie bisher – **Garagen** einschließlich deren Nebenräume, überdachte Tiefgaragenzufahrten und Aufzüge zu Tiefgaragen in den Genuss der Vorschrift (zu den Problemen bei der Einhaltung der zulässigen Wandlänge von 9 m bei diesen Anlagen vgl. **Abbildung 37**). Darüber hinaus erfasst die Regelung aber auch andere **Gebäude**, die nicht notwendig Nebenge-

Art. 6
Abstandsflächen, Abstände

bäude sein müssen, **wenn sie keine Aufenthaltsräume (vgl. Art. 45) und keine Feuerstätten (vgl. Art. 40) besitzen.** Eine räumlich-funktionale Zu- oder Unterordnung gegenüber einem Hauptgebäude ist daher nicht mehr nötig. Damit wird die nach früherem Recht wichtige Unterscheidung zwischen der abstandsflächenrechtlich privilegierten Garage und sonstigen Nutzungen weitgehend obsolet. Allerdings darf natürlich auch in Zukunft etwa der Dachraum über der Grenzgarage nicht in ein Arbeitszimmer umgenutzt werden.

Wie bisher darf das Gebäude eine mittlere Wandhöhe von maximal 3 m besitzen, und ebenso wie bisher bleibt dabei die Höhe von Dächern und Giebelflächen bei einer Dachneigung bis zu 70 Grad unberücksichtigt (nach altem Recht lag diese Grenze allerdings bei 75 Grad). Einem praktischen Bedürfnis folgend darf die Gesamtlänge der Außenwand je Grundstücksgrenze 9 m und nicht mehr nur – wie früher – 8 m betragen; dadurch werden bis zu drei giebelständig nebeneinander gebaute Garagen erfasst. Im Übrigen fallen alle flächenmäßigen Begrenzungen für eine Grenzbebauung weg, also sowohl die 50-m²/20-m²-Grenze für einzelne Gebäude, als auch die 50-m²-Grenze für die gesamte Grenzbebauung. Aus Sicht des Nachbarn und damit aus Sicht der abstandsflächenrechtlich geschützten Belange ist die flächenmäßige Ausdehnung eines Gebäudes ohne Bedeutung. Bei besonders großen Grundstücken mit einer Länge der Grundstücksgrenze von mehr als 42 m sind darüber hinaus **freistehende** Gebäude ohne Aufenthaltsräume und Feuerstätten abstandsflächenirrelevant, wenn ihre relevanten Außenwände entlang der Grundstücksgrenze nicht mehr als 3 m mittlere Wandhöhe, nicht mehr als 50-m³ Brutto-Rauminhalt und eine Gesamtlänge je Grundstücksgrenze von maximal 5 m aufweisen. Als „freistehend" können dabei nur solche Gebäude aufgefasst werden, die die Mindestabstandsflächen einhalten, also von der sonstigen Grenzbebauung entlang der entsprechenden Grundstücksgrenze mindestens 6 m (2 × 3 m) entfernt sind.

Neu in den Kreis der abstandsflächenirrelevanten baulichen Anlagen aufgenommen werden nach Abs. 9 Satz 1 Nr. 2 **gebäudeunabhängige Solaranlagen** mit einer Höhe bis zu 3 m und einer Gesamtlänge je Grundstücksgrenze von 9 m. In den Abmessungen entsprechen diese Solaranlagen den Außenwänden der von Abs. 9 Satz 1 Nr. 1 bezeichneten Gebäude; ihre Privilegierung erfolgt offenbar aus energiepolitischen Gründen. Ob die Bestimmung einen spürbaren Anwendungsbereich haben wird, muss die Praxis zeigen.

Schließlich sind nach Abs. 9 Satz 1 Nr. 3 auch **Stützmauern und geschlossene Einfriedungen** in Gewerbe- und Industriegebieten ohne Höhenbegrenzung, im Übrigen bis zu einer Höhe von 2 m abstandsflächenirrelevant. Die Vorschrift stellt damit eine unwiderlegliche Vermutung auf, dass von den entsprechenden baulichen Anlagen keine Wirkungen wie von Gebäuden ausgehen. Aus Sicht der von den Abstandsflächenvorschriften geschützten Belange mag dieser Ansatz sicherlich seine Berechtigung haben. Allerdings werden höhere Stützmauern und Einfriedungen ganz regelmäßig gestalterische Probleme aufwerfen, die in Zukunft ggf. über ortsrechtliche Vorschriften gelöst werden müssen.

Abstandsflächen, Abstände **Art. 6**

Abs. 9 Satz 2 enthält eine **Gesamtlängenbegrenzung** für die Länge der die Abstandsflächentiefe gegenüber den Grundstücksgrenzen nicht einhaltenden Bebauung von 15 m, die allerdings nur für die in Abs. 9 Satz 1 Nr. 1 und Nr. 2 genannten baulichen Anlagen gilt, also nicht für die Stützmauern und geschlossenen Einfriedungen des Abs. 9 Satz 1 Nr. 3. Dies bedeutet, dass auch eine vollständige Einfriedung eines Grundstücks möglich und unter die Abstandsflächenprivilegierung des Abs. 9 fällt. Die Gesamtlänge bestimmt sich nach der Gesamtlänge der die Abstandsflächentiefe nicht einhaltenden Bebauung. Problematisch ist dabei die Anrechnung von Außenwandlängen bei Gebäuden, die nicht unmittelbar auf der Grundstücksgrenze errichtet werden. Einbezogen werden muss dabei jeweils nur der Außenwandteil, der für sich betrachtet die Abstandsflächen nicht einhält. Muss die Außenwand bei einer Situierung des Gebäudes in einer Grundstücksecke gleichsam zwei Grundstücksgrenzen zugeteilt werden, ist für die Aufteilung der Punkt maßgebend, der durch den Schnittpunkt der Außenwand mit einer lotrechten Geraden durch die Grundstücksecke gebildet wird (vgl. **Abbildung 38**).

Gegenüber der früheren Rechtslage deutlich verschieden ist die **Rechtsfolge** des Abs. 9. Bisher waren Grenzgaragen und Grenznebengebäude nur unmittelbar an der Grundstücksgrenze zulässig. Durch die Formulierung „in den Abstandsflächen eines Gebäudes sowie ohne eigene Abstandsflächen" macht das Gesetz aber deutlich, dass die Situierung der entsprechenden baulichen Anlage in Bezug auf andere Abstandsflächen und in Bezug auf die Grundstücksgrenzen insoweit ohne Belang ist. Das heißt also, dass nicht nur der unmittelbare Grenzanbau zulässig ist, sondern jeglicher Grenzabstand. Damit werden – insbesondere für traufständige Garagen und Nebengebäude – Lösungen ermöglicht, die einen Dachüberstand aufweisen. Dies war nach der bisherigen Rechtslage deshalb regelmäßig ausgeschlossen, weil bei unmittelbarer Grenzständigkeit der Außenwand der Dachüberstand auf das Nachbargrundstück ragte und daher zivilrechtlich unzulässig war. Da das Gesetz die Anlagen des Abs. 9 quasi abstandsflächenirrelevant stellt, kann eine solche Anlage auch in einer gemäß Abs. 2 Satz 3 übernommenen Abstandsfläche entstehen. Bauliche Anlagen gemäß Abs. 9 sind auch nach § 23 Abs. 5 Satz 2 BauNVO ausnahmsweise außerhalb festgesetzter Bauräume möglich, da sie in diesem Sinne in fremden Abstandsflächen zulässig sind.

Nicht mehr in Abs. 9 enthalten sind die untergeordneten und unbedeutenden baulichen Anlagen des Art. 6 Abs. 8 a. F. Dies ist jedoch deshalb wohl ohne praktische Bedeutung, weil über Abs. 9 Satz 1 Nr. 1 alle entsprechenden Gebäude und über Abs. 9 Satz 1 Nr. 2 und Nr. 3 alle relevanten sonstigen baulichen Anlagen, von denen Wirkungen wie von Gebäuden ausgehen, einbezogen sind. Untergeordnete oder unbedeutende bauliche Anlagen außerhalb dieser Vorschriften, von denen Wirkungen wie von Gebäuden ausgehen, sind kaum denkbar.

Art. 6

Abstandsflächen, Abstände

18 Nachbarschutz

Der nachbarschützende Charakter der Abstandsflächen wird in Bayern sehr weit ausgedehnt. Der Bayerische Verwaltungsgerichtshof erkennt den Abstandsflächen in ihrer jeweils konkreten Ausgestaltung Nachbarschutz zu; unabhängig davon, nach welcher Vorschrift sich die Tiefe berechnet (vgl. Großer Senat des BayVGH, Beschluss vom 17.4.2000, BayVBl. 2000, S. 562). Eine tatsächliche Beeinträchtigung des Nachbarn ist nicht erforderlich.

Weitere **privatrechtliche Abstandsvorschriften** finden sich in Art. 43 ff. des Ausführungsgesetzes zum BGB (Art. 43 AGBGB). Hier sind Fensterrechte, Vorschriften für Balkone und ähnliche Anlagen, Kommunmauern und Pflanzabstände geregelt. Das Baugenehmigungsverfahren bleibt von diesen privatrechtlichen Vorschriften unberührt (vgl. hierzu Art. 68 Abs. 4).

19 Abbildungen

Abb. 1: Abstandsflächen vor Gebäudeaußenwänden Abs. 1 Satz 1, Abs. 2 Satz 1 (Text Ziffer 3, 5)

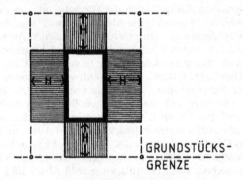

Abstandsflächen müssen auf dem Grundstück liegen (Grundsatz). Abs. 2 Satz 1

Abstandsflächen, Abstände Art. 6

Abb. 2: Abstandsflächen dürfen bis zur Mitte öffentlicher Verkehrs-, Grün- und Wasserflächen liegen Abs. 2 Satz 2 (Text Ziffer 5).

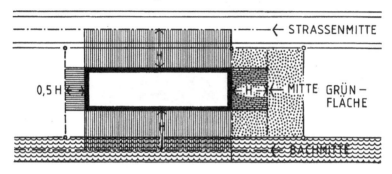

Abb. 3: Grenzüberschreitende Abstandsflächen bei Nachbarzustimmung nach Abs. 2 Satz 3 (Text Ziffer 6).

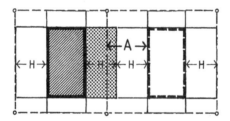

Der Grenzabstand A steht dem Nachbarn bei einer späteren Bebauung nicht vollständig als Abstandsfläche zur Verfügung.

Abb. 4: Abstandsflächen dürfen sich nicht überdecken Abs. 3 1. Halbsatz

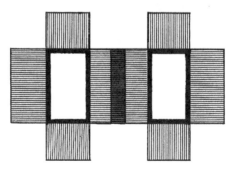

unzulässige Überdeckung nach Abs. 3 1. Halbsatz Text Ziffer 7.

Abb. 5:

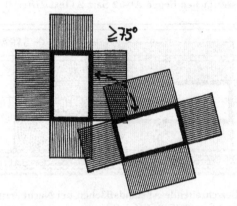

zulässige Überdeckung nach Art. 6 Abs. 3 Nr. 1 BayBO.

Winkel zwischen den Wänden gleich oder größer als 75° (Text Ziffer 7).

Abb. 6:

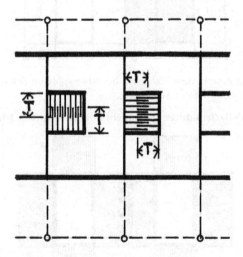

zulässige Überdeckung nach Art. 6 Abs. 3 Nr. 2 BayBO.

Beispiel: erdgeschossige Atriumhäuser; zulässige Überdeckung zwischen den 4 Wänden der Atriumhöfe.

Abstandsflächen, Abstände   Art. 6

Abb. 7: Wandhöhen nach Abs. 4 Satz 2 (Text Ziffer 3 und 8)

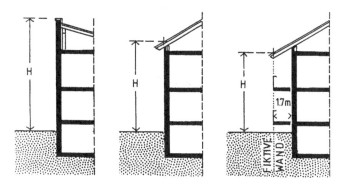

Tiefe der Abstandsflächen nach Abs. 4 Satz 1 (Text Ziffer 8)

Abb. 8: Abstandsfläche senkrecht zur Wand

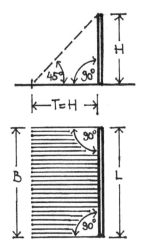

Seitenansicht Wand

Draufsicht Wand und Abstandsfläche

T = Tiefe der Abstandsfläche   B = Breite der Abstandsfläche   H = Höhe der Wand
L = Länge der Wand

Art. 6

Abb. 8a: Abstandsfläche bei schrägem Geländeverlauf – Schnitt

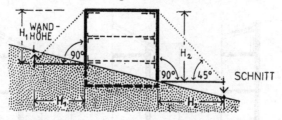

Abb. 8b: Grundriss

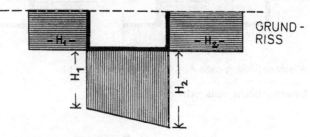

H_1 = linke, bergseitige Wandhöhe
H_2 = rechte, talseitige Wandhöhe

Abb. 9: Abstandsflächen und Wandhöhen bei versetzten Außenwandteilen (Text Ziffer 9) horizontal versetzte Außenwand

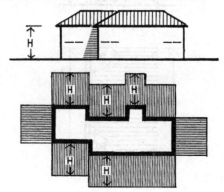

Abstandsflächen, Abstände **Art. 6**

Abb. 10: vertikal versetzte Außenwand

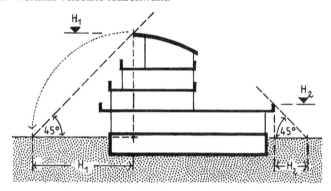

Abb. 11: Abstandsflächen und Wandhöhen vor versetzten Außenwänden (Text Ziffer 9) höhenmäßig versetzte Außenwand

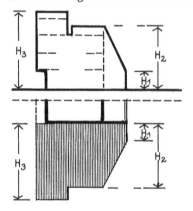

Abb. 12:

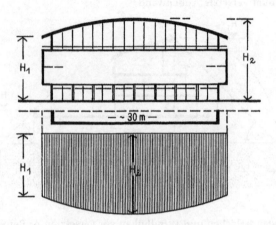

Abb. 13: Anrechnung der Dachhöhe und Giebelflächenhöhe auf die Abstandsfläche je nach Dachneigung, Abs. 4 Satz 3 und 4 (Text Ziffer 10)

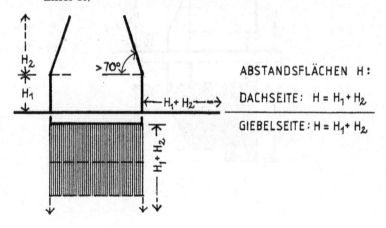

Abstandsflächen, Abstände Art. 6

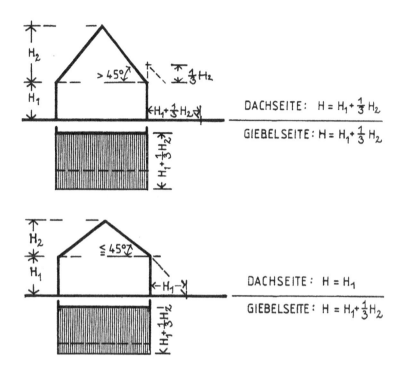

Abb. 14: Inkonsequenzen bei der Abstandsflächenberechnung in Folge der Anrechnung der Dachhöhe zu ⅓ an der Dachseite nach Abs. 4 Satz 3 (Text Ziffer 10)

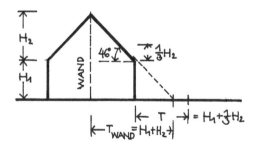

- sichtbar gemacht durch den Vergleich mit den Abstandsflächen einer in Gebäudemitte liegenden und am Firstpunkt endenden versetzten Wand.

Art. 6

Abstandsflächen, Abstände

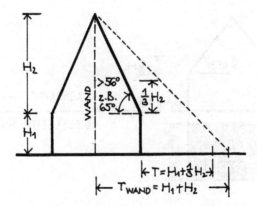

Bei einem Dachneigungswinkel von 45° enden die Abstandsfläche des Gebäudes mit Dach (T) und die Abstandsfläche der zurückversetzten Wand (T_{Wand}) in gleicher Entfernung von der Gebäudewand.

1. Inkonsequenz (obere Abbildung):

Bei einer geringfügigen Überschreitung des Dachneigungswinkels von 45° steigt die Abstandsfläche des Gebäudes mit Dach **sprunghaft** an. Sie liegt bis zur Dachneigung von 56° (Neigungsverhältnis $^3/_2$) weiter von der Außenwand entfernt als die Abstandsfläche der versetzten Wand; diese steigt linear mit zunehmender Höhe an.

2. Inkonsequenz (untere Abbildung)

Ab einem Dachneigungswinkel von 56° endet die Abstandsfläche des Gebäudes mit Dach näher an der Außenwand als die der versetzten Wand.

3. Inkonsequenz (ohne Abbildung)

Ab einem Dachneigungswinkel von 70° steigt die Abstandsfläche des Gebäudes mit Dach **sprunghaft** auf die Tiefe $T = H_1 + H_2$ an. Sie ist damit identisch mit der Abstandsflächentiefe der versetzen Wand, wird jedoch von der Außenwand ausgehend gemessen.

4. Fazit:

Gebäude mit einer Dachneigung zwischen 46° und 55° werden abstandsflächenrechtlich „benachteiligt" und ab einer Dachneigung von 57° bis 69° „bevorzugt".

Abstandsflächen, Abstände **Art. 6**

Abb. 15: Ermittlung der Abstandsflächen bei Sonderbauformen nach Abs. 4 Satz 3 und 4 asymmetrisches Satteldach

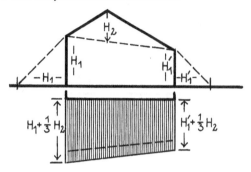

Giebelseite

Abb. 16: Pultdach

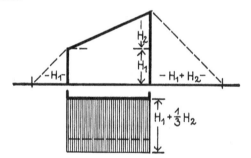

Giebelseite

Art. 6

Abstandsflächen, Abstände

Abb. 17: versetzte Pultdächer

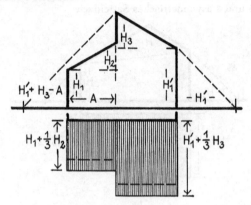

Giebelseite

Abb. 18: „Eingeknicktes" Satteldach

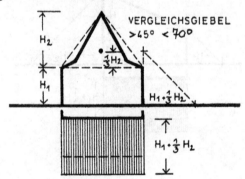

Dachseite: $H_D = H_1 + {}^1/_3 \, H_2$
Giebelseite: $H_G = H_1 + {}^1/_3 \, H_2$

Abstandsflächen, Abstände   Art. 6

Abb. 19: „Abgeschnittenes" Satteldach

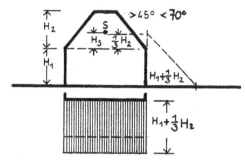

Dachseite: $H_D = H_1 + {}^1/_3 H_2$
Giebelseite: $H_G = H_1 + {}^1/_3 H_2$
a. M. Rauscher in: Simon/Busse
$H_a = H_1 + H_S$
S = Schwerpunkt der Giebelfläche

Abb. 20: Dach mit Wandteil

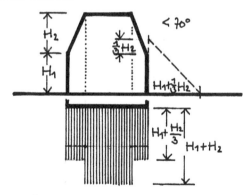

Dachseite: $H_D = H_1 + {}^1/_3 H_2$
Giebelseite:
$H_G =$ $H_1 + H_2$
        für den mittleren Bereich
$H'_G =$ $H_1 + {}^1/_3 H_2$
        für die Randbereiche

Abb. 21: Mansarddach

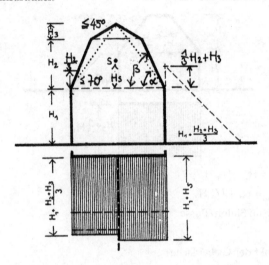

H_S = Höhenlage des Giebelschwerpunkts.

Dachseite:

$H_D = H_1 + {}^1/_3 \, H_2$

a.M. Rauscher in: Simon/Busse

Fall 1: $\alpha < 45°$, $\beta < 70°$

$H_D = H_1 + {}^1/_3 \, H_2$

Fall 2: $\alpha > 45°$, $\beta < 70°$

$H_D = H_1 + {}^1/_3 \, (H_2 + H_3)$

Giebelseite:

Fall 1: Dachneigung $\leq 75°$

$H_G = H_1 + {}^1/_3 \, (H_2 + H_3)$

a.M. Rauscher in: Simon/Busse

$H_g = H_1 + H_S$

Abstandsflächen, Abstände **Art. 6**

Abb. 22: Sonderbauform

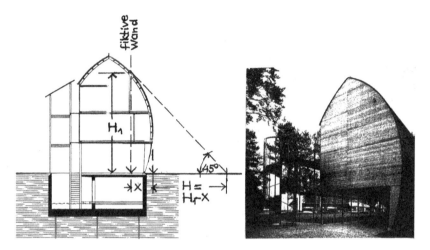

Dachseite:

$H = H_1 - x$

Abb. 23: Tonnendach (Halbkreis)

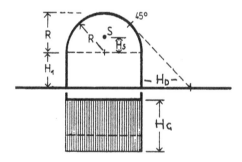

In den Abbildungen 26 und 27 sind zwei Berechnungsmethoden zur Ermittlung der Dachhöhe bzw. der Giebelhöhe eines Tonnendachs dargestellt. Beide Ermittlungswerte sind im Folgenden angegeben (2. Wert in Klammern).

Dachseite: $H_D = H_1 + 0{,}41\ R\ (0{,}46\ R)$

Giebelseite: $H_G = H_1 + 0{,}42\ R\ (0{,}56\ R)\ H_S = 0{,}42\ R$

Nachweis s. RdNr. 45

Art. 6

Abb. 24: Segmentdach (Viertelkreis)

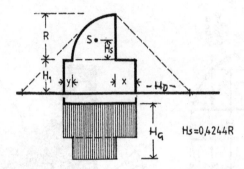

Dachseite rechts: Fall 1: $R > x$ (s. Darstellung) $H_D = H_1 + R - x$

Fall 2: $R < x$ (ohne Darstellung) $H_D = H_1$

Dachseite links: Fall 1: (s. Darstellung) $H_D = H_1 + 0{,}41\ R\ (046\ R) - y$

Fall 2: $y > R\sqrt{2} - R$ d. h. Verschattung nur durch Wand $H_1\ H_D = H_1$

Giebelseite:

$H_G = H_1 + 0{,}42\ R\ (0{,}56\ R)$

Abb. 25: Kreissegmentdach

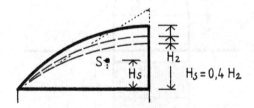

Die Berechnung der Schwerpunktlage unregelmäßiger Giebelflächen mit Kurvenbegrenzung ist mathematisch exakt nur mit relativ komplizierter Integralrechnung möglich. Untersuchungen bei verschiedenen Segmentflächen haben ergeben, dass sich die Schwerpunktslage zwischen 0,39 H und 0,41 H einpendelt. Es erscheint daher vertretbar, die in der modernen Architektur häufig vorkommenden flachen Kreissegmentdächer mit 0,4 H_2 als anrechenbare „Giebelhöhe" anzusetzen (s. Darstellung), sofern nicht $^1/_3$ H_2 als anrechenbare „Giebelhöhe" gewählt wird.

Abstandsflächen, Abstände   Art. 6

Abb. 26: Anrechenbare Dachhöhe eines Tonnendachs mit der Dachhöhe R = Radius

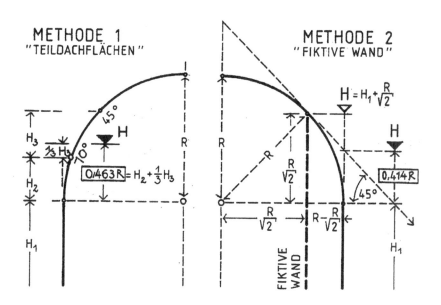

Es wird abschnittsweise die anrechenbare Höhe der Teildachflächen H_2 und H_3 ermittelt.
Anrechenbare Teildachhöhen:
- Bis 70 Grad volle Anrechnung H_2
- 70° bis 45° Drittel-Anrechnung $^1/_3$ H_3
- Unter 45° keine Anrechnung
- Summe der anrechenbaren Dachhöhen $H_2 + ^1/_3 H_3 = 0{,}463\,R$
Abstandsfläche $H = H_1 + 0{,}463\,R$

Es wird die Abstandsfläche einer fiktiven Wand ermittelt, von der dieselben Auswirkungen wie von dem Tonnendach bezüglich der Abstandsflächen ausgehen. Deren Abstandsfläche beträgt
$H = H_1 + R/\sqrt{2}$
Der Abstand der fiktiven Wand zur Gebäudeaußenwand beträgt $R - R/\sqrt{2}$; umgerechnet auf die Außenwand errechnet sich vor dieser eine Abstandsfläche
$H = H_1 + R/\sqrt{2} - (R - R/\sqrt{2}) = H_1 + 0{,}414\,R$

Die Methode „fiktive Wand" erscheint zielführender.

Art. 6

Abstandsflächen, Abstände

Abb. 27: Anrechenbare „Giebelhöhe" eines Tonnendachs mit Höhe R = Radius

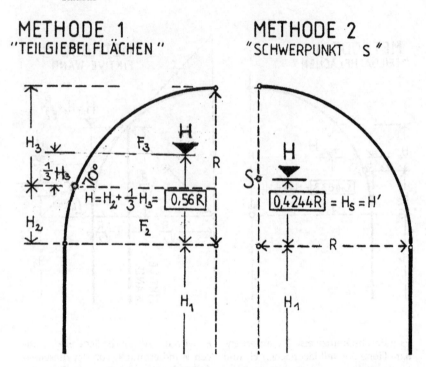

Der Versuch, eine halbkreisförmige Giebelfläche in geometrische Teilflächen zu zerlegen, die je nach Zuschnitt anteilmäßig anrechenbare Giebelhöhen ergeben, erweist sich als problematisch.

Als Näherungsmodelle bieten sich folgende Berechnungsmethoden an:

Methode 1: Bei einer vollen Anrechnung der Höhe der Teilgiebelfläche F_2 bis zum Dachneigungswinkel von 70° und einem Drittel Höhenanrechnung der darüber liegenden Teilgiebelflächen F_3 ergibt sich eine anrechenbare Giebelwandhöhe von $H_2 + 1/3\ H_3 = 0{,}56$ R. Die Wandhöhe beträgt $H = H_1 + \mathbf{0{,}56\ R}$.

Methode 2: Als Giebelhöhe wird der Abstand des Schwerpunkts der Halbkreisfläche von der Grundfläche des „Giebels" angesetzt. Die Wandhöhe der Giebelseite beträgt somit: $H = H_1 + H_S$. Bei einer geometrisch exakten Halbkreisfläche beträgt $H_S = 0{,}424$ R. Die Wandhöhe beträgt $H = H_1 + 0{,}42$ R.

Abstandsflächen, Abstände | Art. 6

Abb. 28: Anwendung des 16-m-Privilegs, Abs. 6 Beispiele (Text Ziffer 14)

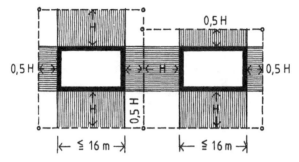

Halbe Abstandsfläche vor zwei Außenwänden bis 16 m Länge zulässig.
Bauherr wählt die Lage der halben Abstandsflächen

Abb. 29:

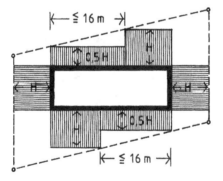

Halbe Abstandsfläche vor einer 16-m-Teillänge einer durchlaufenden Wand

Art. 6 — Abstandsflächen, Abstände

Abb. 30:

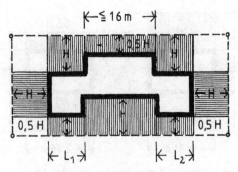

Halbe Abstandsfläche vor versetzten Außenwandteilen
$L_1 + L_2 \leq 16m$

Abb. 31: **Anwendung des 16-m-Privilegs bei Grenzanbau, Abs. 6 Satz 2**

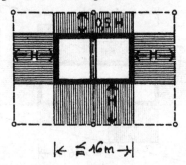

Gebäudeanbau an einer Grenze: halbe Abstandsfläche nur für **eine** weitere Außenwand zulässig (s. jedoch Abbildung 33)

Abb. 32:

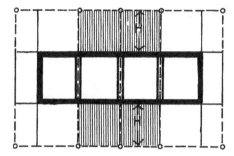

Gebäudeanbau an zwei Grenzen: volle Abstandsfläche an den übrigen Außenwänden

Abb. 33:

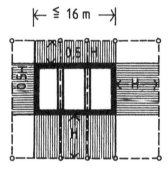

Aneinandergebaute Gebäude sind wie ein Gebäude zu behandeln. Sofern die Gebäudelänge max. 16 m beträgt, ist abweichend von RdNr. 50 auch bei beidseitigem Grenzanbau 0,5 H ausreichend.

Art. 6   Abstandsflächen, Abstände

Abb. 34: Bestimmung der Außenwände

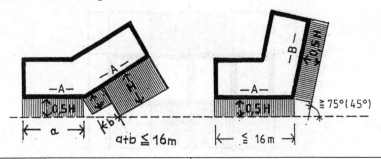

| A = eine durchlaufende Wand | A, B = zwei Außenwände |

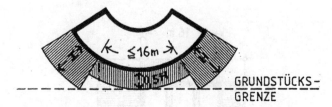

runde Außenwand

Anrechnung der Dachhöhe; Tiefe der Abstandsfläche 0,4 H

Abstandsflächen, Abstände **Art. 6**

Abb. 35: Tiefe der Abstandsfläche durch Satzung nach Abs. 7 (Ziffer 15) (Experimentierklausel)

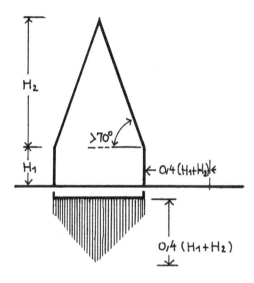

Fall 1: Dachneigung größer 70°: volle Anrechnung der Dachhöhe H_2.

Dachseite: $H = 0{,}4 \times (H_1 + H_2)$

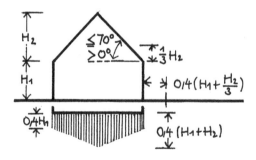

Fall 2: Dachneigung 0° – 70°

Dachseite: $H = 0{,}4 \times (H_1 + {}^1/_3\, H_2)$

Giebelwandseite: $H = 0{,}4 \times (H + H_2)$

Art. 6

Abstandsflächen, Abstände

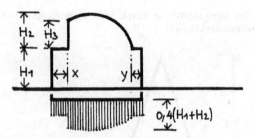

Sonderbau: Dachseite links $H = 0{,}4\ (H_1 + H_3) - x$
Dachseite rechts $H = 0{,}4 \times (H_1 + {}^1/_3\ H_3) - y$
Giebelwandseite $H = 0{,}4\ (H_1 + H_2)$

Abb. 36: **Untergeordnete Bauteile und Vorbauten nach Abs. 8 (Text Ziffer 17)**

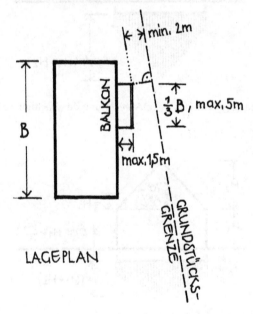

Beispiel Balkon:
- nicht breiter als ein Drittel der Außenwandbreite B
- nicht tiefer als 1,5 m
- mind. 2 m Grenzabstand (senkrecht zur Grenze gemessen)

Abstandsflächen, Abstände **Art. 6**

Abb. 37: Gebäude und bauliche Anlagen ohne eigene Abstandsflächen Abs. 9 Satz 1 (Text Ziffer 17)

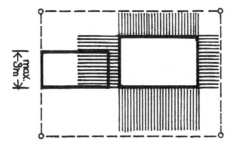

Ohne eigene Abstandsflächen und in den Abstandsflächen anderer Gebäude auch als Grenzbebauung oder in Grenznähe zulässig.

Beispiel 1: Grenzgarage mit Nebenräumen zulässig bei mittlerer Wandhöhe bis 3 m und max. 9 m Wandlänge an der Grenze; zulässig, auch in der Abstandsfläche des Wohngebäudes.

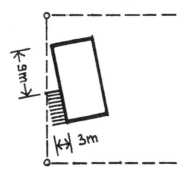

Beispiel 2: „Grenznahe" Garage mit Nebenräumen zulässig, wenn ab 9 m Wandlänge 3 m „fiktive" Mindestabstandsfläche eingehalten werden und 3 m mittlere Wandhöhe nicht überschritten werden.

Beispiel 3: Überdachte Tiefgaragenzufahrt an der Grundstücksgrenze zulässig, wenn bis 9 m Grenzlänge 3 m mittlere Wandhöhe nicht überschritten wird.

Art. 6
Abstandsflächen, Abstände

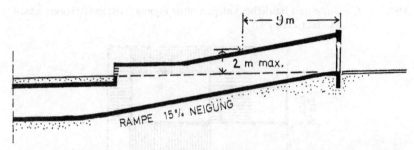

Problem: Die maximal zulässige Wandlänge von 9 m wird bei einer Rampenneigung von 15 % (20 %) nach Garagenverordnung überschritten! Eine Abweichung ist vertretbar, wenn ab 9 m Wandlänge die Höhe der Überdeckung niedriger als 2 m ist und nachbarliche Belange nicht beeinträchtigt sind.

Abb. 38: Zulässige Grenzbebauung an mehreren Grundstücksgrenzen bis 15 m; Abs. 9 Satz 2

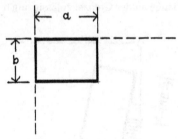

Beispiel 1: Grenzgarage mit Nebenräumen; zulässig bei mittlerer Wandhöhe bis 3 m und
a(b) = max. 9 m a + b = max. 15 m z. B. a = 8m; b = 7m

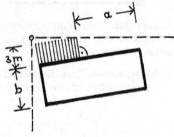

Beispiel 2: „Grenznahe" Garage mit Nebenräumen; zulässig bei mittlerer Wandhöhe bis 3 m und a(b) = max. 9 m a + b = max. 15 m „fiktiver" Grenzabstand 3 m ab 9 m Wandlänge.

Nicht überbaute Flächen der bebauten Grundstücke; Kinderspielplätze **Art. 7**

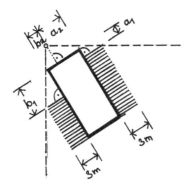

Beispiel 3: „Grenznahe" Garage mit Nebenräumen; zulässig bei mittlerer Wandhöhe bis 3 m und $a_1 + a_2$ ($b_1 + b_2$) = max. 9 m $a_1 + a_2 + b_1 + b_2$ = max. 15 m „fiktiver" Grenzabstand 3 m ab 9 m Teilwandlänge pro Grenze.

Art. 7
Nicht überbaute Flächen der bebauten Grundstücke; Kinderspielplätze

(1) [1]Die nicht mit Gebäuden oder vergleichbaren baulichen Anlagen überbauten Flächen der bebauten Grundstücke sind
1. wasseraufnahmefähig zu belassen oder herzustellen und
2. zu begrünen oder zu bepflanzen,

soweit dem nicht die Erfordernisse einer anderen zulässigen Verwendung der Flächen entgegenstehen. [2]Satz 1 findet keine Anwendung, soweit Bebauungspläne oder andere Satzungen Festsetzungen zu den nicht überbauten Flächen treffen.

(2) [1]Bei der Errichtung von Gebäuden mit mehr als drei Wohnungen ist auf dem Baugrundstück oder in unmittelbarer Nähe auf einem anderen geeigneten Grundstück, dessen dauerhafte Nutzung für diesen Zweck gegenüber dem Rechtsträger der Bauaufsichtsbehörde rechtlich gesichert sein muss, ein ausreichend großer Kinderspielplatz anzulegen. [2]Das gilt nicht, wenn in unmittelbarer Nähe eine Gemeinschaftsanlage oder ein sonstiger für die Kinder nutzbarer Spielplatz geschaffen wird oder vorhanden ist oder ein solcher Spielplatz wegen der Art und der Lage der Wohnungen nicht erforderlich ist. [3]Bei bestehenden Gebäuden nach Satz 1 kann die Herstellung von Kinderspielplätzen verlangt werden.

Art. 7 Nicht überbaute Flächen der bebauten Grundstücke; Kinderspielplätze

Erläuterungen

Übersicht

1 Nicht überbaute Flächen der bebauten Grundstücke (Abs. 1)
2 Kinderspielplätze (Abs. 2)

1 Nicht überbaute Flächen der bebauten Grundstücke (Abs. 1)

Abs. 1 legt eine grundsätzliche Pflicht für den Bauherrn fest, dass die nicht überbauten Flächen eines Baugrundstücks wasseraufnahmefähig belassen oder hergestellt sowie begrünt und bepflanzt werden sollen. Dies gilt nur dann nicht, wenn dem die Erfordernisse einer anderen zulässigen Verwendung der Flächen entgegenstehen. Damit enthält die Vorschrift – im Gegensatz zu ihrer Vorgängernorm – nur noch eine Versiegelungsbeschränkung; auf die Forderung nach einer gärtnerischen Gestaltung der Flächen wird verzichtet.

Bebaut im Sinne des Abs. 1 ist ein Grundstück, wenn sich eine genehmigte bzw. nach öffentlichem Recht genehmigungsfähige bauliche Anlage darauf befindet; es muss sich aber nicht unbedingt um ein Gebäude handeln. Im Übrigen reicht es aus, dass eine Bebauung unmittelbar bevorsteht, also wenn beispielsweise bereits eine Baugenehmigung beantragt ist. Bloße Bebaubarkeit reicht allerdings nicht aus.

Für die Frage, ob der Versiegelungsbeschränkung **Erfordernisse einer anderen zulässigen Nutzung** entgegenstehen, kann sinngemäß auf die Überlegungen der Rechtsprechung zum Begriff des „Dienens" im Sinne des § 35 Abs. 1 Nr. 1 BauGB zurückgegriffen werden. Auf das Belieben des Bauherrn kommt es jedenfalls nicht an.

Die früher in Art. 5 Abs. 2 a. F. enthaltene Ermächtigung der Bauaufsichtsbehörde, verlangen zu können, dass auf den nicht überbaubaren Flächen Bäume nicht beseitigt werden und dass diese Flächen auch nicht unterbaut werden dürfen, ist in der Novelle 2008 entfallen. Dafür mag die vom Gesetz gewollte Beschränkung auf das sicherheitsrechtliche Minimum bauordnungsrechtlicher Anforderungen streiten, bedauerlich ist die geplante Streichung gleichwohl, weil die Bestimmung in der Praxis nicht selten auch in der Diskussion mit dem Bauherrn hilfreich eingesetzt worden ist.

Die Gemeinde kann **weitergehende Festlegungen** durch Ortsvorschriften nach Art. 81 Abs. 1 Nr. 5 treffen. Darüber hinaus ist auf die Ermächtigung des Art. 81 Abs. 1 Nr. 7 hinzuweisen, wonach die Gemeinde in Gebieten, in denen es für das Straßen- und Ortsbild oder für den Lärmschutz oder die Luftreinhaltung bedeutsam oder erforderlich ist, örtliche Bauvorschriften darüber erlassen darf, dass auf den nicht überbauten Flächen der bebauten Grundstücke Bäume nicht beseitigt oder beschädigt werden dürfen und dass die Flächen nicht überbaut werden dürfen. Auch können in Bauleitplänen Vorgaben über die Gestaltung von Grünflächen und Pflanzmaßnahmen dargestellt bzw. festgesetzt werden (vgl. z. B. § 5 Abs. 2 Nr. 5, § 9 Abs. 1 Nrn. 4, 5, 15, 20 und 25 BauGB).

Nicht überbaute Flächen der bebauten Grundstücke; Kinderspielplätze **Art. 7**

Art. 8 begründet für den Bauherrn die Pflicht, einen Kinderspielplatz (nicht nur eine Kinderspielfläche) anzulegen und zu unterhalten. Kinderspielplätze sind auch in einem reinen bzw. allgemeinen Wohngebiet grundsätzlich zulässig und die damit verbundenen Beeinträchtigungen von den Nachbarn hinzunehmen (BVerwG, Urteil vom 12.12.1991, BayVBl. 1992, S. 410, sehr „nachbarfreundlich" dagegen BayVGH, Urteil vom 30.11.1987, BayVBl. 1988, S. 241). Auch ein Bolzplatz mit Ausmaßen mit 30 m × 45 m ist im Allgemeinen Wohngebiet zulässig (vgl. BayVGH, Urteil vom 16.2.1987, BayVBl. 1987, S. 398). Etwas anderes gilt jedoch für Abenteuer- oder Robinsonspielplätze.

2 Kinderspielplätze (Abs. 2)

Da Kinderspielplätze zum Wohnen gehören, ist es Aufgabe der Bauaufsichtsbehörde, unabhängig von den Familienverhältnissen der Grundstückseigentümer oder Wohnungsinhaber bei Gebäuden mit mehr als drei Wohnungen die Anlage und Unterhaltung eines Kinderspielplatzes zu fordern. Die Spielplatzpflicht nach Abs. 2 bezieht sich dabei auf private Kinderspielplätze.

Ein **Kinderspielplatz** ist eine mit Spieleinrichtungen versehene Fläche zum Spielen für Kinder im Freien. Die Pflicht zur Erstellung eines Kinderspielplatzes entsteht erst dann, wenn ein Gebäude mit **mehr als drei Wohnungen** (vgl. Art. 46) errichtet wird. Nach h. M. kommt es bei der Zahl der Wohnungen nicht isoliert auf das einzelne Gebäude an, sondern die Pflicht des Abs. 2 entsteht auch dann, wenn auf einem Baugrundstück mehrere Gebäude errichtet werden sollen, in denen sich insgesamt mehr als drei Wohnungen befinden (vgl. zu der identischen Rechtslage beispielsweise in Sachsen Dirnberger in Jäde/Dirnberger/Böhme, Sächsische Bauordnung, § 8 RdNr. 38).

Kinderspielplätze sind im Bebauungsplangebiet unter den Voraussetzungen des Art. 57 Abs. 2 Nr. 7 **nicht genehmigungspflichtig**. Dies gilt auch für die entsprechenden Geräte (Art. 57 Abs. 1 Nr. 10c). Kinderspielplätze sind im Baugenehmigungsverfahren Bestandteil des genehmigungspflichtigen Vorhabens und somit in den Lageplan aufzunehmen.

Abs. 2 enthält keine besonderen **Anforderungen** an die erfassten Spielplätze. Gleichwohl sind einige Grundanforderungen schon vom Sinn und Zweck eines solchen Spielplatzes zu beachten. Kinderspielplätze im Sinn des Abs. 2 sollen möglichst in Sichtweite der Wohnungen erstellt werden und primär für Kinder bis zu sechs Jahren und darüber hinaus noch für Kinder bis zu zwölf Jahren geeignet sein. Art, Größe und Ausstattung der Kinderspielplätze müssen sich nach Zahl, Art und Größe der Wohnungen auf dem Grundstück richten. Kinderspielplätze sollen in sonniger Lage, windgeschützt und gegen öffentliche Verkehrsflächen sowie andere Anlagen, wie Stellplätze oder Standplätze für Abfallbehälter ausreichend abgeschirmt werden; sie müssen für die Kinder gefahrlos zu erreichen sein. Die Bruttofläche des Kinderspielplatzes sollte je 25 m² Wohnfläche mindestens 1,5 m² (mindestens jedoch 60 m²) betragen.

Art. 7 Nicht überbaute Flächen der bebauten Grundstücke; Kinderspielplätze

Der Bauherr hat das Recht, den Kinderspielplatz entweder **auf dem Baugrundstück** oder **in der Nähe des Baugrundstücks** anzulegen, sofern dieses Grundstück geeignet und die Benutzung für diesen Zweck rechtlich gesichert ist. Eine Spielplatzablöse ist seit der Novelle 2008 nicht mehr vorgesehen.

Nach Abs. 2 Satz 2 gilt die Kinderspielplatzpflicht zum einen nicht, wenn **in unmittelbarer Nähe** ein Gemeinschaftsanlage oder ein sonstiger für die Kinder nutzbarer Spielplatz geschaffen wird oder vorhanden ist. Letzteres dürfte vor allem bei öffentlichen Spielplätzen in Frage kommen. Der Spielplatz muss so nahe gelegen sein, dass damit zu rechnen ist, dass er auch von Kindern aus dem betreffenden Wohngebäude angenommen werden wird. Die Spielplatzpflicht entfällt zum anderen auch dann, wenn ein solcher Spielplatz wegen der **Art der Wohnungen** (z. B. bei Lehrlings-, Studenten- oder Altenwohnheimen) nicht erforderlich ist. Die Annahme, dass bei Appartementhäusern dann grundsätzlich keine Spielplatzpflicht angenommen werden könne, wenn die Einzelappartements kleiner als 50 m² Nutzfläche seien, ist jedenfalls als ausnahmslose Regel kaum haltbar (anders noch die Vorauflage). Nach der **Lage der Wohnungen** ist ein Spielplatz dann nicht erforderlich, wenn das Gebäude z. B. in einem ländlichen Bereich mit genügend Spielmöglichkeiten gelegen ist.

Nach Abs. 2 Satz 3 kann für bestehende Gebäude mit insgesamt mehr als drei Wohnungen auf einem Grundstück auch **nachträglich** die Erstellung eines Kinderspielplatzes verlangt werden. Diese nachträgliche Forderung bedarf einer sorgfältigen Abwägung der Belange des Eigentümers. Bei der Ermessensentscheidung über die Berechtigung einer nachträglichen Forderung im Sinn des Abs. 2 Satz 3 sind neben dem Bestandsschutz auch in der Person des Grundstückseigentümers begründete Belange zu berücksichtigen.

Die **planungsrechtlichen Vorgaben** sind nicht Voraussetzung für die Spielplatzpflicht nach Abs. 2; jedoch ist auch in der Bauleitplanung die Notwendigkeit von Kinderspielplätzen zu berücksichtigen. Im Flächennutzungsplan können die Spielplätze gem. § 5 Abs. 2 Nr. 5 BauGB, im Bebauungsplan gem. § 9 Abs. 1 Nr. 15, 22 BauGB ausgewiesen werden. Die Festsetzung einer Grünfläche nach § 9 Abs. 1 Nr. 15 BauGB muss für die Anlage eines Kinderspielplatzes näher konkretisiert werden. Sofern in einem Bebauungsplan Flächen für einen Gemeinschaftskinderspielplatz festgesetzt sind (§ 9 Abs. 1 Nr. 22 BauGB), wird die Spielplatzpflicht grundsätzlich dort erfüllt.

Baugestaltung   Art. 8

DRITTER TEIL
Bauliche Anlagen

ABSCHNITT I
Baugestaltung

Art. 8
Baugestaltung

¹Bauliche Anlagen müssen nach Form, Maßstab, Verhältnis der Baumassen und Bauteile zueinander, Werkstoff und Farbe so gestaltet sein, dass sie nicht verunstaltet wirken. ²Bauliche Anlagen dürfen das Straßen-, Orts- und Landschaftsbild nicht verunstalten. ³Die störende Häufung von Werbeanlagen ist unzulässig.

Erläuterungen

Übersicht

1 Allgemeines
2 Regeln der Baukunst
3 Verunstaltungsverbot
4 Verunstaltung durch Werbeanlagen
5 Überwachung der Einhaltung des Art. 8

1 Allgemeines

Satz 1 bezieht sich auf die Gestaltung der baulichen Anlage selbst, während Satz 2 das Verhältnis zur umgebenden Bebauung bzw. Landschaft betrifft.

Über Art. 8 ist keine positive Gestaltung, sondern nur ein (negativer) Schutz vor Verunstaltung möglich.

Eine positive Gestaltung kann über Ortsvorschriften (Art. 81 Abs. 1 Nrn. 1, 2, 5 bis 7, Art. 8 Satz 1) und planungsrechtliche Regelungen (§ 1 Abs. 6 Nr. 5 BauGB) im Rahmen der Bauleitplanung getroffen werden. Im unbeplanten Innenbereich muss sich ein Bauvorhaben gem. § 34 Abs. 1 BauGB in die Eigenart der näheren Umgebung einfügen. Es darf das Ortsbild in städtebaulicher Hinsicht nicht beeinträchtigen. Der bauplanungsrechtliche Schutz des Ortsbildes ermöglicht es jedoch nicht, entschädigungslos die vollständige Freihaltung eines (Bau-)Grundstücks im Innenbereich zu verlangen (BVerwG, Urteil vom 23.5.1980, DVBl. 1981, S. 97). Da § 34 BauGB eine bodenrechtliche Regelung ist, sind die Kriterien für die Beeinträchtigung des Ortsbildes primär aus der Lage und der Stellung der baulichen Anlage zu entnehmen. Die äußere Gestaltung eines Gebäudes als solches bestimmt sich aber nach dem Bauordnungsrecht. Die Abgrenzung ist mitunter schwierig. Nach dem Bundesverwaltungsgericht (Urteil vom 11.5.2000, NVwZ 2000 S. 1169) stellt § 34

::rehm   Bayerische Bauordnung Handkommentar   107

Art. 8
Baugestaltung

Abs. 1 Satz 2 BauGB auf einen größeren Maßstab bildenden Bereich als auf die für das Einfügungsgebot maßgebliche nähere Umgebung ab (vgl. auch Urteil vom 16.7.2002 BayVBl. 2003, S. 83). Das Ortsbild ist nur insoweit von Beeinträchtigungen geschützt, wie dies durch bauplanerische Festsetzungen in einem Bebauungsplan möglich ist. Insofern kann die Gebäudehöhe zu einer Beeinträchtigung des Ortsbildes führen (BVerwG Urt. v. 11.5.2000, NVwZ 2000, S. 1169), jedoch können Dachformen und Dachgauben sowie die Farbgestaltung von Gebäuden nicht das Ortsbild nach § 34 BauGB verletzen. Zur Verunstaltung bei Dächern mit Photovoltaikanlagen siehe VGH BW, Urteil vom 1.9.2011, NwVZ – RR 2012, S. 222, BayVGH, Beschluss vom 12.10.2010, NVwZ – RR 20111, S. 138 – Baudenkmäler.

Für Außenbereichsvorhaben gilt § 35 Abs. 3 BauGB. Zur Abgrenzung der bauordnungsrechtlichen Regelung bei Anlagen der Außenwerbung zum Bauplanungsrecht siehe BVerwG, Urteil vom 11.10.2007, NVwZ 2008, S. 311, VGH BW, Urteil vom 28.9.2011, BauR 2012, S. 618. Planungsrechtlich unzulässig ist, wenn die Belange des Natur- und Landschaftsschutzes beeinträchtigt oder das Orts- und Landschaftsbild verunstaltet werden. Die Beeinträchtigung eines harmonischen Übergangs von der Bebauung zur freien Landschaft an einem einsehbaren Hang reicht hierfür nicht aus, sofern das Gebiet nicht unter Landschaftsschutz gestellt ist (BVerwG Urteil vom 15.5.1997, ZfBR 1997, S. 323). Das Landschaftsbild kann durch Windenergieanlagen verunstaltet werden (BVerwG, Beschluss vom 18.3.2003, BauR 2004, S. 295).

Ergänzt wird Art. 8 durch das Denkmalschutzgesetz. Die kommunale Aufgabe der Erhaltung von geschichtlich, künstlerisch oder städtebaulich bedeutsamen Bauten ist in der Verfassung verankert (Art. 141 Abs. 2 BV).

Auch Werbeanlagen sind an Art. 8 zu messen, da der Gesetzgeber die ortsfesten Anlagen der Wirtschaftswerbung einschließlich Automaten als bauliche Anlagen definiert (Art. 2 Abs. 1 Satz 2).

2 Regeln der Baukunst

Die anerkannten Regeln der Baukunst sind nicht mehr in Art. 8 enthalten. Die Rechtsprechung hat den Regeln der Baukunst zum bisherigen Recht eine eigenständige Bedeutung beigemessen (BVerwG, Beschluss vom 6.12.1999, BayVBl. 2000, S. 698, BayVGH, Urteil vom 20.7.1999, BayVBl. 2000, S. 690). Nach Auffassung des Gesetzgebers führte diese Judikatur zu einer nicht gewollten Maßstabsverschärfung, zum anderen habe sie einen materiellrechtlichen Standard geschaffen, der – weil er auf dem allenfalls schwierig zu ermittelnden Konsens der fachlich vorgebildeten Kreise basiert – für den Anwender nicht mit derjenigen Klarheit ablesbar ist, die für eine rechtssichere Anwendung erforderlich wäre. Aufgenommen hat der Gesetzgeber die Regeln der Baukunst deshalb in Art. 3 Abs. 2 Satz 4, da sie nach seiner Auffassung in diesem Zusammenhang nicht als Maßstabsverschärfung interpretiert werden können, aber eine ihnen entsprechende Baugestaltung öffentlichrechtlich legitimieren. Insofern bleibt für den Bauherrn die Verpflichtung bestehen,

Anlagen unter Berücksichtigung der Baukultur, insbesondere der anerkannten Regeln der Baukunst, zu errichten.

Darauf hinzuweisen ist schließlich, dass das Grundrecht der **Kunstfreiheit** (Art. 5 Abs. 3 GG) grundsätzlich auch den Bereich der Baukunst umfasst. Dabei ist freilich zu beachten, dass die Ausübung der Freiheit der Kunst bei der Errichtung baulicher Anlagen sich zugleich als Nutzung des Eigentums darstellt, dessen Inhalt und Schranken gem. Art. 14 Abs. 1 Satz 2 GG auch in der Bauordnung vom Gesetzgeber bestimmt sind (vgl. BVerwG, Beschluss vom 27.6.1991, NVwZ 1991, S. 983, Voßkuhle, BayVBl. 1995, S. 613).

3 Verunstaltungsverbot

Bauliche Anlagen dürfen nicht verunstaltend wirken. Das Bundesverwaltungsgericht (Beschluss vom 27.6.1991, NVwZ 1991, S. 983) sieht es für gerechtfertigt an, dass Inhalt und Schranken der Eigentümerbefugnisse detailliert und weitgehend festgelegt werden und Regelungen, die Verunstaltungen der Umgebung durch bauliche Anlagen abwehren sollen, deshalb grundsätzlich mit der Institutionsgarantie des Eigentums vereinbar sind. Der Staat ist daher berechtigt, bei der Abwehr von Verunstaltungen durch Anlagen auch „Unlustgefühle hervorrufende, krasse Gegensätzlichkeiten und Widersprüche im Erscheinungsbild bebauter Gebiete abzuwehren, die bei einem nicht unbeträchtlichen, in durchschnittlichem Maße für gestalterische Eindrücke aufgeschlossenen Teil der Betrachter anhaltenden Protest auslösen würden". Damit leistet – so das Bundesverwaltungsgericht – der Staat letztlich einen Beitrag zum allseitigen psychischen Wohlbefinden seiner Bürger.

Der Staat hat aber von den Mitteln einer Beschränkung der Freiheit der Baugestaltung nur mit äußerster Zurückhaltung unter strikter Wahrung der Verhältnismäßigkeit Gebrauch zu machen.

Daraus folgt, dass nicht bereits jede Störung der architektonischen oder natürlichen Harmonien, also nicht eine „bloße" Unschönheit (BayVGH, Urteil vom 29.3.2003, BayVBl. 2004, S. 215), sondern nur eine Verunstaltung im Sinne eines hässlichen Zustandes mit den Mitteln des Bauordnungsrechts abgewendet werden soll (OVG Münster, Urteil vom 6.2.1992, NVwZ 1993, S. 89). Voraussetzung ist somit, dass das ästhetische Empfinden des Betrachters nicht nur beeinträchtigt, sondern verletzt wird. Als Beispiele der Verunstaltung werden z. B. genannt: geschossweise Unterschiede in der Fensterformation oder der Fenstergliederung, die Verglasung eines von mehreren Balkonen an einem Wohnblock, eine primitiv zusammengesetzte Bretterwand eines Pferdeunterstandes, ein mit unterschiedlichem Material eingedecktes Dach sowie übereinander gestaffelte Dachgauben.

Ein Verbot der Verunstaltung der Umgebung nach Satz 2 ist insbesondere dann verletzt, wenn aus der Umgebung ein gestalterischer „Eigenwert" abzulesen ist. **Umso charakteristischer der Baustil einer Gegend ist, umso höher können die Anforderungen für neue bauliche Anlagen gesetzt werden.** Dabei ist zu beach-

Art. 8 — Baugestaltung

ten, dass ein bisher nicht anzutreffendes Gebäude häufig zunächst fremd wirkt und somit einen gewissen Gewöhnungseffekt für sich in Anspruch nehmen kann. Daher bietet Satz 2 keine Grundlage dafür, in einem größeren Gebiet im Interesse der Gestaltungspflege bestimmte technisch moderne von den herkömmlichen Baustilen abweichende Bauformen schlechthin nicht zuzulassen.

4 Verunstaltung durch Werbeanlagen

Die Verunstaltung des Straßen-, Orts- und Landschaftsbildes durch ortsfeste Anlagen der Wirtschaftswerbung einschl. Automaten ist ausschließlich an Art. 8 zu messen. Unter ortsfesten Anlagen der Wirtschaftswerbung sind alle Einrichtungen zu verstehen, die der gewerblichen oder beruflichen Ankündigung oder Anpreisung dienen oder Hinweise auf Gewerbe oder Beruf darstellen. Hierzu zählen vor allem Schilder, Beschriftungen, Bemalungen, Lichtwerbungen, Schaukästen, Automaten und die für Zettel- und Bogenanschläge oder Lichtwerbung bestimmten Säulen, Tafeln und Flächen. Dabei kommt es nicht darauf an, ob diese Werbeanlagen genehmigungsfrei nach Art. 57 Abs. 1 Satz 1 Nr. 11 sind, wie z. B. Werbeanlagen, die nicht vom öffentlichen Verkehrsraum aus sichtbar sind, da auch genehmigungsfreie Werbeanlagen unzulässig sein können, wenn sie verunstaltend wirken. Auch Schriftbänder, z. B. an der Außen- oder Innenseite von Schaufenstern können als verunstaltende Werbeanlagen unzulässig sein (vgl. Funk, BayVBl. 1979, S. 358). Parteiwerbung fällt unter den verfassungsrechtlichen Schutz des Art. 21 Abs. 1 S. 2 GG und unterliegt nicht den Regeln über Werbeanlagen. Jedoch können die Werbeanlagen als bauliche Anlagen insbesondere bei „wildem Plakatieren" verunstaltend sein (BVerfG Beschluss vom 10.12.2001, BayVBl. 2002, S. 271, OVG Berlin, Beschluss vom 7.1.2002, NVwZ 2002, S. 489, Koch/Molodovsky/Famers Art. 8 Rn. 6).

Bei der Beurteilung der Zulässigkeit von Werbeanlagen kommt es stets auf das Gesamtbild der Umgebung an; erhöhte Gestaltungsanforderungen sind z. B. in Altstadtgebieten, repräsentativen Straßen und in dörflich geprägten Gebieten zu stellen. Werbeanlagen können das Landschaftsbild verunstalten (OVG BB, Beschluss vom 10.2.2009, LKV 2009, S. 182). In Wohngebieten können Werbeanlagen als wesensfremd gelten und damit unzulässig sein. Eine Werbeanlage steht nur dann mit dem Straßenbild in Einklang, wenn ein angemessenes Verhältnis zur Straßenbreite und zum Anbringungsort besteht. Auch in einer wenig ansprechenden Umgebung kann eine Werbeanlage verunstaltend sein (BVerwG, Urteil vom 3.3.1971, BayVBl. 1971, S. 268, BayVGH, Beschluss vom 22.1.2004, UPR 2004, S. 237).

Wenn Werbeanlagen die Verkehrssicherheit gefährden, so sind die Spezialvorschriften des Straßenrechts (§§ 8, 9 FStrG, Art. 18, 23, 24 BayStrWG und § 33 StVO) maßgeblich, die insbesondere Verbote von Werbeanlagen außerhalb geschlossener Ortschaften beinhalten. Beispielhaft ist hier § 33 Abs. 1 Nr. 3 StVO zu nennen, der außerhalb geschlossener Ortschaften jegliche Werbung und Propaganda durch Bild, Schrift, Licht oder Ton verbietet, wenn dadurch Verkehrsteilnehmer in einer den Verkehr gefährdenden oder erschwerenden Weise abgelenkt oder belästigt werden können. Insofern kann aber die Bauaufsichtsbehörde keine Prüfung im

Baugestaltung   Art. 8

Rahmen eines Baugenehmigungsverfahrens vornehmen, da hierfür die mit dem Vollzug der StVO befasste Behörde zuständig ist (Art. 56 Satz 1 Nr. 5).
Verunstaltend können jedoch nur Werbeanlagen sein, d. h. die **ideelle Werbung** wird von dieser Vorschrift nicht erfasst. Somit fallen unter das Verunstaltungsgebot keine Werbeanlagen wie Gottesdienstanzeiger, Ankündigung politischer Parteien, Plakate mit politischen oder sonstigen Meinungsäußerungen oder Aufrufen, Ankündigungen von Amateursportvereinen etc.

Durch die Bauordnungsnovelle 1998 hat der Gesetzgeber das spezielle **Verbot der störenden Häufung von Werbeanlagen** aufgenommen. Dieses Verbot setzt voraus, dass mehrere (mindestens 3) Werbeanlagen gleichzeitig im Blickfeld des Betrachters liegen. Eine solche Häufung ist dann unzulässig, wenn sie störend ist. Dies liegt vor, wenn die Werbeanlagen dem Charakter eines Gebiets widersprechen bzw. der Eindruck von uneinheitlichen Werbeanlagen entsteht. Abzustellen ist auch auf genehmigte Werbeanlagen, die noch nicht errichtet sind (BayVGH, Beschluss vom 18.07.2008, 9 ZB 06.1035).

Eine Regelung über die Unzulässigkeit von Werbeanlagen im Außenbereich enthält die Bauordnung nicht. Die Unzulässigkeit der Werbeanlagen im Außenbereich ergibt sich jedoch bereits aus § 35 Abs. 3 BauGB, sofern eine Beeinträchtigung des Landschaftsbildes anzunehmen ist. Im Außenbereich zulässig können jedoch Hinweisschilder sein, die auf abseits oder versteckt gelegene Stätten aufmerksam machen (zur Genehmigungspflicht vgl. Art. 57 Abs. 1 Nr. 11e).

Die Gemeinden sind nach Art. 81 Abs. 1 Nr. 1 und 2 ermächtigt, durch Satzung **örtliche Bauvorschriften** zu erlassen, die besondere Anforderungen an die äußere Gestaltung baulicher Anlagen, somit auch an Werbeanlagen stellen, sowie Einschränkungen oder Verbote von Werbeanlagen regeln.

5   Überwachung der Einhaltung des Art. 8

Zuständig für den Vollzug des Art. 8 sind die Bauaufsichtsbehörden (Art. 53 f.). Zu beachten ist, dass Werbeanlagen, soweit sie einer Zulassung nach Straßenverkehrsrecht oder Eisenbahnrecht bedürfen, nicht der Zuständigkeit der Bauaufsichtsbehörde unterliegen (Art. 56 Satz 1 Nr. 5). In diesen Fällen ist die für das Straßenverkehrs- bzw. Eisenbahnrecht zuständige Behörde ausschließlich für den Vollzug zuständig.

Daraus folgt, dass die Gemeinde bei der Erteilung eines Einvernehmens gem. § 36 BauGB nicht berechtigt ist, über die städtebauliche Prüfung einer Beeinträchtigung des Ortsbildes (§ 34 Abs. 1, § 35 Abs. 3 BauGB) hinaus Art. 8 als Beurteilungsmaßstab heranzuziehen.

Art. 9

ABSCHNITT II
Allgemeine Anforderungen an die Bauausführung

Art. 9
Baustelle

(1) Baustellen sind so einzurichten, dass bauliche Anlagen ordnungsgemäß errichtet, geändert, beseitigt oder instand gehalten werden können und dass keine Gefahren, vermeidbaren Nachteile oder vermeidbaren Belästigungen entstehen.

(2) Öffentliche Verkehrsflächen, Versorgungs-, Abwasserbeseitigungs- und Meldeanlagen, Grundwassermessstellen, Vermessungszeichen, Abmarkungszeichen und Grenzzeichen sind für die Dauer der Bauausführung zu schützen und, soweit erforderlich, unter den notwendigen Sicherheitsvorkehrungen zugänglich zu halten.

(3) Bei der Ausführung nicht verfahrensfreier Bauvorhaben hat der Bauherr an der Baustelle ein Schild, das die Bezeichnung des Bauvorhabens sowie die Namen und Anschriften des Bauherrn und des Entwurfsverfassers enthalten muss, dauerhaft und von der öffentlichen Verkehrsfläche aus sichtbar anzubringen.

Erläuterungen

Übersicht

1 Allgemeines
2 Ordnungsgemäße Einrichtung der Baustelle
3 Arbeitsschutz
4 Baustellenlärm
5 Baustelleneinrichtungen
6 Bauschild

1 Allgemeines

Art. 9 konkretisiert die Generalklausel des Art. 3 für die Einrichtung und den Betrieb von Baustellen. Die Sicherheitsanforderungen an eine Baustelle müssen während der gesamten Bauzeit gewährleistet sein. Darüber hinaus müssen die baulichen Maßnahmen, die auf einer Baustelle durchgeführt werden, den Anforderungen der Bauordnung, wie Standsicherheit und Dauerhaftigkeit (Art. 10), Schutz gegen Einwirkungen (Art. 11), Brandschutz (Art. 12), Wärme-, Schall- und Erschütterungsschutz (Art. 13) und Verkehrssicherheit (Art. 14) entsprechen.

Für die ordnungsgemäße Einrichtung und den sicheren Betrieb der Baustelle sind die Unternehmer für die von ihnen übernommenen Arbeiten (Art. 52 Abs. 1 Satz 1) und der Bauherr, wenn er die Arbeiten selbst oder mit nachbarschaftlicher Hilfe ausführt (Art. 50 Abs. 1), verantwortlich. Jeder Unternehmer hat darauf zu achten,

Baustelle **Art. 9**

dass die von einem Vorunternehmer ausgeführten Bauarbeiten nicht durch seine Tätigkeit gefährdet werden. Seit der 4. Novelle 1982 ist die Verpflichtung, einen Bauleiter zu bestellen, entfallen. Die Bauüberwachung fällt in den Zuständigkeitsbereich der unteren Bauaufsichtsbehörde (Art. 77 Abs. 1).

Das Errichten, das Ändern und Beseitigen von Baustelleneinrichtungen ist genehmigungsfrei (Art. 57 Abs. 1 Nr. 14a, Abs. 5 Satz 1 Nr. 1). Kräne, Krananlagen und Gerüste fallen nicht unter die Bauordnung (Art. 1 Abs. 2 Nr. 4, 5).

Spezielle Vorschriften finden sich in § 203 BauGB (Schutz des Mutterbodens) und in Art. 8 Abs. 1 Satz 1 BayDSchG (Auffinden von Bodendenkmälern).

2 Ordnungsgemäße Einrichtung der Baustelle

Nach Abs. 1 ist die Baustelle so einzurichten, dass die baulichen Anlagen ordnungsgemäß, d. h. den öffentlich-rechtlichen Vorschriften, insbesondere den Vorschriften der Bauordnung entsprechend errichtet, geändert oder abgebrochen werden können und von der Einrichtung und dem Betrieb der Baustelle keine Gefahren, vermeidbaren Nachteile und vermeidbaren Belästigungen ausgehen.

Daher sind auf jeder Baustelle Vorkehrungen zum Schutz der dort Beschäftigten und der Allgemeinheit zu treffen. Die Gefahrenzone ist abzugrenzen und durch Gefahrenzeichen zu kennzeichnen, sofern unbeteiligte Personen durch Bauarbeiten gefährdet werden können.

Durch entsprechende Hinweisschilder ist an der Baustelle sichtbar darauf hinzuweisen, dass Unbefugten das Betreten der Baustelle untersagt ist.

Soweit notwendig, sind Baustellen mit einem Bauzaun abzugrenzen, mit Schutzvorrichtungen gegen herabfallende Gegenstände zu versehen und zu beleuchten.

Des Weiteren müssen Baustellen verkehrssichere Zugänge und Zufahrten haben, die von verkehrsbehindernden Gegenständen freizuhalten sind und durch den Baubetrieb nicht gefährdet werden dürfen. Türen und Tore im Bauzaun müssen nach innen geöffnet werden können.

Bauschutt muss entsprechend den Vorschriften des Bayerischen Abfall- und Altlastengesetzes ordnungsgemäß beseitigt werden.

Der Unternehmer muss geeignete Maßnahmen treffen, um eine Beeinträchtigung der Umgebung durch Staub zu unterbinden. **Spezielle Vorschriften über die Lagerung von Baustoffen, Bauteilen und Bauschutt** sind in der Straßenverkehrsordnung zu finden. So dürfen diese Stoffe die Straße nicht beschmutzen und nicht so gelagert werden, dass eine Gefährdung des Verkehrs möglich ist (§ 32 Abs. 1 StVO). Sofern eine Lagerung und Inspruchnahme der Straße erfolgen soll, ist eine Ausnahme nach § 46 Abs. 1 Nr. 8 StVO notwendig, die bei Bundes-, Staats- und Kreisstraßen die Kreisverwaltungsbehörde, bei Gemeindestraßen und sonstigen öffentlichen Wegen die Gemeinde erteilt. Eine Sondernutzungserlaubnis ist notwendig, wenn der öffentliche Straßenraum über den Gemeingebrauch hinaus genutzt werden soll.

Art. 9   Baustelle

3 Arbeitsschutz

Die Unfallverhütungsvorschriften der Bayerischen Bauberufsgenossenschaft, Loristraße 8 in München, und der Tiefbauberufsgenossenschaft, Am Knie 6 in München, gelten für alle auf der Baustelle Beschäftigten. Daneben sind arbeitsschutzrechtliche Vorschriften zu beachten, wie insbesondere die Arbeitsstättenverordnung (ArbStättV), das Arbeitszeitgesetz und das Jugendarbeitsschutzgesetz.

4 Baustellenlärm

§§ 22 bis 25 BImSchG regeln auch den Schutz gegen Baulärm und verpflichten den Betreiber von Baumaschinen, jegliche Umwelteinwirkungen zu verhindern, die nach dem Stand der Technik vermeidbar sind bzw. nach dem Stand der Technik unvermeidbare schädliche Umwelteinwirkungen auf ein Mindestmaß zu beschränken. Art. 11, 12 BayImSchG enthalten ergänzende Vorschriften.

Die notwendigen Maßnahmen zum Schutz gegen Baulärm befinden sich in der Bekanntmachung des Bayerischen Staatsministeriums für Landesentwicklung und Umweltfragen vom 27.4.1977 (LUMBl. S. 59).

5 Baustelleneinrichtungen

Für elektrisch betriebene maschinelle Anlagen bestehen VDI-Richtlinien und die Anforderungen des Produktsicherheitsgesetzes.

Nach Abs. 2 sind während der Dauer der Bauarbeiten die im Bereich der Baustelle befindlichen öffentlichen Verkehrsflächen, Versorgungs- und Abwasserbeseitigungs- und Meldeanlagen, Grundwassermessstellen, Vermessungszeichen, Abmarkungszeichen und Grenzzeichen gegen Beeinträchtigung und Beschädigung zu schützen. Dabei sind auch die straßenverkehrsrechtlichen Vorschriften zu beachten (§ 32 Abs. 1, §§ 42 Abs. 8, 43 Abs. 3 Nr. 2, 45 Abs. 6 StVO).

Daher ist vor jeder Baumaßnahme der Unternehmer verpflichtet, bei der Gemeinde, den Versorgungsunternehmen, Betreibern von Telekommunikationsanlagen und weiterer privater und öffentlicher Körperschaften abzuklären, welche Anlagen das Baugrundstück tangieren.

6 Bauschild

Nach Abs. 3 ist der Bauherr verpflichtet, während der Ausführung genehmigungspflichtiger bzw. dem Freistellungsverfahren unterliegender (d. h. nicht verfahrensfreier) Bauvorhaben ein Bauschild dauerhaft und von der öffentlichen Verkehrsfläche aus sichtbar anzubringen. Dort müssen die Bezeichnung des Vorhabens und die Namen und Anschriften des Bauherrn und des Entwurfsverfassers sichtbar sein. Funktion des Bauschildes ist es, dass die für die Baustelle verantwortlichen Personen unmittelbar ermittelt werden können, wenn dies bei einer Gefahrenlage notwendig ist.

Art. 10
Standsicherheit

¹Jede bauliche Anlage muss im Ganzen, in ihren einzelnen Teilen und für sich allein standsicher sein. ²Die Standsicherheit muss auch während der Errichtung und bei der Änderung und der Beseitigung gewährleistet sein. ³Die Standsicherheit anderer baulicher Anlagen und die Tragfähigkeit des Baugrunds des Nachbargrundstücks dürfen nicht gefährdet werden.

Erläuterungen

Übersicht

1 Allgemeines
2 Standsicherheit anderer baulicher Anlagen/Nachbargrundstücke

1 Allgemeines

Es ist ein Grundprinzip des Bauordnungsrechts, dass bauliche Anlagen standsicher errichtet werden müssen. Dies gilt unabhängig davon, dass der Prüfungsumfang der Standsicherheit durch die Bauaufsichtsbehörden außerhalb der Sonderbauten eingeschränkt ist.

Eine bauliche Anlage ist dann standsicher, wenn keine Störungen des Gleichgewichts der inneren und äußeren Kräfte im Ganzen oder in Teilbereichen auftreten können. Es ist Aufgabe der statischen Berechnung, den Nachweis der Standsicherheit zu erbringen (vgl. hierzu § 10 BauVorlV).

Bauliche Anlagen müssen für sich allein standsicher sein. Auch in der geschlossenen Bauweise muss es möglich sein, ein einzelnes Gebäude abzubrechen, ohne dass die Standsicherheit baulicher Anlagen auf den Nachbargrundstücken beeinträchtigt wird.

Damit alle Kräfte sicher in den Baugrund abgeleitet werden können, muss auch dessen ausreichende Tragfähigkeit gegebenenfalls durch Bodenuntersuchungen nachgewiesen werden.

Die Anforderungen an die Standsicherheit baulicher Anlagen sind in zahlreichen technischen Baubestimmungen, vor allem in DIN-Normen enthalten. Die Regeln der technischen Baubestimmungen (vgl. Art. 2) können zur Auslegung des Rechtsbegriffs der Standsicherheit herangezogen werden.

Um die Standsicherheit einer baulichen Anlage beurteilen zu können, sind sowohl die Kräfte, die auf sie von außen wirken oder einwirken können, die Belastungen, Nutzung und die Eigenlast sowie auch nicht ruhende Lasten wie z. B. die Befahrbarkeit durch Rettungsfahrzeuge und der Baugrund zu berücksichtigen (OVG MV, Urteil vom 4.8.2009, NVwZ 2010, S. 347). Die DIN-Vorschriften betreffen die Lastannahmen für Bauten, auch weitere Kräfte wie z. B. Schnee- und Eislast sowie Windlast.

Art. 11
Schutz gegen Einwirkungen

Der **Standsicherheitsnachweis** gehört zu den bautechnischen Nachweisen (§ 10 BauVorlV). Dabei ist der Standsicherheitsnachweis Teil des Entwurfs. Vgl. zur Qualität des Standsicherheitsnachweises Art. 62 und die dortige Kommentierung).

2 Standsicherheit anderer baulicher Anlagen/Nachbargrundstücke

Nach Satz 3 dürfen bei Baumaßnahmen die Standsicherheit anderer baulicher Anlagen und die Tragfähigkeit des Baugrunds des Nachbargrundstücks nicht gefährdet werden. Diese Vorschrift geht über den zivilrechtlichen Nachbarschutz hinaus und legt die Verpflichtung fest, das Bauvorhaben auch im Hinblick auf die Nachbargrundstücke zu überprüfen. Art. 10 ist ein Schutzgesetz nach § 823 Abs. 2 BGB (so BayObLG Urteil vom 15.11.1999, BayVBl. 2000, S. 353). Gemeinsame Bauteile mehrerer Gebäude kommen ebenfalls nur in Betracht, wenn diese beim Abbruch eines Gebäudes erhalten bleiben. Insofern ist hier eine rechtliche Sicherung notwendig (vgl. auch Art. 57 Abs. 5 Sätze 3 bis 5).

Art. 11
Schutz gegen Einwirkungen

Bauliche Anlagen sind so anzuordnen, zu errichten, zu ändern und instand zu halten, dass durch Wasser, Feuchtigkeit, pflanzliche und tierische Schädlinge sowie andere chemische, physikalische oder biologische Einflüsse Gefahren oder unzumutbare Belästigungen nicht entstehen.

Erläuterungen

Übersicht

1 Allgemeines
2 Maßnahmen zum Schutz von baulichen Anlagen gegen chemische und physikalische Einwirkungen

1 Allgemeines

Art. 11 hat die Aufgabe, vorbeugend den Schutz baulicher Anlagen gegen Einwirkungen sicherzustellen.

In der Bauordnung werden konkrete Anforderungen in einzelnen Vorschriften gestellt, wie in

- Art. 9 Abs. 1 zu Einwirkungen, die von einer Baustelle ausgehen,
- Art. 39 Abs. 4 zu Lüftungsanlagen,
- Art. 40 Abs. 3 zur Abgasführung,
- Art. 40 Abs. 4 Satz 2 zur Brennstofflagerung.

Schutz gegen Einwirkungen   Art. 11

Eine Vielzahl von Spezialvorschriften kann zu ihrer näheren Ausführung herangezogen werden.

Hierzu zählen die speziellen Regelungen etwa der Feuerungsanlagenverordnung (FeuV BY), aber auch des Berg-, Gewerbe-, Immissionsschutz- und Atomrechts. Auch das Bundesbodenschutz- und Altlastenrecht stellen Anforderungen zur Abwehr schädlicher Bodenveränderungen und zur Vorsorge dar.

2 Maßnahmen zum Schutz von baulichen Anlagen gegen chemische und physikalische Einwirkungen

Zu den Schutzmaßnahmen zählen der Korrosionsschutz von Stahl und Aluminium, der Feuchtigkeitsschutz (Schutz vor Wasser, Bodenfeuchtigkeit und fäulniserregenden Stoffen, Sperrschichten und Schutzanstriche) und der Witterungsschutz (Widerstandsfähigkeit von Baustoffen gegen Niederschläge, Sonneneinstrahlung, Hitze und Frost).

Zu den pflanzlichen oder tierischen Einwirkungen gehören bei den pflanzlichen Schädlingen zerstörende Pilzarten, wie z. B. der echte Holzschwamm. Bei den tierischen Schädlingen sind der Hausbockkäfer oder Termiten zu nennen. Die frühere Anzeigepflicht nach Abs. 3 alter Fassung wurde aufgehoben, da die Fälle keine Relevanz in der Praxis haben.

Der Korrosionsschutz bei Stahl und Aluminium ist in zahlreichen DIN-Vorschriften erfasst (vgl. LTB). Zum Schutz vor Gesundheitsschädigungen durch Asbest ist die Asbestrichtlinie IM-Bek. vom 21.7.1997, AllMBl. S. 545 Anlage F zu beachten. Zu den athermischen Effekten bei Mobilfunknetzen sind die Richtlinien der Internationalen Strahlenschutzassoziation (IRPA) der DIN VDE 0848 Teil 2, Entwurf 10/1991 und die Empfehlung zum Schutz vor elektromagnetischer Strahlung bei Mobilfunk der Strahlenschutzkommission (Bundesanzeiger Nr. 44, S. 5206) heranzuziehen. Zudem haben Mobilfunkanlagen die Verordnung über elektromagnetische Felder (26. BImSchV vom 16.12.1996 BGBl. I, S. 1966) einzuhalten. In der Diskussion stehen die athermischen Effekte elektromagnetischer Felder, die unterhalb der Grenzwerte liegen. Nach der Rechtsprechung sind sie als vernachlässigbares Risiko zu werten (vgl. BVerfG, Beschluss vom 24.1.2007, NVwZ 2007, S. 805; BGH, Urteil vom 13.4.2004, NJW 2004, S. 1317; BayVGH Beschluss vom 8.7.1997, BayVBl. 1998, S. 244).

Zudem müssen bauliche Anlagen gegen Feuchtigkeit geschützt sein. Zu den Bauwerksabdichtungen bestehen ebenfalls zahlreiche DIN-Vorschriften (vgl. LTB). Zu den Auswirkungen von Formaldehyd wird auf die DIN 18 159 Teil 2, eingeführt durch IM-Bek. vom 21.7.1997, AllMBl. S. 545 verwiesen.

Zum Holzschutz im Hochbau bestehen ebenfalls zahlreiche DIN-Vorschriften (vgl. LTB). Zu dem in Holzschutzmitteln verwendeten Wirkstoff Tentachlorphenol wird auf die PCP-Richtlinie, eingeführt durch IM-Bek. vom 21.7.1997, AllMBl. S. 545, verwiesen. Zu den Einwirkungen durch Witterung bestehen ebenfalls zahlreiche DIN-Vorschriften (vgl. Art. 3). Auch von Windkraftanlagen können akustische

Art. 12

Brandschutz

und optische Beeinträchtigungen ausgehen. Die Windkraftanlagen bedürfen ab einer Gesamthöhe über 50 m der Genehmigung nach BImSchG. Siehe hierzu den Windkrafterlass Bayern und den Windenergieatlas Bayern vom 20.12.2011, AllMBl. 2012, S. 34.

Art. 12
Brandschutz

Bauliche Anlagen sind so anzuordnen, zu errichten, zu ändern und instand zu halten, dass der Entstehung eines Brandes und der Ausbreitung von Feuer und Rauch (Brandausbreitung) vorgebeugt wird und bei einem Brand die Rettung von Menschen und Tieren sowie wirksame Löscharbeiten möglich sind.

Erläuterungen

Übersicht

1 Allgemeines
2 Brandschutzkonzept der Bayerischen Bauordnung
   2a Allgemeine Anforderungen an das Brandverhalten von Baustoffen und Bauteilen
   2b Unterscheidung von Bauteilen nach dem Brandverhalten ihrer Baustoffe
3 Technische Regeln für den Brandschutz
4 Nachweise für den Brandschutz
5 Wirksame Löscharbeiten

1 Allgemeines

Art. 12 enthält nur noch die Grundvorschrift zum Brandschutz. Sie wird in Art. 24 ff. im Einzelnen ausgefüllt und hat folgende Zielsetzung:

- die Anordnung, Errichtung, Änderung und Instandhaltung baulicher Anlagen in der Weise, dass der Entstehung eines Brandes und der Brandausbreitung vorgebeugt wird. Dies bedingt die Einhaltung von Abständen bei der Anordnung der baulichen Anlagen auf dem Grundstück und zur Nachbarbebauung.
- die Erfüllung von Mindestanforderungen an Baustoffe und das grundsätzliche Verbot leichtentflammbarer Baustoffe,
- die Gewährleistung der Standsicherheit der Bauwerke auch für den Brandfall durch tragende Bauteile, die dem Feuer eine Zeitlang widerstehen können,
- die Begrenzung der Brandausbreitung durch Einteilung in Bauabschnitte,
- weiter müssen bei einem Brand die Rettung von Menschen und Tieren und wirksame Löscharbeiten möglich sein. Dies erfordert die Sicherstellung von zwei Rettungswegen, die Sicherung der Zufahrt für Lösch- und Rettungsfahrzeuge, die Anleiterbarkeit, die Bereitstellung von Löschwasser sowie die Anordnung von Rauch- und Wärmeabzugsanlagen und Löschanlagen.

Brandschutz   **Art. 12**

Insofern sind die vom Bauherrn zu erfüllenden bauordnungsrechtlichen Anforderungen an den vorbeugenden baulichen Brandschutz stets im Zusammenhang mit den Maßnahmen der Brandbekämpfung durch die Feuerwehr zu sehen.

Die Vorschriften über den Brandschutz dienen nicht nur dem Schutz der baulichen Anlage und ihrer Benutzer, sondern auch dem Schutz der Umgebung, insbesondere der Nachbarn. Sie sind nachbarschützend.

2 Brandschutzkonzept der Bayerischen Bauordnung

Die neue Bauordnung setzt in den speziellen Vorschriften der Art. 24 bis 44 das Brandschutzkonzept der Musterbauordnung um. Dafür wurde in Art. 2 Abs. 3 Satz 1 eine neue Gliederung der Gebäude in Gebäudeklassen aufgenommen, die als systematische Grundlage für das Brandschutzkonzept erforderlich ist. Die Brandschutzanforderungen lösen sich nach der Gesetzesbegründung damit von der bisherigen Abstufung (im Wesentlichen) allein nach der Gebäudehöhe und richten sich nach einer Kombination dieses Kriteriums mit der Zahl und Größe von Nutzungseinheiten.

Es wird davon ausgegangen, dass Gebäude mit Nutzungseinheiten, die deutlich kleiner sind als Brandabschnitte, die gegeneinander mit Brandschutzqualität abgetrennt sind und über ein eigenes Rettungswegsystem verfügen, wie z. B. Wohnungen, kleine Verwaltungseinheiten, Praxen, kleine Läden, für die Brandausbreitung und die Brandbekämpfung durch die Feuerwehr ein geringeres Risiko darstellen als Gebäude mit ausgedehnten Nutzungseinheiten. Insofern sind für solche Gebäude mit dieser Zellenbauweise (Appartement-Bauweise genannt) geringere Brandschutzanforderungen vertretbar.

Demgegenüber wurde der Kreis der Sonderbauten weiter gezogen, um Anforderungen aus Gründen des Brandschutzes (Personenrettung) zu ermöglichen und somit einen Zugewinn an Sicherheit zu erhalten. Für Sonderbauten sind spezielle Regelungen für Versammlungsstätten in der VStättV, für Verkaufsstätten in der VKV, für Beherbergungsstätten in der BStättV und für elektrische Betriebsräume in der EltBauV enthalten.

2a Allgemeine Anforderungen an das Brandverhalten von Baustoffenund Bauteilen

Die allgemeinen Anforderungen an das Brandverhalten von Baustoffen und Bauteilen sind in Art. 25 geregelt. Die technische Umsetzung dieser Anforderungen erfordert eine Zuordnung der bauordnungsrechtlichen Begriffe zu Klassen von Baustoffen und Bauteilen, die sich auf Grund von Brandversuchen nach technischen Regeln ergeben (DIN 4102, DIN EN 13 501). Diese Zuordnung ist in der Bauregelliste A Teil 1 in den Anlagen 01 und 02 veröffentlicht. Dabei werden die Baustoffe in nichtbrennbare, schwerentflammbare und normalflammbare Baustoffe eingeteilt; nach Art. 24 Abs. 1 Satz 2 dürfen leichtentflammbare Baustoffe nicht verwendet werden, außer sie sind in Verbindung mit anderen Baustoffen mindestens normalentflammbar. Bauteile werden nach den Anforderungen an ihre Feuerwiderstandsfähigkeit in feuerbeständige, hochfeuerhemmende und feuerhemmende Bauteile unterschieden (Art. 24 Abs. 2 Satz 1).

2b Unterscheidung von Bauteilen nach dem Brandverhalten ihrer Baustoffe

Zusätzlich werden Bauteile nach dem Brandverhalten ihrer Baustoffen unterschieden, in

- Bauteile aus nichtbrennbaren Baustoffen,
- Bauteile deren tragende und aussteifende Teile aus nichtbrennbaren Baustoffen bestehen und die bei raumabschließenden Bauteilen zusätzlich eine in Bauteilebene durchgehende Schicht aus nichtbrennbaren Baustoffen haben,
- Bauteile, deren tragende und aussteifende Teile aus brennbaren Baustoffen bestehen und die allseitig eine brandschutztechnisch wirksame Bekleidung aus nichtbrennbaren Baustoffen (Brandschutzbekleidung) und Dämmstoffe aus nichtbrennbaren Baustoffen haben sowie
- Bauteile aus brennbaren Baustoffen.

Dabei bestimmt Art. 24 Abs. 2 Satz 2, dass sofern in der Bauordnung und in Vorschriften, die auf Grund der Bauordnung erlassen wurden, nichts anderes bestimmt ist, Bauteile die feuerbeständig sein müssen, mindestens den Anforderungen des Abs. 2 Satz 2 Nr. 2 entsprechen müssen sowie Bauteile, die hochfeuerhemmend sein müssen, mindestens den Anforderungen des Abs. 2 Satz 2 Nr. 3 entsprechen müssen. Dies gilt nicht für feuerwiderstandsfähige Abschlüsse von Öffnungen.

Art. 25 enthält die Anforderungen an die tragenden Wände und Stützen. Dabei wurde in Art. 25 Abs. 1 Satz 1 das Schutzziel in der Weise neu formuliert, dass tragende und aussteifende Wände und Stützen im Brandfall ausreichend lang standsicher sein müssen. Gefordert wird somit zum einen die Standsicherheit, zum anderen die ausreichend lange zeitliche Dauer. Um zu bestimmen, was im Einzelfall ausreichend lang ist, ist es notwendig, die Widerstandsfähigkeit, unterschieden nach Gebäudeklassen und bestimmten Fallgestaltungen festzustellen (vgl. hierzu Art. 25).

Die Vorgaben für die Außenwände sind in Art. 26 geregelt. Als Schutzziel ist hier festgesetzt, dass die Außenwände so beschaffen sein müssen, dass eine Brandausweitung auf und in diesen Bauteilen ausreichend lang begrenzt ist (vgl. hierzu Art. 26).

Die Anforderungen an Trennwände sind in Art. 27 enthalten. Insofern besteht das Schutzziel, dass Trennwände als raumabschließende Bauteile zum Abschluss von Nutzungseinheiten oder Räumen ausreichend lang widerstandsfähig gegen die Brandausbreitung sein müssen. In Art. 27 Abs. 3 wird geregelt, in welchen Fällen Trennwände erforderlich sind.

Brandschutz   **Art. 12**

Art. 28 legt in Abs. 1 für die Brandwände das Schutzziel fest, dass diese als raumabschließende Bauteile ausreichend lang die Brandausbreitung als Gebäudeabschlusswand auf andere Gebäude als innere Brandwand auf andere Brandabschnitte verhindern müssen. In Art. 28 Abs. 2 werden die Fälle genannt, in denen Brandwände verlangt werden.

Art. 29 regelt die Decken und fordert als Schutzziel in Abs. 1 Satz 1, dass diese als tragende und raumabschließende Bauteile zwischen den Geschossen ausreichend standsicher und widerstandsfähig gegen die Brandausbreitung sein müssen.

In Art. 30 sind die Anforderungen an Dächer enthalten. Der Grundsatz der harten Bedachung ist als Schutzziel in Abs. 1 aufgestellt. Die Ausnahmen für die Fälle, bei denen unter Einhaltung bestimmter Gebäudeabstände eine weiche Bedachung zulässig ist, sind in Abs. 2 geregelt. Für Wohngebäude der Gebäudeklassen 1 und 2 sind geringere Abstände zugelassen. Weitere Ausnahmen sind in Abs. 3 und 4 enthalten.

Art. 31 regelt die grundsätzlichen Vorgaben für die Rettungswege und legt in Abs. 1 fest, dass für jede Nutzungseinheit in jedem Geschoss zwei voneinander unabhängige Rettungswege ins Freie vorhanden sein müssen. Die Anforderungen an Treppen sind in Art. 32 dargestellt; auch hier wird zwischen den Gebäudeklassen differenziert.

Art. 33 enthält die Anforderungen an notwendige Treppenräume und Ausgänge; geregelt sind darüber hinaus die Anforderungen an Öffnungen, die Beleuchtung und die Sicherheitsbeleuchtung sowie die Belüftung und Rauchableitung.

Die notwendigen Flure und offenen Gänge sind in Art. 34 enthalten; Schutzziel ist, dass notwendige Flure so angeordnet und ausgebildet sein müssen, dass ihre Nutzung im Brandfall ausreichend lang möglich ist.

Art. 35 enthält die Regelungen für Fenster, Türen und sonstige Öffnungen und Art. 36 fasst die Vorgaben für Umwehrungen zusammen.

In Art. 37 sind die Anforderungen an Schächte und in Art. 38 für Leitungsanlagen und Installationsschächte und Kanäle geregelt. Art. 39 regelt die Lüftungsanlagen und Art. 40 die Feuerungsanlagen.

3 Technische Regeln für den Brandschutz

Die Brandschutzanforderungen der Bayerischen Bauordnung werden durch die als technische Baubestimmung eingeführten technischen Regeln ergänzt. Dabei ergeben sich aus der Bauregelliste A Teil 1 für die Bauprodukte technische Regelungen für das Brandverhalten.

Die Bauregelliste A Teile 2 und 3 enthält die technischen Regelungen für anerkannte Prüfverfahren, nach denen die Beurteilung von Bauprodukten und Bauarten bzgl. des Brandschutzes zulässig ist.

Art. 12

Brandschutz

Insbesondere werden die Brandschutzanforderungen durch die DIN 4102 Brandverhalten von Baustoffen und Bauteilen ausgefüllt. Die Teile 1 bis 7 dieser DIN-Norm sind als technische Baubestimmungen eingeführt (LTB). Zudem ist die DIN 18 093 für Feuerschutzabschlüsse (Einbau von Feuerschutztüren in massive Wände aus Mauerwerk und Beton, Ankerlagen, Ankerformel, Einbau) zu nennen. Des Weiteren bestehen Richtlinien über die brandschutztechnischen Anforderungen an Hohlraumestriche und Doppelböden, zur Bemessung von Löschwasserrückhalteanlagen beim Lagern wassergefährdender Stoffe und bauaufsichtliche Richtlinien über die brandschutztechnischen Anforderungen an Lüftungsanlagen und an Leitungsanlagen sowie die Richtlinie über Flächen für die Feuerwehr.

4 Nachweise für den Brandschutz

Beim Erfordernis, Nachweise für den Brandschutz zu erbringen, wird nach den Gebäudeklassen (Art. 2 Abs. 3) differenziert. Grundsätzlich schließt die Bauvorlageberechtigung die Berechtigung zur Erstellung der bautechnischen Nachweise ein (Art. 62). Für Gebäude der Gebäudeklassen 1 bis 3 hat der Gesetzgeber auf die präventive Kontrolle der Nachweise des ausreichenden Brandschutzes durch die Behörde oder durch Prüfingenieure verzichtet. Diese Vorhaben müssen selbstverständlich unabhängig davon, ob sie von einer Genehmigung freigestellt oder einer beschränkten Prüfung unterliegen, den Brandschutzvorschriften der Bauordnung entsprechen. Die Verantwortung für die Einhaltung der Brandschutznormen wird somit auf den Bauherrn und den Entwurfsverfasser verlagert.

Bei Gebäuden der Gebäudeklasse 4, ausgenommen Sonderbauten sowie Garagen und Großgaragen, muss der Brandschutznachweis erstellt sein von einem für das Bauvorhaben Bauvorlageberechtigten, der die erforderlichen Kenntnisse des Brandschutzes nachgewiesen hat und in einer von der Bayerischen Architektenkammer oder Bayerischen Ingenieurekammer Bau zu führenden Liste eingetragen ist oder von einem Prüfsachverständigen für Brandschutz, sofern der Bauherr einen Prüfsachverständigen für Brandschutz beauftragt, da dieser selbstverständlich auch bei anderen Bauvorhaben den Brandschutznachweis erstellen.

Bei Sonderbauten, Mittel- und Großgaragen sowie Gebäuden der Gebäudeklasse 5 muss der Brandschutznachweis durch einen Prüfsachverständigen bescheinigt sein oder er ist bauaufsichtlich zu prüfen. Außer in diesen Fällen werden bautechnische Nachweise, somit auch der Brandschutznachweis, nicht geprüft.

Anderes gilt, sofern der Bauherr eine Abweichung von den Vorschriften der Bauordnung beim Brandschutz beantragt. Insofern ist eine Abweichung von der Bauaufsichtsbehörde gem. Art. 63 erforderlich. Nach der Gesetzesbegründung ist die Einführung eines qualifizierten Brandschutzplaners (allein) für Gebäude der Gebäudeklasse 4 trotz des allerdings relativen Anwendungsbereiches dieser Regelung gerechtfertigt, da die Einbeziehung auch dieser Gebäude in die Verpflichtung zur Bescheinigung durch einen Prüfsachverständigen bzw. die Einbeziehung in die bauaufsichtliche Prüfung unverhältnismäßig erscheint. Die Brandschutzanfor-

Wärme-, Schall- und Erschütterungsschutz **Art. 13**

derungen an solche Gebäude sind in der Bauordnung standardisiert und ablesbar; für die ordnungsgemäße Prüfung und die Ausführung der hochfeuerhemmenden Bauweise in Holzbauweise werden in der Richtlinie über brandschutztechnische Anforderungen an hochfeuerhemmende Bauteile in Holzbauweise (HFHHolzR) die erforderlichen Vorkehrungen getroffen.

Ausgenommen wurden Sonderbauten sowie Mittel- und Großgaragen, für die beim Brandschutz stets das 4-Augen-Prinzip gilt (Art. 62 Abs. 3 Satz 2 Nrn. 1 und 2). Das 4-Augen-Prinzip gilt auch für alle Gebäude der Gebäudeklasse 5.

Die Einzelheiten zum Inhalt des Brandschutznachweises ergeben sich aus der BauVorlV. Für Standardbauten regelt § 11 BauVorlV die einzelnen Anforderungen, zusätzliche Angaben sind für Sonderbauten sowie Mittel- und Großgaragen nach § 11 BauVorlV notwendig.

5 Wirksame Löscharbeiten

Nach Art. 12 müssen bauliche Anlagen so angeordnet, errichtet, geändert und instand gehalten werden, dass wirksame Löscharbeiten möglich sind. Die Bereitstellung von Löschwasser ist nicht Gegenstand des Bauordnungsrechts, sondern es ist Pflichtaufgabe der Gemeinde, ausreichendes Löschwasser für wirksame Brandbekämpfung bereitzuhalten (Art. 1 Abs. 1 Bayerisches Feuerwehrgesetz). Dabei ist auch zu beachten, dass Bauvorhaben zu Starkstromfreileitungen bestimmte Mindestabstände einhalten müssen, damit im Brandfall wirksame und ungefährdete Löschmaßnahmen durchgeführt werden können. Insofern sind die Mindestabstände nach DIN VD 0210 unter sinngemäßer Anwendung der DIN VDE 0132 Brandbekämpfung im Bereich technischer Anlagen zu vergrößern (Koch/Molodovsky/Famers, Bayerische Bauordnung Art. 12 Rn. 62 ff.).

Art. 13
Wärme-, Schall- und Erschütterungsschutz

(1) **Gebäude müssen einen ihrer Nutzung und den klimatischen Verhältnissen entsprechenden Wärmeschutz haben.**

(2) ¹**Gebäude müssen einen ihrer Nutzung entsprechenden Schallschutz haben.** ²**Geräusche, die von ortsfesten Einrichtungen in baulichen Anlagen oder auf Baugrundstücken ausgehen, sind so zu dämmen, dass Gefahren oder unzumutbare Belästigungen nicht entstehen.**

(3) **Erschütterungen oder Schwingungen, die von ortsfesten Einrichtungen in baulichen Anlagen oder auf Baugrundstücken ausgehen, sind so zu dämmen, dass Gefahren oder unzumutbare Belästigungen nicht entstehen.**

Art. 13 Wärme-, Schall- und Erschütterungsschutz

Erläuterungen

Übersicht

1 Allgemeines
2 Ausführung baulicher Anlagen
3 Wärmeschutz
4 Schallschutz
5 Erschütterungsschutz

1 Allgemeines

Die Anforderungen des Art. 13 stellen Mindestanforderungen für den Wärme-, Schall- und Erschütterungsschutz dar, die in den speziellen Regelungen zu den einzelnen Bauteilen ergänzt werden. Neben den bauordnungsrechtlichen Regelungen bestehen weitere öffentlich-rechtliche Vorschriften, die unmittelbar gelten. Zu nennen sind hier die Energieeinsparverordnung (EnEV 2009) und die DIN 4108 und DIN 18 159 (vgl. hierzu LTB). Und es ist eine neue EnEV 2012/13 Mitte 2013 zu erwarten. Für den Schallschutz gilt neben dem Bundesimmissionsschutzgesetz (BImSchG) die DIN 18 005 „Schallschutz im Städtebau" (Bekanntmachung des Bayerischen Staatsministeriums des Innern vom 3.8.1988, AllMBl. S. 670) sowie für den Gewerbelärm die technische Anleitung zum Schutz gegen Lärm (TA Lärm). Hinsichtlich des Verkehrslärms ist auf die Verkehrslärmschutzverordnung vom 16.6.1990 (BGBl. I S. 1036), bzgl. des Sportlärms auf die Sportanlagenlärmschutzverordnung vom 18.7.1991 (BGBl. I S. 1588) hinzuweisen.

2 Ausführung baulicher Anlagen

Die Mindestanforderungen an den Schallschutz für Decken und Wände in Geschosshäusern mit Aufenthaltsräumen, Einfamilienhäusern, Gaststätten, Gewerbebetrieben etc. sind in DIN 4109 festgelegt (s. hierzu LTB). In Abs. 1 und 2 wird auch darauf abgestellt, dass das nach Bauordnungsrecht erforderliche Maß an Schall- bzw. Wärmeschutz von der Art der Nutzung und den Bedingungen des Standortes abhängig ist. Eine Konkretisierung soll, wie bisher, mit Hilfe der eingeführten Technischen Baubestimmungen erfolgen.

3 Wärmeschutz

Nach Abs. 1 müssen Gebäude einen ihrer Nutzung und den klimatischen Verhältnissen entsprechenden Wärmeschutz haben. Der Wärmeschutz ist somit von den klimatischen Verhältnissen und dem Standort des Gebäudes abhängig. Regelungen für den Wärmeschutz im Hochbau der DIN 4108 werden von der Energieeinsparverordnung, die die frühere Wärmeschutzverordnung abgelöst hat, überlagert. Sie setzt das Energieeinspargesetz (EnEG) um, welches in § 1 vorschreibt, dass ein Gebäude, das seiner Zweckbestimmung nach beheizt oder gekühlt werden muss, um Energie zu sparen, den Wärmeschutz nach Maßgabe der EnEV so zu entwerfen und auszuführen ist, dass beim Heizen und Kühlen vermeidbare Energieverluste unterbleiben.

Wärme-, Schall- und Erschütterungsschutz **Art. 13**

Für **neu zu errichtende Gebäude**, ergeben sich die einzuhaltenden Anforderungen aus § 3 EnEV i. V. m. Anlage 1 zur EnEV für Wohngebäude und aus § 4 EnEV i. V. m. der Anlage 2 zur EnEV für Nichtwohngebäude. Die Richtlinie des Europäischen Parlaments und des Rates über Energieeffizienz und Energiedienstleistungen vom 14.4.2010 (2010/C 123 E/04 EG) schreibt in Art. 9 vor, dass bis 31.12.2020 alle neuen Gebäude Niedrigstenergiegebäude sein müssen. Dies ist in Deutschland durch die weiteren Neuregelungen der EnEV umzusetzen. Eine neue EnEV 2012/13 ist Mitte 2013 zu erwarten.

Seit 2009 ist für Wohngebäude der zulässige Jahresprimärenergiebedarf nicht mehr aus einer Tabelle ablesbar, sondern im Vergleich zu einem Referenzgebäude zu ermitteln (vgl. Anlage 1 zur EnEV).

Bei der Änderung bestehender Gebäude (z. B.: Änderung von Außenwänden, Decken, Dächern, Fenstern, Außentüren) ist die Anlage 3 der EnEV zu beachten. Bei solchen Änderungen dürfen die Neubauwerte um bis zu 40 % überschritten werden, es kann aber auch auf die einzelnen Bauteile abgestellt werden.

Bestehende Gebäude, die nicht selbst genutzt werden, müssen nachgerüstet werden. So bestimmt § 10 Abs. 1 EnEV, dass Öl- und Gasheizkessel, die insbesondere vor dem 1.10.1978 eingebaut wurden, grundsätzlich bis zum 31.12.2008 außer Betrieb genommen werden.

Zudem ist für Neubauten sowie für Bestandsbauten bei Verkauf oder Vermietung die Erstellung eines Energieausweises nach der EnEV vorgeschrieben. Ausgenommen sind Wohngebäude bis vier Wohneinheiten, die vor 1977 genehmigt wurden.

Weiter besteht für alle Neubauten nach § 5 EnEV die Pflicht, dass ein bestimmter Anteil des Wärmeenergiebedarfs aus erneuerbaren Energien gedeckt wird. Andere Maßnahmen (z. B. Wärmedämmung) sind anrechenbar.

4 Schallschutz

Nicht nur bei der Errichtung, sondern auch bei der Änderung baulicher Anlagen ist ein ausreichender Schallschutz vorzusehen (Abs. 2 Satz 1).

Die Anforderungen an den Schallschutz sind in den technischen Regeln DIN 4109 und 4100 geregelt. So legt die DIN 4109 Schallschutzvorgaben fest, um insbesondere in Büros, Schulen etc. vor unzumutbaren Belästigungen durch Schallübertragung zu schützen. Der Schutz soll gegen Geräusche aus fremden Räumen von haustechnischen Anlagen sowie gegen Außenlärm gewährleistet sein. In Abs. 2 Satz 2 wird festgelegt, dass Geräusche, die von ortsfesten Einrichtungen auf Baugrundstücken ausgehen, so zu dämmen sind, dass Gefahren oder unzumutbare Belästigungen nicht entstehen. Hierzu kann es erforderlich sein, dass Lärmschutzeinrichtungen auf dem Grundstück geschaffen werden müssen. Zur Berechnung der Minderung von Außenschallpegeln durch eine Lärmschutzwand ist DIN 18 005 Teil 1 Abschn. 5 heranzuziehen.

Art. 14 Verkehrssicherheit

Im Rahmen eines Bebauungsplans kann die Gemeinde nach § 9 Abs. 1 Nr. 24 BauGB Schutzflächen (sog. Pufferzonen), Flächen für besondere Anlagen oder für Vorkehrungen gegen Lärm (z. B. Lärmschutzwände oder -wälle, Anpflanzungen etc.) oder bauliche Vorkehrungen an der Anlage selbst (aktiver Lärmschutz) oder an den von Immissionen betroffenen Anlagen (passiver Lärmschutz) festsetzen.

5 Erschütterungsschutz

Erschütterungen und Schwingungen, die von ortsfesten Einrichtungen (Anlagen und Geräten) in baulichen Anlagen oder auf dem Baugrundstück ausgehen, können nicht nur die Standsicherheit einer Anlage gefährden, sondern auch gesundheitliche Schäden und Störungen verursachen.

Zum Schutz vor Erschütterungen und Schwingungen im Bauwesen, sind die technischen Regeln der DIN 4150 heranzuziehen.

Art. 14
Verkehrssicherheit

(1) Bauliche Anlagen und die dem Verkehr dienenden nicht überbauten Flächen bebauter Grundstücke müssen verkehrssicher sein.

(2) Die Sicherheit und Leichtigkeit des öffentlichen Verkehrs darf durch bauliche Anlagen und deren Nutzung nicht gefährdet werden.

Erläuterungen

Übersicht

1 Allgemeines
2 Verkehrssicherheit baulicher Anlagen
3 Nicht überbaute Grundstücksflächen
4 Gefährdung der Sicherheit und Leichtigkeit des Verkehrs

1 Allgemeines

Die Vorschrift regelt unabhängig von der zivilrechtlichen Verkehrssicherungspflicht (§ 823 BGB) öffentlich-rechtliche Forderungen. In Abs. 1 wird die Verkehrssicherheit der baulichen Anlage im Inneren des Gebäudes und auf dem Grundstück geregelt. Die Vereinbarkeit mit den Belangen des (äußeren) Verkehrs ist in Abs. 2 festgelegt.

Die Vorschrift stellt ein Schutzgesetz zugunsten der Benutzer baulicher Anlagen dar (BayObLG, Urteil vom 5.12.1977, BayVBl. 1978, S. 188).

2 Verkehrssicherheit baulicher Anlagen

Die allgemeinen Anforderungen an die Verkehrssicherheit baulicher Anlagen werden durch verschiedene Vorschriften der Bauordnung (z. B. Art. 29, 30, 32, 35, 36, 37, 40 und 48) konkretisiert. Es ist bei den Anforderungen an die Verkehrssicherheit stets auf den Verwendungszweck einer baulichen Anlage abzustellen. So müssen z. B. die Böden, Flure und Treppen ohne Rutsch- und Stolpergefahr begehbar sein. Die Kellerlichtschächte sind zu sichern und Flächen wie Terrassen, Balkone, Dachgärten müssen ausreichend hoch und fest umwehrt sein, sofern sie unmittelbar an mehr als 50 cm tiefer liegende Flächen angrenzen. Ausnahmen sind dann zulässig, wenn die Umwehrung dem Zweck der Flächen widerspricht, wie z. B. bei Verladerampen, Schwimmbecken etc.

Grundsätzlich müssen die Umwehrungen nach Art. 36 Abs. 2 so ausgebildet sein, dass Kleinkindern das Überklettern nicht erleichtert wird, sofern üblicherweise mit ihrer Anwesenheit auf den zu sichernden Flächen gerechnet werden muss. Der Gesetzgeber macht jedoch von dieser generellen Schutzpflicht eine Ausnahme für Wohngebäude der Gebäudeklassen 1 und 2; zudem gilt diese Verpflichtung nicht für Umwehrungen innerhalb der Wohnungen.

3 Nicht überbaute Grundstücksflächen

Die Verkehrssicherheit muss auch auf den nicht überbauten Flächen von Baugrundstücken gewährleistet sein. Hierunter fallen neben Zugängen und Zufahrten auch Kinderspielplätze sowie die Stellplätze auf dem Grundstück.

4 Gefährdung der Sicherheit und Leichtigkeit des Verkehrs

Nach Abs. 2 können Anforderungen an bauliche Anlagen gestellt werden (vgl. hierzu § 17 Abs. 1 GaStellV), wenn ihre Benutzung die Sicherheit und Leichtigkeit des Verkehrs gefährdet und die Vorschriften des Straßenrechts nicht ausreichen.

Es können Stauräume vor Garagen gefordert werden, wenn dies wegen der Sicherheit und Leichtigkeit des Verkehrs erforderlich ist (§ 2 Abs. 2 GaStellV). Auch kann verlangt werden, dass Bauteile, wie Gesimse, Dachvorsprünge, Hauseingangstreppen etc. die Verkehrsflächen in Breite und Höhe nicht verengen.

Werbeanlagen außerhalb geschlossener Ortschaften sind nach § 33 Abs. 1 StVO bereits bei abstrakter Gefährdung unzulässig. In gewerblich genutzten Gebieten sind Werbeanlagen ortsüblich und gefährden soweit regelmäßig nicht die Sicherheit des Verkehrs (VGH BW, Urteil 16.6.2003, NVwZ 2004, S. 357, Jäde, BayVBl. 2003, 104). Himmelsstrahler und Mega-light-Anlagen haben dagegen ein höheres Gefährdungspotential (OVG Münster, Urteil vom 17.4.2002, BauR 2002, S. 1231, Dietlein, BauR 2000, S. 1682).

zu Art. 15 – Art. 23

Bauprodukte und Bauarten

ABSCHNITT III
Bauprodukte und Bauarten

Vorbemerkung

Die Vorschriften des Abschnitts III „Bauprodukte und Bauarten" wurden im Rahmen der Baurechtsnovelle 1994 nahezu vollständig neu gefasst. Durch die Novellen 1998 und 2008 wurden die Vorschriften nur geringfügig verändert. Eine deutliche Veränderung haben die Vorschriften durch die Novelle 2013 erfahren. Sie reagierte darauf, dass die EU-Bauproduktenrichtlinie durch eine – unmittelbar geltende – Bauproduktenverordnung ersetzt wurde.

Erläuterungen zu Art. 15 – Art. 23

Übersicht

1 Einführung einer neuen Bauproduktenverordnung
2 Systematik des III. Abschnitts

1 Einführung einer neuen Bauproduktenverordnung

Am 1. Juli 2013 hat die neue **Bauproduktenverordnung (BauPVO)** die seit 1989 geltende Bauproduktenrichtlinie vollständig abgelöst. Im Gegensatz zu Richtlinien gelten Verordnungen der Europäischen Union unmittelbar, müssen also nicht (mehr) durch Landesgesetz ins nationale Recht umgesetzt werden. Dadurch ergeben sich natürlich auch weitreichende Veränderungen in der BayBO, da bisher in großem Umfang auf das die EU-Richtlinie umsetzende BauPG verwiesen worden ist. Diese Transformationsvorschriften sind weitgehend gegenstandslos geworden und mussten daher aufgehoben werden.

Die Bauproduktenverordnung schreibt die in der Bauproduktenrichtlinie verfolgte Zielsetzung fort und vereinfacht, präzisiert und aktualisiert deren Vorgaben. Die Zielsetzung der entsprechenden Vorschriften ist es also weiterhin, einen möglichst freien Warenverkehr mit Bauprodukten innerhalb der Union zu gewährleisten. Auch weiterhin sollen harmonisierte technische Spezifikationen zu EU-weit einheitlichen Produkt- und Prüfstandards und damit harmonisierten Leistungsangaben bei Bauprodukten führen. Die BauPVO regelt hierzu die Bedingungen für das Inverkehrbringen und die Bereitstellung von harmonisierten Bauprodukten auf dem Markt und legt vor allem die Voraussetzungen für die CE-Kennzeichnung fest.

Von der bisherigen Bauproduktenrichtlinie unterscheidet sich die BauPVO vor allem durch **die Leistungserklärung, die CE-Kennzeichnung sowie durch die Bewertung und Überprüfung der Leistungsbeständigkeit.** Die CE-Kennzeichnung ist zukünftig auf dem Bauprodukt auf der Basis einer Erklärung anzubringen, in der die Leistungen des Bauprodukts für dessen Wesentliche Merkmale anzugeben sind. Dabei bestimmen die harmonisierten technischen Spezifikationen, welche Merkmale in diesem Sinne wesentlich sind. Die CE-Kennzeichnung erhält damit die Funktion einer Verantwortungsübernahme des Herstellers dafür, dass das Bauprodukt mit der in der Leistungserklärung angegebenen Leistung übereinstimmt und alle einschlägigen europäischen Rechtsvorschriften einhält.

Grundlage für die Leistungserklärung bildet die **technische Dokumentation des Herstellers**; diese kann vereinfachend auch durch eine „Angemessene Technische Dokumentation" (ATD) ersetzt werden. Die Leistungserklärung ist mit einer vom Hersteller frei zu wählenden Referenznummer zu versehen, die eine eindeutige Identifikation des Bauprodukts ermöglichen soll. Der Hersteller hat im Übrigen neben der Leistungserklärung auch die übrigen produktrelevanten Informationen bereitzustellen.

Die Erstellung der Leistungserklärung und die CE-Kennzeichnung erfolgen auf der Grundlage **harmonisierter technischer Spezifikationen**. Darunter versteht man harmonisierte Normen und Europäische Bewertungsdokumente. Die harmonisierten Normen werden auf der Basis eines Mandats der Europäischen Kommission erarbeitet und enthalten einen Anhang ZA, der den verbindlichen Teil der harmonisierten Norm beschreibt. Europäisch technische Bewertungen werden auf der Grundlage Europäischer Bewertungsdokumente erteilt, die dann erarbeitet werden, wenn für ein Bauprodukt entweder keine harmonisierte Norm vorliegt oder diese unvollständig ist, sodass eine Bewertung der Wesentlichen Merkmale nicht möglich ist. Im Europäischen Bewertungsdokument sind sowohl die Wesentlichen Merkmale eines Bauprodukts in Abhängigkeit von der jeweiligen Verwendung festgelegt als auch die Verfahren und Kriterien, um die entsprechende Leistung zu bestimmen. Europäische Bewertungsdokumente werden im Amtsblatt der Europäischen Union veröffentlicht.

Die harmonisierten technischen Spezifikationen werden auf der Grundlage von insgesamt sieben **„Grundanforderungen an Bauwerke"** erarbeitet:

- Mechanische Festigkeit und Standsicherheit
- Brandschutz
- Hygiene, Gesundheit und Umweltschutz, wobei der gesamte Lebenszyklus eines Bauwerks zu betrachten ist. Zu berücksichtigen sind auch die Freisetzung gefährlicher Stoffe in das Trinkwasser und die Freisetzung klimarelevanter Stoffe (z. B. Treibhausgase)
- Sicherheit und Barrierefreiheit bei der Nutzung
- Schallschutz
- Energieeinsparung und Wärmeschutz
- Nachhaltige Nutzung der natürlichen Ressourcen

Neben der Systematik der BauPVO wird es allerdings noch für längere Zeit daneben die **bauordnungsrechtliche Zulassung von Bauprodukten** insbesondere über das Ü-Zeichen geben, da die europäische Harmonisierung alles andere als abgeschlossen ist. Das bedeutet, dass die Regelungen der Art. 15 ff. auch weiterhin in der Praxis erhebliche Bedeutung haben werden.

2 Systematik des III. Abschnitts

Art. 15 ff. enthalten auch nach der Umstellung auf die BauPVO folgendes System: Bauprodukte sind grundsätzlich dann verwendbar, wenn sie allgemein anerkannten Regeln der Technik entsprechen. Besondere Anforderungen zu den Verwendungsnachweisen, bei Abweichungen oder von Übereinstimmungsnachweisen werden nur dann gestellt, wenn technische Regeln oder die Bauprodukte selbst in der Bauregelliste A aufgenommen worden sind.

Bauprodukte dürfen verwendet werden, wenn sie von den in einer Bauregelliste A bekannt gemachten technischen Regeln (vgl. hierzu Art. 15), die der Erfüllung der Anforderungen an bauliche Anlagen dienen, nicht oder nicht wesentlich abweichen (geregelte Bauprodukte).

Bauprodukte dürfen auch dann verwendet werden, wenn sie nach der BauPVO oder anderen unmittelbar geltenden Vorschriften der Europäischen Union in den Verkehr gebracht worden sind und insbesondere deshalb das Zeichen der Europäischen Union (CE-Kennzeichnung) tragen.

Bauprodukte, die von technischen Regeln der Bauregelliste A wesentlich abweichen oder für die es allgemein anerkannte Regeln der Technik nicht gibt, müssen ihre Verwendbarkeit durch eine allgemeine bauaufsichtliche Zulassung, ein allgemeines bauaufsichtliche Prüfzeugnis oder eine Zustimmung im Einzelfall nachweisen.

Dies gilt nicht für Bauprodukte, die nur untergeordnete Bedeutung für die Anforderungen des Bauordnungsrechts haben und die das Deutsche Institut für Bautechnik in einer Liste C bekannt gemacht hat.

Allgemeine bauaufsichtliche Zulassungen werden für Bauprodukte erteilt, wenn bei ihrer zweckentsprechenden Verwendung den Anforderungen an bauliche Anlagen Genüge getan werden kann.

Allgemeine bauaufsichtliche Prüfzeugnisse werden anstelle einer allgemeinen bauaufsichtlichen Zulassung erteilt, wenn an die Bauprodukte keine erheblichen Anforderungen des Bauordnungsrechts zu stellen sind oder wenn es allgemein anerkannte Regeln der Technik für die Bauprodukte nicht gibt, sie jedoch nach allgemein anerkannten Prüfverfahren beurteilt werden können. Diese Bauprodukte werden in der **Baurregelliste A** bekannt gemacht.

Zustimmungen im Einzelfall werden für die Verwendung eines Bauproduktes einer bestimmten baulichen Anlage erteilt.

Geregelte und nicht geregelte Bauprodukte bedürfen für ihre **Verwendung** einer Bestätigung ihrer Übereinstimmung mit den technischen Regeln der Bauregelliste A, allgemein bauaufsichtlichen Zulassungen, allgemein bauaufsichtlichen Prüfzeugnissen oder Zustimmungen im Einzelfall.

Die sog. Übereinstimmungsnachweisverfahren sind **Übereinstimmungserklärungen des Herstellers** und **Übereinstimmungszertifikate**. Für beide Verfahrensarten ist die werkseigene Produktionskontrolle durch den Hersteller verbindlich. Bei der Übereinstimmungserklärung des Herstellers überprüft allein dieser die Übereinstimmung seines Bauprodukts mit der zugrunde liegenden technischen Spezifikation. Es kann auch in den technischen Regeln der Bauregelliste A, in den allgemeinen bauaufsichtlichen Zulassungen, in den allgemeinen bauaufsichtlichen Prüfzeugnissen oder in den Zustimmungen im Einzelfall vorgeschrieben werden, dass das Bauprodukt vor Abgabe der Herstellererklärung der Prüfung durch eine Prüfstelle unterzogen werden muss.

Sofern das Übereinstimmungszertifikat in der allgemeinen Zulassung, in der Zustimmung im Einzelfall oder in der Bauregelliste A vorgeschrieben ist, prüft die Zertifizierungsstelle die Übereinstimmung des Bauprodukts und erteilt ein Zertifikat, wenn das Bauprodukt einer werkseigenen Produktionskontrolle und einer Fremdüberwachung unterliegt. Die Übereinstimmungserklärung und die Erklärung, dass ein Übereinstimmungszertifikat vorliegt, bestätigt der Hersteller durch die Kennzeichnung des Bauprodukts mit **Übereinstimmungszeichen** (Ü-Zeichen).

In einer **Baurregelliste B** kann das Deutsche Institut für Bautechnik im Einvernehmen mit dem Staatsministerium des Innern festlegen, welche Leistungsstufen oder -klassen nach Art. 27 BauPVO oder nach Vorschriften zur Umsetzung der Richtlinien der Europäischen Union für bestimmte Verwendungszwecke erfüllt sein müssen. Diese so festgelegten Klassen- und Leistungsstufen müssen von der CE-Kennzeichnung auf dem Bauprodukt ausgewiesen sein, damit es verwendbar ist. In der Bauregelliste B wird auch bekannt gegeben, inwieweit Bauprodukte, die nach den Vorschriften zur Umsetzung anderer EG-Richtlinien in Verkehr gebracht worden sind, die Grundanforderungen an Bauwerke nach der BauPVO nicht mit abdecken, sodass evtl. noch zusätzliche Anforderungen nach Bauordnungsrecht zu erfüllen wären.

Bauarten dürfen angewendet werden, wenn es für sie technische Regeln gibt und sie von diesen nicht wesentlich abweichen (geregelte Bauarten). Nicht geregelte Bauarten dürfen nur angewendet werden, wenn für sie eine allgemeine bauaufsichtliche Zulassung oder eine Zustimmung im Einzelfall vorliegt. Für das Übereinstimmungsverfahren gelten ähnliche Grundsätze wie für Bauprodukte.

Art. 15
Bauprodukte

(1) ¹Bauprodukte dürfen für die Errichtung, Änderung und Instandhaltung baulicher Anlagen nur verwendet werden, wenn sie für den Verwendungszweck

1. von den nach Abs. 2 bekannt gemachten technischen Regeln nicht oder nicht wesentlich abweichen (geregelte Bauprodukte) oder nach Abs. 3 zulässig sind und wenn sie aufgrund des Übereinstimmungsnachweises nach Art. 20 das Übereinstimmungszeichen (Ü-Zeichen) tragen oder

Art. 15

Bauprodukte

2. nach den Vorschriften
   a) der Verordnung (EU) Nr. 305/2011 des Europäischen Parlaments und des Rates vom 9. März 2011 zur Festlegung harmonisierter Bedingungen für die Vermarktung von Bauprodukten und zur Aufhebung der Richtlinie 89/106/EWG des Rates (ABl. L 88 S. 5) in der jeweils geltenden Fassung,
   b) anderer unmittelbar geltender Vorschriften der Europäischen Union oder
   c) zur Umsetzung von Richtlinien der Europäischen Union, soweit diese die Grundanforderungen an Bauwerke nach Anhang I der Verordnung (EU) Nr. 305/2011 berücksichtigen,

in den Verkehr gebracht und gehandelt werden dürfen, insbesondere die CE-Kennzeichnung (Art. 8 und 9 der Verordnung (EU) Nr. 305/2011) tragen und dieses Zeichen die nach Abs. 7 Nr. 1 festgelegten Leistungsstufen oder -klassen ausweist oder die Leistung des Bauprodukts angibt.

(2) [1]Das Deutsche Institut für Bautechnik macht im Einvernehmen mit dem Staatsministerium des Innern für Bauprodukte, für die nicht nur die Vorschriften nach Abs. 1 Satz 1 Nr. 2 maßgebend sind, in der Bauregelliste A die technischen Regeln bekannt, die zur Erfüllung der in diesem Gesetz und in Vorschriften aufgrund dieses Gesetzes an bauliche Anlagen gestellten Anforderungen erforderlich sind. [2]Diese technischen Regeln gelten als Technische Baubestimmungen im Sinn des Art. 3 Abs. 2 Satz 1.

(3) [1]Bauprodukte, für die technische Regeln in der Bauregelliste A nach Abs. 2 bekannt gemacht worden sind und die von diesen wesentlich abweichen oder für die es allgemein anerkannte Regeln der Technik oder Technische Baubestimmungen nach Art. 3 Abs. 2 nicht gibt (nicht geregelte Bauprodukte), müssen
1. eine allgemeine bauaufsichtliche Zulassung (Art. 16),
2. ein allgemeines bauaufsichtliches Prüfzeugnis (Art. 17) oder
3. eine Zustimmung im Einzelfall (Art. 18)

haben. [2]Ausgenommen sind Bauprodukte, die für die Erfüllung der Anforderungen dieses Gesetzes oder aufgrund dieses Gesetzes nur eine untergeordnete Bedeutung haben und die das Deutsche Institut für Bautechnik im Einvernehmen mit dem Staatsministerium des Innern in einer Liste C öffentlich bekannt gemacht hat.

(4) Das Staatsministerium des Innern kann durch Rechtsverordnungen vorschreiben, dass für bestimmte Bauprodukte, auch soweit sie Anforderungen nach anderen Rechtsvorschriften unterliegen, hinsichtlich dieser Anforderungen bestimmte Nachweise der Verwendbarkeit und bestimmte Übereinstimmungsnachweise nach Maßgabe der Art. 15 bis 18 und 20 bis 23 zu führen sind, wenn die anderen Rechtsvorschriften diese Nachweise verlangen oder zulassen.

(5) [1]Bei Bauprodukten nach Abs. 1 Satz 1 Nr. 1, deren Herstellung in außergewöhnlichem Maß von der Sachkunde und Erfahrung der damit betrauten Per-

Bauprodukte   Art. 15

sonen oder von einer Ausstattung mit besonderen Vorrichtungen abhängt, kann in der allgemeinen bauaufsichtlichen Zulassung, in der Zustimmung im Einzelfall oder durch Rechtsverordnung des Staatsministeriums des Innern vorgeschrieben werden, dass der Hersteller über solche Fachkräfte und Vorrichtungen verfügt und den Nachweis hierfür gegenüber einer Prüfstelle nach Art. 23 Abs. 1 Satz 1 Nr. 6 zu erbringen hat. ²In der Rechtsverordnung können Mindestanforderungen an die Ausbildung, die durch Prüfung nachzuweisende Befähigung und die Ausbildungsstätten einschließlich der Anerkennungsvoraussetzungen gestellt werden.

(6) Für Bauprodukte, die wegen ihrer besonderen Eigenschaften oder ihres besonderen Verwendungszwecks einer außergewöhnlichen Sorgfalt bei Einbau, Transport, Instandhaltung oder Reinigung bedürfen, kann in der allgemeinen bauaufsichtlichen Zulassung, in der Zustimmung im Einzelfall oder durch Rechtsverordnung des Staatsministeriums des Innern die Überwachung dieser Tätigkeiten durch eine Überwachungsstelle nach Art. 23 Abs. 1 Satz 1 Nr. 5 vorgeschrieben werden.

(7) Das Deutsche Institut für Bautechnik kann im Einvernehmen mit der obersten Bauaufsichtsbehörde in der Bauregelliste B

1. festlegen, welche Leistungsstufen oder -klassen nach Art. 27 der Verordnung (EU) Nr. 305/2011 oder nach Vorschriften zur Umsetzung der Richtlinien der Europäischen Union Bauprodukte nach Abs. 1 Satz 1 Nr. 2 erfüllen müssen, und

2. bekannt machen, inwieweit Vorschriften zur Umsetzung von Richtlinien der Europäischen Union die Grundanforderungen an Bauwerke nach Anhang I der Verordnung (EU) Nr. 305/2011 nicht berücksichtigen.

Erläuterungen

Übersicht

1   Allgemeines zu Art. 15
2   Anforderungen an Bauprodukte
3   Geregelte Bauprodukte (Abs. 1 Satz 1 Nr. 1 i. V. m. Abs. 2)
4   Nicht geregelte Bauprodukte (Abs. 1 Satz 1 Nr. 1 i. V. m. Abs. 3)
5   Bauprodukte nach der BauPVO oder anderen unmittelbar geltenden Vorschriften der Europäischen Union (Abs. 1 Satz 1 Nr. 2a und b)
6   Bauregelliste A (Abs. 2)
7   Zusätzliche Nachweise der Verwendbarkeit (Abs. 4)
8   Nachweis besonderer Sachkunde und Erfahrung (Abs. 5)
9   Überwachung von Einbau, Transport, Instandhaltung oder Reinigung von Bauprodukten (Abs. 6)
10 Festlegungen in der Bauregelliste B (Abs. 7)

Art. 15 — Bauprodukte

1 Allgemeines zu Art. 15

Nach der Bauordnung müssen die verwendeten Bauprodukte und die angewendeten Bauarten bestimmten Anforderungen genügen. Diese Erfordernisse sind in Art. 15 ff. geregelt.

Bei den **Arten der Bauprodukte** wird zwischen Bauprodukten unterschieden, die nach den Vorgaben der Bauproduktenverordnung (BauPVO) sowie anderen Vorschriften (unmittelbar geltende EU-Vorschriften oder sonstige Verwaltungsvorschriften) in den Verkehr gebracht werden. Bei Bauprodukten, die nicht nach der BauPVO und entsprechender Umsetzungsgesetze in den Verkehr gebracht werden, differenziert man zwischen geregelten (Abs. 1 Satz 1 Nr. 1 1. Alt., Abs. 2), nicht geregelten (Abs. 1 Satz 1 Nr. 1 2. Alt., Abs. 3) und sonstigen (Abs. 1 Sätze 2 und 3) Bauprodukten. Bei den **Bauarten** unterscheidet die Bauordnung zwischen Bauarten, die eingeführten technischen Baubestimmungen entsprechen und nicht geregelten Bauarten.

Die nicht geregelten Bauprodukte und nicht geregelten Bauarten bedürfen eines gesonderten Verwendbarkeits- bzw. Anwendbarkeitsnachweises. Darüber hinaus ist für geregelte und nicht geregelte Bauprodukte sowie nicht geregelte Bauarten ein Übereinstimmungsnachweis mit den ihnen zugrunde liegenden technischen Regeln oder Verwendbarkeits- bzw. Anwendbarkeitsnachweisen notwendig.

Die nach der BauPVO oder nach entsprechenden bzw. vergleichbaren Vorschriften in Verkehr gebrachten, insbesondere mit der CE-Kennzeichnung gekennzeichneten Bauprodukte und sonstigen Bauprodukte bedürfen weder eines bauaufsichtlichen Verwendbarkeitsnachweises noch eines bauaufsichtlichen Übereinstimmungsnachweises.

Dabei regelt Art. 15 Abs. 1, unter welchen Voraussetzungen Bauprodukte für die Errichtung, Änderung oder Instandhaltung baulicher Anlagen verwendet werden dürfen. Die Vorschriften der Bauordnung über die Verwendung der Bauprodukte gelten beim normalen Genehmigungsverfahren, im Freistellungsverfahren und bei genehmigungsfreien Verfahren.

2 Anforderungen an Bauprodukte

Bauprodukte dürfen prinzipiell nur verwendet werden, wenn sie den allgemeinen Anforderungen des Art. 3 Abs. 1 entsprechen. Somit dürfen Bauprodukte nicht verwendet werden, wenn durch ihre Verwendung bei der Errichtung, Änderung und Instandhaltung von baulichen Anlagen die öffentliche Sicherheit und Ordnung oder die natürlichen Lebensgrundlagen gefährdet sind. Dabei sind insbesondere die allgemeinen Anforderungen der Standsicherheit (Art. 10), des Schutzes gegen Einwirkungen (Art. 11), des Brandschutzes (Art. 12), des Wärme-, Schall- und Erschütterungsschutzes (Art. 13) und der Dauerhaftigkeit (Art. 3 Abs. 1 Satz 2) einzuhalten.

Darüber hinaus müssen die speziellen Anforderungen der Bauordnung und der Verordnungen, die auf Grund der Bauordnung erlassen wurden, beachtet werden.

3 Geregelte Bauprodukte (Abs. 1 Satz 1 Nr. 1 i. V. m. Abs. 2)

Geregelte Bauprodukte sind Bauprodukte, die von den technischen Regeln, die das Deutsche Institut für Bautechnik in Berlin im Einvernehmen mit dem Staatsministerium des Innern in einer **Bauregelliste A** nach Abs. 2 bekannt gemacht hat, nicht oder nicht wesentlich abweichen. In der Bauregelliste A werden diejenigen technischen Regeln für Bauprodukte aufgenommen, die zur Erfüllung der Anforderungen an bauliche Anlagen erforderlich sind. Unter anderem verfolgt die Bauregelliste A auch den Zweck, den Bereich für die besonderen Nachweise nach Abs. 3 wirksam abzugrenzen.

Bei geregelten Bauprodukten muss die Verwendbarkeit nicht gesondert nachgewiesen werden. Sie müssen bei ihrer Verwendung jedoch das **Übereinstimmungszeichen** (Ü-Zeichen) tragen, das bestätigt, dass in einem gesonderten Verfahren nach Art. 20 ff. die Übereinstimmung des Bauprodukts mit dem ihm zugrunde liegenden technischen Regeln der Bauregelliste A nachgewiesen worden ist.

4 Nicht geregelte Bauprodukte (Abs. 1 Satz 1 Nr. 1 i. V. m. Abs. 3)

Nicht geregelte Bauprodukte sind Bauprodukte, für die technische Regeln in der Bauregelliste A bekannt gemacht worden sind und die von diesen wesentlich abweichen, oder für die es technische Regeln nicht gibt (Abs. 3 Satz 1). Nach Abs. 3 sind diese Bauprodukte nur zulässig, wenn sie einen Verwendbarkeitsnachweis in Form einer allgemeinen baulichen Zulassung, eines allgemein bauaufsichtlichen Prüfzeugnisses oder einer Zustimmung im Einzelfall haben.

Ebenso wie geregelte Bauprodukte müssen auch nicht geregelte Bauprodukte für ihre Verwendung mit dem Übereinstimmungszeichen (Ü-Zeichen) gekennzeichnet sein.

5 Bauprodukte nach der BauPVO oder anderen unmittelbar geltenden Vorschriften der Europäischen Union (Abs. 1 Satz 1 Nr. 2a und b)

Nach Art. 15 Abs. 1 Satz 1 Nr. 2a und b dürfen Bauprodukte verwendet werden, wenn sie nach den Vorschriften der BauPVO oder anderen unmittelbar geltenden Vorschriften der Europäischen Union in den Verkehr gebracht und gehandelt werden dürfen, insbesondere das Zeichen der Europäischen Union (CE-Kennzeichnung) tragen und dieses Zeichen die nach Abs. 7 Nr. 1 festgelegten Leistungsstufen oder -klassen ausweist bzw. die Leistung des Bauprodukts angibt.

Dabei ist zu beachten, dass die Vorschriften auf einzelne Bauprodukte erst dann angewendet werden können, wenn harmonisierte oder anerkannte europäische Normen oder Leitlinien erarbeitet sind. Somit werden die Bauprodukte erst Zug um Zug vom Anwendungsbereich der BauPVO erfasst. Bis dahin richtet sich die Verwendung weiterhin nach Bauordnungsrecht.

Art. 15

Der Bauproduktenhersteller hat ein Wahlrecht, ob er sein Bauprodukt nach BauPVO in den Verkehr bringt, um die EU-weite Brauchbarkeitsvermutung der CE-Kennzeichnung zu nutzen, oder ob er es den Verwendungsvorschriften von Abs. 1 Satz 1 Nr. 1, Abs. 3 unterwirft. Das Wahlrecht des Herstellers entfällt jedoch dann, wenn dies in der harmonisierten Norm oder europäischen technischen Zulassung ausdrücklich festgelegt ist.

Zu beachten ist, dass Bauprodukte, die nach Abs. 1 Satz 1 Nr. 2 in Verkehr gebracht worden sind, ohne weiteres verwendbar sind; sie unterfallen somit nicht den weiteren Vorschriften der Art. 15 ff.

6 Bauregelliste A (Abs. 2)

In der Bauregelliste A werden die technischen Regeln für Bauprodukte bekannt gemacht, die zur Erfüllung der Vorschriften der Bauordnung und der entsprechenden Anforderungen erforderlich sind. Es handelt sich hierbei um bauproduktbezogene Normen, aber auch um Prüf- und Berechnungsnormen. Die technischen Regeln in der Bauregelliste A werden vom Deutschen Institut für Bautechnik in Berlin im Einvernehmen mit dem Staatsministerium des Innern bekannt gemacht. Durch die Bekanntmachung entsteht zugunsten der Bauprodukte eine Verwendbarkeitsvermutung. Die technischen Regeln der Bauregelliste A gelten als eingeführte Technische Baubestimmungen im Sinn des Art. 3 Abs. 2 Satz 1.

Mit der Bekanntmachung in der Bauregelliste A wird zugleich festgelegt, dass Bauprodukte, die von dieser technischen Regel wesentlich abweichen, eines besonderen Verwendbarkeitsnachweises nach Abs. 3 bedürfen.

7 Zusätzliche Nachweise der Verwendbarkeit (Abs. 4)

Abs. 4 eröffnet die Möglichkeit, für Bauprodukte, soweit sie Anforderungen nach anderen Rechtsvorschriften, z. B. des Wasserhaushaltsgesetzes unterliegen, durch Rechtsverordnung zu bestimmen, dass die Vorschriften über die Verwendbarkeit, deren Nachweise und die Übereinstimmungsnachweise nach Art. 15 bis 18 und der Art. 20 bis 23 Anwendung finden.

8 Nachweis besonderer Sachkunde und Erfahrung (Abs. 5)

Abs. 5 ermächtigt das Staatsministerium des Innern, für die Herstellung bestimmter Baustoffe und Bauteile in der allgemeinen bauaufsichtlichen Zulassung, in der Zustimmung im Einzelfall und durch Rechtsverordnung vorzuschreiben, dass der Hersteller in bestimmten Fällen über geeignete Fachkräfte bzw. Vorrichtungen verfügen muss. Der entsprechende Nachweis hierfür kann auch gegenüber einer Prüfstelle nach Art. 23 Abs. 1 Satz 1 Nr. 6 gefordert werden.

Dabei wird der Nachweis in der Regel durch Gutachten oder Bescheinigung von hierfür geeigneten sachverständigen Stellen erbracht.

Allgemeine bauaufsichtliche Zulassung   Art. 16

9 Überwachung von Einbau, Transport, Instandhaltung oder Reinigung von Bauprodukten (Abs. 6)

Abs. 6 erweitert die Möglichkeit der Überwachung von Bauprodukten auf weitere Tätigkeiten als die der Herstellung; damit soll den Anforderungen der Praxis an eine Prüfung z. B. bei Instandhaltungsarbeiten an Behältern durch Fachbetriebe entsprochen werden.

10 Festlegungen in der Bauregelliste B (Abs. 7)

Abs. 7 bestimmt den Inhalt der Bauregelliste B. Danach werden für nach der BauPVO im Bundesanzeiger bekannt gemachte Normen die für die Verwendung notwendigen Leistungsstufen oder -klassen festgelegt (Abs. 7 Nr. 1). Des Weiteren wird in der Bauregelliste bekannt gemacht, inwieweit Umsetzungsvorschriften von EU-Richtlinien die Grundanforderungen an Bauwerke nicht abdecken, sodass evtl. noch zusätzliche Anforderungen für die Verwendung gestellt werden können oder müssen (Abs. 7 Nr. 2).

Art. 16
Allgemeine bauaufsichtliche Zulassung

(1) Das Deutsche Institut für Bautechnik erteilt eine allgemeine bauaufsichtliche Zulassung für nicht geregelte Bauprodukte, wenn deren Verwendbarkeit im Sinn des Art. 3 Abs. 1 nachgewiesen ist.

(2) [1]Die zur Begründung des Antrags erforderlichen Unterlagen sind beizufügen. [2]Soweit erforderlich, sind Probestücke vom Antragsteller zur Verfügung zu stellen oder durch Sachverständige, die das Deutsche Institut für Bautechnik bestimmen kann, zu entnehmen oder Probeausführungen unter Aufsicht der Sachverständigen herzustellen. [3]Art. 65 Abs. 2 gilt entsprechend.

(3) Das Deutsche Institut für Bautechnik kann für die Durchführung der Prüfung die sachverständige Stelle und für Probeausführungen die Ausführungsstelle und Ausführungszeit vorschreiben.

(4) [1]Die allgemeine bauaufsichtliche Zulassung wird widerruflich und für eine bestimmte Frist erteilt, die in der Regel fünf Jahre beträgt. [2]Die Zulassung kann mit Nebenbestimmungen erteilt werden. [3]Sie kann auf schriftlichen Antrag in der Regel um fünf Jahre verlängert werden; Art. 69 Abs. 2 gilt entsprechend.

(5) Die Zulassung wird unbeschadet der privaten Rechte Dritter erteilt.

(6) Das Deutsche Institut für Bautechnik macht die von ihm erteilten allgemeinen bauaufsichtlichen Zulassungen nach Gegenstand und wesentlichem Inhalt öffentlich bekannt.

(7) Allgemeine bauaufsichtliche Zulassungen nach dem Recht anderer Länder gelten auch im Freistaat Bayern.

Art. 16 Allgemeine bauaufsichtliche Zulassung

Erläuterungen

Übersicht

1 Allgemeines
2 Verfahren
3 Geltung der Zulassung anderer Länder

1 Allgemeines

Die allgemeine bauaufsichtliche Zulassung stellt den derzeit wichtigsten Verwendbarkeitsnachweis für nicht geregelte Bauprodukte dar.

Die Zuständigkeit des Deutschen Instituts für Bautechnik ergibt sich aus Art. 2 Abs. 2 Nr. 2 des DIBt-Abkommens. Ebenso wie die Bekanntmachung der technischen Regeln in der Bauregelliste A stellt Abs. 1 bezüglich der Verwendbarkeit nicht geregelter Bauprodukte auf die Einhaltung der bauaufsichtlichen Anforderungen an bauliche Anlagen bei Verwendung dieser Bauprodukte ab.

2 Verfahren

Antragsteller können nicht nur Hersteller sein, sondern auch sonstige Personen, z. B. Erfinder, Anwender, Verwender von den entsprechenden Bauprodukten.

Der Antrag ist – auch wenn dies nicht ausdrücklich im Gesetz gefordert wird – schriftlich beim Institut für Bautechnik in Berlin zu stellen und mit den für die Prüfung erforderlichen Unterlagen einzureichen.

Soweit bei der Beurteilung der Brauchbarkeit der Bauprodukte eine bautechnische Prüfung von Probestücken und Probeausführungen vom Institut für Bautechnik für erforderlich gehalten wird, kann dem Antragsteller für die Durchführung der Prüfung eine sachverständige Stelle und für Probeausführungen die Ausführungsstelle und Ausstellungszeit vorgeschrieben werden (Abs. 2 Satz 2, Abs. 3).

Die Entscheidung über die Zulassung wird im Deutschen Institut für Bautechnik von einem Sachverständigenausschuss getroffen, dem Sachverständige der fachlich interessierten Behörden der Länder und des Bundes sowie Vertreter der Wissenschaft und Wirtschaft angehören.

Die erstmalige Zulassung wird widerruflich und befristet erteilt (Abs. 4 Satz 1). Die Frist soll in der Regel fünf Jahre betragen.

Die Zulassung kann mit Nebenbestimmungen erteilt werden (Abs. 4 Satz 1), die sich auf die Herstellung, Baustoffeigenschaften, Kennzeichnung, Überwachung, Verwendung und Unterrichtung der Abnehmer beziehen. Die Zulassung kann auf Antrag um fünf Jahre verlängert werden (Regelzeitraum), wenn der Antrag vor Ablauf der Geltungsdauer bei der **unteren Bauaufsichtsbehörde** eingegangen ist (Abs. 4 Satz 3).

Allgemeines bauaufsichtliches Prüfzeugnis **Art. 17**

In Abs. 6 wird eine Veröffentlichungspflicht festgelegt, die den Charakter der allgemeinen bauaufsichtlichen Zulassung als Verwaltungsakt in Form der **Allgemeinverfügung** unterstreicht.

3 Geltung der Zulassung anderer Länder

Die allgemeine bauaufsichtliche Zulassung nicht geregelter Bauprodukte bezieht sich lediglich auf das Gebiet der Bundesrepublik Deutschland. Die Anerkennung von Zulassungen außerhalb des Gebiets der Bundesrepublik Deutschland scheidet in Bayern aus.

Art. 17
Allgemeines bauaufsichtliches Prüfzeugnis

(1) ¹Bauprodukte,

1. deren Verwendung nicht der Erfüllung erheblicher Anforderungen an die Sicherheit baulicher Anlagen dient, oder
2. die nach allgemein anerkannten Prüfverfahren beurteilt werden,

bedürfen an Stelle einer allgemeinen bauaufsichtlichen Zulassung nur eines allgemeinen bauaufsichtlichen Prüfzeugnisses. ²Das Deutsche Institut für Bautechnik macht dies mit der Angabe der maßgebenden technischen Regeln und, soweit es keine allgemein anerkannten Regeln der Technik gibt, mit der Bezeichnung der Bauprodukte im Einvernehmen mit dem Staatsministerium des Innern in der Bauregelliste A bekannt.

(2) ¹Ein allgemeines bauaufsichtliches Prüfzeugnis wird von einer Prüfstelle nach Art. 23 Abs. 1 Satz 1 Nr. 1 für nicht geregelte Bauprodukte nach Abs. 1 erteilt, wenn deren Verwendbarkeit im Sinn des Art. 3 Abs. 1 nachgewiesen ist. ²Art. 16 Abs. 2 bis 7 gelten entsprechend. ³Die Anerkennungsbehörde für Stellen nach Art. 23 Abs. 1 Satz 1 Nr. 1 und Art. 80 Abs. 5 Nr. 2 kann allgemeine bauaufsichtliche Prüfzeugnisse zurücknehmen oder widerrufen; Art. 48 und 49 des Bayerischen Verwaltungsverfahrensgesetzes (BayVwVfG) finden Anwendung.

Erläuterungen

Übersicht

1 Allgemeines
2 Zuständigkeit der Prüfstelle
3 Prüfzeugnis für nicht geregelte Bauprodukte

Art. 17 Allgemeines bauaufsichtliches Prüfzeugnis

1 Allgemeines

Bei bestimmten Bauprodukten tritt nach Art. 17 Abs. 1 Satz 1 als Verwendbarkeitsnachweis das allgemeine bauaufsichtliche Prüfzeugnis an die Stelle der allgemeinen bauaufsichtlichen Zulassung nach Art. 16. Dabei kann das allgemeine bauaufsichtliche Prüfzeugnis nur für **nicht geregelte Bauprodukte** erteilt werden. Die Vorschrift erfasst somit Bauprodukte, die nicht unter Art. 15 Abs. 1 Satz 1 Nr. 2 fallen und für die es entweder keine allgemein anerkannten Regeln der Technik gibt oder die von den technischen Regeln der Bauregelliste A wesentlich abweichen.

Das allgemeine bauaufsichtliche Prüfzeugnis kann nur dann erteilt werden, wenn die Voraussetzungen des Abs. 1 vorliegen; d. h. die Bauprodukte dürfen nicht zur Erfüllung erheblicher Anforderungen an die Sicherheit baulicher Anlagen verwendet werden bzw. es müssen allgemein anerkannte Prüfverfahren für das Bauprodukt vorliegen.

Neben dem allgemeinen bauaufsichtlichen Prüfzeugnis als Verwendbarkeitsnachweis bedürfen die entsprechenden Bauprodukte zur Verwendung eines Ü-Zeichens nach Art. 20.

Prüfzeichen nach altem Recht, die ebenfalls in einem vereinfachten, mit Art. 17 vergleichbaren Verfahren erteilt wurden, gelten als allgemeine bauaufsichtliche Zulassungen nach Art. 16 fort. Sie stellen keine allgemeinen bauaufsichtlichen Prüfzeugnisse dar (Art. 93 Abs. 3 BayBO 1998).

2 Zuständigkeit der Prüfstelle

Die Prüfstelle nach Art. 23 Abs. 1 Satz 1 ist für die Erteilung des allgemeinen bauaufsichtlichen Prüfzeugnisses zuständig. Dabei können als Prüfstellen Personen, Stellen, Überwachungsgemeinschaften und – soweit und solange geeignete Stellen mit privaten Trägern nicht zur Verfügung stehen – auch Behörden anerkannt werden. Die Anerkennung wird vom Staatsministerium des Innern vorgenommen. Nach Art. 23 Abs. 2 Satz 1 gelten Anerkennungen anderer Länder auch in Bayern.

Das Deutsche Institut für Bautechnik macht in der Bauregelliste A bekannt, für welche Fälle das allgemeine bauaufsichtliche Prüfzeugnis an die Stelle der allgemeinen bauaufsichtlichen Zulassung tritt (Abs. 1 Satz 2).

3 Prüfzeugnis für nicht geregelte Bauprodukte

Nach Abs. 2 wird das allgemeine bauaufsichtliche Prüfzeugnis auf Antrag erteilt; der Antragsteller hat die erforderlichen Unterlagen dem Antrag beizufügen. Ebenso wie bei der allgemeinen bauaufsichtlichen Zulassung wird die Entscheidung öffentlich bekannt gemacht (Abs. 2 Satz 2 i. V. m. Art. 16 Abs. 6). Es handelt sich hier um einen Verwaltungsakt in der Gestalt einer Allgemeinverfügung.

Dabei ist mit der Erteilung des allgemeinen bauaufsichtlichen Prüfzeugnisses die **Verwendbarkeit des Bauprodukts** allgemein festgestellt. Allerdings muss das Bauprodukt für die Verwendung noch das **Ü-Zeichen** aufweisen. Für das Prüfzeugnis gelten gemäß Abs. 2 Satz 2 auch die Vorschriften von Art. 16 Abs. 6 und 7 über die Veröffentlichung und über die Geltung von Bescheiden anderer Länder entsprechend.

Die Bauordnungsnovelle 2013 hat Abs. 2 um einen Satz 3 ergänzt, der der Anerkennungsbehörde die Möglichkeit einräumt, allgemeine bauaufsichtliche Prüfzeugnisse zurückzunehmen oder zu widerrufen.

Art. 18
Nachweis der Verwendbarkeit von Bauprodukten im Einzelfall

(1) ¹Mit Zustimmung des Staatsministeriums des Innern dürfen im Einzelfall

1. Bauprodukte, die nach Vorschriften zur Umsetzung von Richtlinien der Europäischen Union in Verkehr gebracht und gehandelt werden dürfen, hinsichtlich der nicht berücksichtigten Grundanforderungen an Bauwerke im Sinn des Art. 15 Abs. 7 Nr. 2,
2. Bauprodukte, die auf der Grundlage von unmittelbar geltendem Recht der Europäischen Union in Verkehr gebracht und gehandelt werden dürfen, hinsichtlich der nicht berücksichtigten Grundanforderungen an Bauwerke im Sinn des Art. 15 Abs. 7 Nr. 2,
3. nicht geregelte Bauprodukte

verwendet werden, wenn ihre Verwendbarkeit im Sinn des Art. 3 Abs. 1 nachgewiesen ist. ²Wenn Gefahren im Sinn des Art. 3 Abs. 1 Satz 1 nicht zu erwarten sind, kann das Staatsministerium des Innern im Einzelfall erklären oder für genau begrenzte Fälle allgemein festlegen, dass seine Zustimmung nicht erforderlich ist.

(2) Die Zustimmung nach Abs. 1 für denkmaltypische Bauprodukte, wie Putze, Mörtel und Stucke, die in Baudenkmälern im Sinn des Denkmalschutzgesetzes verwendet werden sollen, erteilt die untere Bauaufsichtsbehörde.

Erläuterungen

Übersicht

1 Allgemeines
2 Verwendung von Bauprodukten in Baudenkmälern

1 Allgemeines

Die Vorschrift regelt den **Verwendbarkeitsnachweis** von Bauprodukten für die Verwendung im Einzelfall. Dieser Verwendbarkeitsnachweis bietet sich dann an, wenn die mehrmalige Verwendung eines Bauprodukts nicht beabsichtigt ist; es genügt, wenn die zuständige Behörde, in der Regel das Staatsministerium des Innern, seine Zustimmung im Einzelfall erteilt.

Art. 19 — Bauarten

Dabei kommt eine solche Zustimmung nur dann in Betracht, wenn es sich um Bauprodukte handelt, die ausschließlich nach der BauPVO oder nach anderen unmittelbar geltenden Vorschriften der EU in den Verkehr gebracht und gehandelt werden dürfen, jedoch deren Voraussetzungen nicht erfüllen (Art. 15 Abs. 1 Satz 1 Nr. 2; Art. 15 Abs. 7 Nr. 2) sowie für nicht geregelte Bauprodukte (Art. 15 Abs. 3).

Das Bauprodukt kann jedoch nur verwendet werden, wenn die Zustimmung im Einzelfall sowie ein **Übereinstimmungsnachweis** vorliegen. Dieser Übereinstimmungsnachweis kann vom Hersteller nach Art. 21 erklärt werden. Das Staatsministerium des Innern ist jedoch berechtigt, in der Zustimmung im Einzelfall auch das Übereinstimmungszertifikat nach Art. 22 als Übereinstimmungsnachweis vorzuschreiben, sofern dies zum Nachweis einer ordnungsgemäßen Herstellung erforderlich ist.

Das Bauprodukt ist mit dem Ü-Zeichen zu versehen.

Die Zustimmung im Einzelfall setzt einen Antrag des Antragstellers voraus, der auch im Bauantrag mitenthalten sein kann. Die Zustimmung selbst ist als Verwaltungsakt zu qualifizieren.

2 Verwendung von Bauprodukten in Baudenkmälern

Eine Sonderregelung für die Verwendung denkmaltypischer Bauprodukte, wie Putze, Mörtel und Stucke, in Baudenkmälern ist in Abs. 2 enthalten. Hier wird die Zustimmung von der unteren Bauaufsichtsbehörde erteilt. Für alle übrigen Fälle bleibt es bei der Zuständigkeit des Staatsministeriums des Innern.

Art. 19
Bauarten

(1) [1]Bauarten, die von Technischen Baubestimmungen nach Art. 3 Abs. 2 Satz 1 wesentlich abweichen oder für die es allgemein anerkannte Regeln der Technik nicht gibt (nicht geregelte Bauarten), dürfen bei der Errichtung, Änderung und Instandhaltung baulicher Anlagen nur angewendet werden, wenn für sie

1. eine allgemeine bauaufsichtliche Zulassung (Art. 16) oder
2. eine Zustimmung im Einzelfall (Art. 18)

erteilt worden ist. [2]An Stelle einer allgemeinen bauaufsichtlichen Zulassung genügt ein allgemeines bauaufsichtliches Prüfzeugnis, wenn die Bauart nicht der Erfüllung erheblicher Anforderungen an die Sicherheit baulicher Anlagen dient oder nach allgemein anerkannten Prüfverfahren beurteilt wird. [3]Das Deutsche Institut für Bautechnik macht diese Bauarten mit der Angabe der maßgebenden technischen Regeln und, soweit es keine allgemein anerkannten Regeln der Technik gibt, mit der Bezeichnung der Bauarten im Einvernehmen mit dem Staatsministerium des Innern in der Bauregelliste A bekannt. [4]Art. 15

Art. 19

Abs. 5 und 6 sowie Art. 16, 17 Abs. 2 und Art. 18 gelten entsprechend. ⁵Wenn Gefahren im Sinn des Art. 3 Abs. 1 Satz 1 nicht zu erwarten sind, kann das Staatsministerium des Innern im Einzelfall oder für genau begrenzte Fälle allgemein festlegen, dass eine allgemeine bauaufsichtliche Zulassung oder eine Zustimmung im Einzelfall nicht erforderlich ist.

(2) Das Staatsministerium des Innern kann durch Rechtsverordnung vorschreiben, dass für bestimmte Bauarten, auch soweit sie Anforderungen nach anderen Rechtsvorschriften unterliegen, Abs. 1 ganz oder teilweise anwendbar ist, wenn die anderen Rechtsvorschriften dies verlangen oder zulassen.

Erläuterungen

Übersicht

1 Allgemeines
2 Anwendung nicht geregelter Bauarten
3 Bauarten, die anderen Rechtsvorschriften unterliegen

1 Allgemeines

Die Vorschrift wurde durch die Bauordnungsnovelle 1994 neu gefasst und regelt die Voraussetzungen für die Anwendung von Bauarten bei der Errichtung, Änderung und Instandhaltung baulicher Anlagen. Dabei ist nach Art. 2 Abs. 11 unter Bauart das Zusammenfügen von Bauprodukten zu baulichen Anlagen oder Teilen von baulichen Anlagen zu verstehen. Die Legaldefinition von baulichen Anlagen findet sich in Art. 2 Abs. 1.

Art. 19 stellt nur Vorgaben für Bauarten auf, die von den technischen Bestimmungen nach Art. 3 Abs. 2 Satz 1 wesentlich abweichen oder für die es allgemein anerkannte Regeln der Technik nicht gibt. Somit werden für geregelte Bauarten von der Bauordnung keine Vorgaben aufgestellt.

2 Anwendung nicht geregelter Bauarten

Abs. 1 Satz 1 definiert **nicht geregelte Bauarten** als Bauarten, die von technischen Bestimmungen nach Art. 3 Abs. 2 Satz 1 wesentlich abweichen oder für die es allgemein anerkannte technische Regeln nicht gibt. Die technischen Baubestimmungen sind die durch öffentliche Bekanntmachung eingeführten technischen Regelungen (vgl. die Erläuterungen zu Art. 3).

Nicht geregelte Bauarten dürfen dann angewendet werden, wenn für sie eine allgemeine bauaufsichtliche Zulassung (Abs. 1 Satz 1 Nr. 1), ein allgemeines bauaufsichtliches Prüfzeugnis (Abs. 1 Satz 2) oder eine Zustimmung im Einzelfall (Abs. 1 Satz 1 Nr. 2) erteilt worden ist. Dabei gelten die Vorschriften des Art. 15 Abs. 5 und 6, Art. 16, 17 Abs. 2 und Art. 18 entsprechend, sodass auf die Erläuterungen zu diesen Artikeln verwiesen wird. Zuständig für die Zulassung ist das

Art. 20
Übereinstimmungsnachweis

Deutsche Institut für Bautechnik. Der Gesetzgeber hat den Bedürfnissen der Praxis entsprochen und in der Novelle 1998 geregelt, dass anstelle der allgemeinen bauaufsichtlichen Zulassung ein allgemeines bauaufsichtliches Prüfungszeugnis für die Anwendung von Bauarten genügt, wenn die Bauart nicht der Erfüllung erheblicher Anforderungen an die Sicherheit baulicher Anlagen dient oder nach allgemein anerkannten Prüfverfahren beurteilt wird. Diese Bauarten werden in der Bauregelliste A vom Deutschen Institut für Bautechnik bekannt gemacht.

3 Bauarten, die anderen Rechtsvorschriften unterliegen

Abs. 2 enthält für das Staatsministerium des Innern eine Ermächtigungsgrundlage, durch Rechtsverordnung vorzuschreiben, dass auch Bauarten, die den Anforderungen anderer Rechtsvorschriften unterliegen, nach der Regelung des Abs. 1 beurteilt werden können. Voraussetzung hierfür ist, dass andere Rechtsvorschriften dies verlangen oder zulassen.

Art. 20
Übereinstimmungsnachweis

(1) Bauprodukte bedürfen einer Bestätigung ihrer Übereinstimmung mit den technischen Regeln nach Art. 15 Abs. 2, den allgemeinen bauaufsichtlichen Zulassungen, den allgemeinen bauaufsichtlichen Prüfzeugnissen oder den Zustimmungen im Einzelfall; als Übereinstimmung gilt auch eine Abweichung, die nicht wesentlich ist.

(2) [1]Die Bestätigung der Übereinstimmung erfolgt durch

1. Übereinstimmungserklärung des Herstellers (Art. 21) oder
2. Übereinstimmungszertifikat (Art. 22).

[2]Die Bestätigung durch Übereinstimmungszertifikat kann in der allgemeinen bauaufsichtlichen Zulassung, in der Zustimmung im Einzelfall oder in der Bauregelliste A vorgeschrieben werden, wenn dies zum Nachweis einer ordnungsgemäßen Herstellung erforderlich ist. [3]Bauprodukte, die nicht in Serie hergestellt werden, bedürfen nur der Übereinstimmungserklärung des Herstellers nach Art. 21 Abs. 1, sofern nichts anderes bestimmt ist. [4]Das Staatsministerium des Innern kann im Einzelfall die Verwendung von Bauprodukten ohne das erforderliche Übereinstimmungszertifikat gestatten, wenn nachgewiesen ist, dass diese Bauprodukte den technischen Regeln, Zulassungen, Prüfzeugnissen oder Zustimmungen nach Abs. 1 entsprechen.

(3) Für Bauarten gelten die Abs. 1 und 2 entsprechend.

(4) Die Übereinstimmungserklärung und die Erklärung, dass ein Übereinstimmungszertifikat erteilt ist, hat der Hersteller durch Kennzeichnung der Bauprodukte mit dem Übereinstimmungszeichen (Ü-Zeichen) unter Hinweis auf den Verwendungszweck abzugeben.

(5) Das Ü-Zeichen ist auf dem Bauprodukt, auf einem Beipackzettel oder auf seiner Verpackung oder, wenn dies Schwierigkeiten bereitet, auf dem Lieferschein oder auf einer Anlage zum Lieferschein anzubringen.

(6) Ü-Zeichen aus anderen Ländern und aus anderen Staaten gelten auch im Freistaat Bayern.

Erläuterungen

Übersicht

1 Allgemeines
2 Erforderlichkeit des Übereinstimmungsnachweises
3 Bestätigung der Übereinstimmung
4 Übereinstimmungszeichen (Ü-Zeichen)

1 Allgemeines

Das Übereinstimmungsnachweisverfahren ist kein staatliches Verfahren; vielmehr liegt die Durchführung des Verfahrens beim Hersteller selbst. Dies gilt auch dann, wenn der Hersteller anerkannte Stellen einschaltet (Art. 21 Abs. 2).

Der Übereinstimmungsnachweis ist neben dem Nachweis der Verwendbarkeit (Art. 15) notwendig, um geregelte und nicht geregelte Bauprodukte mit dem Übereinstimmungszeichen (Ü-Zeichen) nach Abs. 5 zu kennzeichnen. Bauprodukte und Bauarten dürfen nicht verwendet werden, wenn der vorgeschriebene Übereinstimmungsnachweis fehlt.

Übereinstimmung meint, dass die Bauprodukte bzw. Bauarten den ihnen zugrunde liegenden Bezugsdokumenten entsprechen.

Im Regelfall ist bei Bauprodukten die Übereinstimmungserklärung des Herstellers als Bestätigung der Übereinstimmung ausreichend. Hierfür ist die werkseigene Produktionskontrolle nach Art. 21 Abs. 1 notwendig.

Sofern im Rahmen der allgemeinen bauaufsichtlichen Zulassung, in der Zustimmung zum Einzelfall oder in der Bauregelliste A ein Übereinstimmungszertifikat vorgeschrieben ist (Abs. 2 Satz 1 Nr. 2), soll dadurch eine ordnungsgemäße Herstellung des Bauprodukts nachgewiesen werden. Dabei ist mit der Festlegung des Übereinstimmungszertifikats neben der werkseigenen Produktionskontrolle stets eine Fremdüberwachung durch eine anerkannte Überwachungsstelle verbunden (Art. 22 Abs. 1 Nr. 2).

Das **Übereinstimmungszeichen** (Ü-Zeichen) bietet dafür Gewähr, dass die Übereinstimmungserklärung oder das Übereinstimmungszertifikat vorliegt (Abs. 4).

Art. 20
Übereinstimmungsnachweis

2 Erforderlichkeit des Übereinstimmungsnachweises

Bauprodukte bedürfen nach Abs. 1 eines Nachweises der Übereinstimmung. Dies gilt auch für Bauarten (Abs. 3). Die Übereinstimmungserklärung des Herstellers (Art. 21) darf nur erteilt werden, wenn es sich um geregelte (Art. 15 Abs. 1 Satz 1, Abs. 2) sowie nicht geregelte (Art. 15 Abs. 3) Bauprodukte handelt.

Dabei ist für geregelte Bauprodukte die Übereinstimmung mit den technischen Regeln nach Art. 15 Abs. 2 nachzuweisen. Für nicht geregelte Bauprodukte ist die Übereinstimmung mit der allgemeinen bauaufsichtlichen Zulassung, dem Prüfzeugnis bzw. der Zustimmung im Einzelfall nachzuweisen (Art. 15 Abs. 3). Bei Bauprodukten, die nach der BauPVO oder anderen unmittelbar geltenden Vorschriften der EU in den Verkehr gebracht werden, gilt in der Regel keine Nachweispflicht nach Abs. 1. Ausnahmsweise kann jedoch das Übereinstimmungsnachweisverfahren für solche Bauprodukte in Betracht kommen, wenn diese nach Art. 15 Abs. 1 Satz 1 Nr. 2c i. V. m. Art. 16 Abs. 7 verwendet werden sollen, jedoch in der Bauregelliste festgestellt wird, dass die EU-Vorschriften nicht alle Grundanforderungen an Bauwerke abdecken.

Eine Nachweispflicht besteht bei **Bauarten** nur, wenn es sich um nicht geregelte Bauarten handelt. Für geregelte Bauarten gibt es kein Übereinstimmungsnachweisverfahren. Zudem gibt es für Bauarten nur die Übereinstimmungsbestätigung (Abs. 2), nicht aber das Ü-Zeichen.

3 Bestätigung der Übereinstimmung

Nach Abs. 2 erfolgt bei Bauprodukten die Bestätigung der Übereinstimmung mit den Erfordernissen nach Abs. 1 durch die Übereinstimmungserklärung des Herstellers oder das Übereinstimmungszertifikat.

In der Regel reicht die Übereinstimmungserklärung des Herstellers aus. Etwas anderes gilt nur dann, wenn in der Bauregelliste A oder in den besonderen Verwendbarkeitsnachweisen (Art. 15 Abs. 4) dies ausdrücklich vorgeschrieben ist. So kann nach Art. 21 Abs. 2, in der technischen Regel nach Art. 15 Abs. 2 in der Bauregelliste A und in den besonderen Verwendbarkeitsnachweisen vorgeschrieben werden, dass der Hersteller die Übereinstimmungserklärung erst abgeben darf, wenn das Bauprodukt von einer anerkannten Prüfstelle auf seine Übereinstimmung hin geprüft worden ist.

Nach Abs. 2 Satz 3 bedürfen Bauprodukte, die nicht in Serie hergestellt werden, grundsätzlich nur der Übereinstimmungsbestätigung durch den Hersteller.

Das Staatsministerium des Innern kann im Einzelfall die Verwendung von Bauprodukten auch ohne das nach Abs. 2 Satz 2 oder 3 erforderliche Zertifikat gestatten, wenn nachgewiesen ist, dass die Bauprodukte mit den zugrunde liegenden technischen Bezugsdokumenten übereinstimmen (Abs. 2 Satz 4). Dieses Verfahren bietet sich dann an, wenn die Kosten für das Übereinstimmungszertifikat in keinem wirtschaftlichen Verhältnis zum Wert der Bauprodukte stehen.

Übereinstimmungserklärung des Herstellers   Art. 21

4 Übereinstimmungszeichen (Ü-Zeichen)

Nach Abs. 4 ist der Hersteller eines Bauprodukts verpflichtet, dieses mit dem Übereinstimmungszeichen (Ü-Zeichen) zu kennzeichnen. Mit diesem Zeichen erklärt der Hersteller, dass das Bauprodukt mit den zugrunde liegenden Bezugsdokumenten übereinstimmt bzw. ein Übereinstimmungszertifikat vorliegt. Dabei kann der Hersteller das Ü-Zeichen auf dem Bauprodukt selbst, auf einem Beipackzettel oder auf seiner Verpackung oder – wenn dies mit Schwierigkeiten verbunden ist – auf dem Lieferschein oder auf einer Anlage zum Lieferschein anbringen (Abs. 5).

Nach Abs. 6 gelten die Ü-Zeichen anderer Länder sowie anderer Staaten auch im Freistaat Bayern.

Art. 21
Übereinstimmungserklärung des Herstellers

(1) Der Hersteller darf eine Übereinstimmungserklärung nur abgeben, wenn er durch werkseigene Produktionskontrolle sichergestellt hat, dass das von ihm hergestellte Bauprodukt den maßgebenden technischen Regeln, der allgemeinen bauaufsichtlichen Zulassung, dem allgemeinen bauaufsichtlichen Prüfzeugnis oder der Zustimmung im Einzelfall entspricht.

(2) [1]In den technischen Regeln nach Art. 15 Abs. 2, in der Bauregelliste A, in den allgemeinen bauaufsichtlichen Zulassungen, in den allgemeinen bauaufsichtlichen Prüfzeugnissen oder in den Zustimmungen im Einzelfall kann eine Prüfung der Bauprodukte durch eine Prüfstelle vor Abgabe der Übereinstimmungserklärung vorgeschrieben werden, wenn dies zur Sicherung einer ordnungsgemäßen Herstellung erforderlich ist. [2]In diesen Fällen hat die Prüfstelle das Bauprodukt daraufhin zu überprüfen, ob es den maßgebenden technischen Regeln, der allgemeinen bauaufsichtlichen Zulassung, dem allgemeinen bauaufsichtlichen Prüfzeugnis oder der Zustimmung im Einzelfall entspricht.

Erläuterungen

Übersicht

1 Allgemeines
2 Übereinstimmungserklärung durch den Hersteller (Abs. 1)
3 Prüfung der Bauprodukte durch eine Prüfstelle (Abs. 2)

1 Allgemeines

Nach Art. 21 Abs. 1 kann der Übereinstimmungsnachweis für geregelte oder nicht geregelte Bauprodukte durch Übereinstimmungserklärung des Herstellers erfolgen. Der Hersteller gibt die Erklärung grundsätzlich durch die Kennzeichnung

Art. 22
Übereinstimmungszertifikat

des Bauprodukts mit dem Ü-Zeichen ab (Art. 20 Abs. 4, 5).
Dabei darf der Hersteller eine Übereinstimmungserklärung nach Abs. 1 nur abgeben, wenn er durch werkseigene Produktionskontrolle sichergestellt hat, dass das Bauprodukt der zugrunde liegenden technischen Regel in der Bauregelliste A, der allgemeinen bauaufsichtlichen Zulassung, dem allgemeinen bauaufsichtlichen Prüfzeugnis oder der Zustimmung im Einzelfall entspricht.

Nach Abs. 2 kann jedoch eine Prüfung der Bauprodukte durch eine Prüfstelle vor Abgabe der Übereinstimmungserklärung vorgeschrieben werden.

2 Übereinstimmungserklärung durch den Hersteller (Abs. 1)

Nach Abs. 1 ist vom Hersteller lediglich zu fordern, dass er eine werkseigene Produktionskontrolle durchführt. Hierzu gehört auch, dass der Hersteller eine Erstprüfung des Bauprodukts auf seine Übereinstimmung mit den zugrunde liegenden Bezugsdokumenten vornimmt. Eine regelmäßige Überprüfung des Bauprodukts findet aber nicht statt.

Im Rahmen der werkseigenen Produktionskontrolle sind die Ergebnisse der Eigenprüfungen zu dokumentieren.

3 Prüfung der Bauprodukte durch eine Prüfstelle (Abs. 2)

In der technischen Regel nach Art. 15 Abs. 2, der Bauregelliste A, der allgemeinen bauaufsichtlichen Zulassung, dem allgemeinen bauaufsichtlichen Prüfzeugnis und der Zustimmung im Einzelfall kann die Überprüfung des Bauprodukts durch eine anerkannte Prüfstelle (Art. 23 Abs. 1 Satz 1 Nr. 2) vor Abgabe der Übereinstimmungserklärung durch den Hersteller vorgeschrieben werden.

Der Hersteller hat die Produktprüfung schriftlich bei der Prüfstelle zu beantragen. Die zwischen Hersteller und Prüfstelle entstehenden Rechtsbeziehungen sind rein zivilrechtlicher Natur.

Der Prüfungsmaßstab richtet sich nach den dem Bauprodukt zugrunde liegenden Bezugsdokumenten. Auf diese Weise soll sichergestellt werden, dass eine ordnungsgemäße Herstellung der Bauprodukte erfolgt.

Art. 22
Übereinstimmungszertifikat

(1) Ein Übereinstimmungszertifikat ist von einer Zertifizierungsstelle nach Art. 23 zu erteilen, wenn das Bauprodukt
1. den maßgebenden technischen Regeln, der allgemeinen bauaufsichtlichen Zulassung, dem allgemeinen bauaufsichtlichen Prüfzeugnis oder der Zustimmung im Einzelfall entspricht und
2. einer werkseigenen Produktionskontrolle sowie einer Fremdüberwachung nach Maßgabe des Abs. 2 unterliegt.

Übereinstimmungszertifikat **Art. 22**

(2) ¹Die Fremdüberwachung ist von Überwachungsstellen nach Art. 23 durchzuführen. ²Die Fremdüberwachung hat regelmäßig zu überprüfen, ob das Bauprodukt den maßgebenden technischen Regeln, der allgemeinen bauaufsichtlichen Zulassung, dem allgemeinen bauaufsichtlichen Prüfzeugnis oder der Zustimmung im Einzelfall entspricht.

Erläuterungen

Übersicht

1 Allgemeines
2 Übereinstimmungszertifikat

1 Allgemeines

Das Übereinstimmungszertifikat stellt einen Übereinstimmungsnachweis im Sinn des Art. 21 Abs. 2 dar. Das Erfordernis dieses Zertifikats kann in der allgemeinen bauaufsichtlichen Zulassung, in der Zustimmung im Einzelfall oder in der Bauregelliste A vorgeschrieben werden, wenn dies zum Nachweis einer ordnungsgemäßen Herstellung notwendig ist (Art. 21 Abs. 2 Satz 2). Das Zertifikat darf nur von einer anerkannten Zertifizierungsstelle (Art. 23 Abs. 1 Satz 1 Nr. 3) erteilt werden.

Voraussetzung für die Erteilung des Zertifikats ist, dass das Bauprodukt den maßgebenden technischen Vorgaben entspricht (Abs. 1 Nr. 1). Des Weiteren muss die werkseigene Produktionskontrolle sowie die Fremdüberwachung durchgeführt werden (Abs. 1 Nr. 2). Das Bauprodukt darf nur verwendet werden, wenn das Übereinstimmungszertifikat erteilt wird und eine Kennzeichnung mit dem Ü-Zeichen nach Art. 20 Abs. 4 erfolgt ist.

2 Übereinstimmungszertifikat

Das Übereinstimmungszertifikat ist erforderlich, wenn das Bauprodukt neben einer werkseigenen Produktionskontrolle einer Fremdüberwachung bedarf. Diese Fremdüberwachung soll gleich bleibende Brauchbarkeit der Bauprodukte sichern. Das Zertifikat hat eine Beweisfunktion. Dadurch wird festgestellt, dass bei dem Bauprodukt die vorgeschriebenen Prüfungen und Überwachungen durch die zuständigen Stellen vorgenommen wurden sowie die Übereinstimmung des Produkts mit den Bezugsdokumenten gegeben ist.

Das Übereinstimmungszertifikat wird durch die anerkannte Zertifizierungsstelle erteilt. Entgegen Koch/Molodovsky/Famers Art. 22 Rn. 7 handelt es sich bei dem Zertifizierungsverfahren um ein zivilrechtliches Verfahren (Runkel, ZfBR 1992, S. 199/204, von Bernstorff § 24b RdNr. 17). Die vom Hersteller beauftragte Zertifizierungsstelle prüft, ob eine ordnungsgemäße, werkseigene Produktionskontrolle besteht und ob die Fremdüberwachung von einer anerkannten Überwachungsstelle durchgeführt wurde (Art. 23 Abs. 1 Satz 1 Nr. 4). Sofern die Fremdüberwachung im Rahmen ihrer regelmäßigen Überprüfung festgestellt hat, dass das Bau-

Art. 23 Prüf-, Zertifizierungs- und Überwachungsstellen

produkt den Vorgaben des Abs. 2 Satz 2 nicht entspricht, kann das Zertifikat nicht erteilt werden. Wenn das Übereinstimmungszertifikat erteilt ist, hat der Hersteller das Bauprodukt mit dem Ü-Zeichen unter Hinweis auf den Verwendungszweck zu kennzeichnen (Art. 20 Abs. 4).

Art. 23
Prüf-, Zertifizierungs- und Überwachungsstellen

(1) [1]Das Staatsministerium des Innern kann eine natürliche oder juristische Person als

1. Prüfstelle für die Erteilung allgemeiner bauaufsichtlicher Prüfzeugnisse (Art. 17 Abs. 2),
2. Prüfstelle für die Überprüfung von Bauprodukten vor Bestätigung der Übereinstimmung (Art. 21 Abs. 2),
3. Zertifizierungsstelle (Art. 22 Abs. 1),
4. Überwachungsstelle für die Fremdüberwachung (Art. 22 Abs. 2),
5. Überwachungsstelle für die Überwachung nach Art. 15 Abs. 6 oder
6. Prüfstelle für die Überprüfung nach Art. 15 Abs. 5

anerkennen, wenn sie oder die bei ihr Beschäftigten nach ihrer Ausbildung, Fachkenntnis, persönlichen Zuverlässigkeit, ihrer Unparteilichkeit und ihren Leistungen die Gewähr dafür bieten, dass diese Aufgaben den öffentlich-rechtlichen Vorschriften entsprechend wahrgenommen werden, und wenn sie über die erforderlichen Vorrichtungen verfügen. [2]Soweit und solang Stellen im Sinn von Satz 1 von privaten Trägern nicht zur Verfügung stehen, können auch Behörden entsprechend Satz 1 anerkannt werden, wenn sie ausreichend mit geeigneten Fachkräften besetzt und mit den erforderlichen Vorrichtungen ausgestattet sind.

(2) Die Anerkennung von Prüf-, Zertifizierungs- und Überwachungsstellen anderer Länder gilt auch im Freistaat Bayern.

(3) – *aufgehoben* –

Erläuterungen

Übersicht

1 Allgemeines
2 Aufgaben der Prüf-, Zertifizierungs- und Überwachungsstellen
3 Anerkennungsverfahren und Anerkennungsentscheidung

Prüf-, Zertifizierungs- und Überwachungsstellen **Art. 23**

Zur Neufassung 2013:
Sätze 2 und 3 werden aufgehoben; dies stellt eine Folgeänderung zur Aufhebung der Bauproduktenrichtlinie dar.

1 Allgemeines

Die Vorschrift regelt die Anerkennung von natürlichen oder juristischen Personen und Behörden als Prüf-, Zertifizierungs- und Überwachungsstellen. Gemäß Abs. 2 gilt die Anerkennung von Prüf-, Zertifizierungs- und Überwachungsstellen anderer Länder auch im Freistaat Bayern.

2 Aufgaben der Prüf-, Zertifizierungs- und Überwachungsstellen

Die anerkannten Stellen im Sinn dieser Vorschriften haben folgende Aufgaben:

- Prüfstellen nach Abs. 1 Satz 1 Nr. 1 überprüfen die Verwendbarkeit eines Bauproduktes im Rahmen des Verfahrens zur Erteilung allgemeiner bauaufsichtlicher Prüfzeugnisse nach Art. 17.
- Prüfstellen nach Abs. 1 Satz 1 Nr. 2 sind zuständig für die Überprüfung von Bauprodukten vor Bestätigung der Übereinstimmung.
- Prüfstellen nach Abs. 1 Satz 1 Nr. 6 haben die Aufgabe, Bauprodukte zu prüfen, deren Herstellung den Erfordernissen des Art. 15 Abs. 5 Satz 1 entsprechen muss.
- Zertifizierungsstellen nach Abs. 1 Satz 1 Nr. 3 überprüfen im Rahmen des Übereinstimmungsverfahrens bzw. des Übereinstimmungszertifikats die Tätigkeit der Prüf- und Überwachungsstellen sowie deren Ergebnisse.
- Überwachungsstellen nach Abs. 1 Satz 1 Nr. 4 nehmen die Fremdüberwachung nach Art. 22 Abs. 2 wahr.
- Überwachungsstellen nach Abs. 1 Satz 1 Nr. 5 überwachen bestimmte Tätigkeiten mit dem Bauprodukt im Rahmen des Art. 15 Abs. 6.

3 Anerkennungsverfahren und Anerkennungsentscheidung

Zuständig für die Anerkennung der Stellen ist das Staatsministerium des Innern, welches jedoch nach Art. 80 Abs. 5 durch Rechtsverordnung die Zuständigkeit für die Anerkennung von Prüf-, Zertifizierungs- und Überwachungsstellen pauschal auf das Deutsche Institut für Bautechnik übertragen hat (vgl. § 12 ZustVBau).

Die Anerkennung ist ein mitwirkungsbedürftiger Verwaltungsakt, der stets eines Antrags bedarf. Die Anerkennung wird in der Regel widerruflich erteilt.

Dabei kann die Anerkennung auch für mehrere Tätigkeiten erteilt werden.

Die Anerkennung ist nach Abs. 1 Satz 1 an bestimmte persönliche und objektive Voraussetzungen geknüpft.

Gemäß Abs. 1 Satz 2 können auch Behörden anerkannt werden, wenn sie ausreichend mit geeigneten Fachkräften besetzt und mit den erforderlichen Vorkehrungen ausgestattet sind, soweit und solange Prüf-, Zertifizierungs- und Überwachungsstellen von privaten Trägern nicht zur Verfügung stehen.

Art. 24 Allg. Anforderungen an Brandverhalten von Baustoffen und -teilen

ABSCHNITT IV
Brandverhalten von Baustoffen und Bauteilen; Wände, Decken, Dächer

Art. 24
Allgemeine Anforderungen an das Brandverhalten von Baustoffen und Bauteilen

(1) ¹Baustoffe werden nach den Anforderungen an ihr Brandverhalten unterschieden in
1. nichtbrennbare,
2. schwerentflammbare,
3. normalentflammbare.

²Baustoffe, die nicht mindestens normalentflammbar sind (leichtentflammbare Baustoffe), dürfen nicht verwendet werden; das gilt nicht, wenn sie in Verbindung mit anderen Baustoffen nicht leichtentflammbar sind.

(2) ¹Bauteile werden nach den Anforderungen an ihre Feuerwiderstandsfähigkeit unterschieden in
1. feuerbeständige,
2. hochfeuerhemmende,
3. feuerhemmende;

die Feuerwiderstandsfähigkeit bezieht sich bei tragenden und aussteifenden Bauteilen auf deren Standsicherheit im Brandfall, bei raumabschließenden Bauteilen auf deren Widerstand gegen die Brandausbreitung. ²Bauteile werden zusätzlich nach dem Brandverhalten ihrer Baustoffe unterschieden in
1. Bauteile aus nichtbrennbaren Baustoffen,
2. Bauteile, deren tragende und aussteifende Teile aus nichtbrennbaren Baustoffen bestehen und die bei raumabschließenden Bauteilen zusätzlich eine in Bauteilebene durchgehende Schicht aus nichtbrennbaren Baustoffen haben,
3. Bauteile, deren tragende und aussteifende Teile aus brennbaren Baustoffen bestehen und die allseitig eine brandschutztechnisch wirksame Bekleidung aus nichtbrennbaren Baustoffen (Brandschutzbekleidung) und Dämmstoffe aus nichtbrennbaren Baustoffen haben,
4. Bauteile aus brennbaren Baustoffen.

³Soweit in diesem Gesetz oder in Vorschriften aufgrund dieses Gesetzes nichts anderes bestimmt ist, müssen
1. Bauteile, die feuerbeständig sein müssen, mindestens den Anforderungen des Satzes 2 Nr. 2,
2. Bauteile, die hochfeuerhemmend sein müssen, mindestens den Anforderungen des Satzes 2 Nr. 3

entsprechen; das gilt nicht für feuerwiderstandsfähige Abschlüsse von Öffnungen.

Allg. Anforderungen an Brandverhalten von Baustoffen und -teilen **Art. 24**

Erläuterungen

Übersicht

1 Allgemeines
2 Anforderungen an Baustoffe (Abs. 1)
3 Anforderungen an Bauteile

1 Allgemeines

Art. 24 bis Art. 44 setzen das Brandschutzkonzept der überarbeiteten Musterbauordnung sowie die Neuregelung der Vorschriften über die technische Gebäudeausrüstung („haustechnische Anlagen") in Landesrecht um (vgl. hierzu auch die Kommentierung bei Art. 12). Dabei regelt Art. 24 zusammenfassend die allgemeinen Anforderungen an Baustoffe und Bauteile, so dass darin das gesamte System der im Gesetz verwendeten Begriffe und deren Zuordnung zueinander enthalten ist.

Die technische Umsetzung der Anforderungen erfordert die Zuordnung der bauordnungsrechtlichen Begriffe zu Klassen von Baustoffen und Bauteilen, die sich auf Grund von Brandversuchen nach technischen Regeln (DIN 4102, DIN 13 501) ergeben. Diese Zuordnung ist in der Bauregelliste A Teil 1 in den Anlagen 01 und 02 veröffentlicht. Dabei enthält die DIN 4102 „Brandverhalten von Baustoffen und Bauteilen" in den Teilen 1 bis 18 die Begriffe, Anforderungen und Prüfung für Baustoffe und Bauteile für Brandwände und nichttragende Außenwände, die Zusammenstellung und Anwendung klassifizierter Baustoffe, Bauteile und Sonderbauteile, Feuerschutzabschlüsse, Lüftungsleitungen, Bedachungen, Kabelschottungen, Rohrummantelungen von elektrischen Kabelanlagen, Brandschutzverglasungen, Bodenbeläge und Bodenbeschichtungen, Brandschacht, Durchführungen von Brandschachtprüfungen, Schmelzpunkt von Mineralfaserdämmstoffen sowie Feuerabschlüsse. DIN 4102 Teil 4 ist von besonderer Bedeutung, da hier die klassifizierten Baustoffe und Bauteile zusammengestellt sind. Bei Bauprodukten, die hier nicht aufgeführt sind, muss das Brandverhalten durch Brandversuche nach DIN 4102 geprüft werden. Die Baustoffe werden entsprechend ihrem Brandverhalten in Klassen eingeteilt und sind nach Anlage 02 der Bauregelliste A Teil 1 den bauaufsichtlichen Benennungen zugeordnet.

Bauaufsichtliche Benennung	Baustoffklasse nach DIN 4102
Nichtbrennbare Baustoffe	A
	A 1
	A 2
Brennbare Baustoffe	B
Schwerentflammbare Baustoffe	B 1
Normalentflammbare Baustoffe	B 2
Leichtentflammbare Baustoffe	B 3

Art. 24   Allg. Anforderungen an Brandverhalten von Baustoffen und -teilen

Die Übereinstimmung des Baustoffs mit dem jeweiligen Überstimmungs- oder Verwendbarkeitsnachweis hat der Hersteller durch Kennzeichnung des Baustoffs mit dem Ü-Zeichen (Übereinstimmungszeichen) zu erklären.

Mit der Ausgabe 2002/1 der Bauregellisten (Mitteilung des Deutschen Instituts für Bautechnik, Sonderheft Nr. 26/2002) wurden die Normen DIN 1305-1, DIN EN 13 501-2 und DIN EN 13 501-3 als technische Regeln für Bauprodukte bekannt gemacht. Sie gelten damit ebenso, wie die mit der Liste der eingeführten Baubestimmung bekannt gemachten Normen als technische Baubestimmung.

Bis zu dem Zeitpunkt, ab dem das harmonisierte europäische Klassensystem die nationale Klassifizierung ersetzt, können somit für den Nachweis des Brandverhaltens der Baustoffe und Bauteile sowohl die Klassifizierung nach DIN 4102 als auch nach DIN EN 13 501 alternativ angewendet werden.

2 Anforderungen an Baustoffe (Abs. 1)

In Abs. 1 Satz 1 werden die schon bisher benutzten Bezeichnungen für die Anforderungen an das Brandverhalten von Baustoffen aufgeführt. Es werden die Baustoffe in nichtbrennbare, schwerentflammbare und normalentflammbare Baustoffe eingeteilt. In Abs. 1 Satz 2 wird das bisher in Art. 15 Abs. 4 a. F. enthaltene grundsätzliche Verbot für leichtentflammbare Baustoffe verankert. Dieses Verbot gilt für alle am Bau verwendeten Stoffe, es sei denn, sie sind im Verbund mit anderen Baustoffen nicht mehr leichtentflammbar. Dabei gelten alle Baustoffe als leichtentflammbar, für die nicht nachgewiesen ist, dass sie normal- oder schwerentflammbar sind.

In Art. 26 Abs. 2 ist für nichttragende Außenwände festgelegt, dass diese aus nichtbrennbaren Baustoffen bestehen müssen. Sie sind dann aus brennbaren Baustoffen zulässig, wenn sie als raumschließende Bauteile feuerhemmend sind. Gleiches gilt für Brandwände nach Art. 28 Abs. 3 und indirekt nach Art. 30 für lichtdurchlässige Bedachungen sowie für Treppen in Art. 32 Abs. 4 Satz 2. Die Verwendung schwerentflammbarer Baustoffe wird in Art. 26 Abs. 3 für Oberflächen von Außenwänden sowie Außenwandbekleidungen geregelt.

3 Anforderungen an Bauteile

Die Bauteile werden nach Art. 24 Abs. 2 gem. den Anforderungen an ihre Feuerwiderstandsfähigkeit nach Stufen unterschieden.

Begriff	Feuerwiderstandsdauer
feuerhemmend	30 Minuten
hochfeuerhemmend	60 Minuten
feuerbeständig	90 Minuten

Allg. Anforderungen an Brandverhalten von Baustoffen und -teilen **Art. 24**

Dabei wird die Feuerwiderstandsfähigkeit auf die Funktionen bezogen, auf die es im Brandfall ankommt. Für tragende (auch unterstützende) und aussteifende Bauteile ist es die Standsicherheit im Brandfall, für raumabschließende Bauteile ihr Widerstand gegen die Brandausbreitung. Die Einzelvorschriften in Art. 29 ff. präzisieren diese Funktion.

Die Bauteile (Wände, Decken, Stützen, Treppen etc.) werden nach dem Brandverhalten ihrer Baustoffe unterschieden (Abs. 2 Satz 2). Dabei werden vier Typen der Baustoffverwendung von Bauteilen benannt.

Die Variante in Nr. 1 verlangt grundsätzlich nichtbrennbare Baustoffe.

Die Variante in Nr. 2 entspricht der früheren Forderung des Art. 15 Abs. 6 a. F. und wird häufig auch in der Kurzform AB-Bauweise bezeichnet. Es geht hier um Bauteile, deren tragende und aussteifende Teile aus nichtbrennbaren Baustoffen bestehen und die bei raumabschließenden Bauteilen zusätzlich eine in Bauteilebene durchgehende Schicht aus nichtbrennbaren Baustoffen besitzen.

Neu in 2008 im Gesetz aufgenommen wurde die Variante in Nr. 3 mit tragenden und aussteifenden Teilen (innerhalb eines Bauteils) aus Holz als einer brandschutztechnisch wirksamen Bekleidung. Dabei wird die Bekleidung technisch konkretisiert durch die Musterrichtlinie über brandschutztechnische Anforderungen an hochfeuerhemmende Bauteile in Holzbauweise (M-HFHHolzR), die zur Einführung als technische Baubestimmung nach Landesrecht vorgesehen ist.

Nr. 4 umfasst allgemein die Bauteile aus brennbaren Baustoffen.

In Abs. 2 Satz 3 werden den Anforderungen „feuerbeständig" und „hochfeuerhemmend" Mindestanforderungen an die Baustoffe standardmäßig zugeordnet:

Soweit in der Bauordnung oder in Vorschriften auf Grund der Bauordnung keine andere Baustoffverwendung verlangt oder zugelassen wird, ist mindestens die hier verlangte oder eine brandschutztechnisch bessere Ausführung erforderlich. Eine bessere Ausführung ist z. B. die Ausführung nach Satz 2 Nr. 2 anstelle von Nr. 3 oder nach Nr. 1 anstelle von Nr. 2. Dabei werden von dieser Regelung in Abs. 2 Satz 3 Halbsatz 2 feuerwiderstandsfähige Abschlüsse von dieser Baustoffanforderung ausgenommen. An Bauteile, die feuerhemmend sein müssen, werden standardmäßig keine besonderen Baustoffanforderungen gestellt.

Daraus ergeben sich folgende zulässige Kombinationen (X) der Feuerwiderstandsfähigkeit und Baustoffverwendung von Bauteilen.

Art. 25

Tragende Wände, Stützen

	feuerbeständig und aus nichtbrennbaren Baustoffen	feuerbeständig	hochfeuerhemmend	feuerhemmend
alle Bestandteile sind nichtbrennbar (Satz 2 Nr. 1)	X	X	X	X
tragende und aussteifende Teile sind nichtbrennbar (Satz 2 Nr. 2)	—	X	X	X
tragende und aussteifende Teile sind brennbar; sie haben eine Brandschutzbekleidung (Satz 2 Nr. 3)	—	—	X	X
alle Teile sind trennbar zulässig (Satz 2 Nr. 4)	—	—	—	X

Art. 25
Tragende Wände, Stützen

(1) ¹Tragende und aussteifende Wände und Stützen müssen im Brandfall ausreichend lang standsicher sein. ²Sie müssen
1. in Gebäuden der Gebäudeklasse 5 feuerbeständig,
2. in Gebäuden der Gebäudeklasse 4 hochfeuerhemmend,
3. in Gebäuden der Gebäudeklassen 2 und 3 feuerhemmend

sein. ³Satz 2 gilt
1. für Geschosse im Dachraum nur, wenn darüber noch Aufenthaltsräume möglich sind; Art. 27 Abs. 4 bleibt unberührt,
2. nicht für Balkone, ausgenommen offene Gänge, die als notwendige Flure dienen.

(2) Im Kellergeschoss müssen tragende und aussteifende Wände und Stützen
1. in Gebäuden der Gebäudeklassen 3 bis 5 feuerbeständig,
2. in Gebäuden der Gebäudeklassen 1 und 2 feuerhemmend

sein.

Tragende Wände, Stützen   **Art. 25**

Erläuterungen

Übersicht

1 Allgemeines
2 Geschoss im Dachraum
3 Anforderungen für Balkone und Gänge
4 Anforderungen an Kellergeschosse

1 Allgemeines

Die Vorschrift regelt die Brandschutzanforderungen an tragende und aussteifende Wände und Stützen (vgl. hierzu auch die Kommentierung zu Art. 12). Dabei richten sich die Anforderungen an die tragenden Wände und Stützen, nach den in Art. 2 Abs. 3 vorgenommenen Einteilungen der Gebäude in Gebäudeklassen.

Gemäß Abs. 1 Satz 1 müssen tragende und aussteifende Wände und Stützen im Brandfall ausreichend lang standsicher sein. Insofern sind zwei Schutzziele vorgegeben, nämlich die vom Bauteil verlangte Funktion im Brandfall, hier die Standsicherheit, und die zeitliche Dauer ausreichend lang. Die Frage, was im Einzelfall ausreichend lang ist, wird durch die geforderte Feuerwiderstandsfähigkeit in den jeweils nachfolgenden Regelungen konkretisiert. Sie unterscheiden sich nach Gebäudeklassen und bestimmten Fallgestaltungen.

Die tragenden und aussteifenden Wände und Stützen lassen sich nach den Feuerwiderstandsklassen wie folgt einteilen:

Gebäudeklasse	tragende und aussteifende Wände, Stützen (auch im Dachgeschoss) wenn Aufenthaltsräume möglich	tragende und aussteifende Wände, Stützen im Kellergeschoss	Balkone
1	ohne Anforderung	FH	ohne Anforderung
2	FH	FH	ohne Anforderung
3	FH	FB	ohne Anforderung
4	HFH	FB	ohne Anforderung
5	FB	FB	ohne Anforderung

Art. 25

Tragende Wände, Stützen

Besondere Anforderungen bestehen für Außenwände (Art. 26), Trennwände (Art. 27), Brandwände (Art. 28), Decken (Art. 29), Dächer (Art. 30), Treppenräume (Art. 33), Flure (Art. 34), Aufzüge/Fahrschächte (Art. 37) sowie für die Aufbewahrung fester Brennstoffe (Art. 43).

Zudem bestehen für Garagen und Sonderbauten folgende Richtlinien:

Garagen § 6 GaStellV, Verkaufsstätten § 3 VkV, Versammlungsstätten § 4 VStättV, Beherbergungsstätten § 4 BStättV, Arbeitsstätten § 3 Abs. 1 ArbStättV, Feuerungsanlagen §§ 4 ff. FeuV, Betriebsräume/elektrische Anlagen § 4 EltBauV, Hochhäuser Nr. 3.1.1 Hochhausrichtlinien, Industriebauten § 5.8 Muster-Industriebaurichtlinie sowie Feuerwehrflächen und Durchfahrten für die Feuerwehr in Richtlinien für die Flächen für die Feuerwehr.

In Gebäuden der **Gebäudeklasse 5** müssen tragende und aussteifende Wände und Stützen feuerbeständig ausgebildet sein. Dies bezieht sich auf die sonstigen Gebäude, die nicht in der Gebäudeklasse 1 bis 4 aufgezählt sind, einschließlich unterirdischer Gebäude (Art. 2 Abs. 3 Nr. 5).

Nach Abs. 1 Satz 2 Nr. 2 müssen tragende und aussteifende Wände in Gebäuden der **Gebäudeklasse 4** hochfeuerhemmend ausgebildet werden. Es handelt sich hier um Gebäude mit einer Höhe bis zu 13 m und Nutzungseinheiten mit jeweils nicht mehr als 400 m². Dabei wird die Höhe nach Art. 2 Abs. 3 Satz 2 nach der Oberkante des Fußbodens des höchstgelegenen Geschosses, in dem ein Aufenthaltsraum möglich ist, bemessen.

Für die Gebäude der **Gebäudeklassen 2 und 3,** das sind Gebäude mit einer Höhe bis zu 7 m (Gebäude geringer Höhe), wird nach Abs. 1 Satz 2 Nr. 3, wie bisher die Anforderung feuerhemmend festgelegt.

Alle Gebäude der **Gebäudeklasse 1,** das sind nach Art. 2 Abs. 3 Nr. 1 freistehende Gebäude mit einer Höhe bis zu 7 m und nicht mehr als zwei Nutzungseinheiten von insgesamt nicht mehr als 400 m² sowie land- und forstwirtschaftlich genutzte Gebäude, werden von Brandschutzanforderungen freigestellt. Voraussetzung ist, dass diese Gebäude freistehend sind.

2 Geschoss im Dachraum

Für die Geschosse in Dachräumen sind nur dann die Anforderungen der jeweiligen Gebäudeklasse einzuhalten, sofern über diesen Geschossen noch Aufenthaltsräume möglich sind. Dabei handelt es sich um kein Geschoss im Dachraum, wenn in dem Hohlraum keine Aufenthaltsräume mehr möglich sind (vgl. hierzu Art. 2 Abs. 7 Satz 2). Eine Besonderheit ergibt sich für Trennwände im Dachraum. Sofern im Dachraum Trennwände nach Art. 27 erforderlich sind und diese nicht bis zur Dachhaut geführt werden sollen, kann sich daraus eine Anforderung an den oberen Raumabschluss des oberen Geschosses und in der Folge an die diesen tragenden (unterstützenden) Teile ergeben. Insofern wären diese Trennwände nach Art. 27 Abs. 4 feuerhemmend auszuführen.

Außenwände   **Art. 26**

3 Anforderungen für Balkone und Gänge

Nach Abs. 1 Satz 3 Nr. 2 sind die Anforderungen an Wände und Stützen in den Gebäudeklassen 1 bis 5 nicht anzuwenden für Balkone. Etwas anderes gilt jedoch, soweit sie als (Lauben-)Gänge, Rettungswege nach Art. 31 sind.

4 Anforderungen an Kellergeschosse

In Gebäuden der Gebäudeklassen 1 und 2 müssen nach Abs. 2 Nr. 2 die tragenden und aussteifenden Wände und Stützen feuerhemmend, d. h. mit einer Feuerwiderstandsfähigkeit von 30 Minuten ausgebildet sein. In Gebäuden der Gebäudeklassen 3 bis 5 wird nach Abs. 2 Nr. 1 Feuerbeständigkeit vorausgesetzt.

Die Anforderungen an Trennwände gelten im Kellergeschoss zwischen Aufenthaltsräumen und anders genutzten Räumen (Art. 27 Abs. 2 Nr. 3). Trennwände sind nach Art. 27 Abs. 2 nur erforderlich zwischen Aufenthaltsräumen und anders genutzten Räumen und Kellergeschoss. Sie müssen dann den Anforderungen des Art. 27 Abs. 1 entsprechen.

Art. 26
Außenwände

(1) Außenwände und Außenwandteile wie Brüstungen und Schürzen sind so auszubilden, dass eine Brandausbreitung auf und in diesen Bauteilen ausreichend lang begrenzt ist.

(2) ¹Nichttragende Außenwände und nichttragende Teile tragender Außenwände müssen aus nichtbrennbaren Baustoffen bestehen; sie sind aus brennbaren Baustoffen zulässig, wenn sie als raumabschließende Bauteile feuerhemmend sind. ²Satz 1 gilt nicht für

1. Fenster und Türen,
2. Fugendichtungen und
3. brennbare Dämmstoffe in nichtbrennbaren geschlossenen Profilen der Außenwandkonstruktion.

(3) ¹Oberflächen von Außenwänden sowie Außenwandbekleidungen müssen einschließlich der Dämmstoffe und Unterkonstruktionen schwerentflammbar sein; Unterkonstruktionen aus normalentflammbaren Baustoffen sind zulässig, wenn die Anforderungen nach Abs. 1 erfüllt sind. ²Balkonbekleidungen, die über die erforderliche Umwehrungshöhe hinaus hochgeführt werden, und mehr als zwei Geschosse überbrückende Solaranlagen an Außenwänden müssen schwerentflammbar sein. ³Baustoffe, die schwerentflammbar sein müssen, in Bauteilen nach Satz 1 Halbsatz 1 und Satz 2 dürfen nicht brennend abfallen oder abtropfen.

(4) Bei Außenwandkonstruktionen mit geschossübergreifenden Hohl- oder Lufträumen wie Doppelfassaden sind gegen die Brandausbreitung besondere

Art. 26

Außenwände

Vorkehrungen zu treffen; das gilt für hinterlüftete Außenwandbekleidungen entsprechend.

(5) Die Abs. 2, 3 und 4 Halbsatz 2 gelten nicht für Gebäude der Gebäudeklassen 1 bis 3, Abs. 4 Halbsatz 1 nicht für Gebäude der Gebäudeklassen 1 und 2.

Erläuterungen

Übersicht

1 Allgemeines
2 Brandschutzanforderungen an nichttragende Außenwände
3 Anforderungen an Oberflächen von Außenwänden und Außenwandbekleidungen
4 Doppelfassaden, hinterlüftete Außenwandbekleidung
5 Erleichterungen für Gebäude geringer Höhe

Zur Neufassung 2013:

Die Ausnahmeregelung des Abs. 2 Satz 2 wird erweitert, in den Anforderungen des Satzes 1 werden nicht – wie bisher – nur Fensterprofile, sondern auch Fenster und Türen insgesamt erfasst.

In Abs. 3 Satz 2 wird neu gefordert, dass Solaranlagen an Außenwänden als Teil der Außenwand ebenfalls schwer entflammbar sein müssen, sofern sie mehr als zwei Geschosse überbrücken.

Des Weiteren wird in Abs. 3 Satz 3 bestimmt, dass Baustoffe, die schwer entflammbar sein müssen, in Bauteilen nach Satz 1 Hs. 1 und Satz 2 nicht brennend abfallen oder abtropfen dürfen.

1 Allgemeines

Da tragende Wände in Art. 25 geregelt sind, befasst sich Art. 26 nur mit den nichttragenden Außenwänden und nichttragenden Teilen tragender Außenwände. Abs. 1 enthält das Schutzziel, danach müssen Außenwände so beschaffen sein, dass eine Brandausbreitung auf und in diesen Bauteilen ausreichend lang begrenzt ist. Die Anforderungen stellen auf die Einschränkung des aktiven Beitrags der Fassade zum Brand ab. Die Herstellung eines Feuerüberschlagwegs zwischen den Geschossen wird als Regelanforderung nicht verlangt. Das Schutzziel wird mit einer Ausführung entsprechend Abs. 2 bis 4 erfüllt.

Besondere Vorschriften finden sich für tragende Wände und Stützen (Art. 25), Trennwände (Art. 27), Brandwände (Art. 28), Decken (Art. 29), Dächer (Art. 30), Treppenräume (Art. 33), Flure (Art. 34), Aufzüge/Fahrschächte (Art. 37) sowie für die Aufbewahrung fester Brennstoffe (Art. 43).

Zu den Vorschriften für Garagen und Sonderbauten wird auf die Kommentierung in Art. 25 verwiesen.

Außenwände   **Art. 26**

2 Brandschutzanforderungen an nichttragende Außenwände

Die Konkretisierung des Schutzziels gemäß Abs. 1 wird in Abs. 2 Satz 1 für die nichttragenden Außenwände und nichttragenden Teile tragender Außenwände festgelegt. Diese müssen aus nichtbrennbaren Baustoffen bestehen. (Art. 24 Abs. 1 Nr. 1). Unter nichttragenden Teilen von tragenden Außenwänden sind z. B. Brüstungen und Schürzen gemeint. Anstelle der Nichtbrennbarkeit ist eine feuerhemmende Ausführung zulässig (Art. 24 Abs. 2 Nr. 3). Dabei bezieht sich die Feuerwiderstandsfähigkeit auf die raumabschließende Wirkung im Bereich des Bauteils.

Die Ausnahmeregelung des Abs. 2 Satz 2 wurde in der Änderung der BayBO 2013 erweitert. Es wird klargestellt, dass nicht nur – wie bisher – Fensterprofile, sondern Fenster und Türen gänzlich (Profile und Verglasung) von den Anforderungen des Satzes 1 ausgenommen werden. Diese Erleichterung gilt allerdings nur für (einzelne) Fenster und Türen in Außenwänden (Lochfassaden), nicht aber für großflächige Verglasungen oder Glasfassaden. In Abs. 2 Satz 2 Nr. 2 und Nr. 3 werden Fugendichtungen und brennbare Dämmstoffe in nicht brennbaren geschlossenen Profilen der Außenwandkonstruktion ebenfalls ausgenommen. Grund hierfür ist, dass sie wegen ihrer geometrischen Form (punkt- oder linienförmig) und der geringen Abmessung bei der Brandausbreitung nur eine untergeordnete Rolle spielen. Für Dämmstoffe in Gebäudetrennfugen ist diese Erleichterung nicht anzuwenden, sie gilt nur für deren äußere Abdeckung in der Fassadenebene. Die Anforderungen des Abs. 2 Satz 1 gelten insofern nicht, d. h. Fensterprofile, Dichtungen und solche Dämmstoffe dürfen brennbar sein. Nach der Gesetzesbegründung spielen sie wegen ihrer geometrischen Form (punkt- oder linienförmig) und der geringen Abmessungen bei der Brandausbreitung nur eine untergeordnete Rolle. Für Dämmstoffe in Gebäudetrennfugen ist diese Erleichterung nicht anzuwenden, sie gilt nur für deren äußere Abdeckung in der Fassadenebene.

3 Anforderungen an Oberflächen von Außenwänden und Außenwandbekleidungen

Nach Abs. 3 müssen Oberflächen von Außenwänden – wie bisher – schwerentflammbar sein (zum Begriff Art. 24 Abs. 1 Nr. 2). Dabei sind Unterkonstruktionen aus normalentflammbaren Baustoffen zulässig. Nach Abs. 1 muss jedoch sichergestellt sein, dass eine Brandausbreitung auf und in diesen Bauteilen ausreichend lang begrenzt ist. Es ist Aufgabe des Entwurfsverfassers zu beurteilen, ob die normalentflammbaren Unterkonstruktionen diesen Anforderungen entsprechen.

Balkonbekleidungen (z. B. Sicht- oder Wetterschutzblenden) müssen nur dann den Anforderungen des Abs. 3 Satz 1 entsprechen, wenn sie über die erforderliche Umwehrungshöhe hinaus hochgeführt werden. In diesem Fall müssen sie schwerentflammbar sein.

Neu geregelt wurde, dass Solaranlagen an Außenwänden als Teil der Außenwand ebenfalls schwer entflammbar sein müssen, sofern sie mehr als zwei Geschosse überbrücken. Nach der Gesetzesbegründung wird andernfalls das Schutzziel des

Art. 27

Trennwände

Abs. 1, eine Brandausbreitung ausreichend lang zu begrenzen, nicht gewährleistet. Zudem wird gefordert, dass Baustoffe, die schwer entflammbar sein müssen, in Bauteilen nach Satz 1 Hs. 1 und Satz 2 nicht brennend abfallen oder abtropfen dürfen. Damit soll verhindert werden, dass das Schutzziel des Art. 26 Abs. 1 für Außenwände durch abfallende oder abtropfende Bauteile unterlaufen wird.

4 Doppelfassaden, hinterlüftete Außenwandbekleidung

In der Praxis finden hinterlüftete Außenwandbekleidungen und Doppelfassaden zunehmend Verwendung. Diese Außenwandkonstruktionen mit geschossübergreifenden Hohl- oder Lufträumen bedürfen einer besonderen Risikobetrachtung, da die Brandausbreitung durch die Hohlräume begünstigt werden kann (vgl. die Regelungen zu Brandwänden Art. 28 Abs. 7 Satz 2). Insofern wird in Abs. 4 gefordert, dass bei diesen Konstruktionen gegen die Brandausbreitung besondere Vorkehrungen zu treffen sind, so dürfen sie über Brandwände nicht hinweggeführt werden. Diese Anforderungen gelten für hinterlüftete Außenwandbekleidungen entsprechend.

5 Erleichterungen für Gebäude geringer Höhe

Nach Abs. 5 bestehen für Gebäude geringer Höhe der Gebäudeklassen 1 bis 3 Erleichterungen. Sofern die Schutzziele des Abs. 1 eingehalten sind, sind die Anforderungen der Absätze 2 und 4 Halbsatz 2 nicht anzuwenden. Darüber hinaus findet Abs. 4 Halbsatz 1 keine Anwendung für Gebäude der Gebäudeklassen 1 und 2, also freistehende Gebäude geringer Höhe, Gebäude geringer Höhe mit nicht mehr als zwei Nutzungseinheiten von insgesamt nicht mehr als 400 m^2 sowie land- und forstwirtschaftlich genutzte Gebäude (Art. 2 Abs. 3 Nr. 1 und 2). Bei Doppelfassaden sowie hinterlüfteten Außenwandbekleidungen, besteht keine Notwendigkeit, gegen die Brandausbreitung besondere Vorkehrungen nach Abs. 4 zu treffen.

Art. 27
Trennwände

(1) Trennwände nach Abs. 2 müssen als raumabschließende Bauteile von Räumen oder Nutzungseinheiten innerhalb von Geschossen ausreichend lang widerstandsfähig gegen die Brandausbreitung sein.

(2) Trennwände sind erforderlich

1. zwischen Nutzungseinheiten sowie zwischen Nutzungseinheiten und anders genutzten Räumen, ausgenommen notwendigen Fluren,
2. zum Abschluss von Räumen mit Explosions- oder erhöhter Brandgefahr,
3. zwischen Aufenthaltsräumen und anders genutzten Räumen im Kellergeschoss.

Trennwände **Art. 27**

(3) ¹Trennwände nach Abs. 2 Nrn. 1 und 3 müssen die Feuerwiderstandsfähigkeit der tragenden und aussteifenden Bauteile des Geschosses haben, jedoch mindestens feuerhemmend sein. ²Trennwände nach Abs. 2 Nr. 2 müssen feuerbeständig sein.

(4) Die Trennwände nach Abs. 2 sind bis zur Rohdecke, im Dachraum bis unter die Dachhaut zu führen; werden in Dachräumen Trennwände nur bis zur Rohdecke geführt, ist diese Decke als raumabschließendes Bauteil einschließlich der sie tragenden und aussteifenden Bauteile feuerhemmend herzustellen.

(5) Öffnungen in Trennwänden nach Abs. 2 sind nur zulässig, wenn sie auf die für die Nutzung erforderliche Zahl und Größe beschränkt sind; sie müssen feuerhemmende, dicht- und selbstschließende Abschlüsse haben.

(6) Die Abs. 1 bis 5 gelten nicht für Wohngebäude der Gebäudeklassen 1 und 2.

Erläuterungen

Übersicht

1 Allgemeines
2 Erforderlichkeit von Trennwänden
3 Feuerwiderstandsfähigkeit von Trennwänden
4 Öffnungen in Trennwänden

1 Allgemeines

Nach dem Schutzziel des Abs. 1 müssen Trennwände als raumabschließende Teile zum Abschluss von Nutzungseinheiten oder Räumen ausreichend lang widerstandsfähig gegen die Brandausbreitung sein. Dabei werden gemäß Abs. 6 Zweifamilienhäuser (Wohngebäude der Gebäudeklassen 1 und 2, s. hierzu Art. 2 Abs. 3) von den Anforderungen der Abs. 1 bis 5 ausgenommen. Dieser Verzicht auf Wohnungstrennwände greift im Ergebnis die bisherige Ausnahme von der Abgeschlossenheitsvorschrift in Art. 46 Abs. 1 Satz 1 Halbsatz 1 a. F. auf. Die Ausnahme wird damit begründet, dass in diesen Gebäuden keine Räume mit Explosions- und erhöhter Brandgefahr erwartet werden. Auf Anforderungen an die Abtrennung von Aufenthaltsräumen im Keller wird verzichtet. Die Anforderungen an Aufstellräume von Feuerstätten ergeben sich aus Art. 40.

Besondere Anforderungen für Trennwände können sich ergeben für tragende Wände, Stützen (Art. 25), Außenwände (Art. 26), Brandwände (Art. 28), Decken (Art. 29), Dächer (Art. 30), Treppenräume (Art. 33), Flure (Art. 34), Aufzüge/Fahrschächte (Art. 37) sowie für die Aufbewahrung fester Brennstoffe (Art. 43).

Weitere Regelungen zu Garagen und Sonderbauten finden sich in den Sonderbauverordnungen und Richtlinien (vgl. hierzu die Kommentierung zu Art. 25).

Art. 27

2 Erforderlichkeit von Trennwänden

Abs. 2 nennt die Fälle, in denen Trennwände verlangt werden. Über die bisherigen Regelungen zu den Wohnungstrennwänden hinaus, werden in Nr. 1 Trennwände verlangt, die Nutzungseinheiten gegeneinander und gegen anders genutzte Räume abschließen. Mit dieser Anforderung werden die der Differenzierung der Gebäudeklassen (Art. 2 Abs. 3) zu Grunde liegende Betrachtung der Zahl und Größe von Nutzungseinheiten und die für die Gebäudeklassen 1, 2 und 4 vorgesehenen Erleichterungen gerechtfertigt.

Nutzungseinheiten sind brandschutztechnisch abgegrenzte Einheiten, die gegeneinander geschützt sind und den Feuerwehreinsatz durch räumlich definierte Abschnitte für die Brandbekämpfung begünstigen. In Art. 31 wird für sie zudem ein eigenes Rettungswegsystem verlangt.

Zwischen Nutzungseinheiten und (externen) notwendigen Fluren ist jedoch keine Trennwand nach Art. 27, sondern die (zweimal vorhandene) Flur(trenn)wand nach Art. 34 Abs. 4 ausreichend, die den geringeren Anforderungen genügt.

Nach Abs. 2 Nr. 2 werden Trennwände zum Abschluss von einzelnen Räumen mit Explosions- und erhöhter Brandgefahr verlangt. Dies ermöglicht wie bisher, dass einzelne Räume in sonst normal genutzten Gebäuden auch innerhalb von Nutzungseinheiten brandschutztechnisch abgekapselt werden, ohne das gesamte Gebäude einer (sonst gegebenenfalls nach Art. 2 Abs. 4 Nr. 17 erforderlichen) Sonderbaubetrachtung unterziehen zu müssen. Die bautechnisch erforderliche Abtrennung wird hierfür standardmäßig geregelt. Damit sind Räume mit erhöhter Brand- und Explosionsgefahr gemeint, in denen leichtentzündbare oder explosive Stoffe hergestellt, verarbeitet oder gelagert werden oder in denen explosive Gase, Dämpfe oder Stäube entstehen können.

Abs. 2 Nr. 3 regelt – wie bisher – die Erforderlichkeit von Trennwänden zwischen Aufenthaltsräumen und anders genutzten Räumen im Kellergeschoss.

3 Feuerwiderstandsfähigkeit von Trennwänden

Die Trennwände nach Abs. 1 und 3 müssen die Feuerwiderstandsfähigkeit der tragenden und aussteifenden Bauteile des Geschosses haben; jedoch mindestens feuerhemmend sein. Insofern werden hier die allgemeinen Anforderungen des Abs. 1 durch die Anforderungen an die Feuerwiderstandsfähigkeit der Trennwände ergänzt. Sie sind den jeweils gestellten Anforderungen an die Tragkonstruktion des Geschosses, in dem sie angeordnet werden, angeglichen. Sie müssen jedoch mindestens feuerhemmend sein. Es wird bei Gebäuden der Gebäudeklasse 5 ebenso wie bei den tragenden Wänden die Feuerbeständigkeit und bei Gebäuden der Gebäudeklasse 4 die hochfeuerhemmende Ausbildung gefordert (vgl. Art. 25), Trennwände, die zum Abschluss von Räumen mit Explosions- oder erhöhter Brandgefahr dienen, müssen nach Abs. 3 Satz 2 feuerbeständig sein.

Nach Abs. 4 müssen die erforderlichen Trennwände bis zur Rohdecke geführt werden. Im Dachraum muss die Trennwand nicht bis unter die Dachhaut geführt werden. Sie ist dann bis zu einem oberen Raumabschluss (Rohdecke) zuzuführen, der einschließlich seiner tragenden und aussteifenden Teile feuerhemmend sein muss, um ein „Überlaufen" der Trennwand in diesem Bereich für die Zeit der Feuerwiderstandsfähigkeit auszuschließen. Es wird ein Anschluss an die „Rohdecke" verlangt; unzulässig ist der Anschluss nur an eine abgehängte Decke oder Unterdecke.

4 Öffnungen in Trennwänden

Nach Abs. 5 sind Öffnungen in erforderlichen Trennwänden wie bisher nur zulässig, wenn es sich um unvermeidbare Öffnungen handelt. Diese Öffnungen, in der für die Nutzung erforderlichen Zahl und Größe, sind wie bisher unmittelbar auf Grund des Gesetzes zulässig; sie müssen feuerhemmende, dicht- und selbstschließende Abschlüsse haben. Die Eigenschaft „dichtschließend" wird neu für alle Feuerschutzabschlüsse aufgenommen. Sie wird z. B. bei einer Tür mit einer dreiseitig umlaufenden Dichtung erreicht; eines besonderen Nachweises bedarf es nicht.

Art. 28
Brandwände

(1) Brandwände müssen als raumabschließende Bauteile zum Abschluss von Gebäuden (Gebäudeabschlusswand) oder zur Unterteilung von Gebäuden in Brandabschnitte (innere Brandwand) ausreichend lang die Brandausbreitung auf andere Gebäude oder Brandabschnitte verhindern.

(2) Brandwände sind erforderlich

1. als Gebäudeabschlusswand, ausgenommen von Gebäuden ohne Aufenthaltsräume und ohne Feuerstätten mit nicht mehr als 50 m³ Brutto-Rauminhalt, wenn diese Abschlusswände an oder mit einem Abstand von weniger als 2,50 m gegenüber der Grundstücksgrenze errichtet werden, es sei denn, dass ein Abstand von mindestens 5 m zu bestehenden oder nach den baurechtlichen Vorschriften zulässigen künftigen Gebäuden gesichert ist,
2. als innere Brandwand zur Unterteilung ausgedehnter Gebäude in Abständen von nicht mehr als 40 m,
3. als innere Brandwand zur Unterteilung land- oder forstwirtschaftlich genutzter Gebäude in Brandabschnitte von nicht mehr als 10 000 m³ Brutto-Rauminhalt,
4. als Gebäudeabschlusswand zwischen Wohngebäuden und angebauten land- oder forstwirtschaftlich genutzten Gebäuden sowie als innere Brandwand zwischen dem Wohnteil und dem land- oder forstwirtschaftlich genutzten Teil eines Gebäudes.

Art. 28

Brandwände

(3) ¹Brandwände müssen auch unter zusätzlicher mechanischer Beanspruchung feuerbeständig sein und aus nichtbrennbaren Baustoffen bestehen. ²An Stelle von Brandwänden sind in den Fällen von Abs. 2 Nrn. 1 bis 3 zulässig
1. für Gebäude der Gebäudeklasse 4 Wände, die auch unter zusätzlicher mechanischer Beanspruchung hochfeuerhemmend sind,
2. für Gebäude der Gebäudeklassen 1 bis 3 hochfeuerhemmende Wände,
3. für Gebäude der Gebäudeklassen 1 bis 3 Gebäudeabschlusswände, die jeweils von innen nach außen die Feuerwiderstandsfähigkeit der tragenden und aussteifenden Teile des Gebäudes, mindestens jedoch feuerhemmende Bauteile, und von außen nach innen die Feuerwiderstandsfähigkeit feuerbeständiger Bauteile haben.

³In den Fällen des Abs. 2 Nr. 4 sind an Stelle von Brandwänden feuerbeständige Wände zulässig, wenn der Brutto-Rauminhalt des land- oder forstwirtschaftlich genutzten Gebäudes oder Gebäudeteils nicht größer als 2 000 m³ ist.

(4) ¹Brandwände müssen durchgehend und in allen Geschossen und dem Dachraum übereinander angeordnet sein. ²Abweichend davon dürfen an Stelle innerer Brandwände Wände geschossweise versetzt angeordnet werden, wenn
1. die Wände im Übrigen Abs. 3 Satz 1 entsprechen,
2. die Decken, soweit sie in Verbindung mit diesen Wänden stehen, feuerbeständig sind, aus nichtbrennbaren Baustoffen bestehen und keine Öffnungen haben,
3. die Bauteile, die diese Wände und Decken unterstützen, feuerbeständig sind und aus nichtbrennbaren Baustoffen bestehen,
4. die Außenwände in der Breite des Versatzes in dem Geschoss oberhalb oder unterhalb des Versatzes feuerbeständig sind und
5. Öffnungen in den Außenwänden im Bereich des Versatzes so angeordnet oder andere Vorkehrungen so getroffen sind, dass eine Brandausbreitung in andere Brandabschnitte nicht zu befürchten ist.

(5) ¹Brandwände sind 0,30 m über die Bedachung zu führen oder in Höhe der Dachhaut mit einer beiderseits 0,50 m auskragenden feuerbeständigen Platte aus nichtbrennbaren Baustoffen abzuschließen; darüber dürfen brennbare Teile des Dachs nicht hinweggeführt werden. ²Bei Gebäuden der Gebäudeklassen 1 bis 3 sind Brandwände mindestens bis unter die Dachhaut zu führen. ³Verbleibende Hohlräume sind vollständig mit nichtbrennbaren Baustoffen auszufüllen.

(6) Müssen Gebäude oder Gebäudeteile, die über Eck zusammenstoßen, durch eine Brandwand getrennt werden, so muss der Abstand dieser Wand von der inneren Ecke mindestens 5 m betragen; das gilt nicht, wenn der Winkel der inneren Ecke mehr als 120 Grad beträgt oder mindestens eine Außenwand auf 5 m Länge als öffnungslose feuerbeständige Wand aus nichtbrennbaren Baustoffen, bei Gebäuden der Gebäudeklassen 1 bis 4 als öffnungslose hochfeuerhemmende Wand ausgebildet ist.

Brandwände   Art. 28

(7) ¹Bauteile mit brennbaren Baustoffen dürfen über Brandwände nicht hinweggeführt werden. ²Bei Außenwandkonstruktionen, die eine seitliche Brandausbreitung begünstigen können, wie hinterlüfteten Außenwandbekleidungen oder Doppelfassaden, sind gegen die Brandausbreitung im Bereich der Brandwände besondere Vorkehrungen zu treffen. ³Außenwandbekleidungen von Gebäudeabschlusswänden müssen einschließlich der Dämmstoffe und Unterkonstruktionen nichtbrennbar sein. ⁴Bauteile dürfen in Brandwände nur so weit eingreifen, dass deren Feuerwiderstandsfähigkeit nicht beeinträchtigt wird; für Leitungen, Leitungsschlitze und Kamine gilt dies entsprechend.

(8) ¹Öffnungen in Brandwänden sind unzulässig. ²Sie sind in inneren Brandwänden nur zulässig, wenn sie auf die für die Nutzung erforderliche Zahl und Größe beschränkt sind; die Öffnungen müssen feuerbeständige, dicht- und selbstschließende Abschlüsse haben.

(9) In inneren Brandwänden sind feuerbeständige Verglasungen nur zulässig, wenn sie auf die für die Nutzung erforderliche Zahl und Größe beschränkt sind.

(10) Abs. 2 Nr. 1 gilt nicht für seitliche Wände von Vorbauten im Sinn des Art. 6 Abs. 8, wenn sie von dem Nachbargebäude oder der Nachbargrenze einen Abstand einhalten, der ihrer eigenen Ausladung entspricht, mindestens jedoch 1 m beträgt.

(11) Die Abs. 4 bis 10 gelten entsprechend auch für Wände, die an Stelle von Brandwänden zulässig sind.

Erläuterungen

Übersicht

1 Allgemeines
2 Erforderlichkeit von Brandwänden
3 Feuerbeständigkeit von Brandwänden
4 Zulässigkeit anderer Wände anstelle von Brandwänden
5 Anordnung von Brandwänden
6 Ausbildung von Brandwänden
7 Zusammenstoßende Gebäude auf einem Grundstück
8 Doppelfassaden, Außenwandbekleidungen
9 Bauteile, Leitungen, Öffnungen in Brandwänden
10 Seitliche Wände, Vorbauten

Zur Neufassung 2013:

Die Neufassung des Art. 28 enthält einige Klarstellungen. So wird durch die Bezugnahme von Abs. 3 Satz 2 auf Abs. 2 klargestellt, dass die Erleichterungen in den Fällen von Abs. 2 Nr. 1 bis 3 gelten. Sie orientieren sich ausschließlich an der Gebäudeklasse.

Art. 28
Brandwände

Die Erleichterungen für Gebäudeabstände zwischen Wohngebäuden und angebauten landwirtschaftlich oder forstwirtschaftlich genutzten Gebäuden wird im neuen Abs. 3 Satz 3 geregelt. Bezugsgröße ist, unabhängig von den Gebäudeklassen, der Rauminhalt. Dabei wurde der Begriff des umbauten Raums durch den Begriff „Bruttorauminhalt" ersetzt.

In Abs. 6 Hs. 2 wird durch den Hinweis „bei Gebäuden der Gebäudeklassen 1 bis 4 als öffnungslose, hochfeuerhemmende Wand" deutlich gemacht, dass die in Abs. 3 Satz 2 vorgesehenen Erleichterungen (Wände anstelle von Brandwänden) bei der Ausbildung der hier betroffenen Außenwände auch bei Gebäuden der Gebäudeklasse 1 bis 4 Berücksichtigung finden (hochfeuerhemmende anstelle von feuerhemmenden Außenwänden).

Bei Abs. 7 Satz 2 erfolgt durch die neue Formulierung eine redaktionelle Anpassung an Art. 26 Abs. 4. Die Forderung in Abs. 7 Satz 3 n. F., dass Außenwandbekleidungen von Gebäudeabschlusswänden, einschließlich der Dämmstoffe und Unterkonstruktionen nicht brennbar sein müssen, hat klarstellende Bedeutung, da sich die Anforderungen an die Oberfläche der Bekleidungen aus Art. 26 Abs. 3 Satz 1 ergeben.

1 Allgemeines

Art. 28 regelt das Schutzziel, dem Brandwände dienen sollen und stellt Anforderungen an deren Beschaffenheit und die Detailausbildung.

Nach Abs. 1 müssen Brandwände als raumabschließende Bauteile ausreichend lang die Brandausbreitung

- als Gebäudeabschlusswand auf andere Gebäude,
- als innere Brandwand auf andere Brandabschnitte

verhindern. Nach Abs. 3 müssen Brandwände feuerbeständig sein und aus nichtbrennbaren Baustoffen bestehen. Die Differenzierungen für die Gebäude der unterschiedlichen Gebäudeklassen nach Art. 2 Abs. 3 sind in Abs. 3 Satz 2 aufgezählt. Die bauordnungsrechtlichen Anforderungen an die Beschaffenheit der Brandwände werden insbesondere konkretisiert durch DIN 4102 Teile 3 und 4. Dabei enthält DIN 4102 Teil 3 das nach Bauregelliste A Teil 3 anerkannte Prüfverfahren für Brandwände. Danach sind Bauarten für Brandwände nur anwendbar, wenn sie ein allgemeines bauaufsichtliches Prüfungszeugnis haben. Lässt sich die Eignung einer Bauart als Brandwand nicht abschließend beurteilen, so bedarf sie einer allgemeinen bauaufsichtlichen Zulassung.

DIN 4102 Teil 4 enthält klassische Konstruktionsarten für ein- und zweischalige Brandwände. Die dort genannten Brandwandausführungen können ohne weitere Nachweise angewandt werden.

Besondere Anforderungen an Brandwände ergeben sich für Garagen (§ 9 GaStellV) sowie Verkaufsstätten (§ 6 VkV), Beherbergungsstätten (§ 5 BStättV) und Industriebauten (§ 5.8 Muster-Industriebaurichtlinie).

Brandwände   Art. 28

2 Erforderlichkeit von Brandwänden

Abs. 2 regelt die Fälle, in denen Brandwände verlangt werden. Die Ausnahmen für kleine Gebäude ohne Aufenthaltsräume und ohne Feuerstätte mit nicht mehr als 50 m³ Brutto-Rauminhalt sind in Nr. 1 geregelt. Diese Ausnahme gilt ggf. auch für Kleingaragen, unabhängig von den speziellen Erleichterungen für Gebäudeabschlusswände von Garagen nach § 9 Abs. 1 Nr. 2, Abs. 2 GaStellV. Daher können die Außenwände von solchen kleinen Gebäuden ohne Feuerwiderstandsdauer und aus brennbaren Baustoffen errichtet werden; sie brauchen auch keine Brandschutzabstände einzuhalten.

Nach Nr. 2 sind Brandwände als innere Brandwand zur Unterteilung ausgedehnter Gebäude in Abständen von nicht mehr als 40 m erforderlich. Der Abstand ist unabhängig von der Gebäudetiefe einzuhalten. Diese Unterteilung größerer Gebäudekomplexe in Brandabschnitte dient in erster Linie der räumlichen Brandbegrenzung und der wirksamen Brandbekämpfung. Die Regelungen über Rettungswege sind unabhängig hiervon einzuhalten.

Gemäß Nr. 3 ist eine Brandwand als innere Brandwand zur Unterteilung land- oder forstwirtschaftlich genutzter Gebäude in Brandabschnitte von nicht mehr als 10 000 m³ Brutto-Rauminhalt notwendig. Nach der Neufassung der Regelung 2008 wurde damals sachgerechter von dem früheren Brandabstand von 40 m auf den umbauten Raum abgestellt.

Nach Nr. 4 ist die Brandwand als Gebäudeabschlusswand zwischen Wohngebäude und angebauten land- oder forstwirtschaftlich genutzten Gebäuden sowie als innere Brandwand zwischen dem Wohnteil und dem land- und forstwirtschaftlich genutzten Teil eines Gebäudes erforderlich.

Nach der Neufassung sind anstelle von Brandwänden feuerbeständige Wände zulässig, sofern der Bruttorauminhalt des land- oder forstwirtschaftlich genutzten Gebäudes oder Gebäudeteils nicht größer als 2.000 m² ist. Die Bezugsgröße ist somit, unabhängig von den Gebäudeklassen, der Rauminhalt. In der Neufassung wird jetzt anstelle des früheren Begriffs des umbauten Raums der Begriff Bruttorauminhalt verwendet.

3 Feuerbeständigkeit von Brandwänden

Brandwände müssen nicht nur feuerbeständig sein, sie müssen auch aus nichtbrennbaren Baustoffen bestehen (Abs. 3). Nur so ist gewährleistet, dass sie auch während eines Brandes standsicher und tragfähig bleiben. Die Anforderungen an die Beschaffenheit von Brandwänden werden auch in DIN 4102 Teile 3 und 4 geregelt (vgl. hierzu Art. 12 Ziffer 1 und LTB).

4 Zulässigkeit anderer Wände anstelle von Brandwänden

Neu seit 2008 wird in Abs. 3 Satz 2 geregelt, bei welchen Gebäuden anstelle von Brandwänden andere Wände zulässig sind. Dies richtet sich nach den gemäß

Art. 28 — Brandwände

Art. 2 Abs. 3 festgelegten Gebäudeklassen. Dabei werden zum Teil deutlich geringere Anforderungen bis hin zur Verwendung brennbarer Baustoffe zugelassen. Die reduzierten Anforderungen berücksichtigen nach der Gesetzesbegründung die konstruktiv mögliche Aussteifung durch die (jeweils geforderte) Tragkonstruktion der Gebäude.

Nach Nr. 1 sind für Gebäude der **Gebäudeklasse 4** (Gebäude mit einer Höhe bis 13 m und Nutzungseinheiten mit jeweils nicht mehr als 400 m^2) Wände anstelle von Brandwänden zulässig, die auch unter zusätzlicher mechanischer Beanspruchung hochfeuerhemmend sind (zum Begriff Art. 24 Abs. 2 Nr. 2).

Für Gebäude der **Gebäudeklassen 1 bis 3** (Gebäude geringer Höhe nach Art. 2 Abs. 3) genügen hochfeuerhemmende Wände anstelle von Brandwänden. Nach Nr. 3 können für Gebäude der Gebäudeklassen 1 bis 3 anstelle von Brandwänden auch Gebäudeabschlusswände errichtet werden, wenn diese jeweils von innen nach außen die Feuerwiderstandsfähigkeit der tragenden und aussteifenden Teile des Gebäudes, mindestens jedoch feuerhemmende Bauteile und von außen nach innen die Feuerwiderstandsfähigkeit feuerbeständiger Bauteile haben. Insofern wird hier neu eine Spezialregelung für aneinandergebaute Gebäude in Systembauweise aufgenommen. Die (zweischalige) Gebäudeabschlusswand weist jeweils von innen die Feuerwiderstandsfähigkeit des tragenden Systems des Gebäudes auf.

Nach Nr. 4 können anstelle der Brandwand als Gebäudeabschlusswand zwischen Wohngebäude und angebauten land- und forstwirtschaftlich genutzten Gebäuden sowie als innere Brandwand zwischen dem Wohnteil und dem land- und forstwirtschaftlich genutzten Teil eines Gebäudes auch feuerbeständige Wände errichtet werden. Voraussetzung ist, dass der umbaute Raum des land- und forstwirtschaftlichen genutzten Gebäudes oder Gebäudeteils nicht größer als 2 000 m^3 ist.

5 Anordnung von Brandwänden

Abs. 4 bis 10 regeln wie bisher Art. 31 Abs. 5 bis 11 a. F. die Detailausbildung von Brandwänden. Nach Abs. 11 gelten diese Anforderungen sinngemäß, d. h. ggf. abgestuft entsprechend den jeweiligen bautechnischen Anforderungen an die Wand, auch für die Wände, die anstelle von Brandwänden zulässig sind.

In Abs. 4 Satz 1 wird die Standardforderung nach einer durch das Gebäude in einer vertikalen Ebene durchgeführten Brandwand formuliert.

Nach Abs. 4 Satz 2 dürfen unter besonderen Voraussetzungen Wände auch geschossweise versetzt angeordnet werden. Erforderlich ist, dass die Wände im Übrigen auch unter zusätzlicher mechanischer Beanspruchung feuerbeständig sind und aus brennbaren Baustoffen bestehen müssen. Notwendig ist, dass die Decken, soweit sie in Verbindung mit diesen Wänden stehen, feuerbeständig sind und aus nichtbrennbaren Baustoffen bestehen und keine Öffnungen haben und die Bauteile, die diese Wände unterstützen, ebenfalls feuerbeständig sind und nicht aus brennbaren Baustoffen bestehen.

Brandwände **Art. 28**

Weiter müssen die Außenwände in der Breite des Versatzes in dem Geschoss oberhalb und unterhalb des Versatzes feuerbeständig sein und die Öffnungen in den Außenwänden müssen die Vorgaben des Abs. 4 Satz 2 Nr. 5 einhalten. Sofern diese Vorgaben eingehalten sind, ist keine behördliche Einzelfallentscheidung mehr notwendig.

6 Ausbildung von Brandwänden

Brandwände sind bis 0,30 m über die Bedachung zu führen oder in Höhe der Dachhaut mit einer beiderseits 0,50 m austragenden feuerbeständigen Platte aus nichtbrennbaren Baustoffen abzuschließen. Diese Vorgabe entspricht Art. 31 Abs. 7 a. F. Zusätzlich wird klargestellt, dass verbleibende, d. h. aus konstruktiven Gründen unvermeidbare Hohlräume vollständig mit nichtbrennbaren Baustoffen auszufüllen sind. Dabei müssen Baustoffe gewählt werden, die auch im Brandfall den Hohlraum nicht freigeben.

Eine Erleichterung wurde für Gebäude geringerer Höhe (Gebäudeklassen 1 bis 3 nach Art. 2 Abs. 3) zugelassen; Brandwände müssen nicht über die Bedachung geführt werden; es reicht aus, wenn diese mindestens bis unter die Dachhaut geführt werden.

7 Zusammenstoßende Gebäude auf einem Grundstück

Bei Gebäuden oder Gebäudeteilen, die über Eck zusammenstoßen und durch eine Brandwand getrennt werden müssen, wird wie in der bisherigen Regelung festgelegt, dass der Abstand dieser Wand von der inneren Ecke mindestens 5 m betragen muss. Diese Abstandsregelung gilt jedoch nicht, wenn der Winkel der inneren Ecke mehr als 120 Grad beträgt oder mindestens eine Außenwand auf 5 m Länge als öffnungslose feuerbeständige Wand aus nichtbrennbaren Baustoffen ausgebildet ist.

In Abs. 7 ist geregelt, dass Bauteile aus brennbaren Baustoffen nicht über Brandwände hinweggeführt werden dürfen.

Die Neufassung des Abs. 7 Satz 2 enthält eine redaktionelle Anpassung an Art. 26 Abs. 4. Die Forderung im neuen Abs. 7 Satz 3, dass Außenwandbekleidungen von Gebäudeabschlusswänden einschließlich der Dämmstoffe und Unterkonstruktionen nicht brennbar sein dürfen, soll lediglich klarstellende Wirkung haben. Die „Brandwand" bildet das „klassische" Bauteil der brandschutztechnischen Abschottung, an dem ein Brand zunächst auch ohne Eingreifen der Feuerwehr gestoppt werden soll und sich jedenfalls nicht weiter ausbreiten darf. Diese Funktion setzt voraus, dass auch die „äußeren" Bekleidungen der Wand (Außenwandbekleidung) nicht brennbar sind. Die Anforderung an die Oberfläche der Bekleidungen (wie Anstrich, Beschichtung oder Putz) ergibt sich wie für andere Außenwände aus Art. 26 Abs. 3 Satz 1. So ist z. B. ein schwer entflammbarer Kunstharzputz als Oberfläche auf einer im Übrigen nicht brennbaren Außenwandbekleidung (z. B. eines Wärmedämmverbundsystems) zulässig.

Art. 29

8 Doppelfassaden, Außenwandbekleidungen

Außenwandkonstruktionen mit geschossübergreifenden Hohl- oder Lufträumen (hinterlüftete Außenwandbekleidungen, Doppelfassaden) werden bereits in Art. 26 Abs. 4 besonders geregelt. Für den Fassadenbereich wird in Abs. 7 Satz 2 festgelegt, dass Außenwandbekleidungen, die eine seitliche Brandausbreitung begünstigen können, ohne besondere Vorkehrungen über Brandwände nicht hinweggeführt werden dürfen.

9 Bauteile, Leitungen, Öffnungen in Brandwänden

Nach Abs. 7 Satz 4 dürfen Bauteile in Brandwände nur so weit eingreifen, dass deren Feuerwiderstandsfähigkeit nicht beeinträchtigt wird. In inneren Brandwänden werden feuerbeständige verglaste Bauteile (Brandschutzverglasung) nach Abs. 9 zugelassen, wenn sie auf die für die Nutzung erforderliche Zahl und Größe beschränkt sind.

Nach Abs. 8 wird wie bisher festgelegt, dass Öffnungen in Brandwänden grundsätzlich unzulässig sind, jedoch in inneren Brandwänden gestattet sind, wenn sie auf die, für die Nutzung erforderliche Zahl und Größe, beschränkt sind. Dabei müssen die Öffnungen feuerbeständige dicht- und selbstschließende Abschlüsse haben.

Leitungen, Leitungsschlitze und Kamine dürfen nach Abs. 7 Satz 4 2. Halbsatz in Brandwände nur so weit eingreifen, dass deren Feuerwiderstandsfähigkeit nicht beeinträchtigt wird.

10 Seitliche Wände, Vorbauten

Brandwände als Gebäudeabschlusswand nach Abs. 2 Nr. 1 sind gem. Abs. 10 nicht erforderlich für seitliche Wände von Vorbauten, wenn diese von dem Nachbargebäude oder von der Nachbargrenze einen Abstand einhalten, der ihrer eigenen Ausladung entspricht, mindestens jedoch 1 m beträgt.

Vorbauten können Balkone, eingeschossige Erker, Vordächer, Windfänge, verglaste Terrassen etc. sein.

Da die entsprechende Anwendung der Brandschutzvorschriften für Brandwände zu unbilligen Härten führen kann, lässt Abs. 10 Erleichterungen für den Brandschutz zu. Sofern die Vorbauten die Anforderungen nach Abs. 10 einhalten, sind sie von Art. 28 befreit.

Art. 29
Decken

(1) [1]Decken müssen als tragende und raumabschließende Bauteile zwischen Geschossen im Brandfall ausreichend lang standsicher und widerstandsfähig gegen die Brandausbreitung sein. [2]Sie müssen

Decken Art. 29

1. in Gebäuden der Gebäudeklasse 5 feuerbeständig,
2. in Gebäuden der Gebäudeklasse 4 hochfeuerhemmend,
3. in Gebäuden der Gebäudeklassen 2 und 3 feuerhemmend,

sein. ³Satz 2 gilt
1. für Geschosse im Dachraum nur, wenn darüber Aufenthaltsräume möglich sind; Art. 27 Abs. 4 bleibt unberührt,
2. nicht für Balkone, ausgenommen offene Gänge, die als notwendige Flure dienen.

(2) ¹Im Kellergeschoss müssen Decken
1. in Gebäuden der Gebäudeklassen 3 bis 5 feuerbeständig,
2. in Gebäuden der Gebäudeklassen 1 und 2 feuerhemmend

sein. ²Decken müssen feuerbeständig sein
1. unter und über Räumen mit Explosions- oder erhöhter Brandgefahr, ausgenommen in Wohngebäuden der Gebäudeklassen 1 und 2,
2. zwischen dem land- oder forstwirtschaftlich genutzten Teil und dem Wohnteil eines Gebäudes.

(3) Der Anschluss der Decken an die Außenwand ist so herzustellen, dass er den Anforderungen aus Abs. 1 Satz 1 genügt.

(4) Öffnungen in Decken, für die eine Feuerwiderstandsfähigkeit vorgeschrieben ist, sind nur zulässig
1. in Gebäuden der Gebäudeklassen 1 und 2,
2. innerhalb derselben Nutzungseinheit mit insgesamt nicht mehr als 400 m² in nicht mehr als zwei Geschossen,
3. im Übrigen, wenn sie auf die für die Nutzung erforderliche Zahl und Größe beschränkt sind und Abschlüsse mit der Feuerwiderstandsfähigkeit der Decke haben.

Erläuterungen

Übersicht

1 Allgemeines
2 Anforderungen an die Feuerwiderstandsfähigkeit von Decken
3 Decken in Kellergeschossen
4 Anschluss der Decken an die Außenwand
5 Öffnungen in Decken

Art. 29 — Decken

1 Allgemeines

Unter Decken sind Bauteile zu verstehen, die ein Gebäude horizontal in verschiedene Geschosse trennen. Sofern die Decken die Räume nach oben nicht abschließen, handelt es sich nicht um Decken, sondern um Dächer, für die Art. 30 gilt. Art. 29 geht davon aus, dass Gebäude durchgehend von Decken in Geschosse getrennt werden; sofern innerhalb von Räumen teilweise zusätzliche Ebenen eingezogen werden, jedoch keine zweite Ebene mit Räumen entsteht, handelt es sich um eine Galerie, die nicht unter Art. 29 fällt.

Abs. 1 Satz 1 enthält das Schutzziel; danach müssen Decken als tragende und raumabschließende Bauteile zwischen den Geschossen ausreichend lang standsicher und widerstandsfähig gegen die Brandausbreitung sein. Somit müssen die Decken zum einen die Standsicherheit gewährleisten, zum anderen einen Raumabschluss gegen die Ausbreitung von Feuer und Rauch von Geschoss zu Geschoss bilden.

Besondere Anforderungen an Decken können sich ergeben durch eine Verbindung mit Trennwänden (Art. 27), Brandwänden (Art. 28), Dächern (Art. 30), Treppenräumen (Art. 33), Fluren (Art. 34), Aufzügen/Fahrschächten (Art. 37) sowie bei Aufbewahrung fester Brennstoffe (Art. 43).

Weitere Vorschriften für Garagen und Sonderbauten ergeben sich für Garagen aus § 6 GaStellV, Verkaufsstätten aus § 7 VkV, Versammlungsstätten aus § 4 VStättV, Beherbergungsstätten aus § 4 BStättV, Arbeitsstätten aus § 3 ArbStättV, Feuerungsanlagen aus § 4 ff. FeuV, Betriebsräume/elektrische Anlagen aus § 4 EltBauV, Hochhäuser aus Nr. 3.1.4 und 3.1.5 Hochhausrichtlinien, Industriebauten aus §§ 5, 6 Muster-Industriebaurichtlinie sowie Feuerwehrflächen und Durchfahrten für die Feuerwehr aus den Richtlinien für die Flächen für die Feuerwehr.

2 Anforderungen an die Feuerwiderstandsfähigkeit von Decken

In Abs. 1 Satz 2 werden die Anforderungen an die Feuerwiderstandsfähigkeit von Decken nach den Gebäudeklassen (s. Art. 2 Abs. 3) eingeteilt. Für Gebäude der **Gebäudeklasse 1** (freistehende Gebäude bis zu 7 m und nicht mehr als zwei Nutzungseinheiten von insgesamt nicht mehr als 400 m² und land- und forstwirtschaftlich genutzte Gebäude) werden keine Anforderungen an Decken gestellt. Sie sind somit ohne Feuerwiderstandsdauer zulässig.

In Gebäuden der **Gebäudeklasse 2** (Gebäude mit einer Höhe bis zu 7 m und nicht mehr als zwei Nutzungseinheiten von insgesamt nicht mehr als 400 m²) und **Gebäudeklasse 3** (sonstige Gebäude mit einer Höhe bis zu 7 m) sind nach Abs. 1 Nr. 3 Decken feuerhemmend herzustellen.

In Gebäuden der **Gebäudeklasse 4** (Gebäude mit einer Höhe bis zu 13 m und Nutzungseinheiten mit jeweils nicht mehr als 400 m²) sind Decken hochfeuerhemmend herzustellen.

Decken **Art. 29**

In Gebäuden der **Gebäudeklasse 5** (sonstige Gebäude einschließlich unterirdischer Gebäude) sind Decken feuerbeständig herzustellen.
Jedoch gilt dies für Gebäude von allen Gebäudeklassen nach Abs. 1 Satz 2 für Geschosse im Dachraum nur, wenn darüber Aufenthaltsräume möglich sind. Art. 27 Abs. 4 bleibt insofern unberührt.

Des Weiteren gilt dieses Erfordernis nicht für Balkone, ausgenommen offene Gänge, die als notwendige Flure dienen.

3 Decken in Kellergeschossen

Für Decken in Kellergeschossen gelten grundsätzlich die gleichen Anforderungen, wie an die sonstigen tragenden Teile des Gebäudes. Insofern entsprechen die Anforderungen in Abs. 2 den Vorgaben für tragende Wände in Kellergeschossen gemäß Art. 25 Abs. 2. In Gebäuden der Gebäudeklassen 3 bis 5 müssen Decken feuerbeständig, in Gebäuden der Gebäudeklassen 1 und 2 feuerhemmend sein.

Decken unter oder über **Räumen mit Explosions- oder erhöhter Brandgefahr** müssen feuerbeständig sein. Eine Erleichterung hat der Gesetzgeber für Wohngebäude der Gebäudeklassen 1 und 2 geschaffen. Insofern werden die Anforderungen an Trennwände nach Art. 27 Abs. 2 Nr. 3, Abs. 6 entsprechend ergänzt. Eine Feuerbeständigkeit wird jedoch gefordert, wenn die Decken im Kellergeschoss zwischen dem landwirtschaftlich genutzten Teil und dem Wohnteil eines Gebäudes hergestellt wird (Abs. 2 Satz 2 Nr. 2).

4 Anschluss der Decken an die Außenwand

Neu aufgenommen in der Novelle 2008 hat der Gesetzgeber in Abs. 3 die Forderung, dass der Anschluss der Decken an die Außenwand so herzustellen ist, dass dies dem Schutzziel in Abs. 1 genügt. Damit sollen die Fassadensysteme berücksichtigt werden, die vor den Geschossdecken hoch geführt und nicht durch diese getrennt werden. Es wird klargestellt, dass die Decke auch hier der Brandausbreitung von Geschoss zu Geschoss ausreichend lang widerstehen muss. Insofern ist auf Art. 26 Abs. 4 zu verweisen, der für Außenwandkonstruktionen mit geschossübergreifenden Hohl- oder Lufträumen wie Doppelfassaden anordnet, dass gegen die Brandausbreitung besondere Vorkehrungen zu treffen sind.

5 Öffnungen in Decken

Der frühere Grundsatz in Art. 32 Abs. 9 Satz 2 a. F., dass aus Gründen der Nutzung erforderliche Öffnungen in Decken auf das betrieblich notwendige Mindestmaß beschränkt werden müssen und mit selbstschließenden Feuerschutzabflüssen zu versehen sind, die die gleiche Feuerwiderstandsfähigkeit wie die Decke aufweisen, gilt auch im neuen Recht. Jedoch hat der Gesetzgeber in Abs. 4 die bisherigen Ausnahmen für Deckenöffnungen nun ohne Einschränkung in Gebäuden der Gebäudeklassen 1 und 2 zugelassen. Während vor 2008 Ausnahmen für Deckenöffnungen nur in Wohngebäuden geringer Höhe mit nicht mehr als zwei Wohnun-

Art. 30
Dächer

gen zulässig waren, sind diese seitdem in den Gebäuden geringer Höhe mit nicht mehr als zwei Nutzungseinheiten von insgesamt nicht mehr als 400 m² sowie in land- und forstwirtschaftlich genutzten Gebäuden gestattet.

Neu war zudem die Ausnahmeregelung für die Deckenöffnung zur Verbindung der Geschosse einer zweigeschossigen Nutzungseinheit, unabhängig von der Gebäudeklasse, sofern die Nutzungseinheit max. 400 m² aufweist (Abs. 4 Nr. 2).

Für alle anderen Öffnungen in Decken gilt nach Abs. 4 Nr. 3, dass diese auf die für die Nutzung erforderliche Zahl und Größe beschränkt sind und Abschlüsse mit der Feuerwiderstandsdauer der Decke haben müssen.

Die Vorschriften für begehbare Decken (Art. 32 Abs. 8 a. F.) wurden in Art. 36 Abs. 1 Nr. 2, die Vorgaben für Leitungen (Art. 32 Abs. 10 a. F.) in Art. 38 Abs. 2 aufgenommen.

Art. 30
Dächer

(1) Bedachungen müssen gegen eine Brandbeanspruchung von außen durch Flugfeuer und strahlende Wärme ausreichend lang widerstandsfähig sein (harte Bedachung).

(2) ¹Bedachungen, die die Anforderungen nach Abs. 1 nicht erfüllen, sind zulässig bei Gebäuden der Gebäudeklassen 1 bis 3, wenn die Gebäude

1. einen Abstand von der Grundstücksgrenze von mindestens 12 m,
2. von Gebäuden auf demselben Grundstück mit harter Bedachung einen Abstand von mindestens 12 m,
3. von Gebäuden auf demselben Grundstück mit Bedachungen, die die Anforderungen nach Abs. 1 nicht erfüllen, einen Abstand von mindestens 24 m,
4. von Gebäuden auf demselben Grundstück ohne Aufenthaltsräume und ohne Feuerstätten mit nicht mehr als 50 m³ Brutto-Rauminhalt einen Abstand von mindestens 5 m

einhalten. ²Soweit Gebäude nach Satz 1 Abstand halten müssen, genügt bei Wohngebäuden der Gebäudeklassen 1 und 2 in den Fällen

1. der Nrn. 1 und 2 ein Abstand von mindestens 9 m,
2. der Nr. 3 ein Abstand von mindestens 12 m.

(3) Die Abs. 1 und 2 gelten nicht für

1. Gebäude ohne Aufenthaltsräume und ohne Feuerstätten mit nicht mehr als 50 m³ Brutto-Rauminhalt,
2. lichtdurchlässige Bedachungen aus nichtbrennbaren Baustoffen; brennbare Fugendichtungen und brennbare Dämmstoffe in nichtbrennbaren Profilen sind zulässig,

Dächer   Art. 30

3. Dachflächenfenster, Lichtkuppeln und Oberlichte von Wohngebäuden,
4. Eingangsüberdachungen und Vordächer aus nichtbrennbaren Baustoffen,
5. Eingangsüberdachungen aus brennbaren Baustoffen, wenn die Eingänge nur zu Wohnungen führen.

(4) Abweichend von den Abs. 1 und 2 sind
1. lichtdurchlässige Teilflächen aus brennbaren Baustoffen in Bedachungen nach Abs. 1 und
2. begrünte Bedachungen

zulässig, wenn eine Brandentstehung bei einer Brandbeanspruchung von außen durch Flugfeuer und strahlende Wärme nicht zu befürchten ist oder Vorkehrungen hiergegen getroffen werden.

(5) [1]Dachüberstände, Dachgesimse und Dachaufbauten, lichtdurchlässige Bedachungen, Dachflächenfenster, Lichtkuppeln, Oberlichte und Solaranlagen sind so anzuordnen und herzustellen, dass Feuer nicht auf andere Gebäudeteile und Nachbargrundstücke übertragen werden kann. [2]Von Brandwänden und von Wänden, die an Stelle von Brandwänden zulässig sind, müssen mindestens 1,25 m entfernt sein

1. Dachflächenfenster, Oberlichte, Lichtkuppeln und Öffnungen in der Bedachung, wenn diese Wände nicht mindestens 0,30 m über die Bedachung geführt sind,
2. Solaranlagen, Dachgauben und ähnliche Dachaufbauten aus brennbaren Baustoffen, wenn sie nicht durch diese Wände gegen Brandübertragung geschützt sind.

(6) [1]Dächer von traufseitig aneinandergebauten Gebäuden müssen als raumabschließende Bauteile für eine Brandbeanspruchung von innen nach außen einschließlich der sie tragenden und aussteifenden Bauteile feuerhemmend sein. [2]Öffnungen in diesen Dachflächen müssen waagerecht gemessen mindestens 1,25 m von der Brandwand oder der Wand, die an Stelle der Brandwand zulässig ist, entfernt sein.

(7) [1]Dächer von Anbauten, die an Außenwände mit Öffnungen oder ohne Feuerwiderstandsfähigkeit anschließen, müssen innerhalb eines Abstands von 5 m von diesen Wänden als raumabschließende Bauteile für eine Brandbeanspruchung von innen nach außen einschließlich der sie tragenden und aussteifenden Bauteile die Feuerwiderstandsfähigkeit der Decken des Gebäudeteils haben, an den sie angebaut werden. [2]Das gilt nicht für Anbauten an Wohngebäude der Gebäudeklassen 1 bis 3.

(8) Für vom Dach aus vorzunehmende Arbeiten sind sicher benutzbare Vorrichtungen anzubringen.

Art. 30 Dächer

Erläuterungen

Übersicht
1 Allgemeines
2 Zulässigkeit von weichen Bedachungen
3 Anforderungen an Dachaufbauten und Öffnungen
4 Dächer bei aneinandergebauten Gebäuden
5 Dächer von Anbauten
6 Sonstige Anforderungen an Dächer

Zur Neufassung 2013:

Der Ausnahmetatbestand des Abs. 3 Nr. 3 zum Erfordernis einer harten Bedachung bzw. den Vorgaben des Abs. 2 wird auf die Dachflächenfenster erweitert.

Dieser Änderung korrespondiert die Ausnahmeregelung des Abs. 5 Satz 2 Nr. 1.

Zudem wird in Abs. 5 Satz 2 Nr. 2 eine Regelung für Solaranlagen aufgenommen.

1 Allgemeines

Nach Abs. 1 wird die schon früher im Gesetz enthaltene Schutzzielbestimmung beibehalten: Bedachungen müssen gegen eine Brandbeanspruchung von außen durch Flugfeuer und strahlende Wärme ausreichend lang widerstandsfähig sein (harte Bedachung). Damit hat der Gesetzgeber den Begriff der harten Bedachung definiert.

Dächer bestehen aus der Dachhaut (z. B. Dachziegel, Dachpappe, Blech), der Schalung oder der Dachlattung und aus dem Dachtragwerk (z. B. Sparen, Fetten, Dachbinder). Wenn das Dach die Vorgaben des Abs. 1 nicht einhält, handelt es sich um eine weiche Bedachung.

Es bestehen zahlreiche technische Regeln für Dächer, wie die Grund- und Fachregeln des Deutschen Dachdeckerhandwerks, die DIN 18 531 zu Dachabdichtungen, die DIN 18 460 zu Regenfallleitungen, die DIN 18 234 zum baulichen Brandschutz im Industriebau, die DIN V 11 535 zu Gewächshäusern, die DIN 68 800 zu Holzschutz und die DIN 18 160–5 zu Abgasanlagen. Für Dächer von Sonderbauten sind Vorschriften beispielsweise in § 6 Abs. 4, 6 GaStellV, in §§ 8, 9 VkV, in § 4 Abs. 8, 9, § 5 VStättV BY, in Nr. 3.3 der Hochhausrichtlinien sowie in den Nrn. 5.11 und 6.1.2 Industriebaurichtlinie enthalten.

Das Brandverhalten von Dächern wird in einer besonderen Prüfanordnung nach DIN 4102 Teil 7 geprüft. Als Verwendbarkeitsnachweis ist ein allgemeines bauaufsichtliches Prüfzeugnis erforderlich. Sofern dieser Nachweis für Bedachungen nicht geführt werden kann und keine Klassifizierung in DIN 4102 Teil 4 besteht, gelten die Dächer als weiche Bedachung.

Dächer **Art. 30**

2 Zulässigkeit von weichen Bedachungen

Eine Dachhaut, die den Anforderungen nach Abs. 1 (Widerstandsfähigkeit gegen Flugfeuer und strahlende Wärme, nicht entspricht, ist eine weiche Bedachung. Diese ist nach Abs. 2 Satz 1 bei Gebäuden geringer Höhe und land- oder forstwirtschaftlichen Gebäuden (Gebäude der Gebäudeklassen 1 bis 3 nach Art. 2 Abs. 3) zulässig, wenn bestimmte Abstände eingehalten werden oder es sich um ein kleines Gebäude nach Abs. 2 Satz 1 Nr. 4 handelt.

Gebäude der Gebäudeklassen 1 bis 3 müssen einen Abstand von der Grundstücksgrenze von mindestens 12 m, von Gebäuden auf demselben Grundstück mit harter Bedachung einen Abstand von mindestens 12 m und von Gebäuden auf demselben Grundstück mit weicher Bedachung einen Abstand von mindestens 24 m einhalten.

Bei den kleinen Gebäuden (Gebäude ohne Aufenthaltsräume und ohne Feuerstätte mit nicht mehr als 50 m^3 Brutto-Rauminhalt) muss ein Abstand von Gebäuden auf demselben Grundstück von mindestens 5 m eingehalten werden.

Neu lässt der Gesetzgeber nach Abs. 2 Satz 2 einen Abstand von der Grundstücksgrenze von mindestens 9 m und von Gebäuden auf demselben Grundstück mit harter Bedachung ebenfalls von mindestens 9 m sowie von Gebäuden auf demselben Grundstück mit weicher Bedachung von mindestens 12 m ausreichen.

Die Berücksichtigung angrenzender öffentlicher Flächen ergibt sich aus Art. 6 Abs. 2 Satz 2.

Gebäude ohne Aufenthaltsräume und ohne Feuerstätten mit nicht mehr als 50 m^3 Brutto-Rauminhalt mit weicher Bedachung sind ohne Abstände von der Grundstücksgrenze und Gebäuden auf demselben Grundstück zulässig.

Keine Anforderungen an Bedachungen werden nach Abs. 3 Nr. 2 für lichtdurchlässige Bedachungen aus nichtbrennbaren Baustoffen gestellt; insofern sind brennbare Fugendichtungen und brennbare Dämmstoffe in nichtbrennbaren Profilen zulässig.

Befreit von den Anforderungen der Abs. 1 und 2 sind auch Lichtkuppeln sowie Dachflächenfenster und Oberlichte von Wohngebäuden (Art. 30 Abs. 3 Nr. 3), Eingangsüberdachungen und Vordächer aus nichtbrennbaren Baustoffen (Art. 30 Abs. 3 Nr. 4) und Eingangsüberdachungen aus brennbaren Baustoffen, wenn die Eingänge nur zur Wohnung führen (Art. 30 Abs. 3 Nr. 5).

In Abs. 4 sind weitere Ausnahmen von den Anforderungen an Bedachungen für lichtdurchlässige Teilflächen aus brennbaren Baustoffen aufgenommen. Anstelle der früher geltenden konkreten Maße wird seither auf das Schutzziel des Abs. 1 Bezug genommen. Nach der Gesetzesbegründung kann dieses Schutzziel z. B. als eingehalten angenommen werden, wenn die bisherigen konkreten Bedingungen eingehalten sind (die Teilflächen haben höchstens 1/5 der Dachfläche und sind einzeln höchstens 6 m^2 groß, mit einem Abstand untereinander und vom Dach-

Art. 30

rand von mindestens 1,25 m oder höchstens 2 m breit und 20 m lang, mit einem Abstand untereinander und vom Dachrand von mindestens 2 m.

Neu wurde in Abs. 4 Nr. 2 geregelt, dass begrünte Bedachungen zulässig sind, wenn eine Brandentstehung nicht zu befürchten ist. Anhaltspunkte für eine Beurteilung enthält der Mustererlass der ARGE-Bau (vgl. Mitteilungen des DIBt Heft 6 von 1989).

3 Anforderungen an Dachaufbauten und Öffnungen

Dachüberstände, Dachgesimse und Dachaufbauten, lichtdurchlässige Bedachungen, Lichtkuppeln und Oberlichte sowie Dachflächenfenster sind nach Abs. 5 so auszuführen, dass durch sie kein Feuer auf Nachbargebäude und andere Gebäudeteile übertragen werden kann. Insofern ergänzt Abs. 5 die Anforderungen an Brandwände nach Art. 32. Nach Abs. 5 Satz 2 müssen Oberlichte, Lichtkuppeln und Öffnungen in der Bedachung, sofern diese Wände nicht mindestens 0,30 m über der Bedachung geführt sind, mindestens 1,25 m von Brandwänden und von Wänden, die anstelle von Brandwänden zulässig sind, entfernt sein. Die Entfernung von 1,25 m ist nach Abs. 5 Satz 2 Nr. 2 auch von Dachgauben sowie nach der Änderung der Bauordnung 2013 von Solaranlagen und ähnlichen Dachaufbauten aus brennbaren Baustoffen einzuhalten, wenn sie nicht durch solche Wände gegen Brandübertragung geschützt sind.

4 Dächer bei aneinandergebauten Gebäuden

Neu geregelt in 2008 hat der Gesetzgeber den (öfter vorkommenden) Sonderfall der an der Traufseite aneinandergebauten Gebäude. Nach der Gesetzesbegründung wurden für die Ausbildung der Dächer im Bereich der Brandwand davor unterschiedliche Regelungen angewendet. Zur Anwendung kamen teilweise die Regelungen des Art. 33 Abs. 1 Satz 1 a. F. (Anforderungen an tragende und aussteifende Teile, wenn sonst Belange des Brandschutzes berührt werden), des Art. 31 Abs. 4 Satz 2 Halbsatz 2 a. F. (traufseitig aneinanderstoßende Wohngebäude geringer Höhe), des Art. 33 Abs. 4 Satz 2 a. F. (Entfernungsvorgabe für Dachaufbauten und Öffnungen von Brandwänden) und des Art. 48 Abs. 2 a. F., wobei die beiden letzteren Vorschriften fälschlicherweise angewandt wurden.

Daher wurden dann in 2008 in Abs. 6 die Anforderungen klargestellt und festgelegt, dass die Dächer von traufseitig aneinandergebauten Gebäuden als raumabschließende Bauteile für eine Brandbeanspruchung von innen nach außen einschließlich der sie tragenden und aussteifenden Bauteile feuerhemmend sein müssen.

Für die Öffnungen in diesen Dachflächen wurde festgelegt, dass diese waagerecht gemessen, mindestens 1,25 m von der Brandwand oder von der Wand die anstelle der Brandwand zulässig ist, entfernt sein müssen.

Die Regelung für aneinanderstoßende Wände und Decken bei Wohngebäuden geringer Höhe nach Art. 31 Abs. 4 Satz 2 Halbsatz 2 a. F. konnte daher entfallen. Ebenso aufgehoben wurden in 2008 die entsprechenden Regelungen für Aufenthaltsräume und Wohnungen im Dachraum nach Art. 48 Abs. 2 bis 4 a. F. Auch Art. 33 Abs. 3 Satz 1 a. F., der tragende und aussteifende Teile von Dächern, die den oberen Raumabschluss von Aufenthaltsräumen bilden, regelte, wurde gestrichen.

5 Dächer von Anbauten

Die Regelung des Abs. 7 entspricht seit 2008 dem Art. 33 Abs. 6 a. F. Schutzziel des Abs. 7 ist, eine Brandausbreitung von Anbauten auf darüber liegende Einheiten zu vermeiden. Die Vorschrift ist gekoppelt an die Feuerwiderstandsdauer der Decken des Gebäudes, an das angebaut wird. Insofern müssen die Dächer innerhalb eines Abstands von 5 m von diesen Außenwänden, bei den sie tragenden und aussteifenden Bauteilen die Feuerwiderstandsfähigkeit der Decken des (Haupt-) Gebäudes nach Art. 29 Abs. 1 haben.

Für die Dächer von Anbauten an Wohngebäude geringer Höhe (Gebäudeklasse 1 bis 3 nach Art. 2 Abs. 3) gelten keine Anforderungen an die Feuerwiderstandsfähigkeit.

6 Sonstige Anforderungen an Dächer

Die Anforderungen für Dächer, die zum Aufenthalt von Menschen bestimmt sind, sind in Art. 36 aufgenommen worden. Die frühere Regelung des Art. 33 Abs. 8 Satz 2 a. F., dass in Gebäuden mit mehr als einem Vollgeschoss für Arbeiten, die vom Dach aus vorzunehmen sind, ausreichend große Ausstiegsöffnungen vorzusehen sind, wurde in 2008 nicht übernommen. Beibehalten wurde damals jedoch die Vorgabe, dass für die vom Dach aus vorzunehmenden Arbeiten sicher benutzbare Vorrichtungen anzubringen sind (Abs. 8).

Die Anforderungen an die Wärmedämmung von Dächern sowie den Schallschutz und die Lüftbarkeit (Abs. 9 und 10 a. F.) sind entfallen. Der Wärme- und Schallschutz ist nach Auffassung des Gesetzgebers in Art. 13 und den eingeführten technischen Baubestimmungen ausreichend geregelt; auf die Forderung der Lüftbarkeit der Dächer wurde verzichtet und die Zugänglichkeit des benutzbaren Dachraums ergibt sich aus den Regelungen des Art. 32 Abs. 1 Satz 1.

ABSCHNITT V
Rettungswege, Öffnungen, Umwehrungen

Art. 31
Erster und zweiter Rettungsweg

(1) Für Nutzungseinheiten mit mindestens einem Aufenthaltsraum wie Wohnungen, Praxen, selbstständige Betriebsstätten müssen in jedem Geschoss mindestens zwei voneinander unabhängige Rettungswege ins Freie vorhanden sein; beide Rettungswege dürfen jedoch innerhalb des Geschosses über denselben notwendigen Flur führen.

Art. 31

Erster und zweiter Rettungsweg

(2) ¹Für Nutzungseinheiten nach Abs. 1, die nicht zu ebener Erde liegen, muss der erste Rettungsweg über eine notwendige Treppe führen. ²Der zweite Rettungsweg kann eine weitere notwendige Treppe oder eine mit Rettungsgeräten der Feuerwehr erreichbare Stelle der Nutzungseinheit sein. ³Ein zweiter Rettungsweg ist nicht erforderlich, wenn die Rettung über einen sicher erreichbaren Treppenraum möglich ist, in den Feuer und Rauch nicht eindringen können (Sicherheitstreppenraum).

(3) ¹Gebäude, deren zweiter Rettungsweg über Rettungsgeräte der Feuerwehr führt und bei denen die Oberkante der Brüstung von zum Anleitern bestimmten Fenstern oder Stellen mehr als 8 m über der Geländeoberfläche liegt, dürfen nur errichtet werden, wenn die Feuerwehr über die erforderlichen Rettungsgeräte wie Hubrettungsfahrzeuge verfügt. ²Bei Sonderbauten ist der zweite Rettungsweg über Rettungsgeräte der Feuerwehr nur zulässig, wenn keine Bedenken wegen der Personenrettung bestehen.

Erläuterungen

Übersicht

1 Allgemeines
2 Anforderungen an den ersten und zweiten Rettungsweg
3 Anforderungen an den zweiten Rettungsweg über Rettungsgeräte der Feuerwehr
4 Zweiter Rettungsweg bei Sonderbauten

1 Allgemeines

Für Gebäude mit Aufenthaltsräumen muss eine gesicherte Rettung von Menschen und Tieren möglich sein. Hierzu sind Rettungswege notwendig, die der Rettung von Menschen sowie im Brand- und Katastrophenfall dem Löschangriff der Feuerwehr dienen.

Dem Brandschutzkonzept der BayBO liegt das Gedankenmodell der „sicheren Zellen" zugrunde (Kühnel/Gollwitzer in: Simon/Busse Art. 31 BayBO, RdNr. 1).

Brandschutzrechtlich kommt es sowohl auf die Gebäudehöhe als auch auf die Größe der Nutzung oder sonstigen Einheiten an.

Für Gebäude der **Gebäudeklassen 1 bis 2**, die eine Höhe von 7 m nicht überschreiten dürfen und bei denen die Summe der in den Gebäuden befindlichen Nutzungseinheiten auf 400 m² festgelegt ist, reicht für den zweiten Rettungsweg auch der Einsatz der Rettungsgeräte der Feuerwehr (Steckleiter) aus.

Für Gebäude der **Gebäudeklasse 3** ist ebenfalls die Höhe mit 7 m fixiert, es fehlt aber das Kriterium der Größe der Nutzungseinheiten. Jedoch sind hier aufgrund der größeren Anzahl der Nutzer höhere Anforderungen an Bauteile und Rettungswege gestellt (vgl. Art. 32, Art. 37, Art. 38 sowie Art. 39).

Erster und zweiter Rettungsweg	Art. 31

Da Gebäude der **Gebäudeklasse 4** bis 13 m Höhe zulässig sind, werden auch hier erhöhte Anforderungen an die Bauteilqualitäten gestellt (Art. 32 ff.). Die Anzahl der Nutzer ist durch die Festlegung von maximal 400 m² Größe für die Nutzungseinheiten begrenzt.

Bei Gebäuden der **Gebäudeklasse 5** werden die höchsten Anforderungen an Bauteile und Rettungswege gestellt, da diese Gebäude eine Höhe über 13 m haben können und zudem die Größe der Nutzungseinheiten nicht beschränkt ist.

Abs. 1 enthält das **Rettungswegsystem,** wonach für jede Nutzungseinheit in jedem Geschoss zwei voneinander unabhängige Rettungswege ins Freie vorhanden sein müssen. Dabei entspricht Abs. 1 dem Art. 15 Abs. 2 Satz 1 Halbsatz 1 a. F. und wurde in 2008 zur Klarstellung redaktionell geändert. Der Begriff Nutzungseinheiten wird wie bisher durch die beispielhafte Aufzählung verdeutlicht (Wohnungen, Praxen, selbstständige Betriebsstätten). Um das Erfordernis von Rettungswegen auszulösen, reicht ein Aufenthaltsraum aus. Beide Rettungswege müssen aus dem Geschoss ins Freie führen. Zusätzlich wird durch Abs. 1 Halbsatz 2 klargestellt, dass beide Rettungswege innerhalb eines Geschosses über denselben notwendigen Flur (Art. 34) führen dürfen.

Von einer Festlegung der maximalen Fläche von Nutzungseinheiten wurde in Art. 31 abgesehen. Als Grenze ist jedoch insbesondere die Forderung nach Brandabschnitten in einem Abstand von 40 m zu beachten (Art. 28 Abs. 2 Nr. 2).

Für bauliche Anlagen und Räume besonderer Art und Nutzung können die Bauaufsichtsbehörden die notwendigen Anforderungen für die Anordnung von Treppen und anderen Bauteilen und Einrichtungen im Einzelfall vorschreiben. Einzelvorschriften enthalten die Sonderbauverordnungen (wie z. B. GaStellV und VStättV).

2 Anforderungen an den ersten und zweiten Rettungsweg

Abs. 2 regelt für Nutzungseinheiten mit mindestens einem Aufenthaltsraum, die nicht zu ebener Erde liegen, die Anforderungen an den ersten und zweiten Rettungsweg. Satz 1 entspricht, geringfügig redaktionell geändert, Art. 15 Abs. 2 Satz 2 a. F. und regelt die Führung des ersten Rettungswegs über mindestens eine notwendige Treppe (vgl. hierzu Art. 32 Abs. 3, Art. 33). Dies bedeutet, dass erste Rettungsweg über eine Treppe führen muss, an die alle nicht zu ebener Erde liegende Nutzungseinheiten angeschlossen sein müssen. Sie wird als notwendige Treppe bezeichnet. Die notwendige Treppe muss grundsätzlich in einem Zug zu allen angeschlossenen Geschossen führen und in einem eigenen durchgehenden Treppenraum liegen (zu den Ausnahmen für Gebäude der Gebäudeklassen 1 und 2 s. Art. 33 Abs. 1 Satz 3).

Für den zweiten Rettungsweg sieht Art. 31 Abs. 2 Satz 2 wie bisher der Art. 15 Abs. 2 Satz 3 a. F. grundsätzlich das Erfordernis einer weiteren von der ersten Treppe unabhängigen notwendigen Treppe vor. Diese weitere Treppe kann auch eine außenliegende Treppe ohne Treppenraum sein (Art. 33 Abs. 1 Satz 3 Nr. 3).

Art. 31 — Erster und zweiter Rettungsweg

Als zweiter Rettungsweg genügt ferner eine mit Rettungsgeräten der Feuerwehr sicher erreichbare Stelle als Einheit. Dabei ergibt sich aus Abs. 3, unter welchen Bedingungen der zweite Rettungsweg über Rettungsgeräte der Feuerwehr möglich ist.

Abs. 2 Satz 3 entspricht Art. 15 Abs. 2 Satz 1 Halbsatz 2 a. F. und legt fest, dass ein zweiter Rettungsweg nicht erforderlich ist, wenn die Rettung über einen sicher erreichbaren Treppenraum möglich ist, in den Feuer und Rauch nicht eindringen können (Sicherheitstreppenraum). Zusätzlich wird klargestellt, dass der Sicherheitstreppenraum sicher erreichbar sein muss. Dies ist im Standardfall durch einen nach Art. 34 ausgebildeten notwendigen Flur gewährleistet (vgl. Art. 34 Abs. 3 Satz 4).

3 Anforderungen an den zweiten Rettungsweg über Rettungsgeräte der Feuerwehr

Nach Abs. 2 Satz 2 ist für den zweiten Rettungsweg über Rettungsgeräte der Feuerwehr eine mit diesen Rettungsgeräten erreichbare Stelle der Nutzungseinheit erforderlich.

Dies setzt voraus, dass die Löscharbeiten der Feuerwehr durch die Anordnung und Ausbildung der baulichen Anlage nicht behindert werden dürfen. So muss die Feuerwehr unbehindert an die Brandstelle herankommen und ihren Löschangriff vortragen können. Hierfür sind ausreichend breite, hohe Zu- und Durchfahrten und Zu- und Durchgänge von öffentlichen Verkehrsflächen notwendig, die für die Feuerwehrfahrzeuge ausreichend befestigt und tragfähig sein müssen (vgl. hierzu auch Art. 4 der Richtlinien über Flächen für die Feuerwehr, Juli 98, AllMBl. 1998, S. 909). Bei Gebäuden, bei denen die Oberkante der Brüstung von zum Anleitern bestimmten Fenstern oder Stellen mehr als 8 m über der Geländeoberfläche liegt, legt Abs. 3 Satz 1 fest, dass diese nur errichtet werden dürfen, wenn die Feuerwehr über die erforderlichen Rettungsgeräte wie Hubrettungsfahrzeuge verfügt. In der Gesetzesbegründung wird hierzu ausgeführt, dass bei solchen Gebäuden grundsätzlich nicht von einer Personenrettung über tragbare Leitern ausgegangen werden kann. Daher werden zur Verdeutlichung der erforderlichen Rettungsgeräte beispielhaft Hubrettungsfahrzeuge genannt. Weitere Voraussetzung ist die Erreichbarkeit nach Art. 5.

4 Zweiter Rettungsweg bei Sonderbauten

Nach Abs. 3 Satz 2 wird die Rettungswegführung über Rettungsgeräte der Feuerwehr bei Sonderbauten nur dann zugelassen, wenn wegen der Personenrettung keine Bedenken bestehen. Solche Bedenken bestehen insbesondere bei solchen Sonderbauten, bei denen wegen einer größeren Zahl von Personen in einer Nutzungseinheit oder wegen einer erhöhten Hilfsbedürftigkeit der Person (z. B. kranke oder behinderte Personen, Kleinkinder) eine Rettung über die Feuerwehrleiter so erschwert ist, dass sie nicht in vertretbarer Zeit durchgeführt werden kann. Sofern eine Rettungswegführung über Rettungsgeräte der Feuerwehr bei

Treppen   **Art. 32**

Sonderbauten deshalb ausscheidet, muss nach Art. 31 Abs. 2 der zweite Rettungsweg über eine weitere notwendige Treppe und einen Sicherheitstreppenraum sichergestellt sein. Zur Begründung wird ausgeführt, dass Gebäudenutzungen, die Bedenken wegen der Personenrettung über Rettungsgeräte der Feuerwehr aufwerfen können, zur Einstufung des Gebäudes als Sonderbau führen (s. insbesondere Art. 2 Abs. 4 Nrn. 4 bis 12, 18).

In Abs. 3 hat der Gesetzgeber die **Brüstungshöhe** mit maximal 8 m über der Geländeoberfläche festgelegt, sofern der Rettungsweg über Rettungsgeräte der Feuerwehr führt. Dieses Erfordernis muss vom Brandschutzplaner bei den zum Anleitern bestimmten Fenstern beachtet werden. Bei der Größe des Fensters ist Art. 35 Abs. 4 maßgeblich.

Besondere Vorgaben für Rettungswege sind bei den Sonderbauten, wie z. B. Tagesbetreuungseinrichtungen für Kinder, Schulgebäude, Pflegeheime, Krankenhäuser aber auch Discos etc. einzuhalten.

Art. 32
Treppen

(1) ¹Jedes nicht zu ebener Erde liegende Geschoss und der benutzbare Dachraum eines Gebäudes müssen über mindestens eine Treppe zugänglich sein (notwendige Treppe). ²Statt notwendiger Treppen sind Rampen mit flacher Neigung zulässig.

(2) ¹Einschiebbare Treppen und Rolltreppen sind als notwendige Treppen unzulässig. ²In Gebäuden der Gebäudeklassen 1 und 2 sind einschiebbare Treppen und Leitern als Zugang zu einem Dachraum ohne Aufenthaltsraum zulässig.

(3) ¹Notwendige Treppen sind in einem Zuge zu allen angeschlossenen Geschossen zu führen; sie müssen mit den Treppen zum Dachraum unmittelbar verbunden sein. ²Das gilt nicht für Treppen
1. in Gebäuden der Gebäudeklassen 1 bis 3,
2. nach Art. 33 Abs. 1 Satz 3 Nr. 2.

(4) ¹Die tragenden Teile notwendiger Treppen müssen
1. in Gebäuden der Gebäudeklasse 5 feuerhemmend und aus nichtbrennbaren **Baustoffen**,
2. in Gebäuden der Gebäudeklasse 4 aus nichtbrennbaren Baustoffen,
3. in Gebäuden der Gebäudeklasse 3 aus nichtbrennbaren Baustoffen oder feuerhemmend

sein. ²Tragende Teile von Außentreppen nach Art. 33 Abs. 1 Satz 3 Nr. 3 für Gebäude der Gebäudeklassen 3 bis 5 müssen aus nichtbrennbaren Baustoffen bestehen.

Art. 32

(5) Die nutzbare Breite der Treppenläufe und Treppenabsätze notwendiger Treppen muss für den größten zu erwartenden Verkehr ausreichen.

(6) [1]Treppen müssen einen festen und griffsicheren Handlauf haben. [2]Für Treppen sind Handläufe auf beiden Seiten und bei großer nutzbarer Breite auch Zwischenhandläufe vorzusehen,

1. in Gebäuden mit mehr als zwei nicht stufenlos erreichbaren Wohnungen,
2. im Übrigen, soweit es die Verkehrssicherheit erfordert.

Erläuterungen

Übersicht

1 Allgemeines
2 Notwendige Treppen
3 Rampen statt Treppen
4 Anforderungen an notwendige Treppen
5 Brandschutzanforderungen an notwendige Treppen
6 Verkehrssicherheit
7 Handläufe

1 Allgemeines

In Art. 32 werden an Treppen besondere Anforderungen hinsichtlich der Verkehrssicherheit und des Brandschutzes gestellt. Aussagen zur Standsicherheit sind in Art. 10 geregelt.

2 Notwendige Treppen

Nach Abs. 1 Satz 1 müssen jedes nicht zur ebener Erde liegende Geschoss und der benutzbare Dachraum eines Gebäudes über mindestens eine Treppe zugänglich sein. Diese Legaldefinition der **notwendigen Treppe** war bereits in der früheren Fassung des Art. 35 Abs. 1 Satz 1 Halbsatz 1 a. F. enthalten. Dabei wurde auf die Ermächtigung in Art. 35 Abs. 1 Satz 1 Halbsatz 2 a. F., weitere notwendige Treppen verlangen zu können, im Hinblick auf die neue Regelung in Art. 35 Abs. 3 Satz 2 verzichtet. So wurde festgelegt, dass bei Sonderbauten der zweite Rettungsweg nur dann nicht über eine weitere notwendige Treppe bzw. einen Sicherheitstreppenraum geführt werden darf, wenn bzgl. der Alternative des zweiten Rettungsweges über Rettungsgeräte der Feuerwehr keine Bedenken bestehen.

Bei notwendigen Treppen muss der Ausgang ins Freie jederzeit durch eine unmittelbare Verbindung auf möglichst kurzem Weg gesichert sein (Art. 33).

3 Rampen statt Treppen

Statt notwendiger Treppen sind Rampen mit flacher Neigung zulässig (Abs. 1 Satz 2). Nach der Neuregelung bedarf es hierzu keiner Entscheidung der Bauaufsichtsbehörden, die Neigung soll höchstens 1 : 6 betragen (Franz in: Simon/Busse,

Treppen   Art. 32

Bayerische Bauordnung, Art. 35 RdNr. 6). Als notwendige Treppen sind einschiebbare Treppen und Rolltreppen unzulässig (Abs. 2 Satz 1).

Abs. 2 entspricht Art. 35 Abs. 2 Sätze 1 und 2a. F. Die Zulässigkeit einschiebbarer Treppen und Leitern als Zugang in einen Dachraum ohne Aufenthaltsraum wird in der Neufassung des Gesetzes erweitert auf Gebäude der Gebäudeklassen 1 und 2 (Art. 2 Abs. 3). Sofern in anderen Gebäuden einschiebbare Treppen oder Leitern verwendet werden sollen, ist hierzu eine Abweichung durch die Baugenehmigungsbehörde notwendig.

4 Anforderungen an notwendige Treppen

Nach Abs. 3 sind notwendige Treppen in einem Zug zu allen angeschlossenen Geschossen zu führen. Sie müssen auch mit den Treppen zum Dachraum unmittelbar verbunden sein. Weitere Anforderungen ergeben sich aus Art. 33, der festlegt, dass jede notwendige Treppe zur Sicherstellung der Rettungswege aus den Geschossen ins Freie in einem eigenen durchgehenden Treppenraum liegen muss.

Zudem bestimmt Art. 33 Abs. 2, dass von jeder Stelle eines Aufenthaltsraums sowie eines Kellergeschosses mindestens ein Ausgang ins Freie in höchstens 35 m Entfernung erreichbar sein muss; eine Ausnahme besteht nur für land- und forstwirtschaftlich genutzte Gebäude (Art. 33 Abs. 2 Satz 1).

Vom Erfordernis notwendige Treppen in einem Zug zu allen angeschlossenen Geschossen zu führen (Abs. 3 Satz 2), lässt der Gesetzgeber für Treppen in Gebäuden der **Gebäudeklassen 1 bis 3** und Maisonettetreppen nach Art. 33 Abs. 1 Satz 3 Nr. 2 eine gesetzliche Ausnahme zu. In der früheren Gesetzesfassung des Art. 35 Abs. 3 a. F. war diese Ausnahme nur für Gebäude mit bis zu zwei Vollgeschossen, soweit sie nicht über dem zweiten Vollgeschoss Aufenthaltsräume haben können, vorgesehen.

5 Brandschutzanforderungen an notwendige Treppen

Abs. 4 regelt die Feuerwiderstandsdauer der tragenden Teile notwendiger Treppen. Für Gebäude der **Gebäudeklasse 5** gilt, dass diese feuerhemmend sein und aus nicht brennbaren Baustoffen bestehen müssen (Abs. 4 Nr. 1). Für Gebäude der **Gebäudeklasse 4** (Gebäude mit einer Höhe bis zu 13 m und Nutzungseinheiten mit jeweils nicht mehr als 400 m^2) wird festgelegt, dass die tragenden Teile notwendiger Treppen aus nichtbrennbaren Baustoffen bestehen müssen (Abs. 4 Nr. 2).

Weiter wird für die Gebäude der **Gebäudeklassen 3 bis 5** bestimmt, dass tragende Teile von Außentreppen (Art. 33 Abs. 1 Satz 3 Nr. 3) aus nichtbrennbaren Baustoffen bestehen müssen.

Keine Anforderungen werden für Gebäude geringer Höhe und für land- und forstwirtschaftliche Gebäude der **Gebäudeklassen 1 und 2** gestellt.

Art. 33 Notwendige Treppenräume, Ausgänge

6 Verkehrssicherheit

Treppen müssen gut begehbar und verkehrssicher sein. Daher fordert Abs. 5, dass die nutzbare Breite der Treppenläufe und Treppenabsätze notwendiger Treppen für den größten zu erwartenden Verkehr ausreichen muss. Besondere Vorschriften sind für Sonderbauten, wie Verkaufsstätten, Gast- und Beherbergungsstätten und Versammlungsstätten in den entsprechenden speziellen Verordnungen vorgeschrieben.

7 Handläufe

Nach Abs. 6 müssen Treppen einen festen und griffsicheren Handlauf haben. Seile und ähnliche Vorrichtungen erfüllen diese Anforderungen nicht. Für besonders breite Treppen sind Handläufe an beiden Seiten und Zwischenhandläufe vorzusehen, wenn dies aus Gründen der Verkehrssicherheit erforderlich ist.

Die Umwehrungen von Treppen sind in Art. 36 geregelt.

Art. 33
Notwendige Treppenräume, Ausgänge

(1) ¹Jede notwendige Treppe muss zur Sicherstellung der Rettungswege aus den Geschossen ins Freie in einem eigenen, durchgehenden Treppenraum liegen (notwendiger Treppenraum). ²Notwendige Treppenräume müssen so angeordnet und ausgebildet sein, dass die Nutzung der notwendigen Treppen im Brandfall ausreichend lang möglich ist. ³Notwendige Treppen sind ohne eigenen Treppenraum zulässig

1. in Gebäuden der Gebäudeklassen 1 und 2,
2. für die Verbindung von höchstens zwei Geschossen innerhalb derselben Nutzungseinheit von insgesamt nicht mehr als 200 m², wenn in jedem Geschoss ein anderer Rettungsweg erreicht werden kann,
3. als Außentreppe, wenn ihre Nutzung ausreichend sicher ist und im Brandfall nicht gefährdet werden kann.

(2) ¹Von jeder Stelle eines Aufenthaltsraums sowie eines Kellergeschosses muss mindestens ein Ausgang in einen notwendigen Treppenraum oder ins Freie in höchstens 35 m Entfernung erreichbar sein; das gilt nicht für land- oder forstwirtschaftlich genutzte Gebäude. ²Übereinanderliegende Kellergeschosse müssen jeweils mindestens zwei Ausgänge in notwendige Treppenräume oder ins Freie haben. ³Sind mehrere notwendige Treppenräume erforderlich, müssen sie so verteilt sein, dass sie möglichst entgegengesetzt liegen und dass die Rettungswege möglichst kurz sind.

(3) ¹Jeder notwendige Treppenraum muss einen unmittelbaren Ausgang ins Freie haben. ²Sofern der Ausgang eines notwendigen Treppenraums nicht unmittelbar ins Freie führt, muss der Raum zwischen dem notwendigen Treppenraum und dem Ausgang ins Freie

Notwendige Treppenräume, Ausgänge   **Art. 33**

1. mindestens so breit sein wie die dazugehörigen Treppenläufe,
2. Wände haben, die die Anforderungen an die Wände des Treppenraums erfüllen,
3. rauchdichte und selbstschließende Abschlüsse zu notwendigen Fluren haben und
4. ohne Öffnungen zu anderen Räumen, ausgenommen zu notwendigen Fluren, sein.

(4) ¹Die Wände notwendiger Treppenräume müssen als raumabschließende Bauteile

1. in Gebäuden der Gebäudeklasse 5 die Bauart von Brandwänden haben,
2. in Gebäuden der Gebäudeklasse 4 auch unter zusätzlicher mechanischer Beanspruchung hochfeuerhemmend und
3. in Gebäuden der Gebäudeklasse 3 feuerhemmend

sein. ²Dies ist nicht erforderlich für Außenwände von Treppenräumen, die aus nichtbrennbaren Baustoffen bestehen und durch andere an diese Außenwände anschließende Gebäudeteile im Brandfall nicht gefährdet werden können. ³Der obere Abschluss notwendiger Treppenräume muss als raumabschließendes Bauteil die Feuerwiderstandsfähigkeit der Decken des Gebäudes haben; das gilt nicht, wenn der obere Abschluss das Dach ist und die Treppenraumwände bis unter die Dachhaut reichen.

(5) In notwendigen Treppenräumen und in Räumen nach Abs. 3 Satz 2 müssen

1. Bekleidungen, Putze, Dämmstoffe, Unterdecken und Einbauten aus nichtbrennbaren Baustoffen bestehen,
2. Wände und Decken aus brennbaren Baustoffen eine Bekleidung aus nichtbrennbaren Baustoffen in ausreichender Dicke haben,
3. Bodenbeläge, ausgenommen Gleitschutzprofile, aus mindestens schwerentflammbaren Baustoffen bestehen.

(6) ¹In notwendigen Treppenräumen müssen Öffnungen

1. zu Kellergeschossen, zu nicht ausgebauten Dachräumen, Werkstätten, Läden, Lager- und ähnlichen Räumen sowie zu sonstigen Räumen und Nutzungseinheiten mit mehr als 200 m², ausgenommen Wohnungen, mindestens feuerhemmende, rauchdichte und selbstschließende Abschlüsse,
2. zu notwendigen Fluren rauchdichte und selbstschließende Abschlüsse,
3. zu sonstigen Räumen und Nutzungseinheiten mindestens vollwandige, dicht- und selbstschließende Abschlüsse

haben. ²Die Feuerschutz- und Rauchschutzabschlüsse dürfen lichtdurchlässige Seitenteile und Oberlichte enthalten, wenn der Abschluss insgesamt nicht breiter als 2,50 m ist.

Art. 33 Notwendige Treppenräume, Ausgänge

(7) ¹Notwendige Treppenräume müssen zu beleuchten sein. ²Notwendige Treppenräume ohne Fenster müssen in Gebäuden mit einer Höhe nach Art. 2 Abs. 3 Satz 2 von mehr als 13 m eine Sicherheitsbeleuchtung haben.

(8) ¹Notwendige Treppenräume müssen belüftet und zur Unterstützung wirksamer Löscharbeiten entraucht werden können. ²Die Treppenräume müssen

1. in jedem oberirdischen Geschoss unmittelbar ins Freie führende Fenster mit einem freien Querschnitt von mindestens 0,50 m² haben, die geöffnet werden können, oder
2. an der obersten Stelle eine Öffnung zur Rauchableitung haben.

³Im Fall des Satzes 2 Nr. 1 ist in Gebäuden mit einer Höhe nach Art. 2 Abs. 3 Satz 2 von mehr als 13 m an der obersten Stelle eine Öffnung zur Rauchableitung erforderlich. ⁴Öffnungen zur Rauchableitung nach Sätzen 2 und 3 müssen in jedem Treppenraum einen freien Querschnitt von mindestens 1 m² und Vorrichtungen zum Öffnen ihrer Abschlüsse haben, die vom Erdgeschoss sowie vom obersten Treppenabsatz aus bedient werden können.

Erläuterungen

Übersicht

1 Allgemeines
2 Notwendige Treppenräume
3 Rettungsweglänge
4 Sichere Ausgänge
5 Wände in Treppenräumen
6 Öffnungen in notwendigen Treppenräumen
7 Lüftung, Beleuchtung, Rauchabzugsvorrichtungen

Zur Neufassung 2013:

In Abs. 7 Satz 2 werden zur Klarstellung die Worte „innenliegende, notwendige Treppenräume" durch die Worte „notwendige Treppenräume ohne Fenster" ersetzt.

Des Weiteren wird in Abs. 8 die Grundanforderung an notwendige Treppenräume in der Weise aufgestellt, dass diese zur Unterstützung wirksamer Löscharbeiten entraucht werden können müssen. Hierzu sind alternativ Fenster oder eine Öffnung zur Rauchableitung an oberster Stelle vorzusehen. Eine Öffnung zur Rauchableitung ist bei Gebäuden von mehr als 13 m Höhe immer erforderlich.

1 Allgemeines

Art. 33 enthält wie früher Art. 36 a. F. die Anforderungen an notwendige Treppenräume und an Ausgänge. In der Überschrift wird klargestellt, dass nur notwendige Treppenräume erfasst werden. In der Vorschrift wird das Grundanliegen des

Notwendige Treppenräume, Ausgänge   Art. 33

Gesetzgebers dargestellt: die Sicherstellung der Rettungswege aus den Geschossen ins Freie (zu notwendigen Fluren vgl. Art. 34). Treppenräume und notwendige Flure sollen im Brandfall gefahrlos als Rettungswege genutzt werden können.

Besondere Anforderungen an Treppenräume ergeben sich durch die Verbindung mit den Vorschriften über tragende Wände (Art. 25), Außenwände (Art. 26), Trennwände (Art. 27), Brandwände (Art. 28), Decken (Art. 29), Dächer (Art. 30), Aufzüge (Art. 37) sowie bei der Aufbewahrung fester Brennstoffe (Art. 43). Zudem sind für die Garagen und Sonderbauten folgende Vorgaben zu beachten: Garagen (§ 11, 12 GaStellV), Verkaufsstätten (§ 10 VKV BY), Versammlungsstätten (§ 6 VStättV BY), Beherbergungsstätten (§ 3 und 6 BStättV), Feuerungsanlagen (§§ 4 bis 6 und 11 FeuV), Betriebsräume elektrischer Anlagen (§§ 4 ff. EltBauV), Hochhäuser (Nr. 3.6 Hochhausrichtlinien) sowie Feuerwehrflächen und Durchfahrten für die Feuerwehr (Richtlinien für die Flächen für die Feuerwehr).

Detaillierte Anforderungen an die Treppen stellt Art. 32. Dabei gelten die Regelungen für notwendige Treppenräume und notwendige Flure (Art. 34 Abs. 1 Satz 2) nicht für Gebäude der **Gebäudeklassen 1 und 2** (Art. 2 Abs. 3). Die Gebäude geringer Höhe mit nicht mehr als zwei Nutzungseinheiten von insgesamt 400 m^2 sowie land- und forstwirtschaftlich genutzte Gebäude sind von den Regelungen des Art. 33 und 34 freigestellt.

2 Notwendige Treppenräume

Der Gesetzgeber definiert in Abs. 1 Satz 1 den Begriff des notwendigen Treppenraums legal; jede notwendige Treppe (Art. 32 Abs. 1) muss zur Sicherstellung der Rettungswege aus den Geschossen ins Freie (vgl. Art. 31 Abs. 1 und 2) in einem eigenen, durchgehenden Treppenraum liegen. Daraus ergibt sich, dass für andere als notwendige Treppen kein Treppenraum nach Art. 33 erforderlich ist. Soweit die durch andere als notwendige Treppen entstehenden Deckenöffnungen unzulässig sind, kann die Gestattung einer Abweichung von der Vorschrift des Art. 29 Abs. 4 die Herstellung eines vergleichbaren Raumabschlusses zwischen den Geschossen in der Art eines Treppenraums voraussetzen. Das Schutzziel der Anforderungen an notwendige Treppenräume ergibt sich aus Abs. 1 Satz 2. Die Nutzung der notwendigen Treppen soll im Brandfall ausreichend lang möglich sein.

Nach Abs. 1 Satz 3 sind notwendige Treppen ohne eigenen Treppenraum unter bestimmten Voraussetzungen zulässig; dies gilt generell in Gebäuden der **Gebäudeklassen 1 und 2**. Des Weiteren ist keine notwendige Treppe erforderlich, wenn maximal zwei Geschosse innerhalb derselben Nutzungseinheit von insgesamt nicht mehr als 200 m^2 verbunden werden sollen und in jedem Geschoss ein anderer Rettungsweg erreicht werden kann (Abs. 1 Satz 3 Nr. 2). Dabei ist ein anderer Rettungsweg ein Ausgang in einen notwendigen Treppenraum oder eine anleiterbare Stelle, soweit diese nach Art. 31 Abs. 3 zulässig ist.

Nach Abs. 1 Satz 3 Nr. 3 ist ein notwendiger Treppenraum entbehrlich, wenn eine Außentreppe vorhanden ist, deren Nutzung ausreichend sicher ist und im Brand-

Art. 33 — Notwendige Treppenräume, Ausgänge

fall nicht gefährdet werden kann. Außentreppen dürfen im Brandfall nicht durch Feuer beaufschlagt werden können; dazu sind sie z. B. vor geschlossenen Wandscheiben mit Feuerwiderstandsfähigkeit und nicht vor Fenstern anzuordnen. Die Forderung einer ausreichend sicheren Benutzung stellt auf die verkehrssichere Nutzung, z. B. auch unter winterlichen Witterungseinflüssen ab.

3 Rettungsweglänge

In Abs. 2 hat der Gesetzgeber zwingend vorgeschrieben, dass von jeder Stelle eines Aufenthaltsraums sowie eines Kellergeschosses in einer Entfernung von höchstens 35 m entweder ein Ausgang in einen notwendigen Treppenraum oder ein Ausgang ins Freie erreichbar sein muss. Für Garagen (§ 11 Abs. 5 GaStellV), für Verkaufsstätten, Versammlungsstätten und Gaststätten sind andere Rettungsweglängen vorgeschrieben. Eine Ausnahme besteht für land- und forstwirtschaftlich genutzte Gebäude.

Abs. 2 Satz 2 fordert für übereinanderliegende Kellergeschosse mindestens zwei Ausgänge in notwendige Treppenräume oder ins Freie. Zudem stellt der Gesetzgeber für mehrere notwendige Treppenräume die Forderung auf, dass diese so verteilt sein müssen, dass sie möglichst entgegengesetzt liegen und die Rettungswege möglichst kurz sind.

4 Sichere Ausgänge

Abs. 3 fasst die Anforderungen an die Ausgänge aus Treppenräumen ins Freie zusammen. Grundforderung ist, dass jeder Treppenraum einen unmittelbaren Ausgang ins Freie haben muss. Führt der Ausgang erst über einen weiteren Raum ins Freie, muss dieser Raum wie der Treppenraum ausgebildet werden (Abs. 3 Satz 2).

Wenn der Ausgang eines notwendigen Treppenraums nicht unmittelbar ins Freie führt, so muss der dazwischen liegende Raum mindestens so breit sein, wie die dazugehörigen Treppenläufe. Er muss Wände haben, die den Anforderungen an die Wände des Treppenraums entsprechen sowie rauchdichte und selbstabschließende Abschlüsse zu den notwendigen Fluren besitzen und ohne Öffnungen zu anderen Räumen sein. Zudem darf dieser Raum nicht eingeengt werden. Einbauten, Verschläge und sperrige Möbel sind im Treppenhaus unzulässig (vgl. Art. 31).

5 Wände in Treppenräumen

Die Wände von Treppenräumen notwendiger Treppen und ihren Ausgängen ins Freie müssen in Gebäuden der **Gebäudeklasse 5** (Abs. 2) Brandwände sein (Art. 28). Für Gebäude der **Gebäudeklasse 4** müssen die Wände auch unter zusätzlicher mechanischer Beanspruchung hochfeuerhemmend (vgl. Art. 24 Abs. 2 Nr. 2) sowie in Gebäuden der **Gebäudeklasse 3** (Art. 2 Abs. 3) feuerhemmend sein.

Sofern Außenwände von Treppenräumen im Brandfall vom Feuer nicht gefährdet werden können, müssen diese Voraussetzungen nach Abs. 4 Satz 2 nicht vorliegen.

Daher können Treppen, die außerhalb eines Gebäudes liegen, lediglich aus nichtbrennbaren Baustoffen, z. B. mit verglasten Außenwänden hergestellt werden.

Decken notwendiger Treppenräume müssen die Feuerwiderstandsfähigkeit der Decken des Gebäudes haben; eine Ausnahme wird zugelassen, wenn der obere Abschluss des Daches und die Treppenraumwände bis unter die Dachhaut reichen (Abs. 4 Satz 3). Auf diese Weise werden die Anforderungen an den oberen Abschluss mit den Anforderungen an die Decken des Gebäudes „gleichgeschaltet" und übernehmen damit die Erleichterungen für Gebäude der Gebäudeklasse 4. Die Anforderungen an die treppenhausseitigen Baustoffe werden in Abs. 5 Nr. 1 geregelt.

Für Wände, die aus brennbaren Baustoffen zulässig sind (vgl. Abs. 4) wird gefordert, dass sie eine Bekleidung aus nichtbrennbaren Baustoffen in ausreichender Dicke haben. Für die zulässigen hochfeuerhemmenden Wände (Abs. 4 Nr. 2) ergibt sich das bereits aus der standardmäßig erforderlichen Brandschutzbekleidung (Art. 24 Abs. 2). Auf die bisher in Art. 36 Abs. 8 Satz 1 a. F. geregelten Beispiele zur Herstellung eines Sicherheitstreppenraums wird verzichtet. Die in Art. 31 Abs. 2 Satz 3 genannte Definition „in den Feuer und Rauch nicht eindringen können" wird in der Hochhausrichtlinie (IMBek. vom 25. Mai 1983, MABl. S. 495 berichtigt S. 893) ausführlich konkretisiert.

6 Öffnungen in notwendigen Treppenräumen

Abs. 6 regelt die Anforderungen an die Öffnungen in den raumabschließenden Bauteilen von Treppenräumen. Zu den in Abs. 6 Satz 1 Nr. 1 genannten Räumen müssen die Öffnungen in Treppenräumen selbstschließende und mindestens feuerhemmende Türen bzw. Abschlüsse enthalten. An die Türen zu sonstigen Räumen und Nutzungseinheiten, das sind insbesondere Wohnungen und Nutzungseinheiten mit weniger als 200 m^2 werden die Anforderungen „vollwandige" und „dichtschließend" beibehalten. Die Eigenschaft dichtschließend wird mit einer dreiseitig umlaufenden Dichtung erreicht und bedarf keines formellen Nachweises. Unverändert wird entsprechend der nachdrücklichen Forderung seitens der Feuerwehr gefordert, dass die Türen selbstschließend sein müssen. Neu ist die Abstufung in rauchdichte und selbstschließende Türen, sofern diese nur zu notwendigen Fluren führen (Abs. 6 Satz 1 Nr. 2). Ebenfalls neu ist die Zulässigkeit von lichtdurchlässigen Seitenteilen und Oberlichten als integrierte Bestandteile der Feuerschutz- und Rauchschutzabschlüsse, wenn die Abschlüsse eine Gesamtbreite von 2,50 m nicht überschreiten (Abs. 6 Satz 2). Dies entspricht den Forderungen der Praxis.

7 Lüftung, Beleuchtung, Rauchabzugsvorrichtungen

In Abs. 7 und Abs. 8 werden die Grundanforderungen, dass Treppenräume lüftbar und beleuchtet sein müssen, geregelt. Durch die Änderung der Bauordnung 2013 werden die Worte innenliegende notwendige Treppenräume durch die Worte „notwendige Treppenräume ohne Fenster" ersetzt. Damit wird klarer als bisher

Art. 34
Notwendige Flure, offene Gänge

zum Ausdruck gebracht, dass eine Sicherheitsbeleuchtung dann erforderlich ist, wenn ein Treppenraum mit einer Höhe von mehr als 13 m keine Fenster hat. In Gebäuden mit einer Höhe von mehr als 13 m muss eine Sicherheitsbeleuchtung angebracht werden. In Abs. 8 Satz 1 wird durch die Änderung der Bauordnung 2013 die Grundanforderung dahingehend ergänzt, dass notwendige Treppenräume zur Unterstützung wirksamer Löscharbeiten entraucht werden können müssen. Mit der redaktionellen Umstellung von Satz 2 bis Satz 4 wird klarer zum Ausdruck gebracht, dass zur Erreichung des Schutzziels alternativ Fenster oder eine Öffnung zur Rauchableitung an oberster Stelle vorzusehen sind. Eine Öffnung zur Rauchableitung ist bei Gebäuden von mehr als 13 m Höhe immer erforderlich, auch bei Treppenräumen mit Fenstern. Um Verwechslungen mit Rettungswegöffnungen (Art. 35 Abs. 4) zu vermeiden, wird in Abs. 8 Satz 2 eine Flächengröße (0,50 m²) festgelegt. Wie früher in Art. 36 Abs. 7 Satz 2 a. F. ist seit 2008 für alle innenliegenden und für Treppenräume in Gebäuden mit mehr als 13 m Höhe eine Öffnung zur Rauchableitung an der obersten Stelle erforderlich, deren Abschluss vom Erdgeschoss sowie vom obersten Treppenabsatz aus (manuell) geöffnet werden kann. Dabei wurde der Begriff Rauchabzugsvorrichtung durch „Öffnung zur Rauchableitung" ersetzt. Damit sollte klargestellt werden, dass keine Rauchabzugsanlage und auch keine automatische Einschaltung verlangt werden kann. Das Öffnen erfolgt in der Regel durch die Feuerwehr, die auch die erforderliche Zuluftzufuhr (in der Regel durch Öffnen der Haustür) herstellt. Dabei muss die Öffnung einen freien Querschnitt von 1 m² haben; auf eine Bemessung in Prozent der Grundfläche wurde verzichtet.

Art. 34
Notwendige Flure, offene Gänge

(1) ¹Flure, über die Rettungswege aus Aufenthaltsräumen oder aus Nutzungseinheiten mit Aufenthaltsräumen zu Ausgängen in notwendige Treppenräume oder ins Freie führen (notwendige Flure), müssen so angeordnet und ausgebildet sein, dass die Nutzung im Brandfall ausreichend lang möglich ist. ²Notwendige Flure sind nicht erforderlich

1. in Wohngebäuden der Gebäudeklassen 1 und 2,
2. in sonstigen Gebäuden der Gebäudeklassen 1 und 2, ausgenommen in Kellergeschossen,
3. innerhalb von Nutzungseinheiten mit nicht mehr als 200 m² und innerhalb von Wohnungen,
4. innerhalb von Nutzungseinheiten, die einer Büro- oder Verwaltungsnutzung dienen, mit nicht mehr als 400 m²; das gilt auch für Teile größerer Nutzungseinheiten, wenn diese Teile nicht größer als 400 m² sind, Trennwände nach Art. 27 Abs. 2 Nr. 1 haben und jeder Teil unabhängig von anderen Teilen Rettungswege nach Art. 31 Abs. 1 hat.

Notwendige Flure, offene Gänge — Art. 34

(2) ¹Notwendige Flure müssen so breit sein, dass sie für den größten zu erwartenden Verkehr ausreichen. ²In den Fluren ist eine Folge von weniger als drei Stufen unzulässig.

(3) ¹Notwendige Flure sind durch nichtabschließbare, rauchdichte und selbstschließende Abschlüsse in Rauchabschnitte zu unterteilen. ²Die Rauchabschnitte sollen nicht länger als 30 m sein. ³Die Abschlüsse sind bis an die Rohdecke zu führen; sie dürfen bis an die Unterdecke der Flure geführt werden, wenn die Unterdecke feuerhemmend ist. ⁴Notwendige Flure mit nur einer Fluchtrichtung, die zu einem Sicherheitstreppenraum führen, dürfen nicht länger als 15 m sein. ⁵Die Sätze 1 bis 4 gelten nicht für notwendige Flure, die als offene Gänge vor den Außenwänden angeordnet sind.

(4) ¹Die Wände notwendiger Flure müssen als raumabschließende Bauteile feuerhemmend, in Kellergeschossen, deren tragende und aussteifende Bauteile feuerbeständig sein müssen, feuerbeständig sein. ²Die Wände sind bis an die Rohdecke zu führen. ³Sie dürfen bis an die Unterdecke der Flure geführt werden, wenn die Unterdecke feuerhemmend und ein demjenigen nach Satz 1 vergleichbarer Raumabschluss sichergestellt ist. ⁴Türen in diesen Wänden müssen dicht schließen; Öffnungen zu Lagerbereichen im Kellergeschoss müssen feuerhemmende, dicht- und selbstschließende Abschlüsse haben.

(5) ¹Für Wände und Brüstungen notwendiger Flure mit nur einer Fluchtrichtung, die als offene Gänge vor den Außenwänden angeordnet sind, gilt Abs. 4 entsprechend. ²Fenster sind in diesen Außenwänden ab einer Brüstungshöhe von 0,90 m zulässig.

(6) In notwendigen Fluren sowie in offenen Gängen nach Abs. 5 müssen
1. Bekleidungen, Putze, Unterdecken und Dämmstoffe aus nichtbrennbaren Baustoffen bestehen,
2. Wände und Decken aus brennbaren Baustoffen eine Bekleidung aus nichtbrennbaren Baustoffen in ausreichender Dicke haben.

Erläuterungen

Übersicht

1 Allgemeines
2 Feuerwiderstandsdauer von Flurwänden

Zur Neufassung 2013:

In Abs. 1 Nr. 3 wird zur Klarstellung eine Umstellung der Tatbestandsmerkmale vorgenommen. Damit soll deutlich werden, dass sich die Begrenzung von 200 m² nur auf die Nutzungseinheiten und nicht auf die Wohnungen bezieht.

Art. 34

Notwendige Flure, offene Gänge

1 Allgemeines

Es werden nur Anforderungen an notwendige Flure gestellt. Die Sicherheit der Nutzer von Gebäuden wird durch die Rettungswege gewährleistet; notwendige Flure verbinden die Nutzungseinheiten mit den Treppenräumen, in denen die notwendigen Treppen liegen oder führen zu den Ausgängen ins Freie und sind somit für die Rettung entscheidend. Dabei regelt Abs. 1 Satz 2, in welchen Fällen notwendige Flure nicht erforderlich sind und nimmt (wie früher Art. 37 Abs. 1 Satz 2 a. F.) bestimmte Fälle von den Anforderungen an Flure aus. Neu seit 2008 ist die Ausnahme aller Gebäude der **Gebäudeklassen 1 und 2**. Nutzungseinheiten mit vergleichbarer Größe wie Wohnungen sind wie früher in Art. 33 Abs. 6 Satz 1 Nr. 1 als Nutzungseinheit mit bis zu 200 m² konkretisiert und ebenfalls ausgenommen. Bei **Nutzungseinheiten, die einer Büro- oder Verwaltungsnutzung dienen** nach Abs. 1 Satz 2 Nr. 4 werden zudem notwendige Flure nicht für erforderlich gehalten, wenn diese einer Büro- oder Verwaltungsnutzung dienen, sofern diese auf 400 m² beschränkt ist, Trennwände haben und jeder Teil unabhängig von den anderen Teilen Rettungswege besitzt (Abs. 1 Satz 2 Nr. 4).

Die Verkehrssicherheit bei notwendigen Fluren wird in Art. 34 Abs. 2 durch die Vorgabe sichergestellt, dass diese so breit sein müssen, dass sie für den größten zu erwartenden Verkehr ausreichen (vgl. für Treppen Art. 32 Abs. 5). Für barrierefreies Bauen gemäß Art. 48 Abs. 4 Satz 8 eine Mindestbreite von 1,5 Meter stets einzuhalten.)

Abs. 3 regelt die Unterteilung langer Flure durch Rauchabschlüsse. Um auszuschließen, dass eine Rauchausbreitung oberhalb der abgehängten Decke den Rauchabschluss „überläuft", wird in Satz 3 zusätzlich klargestellt, dass Rauchabschlüsse bis an die Rohdecke zu führen sind. Der obere Anschluss an eine Unterdecke ist stattdessen nur dann zulässig, wenn diese feuerhemmend sind, weil dadurch ein vergleichbarer Rauchabschluss zu erwarten ist, ohne dass weitere Maßnahmen erforderlich wären.

Die Länge notwendiger Flure mit nur einer Fluchtrichtung, die zu einem Sicherheitstreppenraum führt, wird eng begrenzt. Dabei gelten die Anforderungen nach Abs. 3 nicht für notwendige Flure, die als offene Gänge vor den Außenwänden angeordnet sind.

Besondere Vorschriften ergeben sich für Sonderbauten, wie Verkaufsstätten (§ 10 und 13 VKV), Versammlungsstätten (§ 7 VStättV), Beherbergungsstätten (§ 6 BStättV), Hochhäuser (Nr. 3.5.1 Hochhausrichtlinien), Arbeitsstätten (§ 3 ArbStättV) sowie Alten- und Pflegeheime (§ 3 HeimMindBauV).

Nach Absatz 2 Satz 2 ist in Fluren eine Folge von weniger als 3 Stufen unzulässig. Auch hier sind die besonderen bautechnischen Anforderungen für das barrierefreie Bauen nach Art. 48 Abs. 2 zu beachten.

Notwendige Flure, offene Gänge   Art. 34

2 Feuerwiderstandsdauer von Flurwänden

Nach Abs. 4 müssen die **Wände notwendiger Flure** als raumabschließende Bauteile feuerhemmend sein. Diese Anforderung genügt außer im Kellergeschoss für alle Gebäudeklassen. Auf die bisher geforderte feuerbeständige Ausführung in Gebäuden mit mehr als fünf Vollgeschossen wird verzichtet. Dabei bezieht sich die Feuerwiderstandsfähigkeit auf den Raumabschluss. Die notwendigen Flure von Aufenthaltsräumen in Kellergeschossen müssen – wie die Trennwände von Aufenthaltsräumen in Kellergeschossen – der Feuerwiderstandsfähigkeit der Tragkonstruktion des Kellergeschosses entsprechen, ggf. also feuerbeständig sein. Auch hier ist festgelegt, dass die Wände bis an die Rohdecke zu führen sind. Der obere Anschluss an eine Unterdecke ist nur zulässig, wenn die Unterdecke feuerhemmend und der Raumabschluss sichergestellt ist, was in der Regel ein bauaufsichtlich zugelassenes System voraussetzt.

Eine Erleichterung für Türen in Flurwänden enthält Abs. 4 Satz 4, der nur verlangt, dass sie dicht schließen (3-seitig umlaufende Dichtung, kein formeller Nachweis erforderlich). Dagegen werden zu Lagerbereichen in Kellergeschossen feuerhemmende Feuerschutzabschlüsse verlangt.

Die Ausbildung der Wände von offenen Gängen, die anstelle von notwendigen Fluren die einzige Verbindung zwischen Aufenthaltsräumen und notwendigen Treppenräumen darstellen, regelt Abs. 5. Klargestellt wird, dass Wandanforderungen nur an solche Gänge gestellt werden, die nur in einer Fluchtrichtung benutzt werden können. Dabei sind unter Wänden die Außenwand, vor der der Gang liegt, und seine Brüstung zu verstehen. Durch den Verweis auf Abs. 4 ist klargestellt, dass die Wände (raumabschließend) feuerhemmend sein müssen.

Fenster in der Außenwand sind ohne besondere Anforderungen ab einer Brüstungshöhe von 0,90 m zulässig (Abs. 5 Satz 2). Auch die umwehrungsseitige Brüstung muss geschlossen ausgebildet werden und ebenfalls raumabschließend feuerhemmend sein. Wenn ein Feuerüberschlag nicht zu befürchten ist, z. B. wegen besonders tiefer Gangbreiten und/oder der Anordnung von Schürzen kann auf die geschlossene feuerhemmende Brüstung teilweise oder ganz verzichtet werden. Hierfür ist eine Abweichung nach Art. 63 erforderlich.

Die Anforderungen an die flurseitigen Baustoffe sind in Abs. 6 geregelt; sie müssen nichtbrennbar sein. Für Wände und Decken aus brennbaren Baustoffen wird verlangt, dass sie eine Bekleidung aus nichtbrennbaren Baustoffen in ausreichender Dicke erhalten müssen.

Art. 35
Fenster, Türen, sonstige Öffnungen

(1) ¹Glastüren und andere Glasflächen, die bis zum Fußboden allgemein zugänglicher Verkehrsflächen herabreichen, sind so zu kennzeichnen, dass sie leicht erkannt werden können. ²Weitere Schutzmaßnahmen sind für größere Glasflächen vorzusehen, wenn dies die Verkehrssicherheit erfordert.

(2) Eingangstüren von Wohnungen, die über Aufzüge erreichbar sein müssen, müssen eine lichte Durchgangsbreite von mindestens 0,90 m haben.

(3) ¹Jedes Kellergeschoss ohne Fenster muss mindestens eine Öffnung ins Freie haben, um eine Rauchableitung zu ermöglichen. ²Gemeinsame Kellerlichtschächte für übereinander liegende Kellergeschosse sind unzulässig.

(4) ¹Fenster, die als Rettungswege nach Art. 31 Abs. 2 Satz 2 dienen, müssen in der Breite mindestens 0,60 m, in der Höhe mindestens 1 m groß, von innen zu öffnen und nicht höher als 1,20 m über der Fußbodenoberkante angeordnet sein. ²Liegen diese Fenster in Dachschrägen oder Dachaufbauten, so darf ihre Unterkante oder ein davor liegender Austritt von der Traufkante horizontal gemessen nicht mehr als 1 m entfernt sein.

Erläuterungen

Übersicht

1 Allgemeines
2 Glastüren und Eingangstüren
3 Öffnungen bei Kellergeschossen
4 Fenster als Rettungswege

1 Allgemeines

Die in der Bauordnung aufgestellten allgemeinen Anforderungen für den Brandschutz (Art. 12), Wärme-, Schall- und Erschütterungsschutz (Art. 13) werden für Fenster, Türen und sonstige Öffnungen durch Art. 35 präzisiert. Besondere Regelungen bestehen z. B. in Art. 33 Abs. 6 für Öffnungen in notwendigen Treppenräumen, in Art. 34 Abs. 4 für Türen in notwendigen Fluren, in Art. 34 Abs. 5 für Fenster sowie in § 3 Abs. 1 FeuV für Fenster und Türen zur Verbrennungsluftversorgung von Feuerstätten, in § 6 Abs. 2 FeuV für Türen von Heizräumen, in § 11 GaStellV für Türen zur Verbindung von Garagen sowie in § 24 VStättV für Türen und Fenster bei Rettungswegen.

Fenster, Türen, sonstige Öffnungen   **Art. 35**

Der Gesetzgeber beschränkt sich in Art. 35 auf einige wenige Regelungen:

2 Glastüren und Eingangstüren

In Abs. 1 wird die Verkehrssicherheit von Glastüren und großen Glasflächen geregelt. Sofern Glastüren und andere Glasflächen bis zum Fußboden allgemein zugänglicher Verkehrsflächen herabreichen, besteht eine Kennzeichnungspflicht. Falls die Verkehrssicherheit dies erfordert, sind weitere Schutzmaßnahmen für größere Glasflächen vorzusehen. Zu Umwehrungen vgl. Art. 36.

Zu Glaswänden, die auch als Absturzsicherungen dienen sollen, ist auf die Bekanntmachung des StMI vom 8.5.2001 (AllMBl. S. 203) hinzuweisen.

Für Eingangstüren von Wohnungen, die über Aufzüge erreichbar sein müssen, schreibt Abs. 2 eine lichte Durchgangsbreite von mindestens 0,90 m vor. Zu Aufzügen vgl. Art. 37 Abs. 4. Dies betrifft Wohnungen in Gebäuden, bei denen ein Aufzug gesetzlich erforderlich ist (Art. 37 Abs. 4). Dies sind Gebäude, die eine Höhe von mehr als 13 Metern haben (Art. 2 Abs. 3 Nr. 4).

3 Öffnungen bei Kellergeschossen

Nach Abs. 3 muss jedes Kellergeschoss ohne Fenster mindestens eine Öffnung ins Freie haben. Mit dieser neuen in das Gesetz aufgenommenen Forderung soll einem praktischen Bedürfnis Rechnung getragen werden, da zunehmend fensterlose Geschosse im Keller geplant werden. Soweit es sich um Geschosse mit Aufenthaltsräumen handelt, ist die Vorschrift auch eine Folge aus den geringeren Anforderungen an Aufenthaltsräume (Art. 45 Abs. 5 a. F. und Art. 48 a. F.), da seit 2008 fensterlose Aufenthaltsräume zulässig sind. Bei Kellergeschossen ohne Öffnungen ins Freie ist eine Rauchableitung nicht oder nur über den notwendigen Treppenraum möglich. Der Anforderung, eine Öffnung ins Freie vorzusehen, kann auch durch eine anlagentechnische Maßnahme zur Rauchabführung entsprochen werden.

4 Fenster als Rettungswege

Abs. 4 stellt für Fenster, die zur Rettung von Menschen dienen sollen, Größen- und Höhenvorgaben auf.

Bei Rettungsfenstern ist darauf zu achten, dass die Rettungsweglänge zum Fenster von max. 35 Meter nach Art. 33 Abs. 2 Satz 1 eingehalten wird.

Da bei Gebäuden der Gebäudeklassen 1 bis 3 das oberste Geschoss 7 Meter über der ebenen Geländeoberfläche liegt, ergibt sich insofern bei Einberechnung der max. Brüstungshöhe von 1,2 Metern eine Gesamthöhe von 8,2 Meter über der Geländeoberfläche. Bei der Prüfung, ob diese Rettungsfenster als geeignete Rettungswege in Betracht kommen, ist stets zu berücksichtigen, ob die Feuerwehr über die entsprechenden Rettungsgeräte, wie Hubrettungsfahrzeuge, verfügt (Art. 31 Abs. 2). Zudem kommt es auf die Nutzer des Gebäudes an, so dass Fenster

Art. 36
Umwehrungen

mit einer Brüstungshöhe von 1,2 Meter als Rettungsweg für Kindergartengruppen, Schulen und körperlich eingeschränkten Personen nicht in Betracht kommen (Kühnel/Gollwitzer in Simon/Busse, Art. 35 Anm. 4.1).

Um den Ausstieg zu ermöglichen, darf die Oberkante der Fensterbrüstung (Unterkante der lichten Öffnung) nicht höher als 1,20 m über dem Fußboden liegen. Sofern die Fenster als Dachflächenfenster in Dachschrägen oder als stehende Fenster in Dachaufbauten liegen, müssen sie trotz des Abstandes von der Traufkante mit der Feuerwehrleiter erreicht werden können. Dazu darf die Unterkante der Fensteröffnung von der Traufkante horizontal gemessen nicht mehr als 1 m entfernt sein.

Art. 36
Umwehrungen

(1) **In, an und auf baulichen Anlagen sind zu umwehren**
1. **Flächen, die im Allgemeinen zum Begehen bestimmt sind und unmittelbar an mehr als 0,50 m tiefer liegende Flächen angrenzen; das gilt nicht, wenn die Umwehrung dem Zweck der Flächen widerspricht,**
2. **Dächer, die zum Aufenthalt von Menschen bestimmt sind, sowie Öffnungen und nicht begehbare Flächen in diesen Dächern und in begehbaren Decken, soweit sie nicht sicher abgedeckt oder gegen Betreten gesichert sind,**
3. **die freien Seiten von Treppenläufen, Treppenabsätzen und Treppenöffnungen (Treppenaugen); Fenster, die unmittelbar an Treppen und deren Brüstungen unter der notwendigen Umwehrungshöhe liegen, sind zu sichern.**

(2) [1]Die Umwehrungen müssen ausreichend hoch und fest sein. [2]Ist mit der Anwesenheit unbeaufsichtigter Kleinkinder auf der zu sichernden Fläche üblicherweise zu rechnen, müssen Umwehrungen so ausgebildet werden, dass sie Kleinkindern das Über- oder Durchklettern nicht erleichtern; das gilt nicht innerhalb von Wohngebäuden der Gebäudeklassen 1 und 2 und innerhalb von Wohnungen.

Erläuterungen

Übersicht

1 Allgemeines
2 Umwehrungen bei baulichen Anlagen
3 Anforderungen an Umwehrungen

1 Allgemeines

Art. 36 präzisiert die allgemeinen Anforderungen an die Verkehrssicherheit (Art. 14) für die Umwehrungen, die vor 2008 in der Bauordnung verstreut geregelt waren. Auch diese Vorschrift ist wie Art. 17 als ein Schutzgesetz zu Gunsten der Benutzer baulicher Anlagen anzusehen (BayObLG, Urteil vom 5.12.1977, BayVBl. 1978, S. 188).

Aufzüge Art. 37

2 Umwehrungen bei baulichen Anlagen

Flächen bei baulichen Anlagen wie Terrassen, Balkone etc. müssen ausreichend hoch und fest umwehrt sein, sofern sie unmittelbar an mehr als 50 cm tiefer liegende Flächen angrenzen (Abs. 1 Nr. 1). Bei Dächern besteht nach Abs. 1 Nr. 2, die Pflicht, diese zu umwehren.

In Nr. 3 wurden die Vorgaben des Art. 35 Abs. 7 a. F. aufgenommen.

3 Anforderungen an Umwehrungen

Nach Abs. 2 müssen die Umwehrungen ausreichend hoch und fest sein. Sofern mit der Anwesenheit von Kleinkindern zu rechnen ist, müssen die Umwehrungen so ausgebildet werden, dass Kleinkinder das „Über- oder Durchklettern" nicht erleichtert wird. Dabei gilt das nicht für Wohngebäude der **Gebäudeklassen 1 und 2** und innerhalb von Wohnungen.

Auf detaillierte Regelungen zu Anforderungen an Umwehrungen, wie sie in der Durchführungsverordnung der Bayerischen Bauordnung vor 1994 enthalten waren, verzichtet der Gesetzgeber bewusst.

ABSCHNITT VI
Technische Gebäudeausrüstung

Art. 37
Aufzüge

(1) ¹Aufzüge im Innern von Gebäuden müssen eigene Fahrschächte haben, um eine Brandausbreitung in andere Geschosse ausreichend lang zu verhindern. ²In einem Fahrschacht dürfen bis zu drei Aufzüge liegen. ³Aufzüge ohne eigene Fahrschächte sind zulässig

1. innerhalb eines notwendigen Treppenraums, ausgenommen in Hochhäusern,
2. innerhalb von Räumen, die Geschosse überbrücken,
3. zur Verbindung von Geschossen, die offen miteinander in Verbindung stehen dürfen,
4. in Gebäuden der Gebäudeklassen 1 und 2;

sie müssen sicher umkleidet sein.

(2) ¹Die Fahrschachtwände müssen als raumabschließende Bauteile
1. in Gebäuden der Gebäudeklasse 5 feuerbeständig und aus nichtbrennbaren Baustoffen,
2. in Gebäuden der Gebäudeklasse 4 hochfeuerhemmend,
3. in Gebäuden der Gebäudeklasse 3 feuerhemmend

Art. 37

Aufzüge

sein; Fahrschachtwände aus brennbaren Baustoffen müssen schachtseitig eine Bekleidung aus nichtbrennbaren Baustoffen in ausreichender Dicke haben. ²Fahrschachttüren und andere Öffnungen in Fahrschachtwänden mit erforderlicher Feuerwiderstandsfähigkeit sind so herzustellen, dass die Anforderungen nach Abs. 1 Satz 1 nicht beeinträchtigt werden.

(3) ¹Fahrschächte müssen zu lüften sein und eine Öffnung zur Rauchableitung mit einem freien Querschnitt von mindestens 2,5 v. H. der Fahrschachtgrundfläche, mindestens jedoch 0,10 m² haben. ²Diese Öffnung darf einen Abschluss haben, der im Brandfall selbsttätig öffnet und von mindestens einer geeigneten Stelle aus bedient werden kann. ³Die Lage der Rauchaustrittsöffnungen muss so gewählt werden, dass der Rauchaustritt durch Windeinfluss nicht beeinträchtigt wird.

(4) ¹Gebäude mit einer Höhe nach Art. 2 Abs. 3 Satz 2 von mehr als 13 m müssen Aufzüge in ausreichender Zahl haben. ²Von diesen Aufzügen muss mindestens ein Aufzug Kinderwagen, Rollstühle, Krankentragen und Lasten aufnehmen können und Haltestellen in allen Geschossen haben. ³Dieser Aufzug muss von allen Wohnungen in dem Gebäude und von der öffentlichen Verkehrsfläche aus stufenlos erreichbar sein. ⁴Haltestellen im obersten Geschoss, im Erdgeschoss und in den Kellergeschossen sind nicht erforderlich, wenn sie nur unter besonderen Schwierigkeiten hergestellt werden können.

(5) ¹Fahrkörbe zur Aufnahme einer Krankentrage müssen eine nutzbare Grundfläche von mindestens 1,10 m × 2,10 m, zur Aufnahme eines Rollstuhls von mindestens 1,10 m × 1,40 m haben; Türen müssen eine lichte Durchgangsbreite von mindestens 0,90 m haben. ²In einem Aufzug für Rollstühle und Krankentragen darf der für Rollstühle nicht erforderliche Teil der Fahrkorbgrundfläche durch eine verschließbare Tür abgesperrt werden. ³Vor den Aufzügen muss eine ausreichende Bewegungsfläche vorhanden sein.

Erläuterungen

Übersicht

1 Allgemeines
2 Anforderungen an Fahrschächte
3 Rauchableitung bei Fahrschächten
4 Verpflichtung zum Einbau von Aufzügen

Zur Neufassung 2013:

In Abs. 3 Satz 2 n. F. wird festgelegt, dass die Öffnung zur Rauchableitung beim Fahrschacht einen Abschluss haben darf, der im Brandfall selbstständig öffnet und von einer geeigneten Stelle aus bedient werden kann.

Aufzüge   Art. 37

Des Weiteren entfällt Abs. 4 Satz 4, der auf Art. 48 Abs. 4 verwiesen hat. Grund hierfür ist, dass Art. 48 Abs. 4 gestrichen wird, da sich die Anforderungen an Aufzüge, die barrierefreie Wohnungen und andere barrierefreie Anlagen erschließen, künftig aus der als Technische Baubestimmung einzuführenden DIN 18040 ergeben sollen.

1 Allgemeines

Die Vorschrift regelt die Anordnung von Fahrschächten und enthält neu seit 2008 das Schutzziel, dass Fahrschächte die Brandausbreitung von Geschoss zu Geschoss ausreichend lang verhindern sollen. Die bauordnungsrechtlichen Anforderungen an Aufzugsanlagen betreffen neben der Verkehrssicherheit vor allem den Brandschutz. Weitere Anforderungen ergeben sich aus dem bundesrechtlichen Geräte- und Produktsicherheitsrecht. Insofern wird auf das Produktsicherheitsgesetz (ProdSG) verwiesen. Dieses Gesetz wird ergänzt durch die Betriebssicherheitsverordnung, die Aufzugsverordnung vom 17.6.1998 (BGBl. I, S. 1393) zuletzt geändert durch Gesetz vom 18.6.2008 (BGBl. I, S. 1060) und die Maschinenverordnung vom 12.5.1993 (BGBl. I, S. 704), zuletzt geändert durch Verordnung vom 18.6.2008 (BGBl. I, S. 1060).

Technische Einzelheiten finden sich in DIN 15306 Aufzüge, Personenaufzüge für Wohngebäude, Baumaße, Fahrkorbmaße, Türmaße sowie DIN 15309 Aufzüge, Personenaufzüge für andere als Wohngebäude sowie Bettenaufzüge, Baumaße, Fahrkorbmaße, Türmaße. Zudem sind DIN 4109 Schallschutz im Hochbau sowie VDI-Richtlinie 2566 Blatt 1 Schallschutz bei Aufzugsanlagen mit Triebwerksraum und Blatt 2 Schallschutz bei Aufzugsanlagen ohne Triebwerksraum zu nennen.

Besondere Anforderungen finden sich für Sonderbauten, wie Hochhäuser in Nr. 4.1 Hochhausrichtlinie.

Während die Betriebssicherheitsverordnung nicht für Aufzugsanlagen gilt, die weder gewerblichen noch wirtschaftlichen Zwecken dienen und in deren Gefahrenbereich auch keine Arbeitnehmer beschäftigt werden, gilt die Aufzugsverordnung generell für das Inverkehrbringen von Aufzügen, die Gebäude und Bauten dauerhaft bedienen. Die Aufsicht über die Ausführung von Aufzügen obliegt den Gewerbeaufsichtsbehörden, bei denen die Errichtung und wesentliche Änderung von Aufzügen anzuzeigen sind. Bauordnungsrechtlich sind die Errichtung und die Beseitigung der Aufzüge als sonstige Anlagen der technischen Gebäudeausrüstung genehmigungsfrei (Art. 57 Abs. 1 Nr. 2b).

2 Anforderungen an Fahrschächte

Abs. 1 stellt die Verpflichtung auf, dass Aufzüge im Inneren von Gebäuden eigene Fahrschächte haben müssen. Als Schutzziel wird bestimmt, dass damit eine Brandausbreitung in andere Geschosse ausreichend lang zu verhindern ist. Wie bisher lässt Abs. 1 Satz 2 zu, dass in einem Fahrschacht bis zu drei Aufzüge liegen dürfen.

Art. 37
Aufzüge

Die Ausnahmen für Aufzüge ohne eigene Fahrschächte wurden erheblich erweitert. So sind Aufzüge ohne eigenen Schacht zulässig in Treppenräumen bis zur Hochhausgrenze, da erfahrungsgemäß keine vom Aufzug ausgehende Gefahr zu erwarten ist (Nr. 1).

Aufzüge innerhalb von Räumen, die Geschosse überbrücken (Nr. 2), sind ebenfalls ohne eigenen Schacht zulässig.

Die gilt auch für Aufzüge zur Verbindung von Geschossen, die offen miteinander in Verbindung stehen dürfen (Nr. 3), da die Geschosse in beiden Fällen bereits im Luftverbund sind, sowie für Aufzüge in Gebäuden der **Gebäudeklassen 1 und 2** (Nr. 4), vgl. hierzu Art. 2 Abs. 3.

Sofern Aufzüge ohne eigene Fahrschächte zulässig sind, müssen sie sicher umkleidet sein.

Als raumabschließende Bauteile müssen die Fahrschachtwände in Gebäuden der **Gebäudeklasse 5** feuerbeständig und aus nichtbrennbaren Baustoffen, in Gebäuden der **Gebäudeklasse 4** hochfeuerhemmend und in Gebäuden der **Gebäudeklasse 3** feuerhemmend sein.

Abs. 2 stellt bei den Anforderungen an die Fahrschachtwände klar, dass sie sich auf den Raumabschluss beziehen. Sie werden den Anforderungen an die tragenden Teile des Gebäudes folgend abgestuft und erleichtert (bisher grundsätzlich feuerbeständig). Für Fahrschachtwände, die nun aus brennbaren Baustoffen zulässig sind (feuerhemmend in Gebäudeklasse 3) wird verlangt, dass sie schachtseitig eine Bekleidung aus nichtbrennbaren Baustoffen in ausreichender Dicke erhalten. Aus Brandschutzgründen wird wie bisher für die Fahrschachttüren festgelegt, dass diese mit erforderlicher Feuerwiderstandsfähigkeit so herzustellen sind, dass die Brandausbreitung in andere Geschosse ausreichend lang verhindert werden kann (Abs. 1 Satz 1).

3 Rauchableitung bei Fahrschächten

Nach Abs. 3 müssen Fahrschächte zu lüften sein und eine Öffnung zur Rauchableitung mit einem freien Querschnitt von mindestens 2,5 % der Fahrschachtgrundfläche, mindestens jedoch 0,10 m^2 haben. Dabei nimmt Abs. 3 die bisher in Art. 39 Abs. 2 Satz 2 a. F. enthaltene Anforderung auf, ersetzt jedoch die Bezeichnung Rauchabzugsvorrichtung durch Öffnung zur Rauchableitung. Insofern ist keine Anlagentechnik erforderlich. Ergänzend werden die Abmessungen festgelegt und gefordert, dass die Lage so gewählt werden muss, dass eine Rauchableitung nicht durch Windeinfluss beeinträchtigt wird.

Durch die Änderung der Bauordnung 2013 soll dem Erfordernis der Praxis Rechnung getragen werden, dass aus Gründen der Energieeinsparung vermehrt die Öffnungen zur Rauchableitung mit Verschlüssen versehen werden. Nach Abs. 3 Satz 2 muss ein Abschluss im Brandfall selbsttätig öffnen und von mindestens einer geeigneten Stelle aus bedient werden können. Für die Bedienung des

Leitungsanlagen, Installationsschächte und -kanäle **Art. 38**

Abschlusses (Handauslösung) kommt der Bereich vor der Fahrschachttür des Erdgeschosses (Zugangsebene des Gebäudes) in Betracht.

4 Verpflichtung zum Einbau von Aufzügen

Nach Abs. 4, der inhaltlich Art. 39 Abs. 6 a. F. entspricht, müssen höhere Gebäude einen Aufzug haben. Anstatt auf die Zahl der Vollgeschosse wird nun auf die Höhe von mehr als 13 m abgestellt. Zudem muss der Aufzug von allen Wohnungen in dem Gebäude und von der öffentlichen Verkehrsfläche aus stufenlos erreichbar sein. Abs. 5 konkretisiert die Anforderungen an Fahrkörbe zur Aufnahme von Krankentragen und Rollstühlen. Die Verweisung auf Art. 48 Abs. 4 ist entfallen, da die Anforderungen an Aufzüge, die barrierefreie Wohnungen und andere barrierefreie Anlagen nach Art. 48 erschließen, sich künftig aus der als Technische Baubestimmung einzuführenden DIN 18040 ergeben.

Die früher in Abs. 5 enthaltene Regelung, dass für Güteraufzüge, Kleingüteraufzüge, Mühlenaufzüge, Lagerhausaufzüge und Behindertenaufzüge Abweichungen zugelassen werden, wenn wegen der Betriebssicherheit und des Brandschutzes Bedenken nicht bestehen, hat der Gesetzgeber für entbehrlich gehalten. Er verweist in der Begründung darauf, dass insofern Abweichungen nach Art. 63 erteilt werden können.

Mindestanforderungen an Aufzugsanlagen werden seit dem 1.9.2011 durch das Pflege- und Wohnqualitätsgesetz unter Hinweis auf die DIN 18040-2 gestellt.

**Art. 38
Leitungsanlagen, Installationsschächte und -kanäle**

(1) Leitungen dürfen durch raumabschließende Bauteile, für die eine Feuerwiderstandsfähigkeit vorgeschrieben ist, nur hindurchgeführt werden, wenn eine Brandausbreitung ausreichend lang nicht zu befürchten ist oder Vorkehrungen hiergegen getroffen sind; das gilt nicht

1. innerhalb von Gebäuden der Gebäudeklassen 1 und 2,

2. innerhalb von Wohnungen,

3. innerhalb derselben Nutzungseinheit mit insgesamt nicht mehr als 400 m²
   in nicht mehr als zwei Geschossen.

(2) In notwendigen Treppenräumen, in Räumen nach Art. 33 Abs. 3 Satz 2 und in notwendigen Fluren sind Leitungsanlagen nur zulässig, wenn eine Nutzung als Rettungsweg im Brandfall ausreichend lang möglich ist.

(3) Für Installationsschächte und -kanäle gelten Abs. 1 sowie Art. 39 Abs. 2 Satz 1 und Abs. 3 entsprechend.

Art. 38 Leitungsanlagen, Installationsschächte und -kanäle

Erläuterungen

Übersicht

1 Allgemeines
2 Leitungsanlagen in Rettungswegen
3 Installationsschächte und -kanäle

Zur Neufassung 2013:

Durch die Änderung in Abs. 1 Hs. 2 wird klargestellt, dass die genannten Erleichterungen für die Führung von Leitungen durch Wände oder Decken innerhalb eines Gebäudes gelten, nicht jedoch für die Führung von Leitungen durch mehrere aneinander gebaute Gebäude.

1 Allgemeines

Da Leitungsanlagen, Installationsschächte und -kanäle regelmäßig durch mehrere Geschosse eines Gebäudes führen, müssen besondere Brandschutzanforderungen gestellt werden. Durch die Änderung der Bauordnung 2013 wird klargestellt, dass die Erleichterungen für die Führung von Leitungen durch Wände oder Decken nur innerhalb eines Gebäudes gelten, nicht jedoch für die Führung von Leitungen durch mehrere aneinander gebaute Gebäude. Ferner wurde die Regelung für Lüftungsanlagen (Art. 39 Abs. 5) der Regelung für Leitungsanlagen angepasst, da es keinen sachlichen Grund für die unterschiedliche Behandlung gibt. Spezielle Vorschriften finden sich z. B. bei den Brandwänden in Art. 28 Abs. 7 Satz 3 2. Halbsatz sowie in der Richtlinie über brandschutztechnische Anforderungen an Leitungsanlagen (LAR). Des Weiteren sind die technischen Regeln an das Brandverhalten von Baustoffen und Bauteilen (DIN 4102), die technischen Regeln für die Installation von elektrischen Leitungen (VDE-Bestimmung) sowie die technischen Regeln für die Gas- und Wasserinstallation des DVGW (Deutsche Vereinigung des Gas- und Wasserfaches e. V.) zu beachten. Art. 38 erfasst alle Leitungen im Bereich der technischen Gebäudeausrüstung, insbesondere elektrische Leitungen, Rohrleitungen, Abgasleitungen und Installationsschächte und -kanäle (zu Lüftungsanlagen vgl. Art. 39).

Dabei gilt der Grundsatz, dass Leitungen durch raumabschließende Bauteile, für die eine Feuerwiderstandsfähigkeit vorgeschrieben ist, nur hindurch geführt werden dürfen, wenn eine Brandausbreitung ausreichend lang nicht zu befürchten ist oder Vorkehrungen hiergegen getroffen sind.

Ausnahmen bestehen nach Abs. 1 2. Halbsatz für Decken in Gebäuden der **Gebäudeklassen 1 und 2** innerhalb von Wohnungen sowie innerhalb derselben Nutzungseinheit mit insgesamt nicht mehr als 400 m² in nicht mehr als zwei Geschossen. Insofern sind bei der Leitungsdurchführung durch feuerbeständige Bauteile die Vorgaben, in den als technische Baubestimmungen eingeführten Richtlinien über die brandschutztechnischen Anforderungen an Leitungsanlagen zu beach-

Lüftungsanlagen   Art. 39

ten. Danach sind elektrische Leitungen durch Abschottungen nach DIN 4102 Teil 9 und Rohrleitungen durch Rohrabschottungen nach DIN 4102 Teil 11 zu führen. Dabei bestehen nach der Leitungsanlagenrichtlinie Erleichterungen für einfache Fälle, in denen eine Brandweiterleitung bei ordnungsgemäßer, handwerklicher Ausführung nicht zu befürchten ist.

2   Leitungsanlagen in Rettungswegen

Nach Abs. 2 sind in Rettungswegen (notwendigen Treppenräumen, Räumen nach Art. 33 Abs. 3 Satz 2 und notwendigen Fluren nach Art. 34) Leitungsanlagen nur zulässig, wenn dies die Nutzung als Rettungswege nicht beeinträchtigt. Konkretisiert werden diese Anforderungen durch die technischen Baubestimmungen der Leitungsanlagenrichtlinie und der Hohlraumbodenrichtlinie. Weitergehende Anforderungen ergeben sich aus der Hochhausrichtlinie für Hochhäuser.

3   Installationsschächte und -kanäle

Die Leitungen haustechnischer und elektrischer Leitungen werden regelmäßig in Installationsschächten und -kanälen verlegt. Hierfür schreibt der Gesetzgeber vor, dass nichtbrennbare Baustoffe verwendet werden müssen. Ausnahmen sind dann zulässig, wenn eine Brandentstehung und -weiterleitung nicht zu befürchten ist (Art. 39 Abs. 2 Satz 1 entsprechend).

Art. 39

Lüftungsanlagen

(1) Lüftungsanlagen müssen betriebssicher und brandsicher sein; sie dürfen den ordnungsgemäßen Betrieb von Feuerungsanlagen nicht beeinträchtigen.

(2) [1]Lüftungsleitungen sowie deren Bekleidungen und Dämmstoffe müssen aus nichtbrennbaren Baustoffen bestehen; brennbare Baustoffe sind zulässig, wenn ein Beitrag der Lüftungsleitung zur Brandentstehung und Brandweiterleitung nicht zu befürchten ist. [2]Lüftungsleitungen dürfen raumabschließende Bauteile, für die eine Feuerwiderstandsfähigkeit vorgeschrieben ist, nur überbrücken, wenn eine Brandausbreitung ausreichend lang nicht zu befürchten ist oder wenn Vorkehrungen hiergegen getroffen sind.

(3) Lüftungsanlagen sind so herzustellen, dass sie Gerüche und Staub nicht in andere Räume übertragen.

(4) [1]Lüftungsanlagen dürfen nicht in Abgasanlagen eingeführt werden; die gemeinsame Nutzung von Lüftungsleitungen zur Lüftung und zur Ableitung der Abgase von Feuerstätten ist zulässig, wenn keine Bedenken wegen der Betriebssicherheit und des Brandschutzes bestehen. [2]Die Abluft ist ins Freie zu führen. [3]Nicht zur Lüftungsanlage gehörende Einrichtungen sind in Lüftungsleitungen unzulässig.

Art. 39
Lüftungsanlagen

(5) Die Abs. 2 und 3 gelten nicht
1. innerhalb von Gebäuden der Gebäudeklassen 1 und 2,
2. innerhalb von Wohnungen,
3. innerhalb derselben Nutzungseinheit mit insgesamt nicht mehr als 400 m² in nicht mehr als zwei Geschossen.

(6) Für raumlufttechnische Anlagen und Warmluftheizungen gelten die Abs. 1 bis 5 entsprechend.

Erläuterungen

Übersicht

1 Allgemeines
2 Anforderungen an Lüftungsanlagen und -leitungen
3 Luftführung
4 Ausnahmen von den Brandschutzanforderungen für Lüftungsleitungen
5 Raumlufttechnische Anlagen und Warmluftheizungen

Zur Neufassung 2013:

Die Änderung des Abs. 5 Satz 1 „innerhalb von Gebäuden" stellt klar, dass die genannten Erleichterungen für Lüftungsanlagen innerhalb eines Gebäudes gelten, nicht jedoch für die Führung von Lüftungsleitungen durch mehrere aneinandergebaute Gebäude.

1 Allgemeines

Die Vorschrift stellt Anforderungen an Lüftungsanlagen zur Betriebssicherheit, zum Brandschutz sowie zum Schutz vor Übertragung von Gerüchen und Staub auf. Insofern hat der Gesetzgeber die früheren Regelungen des Art. 40 Abs. 2 bis 6 in einer eigenen Vorschrift aufgenommen. Es werden sowohl die maschinellen Anlagen wie auch die Lüftungsleitungen und Lüftungsschächte erfasst. In Abs. 1 wird primär die Brandsicherheit von Lüftungsanlagen geregelt. Der Schutz vor Brandübertragung in andere Geschosse und Bauabschnitte ergibt sich aus Abs. 2. Lüftungsanlagen sind als haustechnische Anlagen nach Art. 57 Abs. 1 Nr. 2b genehmigungsfrei. Sie umfassen eine Lüftungszentrale, Lüftungsleitungen, Lüftungsauslässe etc. Vorgeschrieben sind Lüftungsanlagen in fensterlosen Bädern und Toiletten (Art. 4), Müllräumen im Gebäudeinneren der Gebäudeklassen 3 bis 5 (Art. 43 Nr. 4), fensterlosen Aufenthaltsräumen (Art. 45 Abs. 2 Satz 1, Abs. 3), fensterlosen Küchen oder Kochnischen (Art. 46 Abs. 1 Satz 2) sowie Heizräume (§ 6 Abs. 4 FeuV). Für Garagen gilt § 14 GaStellV, für Versammlungsstätten § 17 Abs. 2 VStättV, für Hochhäuser die Hochhausrichtlinie und für elektrische Betriebsräume § 4 Abs. 3 EltBauV. Neben den bauordnungsrechtlichen Vorschriften enthalten die Sonderbauverordnungen weitergehende Anforderungen an Lüftungsanlagen (§ 14 GaStellV für Garagen, § 26 VStättV für Versammlungsräume

Lüftungsanlagen   Art. 39

und § 5 Abs. 1 FeuV für Feuerstätten). Die Hochhausrichtlinie enthält besondere Vorgaben für Lüftungsanlagen in Hochhäusern.

Als technische Baubestimmungen sind die DIN 4102 Teil 6, 18 017 Teil 1 und 3 sowie DIN 1946 Teil 6 und DIN EN 12 792 zu nennen. Weitere technische Regelungen zur Lüftung enthalten auch die VDI-Richtlinien.

2 Anforderungen an Lüftungsanlagen und -leitungen

Nach Abs. 1 gilt für Lüftungsanlagen generell, d. h. ohne Festlegung auf bestimmte Baustoffe, dass sie betriebs- und brandsicher sein müssen. Somit müssen Lüftungsanlagen, die Brandwände überbrücken, stets so hergestellt werden, dass Feuer und Rauch nicht in Treppenräume, andere Brandabschnitte und andere Geschosse übertragen werden können. Dabei regelt Abs. 2 Satz 1 die Brandschutzanforderung an die Baustoffe von Lüftungsleitungen, einschließlich ihrer Dämmstoffe und Bekleidungen, die nichtbrennbar sein müssen. Sofern brennbare Baustoffe verwendet werden, bestimmt Satz 1 2. Halbsatz, dass dies nur dann zulässig ist, wenn ein Beitrag der Lüftungsleitung zur Brandentstehung und Brandweiterleitung nicht zu befürchten ist. Nach Abs. 2 Satz 2 dürfen Lüftungsleitungen raumabschließende Bauteile, für die eine Feuerwiderstandsfähigkeit vorgeschrieben ist, nur überbrücken, wenn eine Brandausbreitung ausreichend lang nicht zu befürchten ist. Der Gesetzgeber hat mit dieser Formulierung berücksichtigt, dass für alle Bauteile, die im Brandfall gegen die Brandausbreitung widerstandsfähig sein müssen, die Überbrückung durch Lüftungsleitungen den Raumabschluss in Frage stellt. Insofern steht im Vordergrund der Risikobetrachtung neben der Frage der Durchführung von Lüftungsleitungen durch diese Bauteile die mögliche Brandausbreitung durch die Funktion bzw. Geometrie der Lüftungsanlage (Transport von Feuer und Rauch).

Die allgemeinen Anforderungen nach Abs. 2 werden durch die Richtlinie über brandschutztechnische Anforderungen an Lüftungsanlagen konkretisiert.

Nach Abs. 3 dürfen Lüftungsanlagen Gerüche und Staub nicht in andere Räume übertragen. Entsprechend der Grundanforderung des Art. 11, dass bauliche Anlagen so anzuordnen, zu errichten und zu unterhalten sind, dass keine Gefahren, unvermeidbaren Nachteile oder vermeidbaren Belästigungen entstehen, muss sichergestellt werden, dass die Zuluft möglichst aus Bereichen ohne Belastungen durch Gerüche und Staub gewonnen wird, und dass die Anlage eine einwandfreie Abfuhr der Abluft ohne Belästigung anderer Räume sicherstellt.

3 Luftführung

Nach Abs. 4 dürfen Lüftungsanlagen nicht in Abgasanlagen geführt werden. Eine gemeinsame Führung von Lüftungsleitungen zur Lüftung und Ableitung der Abgase von Feuerstätten ist jedoch dann zulässig, wenn keine Bedenken im Sinne des Abs. 1 bestehen. Dies ist bei Gasfeuerstätten, die in der bisherigen Fassung des Art. 40 Abs. 5 a. F. genannt waren, der Fall, wenn diese so ins Freie geführt werden,

Art. 40 Feuerungs-, sonst. Anlagen zur Wärmeerzeugung, Brennstoffversorgung

dass die Bewohner des Grundstücks und der Nachbargrundstücke nicht erheblich belästigt werden. Nicht zur Lüftungsanlage gehörende Einrichtungen, z. B. Elektroleitungen, Sanitärleitungen, dürfen nach Abs. 4 Satz 3 nicht in Abgasanlagen geführt werden.

4 Ausnahmen von den Brandschutzanforderungen für Lüftungsleitungen

Abs. 5 enthält seit 2008 neu und deutlich weitergehend als die bisherige Regelung Ausnahmen für Gebäude der **Gebäudeklassen 1 und 2** mit Nutzungseinheiten mit nicht mehr als 400 m².

Insofern bestehen keine Verpflichtungen bei Lüftungsleitungen und deren Bekleidung, Dämmstoffe aus nichtbrennbaren Baustoffen zu verwenden sowie Lüftungsanlagen so herzustellen, dass Gerüche und Staub nicht in andere Räume übertragen werden. Durch Abs. 5 Nr. 1 wird klargestellt, dass die Erleichterungen für die Führung von Lüftungsleitungen durch Wände oder Decken innerhalb eines Gebäudes gelten, nicht jedoch für die Führung von Lüftungsleitungen durch mehrere aneinandergebaute Gebäude.

5 Raumlufttechnische Anlagen und Warmluftheizungen

Durch Abs. 6 wird klargestellt, dass die Vorschriften für Lüftungsanlagen für raumlufttechnische Anlagen (allgemein als Klimaanlagen bezeichnet) und Warmluftheizungen sinngemäß gelten. Da diese Anlagen im Grunde ebenso wie Lüftungsanlagen aufgebaut sind, jedoch über weitere Funktionen wie Kühlung, Befeuchtung, Reinigung oder Erwärmung der verteilten Luft verfügen, gelten für sie auch die Regelungen des Art. 44 sowie die Vorschriften der Feuerungsverordnung (FeuV BY). Des Weiteren ist auf die eingeführten technischen Regeln der DIN 1946 zu verweisen.

Art. 40
Feuerungsanlagen, sonstige Anlagen zur Wärmeerzeugung, Brennstoffversorgung

(1) Feuerstätten und Abgasanlagen (Feuerungsanlagen) müssen betriebssicher und brandsicher sein.

(2) Feuerstätten dürfen in Räumen nur aufgestellt werden, wenn nach der Art der Feuerstätte und nach Lage, Größe, baulicher Beschaffenheit und Nutzung der Räume Gefahren nicht entstehen.

(3) [1]Abgase von Feuerstätten sind durch Abgasleitungen, Kamine und Verbindungsstücke (Abgasanlagen) so abzuführen, dass keine Gefahren oder unzumutbaren Belästigungen entstehen. [2]Abgasanlagen sind in solcher Zahl und Lage und so herzustellen, dass die Feuerstätten des Gebäudes ordnungsgemäß angeschlossen werden können. [3]Sie müssen leicht gereinigt werden können.

(4) ¹Behälter und Rohrleitungen für brennbare Gase und Flüssigkeiten müssen betriebssicher und brandsicher sein. ²Diese Behälter sowie feste Brennstoffe sind so aufzustellen oder zu lagern, dass keine Gefahren oder unzumutbaren Belästigungen entstehen.

(5) Für die Aufstellung von ortsfesten Verbrennungsmotoren, Blockheizkraftwerken, Brennstoffzellen und Verdichtern sowie die Ableitung ihrer Verbrennungsgase gelten die Abs. 1 bis 3 entsprechend.

Erläuterungen

Übersicht

1 Allgemeines
2 Begriffe
3 Genehmigungsverfahren/sonstige Vorschriften
4 Anforderungen an Feuerstätten und Abgasanlagen
5 Abgasanlagen
6 Anforderungen an Behälter und Rohrleitungen für brennbare Gase und Flüssigkeiten
7 Aufstellung von sonstigen Anlagen

1 Allgemeines

Art. 40 regelt die allgemeinen Anforderungen der Bauordnung an Feuerungsanlagen, an die Aufstellung von Feuerstätten, an Abgasanlagen sowie an die Brennstofflagerung und die Rohrleitungen für brennbare Gase und Flüssigkeiten. Zudem sind Abs. 1 bis 3 entsprechend anwendbar für die Aufstellung der Anlagen nach Abs. 5 und die Ableitung ihrer Verbrennungsgase.

Daneben besteht eine Vielzahl von anderen Vorschriften, insbesondere die Verordnung über Feuerungsanlagen, Wärme- und Brennstoffversorgungsanlagen (Feuerungsverordnung – FeuV), die Verordnung über die Verhütung von Bränden (VVB) vom vom 29.4.1981 (GVBl. S. 101, BayRS 215-2-1-I), zuletzt geändert durch V vom 26.11.2010 (GVBl. S. 785). Die frühere Heizungsanlagenverordnung ist aufgegangen im Energieeinsparungsgesetz vom 1.9.2005 (BGBl. I S. 2684) und der entsprechenden Energieeinsparverordnung.

§ 13 EnEV verlangt vorrangig die CE-Kennzeichnung der Heizkessel, deren Wirkungsgrad und Dämmung. Weitere Vorschriften stellt das Immissionsschutzrecht auf, insofern ist auf die Verordnung über kleine und mittlere Feuerungsanlagen, die keiner Genehmigung nach § 5 BImSchG bedürfen (1. BImSchV), die Verordnung über das Genehmigungsverfahren (4. BImSchV), die Verordnung über Großfeuerungs- und Gasturbinenanlagen (13. BImSchV), die Verordnung über Verbrennungsanlagen für Abfälle und gefährliche brennbare Stoffe (17. BImSchV) hinzuweisen. Feuerstätten, die der Gebäudeheizung dienen, sind in der Regel kleine und mittlere Feuerungsanlagen nach der 1. BImSchV. Bei Anlagen zur

Art. 40 Feuerungs-, sonst. Anlagen zur Wärmeerzeugung, Brennstoffversorgung

Brennstoffversorgung, die wassergefährdende Stoffe benötigen, sind auch die Vorschriften des Wasserhaushaltsgesetzes (WHG), des Bayerischen Wassergesetzes (BayWG) sowie die Verordnung über Anlagen zum Umgang mit wassergefährdenden Stoffen und über Fachbetriebe (Anlagenverordnung – VAwS) zu beachten.

2 Begriffe

Feuerungsanlagen

Feuerungsanlagen sind in Abs. 1 legal definiert und umfassen Feuerstätten und Abgasanlagen. Soweit sie ortsfest errichtet werden, stellen sie bauliche Anlagen dar. Bewegliche Feuerungsanlagen, wie z. B. Teerkessel, Kokskörbe, Dampfmaschinen, die nicht an Kamine angeschlossen sind, werden vom Bauordnungsrecht nicht erfasst.

Feuerstätten

Feuerstätten sind bauordnungsrechtlich feste Anlagen aus Baustoffen und Bauteilen, die der Wärmeerzeugung durch Verbrennung fester, flüssiger und gasförmiger Stoffe dienen. Bei Feuerstätten wird zwischen offenen und geschlossenen Feuerräumen unterschieden. Geschlossene Feuerstätten sind Zimmeröfen, Herde, Heizkessel, Kaminöfen für den geschlossenen Betrieb. Offene Feuerstätten sind offene Kamine, häusliche Gasfeuerstätten und Kaminöfen, die auch offen betrieben werden können. Gem. Art. 1 Abs. 2 Nr. 6 ist der Anwendungsbereich der Bauordnung nur für Feuerstätten eröffnet, die der Raumheizung oder Brauchwassererwärmung dienen. Hiervon ausgenommen sind Gas-, Haushalts- und Kochgeräte.

Abgasanlagen

Die Abgasanlagen sind in Art. 40 Abs. 3 legal definiert; es handelt sich um Abgasleitungen, Kamine und Verbindungsstücke, durch die Abgase von Feuerstätten geführt werden.

Kamine

Kamine sind Schächte, die dazu bestimmt und geeignet sind, Abgase von Feuerstätten über das Dach ins Freie zu führen (BayVGH, Urteil vom 5.8.1997, BRS 59, S. 402). Sie müssen nach § 7 Abs. 7 FeuV gegen Rußbrände beständig sein. Der in Bayern gebräuchliche Begriff Kamin ist inhaltsgleich mit dem Begriff Schornstein. Dagegen ist der offene Kamin eine offene Feuerstätte.

Nennwärmeleistung einer Feuerstätte

Dies ist nach § 2 Abs. 1 FeuV die auf dem Typenschild der Feuerstätte angegebene Leistung, d. h. die in den Grenzen des auf dem Typenschild angegebenen Wärmeleistungsbereichs fest eingestellte höchste Leistung der Feuerstätte.

Brennstoffe

Feste Brennstoffe sind insbesondere Kohle, Holz, Torf, Sägespäne und Sägemehl. Flüssige Brennstoffe sind Heizöl, Petroleum, Benzin und andere brennbare Flüssigkeiten. Gasförmige Brennstoffe sind vor allem Stadtgas, Erdgas und flüssiges Gas.

Feuerungs-, sonst. Anlagen zur Wärmeerzeugung, Brennstoffversorgung **Art. 40**

3 Genehmigungsverfahren/sonstige Vorschriften

Feuerstätten sind nach Art. 57 Abs. 1 Nr. 2b als sonstige Anlagen der technischen Gebäudeausrüstung verfahrensfrei.

Größere Feuerungsanlagen für feste oder flüssige Brennstoffe mit einer Feuerungswärmeleistung von mehr als 50 kW sowie Feuerungsanlagen für gasförmige Brennstoffe mit einer Feuerwärmeleistung von mehr als 100 mW unterliegen dem Genehmigungsverfahren nach dem Bundesimmissionsschutzgesetz (§§ 10 ff. BImSchG in Verbindung mit 4. BImSchV Anhang Spalte 1.1).

Verfahrensfrei sind Kamine in und an Gebäuden sowie freistehende Abgasanlagen mit einer Höhe bis zu 10 m (Art. 57 Abs. 1 Nr. 2a). Sofern ein Gebäude nach Art. 58 im Freistellungsverfahren errichtet werden kann, bedarf selbstverständlich auch der Kamin keiner Baugenehmigung.

In den Bauunterlagen sind Kamine, Feuerstätten und ortsfeste Behälter für brennbare Flüssigkeiten und Gase darzustellen (vgl. die Bauvorlagenverordnung).

Brennstoffbehälter sind nur bedingt in der Bauordnung geregelt; die bundesrechtlichen Vorschriften des Immissionsschutzrechts und Gewerberechts sowie die Verordnungen zum Energieeinsparungsgesetz enthalten hier Sonderregelungen. Die Errichtung und Änderung von **Heizölbehältern** mit einem Rauminhalt bis zu 10 m³ und von Flüssiggasbehältern mit einem Fassungsvermögen von weniger als 3 t ist nach Art. 57 Abs. 1 Nr. 6a, b verfahrensfrei.

Des Weiteren ist auf die Verordnung über die Feuerbeschau (FBV) vom 5.6.1999, GVBl. S. 270, geändert durch § 9 V vom 29.11.2007, GVBl. S. 858 hinzuweisen. Zu erwähnen ist auch das Energieeinsparungsgesetz vom 1.9.2005 (BGBl. I S. 2684) sowie die **Energieeinsparverordnung,** deren überarbeitete Fassung seit 1.10.2009 in Kraft ist (vom 29.4.2009, BGBl. I S. 954). Sie trifft Regelungen für die Energieeinsparung, die bauliche Ausgestaltung von Gebäuden sowie für heizungstechnische Anlagen und Warmwasseranlagen. Ziel der Verordnung ist es, den Jahresprimärenergiebedarf auf bestimmte Höchstwerte zu begrenzen. Daraus können sich auch Nachrüstungsverpflichtungen der Eigentümer älterer Gebäude ergeben.

Bei neu zu errichtenden Gebäuden wird auf den Primärenergiebedarf eines Jahres für Heizung, Warmwasserbereitung und Lüftung bezogen auf die Gebäudenutzfläche sowie auf den Transmissionswärmeverlust abgestellt. Dabei regelt § 3 EnEV die einzuhaltenden Grenzwerte für Wohngebäude und § 4 EnEV die Vorgaben für Nichtwohngebäude. Für bestehende Gebäude oder Anlagen gilt, dass beim Austausch von Fenstern, bei Änderungen des Daches etc. diese so durchzuführen sind, dass das Gesamtgebäude die tabellarischen Grenzwerte eines Neubaus um nicht mehr als 40 % überschreitet.

Heizkessel für Öl oder Gas, die vor dem 1.10.1978 eingebaut wurden, mussten bereits bis 31.12.2008 ausgetauscht werden. Sofern der Eigentümer von Wohngebäuden bis 2 Wohneinheiten diese selbst bewohnt, sind die Nachrüstanforderungen bis 2 Jahre nach einem Eigentümerwechsel einzuhalten. Die Anforderungen

Art. 40 Feuerungs-, sonst. Anlagen zur Wärmeerzeugung, Brennstoffversorgung

an Heizkessel, Warmwasseranlagen Klimaanlagen etc. sind in § 13 EnEV geregelt. Bei Neuerrichtung eines Gebäudes muss ein **Energieausweis** für die bauliche Anlage erstellt werden; der Ersteller muss die entsprechende Fachkenntnis besitzen (§ 21 EnEV). Zu nennen ist auch das Erneuerbare-Energien-Wärme-Gesetz (EEWärmeG) vom 7.8.2008, BGBl. I, S. 1658, zuletzt geändert am 20.12.2011, BGBl. I S. 3044), welches seit 1.1.2009 gilt und die Deckung eines Großteils des Wärmebedarfs aus erneuerbaren Energiequellen vorschreibt. Dabei gelten die Anforderungen auch dann als erfüllt, wenn der Wärmeenergiebedarf aus einem Netz der Nah- oder Fernwärmeversorgung gedeckt wird.

4 Anforderungen an Feuerstätten und Abgasanlagen

Feuerungsanlagen sind Feuerstätten und Abgasanlagen. Nach Abs. 1 müssen diese betriebssicher und brandsicher sein. Diese Anforderungen gelten dann als erfüllt, wenn die einschlägigen technischen Regelungen eingehalten werden. Für Heizkessel ist auf DIN 4702, für Ölheizeinsätze auf DIN 4731 und für offene Kamine auf DIN 18 895 hinzuweisen. Weitere DIN-Vorschriften bestehen in DIN 4702 für Heizkessel, DIN 4755 für Ölfeuerungsanlagen, DIN 3362 für Gasgeräte und DIN 4756 für Gasfeuerungsanlagen. Die Aufzählung ist nicht abschließend.

Nach Abs. 2 dürfen Feuerstätten nur in Räumen aufgestellt werden, wenn nach der Art der Feuerstätte und nach Lage, Größe, baulicher Beschaffenheit und Nutzung der Räume Gefahren nicht entstehen. Die Anforderungen werden durch §§ 3 bis 6 FeuV konkretisiert. Sie reichen von der Zulässigkeit der Aufstellung in anders genutzten Räumen bis zum Aufstellungsverbot in bestimmten Räumen.

5 Abgasanlagen

Abgasanlagen sind Abgasleitungen, Kamine und Verbindungsstücke, durch die Abgase von Feuerstätten so abzuführen sind, dass keine Gefahren oder unzumutbare Belästigungen entstehen (Abs. 3 Satz 1). Jede Feuerstätte muss an einer Abgasanlage angeschlossen sein. Ausnahmen sind nach § 7 Abs. 3 FeuV nur für Gasfeuerstätten zulässig, wenn durch einen sicheren Luftwechsel im Aufstellraum gewährleistet ist, dass Gefahren oder unzumutbare Belästigungen nicht entstehen können (z. B. bei Gashauskochgeräten üblicher Größe). Die Abgase von Feuerstätten für feste Brennstoffe müssen in Kamine, die Abgase von Feuerstätten für flüssige oder gasförmige Brennstoffe dürfen auch in Abgasleitungen eingeleitet werden. Niedertemperaturkessel und Brennwertfeuerstätten mit geringen Abgastemperaturen dürfen an zugelassene Kamine oder Abgasleitungen angeschlossen werden.

Nach Abs. 3 Satz 2 sind Abgasanlagen in solcher Zahl und Lage so herzustellen, dass die Feuerstätten des Gebäudes ordnungsgemäß angeschlossen werden können. Zudem müssen die Abgasanlagen leicht gereinigt werden können. Im Grundsatz ist davon auszugehen, dass jede Feuerstätte an einem eigenen Kamin, an eine eigene Abgasleitung oder an ein eigenes Verbindungsstück anzuschließen

Feuerungs-, sonst. Anlagen zur Wärmeerzeugung, Brennstoffversorgung **Art. 40**

ist. Nach § 7 Abs. 4 FeuV können Abweichungen von diesem Grundsatz zugelassen werden. Mehrere Feuerstätten können unter bestimmten Bedingungen an einen gemeinsamen Kamin, an eine gemeinsame Abgasleitung oder ein gemeinsames Verbindungsstück angeschlossen werden. Die einwandfreie Ableitung der Abgase ist für jeden Betriebszustand sicherzustellen. Bei Ableitung der Abgase unter Überdruck muss die Übertragung von Abgasen zwischen den Aufstellräumen oder ein Austritt von Abgasen über nicht in Betrieb befindliche Feuerstätten ausgeschlossen sein und bei gemeinsamer Abgasleitung muss diese Leitung aus nichtbrennbaren Baustoffen bestehen oder es muss eine Brandübertragung zwischen den Geschossen durch selbsttätige Absperrvorrichtungen verhindert werden. Grundsätzlich können an einen gemeinsamen Kamin nach DIN 15 160-1 bis 3 Feuerstätten für feste oder flüssige Brennstoffe mit einer Nennwärmeleistung von je höchstens 20 kW oder Gasfeuerstätten mit einer Nennwärmeleistung von je höchstens 30 kW angeschlossen werden.

6 Anforderungen an Behälter und Rohrleitungen für brennbare Gase und Flüssigkeiten

Nach Abs. 4 Satz 1 müssen Behälter und Rohrleitungen für brennbare Gase und Flüssigkeiten betriebssicher und brandsicher sein. Zudem sind diese Behälter sowie feste Brennstoffe so aufzustellen oder zu lagern, dass keine Gefahren oder unzumutbare Belästigungen entstehen.

Diese Anforderungen sind dann gewährleistet, wenn die Behälter und Rohrleitungen in all ihren Teilen so dicht ausgeführt sind, dass der Brennstoff nicht vor Erreichen der Feuerstätte austreten kann. Die technischen Regelungen über Flüssiggas (technische Regeln für Gasinstallationen TRGI) sowie für flüssige Brennstoffe (Heizöl) DIN 6608, DIN 6616 und DIN 6618 sind einzuhalten. Hinzu kommen die wasserrechtlichen Anforderungen nach der Verordnung über Anlagen zum Umgang mit wassergefährdenden Stoffen – WasgefStAnlV vom 31.10.2010 (BGBl. I S. 377).

7 Aufstellung von sonstigen Anlagen

Nach Abs. 5 gelten für die Aufstellung von ortsfesten Verbrennungsmotoren, Blockheizkraftwerken, Brennstoffzellen und Verdichtern sowie die Ableitung ihrer Verbrennungsgase die Abs. 1 bis 3 entsprechend. § 10 FeuV konkretisiert diese Anforderungen; danach dürfen z. B. ortsfeste Verbrennungsmotoren und Blockheizkraftwerke nur in Räumen aufgestellt werden, die die Anforderungen des § 5 FeuV an Aufstellräume erfüllen. Dies gilt auch für Wärmepumpen in Verbindung mit Feuerstätten oder mit einer eigenen Feuerung mit einer Nennwärmeleistung von mehr als 50 kW.

Art. 41
Nicht durch Sammelkanalisation erschlossene Anwesen

(1) Die einwandfreie Beseitigung des Abwassers einschließlich des Fäkalschlamms innerhalb und außerhalb des Grundstücks muss gesichert sein.

(2) Hausabwässer aus abgelegenen landwirtschaftlichen Anwesen oder abgelegenen Anwesen, die früher einem landwirtschaftlichen Betrieb dienten und deren Hausabwässer bereits in Gruben eingeleitet worden sind, dürfen in Gruben eingeleitet werden, wenn
1. das Abwasser in einer Mehrkammerausfaulgrube vorbehandelt wird und
2. die ordnungsgemäße Entsorgung oder Verwertung des geklärten Abwassers und des Fäkalschlamms gesichert ist.

(3) [1]Für die Einleitung von Hausabwässern aus abgelegenen landwirtschaftlichen Anwesen in Biogasanlagen gilt Abs. 2 entsprechend. [2]Die Vorbehandlung in einer Mehrkammerausfaulgrube ist nicht erforderlich, wenn durch den Betrieb der Biogasanlage eine gleichwertige Hygienisierung sichergestellt ist.

Erläuterungen

Übersicht

1. Allgemeines
2. Genehmigungsverfahren für Anlagen
3. Arten von Kleinkläranlagen und Gruben
4. Abgelegene landwirtschaftliche Anwesen

1 Allgemeines

Die ordnungsgemäße Abwasserbeseitigung gehört zum Erfordernis der gesicherten Erschließung, welches planungsrechtlich bei der Zulassung eines Bauvorhabens stets gegeben sein muss (vgl. §§ 30 Abs. 1, 33 Abs. 1, 34 Abs. 1 und 35 Abs. 1 BauGB). Dem entspricht es, dass **nach Art. 78 Abs. 2 Satz 3 eine bauliche Anlage erst benutzt werden darf, wenn sie selbst, die Zufahrtswege, die Wasserversorgungs- und Abwasserbeseitigungsanlagen sowie Gemeinschaftsanlagen in dem erforderlichen Umfang benutzbar sind.** Nach der Überschrift des Art. 41 werden im Gesetz lediglich die nicht durch Sammelkanalisation erschlossenen Anlagen geregelt. Damit verzichtet die Bauordnung darauf, den tragenden Grundsatz einer ordnungsgemäßen Abwasserbeseitigung über eine zentrale Kläranlage selbst anzusprechen. Auch wenn nach der Neufassung des § 18a Abs. 1 WHG a. F. andere Lösungen neben der Sammelkanalisation in Betracht kommen, sofern die einwandfreie Beseitigung des Abwassers gesichert ist, muss hervorgehoben werden, dass in Gebieten mit stärkerer Siedlungstätigkeit nur die Sammelkanalisation eine ordnungsgemäße Abwasserbeseitigung darstellt.

Nicht durch Sammelkanalisationen erschlossene Anwesen **Art. 41**

Generell ist § 34 WHG zu beachten, der alle Anlagen als unzulässig ansieht, die möglicherweise das Grundwasser schädlich beeinflussen (hierzu BVerwG, Urteil vom 12.4.2001, BayVBl. 2002, S. 243).

Nach früherem Recht durften Kleinkläranlagen oder Sickeranlagen nur hergestellt werden, wenn die Abwässer nicht in eine Sammelkanalisation eingeleitet werden können. Das Gesetz vertritt nunmehr die Auffassung, dass diese Forderung bereits durch die für die bauplanungsrechtliche Zulässigkeit des Vorhabens erforderliche Sicherung der Erschließung, gegebenenfalls ergänzt durch wasserrechtliche Vorschriften einschließlich entsprechender kommunaler Regelungen abgedeckt ist und der frühere uneingeschränkte Vorrang der Sammelkanalisation nach § 18a Abs. 1 Wasserhaushaltsgesetz a. F. so nicht aufrechterhalten werden kann. Auch dezentrale Systeme z. B. für die Beseitigung des Niederschlagswassers sind zulässig (BVerwG, Urteil vom 30.8.2001, UPR 2002, 108).

Art. 41 dient nicht nur dem Allgemeinwohl, sondern ist auch nachbarschützend. Insbesondere hat der Nachbar einen Anspruch, vor Nachteilen geschützt zu werden, die aus einer nicht einwandfreien Abwasserbeseitigung beim Baugrundstück entstehen (BayObLG, Urteil vom 30.1.1979, BayVBl. 1980, 58, BayVGH, Urteil vom 17.11.1999, BayVBl. 2000, 472 – Schutz vor Notleitungsrecht).

Die Gemeinde hat bei der Erschließung dafür Sorge zu tragen, dass Nachbargrundstücke nicht durch Niederschlagswasser aus dem Baugebiet beeinträchtigt werden (BGH, Urteil vom 4.4.2002, NVwZ 2002, 1143, Urteil vom 22.4.2004, BayVBl. 2005, 91, BVerwG, Urteil vom 21.3.2002, BayVBl. 2003, 53, BayVGH, Urteil vom 7.8.2006, BayVBl. 2007, 655).

2 Genehmigungsverfahren für Anlagen

Kleinkläranlagen oder geschlossene Gruben bedürfen der wasserrechtlichen Erlaubnis nach dem Bayerischen Wassergesetz; baurechtlich sind Kleinkläranlagen als sonstige Anlagen der technischen Gebäudeausrüstung verfahrensfrei, vgl. Art. 57 Abs. 1 Nr. 2b.

Eine beschränkte Erlaubnis nach Art. 15 BayWG kann für das Einleiten von in Kläranlagen behandeltem Hauswasser bis 8 m³ je Tag in ein Gewässer erteilt werden, wenn das zu entsorgende Bauvorhaben im Geltungsbereich eines Bebauungsplans oder einer sonstigen, die bauplanungsrechtliche Zulässigkeit von Vorhaben regelnden Satzung nach dem Baugesetzbuch liegt, das Wasserwirtschaftsamt bei der Aufstellung des Bebauungsplans oder beim Erlass der Satzung als Träger öffentlicher Belange beteiligt war und auf der Grundlage dieser Beteiligung über die Zulässigkeit der Einleitung entschieden werden kann und zusätzlich ein Gutachten eines Sachverständigen darüber vorgelegt wird, dass die Planung der einzelnen Kläranlagen den Anforderungen aus der Stellungnahme des Wasserwirtschaftsamtes und im Übrigen den allgemein anerkannten Regeln der Technik entspricht (vgl. Art. 15 BayWG).

Art. 41   Nicht durch Sammelkanalisationen erschlossene Anwesen

Des Weiteren ist das Einleiten im vorgenannten Umfang dann zulässig, wenn das Bauvorhaben in einem von der Kreisverwaltungsbehörde im Einvernehmen mit dem Wasserwirtschaftsamt bezeichneten Gebiet liegt, die Anforderungen an die Abwasserbeseitigung erfüllt werden und ein Gutachten eines Sachverständigen vorgelegt wird, dass die Planung der einzelnen Kleinkläranlage den bekannten Anforderungen an die Abwasserbeseitigung und im Übrigen den allgemein anerkannten Regeln der Technik entspricht (Art. 70 Abs. 1 Nr. 2 BayWG).

Schließlich kommt eine solche Einleitung dann in Betracht, wenn für das Vorhaben ein Vorbescheid erteilt worden ist, der auch über die Abwasserentsorgung entschieden hat und ein Gutachten eines Sachverständigen darüber vorgelegt wird, dass die Planung der einzelnen Kläranlage den Anforderungen des Vorbescheids an die Abwasserentsorgung und im Übrigen den allgemein anerkannten Richtlinien der Technik entspricht.

Zur Regenwassernutzung im Haushalt s. IMBek. vom 7.5.1993 (AllMBl. S. 659), geändert durch IMBek. vom 27.11.2002 (AllMBl. S. 1163). Für die schadlose erlaubnisfreie Versickerung von gesammeltem Niederschlagswasser gilt die Niederschlagswasserfreistellungsverordnung (NWFreiV) vom 1.1.2000 (GVBl. S. 30). Niederschlagswasser darf nicht in dieselbe Grube wie die übrigen Abwässer und in Kleinkläranlagen eingeleitet werden.

3 Arten von Kleinkläranlagen und Gruben

Beim Fehlen einer Kanalisation dürfen Abwässer dann in Kleinkläranlagen oder in Gruben geleitet werden, wenn ihre einwandfreie Beseitigung innerhalb und außerhalb des Grundstücks und auf Dauer gesichert ist (Abs. 1).

Bei Kleinkläranlagen wird zwischen Mehrkammerabsetzgruben und Mehrkammerausfaulgruben unterschieden.

Mehrkammerabsetzgruben, in denen sich im Abwasser enthaltene absetzbare Stoffe und Schwimmstoffe mechanisch absetzen und bis zur Räumung zu einem geringen Teil ausfaulen, kommen nur in Ausnahmefällen als Übergangslösung in Frage (s. hierzu DIN 4261 Teil 1 Nr. 3.1.1).

Mehrkammerausfaulgruben bewirken zusätzlich zur Entfernung absetzbarer Stoffe und Schwimmstoffe einen teilweise anaeroben Abbau der im Wasser enthaltenen organischen Schmutzstoffe. Zudem erhöhen sie gegenüber Mehrkammerabsetzgruben die Betriebssicherheit und Wirkung nachgeschalteter biologischer Abwasserbehandlungsanlagen durch besseren Belastungsausgleich und größeren Schlammraum. Auch hier wird jedoch keine vollständige Ausfaulung des abgesetzten Schlammes erreicht. Außerdem ist der in Ausfaulgruben abgesetzte Fäkalschlamm organisch und bakteriologisch hoch belastet. Dieser Schlamm kann nur dadurch umweltgerecht beseitigt werden, dass er in geeignete gemeindliche Kläranlagen gebracht wird (s. hierzu DIN 4261 Teil 1 Nr. 3.1.2).

Nicht durch Sammelkanalisationen erschlossene Anwesen — Art. 41

Die in der Kleinkläranlage behandelten Abwässer können, wenn dies von den Fachbehörden gebilligt wird, in einen Vorfluter eingeleitet werden (oberirdisches Gewässer), sofern dieses Gewässer eine ausreichende Wasserführung und Selbstreinigung aufweist. Des Weiteren ist eine Versickerung denkbar, wenn der Kleinkläranlage ein Sickerungsschacht (zur baulichen Ausführung DIN 4126 Teil 1 Nr. 6.4) nachgeschaltet ist. Hierfür ist eine ausreichend mächtige Filterschicht zwischen Sickerschacht, Sohle und Grundwasserspiegel notwendig. Eine Untergrundverrieselung ist dann möglich, wenn das in der Mehrkammerausfaulgrube vorbehandelte Abwasser über ein Rieselrohrnetz unter der Geländeoberfläche zur flächenhaften Versickerung verteilt wird und bei der Versickerung durch teils anaerobe, teils aerobe-biologische sowie durch physikalische und chemische Vorgänge nachbehandelt wird. Hier ist darauf zu achten, dass der Sickerweg bis zum Grundwasser so lang ist, dass eine ausreichende Reinigungswirkung eintritt. Somit setzt die Untergrundverrieselung günstige Boden- und Grundwasserverhältnisse sowie eine genügend große Fläche ohne Baumbestand voraus. Für die erlaubnisfreie Versickerung von gesammeltem Niederschlagswasser gilt die Niederschlagswasserfreistellungsverordnung (NWFreiV) vom 1.1.2000 (GVBl. 2000, S. 30). Im Übrigen ist für das Einleiten von Abwasser in das Grundwasser oder in oberirdische Gewässer eine beschränkte Erlaubnis nach Art. 15 BayWG erforderlich (vgl. hierzu Nrn. 17a, 77, 80 VwVBayWG vom 1.11.1999, AllMBl. 1999, 870).

Abflusslose Gruben sind nur unter strengen Voraussetzungen zulässig. Sie kommen für Trockenaborte, für vorübergehend benutzte Bauten und für landwirtschaftliche Anwesen, bei denen Hausabwässer nur in geringen Mengen anfallen, in Betracht. Die dauernde Beseitigung des Grubeninhalts auf unschädliche Weise ist nur dann zu akzeptieren, wenn ein Vertrag mit einem Abfuhrunternehmer über die regelmäßige, dauernde Leerung der Grube vorgelegt wird. Das Abfuhrunternehmen hat den Nachweis zu erbringen, dass die Abwässer einwandfrei beseitigt werden. Dabei müssen Gruben dicht und ausreichend groß sein. Sie müssen eine dichte und sichere Abdeckung und Reinigungs- und Entleerungsöffnungen besitzen; die Öffnungen dürfen nur vom Freien aus zugänglich sein.

4 Abgelegene landwirtschaftliche Anwesen

Eine Sonderregelung (Abs. 2) gilt für landwirtschaftliche Gebäude, die sich in erheblicher Entfernung von Siedlungen befinden. Hier dürfen Hausabwässer in Jauche- und Güllegruben eingeleitet werden, wenn das Abwasser in einer Mehrkammerausfaulgrube vorbehandelt wird (vgl. oben Ziffer 2) und die ordnungsgemäße Entsorgung des Fäkalschlamms gesichert ist. Für das Aufbringen von Gülle können dabei nur solche Flächen berücksichtigt werden, die dem Bauherrn gehören oder die auf Grund langfristiger Verträge zum Aufbringen der Gülle benutzt werden können. Für das Ausbringen von Klärschlamm ist die Klärschlammverordnung zu beachten (vgl. AllMBl. v. 11.6.2004, S. 316).

Nach Art. 57 Abs. 1 Nr. 6d sind Gülle- und Jauchebehälter und -gruben bis zu einem Rauminhalt bis 50 m³ und einer Höhe bis 3 m genehmigungsfrei. Die Genehmigungsfreiheit von Dungstätten ergibt sich aus Art. 57 Abs. 1 Nr. 6f.

Art. 42
Sanitäre Anlagen

Abs. 3 regelt die Zulässigkeit der Einleitung von Abwässern in **Biogasanlagen**. Biogasanlagen sind nach Art. 55 Abs. 1 baugenehmigungspflichtig. Bei abgelegenen landwirtschaftlichen Anwesen dürfen Hausabwässer in Biogasanlagen eingeleitet werden, wenn die Vorgaben des Abs. 2 eingehalten sind. Daraus folgt, dass eine Biogasanlage unter den gleichen Vorgaben wie eine Güllegrube verwendet werden darf. Zusätzlich wird in Abs. 3 Satz 2 eine weitere Erleichterung dadurch geschaffen, dass keine Vorbehandlung in einer Mehrkammerausfaulgrube notwendig ist, wenn durch die Biogasanlage eine ausreichende Hygienisierung erreicht werden kann. Nach der Gesetzesbegründung sollen damit die unabdingbaren Anforderungen an den Schutz der Gewässer und der menschlichen Gesundheit gewahrt, andererseits die Nutzung regenerativer Energien gefördert werden. § 35 Abs. 1 Nr. 6 BauGB enthält einen Privilegierungstatbestand für Biogasanlagen im Außenbereich; die Rechtsprechung hat bereits mehrfach zum Nachbarschutz bei solchen Anlagen Stellung genommen, so VGH BW, Beschluss vom 3.5.2006, BauR 2006, S. 1870, OVG Lüneburg, Beschluss vom 20.7.2007, NVwZ 2007, S. 1210, BVerwG, Urteil vom 11.12.2008, ZfBR 2009, S. 258.

Art. 42
Sanitäre Anlagen

Fensterlose Bäder und Toiletten sind nur zulässig, wenn eine wirksame Lüftung gewährleistet ist.

Erläuterungen

Übersicht

1 Allgemeines
2 Fensterlose Bäder und Toiletten

1 Allgemeines

Die früheren Vorgaben in Art. 49 Abs. 1 a. F., dass jede Wohnung mindestens einen Abort haben muss, ist seit 2008 bei den Anforderungen an Wohnungen in Art. 46 Abs. 3 geregelt. In Art. 42 wurden nur die Anforderungen an fensterlose Bäder und Toiletten geregelt. Nicht übernommen wurde die in § 43 Abs. 2 enthaltene Forderung der Musterbauordnung, dass jede Wohnung einen eigenen Wasserzähler haben muss. Eine bauaufsichtliche Rechtfertigung für eine solche Regelung wurde nicht gesehen.

2 Fensterlose Bäder und Toiletten

Nach Art. 42 sind fensterlose Bäder nur zulässig, wenn eine wirksame Lüftung gewährleistet ist. Diese Anforderung ist in der technischen Baubestimmung „bauaufsichtliche Richtlinie über die Lüftung fensterloser Küchen, Bäder und Toilettenräume in Wohnungen" konkretisiert (IMBek. vom 8.9.1997 Anlage E, AllMBl. S. 580).

Aufbewahrung fester Abfallstoffe **Art. 43**

Auch fensterlose Toiletten sind – wie bisher in Art. 49 Abs. 2 a. F. geregelt – nur zulässig, wenn eine wirksame Lüftung gewährleistet ist. Diese Vorschrift gilt für alle Gebäude. Sie wird ebenfalls in der bauaufsichtlichen Richtlinie über die Lüftung fensterloser Küchen, Bäder und Toilettenräume in Wohnungen konkretisiert (IMBek. vom 8.9.1997 Anlage E, AllMBl. S. 580).

Art. 43
Aufbewahrung fester Abfallstoffe

Feste Abfallstoffe dürfen innerhalb von Gebäuden vorübergehend aufbewahrt werden, in Gebäuden der Gebäudeklassen 3 bis 5 jedoch nur, wenn die dafür bestimmten Räume

1. Trennwände und Decken als raumabschließende Bauteile mit der Feuerwiderstandsfähigkeit der tragenden Wände und
2. Öffnungen vom Gebäudeinnern zum Aufstellraum mit feuerhemmenden, dicht- und selbstschließenden Abschlüssen haben,
3. unmittelbar vom Freien entleert werden können und
4. eine ständig wirksame Lüftung haben.

Erläuterungen

Übersicht

1 Allgemeines
2 Anforderungen für Gebäude der Gebäudeklassen 3 bis 5
3 Sonstige Vorschriften

1 Allgemeines

Während in der bisherigen Regelung des Art. 44 a. F. Anforderungen für die ordnungsgemäße Aufstellung der Abfallbehälter ohne Belästigungen für die Bewohner des Grundstücks und der Nachbarn gestellt wurden, werden nunmehr die Anforderungen an die Aufbewahrung fester Abfallstoffe nur für größere Gebäude geregelt. Gebäude der **Gebäudeklassen 1 und 2**, d. h. Gebäude mit einer Höhe bis zu 7 m und nicht mehr als zwei Nutzungseinheiten von insgesamt nicht mehr als 400 m^2 und land- und forstwirtschaftlich genutzte Gebäude (Art. 2 Abs. 3 BayBO) haben nur die allgemeine Vorgabe zu beachten, dass feste Abfallstoffe innerhalb von Gebäuden nur vorübergehend aufbewahrt werden dürfen.

Über diesen Grundsatz hinaus gelten für Gebäude der **Gebäudeklassen 3 bis 5** Anforderungen des Brandschutzes, der Hygiene und der Lüftung.

Art. 44 — Blitzschutzanlagen

2 Anforderungen für Gebäude der Gebäudeklassen 3 bis 5

Die Räume für die Aufbewahrung fester Abfallstoffe in Gebäuden der **Gebäudeklassen 3 bis 5** (Art. 2 Abs. 3) ist nur zulässig, wenn Trennwände und Decken als raumabschließende Bauteile die Feuerwiderstandsfähigkeit der tragenden Wände besitzen und die Öffnungen vom Gebäudeinneren zum Aufstellraum mit feuerhemmenden dicht- und selbstschließenden Abschlüssen versehen sind (vgl. hierzu Art. 27). Zudem müssen die der Aufbewahrung von Abfallstoffen dienenden Räume unmittelbar vom Freien entleert werden können und eine ständig wirksame Lüftung haben.

3 Sonstige Vorschriften

Weitere Vorgaben für Sonderbauten sind beispielsweise in § 23 VkV und § 4 VVB enthalten. Die Gemeinde kann Vorgaben in einem Bebauungsplan für Standplätze für die Abfallbehälter festsetzen (§ 9 Abs. 1 Nr. 22 BauGB) sowie ortsgestalterische Vorschriften nach Art. 81 treffen.

Die Errichtung eines Standplatzes für große Müllbehälter in einem Abstand von etwa 9 m zu einem Wohnhaus verstößt nicht gegen nachbarrechtliche Vorschriften (VGH BaWü, Beschluss vom 26.9.1991, BRS 52, S. 458).

Art. 44
Blitzschutzanlagen

Bauliche Anlagen, bei denen nach Lage, Bauart oder Nutzung Blitzschlag leicht eintreten oder zu schweren Folgen führen kann, sind mit dauernd wirksamen Blitzschutzanlagen zu versehen.

Erläuterungen

Übersicht

1 Allgemeines
2 Weitere Vorschriften

1 Allgemeines

Bauliche Anlagen, bei denen ein Blitzschlag leicht eintreten oder zu schweren Folgen führen kann, sind mit dauerwirksamen Blitzschutzanlagen zu versehen. Zu besonders gefährdeten baulichen Anlagen gehören z. B. hohe Kamine, Hochhäuser, Versammlungsstätten, aber auch einzeln stehende oder größere landwirtschaftliche Anwesen, explosions- oder feuergefährdete Betriebsstätten, Gebäude mit leicht entzündlichem Inhalt, sowie Kindergärten, da bei ihnen auf Grund der Nutzung ein Blitzschlag zu schweren Folgen führen kann.

Aufenthaltsräume   Art. 45

2 Weitere Vorschriften

Technische Regeln sind in DIN EN 62 305, als VDE Vorschrift 0185 enthalten. Die Errichtung von Blitzschutzanlagen ist als sonstige Anlage der technischen Gebäudeausrüstung nach Art. 57 Abs. 1 Nr. 2b verfahrensfrei.

ABSCHNITT VII
Nutzungsbedingte Anforderungen

Art. 45
Aufenthaltsräume

(1) ¹Aufenthaltsräume müssen eine lichte Raumhöhe von mindestens 2,40 m, im Dachgeschoss über der Hälfte ihrer Nutzfläche 2,20 m haben, wobei Raumteile mit einer lichten Höhe unter 1,50 m außer Betracht bleiben. ²Das gilt nicht für Aufenthaltsräume in Wohngebäuden der Gebäudeklassen 1 und 2.

(2) ¹Aufenthaltsräume müssen ausreichend belüftet und mit Tageslicht belichtet werden können. ²Sie müssen Fenster mit einem Rohbaumaß der Fensteröffnungen von mindestens einem Achtel der Netto-Grundfläche des Raums einschließlich der Netto-Grundfläche verglaster Vorbauten und Loggien haben.

(3) Aufenthaltsräume, deren Nutzung eine Belichtung mit Tageslicht verbietet, sowie Verkaufsräume, Schank- und Speisegaststätten, ärztliche Behandlungs-, Sport-, Spiel-, Werk- und ähnliche Räume sind ohne Fenster zulässig.

Erläuterungen

Übersicht

1 Allgemeines
2 Begriff des Aufenthaltsraums
3 Höhe von Aufenthaltsräumen
4 Fenster in Aufenthaltsräumen
5 Aufenthaltsräume ohne Fenster

1 Allgemeines

Der Begriff der Aufenthaltsräume ist in Art. 2 Abs. 5 definiert. In Art. 45 werden die Anforderungen festgelegt, die ein gesundes und ungestörtes Leben der Bewohner gewährleisten sollen. Weitere Anforderungen finden sich in den Regelungen über Wohnungen (Art. 46). Der Gesetzgeber hat jedoch davon abgesehen, spezielle Anforderungen an Aufenthaltsräume in Kellergeschossen und Dachräumen aufzunehmen. Die frühere Regelung in Art. 47 a. F. ist ab 2008 entfallen. In der Gesetzesbegründung wurde seinerzeit darauf hingewiesen, dass, wenn in Aufenthaltsräumen in Kellergeschossen die Belichtung nach Abs. 2 mit Tageslicht erforderlich ist, eine Belichtung allein über Kellerlichtschächte auch nach der neuen Rechtslage nicht ausreicht.

Art. 45
Aufenthaltsräume

Anforderungen an die für die Benutzung ausreichende Grundfläche werden nicht gestellt; und auch die Grundanforderung an die lichte Raumhöhe von 2,40 m bzw. von 2,20 m über die Hälfte der Nutzfläche von Aufenthaltsräumen im Dachgeschoss ist **für Aufenthaltsräume in Gebäudeklassen 1 und 2** (Art. 2 Abs. 3) **nicht erforderlich.** In der Gesetzesbegründung von 2007 wurde dargelegt, dass die Bildung von Standards insoweit dem Markt überlassen bleiben kann. Diese Regelung birgt die Gefahr in sich, dass es zu einer Minderung der Wohnqualität kommen kann; es wäre besser gewesen, die Anforderungen an die Raumhöhe nur bei Altbauten der Gebäudeklassen 1 und 2 entfallen zu lassen. Nach Koch/Molodovsky/Famers, Art. 45 Rdnr. 14 sind bauaufsichtliche Anordnungen (Art. 54 Abs. 2 S. 2) dann denkbar, wenn eine geringere Raumhöhe als 2 m vorgesehen ist. Ein Rückgriff auf die Generalklausel des Art. 3 Abs. 1 S. 1 kommt insofern in Betracht.

Bei den Regelungen zur ausreichenden Belichtung werden die Anforderungen in Abs. 2 Satz 2 durch die Einbeziehung der Nettogrundfläche verglaster Vorbauten und Loggien konkretisiert. Keine Regelung hat der Gesetzgeber zur optional auf Grund des Art. 6 Abs. 7 möglichen Verminderung der Regelabstandsflächentiefe auf 0,4 H getroffen; zwar wurde nach der Gesetzesbegründung 2007 geprüft, ob eine Erhöhung der Bemessungsfläche von 1/8 für die Fenstergröße erforderlich ist, jedoch seinerzeit davon abgesehen, weil lediglich materialrechtliche Mindeststandards festgelegt werden sollen.

2 Begriff des Aufenthaltsraums

Aufenthaltsräume sind nach Art. 2 Abs. 5 legal als Räume definiert, die nicht nur zum vorübergehenden Aufenthalt von Personen bestimmt sind. Dabei kommt es nicht auf die Beurteilung durch den Bauherrn an, sondern darauf, ob der Raum nach Lage und Größe als Aufenthaltsraum **benutzt werden kann.** Maßgeblich ist somit nicht die Bezeichnung eines Raums in den Bauplänen, sondern die objektive Beurteilung, ob ein Raum als Aufenthaltsraum geeignet ist. Dabei ist unerheblich, ob z. B. sanitäre Anlagen vorhanden sind oder ob ein bestimmter Ausbaustandard vorliegt.

Als Aufenthaltsräume gelten z. B. Wohnzimmer und Wohndielen, Schlafzimmer, Kinderzimmer, Koch- und Essküchen, Büroräume, Praxisräume, Geschäftszimmer, Verkaufs- und Ladenräume, Arbeitsräume, Werkstätten, Speisezimmer und Kantinen, Gasträume, Beherbergungsräume, Versammlungsstätten, Klassenräume und Hörsäle, Übungsräume, Labors, Krankenzimmer.

Nicht als Aufenthaltsräume anzusehen sind Räume, die nach Lage und Größe nur dem vorübergehenden Aufenthalt von Menschen dienen. Dies ist insbesondere der Fall bei Nebenräumen, wie Gängen, Fluren, Treppenräumen, Hausarbeitsräumen (Näh- und Bügelräumen), Wasch- und Aborträumen, Duschen, Spülküchen für Wohnungen, Speisekammern, Vorrats- und Abstellräumen, Trockenräumen, Wasch- und Futterküchen, Garagen, Heizräumen, Ställen etc.

Aufenthaltsräume   **Art. 45**

Sofern es sich um Räume im Keller und Dachgeschoss handelt und diese nicht die objektiven Merkmale von Aufenthaltsräumen erfüllen, fallen sie nicht unter den Begriff des Art. 2 Abs. 5. Hobbyräume und Schwimmbäder, Bastel- und Werkräume gelten somit in der Regel nicht als Aufenthaltsräume.

3 Höhe von Aufenthaltsräumen

In Abs. 1 Satz 1 wird für die Aufenthaltsräume lediglich festgelegt, dass diese eine lichte Raumhöhe von mindestens 2,40 m haben müssen. Für Aufenthaltsräume im Dachgeschoss ist eine lichte Höhe von 2,20 über die Hälfte ihrer Nutzfläche vorgeschrieben. Dabei bleiben wie in Art. 45 Abs. 4 Satz 2 a. F. Raumteile mit einer lichten Höhe unter 1,50 m außer Betracht.

Von diesen Vorgaben werden Aufenthaltsräume in Wohngebäuden der **Gebäudeklassen 1 und 2** ausgenommen.

4 Fenster in Aufenthaltsräumen

In Abs. 2 Satz 1 wird der Grundsatz aufgestellt, dass Aufenthaltsräume ausreichend belüftet und mit Tageslicht belichtet werden müssen. Insofern werden **notwendige Fenster** (Abs. 2 Satz 2) gefordert, die ein Rohbaumaß der Fensteröffnungen von mindestens 1/8 der Nettogrundfläche des Raumes einschließlich der Nettogrundfläche verglaster Vorbauten und Loggien haben müssen.

Verzichtet wurde in 2008 auf die nur ausnahmsweise Zulässigkeit geneigter Fenster (Art. 45 Abs. 3 Satz 2 a. F.), da das darin liegende grundsätzliche Verbot weder aus Brandschutzgründen – weil die allgemeinen Rettungswegeanforderungen auch insoweit gelten – noch aus sozialen Gründen erforderlich ist.

Zu den Anforderungen an Fenster ist auch Art. 35 zu beachten. Insbesondere sind in Art. 35 Abs. 4 Fenstergrößen vorgeschrieben, wenn diese als Rettungswege dienen sollen. Solche Fenster müssen im Lichten in eine Richtung mindestens 0,60 m, in der anderen Richtung mindestens 1,0 m groß, von innen zu öffnen sein und dürfen nicht höher als 1,20 m über der Fußbodenoberkante angeordnet sein.

5 Aufenthaltsräume ohne Fenster

Auf das Erfordernis von Fenstern wurde wie in der früheren Vorschrift (Art. 45 Abs. 5 Satz 1 a. F.) in Abs. 3 verzichtet, wenn der Nutzungszweck mit dem Einbau von Fenstern nicht in Einklang zu bringen ist. Solche Aufenthaltsräume sind z. B. Theater, Lichtspielhäuser, Dunkelkammern, aber auch baurechtlich zulässige Gaststätten im Kellergeschoss. Weiter zu nennen sind Verkaufsräume (§ 2 Abs. 3 VKV), ärztliche Behandlungsräume sowie Wein- und Bierkeller.

Für gewerbliche und sonstige Aufenthaltsräume, die nicht dem Wohnen dienen, sowie Sport-, Spiel-, Werk- und ähnliche Räume sind ebenfalls keine Fenster erforderlich.

Art. 46
Wohnungen

(1) ¹Jede Wohnung muss eine Küche oder Kochnische haben. ²Fensterlose Küchen oder Kochnischen sind zulässig, wenn eine wirksame Lüftung gewährleistet ist.

(2) Für Gebäude der Gebäudeklassen 3 bis 5 sind für jede Wohnung ein ausreichend großer Abstellraum und, soweit die Wohnungen nicht nur zu ebener Erde liegen, leicht erreichbare und gut zugängliche Abstellräume für Kinderwagen, Fahrräder und Mobilitätshilfen erforderlich.

(3) Jede Wohnung muss ein Bad mit Badewanne oder Dusche und eine Toilette haben.

(4) ¹In Wohnungen müssen Schlafräume und Kinderzimmer sowie Flure, die zu Aufenthaltsräumen führen, jeweils mindestens einen Rauchwarnmelder haben. ²Die Rauchwarnmelder müssen so eingebaut oder angebracht und betrieben werden, dass Brandrauch frühzeitig erkannt und gemeldet wird. ³Die Eigentümer vorhandener Wohnungen sind verpflichtet, jede Wohnung bis zum 31. Dezember 2017 entsprechend auszustatten. ⁴Die Sicherstellung der Betriebsbereitschaft obliegt den unmittelbaren Besitzern, es sei denn, der Eigentümer übernimmt diese Verpflichtung selbst.

Erläuterungen

Übersicht

1 Allgemeines
2 Anforderungen an Wohnungen
3 Weitere Anforderungen an Wohnungen
4 Rauchwarnmelder

Zur Neufassung 2013:

Durch einen Änderungsantrag der CSU- und FDP-Landtagsfraktionen vom 25.9.2012 wurde der Vorschrift ein neuer Absatz 4 angefügt, der vorschreibt, dass in Wohnungen, Schlafräumen und Kinderzimmern sowie Fluren, die zu Aufenthaltsräumen führen, jeweils mindestens ein Rauchwarnmelder vorhanden sein muss. Für den Bestand ist eine Nachrüstung bis Jahresende 2017 vorgeschrieben.

1 Allgemeines

In Art. 46 sind die Regelungen über den Mindeststandard von Wohnungen enthalten. Auf diese Weise soll ein störungsfreies und gesundheitlich einwandfreies Wohnen ermöglicht werden. Weitere Vorschriften finden sich für die Aufenthaltsräume in Art. 45, für Kinderspielplätze in Art. 7 Abs. 2, für Wärme-, Schall- und

Wohnungen **Art. 46**

Erschütterungsschutz in Art. 13, für Aufzüge in Art. 37, für Feuerungsanlagen in Art. 40, für die Abwasserbeseitigung in Art. 41, für sanitäre Anlagen in Art. 42 und für Abfallanlagen in Art. 43. Das barrierefreie Bauen ist in Art. 48 geregelt.

Die Errichtung von Gebäuden mit Wohnungen und der Einbau von Wohnungen in bestehende Gebäude sind grundsätzlich genehmigungspflichtig (Art. 55 Abs. 1). Ausnahmen bestehen nur beim Freistellungsverfahren, wenn im Gebiet eines qualifizierten Bebauungsplans gebaut werden soll (Art. 58).

Mindestanforderungen an Wohnungen, die öffentlich gefördert werden, sind im Gesetz über die Wohnraumförderung in Bayern – BayWoFG vom 10.4.2007 (GVBl. S. 260) geändert durch Gesetz vom 24.3.2010 (GVBl S. 136) geregelt. Die Wohnraumförderungsbestimmungen sind der IMBek. vom 11.1.2012 (AllMBl. S. 20) zu entnehmen. Des Weiteren ist das **Zweckentfremdungsrecht** zu nennen. Seit 1.1.2009 können Gemeinden mit Wohnungsmangel durch Satzung für die Dauer von fünf Jahren festlegen, dass Wohnraum nur mit ihrer Genehmigung anderen Zwecken als Wohnnutzung zugeführt werden darf (Gesetz über das Verbot der Zweckentfremdung von Wohnraum (ZwEWG) vom 10.12.2007, GVBl. S. 864, zuletzt geändert durch § 2 G vom 22.12.2009, GVBl. S. 630. Das BayWoBindG sichert die Zweckbestimmung von Sozialwohnungen (vom 23.7.2007, GVBl. S. 562, zuletzt geändert durch § 2 G vom 20.12.2011, GVBl. S. 710). Die Mindestanforderungen an Einrichtungen für älter Menschen, pflegebedürftige Personen sowie ambulant betreute Wohngemeinschaften sind im Pflege- und Wohnqualitätsgesetz und der Ausführungsverordnung geregelt, die seit 1.9.2011 anstelle der HeimMindBauV gelten.

Unter dem Begriff der Wohnung, der in der Bauordnung nicht definiert ist, sind Räume und Einrichtungen zu verstehen, die die Führung eines selbstständigen Haushalts (BayVGH, Urteil vom 20.5.1981, BayVBl. 1981, S. 758) und ein gesundheitlich einwandfreies Wohnen ermöglichen. Insofern werden grundsätzliche Anforderungen an Räume wie Küche (Abs. 1 Satz 1), Toilette (Abs. 3), Bad oder Dusche (Abs. 3) gestellt. In der Bauordnung sind für Wohngebäude der Gebäudeklassen 1 und 2 weitere Erleichterungen vorgesehen (Art. 27 Abs. 6, Art. 34 Abs. 1 Nr. 1).

2 Anforderungen an Wohnungen

Wohnungen müssen von anderen Wohnungen oder fremden Räumen **baulich abgeschlossen** sein. Die frühere Regelung des Art. 46 Abs. 1 Satz 1 ist zwar 2008 entfallen, jedoch ergibt sich die Abgeschlossenheit bereits aus der Brandschutzanforderung nach raumabschließenden Trennwänden (Art. 27). Diese Trennwände müssen nach den eingeführten technischen Baubestimmungen (DIN 4108, DIN 4109) auch wärme- und schalldämmend sein. Keine Verpflichtung zur Abgeschlossenheit ergibt sich – wie schon bisher – für Wohngebäude der **Gebäudeklassen 1 und 2**, die von der Trennwandregelung (Art. 27 Abs. 6) ausgenommen sind. Nach der Gesetzesbegründung 2007 kam vor diesem Hintergrund einem zusätzli-

Art. 46

chen bauordnungsrechtlichen Abgeschlossenheitserfordernis kein eigenständiger Regelungsinhalt zu. Da der wohnungseigentumsrechtliche Begriff der Abgeschlossenheit gegenüber dem bisherigen bauordnungsrechtlichen Abgeschlossenheitsbegriff eigenständig ist (gemeinsamer Senat der Obersten Gerichtshöfe des Bundes, Beschluss vom 30.6.1992, NJW 1992, S. 3290), wirkte sich die Rechtsänderung auch insoweit nicht nachteilig aus.

Der Gesetzgeber schreibt für Wohnungen keine bestimmte Mindestgröße vor. Die Anforderungen an die lichte Raumhöhe von Aufenthaltsräumen gelten nicht für Aufenthaltsräume in Wohngebäuden der **Gebäudeklassen 1 und 2** sowie für Aufenthaltsräume im Dachraum (Art. 45 Abs. 1). Geregelt sind die Anforderungen, dass jede Wohnung eine Küche oder Kochnische (Abs. 1) und ein Bad mit Badewanne oder Dusche sowie eine Toilette haben muss (Abs. 3).

Die Anforderungen an die barrierefreie Erreichbarkeit von Wohnungen gelten nach Art. 48 Abs. 1 nur für Gebäude mit mehr als zwei Wohnungen. Für diese Räume ist durch die Verweisung auf Art. 48 Abs. 4 Sätze 1 bis 5 auch geregelt, dass die Eingänge mit einer lichten Durchgangsbreite von mindestens 0,90 m stufenlos erreichbar sein müssen und vor den Türen eine ausreichende Bewegungsfläche vorhanden sein muss. Weitere Vorgaben, wie die Neigung und Breite der Rampen sind in Art. 48 Abs. 4 aufgestellt. Zudem müssen in diesen Wohnungen die Wohn- und Schlafräume, die Toilette, das Bad sowie die Küche und der Raum mit Anschlussmöglichkeit für eine Waschmaschine für den Rollstuhl zugänglich sein. Zu den Anforderungen an Aufzüge s. Art. 37 Abs. 4.

3 Weitere Anforderungen an Wohnungen

Das frühere Verbot von Nordwohnungen (Art. 46 Abs. 3 Satz 2 a. F.) wurde in 2008 aufgehoben. Der Gesetzgeber verwies in der Begründung darauf, dass bei Wohnungen die Anforderungen an die ausreichende Belüftung und Belichtung der Aufenthaltsräume zu beachten ist (Art. 45 Abs. 2). Für Wohngebäude der **Gebäudeklassen 3 bis 5** (s. Art. 2 Abs. 3) fordert der Gesetzgeber für Wohnungen, die nicht nur zu ebener Erde liegen, leicht erreichbare und gut zugängliche Abstellräume für Kinderwagen, Fahrräder und – neu seit 2008 – Mobilitätshilfen (Abs. 2).

Die weiteren Anforderungen der Art. 47 a. F. (Aufenthaltsräume und Wohnungen im Kellergeschoss), Art. 48 a. F. (Aufenthaltsräume und Wohnungen im Dachraum) und Art. 49 a. F. (Aborträume) sind 2008 entfallen. Die Anforderungen des Art. 50 Satz 1 a. F. wurden in Art. 46 Abs. 3 übernommen, in dem gefordert wird, dass jede Wohnung ein Bad mit Badewanne oder Dusche und eine Toilette haben muss.

Die Zulässigkeit fensterloser Bäder und Toiletten ist seit 2008 in Art. 42 geregelt. Das in Art. 49 Abs. 1 Satz 1 a. F. früher enthaltene Erfordernis einer Toilette, auch für jede selbständige Betriebsstätte, wird durch Arbeitsstättenrecht im Wesentlichen abgedeckt. Die Sonderregelung für Toiletten in für einen größeren Personenkreis bestimmten Gebäuden (Art. 49 Abs. 1 Satz 3 a. F.) war mit Blick auf die Regelungen in den entsprechenden Sonderbauverordnungen und die Möglichkeit nach Art. 54 Abs. 3 Satz 1, bei Sonderbauten zusätzliche Anforderungen zu stellen, entbehrlich.

4 Rauchwarnmelder

Im Rahmen der Änderung der BayBO 2013 wurde Abs. 4 neu eingeführt. Nach dieser Vorschrift müssen in Wohnungen, Schlafräumen und Kinderzimmern sowie Fluren, die zu Aufenthaltsräumen führen, jeweils mindestens ein Rauchwarnmelder vorhanden sein (Satz 1). Dieser Melder muss so eingebaut oder angebracht und betrieben werden, dass Brandrauch frühzeitig erkannt und gemeldet wird (Satz 2). Diese Vorschrift gilt für alle Neubauten.

Für den Bestand ist eine Nachrüstung bis Jahresende 2017 vorgeschrieben (Satz 3). Falls der Eigentümer diese Verpflichtung nicht selbst übernimmt, ist der Mieter zur Sicherstellung der Betriebsbereitschaft als unmittelbarer Besitzer verantwortlich (Satz 4). Dies ist nicht bußgeldbewährt (hierzu Jäde, KommP 2013, S. 8).

Art. 47
Stellplätze

(1) ¹Werden Anlagen errichtet, bei denen ein Zu- oder Abfahrtsverkehr zu erwarten ist, sind Stellplätze in ausreichender Zahl und Größe und in geeigneter Beschaffenheit herzustellen. ²Bei Änderungen oder Nutzungsänderungen von Anlagen sind Stellplätze in solcher Zahl und Größe herzustellen, dass die Stellplätze die durch die Änderung zusätzlich zu erwartenden Kraftfahrzeuge aufnehmen können. ³Das gilt nicht, wenn sonst die Schaffung oder Erneuerung von Wohnraum auch unter Berücksichtigung der Möglichkeit einer Ablösung nach Abs. 3 Nr. 3 erheblich erschwert oder verhindert würde.

(2) ¹Die Zahl der notwendigen Stellplätze nach Abs. 1 Satz 1 legt das Staatsministerium des Innern durch Rechtsverordnung fest. ²Wird die Zahl der notwendigen Stellplätze durch eine örtliche Bauvorschrift oder eine städtebauliche Satzung festgelegt, ist diese Zahl maßgeblich.

(3) Die Stellplatzpflicht kann erfüllt werden durch

1. Herstellung der notwendigen Stellplätze auf dem Baugrundstück,
2. Herstellung der notwendigen Stellplätze auf einem geeigneten Grundstück in der Nähe des Baugrundstücks, wenn dessen Benutzung für diesen Zweck gegenüber dem Rechtsträger der Bauaufsichtsbehörde rechtlich gesichert ist, oder
3. Übernahme der Kosten für die Herstellung der notwendigen Stellplätze durch den Bauherrn gegenüber der Gemeinde (Ablösungsvertrag).

(4) Die Gemeinde hat den Geldbetrag für die Ablösung notwendiger Stellplätze zu verwenden für

Art. 47 Stellplätze

1. die Herstellung zusätzlicher oder die Instandhaltung, die Instandsetzung oder die Modernisierung bestehender Parkeinrichtungen,
2. sonstige Maßnahmen zur Entlastung der Straßen vom ruhenden Verkehr einschließlich investiver Maßnahmen des öffentlichen Personennahverkehrs.

Erläuterungen

Übersicht

1 Allgemeines
2 Stellplätze und Garagen
3 Stellplatz- und Garagenbaupflicht
4 Änderung von baulichen Anlagen und ihrer Benutzung
5 Errichtung von Garagen und Stellplätzen
6 Stellplätze für bestehende bauliche Anlagen
7 Erfüllung der Stellplatzpflicht
8 Ablösung der Stellplatz- und Garagenbaupflicht
9 Nachbarschutz
10 Nutzung der Stellplätze und Garagen

1 Allgemeines

Der Grundsatz der Regelungen über Stellplätze und Garagen sowie über die Ablösung der Stellplatz- und Garagenbaupflicht, den öffentlichen Verkehrsraum dadurch von ruhendem Verkehr zu entlasten, dass baulichen Anlagen und anderen Anlagen, bei denen ein Zu- und Abfahrtsverkehr mittels Kraftfahrzeugen zu erwarten ist, die erforderlichen Stellplätze zwingend zugeordnet werden (**notwendige Stellplätze**), wird beibehalten (hierzu BayVerfG, Entscheidung vom 26.3.1991, BayVBl. 1991, 431). Jedoch zog sich der Staat aus dem Vollzug der Stellplatzvorschriften zurück und verzichtete auf die Prüfung des Stellplatznachweises im vereinfachten Baugenehmigungsverfahren (Art. 59 Satz 1). Eine Prüfung findet jedoch dann statt, wenn die Gemeinde eine **Stellplatzsatzung** nach Art. 81 Abs. 1 Nr. 4 erlassen hat. Art. 47 erweitert die Möglichkeiten des Bauherrn durch ein Wahlrecht, ob dieser die Stellplätze real herstellen oder ablösen will. Dabei steht dieses Wahlrecht unter dem Vorbehalt, dass er sich mit der Gemeinde über die Ablösung einig wird (Abs. 3 Nr. 3). In der Gesetzesbegründung 2007 wurde hierzu ausgeführt, dass dem Umstand Rechnung getragen werden sollte, dass die Freihaltung des öffentlichen Verkehrsraums von ruhendem Verkehr kein spezifisch bauordnungsrechtliches Anliegen ist, sondern letztlich eine Frage der jeweiligen kommunalen Verkehrskonzeption und -politik.

Die Neuregelung hält daher einerseits an dem bauordnungsrechtlichen Grundsatz fest, dass, werden Anlagen errichtet, bei denen ein Zu- oder Abfahrtsverkehr zu erwarten ist, Stellplätze in ausreichender Zahl und Größe und in geeigneter Beschaffenheit herzustellen sind (Abs. 1 Satz 1). Erleichtert wird aber andererseits

Stellplätze **Art. 47**

die Möglichkeit der Stellplatzablösung. Der Gesetzgeber hat damit letztlich die Entscheidung darüber, ob und unter welchen näheren Voraussetzungen Stellplätze real hergestellt werden müssen, in die Hände der Gemeinden gelegt. Um dem Bauherrn eine Rechtssicherheit zu geben, inwieweit er bei einem Bauvorhaben Stellplätze nachweisen muss, hat das Innenministerium nach Abs. 2 Satz 1 eine Rechtsverordnung erlassen, die nach der Gesetzesbegründung lediglich das sicherheitsrechtlich unverzichtbare Minimum an Stellplätzen festschreiben soll (vgl. § 20 GaStellV i. V. m. der Anlage). Früher wurde der unbestimmte Rechtsbegriff der ausreichenden Zahl der jeweils erforderlichen Stellplätze durch die Bekanntmachung des Staatsministeriums des Innern vom 12.2.1978 (MABl. 1978, S. 181), welche als Auslegungshilfe diente, konkretisiert. Neuerdings wird darauf verwiesen, dass für weitergehende Anforderungen, die über die Vorgaben aus der neuen Rechtsverordnung von den Gemeinden als sinnvoll erachtet werden, diesen das Instrument der örtlichen Bauvorschrift nach Art. 81 Abs. 1 Nr. 4 zur Verfügung steht.

Zur neuen Stellplatzkonzeption seit 2008 gehört auch, dass die bisherige Ablösemöglichkeit bei satzungsrechtlichem Stellplatzverbot (Art. 53 Abs. 1 Satz 2 a. F.) aufgehoben wurde. In der Gesetzesbegründung 2007 wurde zum einen ausgeführt, dass, wenn die Gemeinde durch Bebauungsplan oder durch örtliche Bauvorschrift die Zulässigkeit von Stellplätzen ausschließt oder sie beschränkt und damit die Zahl der erforderlichen Stellplätze reduziert, im Falle des Ausschlusses für eine Ablöse kein Raum bleibt. Zum anderen wurde darauf hingewiesen, dass es sich bei Ausschluss- und Beschränkungssatzungen nach Art. 91 Abs. 2 Nr. 4 a. F. und bei der Bebauungsplanfestsetzung nach § 12 Abs. 6 BauNVO um planerische, gemeindliche Entscheidungen im Rahmen der kommunalen Verkehrspolitik handelt, deren Finanzierung nicht auf den Bauherrn überwälzt werden soll, so dass eine Regelung im bzw. auf Grund Bauordnungsrechts schon kompetenzrechtlich mindestens problematisch ist (vgl. BVerwG, Beschluss vom 31.5.2005, ZfBR 2005, S. 559). Durch die Beseitigung der Ablösepflicht für diese Fälle wurden zugleich die mit Blick auf die Abgrenzung einer Sonderabgabe von einer unzulässigen Steuer gegenüber der bisherigen Rechtslage bestehenden verfassungsrechtlichen Bedenken, die auch die höchstrichterliche Rechtsprechung in Erwägung gezogen hat (vgl. BVerwG Urteil vom 16.9.2004, BVerwGE 122, S. 1), ausgeräumt.

2 Stellplätze und Garagen

Stellplätze und Garagen sind in Art. 2 Abs. 8 legal definiert. Danach sind Stellplätze Flächen, die dem Abstellen von Kraftfahrzeugen außerhalb der öffentlichen Verkehrsfläche dienen. Garagen sind Gebäude oder Gebäudeteile zum Abstellen vorn Kraftfahrzeugen. Ausstellungs-, Verkaufs-, Werk- und Lagerräume für Kraftfahrzeuge sind keine Stellplätze oder Garagen. **Verfahrensrechtlich** sind im Innenbereich liegende **Stellplätze** verfahrensfrei, wenn sie nicht überdacht sind und keine größere Flächen als 300 m² aufweisen (Art. 57 Abs. 1 Nr. 16b), wenn sie überdacht sind, in den Abstandsflächen nach Art. 6 Abs. 9 S. 1 Nr. 1 errichtet werden und eine Fläche von 30 m² haben (Art. 57 Abs. 1 Nr. 1b). **Garagen** sind verfah-

Art. 47
Stellplätze

rensfrei, wenn sie im Innenbereich liegen und der umbaute Raum maximal 75 m³ beträgt (Art. 57 Abs. 1 Nr. 1a) bzw. in den Abstandsflächen (Art. 6 Abs. 9 S. 1 Nr. 1) mit einer Fläche von maximal 50 m² errichtet werden (Art. 57 Abs. 1 Nr. 1b).

Offene Garagen sind Garagen, die unmittelbar ins Freie führende unverschließbare Öffnungen in einer Größe von insgesamt mindestens einem Drittel der Gesamtfläche der Umfassungswände haben (§ 1 Abs. 1 Satz 1 GaStellV). Dabei gelten Stellplätze mit Schutzdächern (Carports) als offene Garagen (§ 1 Abs. 1 Satz 3 GaStellV).

Die sonstigen Garagen werden als geschlossene Garagen bezeichnet (§ 1 Abs. 2 GaStellV).

Des Weiteren unterscheidet die Garagen- und Stellplatzverordnung zwischen oberirdischen und unterirdischen Garagen. Oberirdische Garagen sind Garagen, deren Fußboden im Mittel nicht mehr als 1,50 m unter oder mindestens an einer Seite in Höhe oder über der Geländeoberfläche liegt (§ 1 Abs. 3 Satz 1 GaStellV). Unterirdische Garagen sind alle Garagen, die die vorgenannten Voraussetzungen nicht erfüllen (§ 1 Abs. 3 Satz 2 GaStellV).

Automatische Garagen sind Garagen ohne Personen- und Fahrverkehr, in denen die Kraftfahrzeuge mit mechanischen Förderanlagen von der Garagenzufahrt zu den Einstellplätzen und zum Abholen an die Garagenausfahrt befördert werden (§ 1 Abs. 4 GaStellV).

Die Garagenverordnung unterscheidet zwischen Kleingaragen (bis 100 m² Nutzfläche), Mittelgaragen (über 100 m² bis 1000 m² Nutzfläche) und Großgaragen (über 1000 m² Nutzfläche).

Für Großgaragen werden in § 2 Abs. 4 GaStellV getrennte Fahrbahnen für Zu- und Abfahrten vorgeschrieben.

Die Einstellplätze in Garagen (§ 1 Abs. 5 GaStellV) müssen mindestens 5 m lang und folgende lichte Breite aufweisen (§ 4 Abs. 1 GaStellV):

- 2,3 m, wenn keine Längsseite,
- 2,4 m, wenn eine Längsseite,
- 2,5 m, wenn jede Längsseite der Einstellplätze durch Wände, Stützen, andere Bauteile oder Einrichtungen begrenzt ist,
- 3,5 m, wenn der Einstellplatz für Behinderte bestimmt ist.

Die lichte Höhe einer Garage muss mindestens 2 m betragen (§ 5 GaStellV).

In der Garagenordnung werden auch Vorgaben für die Länge der Zu- und Abfahrten zwischen Garagen und öffentlichen Verkehrsflächen aufgestellt. Nach § 2 GaStellV müssen die **Zu- und Abfahrten** eine Länge von mindestens 3 m aufweisen. Ausnahmen können nur gestattet werden, wenn wegen der Sicht auf die öffentliche Verkehrsfläche keine Bedenken bestehen.

Stellplätze   Art. 47

Die Anforderungen an den **Stauraum vor Garagen** wurden gelockert. Nach § 2 Abs. 2 GaStellV ist vor den die freie Zufahrt zur Garage zeitweilig hindernden Anlagen, wie Schranken oder Tore, ein Stauraum für wartende Fahrzeuge nur vorzusehen, wenn dieser wegen der Sicherheit und Leichtigkeit des Verkehrs erforderlich ist.

Nach Art. 48 Abs. 2 S. 2 müssen öffentlich zugängliche Stellplätze und Garagen den Anforderungen an die Barrierefreiheit entsprechen.

3 Stellplatz- und Garagenbaupflicht

Die Stellplatz- und Garagenbaupflicht ist zwingend (Abs. 1 Satz 1), sofern kein Ablösungsvertrag zwischen Gemeinde und Bauherr zustande kommt und die Erleichterung des Abs. 1 Satz 3 nicht zum Tragen kommt. Es besteht die gesetzliche Pflicht des Bauherrn, für den durch eine bauliche Anlage oder andere Anlagen verursachten ruhenden Verkehr auf privaten Grundstücken, Stellplätze oder Garagen zu schaffen. Sofern der Stellplatznachweis nicht geführt werden kann, eine Ablöse nach Abs. 3 Nr. 3 nicht möglich ist und weder eine Ausnahme nach Abs. 1 Satz 3 noch eine Abweichung nach Art. 63 in Betracht kommen, kann ein Bauvorhaben nicht legal durchgeführt werden.

Die Pflicht, Stellplätze oder Garagen herzustellen, entsteht, wenn

- eine bauliche Anlage oder andere Anlagen errichtet (Abs. 1 Satz 1) oder bauliche Anlagen oder ihre Benutzung geändert werden (Abs. 1 Satz 2) und
- ein Zu- und Abfahrtsverkehr zu erwarten ist.

Dabei werden alle Anlagen (vgl. Art. 2 Abs. 1 Satz 4) erfasst, die nach ihrer Art, Zweckbestimmung oder Nutzung Ziel oder Ausgangspunkt für Kraftfahrzeuge sein können.

Die Frage, ob ein Zu- und Abfahrtsverkehr zu erwarten ist, ist **nach objektiven Verhältnissen** zu beurteilen; es kommt auf die Art und Zweckbestimmung der baulichen und sonstigen Anlage auf dem Grundstück an, nicht auf die persönlichen Verhältnisse des jeweiligen Eigentümers oder Benutzers. Auch wenn die Eigentümer/Benutzer über kein Kraftfahrzeug verfügen, entsteht dennoch die Stellplatzverpflichtung, wenn die benutzte Anlage nach objektiven Kriterien mit Kraftfahrzeugen angefahren wird. Auch für Modellvorhaben sog. autofreier Siedlungen muss ein Stellplatznachweis geführt werden; zulässig ist es jedoch, zunächst auf die Herstellung der Stellplätze auf den hierfür reservierten Flächen zu verzichten.

Nach Abs. 1 Satz 1 sind Stellplätze **in ausreichender Zahl** herzustellen. Im Regelfall werden die notwendigen Stellplätze und Garagen für die verschiedenen Arten der baulichen und sonstigen Anlagen nach der Anlage zur GaStellV ermittelt, die den Stellplatzbedarf angibt.

Art. 47 Stellplätze

Die Gemeinde kann entsprechende Vorgaben auch in einer verbindlichen gemeindlichen Stellplatzsatzung nach Art. 81 Abs. 1 Nr. 4 machen. Sofern die Gemeinde eine Stellplatzsatzung erlässt, kann eine Abweichung hiervon nur mit ihrem Einvernehmen erfolgen (Art. 63 Abs. 3 Satz 2). Vgl. hierzu auch das Muster einer **Stellplatzsatzung**. Sofern eine Stellplatzsatzung besteht, ist deren Einhaltung von der Bauaufsichtsbehörde im vereinfachten Genehmigungsverfahren nach Art. 59 Satz 1 Nr. 1 zu prüfen. Wenn keine Stellplatzsatzung besteht, erfolgt keine Prüfung des Stellplatznachweises im Baugenehmigungsverfahren.

Die Beurteilung des Stellplatzbedarfs kann bei **Mehrfachnutzungen** differenziert erfolgen. Diese liegen dann vor, wenn z. B. eine Bürgerhalle für mehrere Nutzungen geeignet ist (sportliche und gesellschaftliche Veranstaltungen). Der Stellplatzbedarf hat sich dann an der Nutzung zu orientieren, die die höhere Zahl von Stellplätzen benötigt. Des Weiteren sind Mehrfachnutzungen anzuerkennen, bei denen eine Nutzung zeitlich beschränkt ist und somit die Stellplätze außerhalb dieses Rahmens für eine andere Nutzung verwendet werden können. So kann z. B. der Parkplatz eines Bürohauses am Abend für eine andere Nutzung (z. B. Theater) verwendet werden. Jedoch kann in diesen Fällen die Theaternutzung nur dann zulässig sein, wenn die zeitlich gestaffelte Nutzung auf Dauer sichergestellt ist (z. B. durch Grunddienstbarkeit bzw. einer beschränkt persönlichen Dienstbarkeit zugunsten der Bauaufsichtsbehörde).

Stellplätze müssen die **ausreichende Größe und Beschaffenheit** besitzen (Abs. 1 Satz 1). Hier ist auf die entsprechenden Regelungen der GaStellV zu verweisen (vgl. hierzu oben Ziffer 2). Generell gilt, dass für einen Pkw eine Fläche von mindestens 2,30 m × 5 m notwendig ist.

Dabei richtet sich die Größe und die Beschaffenheit der Stellplätze nach der Nutzung der Anlage. Insofern kommt es darauf an, ob die bauliche Anlage auch durch sonstige Kraftfahrzeuge (Omnibusse, Lastkraftwagen etc.) genutzt wird und der entsprechende Flächenbedarf für die notwendigen Zubehöranlagen insbesondere die Zu- und Abfahrten vorhanden ist.

Auf die Zahl der Stellplätze sind „gefangene", also nur über einen weiteren Stellplatz erreichbare Stellplätze nicht anzurechnen. Sie erfüllen nicht das Tatbestandsmerkmal der geeigneten Beschaffenheit nach Abs. 1 Satz 1.

Die **Stellplatzpflicht entsteht nach Abs. 1 Satz 1, wenn bauliche Anlagen errichtet werden.** Dabei macht es keinen Unterschied, ob es sich um private oder öffentliche Anlagen handelt oder um Anlagen, die nur für einen vorübergehenden Zweck widerruflich oder befristet genehmigt wurden. Auch der Wiederaufbau eines Gebäudes ist als Errichtung anzusehen, so dass z. B. bei der Neuerrichtung einer Gaststätte, die bisher keine Stellplätze ausgewiesen hat, nunmehr ein kompletter Stellplatznachweis zu führen ist. Etwas anderes gilt nur dann, wenn die Stellplätze für das ursprüngliche Gebäude abgelöst wurden; im Falle des Abbruchs und Wiederaufbaus sind diese Stellplätze ebenso wie tatsächlich vorhandene Stellplätze anzurechnen.

Stellplätze   Art. 47

4 Änderung von baulichen Anlagen und ihrer Benutzung

Bei der Änderung baulicher Anlagen und ihrer Benutzung wird nach Abs. 1 Satz 2 dem Bestandsschutz in besonderer Weise Rechnung getragen. Der Gesetzgeber fordert hier nur den Stellplatznachweis für den **durch die Änderung hervorgerufenen Mehrbedarf an Stellplätzen**. Sofern z. B. eine Gaststätte, die bisher keine Stellplätze besaß, um einen Gastraum erweitert wird, können Stellplätze nur für den neuen Gastraum, nicht jedoch für die gesamte Gaststätte gefordert werden.

Der Mehrbedarf wird somit aus einem rechnerischen Vergleich der bereits ausgeübten Nutzung und der künftigen Nutzung ermittelt. Dabei hat die Ermittlung auf Grund der Rechtslage zum Zeitpunkt der Änderung zu erfolgen.

Sofern eine bauliche Anlage mehr Stellplätze besitzt als nach heutiger Rechtslage erforderlich, kann der durch eine Nutzungsänderung entstehende Zusatzbedarf im Einzelfall auch durch die bereits vorhandenen Stellplätze gedeckt werden. Es entsteht z. B. kein Zusatzbedarf, wenn untergeordnete Teile der Verkaufs- und Ausstellungsräume eines Kaufhauses in ein Café umgewandelt werden (BayVGH, Urteil vom 11.11.1982, BayVBl. 1983, S. 658). Auch die Umwandlung von Miet- in Eigentumswohnungen ist keine stellplatzrelevante Nutzungsänderung (OVG Hamburg, Urteil vom 10.4.2003, BauR 2004, S. 1921).

Eine Erleichterung der Stellplatzpflicht bei der **Schaffung und Erneuerung von Wohnraum** wird durch Abs. 1 Satz 3 gewährt. Stellplätze müssen dann nicht hergestellt werden, wenn bei der Nutzungsänderung einer baulichen Anlage ansonsten die Schaffung und Erneuerung von Wohnraum auch unter Berücksichtigung der Möglichkeit einer Ablösung (Abs. 3 Nr. 3) erheblich erschwert oder verhindert würde (hierzu BayVGH, Urteil vom 23.8.2001, BayVBl. 2002, S. 562).

Insofern ist stets zunächst zu prüfen, ob eine Stellplatzablöse nach Abs. 3 Nr. 3 in Betracht kommt. Liegen die Voraussetzungen hierfür nicht vor oder steht der zu leistende Ablösungsbetrag in einem deutlichen Missverhältnis zu den Baukosten des zu schaffenden Wohnraums (finanzielles Erschwernis), so entfällt die Stellplatz- und Garagenbaupflicht. Es ist stets auf das objektive Missverhältnis zwischen den Kosten der Schaffung oder Erneuerung von Wohnraum und den Kosten für die Erfüllung der Stellplatzpflicht abzustellen und nicht auf die persönlichen Verhältnisse oder Vorstellungen des Bauherrn. Ansonsten bestünde die Gefahr, dass objektiv gleich gelagerte Fälle unterschiedlich behandelt würden.

5 Errichtung von Garagen und Stellplätzen

Abs. 3 stellt es in die Entscheidung des Bauherrn, ob er Garagen oder Stellplätze errichten will. Sofern keine bauplanungsrechtlichen Vorgaben z. B. in einem Bebauungsplan bestehen (hierzu BVerwG, Beschluss vom 31.8.1989, BayVBl. 1990, S. 90), steht es dem Bauherrn somit frei, ob er den Stellplatznachweis durch Stellplätze, Garagen, Duplexgaragen, Tiefgaragen etc. erbringt. Nach § 4 Abs. 4 GaStellV sind aber Einstellplätze auf kraftbetriebenen Hebebühnen in allgemein zugänglichen Garagen nicht zulässig.

Art. 47
Stellplätze

6 Stellplätze für bestehende bauliche Anlagen

Für bestehende bauliche Anlagen besteht grundsätzlich Bestandsschutz, sodass in der Regel eine Stellplatzpflicht nur dann entsteht, wenn die Anlage geändert und somit ein Mehrbedarf an Stellplätzen entsteht (Abs. 1 Satz 2).

Sofern für bestehende bauliche Anlagen die Herstellung von Stellplätzen oder Garagen zur **Verhütung von erheblichen Gefahren oder Nachteilen** erforderlich ist, kommt eine Anordnung nach Art. 54 Abs. 4 in Betracht. Danach kann die untere Bauaufsichtsbehörde dann tätig werden, wenn z. B. die auf öffentlichen Verkehrsflächen abgestellten Kraftfahrzeuge der ständigen Benutzer und Besucher die Sicherheit und Leichtigkeit des Verkehrs erheblich beeinträchtigen, ohne dass durch verkehrsregelnde Maßnahmen Abhilfe geschaffen werden kann.

Für Modernisierungsvorhaben (z. B. Verbesserungen von Wohnungen durch bauliche Maßnahmen) kann von einer Nachforderung abgesehen werden, wenn sonst die Modernisierung erheblich erschwert würde (Art. 54 Abs. 6).

7 Erfüllung der Stellplatzpflicht

Nach Abs. 3 Nr. 1 sind die Stellplätze und Garagen **auf dem Baugrundstück oder in dessen Nähe** (Nr. 2) herzustellen. Es steht grundsätzlich im Belieben des Bauherrn, wie er die Stellplatzpflicht auf seinem Grundstück erfüllt, sofern keine öffentlich-rechtlichen Vorschriften (z. B. Festsetzungen eines Bebauungsplans § 9 Abs. 1 Nr. 4 BauGB oder eine Stellplatzsatzung nach Art. 81) entgegenstehen. Konkrete Festsetzungen in einem Bebauungsplan zur Zulässigkeit von Stellplätzen und Garagen (§ 12 BauNVO) verbieten deren Herstellung außerhalb dieser Vorgaben.

Der Gesetzgeber hat in Art. 6 Abs. 9 eine Erleichterung für die Errichtung von Garagen und überdachte Tiefgaragenzufahrten zugelassen; sie sind in den Abstandsflächen eines Gebäudes sowie ohne eigene Abstandsflächen, auch wenn sie nicht an die Grundstücksgrenze oder an das Gebäude angebaut werden, mit einer mittleren Wandhöhe bis zu 3 m und einer Gesamtlänge je Grundstücksgrenze von 9 m zulässig. Garagen müssen somit, sofern keine satzungsrechtlichen Vorgaben bestehen, nicht mehr als Grenzgaragen errichtet werden, sondern sie können in den Abstandsflächen eines Gebäudes auch grenz- und gebäudenah gebaut werden. Der Gesetzgeber will damit praktischen Bedürfnissen Rechnung tragen, etwa wenn ein gestalterisch wünschenswerter Dachüberstand einer Garage nicht auf das Nachbargrundstück hinüber ragen soll (vgl. hierzu Art. 6 Ziffer 17).

Dabei sind bei der Erfüllung der Stellplatzpflicht alle in Betracht kommenden Möglichkeiten auszunutzen, unter Umständen auch Tief- und **Duplexgaragen** (zur Unzulässigkeit des Ausschlusses von Doppelparkgaragen in Bebauungsplänen und Satzungen vgl. BayVGH, Urteil vom 22.10.1991, Fundstelle 1992 RdNr. 186). In allgemein zugänglichen Garagen sind aber Einstellplätze auf kraftbetriebenen Hebebühnen unzulässig (§ 4 Abs. 4 GaStellV).

Stellplätze **Art. 47**

Der Bauherr kann die Stellplätze/Garagen auch auf einem Grundstück **in der Nähe des Baugrundstücks** herstellen. Nach der Neufassung des Abs. 3 Nr. 2 in 2008 ist eine solche Erfüllung der Stellplatzpflicht als gleichwertig zur Anlage der Stellplätze auf dem Baugrundstück anzusetzen. Voraussetzung ist, dass ein geeignetes Grundstück zur Verfügung steht und seine Benutzung hierfür rechtlich gesichert ist. Ein Grundstück ist dann als geeignet anzusehen, wenn auf ihm die Stellplätze oder Garagen in ausreichender Zahl, Größe und Beschaffenheit im Einklang mit dem Planungs- und Bauordnungsrecht errichtet werden können. Des Weiteren muss das Grundstück in der Nähe des Baugrundstücks liegen, d. h. die Stellplätze und Garagen müssen von den Benutzern des stellplatzauslösenden Bauvorhabens auch angenommen werden. Die Stellplätze müssen somit von den Benutzern bequem und leicht zu erreichen sein. Für den Regelfall ist bei Wohnnutzungen von einer max. fußläufigen Entfernung von 300 m auszugehen. Bei einer gewerblichen Nutzung kann die Entfernung größer sein; in jedem Fall ist eine Einzelprüfung notwendig. Während bei Ladengeschäften für den täglichen Bedarf in der Regel schon 150 m als kritische Grenze angesehen wird, können bei Stellplätzen für Arbeitnehmer in größeren Städten auch Entfernungen bis 1000 m noch zumutbar sein (VGH Bad.-Württ., Urteil vom 23.10.1985, BRS 44, S. 263).

Des Weiteren soll die Benutzung des Grundstücks für diesen Zweck rechtlich gesichert sein. Hierfür ist eine entsprechende Dienstbarkeit, die auch die Zufahrt mit erfasst bzw. eine beschränkte persönliche Dienstbarkeit zugunsten der Bauaufsichtsbehörde notwendig (vgl. Art. 4 Ziffer 6). Schuldrechtliche Verträge reichen als rechtliche Sicherheit nicht aus, weil die Benutzung nicht auf Dauer gewährleistet ist und die Verpflichtung für den Rechtsnachfolger keine Bindung besitzt.

Gleichgestellt hat der Gesetzgeber in Abs. 3 Nr. 3 der **Realherstellung von Stellplätzen die Ablösung.** Insofern hat der Bauherr für die Erfüllung der Stellplatzpflicht auch die Variante, die Stellplätze abzulösen, in dem er durch Ablösungsvertrag die Kosten für die Herstellung der notwendigen Stellplätze gegenüber der Gemeinde übernimmt.

Der entscheidende Unterschied gegenüber der früheren Rechtslage besteht hinsichtlich der Ablösung nach Nr. 3 darin, dass anders als nach Art. 53 Abs. 1 Satz 1 a. F. für die Ablösung nicht mehr tatbestandlich gefordert wird, dass dem Bauherrn die Realherstellung der Stellplätze unmöglich ist. Dem Bauherrn steht daher ein Wahlrecht zu, ob er die Stellplätze real herstellen oder ablösen will. Dieses Wahlrecht steht allein unter dem Vorbehalt, dass er sich mit der Gemeinde über die Ablösung **einig wird.** Die gemeindliche Entscheidung, ob und zu welchen näheren Bedingungen sie den Bauherrn die notwendigen Stellplätze ganz oder teilweise ablösen lässt, indem sie einen Ablösungsvertrag schließt, steht – nach wie vor – im gemeindlichen Ermessen, dessen Betätigung die Gemeinde im Rahmen einer örtlichen Bauvorschrift nach Art. 81 Abs. 1 Nr. 4 oder auch gemeindlicher Verwaltungsvorschriften näher ausgestalten kann, aber nicht muss.

::rehm Bayerische Bauordnung Handkommentar 237

Art. 47

8 Ablösung der Stellplatz- und Garagenbaupflicht

Art. 53 a. F., der die Ablösung der Stellplatz- und Garagenbaupflicht regelte, wurde 2008 aufgehoben; insofern regelt Abs. 3 Nr. 3 die Erfüllung der Stellplatzpflicht durch einen Ablösungsvertrag und Abs. 4 enthält die Vorgaben, wie die Gemeinde den Geldbetrag für die Ablösung notwendiger Stellplätze zu verwenden hat.

Die Stellplatzablöse setzt voraus, dass der Bauherr der Gemeinde gegenüber die Kosten für die Herstellung der notwendigen Stellplätze oder Garagen in angemessener Höhe übernimmt. Diese Übernahme hat durch einen Ablösungsvertrag zu erfolgen (Abs. 3 Nr. 3).

Insofern ist zunächst zu ermitteln, wie viele Stellplätze für das Bauvorhaben notwendig sind. Dies wird entweder auf der Grundlage der Anlage der GaStellV nach Abs. 2 oder nach der gemeindlichen Stellplatzsatzung nach Art. 81 Abs. 1 Nr. 4 festgestellt.

Dabei ist die Gemeinde nicht verpflichtet, einen Ablösungsvertrag abzuschließen. Sie kann z. B. die Ablösung von Stellplätzen mit der städtebaulichen Begründung verweigern, dass die Wohn-, Arbeits- und Lebensqualität in dem konkreten Gebiet gewahrt werden soll und diese dann gefährdet ist, wenn weitere Nutzungen ohne die erforderlichen Stellplätze entstehen (BayVGH, Urteil vom 10.12.1985, BayVBl. 1987, S. 85, Urteil vom 23.8.2001, BayVBl. 2002, S. 562, Urteil vom 11.3.2004, KommP 2005, S. 22). Sofern die Gemeinde den Abschluss eines Ablösungsvertrages verweigert, ist das Vorhaben grundsätzlich unzulässig (Ausnahme ist die Schaffung oder Erneuerung von Wohnraum nach Abs. 1 Satz 3). Vertragsgegenstand ist die Verpflichtung des Bauherrn, die **Kosten für die Herstellung** der vorgeschriebenen Stellplätze oder Garagen in angemessener Höhe zu übernehmen. Die Gemeinde besitzt bei der Festlegung der **angemessenen** Höhe einen weiten Ermessensspielraum. Die Ablöse kann sich auf einen prozentualen Anteil, aber auch auf die gesamten Herstellungskosten erstrecken. Diese umfassen auch die anteiligen Grundstückskosten. Dabei ist von den Herstellungskosten auszugehen, mit denen die Gemeinde für die Herstellung der Stellplätze anstelle des Bauherrn rechnen muss (BVerwG, Urteil vom 16.9.2004, NVwZ 2005, 215). Insofern empfiehlt es sich für die Gemeinde, die Ablösebeträge zu staffeln, da die Kosten sowohl vom Grundstückswert, wie von der Stellplatzart (oberirdisch/unterirdisch) unterschiedlich hoch sind. Im Gegensatz zu den neuen Bundesländern, bei denen teilweise vorgeschrieben ist, dass der Ablösungsvertrag maximal 60 % der Herstellungskosten enthalten darf (in Sachsen nach § 49 Abs. 2 SächsBO maximal 10 000 Euro), bestehen in Bayern keine entsprechenden Vorschriften. Die Gemeinde kann die Höhe der Ablösung entweder in einer Satzung nach Art. 81 Abs. 1 Nr. 4 oder in Verwaltungsvorschriften festlegen oder durch einen einzelnen Gemeinderatsbeschluss. Ansprüche aus Ablösevereinbarungen unterliegen seit Inkrafttreten des Schuldrechtsmodernisierungsgesetzes zum 1.1.2002 der 3-jährigen Verjährungsfrist (Art. 62 S. 2 BayVwVfG, § 195 BGB).

Entfallen in 2008 ist die Ablöse bei einem satzungsrechtlichen Stellplatzverbot.

Die Gemeinde hat die **Ablösebeträge nach den Vorgaben des Abs. 4 zu verwenden.** Der Geldbetrag kann für die Herstellung zusätzlicher oder für die Instandhaltung,

Stellplätze **Art. 47**

die Instandsetzung oder die Modernisierung bestehender Parkeinrichtung verwendet werden sowie für sonstige Maßnahmen zur Entlastung der Straßen vom ruhenden Verkehr einschließlich investiver Maßnahmen des öffentlichen Personennahverkehrs. Insofern hat der Gesetzgeber zwar eine Zweckbindung für die Verwendung der aus der Stellplatzablösung erzielten gemeindlichen Einnahmen vorgenommen, jedoch eine erhebliche Flexibilisierung des zulässigen Mitteleinsatzes zugelassen. Die Mittel können nunmehr auch für investive Maßnahmen des ÖPNV verwendet werden. Diese Lockerung wird durch die neuere höchstrichterliche Rechtsprechung (BVerwG, Urteil vom 16.9.2004, BVerwGE 122, S. 1) ermöglicht, die keinen Sondervorteil aus der Verwendung des Ablösungsbetrages für den ablösenden Bauherrn (mehr) fordert, sondern es ausreichen lässt, dass die Mittel aus der Stellplatzablöse in einer Weise verwendet werden, die im Sinn des Abs. 4 geeignet ist.

9 Nachbarschutz

Die früheren Vorschriften des Art. 52 Abs. 5 und 6 a. F. sind entfallen, insofern ist Art. 47 nicht nachbarschützend (HessVGH, Beschluss vom 12.5.2003, BRS GG, 809). Jedoch ist bei der Anlage von Stellplätzen das Gebot der Rücksichtnahme auf die Nachbarn generell maßgeblich. Grundsätzlich sind bauplanungsrechtlich Stellplätze und Garagen in jedem Baugebiet zulässig. Daher haben Nachbarn die von Stellplätzen ausgehenden Immissionen im Regelfall hinzunehmen. Aus § 12 Abs. 2 BauNVO ist zu entnehmen, dass der bestimmungsgemäße Betrieb von Stellplätzen und Garagen zu akzeptieren ist (BVerwG, Urteil vom 7.12.2006, NVwZ 2007, S. 585). So haben Bewohner eines reinen Wohngebiets grundsätzlich die Geräusche des zu- und abfahrenden Verkehrs hinzunehmen (OVG NRW, Urteil vom 3.11.1996, BRS 17, S. 76). Unzumutbar kann aber eine Massierung von Stellplätzen sein, die grenznah errichtet wurden (VGH Bad.-Württ., Urteil vom 2.7.1999, BRS 62, S. 150, OVG NRW, Beschluss vom 17.11.2000, BRS 63, S. 161). Unzumutbar sind auch Immissionen, die von einer Reihengarage mit 20 Stellplätzen am Rande eines Wohngebiets ausgehen (VGH Bad.-Württ., Urteil vom 21.5.1975, BRS 21, S. 97). Kurzfristige Überschreitungen eines Immissionsrichtwertes von 40 dB(A) nachts an der Ausfahrt einer Tiefgarage eines Mehrfamilienhauses sind zu dulden (BayVGH, Beschluss vom 12.10.1992 – 15 CS 93.2532). Als unzumutbar wurde eine nicht abgeschirmte Zufahrt zu einer größeren Tiefgarage angesehen (OVG Saarland, Urteil vom 27.1.1989, BRS 49, S. 157). Dabei ist eine Störung stets dann als erheblich anzusehen, wenn sie das für Stellplätze und Garagen übliche Maß übersteigt, insbesondere die Nachbarn mehr als zumutbar beeinträchtigt (VGH Bad.-Württ., Urteil vom 4.5.1990, BRS 50, S. 289, BVerwG, Beschluss vom 20.3.2003, NVwZ 2003, S. 1516).

10 Nutzung der Stellplätze und Garagen

Das früher in Art. 52 Abs. 9 a. F. geregelte Zweckentfremdungsverbot für Stellplätze und Garagen ist 2008 entfallen. Dies bedeutet aber nicht, dass notwendige Stellplätze nachträglich zweckentfremdet werden dürfen. Vielmehr wurde in der Gesetzesbegründung festgestellt, dass auch ohne spezielle gesetzliche Regelung ein bauordnungsrechtswidriger Zustand besteht, der mit den üblichen bauordnungsrechtlichen

Art. 48 Barrierefreies Bauen

Mitteln abgearbeitet werden kann. Insofern ist es unzulässig, einen **notwendigen Stellplatz** als Lagerplatz oder für „hausfremde" Fahrzeuge zu nutzen (BGH, Urteil vom 8.7.1983, NJW 1984, S.124), zu veräußern oder genehmigungspflichtige bauliche Änderungen, die zu einer Zweckentfremdung führen, ohne Baugenehmigung vorzunehmen. Die Entscheidung darüber, ob Stellplätze/Garagen objektiv benötigt werden, richtet sich nicht nach den Vorstellungen des Eigentümers, sondern nach dem tatsächlichen Stellplatzbedarf. Dabei dürfen Stellplätze und Garagen für die zu erwartenden Kraftfahrzeuge jedoch so lange anderweitig genutzt werden, als noch kein konkreter Bedarf besteht.

Art. 48
Barrierefreies Bauen

(1) ¹In Gebäuden mit mehr als zwei Wohnungen müssen die Wohnungen eines Geschosses barrierefrei erreichbar sein; diese Verpflichtung kann auch durch barrierefrei erreichbare Wohnungen in mehreren Geschossen erfüllt werden. ²In Gebäuden mit mehr als zwei Wohnungen und mit nach Art. 37 Abs. 4 Satz 1 erforderlichen Aufzügen muss ein Drittel der Wohnungen barrierefrei erreichbar sein. ³In den Wohnungen nach den Sätzen 1 und 2 müssen die Wohn- und Schlafräume, eine Toilette, ein Bad, die Küche oder Kochnische sowie der Raum mit Anschlussmöglichkeit für eine Waschmaschine barrierefrei sein. ⁴Art. 32 Abs. 6 Satz 2, Art. 35 Abs. 2 und Art. 37 Abs. 4 und 5 bleiben unberührt.

(2) ¹Bauliche Anlagen, die öffentlich zugänglich sind, müssen in den dem allgemeinen Besucher- und Benutzerverkehr dienenden Teilen barrierefrei sein. ²Dies gilt insbesondere für

1. Einrichtungen der Kultur und des Bildungswesens,
2. Tageseinrichtungen für Kinder,
3. Sport- und Freizeitstätten,
4. Einrichtungen des Gesundheitswesens,
5. Büro-, Verwaltungs- und Gerichtsgebäude,
6. Verkaufsstätten,
7. Gaststätten, die keiner gaststättenrechtlichen Erlaubnis bedürfen,
8. Beherbergungsstätten,
9. Stellplätze, Garagen und Toilettenanlagen.

³Für die der zweckentsprechenden Nutzung dienenden Räume und Anlagen genügt es, wenn sie in dem erforderlichen Umfang barrierefrei sind. ⁴Toilettenräume und notwendige Stellplätze für Besucher und Benutzer müssen in der erforderlichen Anzahl barrierefrei sein. ⁵Diese Anforderungen gelten nicht bei Nutzungsänderungen, wenn die Anforderungen nur mit unverhältnismäßigem Aufwand erfüllt werden können. ⁶Die Anforderungen an Gaststätten, die einer gaststättenrechtlichen Erlaubnis bedürfen, sind im Rahmen des gaststättenrechtlichen Erlaubnisverfahrens zu beachten.

Barrierefreies Bauen   Art. 48

(3) Bauliche Anlagen und Einrichtungen, die überwiegend oder ausschließlich von Menschen mit Behinderung, alten Menschen und Personen mit Kleinkindern genutzt werden, wie
1. Tagesstätten, Werkstätten und stationäre Einrichtungen für Menschen mit Behinderung,
2. stationäre Einrichtungen für pflegebedürftige und alte Menschen
müssen in allen der zweckentsprechenden Nutzung dienenden Teilen barrierefrei sein.

(4) ¹Die Abs. 1 bis 3 gelten nicht, soweit die Anforderungen wegen schwieriger Geländeverhältnisse, wegen ungünstiger vorhandener Bebauung oder im Hinblick auf die Sicherheit der Menschen mit Behinderung oder alten Menschen oder bei Anlagen nach Abs. 1 auch wegen des Einbaus eines sonst nicht erforderlichen Aufzugs nur mit einem unverhältnismäßigen Mehraufwand erfüllt werden können. ²Bei bestehenden baulichen Anlagen im Sinn der Abs. 2 und 3 soll die Bauaufsichtsbehörde verlangen, dass ein gleichwertiger Zustand hergestellt wird, wenn das technisch möglich und dem Eigentümer wirtschaftlich zumutbar ist.

Erläuterungen

Übersicht

1 Allgemeines
2 Anforderungen an Wohnungen
3 Öffentliche zugängliche bauliche Anlagen
4 Bauliche Anlagen nach Abs. 3
5 Ausnahmen

Zur Neufassung 2013:

Die Neufassung des Abs. 1 enthält eine Folgeänderung insbesondere aufgrund des Wegfalls der bisherigen Detailanforderungen des Art. 48 Abs. 4 zur Erreichbarkeit von Wohnungen und Aufzügen. Die Anforderungen an die barrierefreie Erreichbarkeit von Wohnungen ergeben sich künftig vollständig aus der technischen Baubestimmung DIN 18040-2. Zudem werden die Worte „mit dem Rollstuhl zugänglich" in Satz 3 durch den Begriff „barrierefrei" ersetzt.

Abs. 2 Satz 1 wird wesentlich gestrafft, da sich die Definition des Begriffs „barrierefrei" bereits in Art. 2 Abs. 10 findet. Der Begriff „Besucherverkehr" wird auf den Begriff „Besucher- und Benutzerverkehr" erweitert. Damit wird klargestellt, dass sich die Barrierefreiheit von baulichen Anlagen mit ständigen Benutzern, die nicht dort beschäftigt sind, wie z. B. Schüler oder Studenten, auch auf diesen Benutzerkreis erstreckt.

Der neue Abs. 2 Satz 3 übernimmt die bisherigen Anforderungen einer zweckentsprechenden Nutzbarkeit. Jedoch wird klarstellend ergänzt, dass die Anforderungen an die Barrierefreiheit auf den für die zweckentsprechende Nutzung tatsächlichen Umfang beschränkt werden dürfen.

Abs. 2 Satz 4 legt fest, dass Toilettenräume und notwendige Stellplätze für Besucher und Benutzer in Abhängigkeit von den insgesamt vorgesehenen Toilettenräumen und notwendigen Stellplätzen barrierefrei sein müssen.

Art. 48
Barrierefreies Bauen

In Abs. 3 wird klargestellt, dass für die genannten speziellen baulichen Anlagen die Anforderungen an die Barrierefreiheit für alle der zweckentsprechenden Nutzung dienenden Räume und Anlagen gelten.

Der bisherige Abs. 4 entfällt, da sich die Anforderungen an das barrierefreie Bauen aus der technischen Baubestimmung DIN 18040 Teile 1 und 2 ergeben sollen.

1 Allgemeines

Die Vorschrift dient dem Schutz von Behinderten und soll die Vorgaben des Bayerischen Behindertengleichstellungsgesetzes (BayBGG) vom 9.7.2003 (GVBl. 2003, S. 419) umsetzen. Ziel ist es, durch eine möglichst hindernisfreie bauliche Umwelt die Integration und Rehabilitation von Menschen mit Behinderung zu erleichtern und die Lebensverhältnisse der älteren Menschen und der Personen mit Kleinkindern zu verbessern.

Die Bauordnungsnovelle 2013 hat die Vorschrift des Art. 48 erheblich verändert. Dies geschah vor allem deshalb, weil die als Technische Baubestimmung eingeführte DIN 18040-2 bereits entsprechende detaillierte Regelungen enthält, die im Gesetz nicht mehr wiederholt werden müssen. Die Definition der Barrierefreiheit findet sich jetzt in Art. 2 Abs. 10.

2 Anforderungen an Wohnungen

Nach Abs. 1 müssen Wohnungen eines Geschosses in Gebäuden mit mehr als zwei Wohnungen barrierefrei erreichbar sein. In solchen Gebäuden, die nach Art. 37 Abs. 4 Satz 1 erforderliche Aufzüge besitzen, muss ein Drittel der Wohnungen barrierefrei erreichbar sein. Diese Verpflichtungen sollen sicherstellen, dass die Wohnungen für Menschen mit Behinderung ohne besondere Erschwernis und ohne zusätzliche fremde Hilfe zugänglich sind (vgl. Art. 4 BayBGG). Die Forderung nach Abs. 1 Satz 1 kann auch durch barrierefreie Wohnungen erfüllt werden, die in mehreren Geschossen, also übereinander angeordnet sind.

Die Wohn- und Schlafräume, eine Toilette, ein Bad, die Küche oder Kochnische sowie der Raum mit Anschlussmöglichkeit für die Waschmaschine müssen innerhalb der Wohnungen i. S. d. Abs. 1 Sätze 1 und 2 barrierefrei sein.

3 Öffentliche zugängliche bauliche Anlagen

Abs. 2 erfasst alle öffentlich zugänglichen baulichen Anlagen. Dabei bedeutet öffentliche Zugänglichkeit, dass die Anlage grundsätzlich für die Allgemeinheit zugänglich sein muss. Selbstverständlich fallen hierunter auch von Privaten für den öffentlichen Zugang eröffnete Anlagen. Diese Anlagen sind so herzustellen, dass sie in den dem allgemeinen Besucher- und Benutzerverkehr dienenden Teilen von Menschen mit Behinderungen, alten Menschen und Personen mit Kleinkindern barrierefrei erreicht und ohne fremde Hilfe genutzt werden können. Diese Anforderungen gelten nach Abs. 2 Satz 2 Nr. 9 auch für die Stellplätze und Garagen für Kraftfahrzeuge sowie für die Toilettenanlagen. Sie beschränken sich aber auf die dem Besucher- und Benutzerverkehr dienenden Teile und gelten z. B. beim Rathaus nur für die Räume, in denen dieser Verkehr abgewickelt wird.

Unter den Regelbeispielen des Abs. 2 Satz 2 Nr. 1 bis 9 ist auf Folgendes hinzuweisen:
- **Einrichtungen der Kultur und des Bildungswesens**
Hierunter sind insbesondere Theater-, Schauspiel-, Opern- und Konzerthäuser, aber auch Bibliotheken, Kabarett, Varieté und Zirkus zu zählen. Zu den Einrichtungen des Bildungswesens gehören Schulen aller Art sowie Fach-, Fachober- und Fachhochschulen und Universitäten. Aber auch Volkshochschulen zählen hierzu.
- **Tageseinrichtungen für Kinder**
Hierzu gehören die Kindergärten, Kinderkrippen, Kinderhorte etc.
- **Sport- und Freizeitstätten**
Hierzu zählen Sporthallen und Sportstadien und bei den Freizeitstätten sind Spiel-, Bolz- und Abenteuerspielplätze sowie Freizeit- und Vergnügungsparks zu nennen.
- **Einrichtungen des Gesundheitswesens**
Hierzu gehören Praxen von Ärzten und anderen Heilberufen sowie Apotheken.
- **Büro-, Verwaltungs- und Gerichtsgebäude**
Erfasst werden hier nicht nur öffentliche Büros und Verwaltungen, sondern auch privatrechtliche Einrichtungen etwa der Wirtschaft. Insofern ist nach dem Sinn des Art. 48 auch bei Büros sicherzustellen, dass diese vom Besucherkreis des Abs. 2 aufgesucht werden können.
- **Verkaufsstätten**
- **Gaststätten, die keiner gaststättenrechtlichen Erlaubnis bedürfen und Beherbergungsstätten**
Erfasst werden Gaststätten, die keiner gaststättenrechtlichen Erlaubnis bedürfen (Nr. 7) und Beherbergungsstätten (Nr. 8). Dies ist nach der Gesetzbegründung 2007 erforderlich gewesen, weil Beherbergungsstätten überhaupt nicht mehr, Schank- und Speisegaststätten nur noch eingeschränkt gaststättenrechtlich erlaubt wurden. Folge war, dass in diesen Fällen die Voraussetzung für die Erteilung der Erlaubnis einer gaststättenrechtlichen Barrierefreiheit nicht mehr eingriff und die Beherbergungs- bzw. Gaststätte auch nicht mehr zum Gegenstand landesverordnungsrechtlicher Regelungen auf der Grundlage des Gaststättenrechts gemacht werden konnte. Daher konnte eine Abarbeitung der Anforderungen der Barrierefreiheit im gaststättenrechtlichen Erlaubnisverfahren nicht mehr stattfinden. Für diese Fälle sind daher die Anforderungen an die Barrierefreiheit bauordnungsrechtlich zu bestimmen und es ist die Überprüfung im Baugenehmigungsverfahren vorzunehmen, sofern es sich um einen Sonderbau handelt (Art. 60 Satz 1 Nr. 2).
- **Stellplätze, Garagen und Toilettenanlagen**
Es werden von dieser Vorgabe nicht alle Stellplätze, Garagen und Toilettenanlagen erfasst, sondern nur öffentlich zugängliche selbstständige Stellplätze, Garagen und Toilettenanlagen.

Die Bauordnungsnovelle 2013 hat im Abs. 2 einen – klarstellenden – Satz 3 angefügt, wonach es für die der zwecksentsprechenden Nutzung dienenden Räume und Anlagen genügt, wenn sie **in dem erforderlichen Umfang** barrierefrei sind.

4 Bauliche Anlagen nach Abs. 3

Nach Abs. 3 können Anforderungen für die gesamte Anlage gestellt werden, da diese speziell für einen bestimmten schutzwürdigen Personenkreis eingerichtet sind. Nach Abs. 3 zählen hierzu folgende Anlagen:

- Tagesstätten, Werkstätten und stationäre Einrichtungen für Menschen mit Behinderung
- stationäre Einrichtungen für pflegebedürftige und alte Menschen

Dabei ist die Aufzählung nur beispielhaft. Auch vergleichbare Einrichtungen müssen den Anforderungen des Abs. 3 entsprechen.

5 Ausnahmen

Die Vorgaben des Abs. 1 bis 3 gelten nicht, soweit diese auf Grund besonderer Umstände nur mit einem unverhältnismäßigen Mehraufwand erfüllt werden können. Dies kann der Fall sein bei schwierigen Geländeverhältnissen. Beispiel: Wenn ein Gebäude etwa wegen besonderer Untergrundverhältnisse mit seinem Erdgeschossfußboden so hoch über dem Gelände liegt, dass die Schaffung barrierefreier Zugänglichkeit einen besonderen Aufwand erfordert. Beruhen kann eine Abweichung ferner auf dem erforderlich werdenden Einbau eines sonst nicht erforderlichen Aufzugs. Insbesondere bei Änderungen und Nutzungsänderungen im Bestand kann es unverhältnismäßig sein, die Barrierefreiheit umfassend herzustellen.

Abs. 5 Satz 2 enthält eine Befugnisnorm für die Bauaufsichtsbehörde, auch bei bestehenden baulichen Anlagen fordern zu können, dass ein gleichwertiger Zustand hergestellt wird, sofern dies technisch möglich und dem Eigentümer wirtschaftlich zumutbar ist.

VIERTER TEIL
Die am Bau Beteiligten

Art. 49
Grundpflichten

Bei der Errichtung, Änderung, Nutzungsänderung und der Beseitigung von Anlagen sind der Bauherr und im Rahmen ihres Wirkungskreises die anderen am Bau Beteiligten dafür verantwortlich, dass die öffentlich-rechtlichen Vorschriften eingehalten werden.

Erläuterungen

Übersicht

1 Allgemeines
2 Verantwortung der am Bau Beteiligten
3 Verantwortliche Personen

1 Allgemeines

Art. 49 enthält die Grundsätze über die öffentlich-rechtliche Verantwortlichkeit der am Bau Beteiligten. Hierzu zählen der Bauherr als Veranlasser und Träger der Baumaßnahme, der Entwurfsverfasser und der Unternehmer als Verantwortlicher für Planung und Ausführung (s. hierzu Art. 50 bis 52). In der Bauordnung ist die Rechtsfigur eines verantwortlichen Bauleiters nicht enthalten.

Bereits durch die Bauordnungsnovelle 1994 wurde das Ziel angestrebt, diese Verantwortung der am Bau Beteiligten durch die Beschränkung des staatlichen Prüfungsumfangs im bau- und wasserrechtlichen Verfahren, durch die Freistellung bestimmter baulicher Anlagen von der Genehmigungspflicht und durch die verstärkte Beteiligung privater Sachverständiger zu stärken. Diesen Weg hat die Bauordnung 1998 fortgesetzt; das Genehmigungsfreistellungsverfahren und das vereinfachte Genehmigungsverfahren wurden ausgebaut. Die Einhaltung der Anforderungen an den Schall- und Wärmeschutz wurden in die Verantwortlichkeit des Entwurfsverfassers gestellt, ebenso der präventive Brandschutz bei Gebäuden mittlerer Höhe außerhalb des Sonderbautenbereichs, sofern der Entwurfsverfasser über eine ausreichende Berufserfahrung verfügt. Die Prüfung des Arbeitsschutzes wurde reduziert, aber auch die Prüfung des Standsicherheitsnachweises ist bei bestimmten landwirtschaftlichen Betriebs- und gewerblichen Lagergebäuden entfallen. Für den präventiven Brandschutz im Hochhaus- und sonstigen Sonderbautenbereich wurden durch die Sachverständigenverordnung bauverantwortliche, private Sachverständige geschaffen.

Art. 62 enthält das dem bayerischen Bauordnungsrecht bereits bekannte dreistufige Konzept der Kompensation entfallender bauaufsichtlicher Prüfungen. Grundsätzlich genügt die (allgemeine) Bauvorlageberechtigung auch für die Erstellung der bautechnischen Nachweise (Art. 62 Abs. 1 Satz 2). Für Teilbereiche (Art. 62 Abs. 2) wird eine zusätzliche oder besondere Qualifikation gefordert (qualifizierter Tragwerks- bzw. Brandschutzplaner). Soweit dies angesichts der bautechnischen Schwierigkeit und/oder des Risikopotenzials bestimmter Bauvorhaben angezeigt erscheint, hält Art. 62 am herkömmlichen Vier-Augen-Prinzip fest (Art. 62 Abs. 3). Dabei bleibt hinsichtlich der Standsicherheitsprüfung im Wesentlichen der bisherige Rechtszustand bestehen; nach Art. 62 Abs. 3 wird die Standsicherheit von Sonderbauten – soweit sie insoweit prüfpflichtig sind – nach wie vor hoheitlich, d. h. entweder durch die Bauaufsichtsbehörde selbst oder durch Prüfingenieure oder Prüfämter geprüft. Hinsichtlich des Brandschutzes bleibt es bei einer Parallelführung von ausschließlich privatrechtlich tätigen Prüfsachverständigen und bauaufsichtlicher Prüfung, auf die der Bauherr wegen der für eine flächendeckende Bedienung noch nicht zureichenden Zahl von Prüfsachverständigen für den Brandschutz muss zurückgreifen können.

Die Verantwortlichkeit des **Bauherrn und der anderen am Bau Beteiligten** wird ausdrücklich in Art. 49 hervorgehoben. Neben den bauordnungsrechtlichen Vorschriften gelten die allgemeinen sicherheitsrechtlichen Grundsätze für die Haftung des Zustands- und Handlungsstörers (vgl. Art. 9 LStVG und Art. 9 PAG). Auch sind § 35 GewO (Gewerbeuntersagung wegen Unzuverlässigkeit) zu beach-

Art. 49
Grundpflichten

ten sowie die privatrechtlichen Vorschriften über die Verkehrssicherungspflicht (§ 823 Abs. 2 BGB). Der Aufgabenbereich der Bauaufsichtsbehörde wird hierdurch nicht eingeschränkt (BGH, Urteil vom 9.10.2003, BayVBl. 2004, S. 155).

2 Verantwortung der am Bau Beteiligten

Die am Bau Beteiligten haben öffentlich-rechtliche Aufgaben und Pflichten, d. h. ihnen obliegt nach Art. 49 die Verantwortung für eine ordnungsgemäße und sachgerechte Bauausführung. Sie können sich nicht unter Bezug auf die Kontroll- und Überwachungsaufgaben der Bauaufsichtsbehörde ganz oder teilweise von dieser Verantwortung entlasten.

Durch die Novelle 2008 wurde das **Baugenehmigungsverfahren weiter verschlankt**. Das Prüfprogramm wurde im Kern auf die spezifischen baurechtlichen Anforderungen – Bauplanungs- und Bauordnungsrecht je Zuständigkeit – beschränkt. Sonstiges öffentliches Recht wird darüber hinaus nur geprüft, wenn dies das nicht baurechtliche Fachrecht ausdrücklich vorsieht. Das vereinfachte Baugenehmigungsverfahren wurde im Wesentlichen auf eine planungsrechtliche und Prüfung des aufgedrängten sonstigen öffentlichen Rechts reduziert. Die Genehmigungsfreistellung wird im Anwendungsbereich bis zu Sonderbautengrenzen und damit insbesondere auch grundsätzlich auf gewerbliche Bauvorhaben ausgeweitet. Mit dem neuen Brandschutzkonzept wurden für kleine Gebäude und für Gebäudeklassen mit Zellenbauweise Erleichterungen für die Feuerwiderstandsfähigkeit der Bauteile umgesetzt und die konstruktive Holzverwendung für Gebäude mit bis zu fünf Geschossen eröffnet.

Die besondere Bedeutung der Vorschrift besteht darin, dass die Bauaufsichtsbehörde ihre Anordnungen nicht nur an den Bauherrn, sondern auch an die sonst am Bau Beteiligten richten kann. Insofern hat die Behörde ein **Auswahlermessen,** ob sie, wie im Regelfall zweckmäßig, gegen den Bauherrn oder zusätzlich/ausschließlich gegen andere am Bau Beteiligte vorgehen will. Der Verantwortung der am Bau Beteiligten entsprechen die Regelungen in den Bußgeldvorschriften des Art. 79.

Unmittelbar begründen Art. 49 bis 52 keine zivilrechtlichen Ansprüche. Sofern ein Bauherr durch zivilrechtlichen Vertrag einen Unternehmer oder Entwurfsverfasser mit der Planung/Durchführung des Bauvorhabens beauftragt, so ist dieser auch zivilrechtlich gegenüber dem Bauherrn verpflichtet, die öffentlich-rechtlichen Aufgaben und Pflichten ordnungsgemäß zu erfüllen. Des Weiteren bestehen zivilrechtliche Schadensersatzansprüche auch kraft Gesetzes aus § 823 BGB in Verbindung mit den Schutzgütern (Leben, Gesundheit, Eigentum etc.). Die Vorschriften über die öffentlich-rechtliche Verantwortlichkeit der Art. 49 ff. gelten für die Errichtung, die Änderung und die Beseitigung von baulichen Anlagen (Art. 2 Abs. 1), nicht jedoch für die Instandhaltung und Benutzungsänderung. Anzuwenden sind die Vorschriften prinzipiell aber auch auf genehmigungs- oder zustimmungsfreie bauliche Maßnahmen.

Für die Unterhaltung und Benutzungsänderung baulicher Anlagen und sonstiger Anlagen finden die allgemeinen sicherheitsrechtlichen Grundsätze Anwendung.

Art. 50

3 Verantwortliche Personen

Als Träger der öffentlich-rechtlichen Verantwortlichkeit kommen neben natürlichen Personen auch juristische Personen des privaten und öffentlichen Rechts (z. B. GmbH, Gemeinde) in Betracht. Im Regelfall trifft die Verantwortlichkeit die vertretungsberechtigten Organe der juristischen Person, die auch die persönlichen Eignungsvoraussetzungen erfüllen müssen. Anders verhält es sich nur dann, wenn ein bestimmter Arbeitnehmer oder Bediensteter der juristischen Person z. B. als Entwurfsverfasser bestellt wird. In diesem Fall trifft ihn die Verantwortlichkeit selbst.

Das System der Verantwortung der am Bau Beteiligten wurde auch bei der Novelle 2008 beibehalten. Die Vorgaben für den Entwurfsverfasser (Art. 51) wurden gestrafft, es wird in Art. 51 Abs. 2 Satz 1 der Fachplaner (bisher Sachverständiger) eingeführt. Die Regelungen zur Bauvorlageberechtigung und zu den bautechnischen Nachweisen (Art. 61, 62) wurden neu gefasst. Die Anforderungen an die bautechnischen Nachweise wurden nicht mehr verfahrens-, sondern vorhabenabhängig konzipiert.

Art. 50
Bauherr

(1) ¹Der Bauherr hat zur Vorbereitung, Überwachung und Ausführung eines nicht verfahrensfreien Bauvorhabens sowie der Beseitigung von Anlagen geeignete Beteiligte nach Maßgabe der Art. 51 und 52 zu bestellen, soweit er nicht selbst zur Erfüllung der Verpflichtungen nach diesen Vorschriften geeignet ist. ²Dem Bauherrn obliegen außerdem die nach den öffentlich-rechtlichen Vorschriften erforderlichen Anträge, Anzeigen und Nachweise. ³Wechselt der Bauherr, hat der neue Bauherr dies der Bauaufsichtsbehörde unverzüglich schriftlich mitzuteilen.

(2) ¹Treten bei einem Bauvorhaben mehrere Personen als Bauherr auf, so kann die Bauaufsichtsbehörde verlangen, dass ihr gegenüber ein Vertreter bestellt wird, der die dem Bauherrn nach den öffentlich-rechtlichen Vorschriften obliegenden Verpflichtungen zu erfüllen hat. ²Im Übrigen finden Art. 18 Abs. 1 Sätze 2 und 3 sowie Abs. 2 BayVwVfG entsprechende Anwendung.

Erläuterungen

Übersicht

1 Allgemeines
2 Bestellung geeigneter am Bau Beteiligter (Abs. 1 Satz 1)
3 Formelle Pflichten des Bauherrn (Abs. 1 Satz 2)
4 Keine besonderen Befugnisnormen mehr

Art. 50 — Bauherr

1 Allgemeines

Der Begriff des Bauherrn wird von Art. 50 seit 2008 nicht mehr definiert. Die bis 2007 im Gesetz enthaltene Definition gilt aber weiterhin. Daher ist Bauherr, wer auf eigene Verantwortung eine bauliche Anlage vorbereitet oder ausführt oder vorbereiten oder ausführen lässt (ähnlich Nds. OVG, Urteil vom 8.12.1978, BRS 35 Nr. 168).

Auf jeden Fall Bauherr ist also, wer eine Baugenehmigung beantragt oder erhalten hat. Der Bauherr muss nicht der Eigentümer des Grundstücks sein, auf dem gebaut werden soll (Argument aus Art. 64 Abs. 4 Satz 2); vielmehr wird eine Baugenehmigung unbeschadet privater Rechte Dritter erteilt. Somit kann auch der Mieter oder Pächter Bauherr sein.

Bei mehreren Bauherren ist grundsätzlich jeder einzelne für die Erfüllung der öffentlich-rechtlichen Verpflichtungen verantwortlich (BayVGH, Beschluss vom 3.11.1972, BayVBl. 1973, S. 102). In Abs. 2 ist im Übrigen die früher in Art. 67 Abs. 5 a. F. enthaltene Bestimmung aufgenommen worden, wonach die Bauaufsichtsbehörde in diesem Fall verlangen kann, dass ihr gegenüber ein verantwortlicher Vertreter bestellt wird.

Der Bauherrenwechsel ist in Abs. 1 Satz 3 geregelt. Ein Bauherrenwechsel ist der Bauaufsichtsbehörde – und zwar nur noch vom neuen Bauherrn unverzüglich schriftlich anzuzeigen. Bei einem Bauherrnwechsel (z. B. durch Erbrechtsnachfolge oder vertragliche Regelung zwischen altem und neuem Bauherrn) hat der neue Bauherr als Rechtsnachfolger die Auflagen und Bedingungen des Baugenehmigungsbescheides einzuhalten (Art. 54 Abs. 2 Satz 3).

2 Bestellung geeigneter am Bau Beteiligter (Abs. 1 Satz 1)

Der Bauherr ist die zentrale Person bei der Vorbereitung und Durchführung des Bauvorhabens. Als Herr des Baugeschehens trifft ihn die Hauptverantwortung für die Einhaltung der öffentlich-rechtlichen Vorschriften und der Anordnungen der Bauaufsichtsbehörde.

In der Praxis wird die Bauaufsichtsbehörde Anordnungen bei der Bauüberwachung im Regelfall gegen den Bauherrn richten. Etwas anderes gilt dann, wenn es um die Art und Weise der Baudurchführung geht (z. B. Lieferverkehr zur Baustelle, Gerüste etc.). Hier erscheint es zweckmäßig, die Anordnungen an den Unternehmer zu richten, auch wenn (subsidiär) eine objektive Verantwortung des Bauherrn besteht. Eine Baueinstellung (Art. 75) ist in jedem Fall auch an den Bauherrn zu richten.

Art. 50 regelt die wichtigsten öffentlich-rechtlichen Aufgaben und Pflichten des Bauherrn.

Nach Abs. 1 Satz 1 ist der Bauherr bei allen nicht verfahrensfreien Bauvorhaben sowie bei der Beseitigung von Anlagen gehalten, einen geeigneten **Entwurfsverfasser und geeignete Unternehmer** zu bestellen. Die Pflicht besteht also auch bei

Bauherr   **Art. 50**

genehmigungsfreien Vorhaben nach Art. 58, da diese nicht verfahrensfrei im Sinne der Vorschrift sind. Die Verpflichtung des Bauherrn entfällt, soweit er selbst zur Erfüllung der entsprechenden Pflichten geeignet ist. Dieser Tatbestand trifft zum einen zu, wenn der Bauherr die erforderlichen Qualifikationen – etwa die Bauvorlageberechtigung – besitzt, und zum anderen bei Vorhaben, die nach Umfang oder Schwierigkeit geringfügig sind und so keine speziellen Kenntnisse oder Fertigkeiten bei der Vorbereitung und Ausführung des Vorhabens notwendig sind. Deshalb konnte der Gesetzgeber in der Novelle 2008 die entsprechenden Tatbestände des Art. 56 Abs. 2 und Abs. 3 a. F. entfallen lassen.

3 Formelle Pflichten des Bauherrn (Abs. 1 Satz 2)

Zu den Grundpflichten des Bauherrn zählen nach Abs. 1 Satz 2 auch die Durchführung der erforderlichen verfahrensleitenden Maßnahmen, wie Anträge, Anzeigen und Nachweise bei der jeweils zuständigen Stelle, also insbesondere der Bauaufsichtsbehörde, der Gemeinde (z. B. Bauantrag) bzw. dem Prüfingenieur (vgl. Art. 78). Zu den Anträgen zählen beispielsweise der Bauantrag (Art. 64 Abs. 1), der Antrag auf Teilbaugenehmigung (Art. 70), der Vorbescheidsantrag (Art. 71), der Antrag auf Verlängerung einer Baugenehmigung bzw. eines Vorbescheids (Art. 69 Abs. 2, Art. 71 Satz 3) sowie der Antrag auf isolierte Abweichung (Art. 63 Abs. 2). Zu den Anzeigen gehören die Anzeige des Abbruchs einer baulichen Anlage (Art. 57 Abs. 5 Satz 2), die Baubeginnsanzeige (Art. 68 Abs. 7), die Anzeige der Nutzungsaufnahme (Art. 78 Abs. 2) sowie die Anzeige über den Bauherrnwechsel (Abs. 1 Satz 3). Nachweise sind insbesondere die in Art. 62 aufgeführten bautechnischen Nachweise.

Der Bauherr kann insbesondere die Erhebung der Anträge und Anzeigen dem Entwurfsverfasser übertragen. Dieser kann auch im eigenen Namen tätig werden. Dies gilt auch nach der Streichung der entsprechenden Anordnung durch die Novelle 2008.

4 Keine besonderen Befugnisnormen mehr

Das Gesetz enthält seit 2008 keine besonderen Befugnisnormen mehr für den Fall, dass sich ein am Bau Beteiligter als ungeeignet erweist bzw. dass es erforderlich erscheint, für bestimmte Arbeiten einen Unternehmer zu benennen (vgl. Art. 56 Abs. 5 und Abs. 6 a. F.). Die Streichung dieser Spezialbestimmungen ist deshalb unschädlich, weil in aller Regel das herkömmliche bauaufsichtliche Instrumentarium einschließlich der darin enthaltenen allgemeinen Befugnisse ausreichen wird, um Probleme auch in Bezug auf die am Bau Beteiligten lösen zu können.

Art. 51

Art. 51
Entwurfsverfasser

(1) ¹Der Entwurfsverfasser muss nach Sachkunde und Erfahrung zur Vorbereitung des jeweiligen Bauvorhabens geeignet sein. ²Er ist für die Vollständigkeit und Brauchbarkeit seines Entwurfs verantwortlich. ³Der Entwurfsverfasser hat dafür zu sorgen, dass die für die Ausführung notwendigen Einzelzeichnungen, Einzelberechnungen und Anweisungen den öffentlich-rechtlichen Vorschriften entsprechen.

(2) ¹Hat der Entwurfsverfasser auf einzelnen Fachgebieten nicht die erforderliche Sachkunde und Erfahrung, so hat er den Bauherrn zu veranlassen, geeignete Fachplaner heranzuziehen. ²Diese sind für die von ihnen gefertigten Unterlagen, die sie zu unterzeichnen haben, verantwortlich. ³Für das ordnungsgemäße Ineinandergreifen aller Fachplanungen bleibt der Entwurfsverfasser verantwortlich.

Erläuterungen

Übersicht

1 Allgemeines
2 Eignung und Pflichten des Entwurfsverfassers
3 Heranziehung von Fachplanern

1 Allgemeines

Entwurfsverfasser ist die Person, die die technischen Unterlagen für den Bauantrag und/oder für die Bauausführung anfertigt oder unter seiner Verantwortung anfertigen lässt. Dies wird im Baugenehmigungsverfahren durch die Unterschrift des Entwurfsverfassers auf den Bauvorlagen (Art. 64 Abs. 4 Satz 1) nachgewiesen. Mit dieser Unterschrift übernimmt der Entwurfsverfasser die Verantwortung für den Entwurf. Dabei stellt der Gesetzgeber für die Entwurfsfertigung einer Bauvorlage auf eine besondere Qualifikation (Art. 61) ab.

Durch die Änderung des Abs. 1 Satz 3 in der Novelle 2008 wurde im Übrigen klargestellt, dass Entwurfsverfasser nicht nur derjenige ist, der dafür zu sorgen hat, dass die notwendigen Einzelzeichnungen, Einzelberechnungen und Anweisungen geliefert werden. Wie die Begründung zum Gesetzentwurf ausführte, ist nämlich Entwurfsverfasser in diesem Sinne nicht nur, wer die Bauvorlagen fertigt und/oder gegenüber der Bauaufsichtsbehörde dafür verantwortlich zeichnet, sondern auch, wer die in der Vorschrift angesprochenen weiteren, für die Bauausführung erforderlichen Unterlagen erstellt bzw. – bei Bestellung von Fachplanern nach Abs. 2 – die Koordinationsverantwortung trägt. An einem Bauvorhaben können damit – nacheinander – mehrere Entwurfsverfasser (in diesem Sinne) mitwirken.

Entwurfsverfasser   Art. 51

2 Eignung und Pflichten des Entwurfsverfassers

Nach Abs. 1 Satz 1 muss der Entwurfsverfasser nach Sachkunde und Erfahrung zur Vorbereitung des jeweiligen Bauvorhabens geeignet sein. Diese notwendige Qualifikation wird durch die **Bauvorlageberechtigung nach Art. 61** nicht ersetzt; vielmehr begründet die Bauvorlageberechtigung nur eine „widerlegbare" Vermutung für das Vorliegen der Qualifikation des Entwurfsverfassers.

Die Bauaufsichtsbehörde ist nunmehr verpflichtet, den Bauherrn aufzufordern, mangelhafte Bauvorlagen innerhalb einer bestimmten Frist zu berichtigen; werden die Mängel nicht behoben, gilt der Antrag als zurückgenommen (Art. 65 Abs. 2). Die Bauaufsichtsbehörde kann auch verlangen, dass ungeeignete Entwurfsverfasser durch geeignete ersetzt werden.

Nach Abs. 1 Satz 2 und 3 ist der Entwurfsverfasser nicht nur für die Vollständigkeit und Brauchbarkeit seines Entwurfs verantwortlich (zu den Anforderungen an die Bauvorlagen vgl. die Bauvorlagenverordnung, BauVorlV), sondern auch dafür, dass die für die Ausführung notwendigen Einzelzeichnungen, Einzelberechnungen und Anweisungen für ein Bauvorhaben den öffentlich-rechtlichen Vorschriften (insbesondere Baugesetzbuch, Bauordnung und sonstiges öffentliches Baurecht) entsprechen. Über Art. 3 gehören im Übrigen die eingeführten Technischen Baubestimmungen zu den öffentlich-rechtlichen Vorschriften, für die der Entwurfsverfasser verantwortlich ist.

3 Heranziehung von Fachplanern

Es ist Aufgabe des Entwurfsverfassers, den Bauherrn darüber aufzuklären, welche Fachgebiete er selbst nicht abdecken kann. Insofern hat nach Abs. 2 Satz 1 der Entwurfsverfasser den Bauherrn zu veranlassen, geeignete Fachplaner für diese Fachgebiete heranzuziehen. Die Fachplaner sind nach Abs. 2 Satz 2 für die von ihnen gefertigten Eingabe- bzw. Ausführungsunterlagen selbst verantwortlich. Sie müssen die von ihnen gefertigten Teile der Eingabeplanung auch selbst unterzeichnen.

Nach Abs. 2 Satz 3 liegt die Gesamtverantwortung für das ordnungsgemäße Ineinandergreifen aller Fachplanungen beim Entwurfsverfasser.

Seit der Abschaffung des verantwortlichen Bauleiters besteht keine öffentlich-rechtliche Überwachungspflicht des Entwurfsverfassers mehr. Daher ist der Entwurfsverfasser selbst für die Entscheidungen verantwortlich, welche Fachplaner (z. B. zur Untersuchung der Baugrundverhältnisse) heranzuziehen sind und wie die Koordination der Fachplanungen zu erfolgen hat (Abs. 2 Satz 3).

Der Bauherr kann der Bauaufsichtsbehörde als Nachweisberechtigten auch eine andere Person als den Bauvorlageberechtigten benennen, z. B. einen verantwortlichen privaten Sachverständigen für diesen Bereich. Aufgrund der Benennung ist diese Person verantwortlich im Sinn des Abs. 2 Satz 2.

Anmerkung der Redaktion: Die erforderlichen amtlichen und weitere nichtamtliche Formulare für ein Bauvorhaben finden Sie in den Arbeitshilfen unter „Einzelbauvorhaben".

Art. 52
Unternehmer

(1) ¹Jeder Unternehmer ist für die mit den öffentlich-rechtlichen Anforderungen übereinstimmende Ausführung der von ihm übernommenen Arbeiten und insoweit für die ordnungsgemäße Einrichtung und den sicheren Betrieb der Baustelle verantwortlich. ²Er hat die erforderlichen Nachweise über die Verwendbarkeit der verwendeten Bauprodukte und Bauarten zu erbringen und auf der Baustelle bereitzuhalten.

(2) Jeder Unternehmer hat auf Verlangen der Bauaufsichtsbehörde für Arbeiten, bei denen die Sicherheit der Anlage in außergewöhnlichem Maße von der besonderen Sachkenntnis und Erfahrung des Unternehmers oder von einer Ausstattung des Unternehmens mit besonderen Vorrichtungen abhängt, nachzuweisen, dass er für diese Arbeiten geeignet ist und über die erforderlichen Vorrichtungen verfügt.

Erläuterungen

Übersicht

1 Allgemeines
2 Eignung des Unternehmers
3 Pflichten des Unternehmers
4 Eignungsnachweise

1 Allgemeines

Unternehmer im Sinne des Art. 52 ist, wer als selbstständiger Gewerbetreibender Bauarbeiten durchführt, d. h. bauliche Anlagen errichtet, ändert oder in der Nutzung ändert (Art. 55 ff.). Nach Art. 50 Abs. 1 Satz 2 ist der Bauherr verpflichtet, bei nicht verfahrensfreien Vorhaben geeignete Unternehmer zu bestellen (zu den Ausnahmen vgl. Art. 50 Ziffer 2). In der Regel bestellt der Bauherr mehrere Unternehmer für ein Bauvorhaben, sofern er nicht einen Vertrag mit einem Generalunternehmer für ein schlüsselfertiges und betriebsbereites Bauvorhaben abschließt.

Für den Unternehmer gelten insbesondere neben dem Bauordnungsrecht auch die Vorschriften der Gewerbeordnung (vgl. vor allem § 35 Gewerbeordnung, Untersagung eines Gewerbebetriebs wegen Unzuverlässigkeit).

2 Eignung des Unternehmers

Der Unternehmer muss nach Sachkunde und Erfahrung zur Ausführung der jeweiligen Bauarbeiten geeignet sein. Entsprechende besondere Eignungsnachweise können nach Abs. 2 von der Bauaufsichtsbehörde gefordert werden (vgl. hierzu Ziffer 4).

3 Pflichten des Unternehmers

Nach Abs. 1 Satz 1 sind die Unternehmer gegenüber der Bauaufsichtsbehörde dafür verantwortlich, dass die von ihnen übernommenen Arbeiten in einer Weise ausgeführt werden, die mit den öffentlich-rechtlichen Vorschriften übereinstimmt. Insoweit trägt der Unternehmer auch für die ordnungsgemäße Einrichtung und den sicheren Betrieb der Baustelle (Art. 9) die Verantwortung. Nach Abs. 1 Satz 2 hat der Unternehmer schließlich die erforderlichen Nachweise über die Verwendbarkeit der verwendeten Bauprodukte und Bauarten zu erbringen (vgl. hierzu Art. 15 ff.) und auf der Baustelle bereitzuhalten.

Die weiteren, in früheren Fassungen enthaltenen Verpflichtungen des Unternehmers sind in der Novelle 2008 weggefallen. Sie ergeben sich seither entweder ohnehin aus der allgemeinen Verpflichtung des Abs. 1 Satz 1 (wie etwa die Verpflichtung, den Bauherrn zu veranlassen, einen anderen Unternehmer heranzuziehen, wenn der beauftragte Unternehmer für einzelne Arbeiten nicht die erforderliche Sachkunde und Erfahrung mitbringt) oder sie sind öffentlich-rechtlich entbehrlich (wie etwa die Verpflichtung, dass mehrere Unternehmer ihre Arbeiten aufeinander abzustimmen haben).

4 Eignungsnachweise

Nach Abs. 2 kann die Bauaufsichtsbehörde besondere Eignungsnachweise von Unternehmern fordern, wenn die Sicherheit der baulichen Anlagen in außergewöhnlichem Maße von der besonderen Sachkunde und Erfahrung des Unternehmers oder von der Ausstattung mit besonderen Vorrichtungen abhängt.

FÜNFTER TEIL
Bauaufsichtsbehörden, Verfahren

ABSCHNITT I
Bauaufsichtsbehörden

Art. 53
Aufbau und Zuständigkeit der Bauaufsichtsbehörden

(1) ¹Untere Bauaufsichtsbehörden sind die Kreisverwaltungsbehörden, höhere Bauaufsichtsbehörden sind die Regierungen, oberste Bauaufsichtsbehörde ist das Staatsministerium des Innern. ²Für den Vollzug dieses Gesetzes sowie anderer öffentlich-rechtlicher Vorschriften für die Errichtung, Änderung, Nutzungsänderung und Beseitigung sowie die Nutzung und Instandhaltung von Anlagen ist die untere Bauaufsichtsbehörde zuständig, soweit nichts anderes bestimmt ist.

Art. 53 Aufbau und Zuständigkeit der Bauaufsichtsbehörden

(2) ¹Das Staatsministerium des Innern überträgt leistungsfähigen kreisangehörigen Gemeinden auf Antrag durch Rechtsverordnung
1. alle Aufgaben der unteren Bauaufsichtsbehörde oder
2. Aufgaben der unteren Bauaufsichtsbehörde für
   a) Wohngebäude der Gebäudeklassen 1 bis 3,
   b) Gebäude der Gebäudeklassen 1 bis 3, die neben einer Wohnnutzung teilweise oder ausschließlich freiberuflich oder gewerblich im Sinn des § 13 der Baunutzungsverordnung (BauNVO) genutzt werden,

einschließlich ihrer jeweiligen Nebengebäude und Nebenanlagen im Geltungsbereich von Bebauungsplänen im Sinn der §§ 12, 30 Abs. 1 und 2 BauGB.

²Das Staatsministerium des Innern kann die Rechtsverordnung nach Satz 1 auf Antrag der Gemeinde aufheben. ³Die Rechtsverordnung ist aufzuheben, wenn die Voraussetzungen für ihren Erlass nach Satz 1 und Abs. 3 Sätze 1 bis 4 nicht vorgelegen haben oder nicht mehr vorliegen. ⁴Werden Aufgaben der unteren Bauaufsichtsbehörde nach Satz 1 übertragen, ist für die Entscheidung über Anträge nach Art. 63 Abs. 2 Satz 2, Art. 64 Abs. 1 Satz 1, Art. 70 Satz 1 und Art. 71 Satz 1 als untere Bauaufsichtsbehörde diejenige Behörde zuständig, die zum Zeitpunkt des Eingangs des Antrags bei der Gemeinde zuständig war; das gilt entsprechend bei der Erhebung einer Gemeinde zur Großen Kreisstadt. ⁵Die Aufhebung eines Verwaltungsakts der unteren Bauaufsichtsbehörde kann nicht allein deshalb beansprucht werden, weil er unter Verletzung von Vorschriften über die sachliche Zuständigkeit zustande gekommen ist, wenn diese Verletzung darauf beruht, dass eine sachliche Zuständigkeit nach Satz 1 Nr. 2 wegen Unwirksamkeit des zugrunde liegenden Bebauungsplans nicht begründet war; das gilt nicht, wenn zum Zeitpunkt der Entscheidung der unteren Bauaufsichtsbehörde die Unwirksamkeit des Bebauungsplans gemäß § 47 Abs. 5 Satz 2 der Verwaltungsgerichtsordnung (VwGO) rechtskräftig festgestellt war. ⁶Art. 46 BayVwVfG bleibt unberührt.

(3) ¹Die Bauaufsichtsbehörden sind für ihre Aufgaben ausreichend mit geeigneten Fachkräften zu besetzen. ²Den unteren Bauaufsichtsbehörden müssen
1. Beamte in der Fachlaufbahn Verwaltung und Finanzen, fachlicher Schwerpunkt nichttechnischer Verwaltungsdienst,
2. Beamte in der Fachlaufbahn Naturwissenschaft und Technik, fachlicher Schwerpunkt bautechnischer und umweltfachlicher Verwaltungsdienst, mit besonderen Kenntnissen im Hochbau oder Städtebau

angehören, die jeweils mindestens ein Amt der Besoldungsgruppe A 13 innehaben und für ein Amt ab der Besoldungsgruppe A 14 qualifiziert sind. ³An Stelle von Beamten im Sinn des Satzes 2 Nr. 2 können auch Beamte, die mindestens ein Amt der Besoldungsgruppe A 9 in der Fachlaufbahn Naturwissenschaft und Technik, fachlicher Schwerpunkt bautechnischer und umweltfachlicher Verwaltungsdienst, innehaben und für ein Amt ab der Besoldungsgruppe A 10 qualifiziert sind, beschäftigt werden, wenn sie über eine langjährige Berufserfahrung im Aufgabenbereich des leitenden bautechnischen Mitarbeiters der unteren Bauaufsichtsbehörde verfügen und sich in diesem Aufgabenbereich bewährt haben; in begründeten Ausnahmefällen, insbesondere wenn geeignete Beamte des bautechnischen Verwaltungsdienstes nicht gewonnen werden können, dürfen an Stelle von Beamten auch vergleichbar qualifizierte Arbeitnehmer beschäftigt werden. ⁴In Gemeinden, denen nach Abs. 2 Satz 1 Nr. 2 Aufgaben der unteren Bauaufsichtsbehörde übertragen worden sind, genügt es, dass an Stelle von Beamten im Sinn des Satzes 2 Nr. 1 Beamte, die mindestens ein Amt der Besoldungsgruppe A 9 in der Fachlaufbahn Verwaltung und Finanzen, fachlicher Schwerpunkt nichttechnischer Verwaltungsdienst, innehaben und für ein Amt ab der Besoldungsgruppe A 10 qualifiziert sind, an Stelle von Beamten im Sinn des Satzes 2 Nr. 2 auch sonstige Bedienstete, beschäftigt werden, die mindestens einen Fachhochschulabschluss der Fachrichtung Hochbau, Städtebau oder konstruktiver Ingenieurbau erworben haben. ⁵Das bautechnische Personal und die notwendigen Hilfskräfte bei den Landratsämtern sind von den Landkreisen anzustellen.

Erläuterungen

Übersicht

1 Allgemeines zum Aufbau und zur Zuständigkeit
2 Kreisangehörige Gemeinden als Bauaufsichtsbehörden
3 Die Delegation nach Abs. 2
4 Personelle Besetzung der Bauaufsichtsbehörden

1 Allgemeines zum Aufbau und zur Zuständigkeit

Die Vorschrift regelt seit der Novelle 2008 zum einen, welche Behörden die Funktion der unteren, höheren und obersten Bauaufsichtsbehörde wahrnehmen, die Delegationsmöglichkeiten und die Organisation (personelle Besetzung) und zum anderen die sachliche Zuständigkeit der Bauaufsichtsbehörden.

Nach Abs. 1 Satz 1 sind **untere Bauaufsichtsbehörden** die Kreisverwaltungsbehörden. Die Kreisverwaltungsbehörden sind die Landratsämter als Staatsbehörden (Art. 37 Abs. 1 Satz 2 LKrO, Art. 54 Abs. 1) und die kreisfreien Städte, die insoweit im übertragenen Wirkungskreis tätig werden (Art. 9 Abs. 1, Art. 8 GO, Art. 45 Abs. 1). Im Rahmen einer Delegation können auch kreisangehörige Gemeinden untere Bauaufsichtsbehörden sein. Die Aufgaben der unteren Bauaufsichtsbehörde sind in Art. 54 näher geregelt. Die unteren Bauaufsichtsbehörden unterliegen den Weisungen der Regierung. Die Rechtsaufsicht über die Gemeinde im Sinn des Abs. 2 obliegt jedoch dem Landratsamt. Die Regierungen sind **höhere Bauaufsichtsbehörden**. Sie unterliegen den Weisungen des Staatsministeriums des Innern. Das Staatsministerium des Innern ist **oberste Bauaufsichtsbehörde**. Organisatorisch nimmt innerhalb des Innenministeriums die Oberste Baubehörde diese Funktion wahr.

Art. 53
Aufbau und Zuständigkeit der Bauaufsichtsbehörden

Gemäß Abs. 1 Satz 2 ist grundsätzlich die untere Bauaufsichtsbehörde für den Vollzug der baurechtlichen und sonstigen öffentlich-rechtlichen Vorschriften im Zusammenhang mit baulichen Anlagen **zuständig**.

2 Kreisangehörige Gemeinden als Bauaufsichtsbehörden

Neben der Zuständigkeit der Landratsämter und kreisfreien Städte gibt es auch kreisangehörige Gemeinden in der Funktion der Bauaufsichtsbehörde.

Den **Großen Kreisstädten** sind die Aufgaben der unteren Bauaufsichtsbehörde allgemein übertragen (§ 1 Abs. 1 der Verordnung über Aufgaben der Großen Kreisstädte in der Fassung der Bekanntmachung vom 25.3.1991, GVBl. S. 123, zuletzt geändert durch § 3 VO vom 11.1.2012 (GVBl S. 20).

Gemäß Abs. 2 Satz 1 kann das Staatsministerium des Innern leistungsfähigen kreisangehörigen Gemeinden auf Antrag durch Rechtsverordnung Aufgaben der Bauaufsichtsbehörden übertragen (**„Delegation"**). Dabei wird unterschieden zwischen der sog. „großen Delegation" des Abs. 2 Satz 1 Nr. 1, bei der sämtliche Aufgaben übergehen (bei den Städten Alzenau, Burghausen, Feuchtwangen, Friedberg, Sulzbach-Rosenberg, Waldkraiburg, dem Markt Garmisch-Partenkirchen und der Gemeinde Vaterstetten) und der „kleinen Delegation" des Abs. 2 Satz 1 Nr. 2, bei der nur bestimmte Aufgaben übertragen werden (bei den Städten Eggenfelden, Neustadt a. d. Aisch, Pfaffenhofen a. d. Ilm, Waldsassen, Bad Wörishofen und Wunsiedel).

Bei den Gemeinden, die die Bauaufsicht als übertragene Aufgaben erfüllen, bestimmt sich die **Zuständigkeitsverteilung** für baurechtliche Angelegenheiten nach den allgemeinen Bestimmungen der Gemeindeordnung. Zuständig ist somit der Gemeinderat (Art. 29 GO) bzw. an seiner Stelle ein beschließender Ausschuss (Art. 32 GO), soweit nicht der 1. Bürgermeister nach Art. 37 GO für die Entscheidung zuständig ist. Seine Zuständigkeit ist insbesondere bei laufenden Angelegenheiten (Art. 37 Abs. 1 Nr. 1 GO), aber auch bei Angelegenheiten, die der Gemeinderat dem 1. Bürgermeister in der Geschäftsordnung zur selbstständigen Erledigung überträgt (Art. 37 Abs. 2 GO), gegeben. Eine laufende Angelegenheit liegt dann vor, wenn das Bauvorhaben keine grundsätzliche Bedeutung besitzt und aus der Entscheidung keine erheblichen Verpflichtungen für die Gemeinde entstehen können. Ob diese Voraussetzungen vorliegen, hängt zunächst von der Größe der Gemeinde, ihrem Haushaltsvolumen, der personellen Ausstattung der Gemeindeverwaltung sowie von der Schwierigkeit in der Beurteilung und der Häufigkeit entsprechender Bauanträge ab. Dabei kann bei Bauvorhaben manchmal nur schwer festgelegt werden, welche Bauvorhaben zu den laufenden Angelegenheiten gehören. Falls ein Bauvorhaben beispielsweise auf Grund der Topographie des Orts- und Landschaftsbildes oder sonstiger städtebaulicher Gesichtspunkte besondere Probleme aufwirft, sollte die Angelegenheit dem entsprechenden Gremium in der Gemeinde vorgelegt werden (insbesondere wegen der Frage, ob eine Bauleitplanung notwendig ist).

Aufbau und Zuständigkeit der Bauaufsichtsbehörden Art. 53

Ist die Gemeinde selbst Bauaufsichtsbehörde, so ist die Erteilung eines (förmlichen) Einvernehmens nach § 36 BauGB entbehrlich (vgl. auch BVerwG, Urteil vom 19.8.2004, NVwZ 2005, S. 83).

3 Die Delegation nach Abs. 2

Nach Abs. 2 Satz 1 überträgt das Staatsministerium des Innern leistungsfähigen kreisangehörigen Gemeinden Aufgaben der unteren Aufsichtsbehörden.

Bei der **großen Delegation** (Abs. 2 Satz 1 Nr. 1), bei der alle Aufgaben der Bauaufsichtsbehörde auf die Gemeinde übergehen, kommt es darauf an, ob die Gemeinde eine ausreichende Leistungsfähigkeit besitzt, um die bauaufsichtlichen Aufgaben, die übertragen werden sollen, ordnungsgemäß erfüllen zu können. Für diese Entscheidung sind die Größe der Gemeinde, die Zahl der Bauanträge, die Schwierigkeit der bauaufsichtlichen Aufgaben unter Berücksichtigung der gemeindlichen Situation, die verwaltungsmäßige Ausstattung und finanzielle Leistungsfähigkeit zu prüfen. Die Delegation kommt grundsätzlich auch für Mitgliedsgemeinden von Verwaltungsgemeinschaften in Betracht. Hier ist auch auf die Leistungsfähigkeit der Verwaltungsgemeinschaft abzustellen, da diese analog Art. 5 Abs. 1 VGemO die Angelegenheiten des übertragenen Wirkungskreises der Mitgliedsgemeinden wahrnimmt. Bei der Übertragung ist jedoch darauf zu achten, dass die Anforderungen an die geeigneten Fachkräfte nach Abs. 3 gewährleistet sind.

Das Staatsministerium des Innern überträgt auf Antrag leistungsfähigen kreisangehörigen Gemeinden durch Rechtsverordnung die Aufgaben der unteren Bauaufsichtsbehörde in eingeschränktem Umfang, sog. **kleine Delegation** (Abs. 2 Satz 1 Nr. 2). Die Vorschrift wurde gegenüber der Vorgängernorm in 2008 modifiziert und an das damals neue Verfahrenssystem und an die neuen Gebäudeklassen angepasst; der Anwendungsbereich ist aber im Prinzip gleich geblieben. Erfasst werden Wohngebäude der Gebäudeklassen 1 bis 3 sowie sonstige Gebäude der Gebäudeklassen 1 bis 3, die neben einer Wohnnutzung teilweise oder ausschließlich freiberuflich oder gewerblich im Sinn des § 13 BauNVO genutzt werden und zwar dann, wenn diese Gebäude im Geltungsbereich von Bebauungsplänen im Sinne der §§ 30 Abs. 1 oder 2 oder 12 BauGB liegen. Damit wird im Prinzip der Bereich des früheren Art. 64 Abs. 1 Satz 1 Nr. 1 a. F. umschrieben. Die Vorschrift regelt jetzt ausdrücklich, dass von der kleinen Delegation auch die zu den genannten Vorhaben gehörenden Nebengebäude und Nebenanlagen erfasst sind. Bei der kleinen Delegation umfasst die Zuständigkeit neben der Baugenehmigung auch die Entscheidung über den Vorbescheid, die Teilbaugenehmigung, über Ausnahmen und Befreiungen und über Vollzugsmaßnahmen wie Baueinstellung oder Baubeseitigung, nicht aber die Verfolgung und Ahndung von Ordnungswidrigkeiten. Die **personellen Voraussetzungen** für die kleine Delegation sind geringer als bei der großen (vgl. Abs. 3 Satz 4 und Ziffer 4).

Art. 53   Aufbau und Zuständigkeit der Bauaufsichtsbehörden

In der Praxis hat die kleine Delegation **keine große Bedeutung** erlangt. Die Fälle, in denen der Gesetzgeber hier den Gemeinden die Zuständigkeit auf Antrag einräumt, werden durch die Genehmigungsfreiheit des Art. 58 weiter eingeschränkt. Hinzu kommt, dass die Gemeinden nur für die Bauüberwachung zuständig sind, aber nicht für die Verfolgung und Ahndung von Ordnungswidrigkeiten, sodass Kompetenzkonflikte mit dem Landratsamt vorprogrammiert sind.

Auf Antrag der Gemeinde kann das Staatsministerium des Innern die Delegation nach Abs. 2 wieder **aufheben** (Abs. 2 Sätze 2 und 3). Eine Verpflichtung zur Aufhebung der Delegation besteht dann, wenn die Voraussetzungen für ihren Erlass nicht vorgelegen haben oder nicht mehr vorliegen.

Nach Abs. 2 Satz 4 wird bei Fällen der Delegation der Aufgaben der unteren Bauaufsichtsbehörde für die Zuständigkeitsverlagerung auf den Zeitpunkt abgestellt, in dem der zur Entscheidung stehende Antrag (z. B. Bauantrag) bei der Gemeinde eingeht. Sofern im Zeitpunkt des Eingangs eines Antrags bei der Gemeinde die Übertragungsregelung noch nicht in Kraft war, ist das Landratsamt als untere Bauaufsichtsbehörde zur Entscheidung zuständig. Durch Abs. 2 Satz 4 2. Halbsatz wird im Übrigen klargestellt, dass dies auch für den Fall gilt, dass eine Gemeinde durch Erhebung zur Großen Kreisstadt Bauaufsichtsbehörde wird.

Nach Abs. 2 Satz 5 soll es keine Auswirkungen auf die **sachliche Zuständigkeit der Gemeinde** nach Abs. 2 Satz 1 Nr. 2 haben, wenn der Bebauungsplan (später) für nichtig erklärt wurde, sodass insofern eine Voraussetzung für die Zuständigkeit der Gemeinde fehlte. Ein derartiger Fehler in der sachlichen Zuständigkeit berührt die Wirksamkeit des Verwaltungsaktes nicht, seine Aufhebung kann deshalb nicht verlangt werden. Auch sonstige Verfahrens- und Formfehler, die nicht zur Nichtigkeit führen, begründen keinen Anspruch auf Aufhebung des Verwaltungsaktes, wenn keine andere Entscheidung in der Sache hätte getroffen werden können (Art. 46 BayVwVfG).

4   Personelle Besetzung der Bauaufsichtsbehörden

Nach Abs. 3 Satz 1 sind die Bauaufsichtsbehörden entsprechend dem Aufgabenvolumen (Art. 54) ausreichend mit geeigneten Fachkräften zu besetzen. Fachkräfte sind dann geeignet, wenn sie die notwendige fachliche Ausbildung für die Aufgaben haben. Den unteren Bauaufsichtsbehörden muss zunächst ein Beamter mit einer Qualifikation angehören, die den Anforderungen des Abs. 3 Satz 2 Nr. 1 genügt; in der Regel wird dies ein Volljurist sein. Ein Beamter in diesem Sinn kann auch ein kommunaler Wahlbeamter sein, der diese Voraussetzung erfüllt, insbesondere der berufsmäßige Bürgermeister.

Für die **kleine Delegation** nach Abs. 2 Satz 1 Nr. 2 sind Ämter des höheren Dienstes nicht vorgeschrieben. Hier genügt die in Abs. 3 Satz 4 beschriebene Qualifikation. Daher gilt auch die stellenobergrenzenrechtliche Vorgabe zum höheren Dienst in Gemeinden mit bis zu 20 000 Einwohnern.

Aufgaben und Befugnisse der Bauaufsichtsbehörden **Art. 54**

Jeder unteren Bauaufsichtsbehörde muss grundsätzlich ein technischer Beamter im Sinne des Abs. 3 Satz 2 Nr. 2 angehören. Ausnahmsweise genügt die Qualifikation des Abs. 2 Satz 3, wenn der Beamte über eine langjährige Berufserfahrung im Aufgabenbereich des leitenden bautechnischen Mitarbeiters der unteren Bauaufsichtsbehörde verfügt und sich in diesem Aufgabenbereich bewährt hat. Das Staatsministerium des Innern kann nach Abs. 3 Satz 3 2. Halbsatz darüber hinaus in begründeten Ausnahmefällen zulassen, dass auch **vergleichbar qualifizierte Angestellte** beschäftigt werden. Eine solche Ausnahme liegt vor allem dann vor, wenn kein geeigneter Beamter des bautechnischen Verwaltungsdienstes für die Stelle gewonnen werden kann.

Die **Landkreise** haben das bautechnische Personal und die notwendigen Hilfskräfte einzustellen (Abs. 3 Satz 5). Sie haben außerdem nach Art. 53 Abs. 2 LKrO den notwendigen sachlichen Bedarf für die unteren Bauaufsichtsbehörden beim Landratsamt sicherzustellen.

Art. 54
Aufgaben und Befugnisse der Bauaufsichtsbehörden

(1) Die Aufgaben der Bauaufsichtsbehörden sind Staatsaufgaben; für die Gemeinden sind sie übertragene Aufgaben.

(2) [1]Die Bauaufsichtsbehörden haben bei der Errichtung, Änderung, Nutzungsänderung und Beseitigung sowie bei der Nutzung und Instandhaltung von Anlagen darüber zu wachen, dass die öffentlich-rechtlichen Vorschriften und die aufgrund dieser Vorschriften erlassenen Anordnungen eingehalten werden, soweit nicht andere Behörden zuständig sind. [2]Sie können in Wahrnehmung dieser Aufgaben die erforderlichen Maßnahmen treffen; sie sind berechtigt, die Vorlage von Bescheinigungen von Prüfsachverständigen zu verlangen. [3]Bauaufsichtliche Genehmigungen, Vorbescheide und sonstige Maßnahmen gelten auch für und gegen die Rechtsnachfolger; das gilt auch für Personen, die ein Besitzrecht nach Erteilung einer bauaufsichtlichen Genehmigung, eines Vorbescheids oder nach Erlass einer bauaufsichtlichen Maßnahme erlangt haben. [4]Die mit dem Vollzug dieses Gesetzes beauftragten Personen sind berechtigt, in Ausübung ihres Amtes Grundstücke und Anlagen einschließlich der Wohnungen zu betreten; das Grundrecht der Unverletzlichkeit der Wohnung (Art. 13 des Grundgesetzes, Art. 106 Abs. 3 der Verfassung) wird insoweit eingeschränkt.

(3) [1]Soweit die Vorschriften des Zweiten und des Dritten Teils mit Ausnahme der Art. 8 und 9 und die aufgrund dieses Gesetzes erlassenen Vorschriften nicht ausreichen, um die Anforderungen nach Art. 3 zu erfüllen, können die Bauaufsichtsbehörden im Einzelfall weitergehende Anforderungen stellen, um erhebliche Gefahren abzuwehren, bei Sonderbauten auch zur Abwehr von Nachteilen; dies gilt nicht für Sonderbauten, soweit für sie eine Verordnung nach

Art. 54   Aufgaben und Befugnisse der Bauaufsichtsbehörden

Art. 80 Abs. 1 Nr. 4 erlassen worden ist. ²Die Anforderungen des Satzes 1 Halbsatz 1 gelten nicht für Sonderbauten, wenn ihre Erfüllung wegen der besonderen Art oder Nutzung oder wegen anderer besonderer Anforderungen nicht erforderlich ist.

(4) Bei bestandsgeschützten baulichen Anlagen können Anforderungen gestellt werden, wenn das zur Abwehr von erheblichen Gefahren für Leben und Gesundheit notwendig ist.

(5) Werden bestehende bauliche Anlagen wesentlich geändert, so kann angeordnet werden, dass auch die von der Änderung nicht berührten Teile dieser baulichen Anlagen mit diesem Gesetz oder den aufgrund dieses Gesetzes erlassenen Vorschriften in Einklang gebracht werden, wenn das aus Gründen des Art. 3 Abs. 1 Satz 1 erforderlich und dem Bauherrn wirtschaftlich zumutbar ist und diese Teile mit den Teilen, die geändert werden sollen, in einem konstruktiven Zusammenhang stehen oder mit ihnen unmittelbar verbunden sind.

(6) Bei Modernisierungsvorhaben soll von der Anwendung des Abs. 5 abgesehen werden, wenn sonst die Modernisierung erheblich erschwert würde.

Erläuterungen

Übersicht

1 Allgemeines
2 Aufgaben und Befugnisse der Bauaufsichtsbehörden (Abs. 1)
    2a   Abs. 2
    2b   Adressaten
    2c   Bauberatung
    2d   Betretungsrecht
3 Weitergehende Anforderungen
4 Heranziehung von Sachverständigen und sachverständigen Stellen
5 Anforderungen an bestehende Anlagen

1 Allgemeines

Art. 54 regelt die verfahrensrechtlichen Grundsätze beim Vollzug der Bauordnung und umschreibt die Aufgaben und Befugnisse der Bauaufsichtsbehörden.

Nach Abs. 1 sind die Aufgaben der Bauaufsichtsbehörden Staatsaufgaben. Die Landratsämter nehmen somit die Aufgaben als Staatsbehörden wahr; die kreisfreien Städte, die Großen Kreisstädte und die Gemeinden im Sinn des Art. 53 Abs. 2 Satz 1 werden im übertragenen Wirkungskreis tätig.

Dabei unterliegen die unteren Bauaufsichtsbehörden der Aufsicht und den Weisungen der Regierungen und des Staatsministeriums des Innern. Die Rechtsaufsicht über die Gemeinden im Sinn des Art. 53 Abs. 2 Satz 1 obliegt dem Landratsamt (Art. 110 Satz 1 GO, vgl. hierzu auch Art. 67 – Ersetzung des gemeindlichen Einvernehmens). Die Aufsichts- und Weisungsbefugnisse des Staatsministeriums

Aufgaben und Befugnisse der Bauaufsichtsbehörden **Art. 54**

des Innern und der Regierungen umfassen neben der Rechtmäßigkeit auch die Zweckmäßigkeit (Ermessen) des Verwaltungshandelns.

2 Aufgaben und Befugnisse der Bauaufsichtsbehörden (Abs. 1)

Die Aufgaben der Bauaufsichtsbehörden sind allgemein Überwachungsaufgaben, die neben der Prüfung von Bauvorlagen die Einhaltung der öffentlich-rechtlichen Bauvorschriften für die Errichtung, die Änderung, die Beseitigung, die Nutzung und die Instandhaltung baulicher Anlagen umfassen. Darüber hinaus erstreckt sich die Überwachung auch auf die Instandhaltung von Anlagen, die bereits vor Inkrafttreten der Bauordnung errichtet wurden und auf genehmigungs- bzw. verfahrensfreie Anlagen und Einrichtungen.

Der Prüfungs- und Überwachungsumfang der Bauaufsichtsbehörde ist insofern eingeschränkt, als sie die Einhaltung der allgemein anerkannten Regeln der Technik nach Art. 3 Abs. 2 nur im Rahmen der eingeführten Technischen Baubestimmungen zu überprüfen und zu überwachen hat.

Bei den Aufgaben und Befugnissen der Bauaufsichtsbehörden ist der präventive Bereich (Baugenehmigungsverfahren) vom repressiven Bereich (Baukontrolle) zu unterscheiden:

Für alle Bauvorhaben – auch für Sonderbauten – gilt, dass lediglich die spezifisch baurechtlichen Vorschriften **präventiv** geprüft werden; andere öffentlich-rechtliche Vorschriften überprüft die Genehmigungsbehörde nur noch, soweit wegen der Baugenehmigung eine Entscheidung nach anderen öffentlich-rechtlichen Vorschriften entfällt, ersetzt oder eingeschlossen wird (Art. 60 Satz 1). Diese Einschränkung in Bezug auf das Fachrecht wird nun im Bereich der **repressiven** Bauaufsicht durch Abs. 2 Satz 1 a. E. ergänzt. Eine bauaufsichtliche Aufgabe und bauaufsichtliche Befugnisse bestehen nicht, wenn die Überwachung der Einhaltung von öffentlich-rechtlichen Bestimmungen anderen Fachbehörden zugewiesen ist.

Eine wichtige Einschränkung bauaufsichtlicher Möglichkeiten enthält im Übrigen **Art. 62 Abs. 4.** Danach werden zunächst die bautechnischen Nachweise von der Bauaufsichtsbehörde – präventiv – außerhalb des „Vier-Augen-Prinzips" des Art. 62 Abs. 3 nicht geprüft. Einer grundsätzlichen repressiven Überprüfung entzogen sind darüber hinaus Anforderungen, bei denen bautechnische Nachweise durch einen Prüfsachverständigen bescheinigt worden sind; dann gelten gemäß Art. 62 Abs. 4 Satz 2 die entsprechenden Anforderungen als eingehalten. Die Bauaufsichtsbehörde kann zwar die Vorlage der entsprechenden Bescheinigungen verlangen (Abs. 2 Satz 2 2. Halbsatz), inhaltlich ist sie aber an die Wirkung des Art. 62 Abs. 4 Satz 2 gebunden und kann keine davon abweichenden Anforderungen verlangen. Allenfalls dann, wenn bei einer fehlerhaften Bescheinigung des Prüfsachverständigen die Voraussetzungen für eine Rücknahme einer Baugenehmigung vorlägen – also mindestens erhebliche Gefahren für Leben und Gesundheit existieren würden –, würde diese Legalitätswirkung der Bescheinigung entfallen. In der Praxis dürfte dies so gut wie nie vorkommen.

Art. 54 Aufgaben und Befugnisse der Bauaufsichtsbehörden

2a Abs. 2

Nach Abs. 2 Satz 2 1. Halbsatz sind die Bauaufsichtsbehörden **im Rahmen der Baukontrollen** grundsätzlich umfassend zum Einschreiten befugt, um die Einhaltung der öffentlich-rechtlichen Vorschriften zu sichern. Die Behörden haben das sog. Opportunitätsprinzip ihrem Handeln zugrunde zu legen, d. h. die Bauaufsichtsbehörden **können** tätig werden, wenn die Voraussetzungen hierfür vorliegen. Die Behörden haben somit einen Ermessensspielraum, in dessen Rahmen Begriffe wie Ausmaß oder Schwere der Störung oder Gefährdung eine maßgebende Bedeutung haben. Ein Dritter, z. B. ein Nachbar, hat dann einen **Rechtsanspruch auf bauaufsichtliches Einschreiten**, wenn das Ermessen auf Null reduziert ist, d. h. eine Pflicht zum Tätigwerden für die Behörde besteht. Auch die **Gemeinde** kann einen solchen Anspruch geltend machen (BVerwG, Urteil vom 12.12.1991, NVwZ 1992, S. 878).

Als **allgemeine Grundsätze** für das Handeln der Bauaufsichtsbehörde gelten die Gesetzmäßigkeit der Verwaltung (Eingriffe in die Baufreiheit bedürfen einer gesetzlichen Grundlage), der Gleichheitssatz (gleich liegende Sachverhalte dürfen nicht willkürlich ungleich behandelt werden), der Grundsatz der Verhältnismäßigkeit (der durch eine behördliche Maßnahme zu erwartende Schaden darf nicht außer Verhältnis zu dem beabsichtigten Erfolg stehen) und der Grundsatz der Bestimmtheit (Verwaltungsakte müssen inhaltlich hinreichend bestimmt und vollständig, klar und verständlich sein).

Dabei ist zu beachten, dass in der Bauordnung spezielle Befugnisse zum Einschreiten bestehen (z. B. Art. 75, 76), die der allgemeinen Befugnisnorm vorgehen.

2b Adressaten

Als Adressat bauaufsichtlicher Verfügungen kommt neben dem Bauherrn (Art. 50) und dem Nachbarn (Art. 66 Abs. 2), insbesondere der Störer (Handlungsstörer und Zustandsstörer) in Betracht. Dabei liegt es im pflichtgemäßen Ermessen der Behörde, ob sie gegen den Handlungs- oder Zustandsstörer vorgeht. Im Regelfall wird sich die Behörde zunächst an den Verursacher (Handlungsstörer) halten; sofern dieser nicht bekannt ist, sind Anordnungen an den Zustandsstörer (z. B. Grundstückseigentümer) zu richten (BayVGH, Urteil vom 23.2.1989, BauR 1990, S. 202).

In Abs. 2 Satz 3 ist klargestellt, dass bauaufsichtliche Genehmigungen, Vorbescheide und sonstige Maßnahmen auch **für und gegen die Rechtsnachfolger** gelten. Darüber hinaus wird die Geltung von Genehmigungen und Maßnahmen auch auf Personen erstreckt, die ein Besitzrecht **nach** Erteilung einer bauaufsichtlichen Genehmigung oder **nach** Erlass einer bauaufsichtlichen Maßnahme erlangt haben. Mit dieser Regelung sollen die Rechtsfolgen einer Genehmigung oder Maßnahme auch für Dritte wirken, die lediglich schuldrechtliche Beziehungen zum dinglich Berechtigten haben. Dies schafft zwar eine gewisse Erleichterung bei der Durchsetzung von bauaufsichtlichen Anordnungen. Die Bauaufsichtsbehörde ist nämlich nicht verpflichtet, z. B. bei einem Schwarzbau, der nach Erlass der Beseitigungsanordnung vermietet wurde, auch eine Duldungsanordnung gegenüber dem Mieter zu erlassen. Jedoch wird diese Befugnisnorm dadurch begrenzt, dass sie nur anwendbar ist, wenn das Besitzrecht erst nach der Genehmigung oder der bauaufsichtlichen Maßnahme erlangt wurde. Insofern muss z. B. bei der Vermietung eines Schwarzbaus wie bisher gegen den Verursacher sowie den Mieter vorgegangen werden, wenn dieser das Besitzrecht schon vor Erlass der bauaufsichtlichen Maßnahme erlangt hat.

Bei Maßnahmen der Verwaltungsvollstreckung sowie der Ermessensentscheidung bei der Störerauswahl muss die Bauaufsichtsbehörde auch die Auswirkungen auf künftige Besitzrechte in die Bescheidsbegründung aufnehmen.

2c Bauberatung

Zu den Aufgaben der Bauaufsichtsbehörde nach Abs. 2 gehört auch die **Bauberatung**. Bei der Bauberatung hat die Behörde im Rahmen des Art. 25 Satz 1 BayVwVfG den Bauherrn auch auf die nötigen Anträge und Erklärungen und dabei auf die rechtlichen und technischen Schwierigkeiten, die seinem Vorhaben entgegenstehen können, hinzuweisen.

2d Betretungsrecht

In Abs. 2 wurde als Satz 4 das früher in Art. 83 a. F. enthaltene **Betretungsrecht** für die mit dem Vollzug dieses Gesetzes Beauftragten eingefügt. Weitere Vorschriften bestehen in diesem Zusammenhang in § 209 BauGB und Art. 16 DSchG. Den Beauftragten der Bauaufsichtsbehörde, die in Ausübung ihres Amtes handeln, steht der strafrechtliche Schutz des § 113 StGB (Widerstand gegen Vollstreckungsbeamte) zur Seite.

Das Betretungsrecht ist in Ausübung des Amtes wahrzunehmen. Die Betretung muss insbesondere notwendig und verhältnismäßig sein. Das Betreten von Wohnungen muss gem. Art. 13 Abs. 3 GG der Verhütung dringender Gefahren für die öffentliche Sicherheit und Ordnung dienen. Eine solche dringende Gefahr liegt vor, wenn eine Sachlage ohne Einschreiten der Bauaufsichtsbehörde mit hinreichender Wahrscheinlichkeit ein wichtiges Rechtsgut, z. B. die Einhaltung der Vorschriften über die Genehmigungspflicht, gefährden würde. Das Betretungsrecht gilt nicht nur während der Bauausführung, sondern auch, um die ordnungsgemäße Unterhaltung einer baulichen Anlage oder Zulässigkeit einer Nutzungsänderung zu überprüfen. Zwar kann das Betretungsrecht auch **gegen den Willen des Betroffenen** ausgeführt werden. Jedoch ist eine eigene Duldungsanordnung der Bauaufsichtsbehörde notwendig, wenn Grundstück und bauliche Anlagen gegen den Willen der duldungspflichtigen Betroffenen zwangsweise betreten werden sollen. In diesem Fall muss ein Verwaltungsakt über die Duldungsanordnung mit Angabe des Zeitraums, in dem das Betretungsrecht ausgeübt werden soll, ergehen (vgl. BayVGH, Urteil vom 10.6.1986, BayVBl. 1987, S. 21). Für diese Duldungsanordnung ist keine besondere Form vorgeschrieben (Art. 37 Abs. 2 Satz 1

Art. 54
Aufgaben und Befugnisse der Bauaufsichtsbehörden

BayVwVfG). Eine mündliche Anordnung muss gem. Art. 37 Abs. 2 Satz 1 BayVwVfG schriftlich bestätigt werden; die sofortige Vollziehung ist gem. § 80 Abs. 3 Satz 1 VwGO schriftlich zu begründen. Die Berechtigten haben sich auf Verlangen des Betroffenen (z. B. Grundstückseigentümer und Besitzer) auszuweisen. Das Betretungsrecht schließt nicht die Durchsuchung, also die Suche nach Personen oder Sachen oder die Ermittlung eines Sachverhalts in einer Wohnung ein.

3 Weitergehende Anforderungen

Abs. 3 berechtigt die Bauaufsichtsbehörden, im Einzelfall weitergehende Anforderungen zu stellen, die über die Vorschriften des Zweiten und des Dritten Teils mit Ausnahme der Art. 8 und 9 und die auf Grund dieses Gesetzes erlassenen Vorschriften hinausgehen, sofern dies der **Abwehr erheblicher Gefahren** dient. Für Sonderbauten gilt dies auch für Anforderungen zur **Abwehr von Nachteilen**, jedoch nicht für Sonderbauten, die durch eine spezielle Verordnung nach Art. 80 Abs. 1 Nr. 4, z. B. Versammlungsstättenverordnung und Verkaufsstättenverordnung geregelt sind. Somit wird klargestellt, dass Sonderbauverordnungen, soweit sie bestimmte Anforderungsbereiche thematisch erfassen, abschließende Regelungen enthalten. Des Weiteren können an Sonderbauten keine Anforderungen nach Abs. 3 Satz 1 1. Halbsatz gestellt werden, wenn diese wegen der besonderen Art oder Nutzung oder wegen anderer besonderer Anforderungen nicht erforderlich sind.

4 Heranziehung von Sachverständigen und sachverständigen Stellen

Art. 60 Abs. 4 a. F. hatte ausdrücklich die Möglichkeit der Bauaufsichtsbehörde geregelt, Sachverständige und sachverständige Stellen heranzuziehen. Trotz Streichung dieser Vorschrift in der Novelle 2008 kann die Bauaufsichtsbehörde dies auch weiterhin gemäß Art. 26 Abs. 1 Satz 2 Nr. 2 BayVwVfG tun. Inhaltlich hat sich also insoweit nichts verändert. Insbesondere bei schwierigen und ungewöhnlichen Vorhaben (z. B. konkrete Einsturzgefahr von Gebäuden) kann sich die Bauaufsichtsbehörde entsprechender Sachverständiger bedienen. Die Auswahl der einzelnen Sachverständigen richtet sich nach dem pflichtgemäßen Ermessen der Behörde. Als Sachverständige kommen im bauaufsichtlichen Verfahren z. B. Institute für Baugrundfragen, Materialprüfungsämter, die Landesgewerbeanstalt Bayern, aber auch Prüfingenieure für Baustatik in Betracht. Dabei darf die Behörde das Gutachten nicht ungeprüft übernehmen, sondern sie muss die Feststellungen und Schlussfolgerungen des Gutachtens selbstverantwortlich überprüfen.

Die Behörde haftet für das Verschulden ihrer Bediensteten, auch wenn dies auf Fehler der Sachverständigen zurückzuführen ist, nach **Amtshaftungsgrundsätzen** (Art. 34 GG, § 839 BGB). Sachverständige können aber auch selbst unmittelbar schadensersatzpflichtig sein (BVerwG, Beschluss vom 11.10.1978, DVBl. 1978, S. 949).

5 Anforderungen an bestehende Anlagen

Nach Abs. 4 können bei bestandsgeschützten baulichen Anlagen Anforderungen gestellt werden, wenn erhebliche Gefahren für Leben und Gesundheit ein Eingreifen notwendig machen. Dabei ist eine Anlage dann bestandsgeschützt, wenn sie in ihrer bisherigen Funktion formell oder materiell rechtmäßig errichtet wurde. Insofern entfällt der Bestandsschutz nicht dadurch entschädigungslos, dass ein Gesetz rückwirkend die ursprüngliche materielle Legalität der Anlage beseitigt (BVerwG, Urteil vom 13.6.1980, NJW 1981, S. 473). Mit der Aufgabe einer Nutzung entfällt jedoch grundsätzlich der ihr zukommende Bestandsschutz. Dabei kann ein Bestandsschutz auch dann noch gegeben sein, wenn die Nutzung (z. B. nur vorübergehend) aufgegeben wurde (vgl. BVerwG, Urteil vom 18.5.1990, BayVBl. 1990, S. 726).

Als Maßnahmen nach Abs. 4 kommen u. a. Nutzungsverbote, Abstützungsanordnungen, Sicherungsmaßnahmen zur Abwehr vor Einsturzgefahr, Instandsetzungsanordnungen etc. in Betracht.

Nach Abs. 5 können die Bauaufsichtsbehörden bei einer **wesentlichen Änderung bestehender baulicher Anlagen** verlangen, dass auch die von der Änderung nicht berührten Teile dieser Anlagen den heute geltenden Vorschriften der Bauordnung entsprechen. Voraussetzung hierfür ist, dass diese Anordnung durch die Vorschrift des Art. 3 Abs. 1 Satz 1 gerechtfertigt und dem Bauherrn wirtschaftlich zumutbar ist. Des Weiteren müssen die Teile, die an das geltende Recht angepasst werden sollen, mit den Teilen, die geändert werden sollen, in einem konstruktiven Zusammenhang stehen oder mit ihnen unmittelbar verbunden sein.

Bei **Modernisierungsvorhaben** soll gem. Abs. 6 von der Anwendung des Abs. 5 abgesehen werden, sofern ansonsten die Modernisierung erheblich erschwert würde.

ABSCHNITT II
Genehmigungspflicht, Genehmigungsfreiheit

Art. 55
Grundsatz

(1) **Die Errichtung, Änderung und Nutzungsänderung von Anlagen bedürfen der Baugenehmigung, soweit in Art. 56 bis 58, 72 und 73 nichts anderes bestimmt ist.**

(2) **Die Genehmigungsfreiheit nach Art. 56 bis 58, 72 und 73 Abs. 1 Satz 3 sowie die Beschränkung der bauaufsichtlichen Prüfung nach Art. 59, 60, 62 Abs. 4 und Art. 73 Abs. 2 entbinden nicht von der Verpflichtung zur Einhaltung der Anforderungen, die durch öffentlich-rechtliche Vorschriften an Anlagen gestellt werden, und lassen die bauaufsichtlichen Eingriffsbefugnisse unberührt.**

Art. 55 — Grundsatz

Erläuterungen

Übersicht

1 Allgemeines
2 Der Begriff des Vorhabens
3 Geltung des materiellen Rechts, bauaufsichtliche Eingriffsbefugnisse

1 Allgemeines

Die Regelungen über die Genehmigungspflicht von Anlagen dienen der vorbeugenden Verwaltungskontrolle durch die Bauaufsichtsbehörden. Grundsätzlich genehmigungsbedürftig sind die Errichtung, die Änderung und die Nutzungsänderung von Anlagen. Der Abbruch von baulichen Anlagen unterliegt bereits vom Prinzip her nicht mehr der Genehmigungspflicht. Besondere Regelungen über die Anzeige und die Verfahrensfreiheit der Beseitigung finden sich aber in Art. 57 Abs. 5.

Nach § 29 Abs. 1 BauGB gelten die planungsrechtlichen Vorschriften der §§ 30 bis 37 BauGB dann, wenn ein Vorhaben die Errichtung, Änderung oder Nutzungsänderung von (planungsrechtlich relevanten) baulichen Anlagen zum Inhalt hat. Entfallen ist die bisherige Regelung in § 29 Abs. 1 BauGB, dass für die Anwendung der planungsrechtlichen Vorschriften auch notwendig ist, dass ein Vorhaben einer bauaufsichtlichen Genehmigung bedarf. Generell gilt auf Grund der verfassungsrechtlichen Kompetenzverteilung in Art. 74 Abs. 1 Nr. 18 GG, dass der Landesgesetzgeber bodenrechtlich relevante Vorhaben nicht genehmigungsfrei stellen kann, da er sonst das Planungsrecht des Bundes und damit auch die Möglichkeit der gemeindlichen Mitwirkung im Baugenehmigungsverfahren nach § 36 BauGB aushebeln würde. Daher ist der Landesgesetzgeber bei Genehmigungsfreistellungen in seiner Dispositionsbefugnis beschränkt (vgl. BVerwG, Urteil vom 19.12.1985, sog. Wyhl-Urteil, NVwZ 1986, S. 208). Insofern sind Genehmigungsfreistellungen, die eine planungsrechtliche Überprüfung größerer Bauvorhaben durch Landesrecht entbehrlich machen, verfassungsrechtlich als bedenklich anzusehen. Diesen Bedenken trägt Art. 58 dadurch Rechnung, dass er die Genehmigungsfreiheit nur bauplanungsrechtlich mit dem Bebauungsplan konformen Bauvorhaben zuspricht. Nicht unproblematisch ist jedoch die Genehmigungsfreiheit beispielsweise von Vorhaben nach Art. 57 Abs. 1 Nr. 1a oder b, da diese einzeln oder in mehrfacher Ausführung planungsrechtlich unzulässig sein können. Selbstverständlich sind z. B. **genehmigungsfreie Grenzgaragen** nach Art. 57 Abs. 1 Nr. 1b ab einer planungsrechtlich relevanten Größe an den planungsrechtlichen Vorschriften zu messen. Trotz dieser Bedenken hat sich auch die Novelle 2008 aber dazu entschlossen, den Katalog der in Bayern verfahrensfreien Vorhaben im Prinzip beizubehalten. Grund dafür war ausweislich der Begründung zum Gesetzentwurf, dass die verfahrensfreien Tatbestände im praktischen Vollzug zu keinen Schwierigkeiten im Zusammenhang mit der Wahrung der gemeindlichen Planungshoheit geführt hätten.

Grundsatz **Art. 55**

Die Genehmigungspflicht umfasst die Errichtung, die Änderung oder die Nutzungsänderung von Anlagen. Somit ist eine Baugenehmigung nicht erforderlich für Vorhaben, die nach Art. 57 oder 58 verfahrens- bzw. genehmigungsfrei sind und Vorhaben, die einem besonderen Verfahren unterliegen (fliegende Bauten Art. 72, öffentliche Bauten Art. 73 und Bauten nach Art. 56).

Des Weiteren ist zu beachten, dass die Baugenehmigung entfällt, wenn ein Planfeststellungsverfahren für ein Vorhaben erforderlich ist (z. B. bundesrechtliche Planfeststellung nach § 17 FStrG, nach §§ 28 ff. Personenbeförderungsgesetz, nach § 35 Abs. 2 Kreislaufwirtschaftsgesetz, nach § 31 WHG etc.). Auch die Genehmigung von Anlagen nach § 4 BImSchG schließt gemäß § 13 BImSchG eine Baugenehmigung ein, jedoch sind die materiellen Vorschriften des Baurechts auch im immissionsschutzrechtlichen Genehmigungsverfahren zu beachten (§ 6 Nr. 2 BImSchG), sodass auch das Einvernehmen der Gemeinde erforderlich ist (vgl. § 36 Abs. 1 Satz 2 BauGB, vgl. BayVGH, Beschluss vom 14.3.1991, NVwZ-RR 1991, 523).

Sofern für Baumaßnahmen an einem **Baudenkmal** eine baurechtliche Genehmigung erforderlich ist, entfällt die Erlaubnis nach dem Denkmalschutzgesetz (Art. 6 Abs. 3 DSchG).

Auch nach Streichung des Satzes 2 a. F. durch die Novelle 2008, bleiben selbstverständlich Nutzungsänderungen baugenehmigungspflichtig. Diese Tatbestandsvariante ist vor allem in Verbindung mit Art. 57 Abs. 4 Nr. 1 zu sehen, der eine Verfahrensfreiheit für Nutzungsänderungen vorsieht, wenn für die neue Nutzung keine anderen öffentlich-rechtlichen Anforderungen als für die bisherige Nutzung in Betracht kommen. So ist z. B. die Nutzungsänderung eines Schreibwarengeschäftes in einen Schmuckladen verfahrensfrei, da hier keine anderen öffentlich-rechtlichen Vorschriften ersichtlich sind. Anders verhält es sich dagegen, wenn ohne bauliche Änderung ein Wohnraum in einen Laden umgewandelt wird, da an die neue Nutzung andere bauordnungsrechtliche Anforderungen als an die bisherige Nutzung gestellt werden.

2 Der Begriff des Vorhabens

In der Praxis von großer Bedeutung ist die Einordnung eines Vorhabens in das richtige Verfahren bzw. in die Kategorie der Verfahrensfreiheit. Was als Vorhaben angesehen werden muss, bestimmt dabei zunächst der Vorhabenträger. Er kann prinzipiell frei darüber entscheiden, was z. B. Gegenstand seines Bauantrags sein soll. Allerdings kann er ein Vorhaben dann nicht in verschiedene Teile aufteilen, wenn diese faktisch oder normativ nicht selbstständig „lebensfähig" sind. Zulässig ist es daher etwa, wenn ein Bauherr sein Bauvorhaben in einen plankonformen Teil (EFH mit Stellplätzen), der im Freistellungsverfahren behandelt wird, und die außerhalb des Bauraums vorgesehene, genehmigungsfreie Grenzgarage, die eine isolierte Befreiung benötigt, aufspaltet.

Innerhalb des so bestimmten einheitlichen Vorhabens wird nur ein Verfahren durchgeführt und zwar dasjenige mit dem weitesten Prüfumfang. Es ist nicht

Art. 56 — Vorrang anderer Gestattungsverfahren

möglich, beispielsweise verfahrensfreie Teile – wie etwa die Errichtung nichttragender Bauteile – von einem ansonsten baugenehmigungspflichtigen Vorhaben abzuteilen.

3 Geltung des materiellen Rechts, bauaufsichtliche Eingriffsbefugnisse

Abs. 2 stellt klar, dass die Genehmigungsfreiheit oder die Beschränkung bauaufsichtlicher Prüfungen von der Verpflichtung zur Einhaltung der materiellen baurechtlichen Vorschriften nicht entbindet. Darüber hinaus enthält die Vorschrift den – ebenfalls selbstverständlichen – Hinweis darauf, dass die Bauaufsichtsbehörde in den Fällen der Genehmigungsfreiheit oder der präventiven Prüfungsreduktion ihre bauaufsichtlichen Eingriffsbefugnisse behält.

Art. 56
Vorrang anderer Gestattungsverfahren

[1]Keiner Baugenehmigung, Abweichung, Genehmigungsfreistellung, Zustimmung und Bauüberwachung nach diesem Gesetz bedürfen

1. nach anderen Rechtsvorschriften zulassungsbedürftige Anlagen in oder an oberirdischen Gewässern und Anlagen, die dem Ausbau, der Unterhaltung oder der Benutzung eines Gewässers dienen oder als solche gelten, ausgenommen Gebäude, Überbrückungen, Lager-, Camping- und Wochenendplätze,

2. Anlagen, die einer Genehmigung nach dem Bayerischen Abgrabungsgesetz bedürfen,

3. nach anderen Rechtsvorschriften zulassungsbedürftige Anlagen für die öffentliche Versorgung mit Elektrizität, Gas, Wärme, Wasser und für die öffentliche Verwertung oder Entsorgung von Abwässern, ausgenommen oberirdische Anlagen mit einem Brutto-Rauminhalt von mehr als 100 m³, Gebäude und Überbrückungen,

4. nichtöffentliche Eisenbahnen, nichtöffentliche Seilbahnen und sonstige Bahnen besonderer Bauart, auf die die Vorschriften über fliegende Bauten keine Anwendung finden, im Sinn des Bayerischen Eisenbahn- und Seilbahngesetzes (BayESG),

5. Werbeanlagen, soweit sie einer Ausnahmegenehmigung nach Straßenverkehrsrecht bedürfen,

6. Anlagen, die nach dem Kreislaufwirtschafts- und Abfallgesetz (KrW-/AbfG) einer Genehmigung bedürfen,

7. Beschneiungsanlagen nach Art. 35 des Bayerischen Wassergesetzes (BayWG),

8. Anlagen, die einer Gestattung nach Produktsicherheitsrecht bedürfen,

9. Anlagen, die einer Errichtungsgenehmigung nach dem Atomgesetz bedürfen,

10. Friedhöfe, die einer Genehmigung nach dem Bestattungsgesetz (BestG) bedürfen.

Vorrang anderer Gestattungsverfahren **Art. 56**

²Für Anlagen, bei denen ein anderes Gestattungsverfahren die Baugenehmigung, die Abweichung oder die Zustimmung einschließt oder die nach Satz 1 keiner Baugenehmigung, Abweichung oder Zustimmung bedürfen, nimmt die für den Vollzug der entsprechenden Rechtsvorschriften zuständige Behörde die Aufgaben und Befugnisse der Bauaufsichtsbehörde wahr. ³Sie kann Prüfingenieure, Prüfämter und Prüfsachverständige in entsprechender Anwendung der Art. 62 Abs. 3 und Art. 77 Abs. 2 sowie der aufgrund des Art. 80 Abs. 2 erlassenen Rechtsverordnung heranziehen; Art. 59 Satz 1, Art. 60 Satz 1, Art. 62 Abs. 1, 2 und 4 Sätze 2 und 3, Art. 63 Abs. 1 Satz 2 und Art. 77 Abs. 2 Satz 3 gelten entsprechend.

Erläuterungen

Übersicht

1 Allgemeines
2 Anlagen nach Satz 1 Nrn. 1 bis 10

1 Allgemeines

Die Vorschrift soll Doppel- oder Mehrfachverfahren vermeiden und befreit daher bestimmte Anlagen (Art. 1 Abs. 1), die einem anderweitigen Genehmigungsverfahren unterliegen, vom Erfordernis der Baugenehmigung, Zustimmung und Bauüberwachung (hierzu BayVGH, Urteil vom 31.3.2002, BayVBl. 2002, S. 698).

Dabei ist Art. 56 eine verfahrensrechtliche Vorschrift; das materielle Bauordnungs- und Bauplanungsrecht ist bei der Prüfung nach den zur Anwendung kommenden Rechtsvorschriften zu beachten. § 29 BauGB bestimmt, dass die planungsrechtlichen Vorschriften auch in einem anderen Verfahren zu prüfen sind, in dem über die Zulässigkeit entschieden wird. Auch das **gemeindliche Einvernehmen** ist für das andere Verwaltungsverfahren notwendig (§ 36 Abs. 1 Satz 2 BauGB). Etwas anderes gilt nur für Vorhaben der in § 29 bezeichneten Art, die der Bergaufsicht unterliegen, sowie für Vorhaben, für die gesetzliche Planfeststellungsverfahren vorgesehen sind (§ 36 Abs. 1 Satz 2 2. Halbsatz). Nach Satz 2 nimmt – wenn eine Baugenehmigung auf Grund einer anderen fachgesetzlichen Genehmigung nicht erforderlich ist oder durch sie ersetzt wird – die für den Vollzug des Fachgesetzes zuständige Behörde auch die Aufgaben und Befugnisse der Bauaufsichtsbehörde nach Art. 54 wahr. Dabei haben die Fachbehörden nach Satz 3 die Möglichkeit, das in der Bauordnung geschaffene System der Sachverständigenregelungen vom Prüfungsumfang sowie dem Verzicht auf Prüfungen bei Einschaltung von Sachverständigen anzuwenden.

Art. 56　　　　　　　　　　　Vorrang anderer Gestattungsverfahren

2　Anlagen nach Satz 1 Nrn. 1 bis 10

Wasserbauten (Satz 1 Nr. 1)

Nach Nr. 1 entfällt die Baugenehmigung für bestimmte Wasserbauten; nicht jedoch für Gebäude (Art. 2 Abs. 2), Überbrückungen, Lager-, Camping- und Wochenendplätze. Dabei zählen auch Bootslagerplätze zu Lagerplätzen.

Voraussetzung ist, dass es sich um Anlagen in und an oberirdischen Gewässern handelt. Diese sind in Art. 18 BayWG geregelt. Danach sind Anlagen in Gewässern solche, die innerhalb der Uferlinie nach Art. 20 BayWG liegen. Unter Anlagen an Gewässern versteht man Anlagen, die weniger als 60 m von der Uferlinie entfernt sind, sowie andere Anlagen, die die Unterhaltung und den Ausbau beeinträchtigen können oder in eingedeichten Gebieten errichtet werden.

Oberirdische Gewässer sind Gewässer erster und zweiter Ordnung, sofern keine Verordnung nach Art. 2 BayWG auch Gewässer dritter Ordnung mit einbezieht.

Das Genehmigungsverfahren für diese Anlagen richtet sich nach Art. 20 BayWG. Zum Verfahren zum Erlass eines Wasserrechtsbescheids s. Art. 42a BayVwVfG vom 23.12.1976 (GVBl. S. 544, zuletzt geändert durch G vom 22.12.2009, GVBl. S. 628. Aufgrund der Rückverweisung des Art. 20 Abs. 4 BayWG sind **Gebäude, Überbrückungen, Lager-, Camping- und Wochenendplätze baugenehmigungspflichtig**, da die Baugenehmigung die wasserrechtliche Genehmigung einschließt. Das bauaufsichtliche Verfahren entfällt für Anlagen, die dem Ausbau (§ 68 WHG), der Unterhaltung (§§ 39 ff. WHG) oder der Benutzung (§ 9 WHG) dienen oder als solche gelten (§ 9 Abs. 2 WHG). Für den Ausbau eines Gewässers (z. B. Hochwasserdämme, Ufermauern, Stützschwellen, Baggerseen, Fischteiche) ist ein Planfeststellungsverfahren nach § 69 WHG durchzuführen.

Anlagen, die nach dem Abgrabungsgesetz genehmigungspflichtig sind (Satz 1 Nr. 2)

Anlagen, die nach dem Abgrabungsgesetz genehmigungspflichtig sind, werden von bauaufsichtlichen Verfahrensanforderungen freigestellt. Diese Vorschrift wurde durch § 7 Nr. 4 BayUVPRLUG vom 27.12.1999 (GVBl. S. 532) eingefügt. Geregelt werden die für einen Abgrabungsbetrieb dienenden Gebäude und Nebenanlagen, auf die das Bayerische Abgrabungsgesetz Anwendung findet. Insofern hat die Abgrabungsgenehmigung Vorrang vor der Baugenehmigung, jedoch ist Art. 6 Abs. 2 Satz 1 Nr. 2 BayAbgrG zu beachten. Die Abgrabungsgenehmigung entfällt für Abgrabungen, die einer anderen öffentlich-rechtlichen Zulassung bedürfen, z. B. der Vorrang einer wasserrechtlichen Zulassung gegenüber der Abgrabungsgenehmigung (vgl. Fundstelle 2000, RdNr. 97, sowie BayVGH, Urteil vom 31.3.2002, BayVBl. 2002, S. 698).

Öffentliche Versorgungseinrichtungen (Satz 1 Nr. 3)

Die in Nr. 3 aufgezählten öffentlichen Versorgungseinrichtungen bedürfen ebenfalls keiner Baugenehmigung; dies gilt nicht für oberirdische Anlagen mit einem umbauten Raum von mehr als 100 m^3 sowie Gebäude und Überbrückungen. Oberirdische Anlagen mit einem umbauten Raum von mehr als 100 m^3 sind z. B. Windenergieanlagen (BayVGH, Urteil vom 25.3.1996, BRS 58, S. 621).

Nichtöffentliche Bahnen (Satz 1 Nr. 4)

Die Vorschrift wurde durch Art. 45 BayESG vom 9.8.2003 (GVBl. S. 598), zuletzt geändert durch Gesetz vom 23.7.2010 (GVBl. S. 324), eingefügt. Danach werden nichtöffentliche Bahnen, nichtöffentliche Seilbahnen und sonstige Bahnen besonderer Bauart von bauaufsichtlichen Verfahrensanforderungen freigestellt, sofern die Vorschrift über fliegende Bauten (Art. 72) keine Anwendung findet.

Vorrang anderer Gestattungsverfahren — Art. 56

Werbeanlagen (Satz 1 Nr. 5)

Die Regelung beinhaltet einen Verzicht auf Baugenehmigung, Zustimmung und Überwachung bei Werbeanlagen, soweit diese einer Ausnahmegenehmigung nach Straßenverkehrs- oder Eisenbahnrecht bedürfen. Daher sind Werbeanlagen dann dem Straßenverkehrsrecht unterworfen, wenn sie Sondernutzungen darstellen und somit nach Straßenverkehrsrecht erlaubnispflichtig sind. Auch Ausnahmen von Anbauverboten oder Ausnahmen nach § 46 StVO stellen spezielle Regelungen dar. Die Verweisung dieser Werbeanlagen in die Zuständigkeit der für den Vollzug der StVO maßgeblichen Behörde wird damit begründet, dass in diesen Fällen in der Regel die Sicherheit und Leichtigkeit des Verkehrs problematisch sind und in diesen Kriterien die Verunstaltungsfrage meist aufgeht, sodass der Schwerpunkt nicht im Baurecht liegt.

Anlagen, die nach dem Kreislaufwirtschafts- und Abfallgesetz genehmigungspflichtig sind (Satz 1 Nr. 6)

Die Bedeutung dieser Regelung ist gering, da Abfallentsorgungsanlagen nach dem Gesetz zur Förderung der Kreislaufwirtschaft und Sicherung der umweltverträglichen Bewirtschaftung von Abfällen (Kreislaufwirtschaftsgesetz – KrWG) vom 24.2.2012 (BGBl. I S. 212) der Genehmigung nach dem Bundesimmissionsschutzgesetz (BImSchG) bedürfen. Insofern schließt diese Genehmigung die Baugenehmigung mit ein. Daher sind diese Anlagen nicht baugenehmigungspflichtig, obwohl sie streng genommen nicht von Nr. 6 erfasst werden. Keine Anlagen nach dem Abfallgesetz sind Recyclinghöfe und Wertstoffhöfe, die dem Einsammeln von Wertstoffen dienen; sie unterliegen keinem abfall-, sondern dem baurechtlichen Verfahren (so BayVGH, Beschluss vom 4.2.1992, BayVBl. 1992 S. 305).

Beschneiungsanlagen (Satz 1 Nr. 7)

Nach der Neufassung ist für Beschneiungsanlagen ein Genehmigungsverfahren nach Art. 35 BayWG notwendig. Insofern entfällt durch die Regelung des Satz 1 Nr. 7 das Baugenehmigungsverfahren auch, soweit Beschneiungsanlagen bauliche Anlagen darstellen.

Anlagen, die einer Gestattung nach Produktsicherheitsrecht bedürfen (Satz 1 Nr. 8)

Die Ausnahme von dieser Vorschrift erfasst die Errichtung oder Änderung baulicher Anlagen, die einer Gestattung nach Produktsicherheitsrecht bedürfen. Dabei handelt es sich um Erlaubnisse nach § 13 Abs. 1 i. V. m. § 1 Abs. 2 Nrn. 1 bis 4 der BetrSichV.

Atomrechtliche Anlagen (Satz 1 Nr. 9)

Für Anlagen, die einer Errichtungsgenehmigung nach dem Atomgesetz bedürfen, liegen die tatsächlichen und rechtlichen Schwerpunkte des Verfahrens nicht im Bereich des Baurechts. Somit wird in Nr. 9 festgelegt, dass eine Baugenehmigung für diese Anlagen nicht mehr erforderlich ist, vielmehr entsprechende Fragen im Rahmen der atomrechtlichen Entscheidung geprüft werden.

Die bauplanungsrechtlichen Regelungen bleiben auch im atomrechtlichen Verfahren beachtlich, sodass nach Auffassung des Gesetzgebers die Änderung auch vor dem Hintergrund der Wyhl-Entscheidung des Bundesverwaltungsgerichts unbedenklich ist (vgl. BayVGH, Urteil vom 4.6.1987, BayVBl. 1988, S. 368).

Friedhöfe (Satz 1 Nr. 10)

Die Regelung löst das Konkurrenzverhältnis zwischen bauordnungs- und bestattungsrechtlichem Verfahren bei Friedhöfen. Zu beachten ist, dass plankonforme Friedhöfe nach Art. 57 Abs. 2 Nr. 8 bau- und nach Art. 9 Abs. 2 Satz 3 BestG bestattungsrechtlich genehmi-

Art. 57 Verfahrensfreie Bauvorhaben, Beseitigung von Anlagen

gungsfrei sind. Da der fachliche Schwerpunkt genehmigungspflichtiger Friedhöfe im Bestattungsrecht liegt, auf Grund dessen zudem alle – auch außerbestattungsrechtlichen – öffentlich-rechtlichen Anforderungen zu beachten sind (Art. 9 Abs. 2 Satz 2 BestG), wurde das Verfahren in diesen Fällen auf das Bestattungsrecht konzentriert.

Art. 57
Verfahrensfreie Bauvorhaben, Beseitigung von Anlagen

(1) Verfahrensfrei sind

1. folgende Gebäude:

   a) Gebäude mit einem Brutto-Rauminhalt bis zu 75 m³, außer im Außenbereich,

   b) Garagen einschließlich überdachter Stellplätze im Sinn des Art. 6 Abs. 9 Satz 1 Nr. 1 mit einer Fläche bis zu 50 m², außer im Außenbereich,

   c) freistehende Gebäude ohne Feuerungsanlagen, die einem land- oder forstwirtschaftlichen Betrieb oder einem Betrieb der gartenbaulichen Erzeugung im Sinn des § 35 Abs. 1 Nrn. 1 und 2, § 201 BauGB dienen, nur eingeschossig und nicht unterkellert sind, höchstens 100 m² Brutto-Grundfläche und höchstens 140 m² überdachte Fläche haben und nur zur Unterbringung von Sachen oder zum vorübergehenden Schutz von Tieren bestimmt sind,

   d) Gewächshäuser mit einer Firsthöhe bis zu 5 m und nicht mehr als 1600 m² Fläche, die einem land- oder forstwirtschaftlichen Betrieb oder einem Betrieb der gartenbaulichen Erzeugung im Sinn der § 35 Abs. 1 Nrn. 1 und 2, § 201 BauGB dienen,

   e) Fahrgastunterstände, die dem öffentlichen Personenverkehr oder der Schülerbeförderung dienen,

   f) Schutzhütten für Wanderer, die jedermann zugänglich sind und keine Aufenthaltsräume haben,

   g) Terrassenüberdachungen mit einer Fläche bis zu 30 m² und einer Tiefe bis zu 3 m,

   h) Gartenlauben in Kleingartenanlagen im Sinn des § 1 Abs. 1 des Bundeskleingartengesetzes (BKleingG) vom 28. Februar 1983 (BGBl. I S. 210), zuletzt geändert durch Art. 11 des Gesetzes vom 19. September 2006 (BGBl. I S. 2146),

2. folgende Anlagen der technischen Gebäudeausrüstung:

   a) Abgasanlagen in und an Gebäuden sowie freistehende Abgasanlagen mit einer freien Höhe bis zu 10 m,

   b) sonstige Anlagen der technischen Gebäudeausrüstung,

3. folgende Energiegewinnungsanlagen:
   a) Solarenergieanlagen und Sonnenkollektoren
      aa) in, auf und an Dach- und Außenwandflächen sowie, soweit sie in, auf oder an einer bestehenden baulichen Anlage errichtet werden, die damit verbundene Änderung der Nutzung oder der äußeren Gestalt der Anlage,
      bb) gebäudeunabhängig mit einer Höhe bis zu 3 m und einer Gesamtlänge bis zu 9 m,
   b) Kleinwindkraftanlagen mit einer freien Höhe bis zu 10 m,
   c) Blockheizkraftwerke
4. folgende Anlagen der Versorgung:
   a) Brunnen,
   b) Anlagen, die der Telekommunikation, der öffentlichen Versorgung mit Elektrizität einschließlich Trafostationen, Gas, Öl oder Wärme dienen, mit einer Höhe bis zu 5 m und einer Fläche bis zu 10 m²,
5. folgende Masten, Antennen und ähnliche Anlagen:
   a) aa) Antennen,
      bb) Antennen tragende Masten mit einer freien Höhe bis zu 10 m,
      cc) zugehörige Versorgungseinheiten mit einem Brutto-Rauminhalt bis zu 10 m³ sowie,
      soweit sie in, auf oder an einer bestehenden baulichen Anlage errichtet werden, die damit verbundene Änderung der Nutzung oder der äußeren Gestalt der Anlage,
   b) Masten und Unterstützungen für Fernsprechleitungen, für Leitungen zur Versorgung mit Elektrizität, für Sirenen und für Fahnen,
   c) Masten, die aus Gründen des Brauchtums errichtet werden,
   d) Signalhochbauten für die Landesvermessung,
   e) Flutlichtmasten mit einer freien Höhe bis zu 10 m,
6. folgende Behälter:
   a) ortsfeste Behälter für Flüssiggas mit einem Fassungsvermögen von weniger als 3 t, für nicht verflüssigte Gase mit einem Rauminhalt bis zu 6 m³,
   b) ortsfeste Behälter für brennbare oder wassergefährdende Flüssigkeiten mit einem Rauminhalt bis zu 10 m³,
   c) ortsfeste Behälter sonstiger Art mit einem Rauminhalt bis zu 50 m³,
   d) Gülle- und Jauchebehälter und -gruben mit einem Rauminhalt bis zu 50 m³ und einer Höhe bis zu 3 m,
   e) Gärfutterbehälter mit einer Höhe bis zu 6 m und Schnitzelgruben,
   f) Dungstätten, Fahrsilos, Kompost- und ähnliche Anlagen, ausgenommen Biomasselager für den Betrieb von Biogasanlagen,
   g) Wasserbecken mit einem Beckeninhalt bis zu 100 m³,

Art. 57 Verfahrensfreie Bauvorhaben, Beseitigung von Anlagen

7. folgende Mauern und Einfriedungen:
   a) Mauern einschließlich Stützmauern und Einfriedungen, Sichtschutzzäunen und Terrassentrennwänden mit einer Höhe bis zu 2 m, außer im Außenbereich,
   b) offene, sockellose Einfriedungen im Außenbereich, soweit sie der Hoffläche eines landwirtschaftlichen Betriebs, der Weidewirtschaft einschließlich der Haltung geeigneter Schalenwildarten für Zwecke der Landwirtschaft, dem Erwerbsgartenbau oder dem Schutz von Forstkulturen und Wildgehegen zu Jagdzwecken oder dem Schutz landwirtschaftlicher Kulturen vor Schalenwild sowie der berufsmäßigen Binnenfischerei dienen,
   c) – *aufgehoben* –
8. private Verkehrsanlagen einschließlich Brücken und Durchlässen mit einer lichten Weite bis zu 5 m und Untertunnelungen mit einem Durchmesser bis zu 3 m,
9. Aufschüttungen mit einer Höhe bis zu 2 m und einer Fläche bis zu 500 m^2,
10. folgende Anlagen in Gärten und zur Freizeitgestaltung:
    a) Schwimmbecken mit einem Beckeninhalt bis zu 100 m^3 einschließlich dazugehöriger temporärer luftgetragener Überdachungen, außer im Außenbereich,
    b) Sprungschanzen, Sprungtürme und Rutschbahnen mit einer Höhe bis zu 10 m,
    c) Anlagen, die der zweckentsprechenden Einrichtung von Spiel-, Abenteuerspiel-, Bolz- und Sportplätzen, Reit- und Wanderwegen, Trimm- und Lehrpfaden dienen, ausgenommen Gebäude und Tribünen,
    d) Wohnwagen, Zelte und bauliche Anlagen, die keine Gebäude sind, auf Camping-, Zelt- und Wochenendplätzen,
    e) Anlagen, die der Gartennutzung, der Gartengestaltung oder der zweckentsprechenden Einrichtung von Gärten dienen, ausgenommen Gebäude und Einfriedungen,
11. folgende tragende und nichttragende Bauteile:
    a) nichttragende und nichtaussteifende Bauteile in baulichen Anlagen,
    b) die Änderung tragender oder aussteifender Bauteile innerhalb von Wohngebäuden,
    c) zur Errichtung einzelner Aufenthaltsräume, die zu Wohnzwecken genutzt werden, im Dachgeschoss überwiegend zu Wohnzwecken genutzter Gebäude, wenn die Dachkonstruktion und die äußere Gestalt des Gebäudes nicht in genehmigungspflichtiger Weise verändert werden,
    d) Fenster und Türen sowie die dafür bestimmten Öffnungen,
    e) Außenwandbekleidungen einschließlich Maßnahmen der Wärmedämmung, ausgenommen bei Hochhäusern, Verblendungen und Verputz baulicher Anlagen,

f) Bedachungen einschließlich Maßnahmen der Wärmedämmung ausgenommen bei Hochhäusern,

auch vor Fertigstellung der Anlage,

12. folgende Werbeanlagen:
   a) Werbeanlagen in Auslagen oder an Schaufenstern, im Übrigen mit einer Ansichtsfläche bis zu 1 m²,
   b) Warenautomaten,
   c) Werbeanlagen, die nicht vom öffentlichen Verkehrsraum aus sichtbar sind,
   d) Werbeanlagen, die nach ihrem erkennbaren Zweck nur vorübergehend für höchstens zwei Monate angebracht werden, im Außenbereich nur, soweit sie einem Vorhaben im Sinn des § 35 Abs. 1 BauGB dienen,
   e) Zeichen, die auf abseits oder versteckt gelegene Stätten hinweisen (Hinweiszeichen), außer im Außenbereich,
   f) Schilder, die Inhaber und Art gewerblicher Betriebe kennzeichnen (Hinweisschilder), wenn sie vor Ortsdurchfahrten auf einer einzigen Tafel zusammengefasst sind,
   g) Werbeanlagen in durch Bebauungsplan festgesetzten Gewerbe-, Industrie- und vergleichbaren Sondergebieten an der Stätte der Leistung, an und auf Flugplätzen, Sportanlagen, auf abgegrenzten Versammlungsstätten, Ausstellungs- und Messegeländen, soweit sie nicht in die freie Landschaft wirken, mit einer freien Höhe bis zu 10 m, sowie, soweit sie in, auf oder an einer bestehenden baulichen Anlage errichtet werden, die damit verbundene Änderung der Nutzung oder der äußeren Gestalt der Anlage,

13. folgende vorübergehend aufgestellte oder benutzbare Anlagen:
   a) Baustelleneinrichtungen einschließlich der Lagerhallen, Schutzhallen und Unterkünfte,
   b) Toilettenwagen,
   c) Behelfsbauten, die der Landesverteidigung, dem Katastrophenschutz oder der Unfallhilfe dienen,
   d) bauliche Anlagen, die für höchstens drei Monate auf genehmigtem Messe- und Ausstellungsgelände errichtet werden, ausgenommen fliegende Bauten,
   e) Verkaufsstände und andere bauliche Anlagen auf Straßenfesten, Volksfesten und Märkten, ausgenommen fliegende Bauten,
   f) Zeltlager, die nach ihrem erkennbaren Zweck gelegentlich, höchstens für zwei Monate errichtet werden,

14. Fahrgeschäfte mit einer Höhe bis zu 5 m, die für Kinder betrieben werden und eine Geschwindigkeit von höchstens 1 m/s haben,

Art. 57
Verfahrensfreie Bauvorhaben, Beseitigung von Anlagen

15. folgende Plätze:
    a) Lager-, Abstell- und Ausstellungsplätze, die einem land- oder forstwirtschaftlichen Betrieb oder einem Betrieb der gartenbaulichen Erzeugung im Sinn der §35 Abs. 1 Nrn. 1 und 2, §201 BauGB dienen,
    b) nicht überdachte Stellplätze und sonstige Lager- und Abstellplätze mit einer Fläche bis zu 300 m² und deren Zufahrten, außer im Außenbereich,
    c) Kinderspielplätze im Sinn des Art. 7 Abs. 2 Satz 1,
    d) Freischankflächen bis zu 40 m² einschließlich einer damit verbundenen Nutzungsänderung einer Gaststätte oder einer Verkaufsstelle des Lebensmittelhandwerks,
16. folgende sonstige Anlagen:
    a) Fahrradabstellanlagen mit einer Fläche bis zu 30 m²,
    b) Zapfsäulen und Tankautomaten genehmigter Tankstellen,
    c) Regale mit einer Höhe bis zu 7,50 m Oberkante Lagergut,
    d) Grabdenkmale auf Friedhöfen, Feldkreuze, Denkmäler und sonstige Kunstwerke jeweils mit einer Höhe bis zu 4 m,
    e) andere unbedeutende Anlagen oder unbedeutende Teile von Anlagen wie Hauseingangsüberdachungen, Markisen, Rollläden, Terrassen, Maschinenfundamente, Straßenfahrzeugwaagen, Pergolen, Jägerstände, Wildfütterungen, Bienenfreistände, Taubenhäuser, Hofeinfahrten und Teppichstangen.

(2) Unbeschadet des Abs. 1 sind verfahrensfrei

1. Garagen mit einer Nutzfläche bis zu 100 m² sowie überdachte Stellplätze,
2. Wochenendhäuser sowie Anlagen, die keine Gebäude sind, in durch Bebauungsplan festgesetzten Wochenendhausgebieten,
3. Anlagen in Dauerkleingärten im Sinn des §1 Abs. 3 BKleingG,
4. Dachgauben und vergleichbare Dachaufbauten,
5. Mauern und Einfriedungen,
6. Werbeanlagen mit einer freien Höhe bis zu 10 m, sowie, soweit sie in, auf oder an einer bestehenden baulichen Anlage errichtet werden, die damit verbundene Änderung der Nutzung oder der äußeren Gestalt der Anlage,
7. Kinderspiel-, Bolz- und Abenteuerspielplätze,
8. Friedhöfe,
9. Solarenergieanlagen und Sonnenkollektoren sowie, soweit sie in, auf oder an einer bestehenden baulichen Anlage errichtet werden, die damit verbundene Änderung der Nutzung oder der äußeren Gestalt der Anlage

im Geltungsbereich einer städtebaulichen oder einer Satzung nach Art. 81, die Regelungen über die Zulässigkeit, den Standort und die Größe der Anlage enthält, wenn sie den Festsetzungen der Satzung entspricht.

Verfahrensfreie Bauvorhaben, Beseitigung von Anlagen **Art. 57**

(3) ¹Verfahrensfrei sind luftrechtlich zugelassenen Flugplätzen dienende Anlagen, ausgenommen Gebäude, die Sonderbauten sind. ²Für nach Satz 1 verfahrensfreie Anlagen gelten Art. 61 und 62 entsprechend.

(4) Verfahrensfrei ist die Änderung der Nutzung von Anlagen, wenn
1. für die neue Nutzung keine anderen öffentlich-rechtlichen Anforderungen nach Art. 60 Satz 1 und Art. 62 als für die bisherige Nutzung in Betracht kommen oder
2. die Errichtung oder Änderung der Anlagen nach Abs. 1 und 2 verfahrensfrei wäre.

(5) ¹Verfahrensfrei ist die Beseitigung von
1. Anlagen nach Abs. 1 bis 3,
2. freistehenden Gebäuden der Gebäudeklassen 1 und 3,
3. sonstigen Anlagen, die keine Gebäude sind, mit einer Höhe bis zu 10 m.

²Im Übrigen ist die beabsichtigte Beseitigung von Anlagen mindestens einen Monat zuvor der Gemeinde und der Bauaufsichtsbehörde anzuzeigen. ³Bei nicht freistehenden Gebäuden muss durch einen qualifizierten Tragwerksplaner im Sinn des Art. 62 Abs. 2 beurteilt und im erforderlichen Umfang nachgewiesen werden, dass das Gebäude oder die Gebäude, an die das zu beseitigende Gebäude angebaut ist, während und nach der Beseitigung standsicher sind; die Beseitigung ist, soweit notwendig, durch den qualifizierten Tragwerksplaner zu überwachen. ⁴Satz 3 gilt nicht, soweit an verfahrensfreie Gebäude angebaut ist. ⁵Art. 68 Abs. 5 Nr. 3 und Abs. 7 gelten entsprechend.

(6) Verfahrensfrei sind Instandhaltungsarbeiten.

Erläuterungen

Übersicht

1 Allgemeines
2 Prinzipielle Verfahrensfreiheit von Anlagen (Abs. 1)
   2a Abs. 1 Nr. 1a (kleine Gebäude)
   2b Abs. 1 Nr. 1b (Garagen und Stellplätze)
   2c Abs. 1 Nr. 1c (landwirtschaftliche Gebäude)
   2d Abs. 1 Nr. 1d (Gewächshäuser)
   2e Abs. 1 Nr. 1e (Fahrgastunterstände)
   2f Abs. 1 Nr. 1f (Schutzhütten für Wanderer)
   2g Abs. 1 Nr. 1g (Terrassenüberdachungen)
   2h Abs. 1 Nr. 1h (Gartenlauben nach BKleingG)
   2i Abs. 1 Nr. 2 (Anlagen der technischen Gebäudeausrüstung)
   2j Abs. 1 Nr. 3 (Energiegewinnungsanlagen)
   2k Abs. 1 Nr. 4 (Versorgungsanlagen)
   2l Abs. 1 Nr. 5 (Masten und Antennen)
   2m Abs. 1 Nr. 6 (Behälter)
   2n Abs. 1 Nr. 7 (Mauern und Einfriedungen)

Art. 57
Verfahrensfreie Bauvorhaben, Beseitigung von Anlagen

    2o   Abs. 1 Nr. 8 (private Verkehrsanlagen)
    2p   Abs. 1 Nr. 9 (Aufschüttungen)
    2q   Abs. 1 Nr. 10 (Garten- und Freizeitanlagen)
    2r   Abs. 1 Nr. 11 (Bauteile)
    2s   Abs. 1 Nr. 12 (Werbeanlagen)
    2t   Abs. 1 Nr. 13 (vorübergehend aufgestellte Anlagen)
    2u   Abs. 1 Nr. 14 (Fahrgeschäfte)
    2v   Abs. 1 Nr. 15 (Plätze)
    2w Abs. 1 Nr. 16 (sonstige bauliche Anlagen)
3   Verfahrensfreiheit auf Grund einer Satzung (Abs. 2)
4   Verfahrensfreiheit für bauliche Anlagen auf Flugplätzen (Abs. 3)
5   Verfahrensfreiheit von Nutzungsänderungen (Abs. 4)
6   Verfahrensfreiheit von Instandhaltungsarbeiten (Abs. 6)
7   Beseitigung von Anlagen (Abs. 5)

Zur Neufassung 2013:

In Abs. 1 Nr. 5a wird klargestellt, dass bei der Errichtung einer Solaranlage auf einem nicht gewerblich genutztem Gebäude keine genehmigungsbedürftige Nutzungsänderung vorliegt, wenn die von der Anlage erzeugte elektrische Energie nicht zur Deckung des Eigenbedarfs verwendet, sondern ins Netz eingespeist werden soll. Zugleich wird die bisherige Begrenzung der Verfahrensfreiheit bei aufgeständerten Anlagen auf 1/3 der Dachfläche beseitigt.

In Abs. 1 Nr. 2a (ebenso in Abs. 1 Nrn. 3b, 5a, bb, 5e, 12 g, Abs. 2 Nr. 6 und Art. 62 Abs. 3 Satz 1 Nr. 2d) erfolgt eine Klarstellung zur Berechnung der Höhe, da der bisherige Wortlaut z. B. der Antennen einschl. der Masten bis zu einer Höhe von 10 m verfahrensfrei stellt zu Missverständnissen geführt hat. Mit dem Begriff der Verfahrensfreiheit einer „freien" Höhe bis zu 10 m wird klargestellt, dass bei Masten, deren Fuß innerhalb eines Gebäudes liegt und die das Dach überragen, nicht auf die Gesamthöhe der Anlage abzustellen ist, sondern nur auf die Höhe über Dach.

In Abs. 1 Nr. 7a wird die Verfahrensfreiheit für Sichtschutzzäune und Terrassentrennwände neu geregelt. Die enge Sonderregelung des Abs. 1 Nr. 7c wurde aufgehoben.

Abs. 1 Nr. 5 f stellt die Bedachung verfahrensfrei und klärt damit bei der Auswechslung der Dacheindeckung auftretende Zweifelsfragen zugunsten der Verfahrensfreiheit.

Zusätzlich wird die bisher in Nr. 12 a.F. geregelte Verfahrensfreiheit der Maßnahmen zur nachträglichen Wärmedämmung an Dächern in dieser Vorschrift geregelt.

Ein besonderes Gewicht kommt der Neufassung des Abs. 4 zu. Nach der bisherigen Fassung war ein bauaufsichtliches Genehmigungsverfahren bei Nutzungsänderungen erforderlich, wenn für die neue Nutzung andere öffentlich-rechtliche Anforderungen als für die bisherige Nutzung in Betracht kommen. Nunmehr wird der Kreis der verfahrensfreien Nutzungsänderungen erweitert, indem nur solche Anforderungen an die neue Nutzung zur Genehmigungs-

Verfahrensfreie Bauvorhaben, Beseitigung von Anlagen   Art. 57

pflichtigkeit der Nutzungsänderung führen, die im Baugenehmigungsverfahren nach Art. 60 Abs. 1 Prüfungsgegenstand sein können.
Bei der Beurteilung der Standsicherheit von Gebäuden stellt die neue Regelung des Abs. 5 Sätze 3 und 4 sicher, dass die Standsicherheit des Gebäudes oder der Gebäude, an die das zu beseitigende Gebäude angebaut ist, beurteilt und in dem Umfang nachgewiesen wird, in dem sich eine Beeinträchtigung der Standsicherheit durch die Beseitigung des angebauten Gebäudes ergeben kann. Dabei reicht es aus, dass ein qualifizierter Entwurfsplaner i. S. d. Art. 62 Abs. 2 die Standsicherheit des Gebäudes an das, das zu beseitigende Gebäude angebaut ist, beurteilt. Klargestellt wird, dass ggf. die Erstellung eines Standsicherheitsnachweises erforderlich sein kann. Je nach dem Ergebnis dieser Beurteilung „soweit notwendig", hat der qualifizierte Tragwerksplaner den Beseitigungsvorgang zu begleiten.

1 Allgemeines

Die Vorschrift regelt nur einen Teil der genehmigungsfreien Vorhaben. Eine weitere wichtige Ausnahme der Genehmigungsfreiheit stellt das Freistellungsverfahren nach Art. 58 dar. In Abgrenzung zu diesem Verfahren bezeichnet das Gesetz die Vorhaben des Art. 57 als verfahrensfrei. Für öffentliche Bauten des Bundes und der Länder sowie der Landkreise und Gemeinden gilt Art. 73. Gerade bei den verfahrensfreien Vorhaben ist wichtig zu erkennen, dass auch sie nicht von der Verpflichtung entbunden sind, alle öffentlich-rechtlichen Vorschriften, die an bauliche Anlagen gestellt werden, einzuhalten (Art. 55 Abs. 2). Mit anderen Worten bedeutet Verfahrensfreiheit nicht automatisch Zulässigkeit dieses Vorhabens. Die Verfahrensfreiheit bewirkt lediglich, dass eine vorgängige Prüfung von öffentlich-rechtlichen Vorschriften durch eine Behörde nicht erfolgt, sondern dass für die Zulässigkeit zunächst allein der Bauherr verantwortlich ist. So muss etwa eine – nach Abs. 1 Nr. 1a – verfahrensfreie Einzelgarage, selbstverständlich die Festlegungen einer etwaigen Gestaltungssatzung oder eines Bebauungsplans einhalten.

Sofern eine Regelung nur einen Teil eines Vorhabens erfasst, ist auch nur dieser Teil verfahrensfrei, wie z. B. der Einbau von Aufenthaltsräumen im Dachgeschoss nach Abs. 1 Nr. 11c. Handelt es sich dabei um einen Teil eines einheitlichen insgesamt genehmigungspflichtigen Vorgangs, erfasst die Genehmigungspflicht auch die „an sich" verfahrensfreien Anteile. Es wird sich für den Bauherrn empfehlen, bei Zweifeln über die Verfahrensfreiheit von Vorhaben, eine formlose Anfrage an die untere Bauaufsichtsbehörde zu richten.

2 Prinzipielle Verfahrensfreiheit von Anlagen (Abs. 1)

Folgende Anlagen sind grundsätzlich genehmigungsfrei.

2a Abs. 1 Nr. 1a (kleine Gebäude)

Verfahrensfrei sind **Gebäude** (Art. 2 Abs. 2), **die maximal einen Brutto-Rauminhalt von 75 m³ aufweisen** und nicht im Außenbereich errichtet werden. Im

Art. 57
Verfahrensfreie Bauvorhaben, Beseitigung von Anlagen

Gegensatz zur früheren Regelung ist die Einschränkung entfallen, dass sich in dem Gebäude keine Feuerungsanlage befinden darf. Der Begriff des Brutto-Rauminhalts setzt nicht voraus, dass ein Abschluss des Gebäudes nach allen Seiten (Decken, Wände) vorhanden ist. Soweit Garagen sowie überdachte Stellplätze erfasst werden, besteht jedoch nur dann eine Verfahrensfreiheit, wenn die Garagen bzw. die überdachten Stellplätze nicht Bestandteil eines anderen (genehmigungspflichtigen) Vorhabens sind. Letzteres ist dann der Fall, wenn sie als Stellplatznachweis im Sinn des Art. 47 Abs. 1 notwendig sind. Verfahrensfrei ist z. B. auch die Errichtung eines Wohnraums mit den Grundmaßen 5 × 6 m und 2,50 m Höhe. Im Fall der Errichtung an der Grundstücksgrenze wäre wegen der ansonsten nicht eingehaltenen Abstandsflächen die Nachbarzustimmung nach Art. 6 Abs. 2 Satz 3 notwendig. Des Weiteren sind selbstverständlich insbesondere die Brandschutzvorschriften zu beachten. Sofern die Errichtung eines solchen Aufenthaltsraums im Bebauungsplangebiet erfolgt, müssen beispielsweise § 14 BauNVO (Nebenanlagen) sowie die Vorgaben zur überbaubaren Grundstücksfläche und zum Maß der baulichen Nutzung eingehalten werden. Dabei ist die Anzahl solcher Gebäude auf dem Grundstück prinzipiell nicht beschränkt.

2b Abs. 1 Nr. 1b (Garagen und Stellplätze)

Nach Abs. 1 Nr. 1b sind bestimmte **Garagen** bzw. überdachte Stellplätze verfahrensfrei zulässig. Zu beachten ist wie bei Abs. 1 Nr. 1a, dass eine Verfahrensfreiheit nicht besteht, wenn die Garagen als Stellplatznachweis im Sinn des Art. 47 notwendig sind. In diesem Fall muss der Bauantrag auch die Garage enthalten.

Grenzgaragen (Art. 6 Abs. 9 Satz 1 Nr. 1) sind insbesondere bei nachträglicher Errichtung verfahrensfrei zulässig, d. h. sie können ohne Nachbarbeteiligung an der Grundstücksgrenze errichtet werden, sofern sie die Maße der genannten Vorschrift einhalten (vgl. hierzu Art. 6 Ziffer 17) und – zusätzlich eine maximale Fläche von 50 m² aufweisen.

Die Genehmigungsfreiheit für Grenzgaragen gilt sowohl im unbeplanten Innenbereich als auch in Gebieten, die mit einem Bebauungsplan gemäß § 30 Abs. 1 BauGB oder § 12 BauGB überplant sind. Im **Außenbereich** sind Grenzgaragen genehmigungspflichtig. Die Einhaltung im materiellen Anforderungen des Art. 6 Abs. 9 Satz 1 Nr. 1 ist gleichzeitig Voraussetzung für die Genehmigungsfreiheit. Sofern eine Garage diesen Vorgaben nicht entspricht, ist sie sowohl materiell wie auch formell unzulässig. Zudem muss die Garage Art. 8 und das Gebot der Rücksichtnahme auf die Nachbarschaft einhalten (zur entsprechenden Anwendung des § 15 BauNVO bei Verstoß gegen Festsetzungen des Bebauungsplanes, BVerwG, Urteil vom 6.10.1989, BayVBl. 1990, S. 154, zur Grenzgarage BayVerfGH, Urteil vom 17.3.1986, BayVBl. 1986 S. 429). Ab einer planungsrechtlich relevanten Größe ist sie auch im unbeplanten Innenbereich an § 34 BauGB zu messen.

Verfahrensfreie Bauvorhaben, Beseitigung von Anlagen   Art. 57

2c Abs. 1 Nr. 1c (landwirtschaftliche Gebäude)

Lediglich redaktionell leicht verändert wurde in der Novelle 2008 die Verfahrensfreiheit für die Errichtung oder Änderung von freistehenden **landwirtschaftlichen, forstwirtschaftlichen oder erwerbsgärtnerischen Betriebsgebäuden** ohne Feuerungsanlagen, die nur eingeschossig und nicht unterkellert sind und höchstens 100 m² Grundfläche und höchstens 140 m² überdachte Fläche haben. Sie dürfen nur zur Unterbringung von Sachen und zum vorübergehenden Schutz von Tieren bestimmt sein. Bereits durch die Baurechtsnovelle 1994 wurde in Anlehnung an die Formulierung in §35 Abs. 1 Nr. 1 BauGB klargestellt, dass von dieser verfahrensrechtlichen Begünstigung nur Bauvorhaben erfasst werden, die bauplanungsrechtlich privilegiert sind. Durch die zusätzliche Aufnahme des § 201 BauGB sollen auch alle in dieser Vorschrift aufgezählten Nutzungen erfasst werden, die keine unmittelbaren Bodennutzungen darstellen (zur planungsrechtlichen Zulässigkeit vgl. Art. 55 Ziffer 1).

2d Abs. 1 Nr. 1d (Gewächshäuser)

Auch **Gewächshäuser** sind verfahrensfrei, wenn sie einem land- oder forstwirtschaftlichen Betrieb oder einem Betrieb der gartenbaulichen Erzeugung dienen. Sie dürfen eine maximale Firsthöhe von 5 m und eine – den Sonderbau ausgrenzende – Fläche von 1600 m² aufweisen.

2e Abs. 1 Nr. 1e (Fahrgastunterstände)

Verfahrensfrei sind nach Abs. 1 Nr. 1e **Fahrgastunterstände**. Die Fahrgastunterstände müssen – um verfahrensfrei zu sein – dem öffentlichen Personenverkehr oder der Schulbeförderung dienen. Die früher in der Vorschrift enthaltene Größenbegrenzung auf maximal 20 m² Grundfläche ist in der Novelle 2008 weggefallen. Die Vorschrift ist nur bedeutsam für Anlagen, die nicht Bestandteil einer öffentlichen Verkehrsanlage sind (vgl. Art. 1 Abs. 2 Nr. 1).

2f Abs. 1 Nr. 1f (Schutzhütten für Wanderer)

Gemäß Abs. 1 Nr. 1f sind verfahrensfrei Schutzhütten für Wanderer, die jedermann zugänglich sind und keine Aufenthaltsräume haben. Erfasst sind also nur ganz einfach ausgestattete Gebäude und keinesfalls Restaurationsbetriebe oder Gebäude mit Übernachtungsmöglichkeit.

2g Abs. 1 Nr. 1g (Terrassenüberdachungen)

Durch die Novelle 2008 neu aufgenommen wurde eine Verfahrensfreiheit für Terrassenüberdachungen mit einer Fläche bis 30 m² und einer Tiefe bis zu 3 m. Diese Verfahrensfreiheit entspricht einem Bedürfnis der Praxis.

Art. 57 Verfahrensfreie Bauvorhaben, Beseitigung von Anlagen

2h Abs. 1 Nr. 1h (Gartenlauben nach BKleingG)

Abs. 1 Nr. 1h übernimmt die früher in Art. 63 Abs. 1 Satz 1 Nr. 9d a. F. für Gartenlauben enthaltene Verfahrensfreiheit ohne sachliche Änderung. Genehmigungsfrei sind Gartenlauben in Kleingartenanlagen gemäß § 1 Abs. 1 BKleingG. Abs. 2 Nr. 3 enthält einen weitergehenden Tatbestand der Verfahrensfreiheit für Anlagen in einem Dauerkleingarten, der durch Bebauungsplan festgesetzt ist.

2i Abs. 1 Nr. 2 (Anlagen der technischen Gebäudeausrüstung)

Verfahrensfrei sind nach Abs. 1 Nr. 2 im Prinzip alle Anlagen der technischen Gebäudeausrüstung (vgl. Art. 57 Abs. 1 Nr. 2); lediglich für Abgasanlagen wurden spezielle Voraussetzungen beibehalten; für Energiegewinnungsanlagen findet sich jetzt eine Spezialvorschrift in Nr. 3. Von der Verfahrensfreiheit erfasst werden also insbesondere Feuerungsanlagen, Leitungen aller Art für Wasser, Abwasser, Niederschlagswasser, Gas, Elektrizität oder Wärme, Installationsschächte und -kanäle, Rohre, Beheizungseinrichtungen, Wärmepumpen oder auch Blitzschutzanlagen. Ausschlaggebend ist, dass diese Anlagen Teile eines Gebäudes sein müssen und nicht selbstständige bauliche Anlagen sein dürfen. Ausweislich der Begründung zum Gesetzentwurf ist die Verfahrensfreiheit dieser Anlagen deshalb hinnehmbar, weil sie bei der Errichtung von Gebäuden regelmäßig Gegenstand des Baugenehmigungsverfahrens sind bzw. durch entfallende bauaufsichtliche Prüfungen ersetzende kompensatorische Vorkehrungen erfasst werden.

Abgasanlagen (vgl. Art. 40 Abs. 3) sind nur in und an Gebäuden sowie bei freistehenden Anlagen bei einer freien Höhe bis zu 10 m verfahrensfrei.

2j Abs. 1 Nr. 3 (Energiegewinnungsanlagen)

Abs. 1 Nr. 3 enthält in der Fassung, die diese Vorschrift durch die Novelle 2013 gefunden hat, eine umfassende Verfahrensfreiheit von Energiegewinnungsanlagen. Solarenergieanlagen und Sonnenkollektoren sind ohne Größenbegrenzung verfahrensfrei, wenn sie sich in, auf und an Dach- und Außenwandflächen befinden. Die Regelung stellt im Übrigen jetzt klar, dass auch die mit der Errichtung einer entsprechenden Anlage verbundene Nutzungs- bzw. Gestaltänderung des Gebäudes, an dem die Anlage angebracht wird, von der Verfahrensfreiheit mitumfasst wird (vgl. zu dem Problem OVG NW, B. v. 20.9.2010, Az. 7 B 985/10, ZfBR 2011, 45). Gebäudeunabhängig sind entsprechende Anlagen in Anlehnung an die Abstandsflächenprivilegierung des Art. 6 Abs. 9 Satz 1 Nr. 2 mit einer Höhe bis zu 3 m und einer Gesamtlänge bis zu 9 m.

Durch die Novelle 2009 neu wurden in den Kreis der verfahrensfreien Vorhaben aufgenommen Kleinwindkraftanlagen mit einer freien Höhe bis zu 10 m. Bis zu dieser Höhe weisen entsprechende Anlagen in aller Regel keinerlei statisch-konstruktive Probleme auf.

Schließlich werden von der Regelung nunmehr auch Blockheizkraftwerke erfasst.

Verfahrensfreie Bauvorhaben, Beseitigung von Anlagen **Art. 57**

2k Abs. 1 Nr. 4 (Versorgungsanlagen)

Abs. 1 Nr. 4 regelt die Verfahrensfreiheit von **Versorgungsanlagen,** solange es sich nicht um Anlagen der technischen Gebäudeausrüstung im Sinne des Abs. 1 Nr. 2 handelt. Übrig bleiben insoweit Brunnen – und zwar ohne Größenbegrenzung – sowie Anlagen, die der Telekommunikation, der öffentlichen Versorgung mit Elektrizität einschließlich Trafostationen, Gas, Öl oder Wärme dienen, mit einer Höhe bis zu 5 m und einer Fläche bis zu 10 m^2. Bei Brunnen ist insoweit allerdings an eine mögliche wasserrechtliche Genehmigungspflicht zu denken, da Grundwasserbenutzungen regelmäßig genehmigungspflichtig sind.

2l Abs. 1 Nr. 5 (Masten und Antennen)

Unter dieser Vorschrift werden Masten, Antennen und ähnliche bauliche Anlagen zusammengefasst.

Nach **Abs. 1 Nr. 5a** sind **Antennen,** z. B. für Rundfunk- und Fernsehempfang oder für Amateurfunk, verfahrensfrei. Für die Antenne selbst enthält das Gesetz keine Größenbegrenzung (zweifelnd für den früheren Wortlaut der Vorschrift BayVGH, U. v. 30.1.2012 – 1 BV 11.62, BayVBl. 2012, 660); ein die Antenne tragender Mast ist bis zu einer freien Höhe von 10 m verfahrensfrei. Erfasst werden darüber hinaus auch die zugehörigen Versorgungseinheiten mit einem Rauminhalt bis zu 10 m^3. Soweit sie auf oder an einer bestehenden baulichen Anlage errichtet werden, erstreckt sich die Verfahrensfreiheit auch auf die damit verbundene Änderung der Nutzung und der äußeren Gestalt der Anlage. Damit hat der Gesetzgeber die Genehmigungsfreiheit für die gängigen **Mobilfunkanlagen** eingeführt, sofern die Antennenhöhe nicht 10 m überschreitet. Die immissionsschutzrechtliche Anzeigepflicht bleibt hiervon unberührt. Durch die Novelle 2013 wurde klargestellt, dass sich die Höhenbegrenzung auf die „freie" Höhe des Mastes bezieht, es kommt also auf die Höhe über Dach an und nicht auf die Gesamthöhe der Anlage (anders zum alten Wortlaut der Vorschrift BayVGH, U. v. 19.5.2011, Az. 2 B 11.397, BayVBl. 2011, 724).

Masten und Unterstützungen sind nach **Abs. 1 Nr. 5b** verfahrensfrei, sofern sie für Fernsprechleitungen, Elektrizitätsversorgungsleitungen, Sirenen und Fahnen dienen. In der Literatur werden Bedenken gegen die Genehmigungsfreistellung von Stromleitungsmasten wegen der planungsrechtlichen Folgen nach § 29 Abs. 1 BauGB vorgetragen (Labbé/Wölfel, BayVBl. 1990, S. 161).

Genehmigungsfrei sind nach **Abs. 1 Nr. 5c** auch **Masten, die aus Gründen des Brauchtums errichtet werden** (z. B. Maibäume, Hochzeitsbäume etc.).

Signalhochbauten für die Landesvermessung fallen nach **Abs. 1 Nr. 5d** unter die Verfahrensfreiheit.

Schließlich sind – neu eingefügt durch die Novelle 2008 – **Flutlichtmasten** bis zu einer freien Höhe von 10 m verfahrensfrei.

Art. 57 Verfahrensfreie Bauvorhaben, Beseitigung von Anlagen

2m Abs. 1 Nr. 6 (Behälter)

Unter dieser Nummer wurden **genehmigungsfreie Behältnisse** zusammengefasst. Die Behälter wurden in **Abs. 1 Nr. 6a, b und c** in drei Fallgruppen (Gasbehälter, Behälter für brennbare oder wassergefährdende Flüssigkeiten sowie sonstige Behälter) aufgeteilt.

Dabei kommt es bei den Behältern sonstiger Art auf den Inhalt und insbesondere auf dessen Aggregatzustand bei der Genehmigungsfreiheit nicht an. Unter diesen Behältern sind Einrichtungen zu verstehen, die zur vorübergehenden oder endgültigen Aufbewahrung oder Lagerung von Gegenständen dienen. Das Lagergut kann fest, flüssig oder gasförmig sein (z. B. Zement, Getreide, Wasser, Heizöl, Flüssiggas). Zu beachten ist, dass sich besondere Anforderungen aus Art. 55 und 58 BayWG ergeben können, wenn aus dem Lagergut Gefahren für die Allgemeinheit zu befürchten sind. Auch die Vorschriften nach §§ 62, 32 Abs. 2, 48 Abs. 2 WHG, VAwS und VVB enthalten besondere Regelungen, mit denen diese Gefahren ausgeschlossen werden sollen.

Sonstige ortsfeste Behälter sind erst ab einen Rauminhalt über 50 m³ genehmigungspflichtig. Hierunter fallen u. a. Wasserbehälter ohne höhenmäßige Begrenzung.

Gülle- und Jauchebehälter und -gruben sind nach **Abs. 1 Nr. 6d** verfahrensfrei, wenn ihr Rauminhalt 50 m³ und ihre Höhe 3 m nicht übersteigen.

Gärfutterbehälter (Silos) sind nach **Abs. 1 Nr. 6e** mit einer Höhe bis 6 m ohne Rücksicht auf den Rauminhalt verfahrensfrei. **Schnitzelgruben** sind nach **Abs. 1 Nr. 6e** ebenfalls verfahrensfrei.

Dungstätten, Fahrsilos und ähnliche für die landwirtschaftlichen, forstwirtschaftlichen oder gärtnerischen Betriebe notwendige Anlagen sind nach **Abs. 1 Nr. 6f** verfahrensfrei, wenn sie nicht höher als 3 m sind. Ausgenommen hiervon sind Biomasselager für den Betrieb von Biogasanlagen, da insoweit häufig technische Schwierigkeiten auftreten können.

Neu durch die Novelle 2008 in die Verfahrensfreiheit aufgenommen wurden **Wasserbecken** mit einem Beckeninhalt bis zu 100 m³ **(Abs. 1 Nr. 6g)**. Erfasst sind sowohl Schwimmbecken als auch Fisch- und Zierteiche. Verfahrensfrei ist nur das Becken selbst, nicht erfasst sind aber damit verbundene Nebenanlagen (vgl. aber Abs. 1 Nr. 10a).

2n Abs. 1 Nr. 7 (Mauern und Einfriedungen)

Unter dieser Ziffer sind Mauern und Einfriedungen sowie Sichtschutzzäune und Terrassentrennwände erfasst.

Nach **Abs. 1 Nr. 7a** sind **Mauern und Einfriedungen**, sowie Sichtschutzzäune und Terrassentrennwände, soweit sie nicht im Außenbereich liegen, verfahrensfrei, sofern sie maximal 2 m hoch sind. Die früher im Gesetz geregelte differenzierte

Verfahrensfreie Bauvorhaben, Beseitigung von Anlagen   **Art. 57**

Betrachtungsweise in Bezug auf Mauern und Einfriedungen im Kreuzungs- oder Einmündungsbereich öffentlicher Verkehrsflächen ist weggefallen.
Im **Außenbereich** sind nach **Abs. 1 Nr. 7b Einfriedungen** verfahrensfrei, soweit sie bestimmten privilegierten Zwecken dienen. Davon werden nur solche Einfriedungen erfasst, die offen und sockellos sind (z. B. Maschendrahtzäune, Latten oder Weidezäune). Sie dürfen somit nicht als geschlossene Wände wirken und müssen eine Durchsicht erlauben. Einfriedungen dienen nur dann einem privilegierten Vorhaben, wenn sie mit ihm im räumlichen Zusammenhang stehen. Auch ein Weidezaun, der das Vieh zusammenhält, kann diese Voraussetzungen erfüllen. Von der Verfahrensfreiheit erfasst sind auch Einfriedungen für die Haltung geeigneter Schalenwildarten. Dies ist dadurch gerechtfertigt, dass in der Praxis außer Damwild seit längerer Zeit in gleicher Weise auch Muffel- oder Rotwild und artverwandte Hirscharten gehalten werden. Zudem sind Einfriedungen für die berufsmäßige Binnenfischerei generell verfahrensfrei. Durch die Novelle 2008 neu aufgenommen wurden im Übrigen Einfriedungen, die dem Schutz landwirtschaftlicher Kulturen vor Schalenwild dienen.

2o Abs. 1 Nr. 8 (private Verkehrsanlagen)

Verfahrensfrei sind – wie bisher – nach **Abs. 1 Nr. 8** die **privaten Verkehrsanlagen,** einschließlich Brücken und Durchlässen sowie Untertunnelungen.

2p Abs. 1 Nr. 9 (Aufschüttungen)

Aufschüttungen sind verfahrensfrei, wenn eine Grundfläche von 500 m² und eine Höhe von 2 m nicht überschritten wird. Unberührt hiervon bleiben andere Genehmigungen z. B. nach dem Bayerischen Naturschutzgesetz und dem Wasserrecht. Verfahrensfrei sind selbstverständlich nur selbstständige Aufschüttungen. Stehen sie in Verbindung mit einer ansonsten genehmigungsbedürftigen Anlage, erstreckt sich diese Genehmigungsbedürftigkeit auch auf die Aufschüttung. Für Abgrabungen ist auf eine eventuelle Genehmigungsfreiheit nach Art. 6 Abs. 2 BayAbgrG hinzuweisen.

2q Abs. 1 Nr. 10 (Garten- und Freizeitanlagen)

Unter Abs. 1 Nr. 10 werden die verfahrensfreien **baulichen Anlagen in Gärten und zur Freizeitgestaltung** zusammengefasst.

Schwimmbecken (Abs. 1 Nr. 10a) im Innenbereich sind mit einem Beckeninhalt bis zu 100 m³ verfahrensfrei, mit in die Verfahrensfreiheit einbezogen sind jetzt dazugehörige temporäre luftgetragene Überdachungen. Als Teil eines Gebäudes sind Schwimmbecken immer genehmigungspflichtig.

Sprungschanzen, Sprungtürme und **Rutschbahnen** sind nach **Abs. 1 Nr. 10b** mit einer Höhe bis zu 10 m verfahrensfrei.

Art. 57 Verfahrensfreie Bauvorhaben, Beseitigung von Anlagen

Erweitert wurde die Verfahrensfreiheit von **Spiel- und Sportgeräten (Abs. 1 Nr. 10c)**. Erfasst sind nicht mehr nur Anlagen, die der zweckentsprechenden Einrichtung von Spiel-, Bolz-, Abenteuerspiel- und Sportplätzen dienen, sondern darüber hinaus auch Anlagen für Reit- und Wanderwege sowie Trimm- und Lehrpfade. Die Genehmigungspflicht der Plätze bleibt jedoch unberührt (vgl. Abs. 2 Nr. 7, in der die Verfahrensfreiheit für plankonforme Kinderspiel-, Bolz- und Abenteuerspielplätze, nicht jedoch für Sportplätze geregelt ist). Auch weiterhin sind im Übrigen Gebäude und Tribünen von der Verfahrensfreiheit ausgeschlossen.

Wohnwagen, Zelte und bauliche Anlagen sind nach **Abs. 1 Nr. 10d** auf allen Camping-, Zelt- und Wochenendplätzen verfahrensfrei; nicht hierunter fallen jedoch Gebäude.

Durch die Novelle 2008 neu in die verfahrensfreien Vorhaben einbezogen wurden gemäß **Abs. 1 Nr. 10e** Anlagen, **die der Gartennutzung, der Gartengestaltung oder der zweckentsprechenden Einrichtung von Gärten dienen**. Ausgenommen sind allerdings Gebäude und Einfriedungen; gemeint sind etwa Bänke, Sitzgruppen oder Pergolen.

2r Abs. 1 Nr. 11 (Bauteile)

Unter **Abs. 1 Nr. 11** werden die verfahrensfreien **tragenden und nichttragenden Bauteile** geregelt. Besonders zu beachten ist, dass die in diesen Vorschriften genannten Modalitäten auch dann verfahrensfrei sind, wenn die zugehörige bauliche Anlage noch nicht fertig gestellt ist. Mit anderen Worten ist auch während der Bauphase eine isolierte Verfahrensfreiheit für Tekturen gegeben.

Gemäß **Abs. 1 Nr. 11a** sind alle **nichttragenden und nichtaussteifenden Bauteile** erfasst; darüber hinaus ist gemäß **Abs. 1 Nr. 11b** die **Änderung tragender oder aussteifender Bauteile** verfahrensfrei, allerdings nur innerhalb von Wohngebäuden. Dies entspricht der früheren Rechtslage (vgl. Art. 63 Abs. 1 Satz 2 Nr. 3 a. F.).

In **Abs. 1 Nr. 11c** wird der **Dachgeschossausbau** unter bestimmten Voraussetzungen verfahrensfrei gestellt. Voraussetzung ist, dass das betreffende Gebäude überwiegend zu Wohnzwecken genutzt wird. Somit kann auch dann ein genehmigungsfreier Dachgeschossausbau zu Wohnzwecken erfolgen, wenn eine untergeordnete gewerbliche Nutzung, etwa ein Laden im Erdgeschoss, vorhanden ist. Die Genehmigungsfreiheit gilt jedoch nur für einzelne Aufenthaltsräume (Art. 45 Abs. 1), nicht für ganze Wohnungen (Art. 46). Die Aufenthaltsräume müssen im Dachgeschoss liegen, also in einem Geschoss unmittelbar unter den Dachschrägen. Sowohl die Dachkonstruktion als auch die äußere Gestalt des Gebäudes dürfen dabei verändert werden, sofern die Veränderungen keinen eigenständigen Genehmigungstatbestand auslösen.

Nach **Abs. 1 Nr. 11d** sind **Türen und Fenster sowie die entsprechenden Öffnungen** – einschließlich von Dachflächenfenstern – verfahrensfrei. Die früher im Gesetz enthaltene Beschränkung auf nicht gewerbliche Nutzungen ist in der Novelle 2008 weggefallen.

Verfahrensfreie Bauvorhaben, Beseitigung von Anlagen Art. 57

Schließlich sind nach **Abs. 1 Nr. 11e Außenwandverkleidungen, einschließlich Maßnahmen der Wärmedämmung** ausgenommen bei Hochhäusern sowie Verblendungen und Verputz verfahrensfrei.

Durch die Novelle 2013 wurde schließlich Abs. 1 Nr. 11f eingefügt. Danach sind **Bedachungen** einschließlich Maßnahmen der Wärmedämmung ausgenommen bei Hochhäusern verfahrensfrei. Nicht unter diese Regelung fallen konstruktiv/gestalterische Änderungen der Dachkonstruktion, beispielsweise zur Errichtung von Aufenthaltsräumen im Dachgeschoss. Zu beachten ist, dass der Bauherr selbstverständlich alle materiellen baurechtlichen Vorschriften – insbesondere die Regeln über die Abstandsflächen – zu beachten hat.

Dachgauben sind in Abs. 2 Nr. 4 geregelt und nur dann verfahrensfrei zulässig, wenn ein Bebauungsplan oder eine örtliche Bauvorschrift besteht und hierin Regelungen über die Zulässigkeit der Dachgauben getroffen werden und das Vorhaben diese einhält.

2s Abs. 1 Nr. 12 (Werbeanlagen)

Abs. 1 Nr. 12 fasst die verfahrensfreien **Werbeanlagen** zusammen. Die Neuregelung in der Novelle 2008 entsprach weitgehend der früheren Genehmigungsfreiheit in Art. 63 Abs. 1 Satz 1 Nr. 11 a. F.

Verfahrensfrei sind nach **Abs. 1 Nr. 12a** Werbeanlagen bis zu einer Größe von 1 m², darüber hinaus ohne Größenbegrenzung alle Werbeanlagen in Auslagen oder an Schaufenstern.

Ebenfalls verfahrensfrei sind nach Abs. 1 Nr. 12b Warenautomaten. Die früheren Einschränkungen, insbesondere die Größenbegrenzung auf eine Ansichtsfläche von 1 m² sind weggefallen.

Abs. 1 Nr. 12c enthält eine generelle Verfahrensfreiheit für Werbeanlagen, die nicht vom öffentlichen Verkehrsraum aus sichtbar sind. Selbstverständlich unzulässig sind auch solche Werbeanlagen, die gegen das Verunstaltungsverbot (Art. 8) verstoßen oder sich nicht gemäß § 34 BauGB einfügen. Nach der Rechtsprechung des Bundesverwaltungsgerichts (Urteil vom 15.12.1994, NVwZ 1995, S. 897) wird das zulässige Maß der baulichen Nutzung bei Anlagen der Fremdwerbung im Innenbereich danach beurteilt, ob die Werbeanlagen das Maß der Gebäude der Umgebungsbebauung überschreiten.

Verfahrensfrei sind nach Abs. 1 Nr. 12d vorübergehend angebrachte Werbeanlagen, sofern diese nach ihrem erkennbaren Zweck nur vorübergehend für höchstens zwei Monate errichtet werden. Dies gilt für Werbeanlagen im Außenbereich nur, soweit sie einem Vorhaben im Sinn des § 35 BauGB dienen.

Nach Abs. 1 Nr. 12e sind Hinweiszeichen, die auf abseits oder versteckt gelegene Stätten hinweisen, verfahrensfrei. Die Verfahrensfreiheit gilt jedoch nicht im Außenbereich.

Art. 57 Verfahrensfreie Bauvorhaben, Beseitigung von Anlagen

Abs. 1 Nr. 12f stellt Hinweisschilder verfahrensfrei, die Inhaber und Art gewerblicher Betriebe kennzeichnen, wenn sie vor Ortsdurchfahrten auf einer einzigen Tafel zusammengefasst sind. Im Regelfall werden solche Hinweisschilder keine gestalterischen Probleme aufwerfen; vielmehr ist die Zusammenfassung einzelner Hinweisschilder wünschenswert.

Nach Abs. 1 Nr. 12g sind Werbeanlagen auch dann verfahrensfrei, wenn sie am Ort der Leistung in durch Bebauungsplan festgesetzten **Gewerbe-, Industrie- und vergleichbaren Sondergebieten** errichtet werden. Weiter erstreckt sich diese Genehmigungsfreiheit auf Flugplätze, Sportanlagen, abgegrenzte Versammlungsstätten, Ausstellungs- und Messegelände, soweit die Werbeanlagen nicht in die freie Landschaft hineinwirken und nicht höher sind als 10 m (zur Verfahrensfreiheit von Werbeanlagen in den übrigen Baugebieten vgl. Abs. 2 Nr. 6). Die Gemeinden können selbstverständlich durch Gestaltungssatzung oder durch Regelungen im Bebauungsplan Vorgaben auch zur Größe der Werbeanlagen treffen.

2t Abs. 1 Nr. 13 (vorübergehend aufgestellte Anlagen)

Unter die Verfahrensfreiheit von **Baustelleneinrichtungen (Abs. 1 Nr. 13a)** fallen außer den in der Vorschrift ausdrücklich genannten Lagerhallen, Schutzhallen und Unterkünften auch Baubuden, Baucontainer, Fördertürme sowie Aufzugs- und Mischanlagen. Dabei können Baustelleneinrichtungen nur solche Anlagen sein, die der Ausführung eines bestimmten Vorhabens dienen und deren zeitlicher Bestand sich deshalb im Wesentlichen mit der Dauer der Bauarbeiten deckt. Auch ein räumlicher Zusammenhang mit der konkreten Baustelle ist notwendig (vgl. dazu BayVGH, Urteil vom 26.9.1988, BayVBl. 1989, S. 181).

Neu in den Kreis der verfahrensfreien Vorhaben aufgenommen wurden durch die Novelle 2008 **Toilettenwagen (Abs. 1 Nr. 13b)** und **Behelfsbauten, die der Landesverteidigung, dem Katastrophenschutz oder der Unfallhilfe dienen (Abs. 1 Nr. 13c)**.

Die Verfahrensfreiheit von baulichen Anlagen, die für höchstens drei Monate **auf genehmigtem Messe- und Ausstellungsgelände** errichtet werden, nach **Abs. 1 Nr. 13d** wurde eingeführt, um einem praktischen Bedürfnis der Messeveranstalter entgegenzukommen. Die Novelle 2008 hat dabei die höchstzulässige Dauer der Aufstellung auf drei Monate präzisiert. Ausdrücklich ausgenommen sind fliegende Bauten.

Nach **Abs. 1 Nr. 13e** sind **Verkaufsstände und andere bauliche Anlagen auf Straßenfesten, Volksfesten und Märkten** verfahrensfrei. Hierunter fallen auch Gebäude, sowie das Aufstellen von Tischen, Stühlen etc. Auch wenn sich dies aus der Vorschrift nicht mehr ausdrücklich ergibt, werden nur vorübergehend aufgestellte Anlagen erfasst. Die höchstzulässige Dauer bestimmt sich im Einzelfall aus dem jeweiligen Zweck der Anlage.

Abs. 1 Nr. 13f begrenzt die Verfahrensfreiheit von **Zeltlagern** auf zwei Monate.

Verfahrensfreie Bauvorhaben, Beseitigung von Anlagen Art. 57

2u Abs. 1 Nr. 14 (Fahrgeschäfte)

Verfahrensfrei nach **Abs. 1 Nr. 14** sind seit der Novelle 2009 **Fahrgeschäfte** mit einer Höhe bis 5 m, die für Kinder betrieben werden und eine Geschwindigkeit von höchstens 1 m/s haben.

2v Abs. 1 Nr. 15 (Plätze)

Lager-, Abstell- und Ausstellungsplätze sind nach **Abs. 1 Nr. 15a** verfahrensfrei, wenn sie einem land- oder forstwirtschaftlichen Betrieb oder einem Betrieb der gartenbaulichen Erzeugung im Sinn der § 35 Abs. 1 Nr. 1 und 2, § 201 BauGB dienen und zwar ohne Rücksicht auf die Größe der Fläche.

Nach **Abs. 1 Nr. 15b** sind **Stellplätze für Kraftfahrzeuge und sonstige Lager- und Abstellplätze** nur im Innenbereich und nur bis zu einer Größe von 300 m² verfahrensfrei. Auf die Flächenbegrenzung werden die Flächen der Zufahrten, die ebenfalls von der Verfahrensfreiheit erfasst werden, nicht angerechnet. Unter Lager- und Abstellplätze fallen nicht Festplätze und Campingplätze.

Verfahrensfrei sind gemäß **Abs. 1 Nr. 15c** seit 2008 auch **Kinderspielplätze im Sinn des Art. 7 Abs. 2**, also solche, die im Zuge der Errichtung eines Wohngebäudes mit mehr als drei Wohnungen erforderlich sind. Die Vorschrift dürfte nur einen geringen Anwendungsbereich haben, da sie nur die isolierte Errichtung des entsprechenden Spielplatzes erfasst.

Schließlich sind verfahrensfrei nach **Abs. 1 Nr. 15d Freischankflächen** bis zu 40 m² einschließlich einer damit verbundenen Nutzungsänderung einer Gaststätte oder einer Verkaufsstelle des Lebensmittelhandwerks. Ausweislich der Begründung zum Gesetzentwurf sind diese Flächen auch unter nachbarrechtlichen Gesichtspunkten nicht so problematisch, dass sie zwingend einem präventiven Kontrollverfahren unterworfen werden müssen. Die Notwendigkeit, eine straßenrechtliche Sondernutzungserlaubnis einholen zu müssen, bleibt durch die Verfahrensfreiheit unberührt.

2w Abs. 1 Nr. 16 (sonstige bauliche Anlagen)

Neu aufgenommen in die Verfahrensfreiheit wurden gemäß **Abs. 1 Nr. 16a Fahrradabstellanlagen** mit einer Fläche bis zu 30 m².

Abs. 1 Nr. 16b greift Art. 63 Abs. 1 Satz 2 Nr. 2 a. F. auf und erweitert die Verfahrensfreiheit auf alle **Zapfsäulen und Tankautomaten** genehmigter Tankstellen.

Nach **Abs. 1 Nr. 16c** sind **Hochregale** mit einer Höhe bis zu 7,50 m (Oberkante Lagergut) verfahrensfrei. Regale mit einer größeren Höhe erfordern besondere Vorkehrungen hinsichtlich des Brandschutzes, die nur in einem Genehmigungsverfahren überprüft werden können.

Nach **Abs. 1 Nr. 16d** sind **Grabdenkmale auf Friedhöfen, Feldkreuze, Denkmäler sowie sonstige Kunstwerke** jeweils mit einer Höhe von 4 m verfahrensfrei.

Art. 57 Verfahrensfreie Bauvorhaben, Beseitigung von Anlagen

Abs. 1 Nr. 16e übernimmt die nicht anderweitig geregelten genehmigungsfreien Tatbestände für **unbedeutende bauliche Anlagen.** Was als unbedeutende bauliche Anlage in diesem Sinn angesehen werden kann, ergibt sich insbesondere durch einen Vergleich mit den übrigen Tatbeständen des Abs. 1. Verfahrensfrei sind nur solche Vorhaben, die insbesondere in Bezug auf ihre Größe und ihre Funktion eine vergleichbar geringe baurechtliche Relevanz aufweisen. Der Gesetzgeber nennt selbst Beispielsfälle und zählt Hauseingangsüberdachungen, Markisen, Rollläden, Terrassen, Maschinenfundamente, Straßenfahrzeugwaagen, Pergolen, Jägerstände, Wildfütterungen, Bienenfreistände, Taubenhäuser, Hofeinfahrten und Teppichstangen auf.

3 Verfahrensfreiheit auf Grund einer Satzung (Abs. 2)

Abs. 2 regelt die **Anlagen, die im Geltungsbereich einer städtebaulichen oder einer Satzung nach Art. 81 liegen,** die nähere Vorgaben in Bezug auf die bauliche Anlage enthält. Sofern die in Abs. 2 aufgezählten Anlagen den Festsetzungen der Satzung entsprechen, sind sie verfahrensfrei. Eine Verfahrensfreiheit besteht aber nur dann, wenn die Satzung bereits Aussagen zur Zulässigkeit, den Standort und die Größe von baulichen Anlagen enthält, sodass die Satzung die Ausgestaltung der entsprechenden Anlagen bereits vorgibt. Somit sind z. B. Dachgauben nur dann verfahrensfrei zulässig, wenn in der Satzung Aussagen über das Ob und das Wie der Dachgauben enthalten sind (Größe, Anzahl der Dachgauben je Dach etc.). Dabei muss die Satzung nicht jede Einzelheit regeln, sondern kann auch ausdrücklich dem Bauherrn einen Gestaltungsspielraum einräumen.

Nach **Abs. 2 Nr. 1** sind **Garagen** mit einer Nutzfläche bis 100 m² im Geltungsbereich einer städtebaulichen oder einer Satzung nach Art. 81 genehmigungsfrei. Ohne Bedeutung für die Verfahrensfreiheit ist, welchem Vorhaben die Garage dienen soll.

Abs. 2 Nr. 2 erfasst **Wochenendhäuser,** sowie die Anlagen, die keine Gebäude sind, in durch Bebauungsplan festgesetzten Wochenendhausgebieten. Wochenendhausgebiete werden als Sondergebiete nach § 10 BauNVO festgesetzt. Schwierigkeiten entstehen in der Praxis daraus, dass der Begriff des Wochenendhauses gesetzlich nicht definiert ist. Das Wochenendhaus wird durch die vorübergehende Nutzung an Wochenenden oder zu Ferienzeiten charakterisiert. Ein Wochenendhaus darf nicht als Dauerwohnstätte ausgebildet sein. Im Bebauungsplan ist es daher zweckmäßig, durch Festsetzung einer geringen Grundfläche für die Häuser, verbunden mit gestalterischen Vorschriften nach Art. 81 (geringe Dachneigung) die Nutzung als Dauerwohnstätten weitgehend auszuschließen. Häufig werden bis zu 60 m² Grundfläche für die Häuser und zusätzlich 20 m² für eine überdachte Terrasse sowie die Begrenzung der Vollgeschosse auf eins (maximal zwei bzw. Dachgeschossausbau) in Bebauungsplänen festgesetzt.

Abs. 2 Nr. 3 enthält eine Verfahrensfreiheit für bauliche **Anlagen in Dauerkleingärten** im Sinn des § 1 Abs. 3 BKleingG. Die Dauerkleingärten müssen durch Bebauungsplan festgesetzt sein.

Verfahrensfreie Bauvorhaben, Beseitigung von Anlagen   Art. 57

Abs. 2 Nr. 4 regelt die Verfahrensfreiheit von **Dachgauben und vergleichbaren Dachaufbauten,** sofern sie einem Bebauungsplan oder einer Satzung nach Art. 81 entsprechen. Notwendig ist jedoch, dass die Satzung Regelungen über die Zulässigkeit, Anzahl und die Größe der Dachgauben bzw. Dachaufbauten enthält. Rechtlich zulässig ist es auch, dass die Satzung keine entsprechenden Vorgaben aufstellt, wenn der Hinweis aufgenommen wird, dass auf nähere Regelungen verzichtet wird.

Abs. 2 Nr. 5 regelt die Verfahrensfreiheit von **Mauern und Einfriedungen,** die plankonform errichtet werden.

Abs. 2 Nr. 6 stellt satzungskonforme **Werbeanlagen** mit einer freien Höhe bis zu 10 m verfahrensfrei, sofern die Satzung Regelungen über die Zulässigkeit, den Standort und die Größe der baulichen Anlage enthält.

Abs. 2 Nr. 7 enthält eine Verfahrensfreiheit für alle plankonformen **Kinderspiel-, Bolz- und Abenteuerspielplätze.**

Abs. 2 Nr. 8 regelt die Verfahrensfreiheit für plankonforme **Friedhöfe** und löst so das Konkurrenzverhältnis zum Bestattungsrecht. Sofern ein Friedhof durch Bebauungsplan festgesetzt ist, bedarf er auch keiner bestattungsrechtlichen Genehmigung (Art. 9 Abs. 2 Satz 1 BestG).

Abs. 2 Nr. 9 regelt schließlich eine Verfahrensfreiheit für satzungskonforme **Solarenergieanlagen** und **Sonnenkollektoren.**

4 Verfahrensfreiheit für bauliche Anlagen auf Flugplätzen (Abs. 3)

Abs. 3 schafft eine weitgehende **Verfahrensfreiheit für bauliche Anlagen auf Flugplätzen.** Der Gesetzgeber begründet dies damit, dass nach § 6 Abs. 2 Satz 1 LuftVG vor Erteilung der Genehmigung für einen Flugplatz besonders zu prüfen ist, ob die geplante Maßnahme den Erfordernissen der Raumordnung und Landesplanung entspricht, ob die Erfordernisse des Naturschutzes und der Landschaftspflege sowie des Städtebaus und der Schutz vor Fluglärm angemessen berücksichtigt sind. Gebäude, die auch auf Flughäfen der Bauordnung unterliegen (Art. 1 Abs. 2 Nr. 1), werden bis zur Hochhaus- bzw. Sonderbautengrenze verfahrensfrei gestellt. Dies gilt jedoch nur für bauliche Anlagen auf **luftrechtlich zugelassenen Flugplätzen.** Durch Abs. 3 Satz 2 wird klargestellt, dass für die Anforderungen an den Entwurfsverfasser und an die bautechnischen Nachweise sowie deren Ersteller die Vorgaben der Bauordnung gelten.

5 Verfahrensfreiheit von Nutzungsänderungen (Abs. 4)

Verfahrensfrei ist eine **Nutzungsänderung von Anlagen** zunächst dann, wenn für die neue Nutzung keine anderen öffentlich-rechtlichen Anforderungen nach Art. 60 Satz 1 und Art. 62 als für die bisherige Nutzung in Betracht kommen **(Abs. 4 Nr. 1).** Die früher geltenden Beschränkungen der Vorschrift auf Gebäude und Räume sowie der Ausschluss im Außenbereich waren im Grunde überflüssig

Art. 57 Verfahrensfreie Bauvorhaben, Beseitigung von Anlagen

und wenig sinnvoll; sie sind in der Novelle 2008 weggefallen. **Wie die Vorschrift jetzt ausdrücklich regelt, sind nur Anforderungen nach Art. 60 Satz 1 und Art. 62 erfasst, also solche Anforderungen, die im Baugenehmigungsverfahren Prüfungsgegenstand sein können.**

Eine Nutzungsänderung ist auch dann genehmigungspflichtig, wenn sich nicht aus dem Baurecht, sondern aus anderen Vorschriften im Baugenehmigungsverfahren zu prüfende andere öffentlich-rechtliche Anforderungen ergeben. **Andere bauordnungsrechtliche Anforderungen** können z. B. dann in Betracht kommen, wenn ein Gebäude im Gegensatz zur bisherigen Nutzung nunmehr zum Wohnen genutzt werden soll, aber auch aus der Notwendigkeit weiterer Stellplätze. Auch andere immissionsschutzrechtliche Vorgaben führen zur Genehmigungspflicht, wenn sich durch die neue Nutzung (z. B. Umwandlung eines Ladens in eine Gaststätte) andere Anforderungen ergeben können. Dabei sind die immissionsschutzrechtlichen Vorschriften auch bei der bauplanungsrechtlichen Beurteilung zu prüfen (vgl. BVerwG, Urteil vom 25.2.1977, BayVBl. 1977, S. 639). Ohne Relevanz für die Verfahrensfreiheit ist auch, ob die anderen öffentlich-rechtlichen Anforderungen in das Prüfprogramm des jeweiligen Baugenehmigungsverfahrens fallen würden oder nicht. Dies kann bedeuten, dass die die Genehmigungspflicht auslösenden öffentlich-rechtlichen Anforderungen bei der dann erforderlichen Baugenehmigung gar nicht geprüft werden.

Verfahrensfrei sind nach **Abs. 4 Nr. 2** auch **Nutzungsänderungen** von Anlagen, wenn deren Errichtung und Änderung bei geänderter Nutzung nach Abs. 1 und 2 verfahrensfrei wäre. Daher kann z. B. ein Nebengebäude an der Grundstücksgrenze verfahrensfrei in eine Grenzgarage umgenutzt werden. Zulässig ist es auch, eine Garage verfahrensfrei in einen Aufenthaltsraum nach Abs. 1 Satz 1 Nr. 1a umzunutzen.

6 Verfahrensfreiheit von Instandhaltungsarbeiten (Abs. 6)

Verfahrensfrei sind gemäß **Abs. 6 Instandhaltungsarbeiten**. Dieser Begriff ist jedoch von der Änderung einer baulichen Anlage zu unterscheiden. Instandgehalten wird eine Anlage, wenn ihre baurechtliche Identität erhalten bleibt.

7 Beseitigung von Anlagen (Abs. 5)

Systematisch nicht vollständig gelungen, beschäftigt sich seit der Novelle 2008 **Abs. 5** mit der **Beseitigung von Anlagen**. In dieser Vorschrift werden nicht nur die verfahrensfreien Varianten der Beseitigung angesprochen, sondern es wird auch das – außerhalb der Verfahrensfreiheit erforderliche – Anzeigeverfahren geregelt. Eine weitere systematische Unklarheit ergibt sich aus dem Verhältnis des Abs. 5 zu Art. 55 Abs. 1, wonach die Beseitigung von Anlagen von vornherein keiner Baugenehmigungspflicht unterliegt.

In Abs. 5 ist lediglich die **vollständige Beseitigung** einer Anlage geregelt; wird eine Anlage lediglich teilweise abgebrochen bzw. beseitigt, handelt es sich begriff-

Verfahrensfreie Bauvorhaben, Beseitigung von Anlagen **Art. 57**

lich nicht um eine Beseitigung, sondern um eine Änderung dieser Anlage, deren Genehmigungspflicht bzw. Verfahrensfreiheit nach den allgemeinen Regeln behandelt wird. Dies ergibt sich daraus, dass bei der teilweisen Beseitigung gleichzeitig – auch – eine neue Anlage entsteht, deren Zulässigkeit für sich betrachtet und einem Genehmigungsregime unterworfen werden muss. Bleibt nach der – teilweisen – Beseitigung allerdings lediglich eine Anlage übrig, die für sich betrachtet nach Abs. 1 verfahrensfrei wäre, entfällt auch die Anzeigepflicht nach Abs. 5 Satz 2.

Gemäß **Abs. 5 Satz 1 Nr. 1** können **Anlagen im Sinne der Abs. 1 bis 3** ausnahmslos auch ohne vorherige behördliche Prüfung abgebrochen bzw. beseitigt werden. Es kommt dabei nicht darauf an, ob zur Zeit der Herstellung der Anlage Verfahrensfreiheit gegeben war, maßgebend ist ausschließlich, ob die Anlage **im Zeitpunkt ihrer Beseitigung** von den Tatbeständen der Abs. 1 bis 3 erfasst wird.

Die Verfahrensfreiheit des **Abs. 5 Satz 1 Nr. 2** richtet sich an **freistehende Gebäude mit einer Höhe bis zu 7 m sowie an sonstige freistehende Gebäude, die einem land- oder forstwirtschaftlichen Betrieb dienen.** Der Anwendungsbereich ergibt sich aus dem Verweis auf die Gebäudeklassen 1 und 3 (also nicht 2), die in Art. 2 Abs. 3 Satz 1 näher erläutert werden. Verfahrensfrei ist nur die Beseitigung von Gebäuden, nicht aber von anderen baulichen Anlagen. Freistehend ist ein Gebäude, wenn es nicht an ein anderes Gebäude angebaut ist und eine allseitig freie Fassade aufweist. Dass es Abstandsflächen zum Nachbargrundstück aufweist, ist jedenfalls im Rahmen der Anwendung des Abs. 5 Satz 1 Nr. 2 nicht erforderlich. Als freistehend kann auch ein Gebäude behandelt werden, das zwar an sich der Gebäudeklasse 2 zugeordnet werden müsste, aber in einer einheitlichen Maßnahme beseitigt werden soll.

Verfahrensfrei ist gemäß **Abs. 5 Satz 1 Nr. 3** schließlich die Beseitigung von **Anlagen, die keine Gebäude sind,** mit einer Höhe bis zu 10 m.

Gemäß **Abs. 5 Satz 2** ist die beabsichtigte Beseitigung von Anlagen – außerhalb der verfahrensfreien Beseitigung nach Abs. 5 Satz 1 – mindestens einen Monat zuvor der Gemeinde und der Bauaufsichtsbehörde **anzuzeigen.** Dabei existiert aber keine Prüfpflicht der Gemeinde oder der Bauaufsichtsbehörde, ob die Voraussetzungen des Abs. 5 – insbesondere des Abs. 5 Satz 2 – vorliegen. Die Anzeige soll lediglich die Bauaufsichtsbehörde in die Lage versetzen zu prüfen, ob bauaufsichtliche Anordnungen im konkreten Einzelfall erforderlich sind. Deren Befugnisse bleiben selbstverständlich vollständig erhalten. Auch die Gemeinde hat keinerlei Prüfungspflichten. Sie ist eingeschaltet, um mögliche denkmalschutzrechtliche Genehmigungserfordernisse oder auch Genehmigungspflichten aus dem besonderen Städtebaurecht erkennen zu können. Die im Rahmen der Anzeige vorzulegenden Unterlagen ergeben sich aus § 6 BauVorlV.

Die Erfordernisse der **Standsicherheit** bei der Beseitigung von Anlagen werden über **Abs. 5 Sätze 3 bis 5** gesichert.

Art. 58
Genehmigungsfreistellung

(1) ¹Keiner Genehmigung bedarf unter den Voraussetzungen des Abs. 2 die Errichtung, Änderung und Nutzungsänderung baulicher Anlagen, die keine Sonderbauten sind. ²Die Gemeinde kann durch örtliche Bauvorschrift im Sinn des Art. 81 Abs. 2 die Anwendung dieser Vorschrift auf bestimmte handwerkliche und gewerbliche Bauvorhaben ausschließen.

(2) Nach Abs. 1 ist ein Bauvorhaben genehmigungsfrei gestellt, wenn

1. es im Geltungsbereich eines Bebauungsplans im Sinn des § 30 Abs. 1 oder der §§ 12, 30 Abs. 2 BauGB liegt,
2. es den Festsetzungen des Bebauungsplans und den Regelungen örtlicher Bauvorschriften im Sinn des Art. 81 Abs. 1 nicht widerspricht,
3. die Erschließung im Sinn des Baugesetzbuchs gesichert ist und
4. die Gemeinde nicht innerhalb der Frist nach Abs. 3 Satz 3 erklärt, dass das vereinfachte Baugenehmigungsverfahren durchgeführt werden soll oder eine vorläufige Untersagung nach § 15 Abs. 1 Satz 2 BauGB beantragt.

(3) ¹Der Bauherr hat die erforderlichen Unterlagen bei der Gemeinde einzureichen; die Gemeinde legt, soweit sie nicht selbst Bauaufsichtsbehörde ist, eine Fertigung der Unterlagen unverzüglich der unteren Bauaufsichtsbehörde vor. ²Spätestens mit der Vorlage bei der Gemeinde benachrichtigt der Bauherr die Eigentümer der benachbarten Grundstücke von dem Bauvorhaben; Art. 66 Abs. 1 Sätze 2 und 5, Abs. 3 gelten entsprechend. ³Mit dem Bauvorhaben darf einen Monat nach Vorlage der erforderlichen Unterlagen bei der Gemeinde begonnen werden. ⁴Teilt die Gemeinde dem Bauherrn vor Ablauf der Frist schriftlich mit, dass kein Genehmigungsverfahren durchgeführt werden soll und sie eine Untersagung nach § 15 Abs. 1 Satz 2 BauGB nicht beantragen wird, darf der Bauherr mit der Ausführung des Bauvorhabens beginnen; von der Mitteilung nach Halbsatz 1 hat die Gemeinde die Bauaufsichtsbehörde zu unterrichten. ⁵Will der Bauherr mit der Ausführung des Bauvorhabens mehr als vier Jahre, nachdem die Bauausführung nach den Sätzen 3 und 4 zulässig geworden ist, beginnen, gelten die Sätze 1 bis 4 entsprechend.

(4) ¹Die Erklärung der Gemeinde nach Abs. 2 Nr. 4 erste Alternative kann insbesondere deshalb erfolgen, weil sie eine Überprüfung der sonstigen Voraussetzungen des Abs. 2 oder des Bauvorhabens aus anderen Gründen für erforderlich hält. ²Darauf, dass die Gemeinde von ihrer Erklärungsmöglichkeit keinen Gebrauch macht, besteht kein Rechtsanspruch. ³Erklärt die Gemeinde, dass das vereinfachte Baugenehmigungsverfahren durchgeführt werden soll, hat sie dem Bauherrn die vorgelegten Unterlagen zurückzureichen. ⁴Hat der Bauherr bei der Vorlage der Unterlagen bestimmt, dass seine Vorlage im Fall der Erklärung nach Abs. 2 Nr. 4 als Bauantrag zu behandeln ist, leitet sie die Unterlagen gleichzeitig mit der Erklärung an die Bauaufsichtsbehörde weiter.

Genehmigungsfreistellung   **Art. 58**

(5) ¹Art. 62 bleibt unberührt. ²Art. 64 Abs. 2 Satz 1, Abs. 4 Sätze 1 und 2, Art. 68 Abs. 5 Nrn. 2 und 3, Abs. 6 und 7 sind entsprechend anzuwenden.

Erläuterungen

Übersicht

1 Allgemeines
2 Gegenständlicher Anwendungsbereich (Abs. 1)
3 Voraussetzungen für die Genehmigungsfreistellung (Abs. 2)
4 Verfahren
5 Inhalt der Erklärung bzw. der Mitteilung
6 Zuständigkeit für die Erklärung in der Gemeinde
7 Gebühren
8 Bautechnische Nachweise und Bauvorlageberechtigung
9 Sonstige Pflichten des Bauherrn
10 Regelungen in Bebauungsplänen und örtlichen Bauvorschriften nach Art. 81

1 Allgemeines

Die Vorschrift stellte bereits ein Kernstück der Bauordnungsnovelle 1994 dar, mit der eine Stärkung der am Bau verantwortlichen Privaten, vor allem von Bauherr und Entwurfsverfasser sowie eine möglichst weitreichende Privatisierung bauaufsichtlicher Prüfungen erreicht werden sollte. In der Novelle 1998 wurde das Freistellungsverfahren deutlich ausgeweitet und erfasste alle Wohnbau- bzw. freiberuflich genutzten Vorhaben bis zur Hochhausgrenze; darüber hinaus wurden auch – vergleichsweise kleinere – gewerbliche Vorhaben einbezogen. Das Freistellungsverfahren hat sich dabei im Grundsatz bewährt. Größere Vollzugsprobleme traten weder auf der Ebene der Gemeinden noch auf der Ebene der Bauaufsichtsbehörde auf. Im Wohnbaubereich sind in den letzten Jahren zwischen einem Viertel und einem Drittel aller Vorhaben im Freistellungsverfahren abgewickelt worden, ohne dass es zu nennenswertem Widerhall in der Rechtsprechung gekommen wäre. Der Gesetzgeber hat deshalb das Freistellungsverfahren in der Novelle 2008 im Prinzip und in seinen Strukturen beibehalten, dessen Anwendungsbereich aber nochmals deutlich ausgeweitet.

Anzumerken ist jedoch, dass sich der Staat von seiner präventiven Aufgabe bei der Prüfung von Bauanträgen in diesem Bereich nicht allein im Rahmen einer Privatisierung entlastet, sondern dass den Gemeinden faktisch, wenn auch nicht rechtlich, neue Prüfungsaufgaben ohne entsprechende Kostenerstattung aufgebürdet wurden. Zwar haben die Gemeinden keine Prüfungspflicht, jedoch obliegt es nun verstärkt ihrer Verantwortung, darauf zu achten, dass die Vorgaben ihrer Ortssatzungen und Bebauungspläne eingehalten werden und die verkehrliche, wasser- und abwassermäßige Erschließung bei den im Freistellungsverfahren behandelten Bauvorhaben gesichert ist. Sorge bereitet auch weiterhin die Praxis vieler bayerischer Bauaufsichtsbehörden. Es gilt das sog. „Deckel-zu-Prinzip", d. h. Baukontrollen werden meist nur durchgeführt, wenn Nachbarn oder die Gemeinde

Art. 58
Genehmigungsfreistellung

dies fordern. Bei einer solchen Verfahrensweise ist zu befürchten, dass gemeindliche Bebauungspläne auf Grund von Planabweichungen bei der Realisierung der Bauvorhaben Zug um Zug durchlöchert werden. Insofern bleibt zu hoffen, dass der Staat künftig – gerade im jetzt geöffneten gewerblichen Bereich – die Baukontrollen im gebotenen Umfang durchführt.

Im Gegensatz zum baden-württembergischen Kenntnisgabeverfahren, bei dem sich der Bauherr nach § 51 Abs. 7 LBO BW auch für die Durchführung des Baugenehmigungsverfahrens entscheiden kann, ist in Bayern bei Vorliegen der Voraussetzungen des Art. 58 das Bauvorhaben genehmigungsfrei. Der Bauherr kann somit keine Baugenehmigung oder einen Vorbescheid beanspruchen, wenn sein Vorhaben die Festsetzungen des Bebauungsplans einhält. Der Vorteil für den Bauherrn liegt darin, dass er sich die Zeit eines Genehmigungsverfahrens und Baugenehmigungsgebühren spart.

2 Gegenständlicher Anwendungsbereich (Abs. 1)

Genehmigungsfrei zulässig sind die **Errichtung, Änderung und Nutzungsänderung** von baulichen Anlagen, soweit es sich nicht um Sonderbauten handelt.

Eine **Nutzungsänderung** ist dabei dann genehmigungsfrei, wenn sie zu einer Nutzungssituation führt, die, wenn das entsprechende Gebäude nicht schon vorhanden wäre, ebenfalls ohne Baugenehmigung hätte herbeigeführt werden können (z.B. Umbau eines Betriebs in ein Wohngebäude mittlerer Höhe unter Einhaltung der Bebauungsplanfestsetzungen).

Die Novelle 2008 hat den **Anwendungsbereich** des Freistellungsverfahrens seinerzeit deutlich ausgeweitet. Nunmehr werden **alle Anlagen bis zur Sonderbaugrenze** des Art. 2 Abs. 4 erfasst. Die Ausweitung betrifft ausschließlich den gewerblichen Bereich, da bereits nach früherem Recht alle Wohnbauvorhaben und alle freiberuflich genutzten Vorhaben bis zur Hochhausgrenze dem Freistellungsverfahren unterfielen. Mit der Ausweitung ist auch die früher regelungsbedürftige Frage der Nebengebäude und Nebenanlagen weggefallen. Unterhalb der Grenze des Sonderbaus gilt das Freistellungsverfahren allgemein völlig unabhängig davon, ob es sich bei der Anlage um eine Haupt- oder eine Nebenanlage handelt.

Die Gemeinde kann allerdings gemäß **Abs. 1 Satz 2 im Bebauungsplan** durch örtliche Bauvorschrift nach Art. 81 **festsetzen,** dass die Anwendung des Freistellungsverfahrens auf bestimmte handwerkliche und gewerbliche Bauvorhaben ausgeschlossen ist. Damit wird der Befürchtung Rechnung getragen, dass – ganz anders als bei Wohngebäuden – bei gewerblichen Vorhaben deren Rechtswidrigkeit zu erheblichen Auswirkungen auch und gerade auf Nachbargrundstücke führen könnte. Hingewiesen sei nur auf die praktisch unlösbare Situation, in der ein gewerbliches Vorhaben – rechtswidrig zu Lasten der anderen, aber quasi unbemerkt – den im Bebauungsplan festgesetzten flächenbezogenen Schallleistungspegel überschreitet. Da regelmäßig die Bauaufsichtsbehörde Freistellungsvorlagen nicht prüft, wäre die Gemeinde faktisch die letzte – im weitesten Sinne – hoheitliche Stelle, die die Möglichkeit besäße, präventiv tätig zu werden und nicht hinnehmbare Unzuträglichkeiten zu verhindern. Mit der Festsetzungsmöglichkeit kann sie generell und von vornherein diese Problematik für die Bebauungspläne ausschließen, die sich in dieser Hinsicht als besonders schwierig darstellen. Mit der Begrifflichkeit der „bestimmten" Bauvorhaben will das Gesetz im Übrigen lediglich deutlich machen, dass der Bebauungsplan diese Vorhaben eindeutig bezeichnen muss; möglich ist auch, dass **alle** handwerklichen oder gewerblichen Bauvorhaben vom Genehmigungsfreistellungsverfahren ausgeschlossen werden.

3 Voraussetzungen für die Genehmigungsfreistellung (Abs. 2)

Abs. 2 regelt jetzt übersichtlich und systematisch sauber die **vier Voraussetzungen der Genehmigungsfreistellung.** Dabei ist davon auszugehen, dass diese Voraussetzungen gleichberechtigt nebeneinander stehen und nicht voneinander abhängig sind. Mit anderen Worten tritt nur dann Genehmigungsfreiheit ein, wenn alle vier Voraussetzungen vorliegen. Fehlt nur eine davon – und zwar egal welche – muss das Vorhaben ein Genehmigungsverfahren durchlaufen.

Das Vorhaben muss **erstens** gemäß **Abs. 2 Nr. 1** im **Geltungsbereich eines qualifizierten Bebauungsplans** (dies ist ein Bebauungsplan, der Festsetzungen über die Art, das Maß der baulichen Nutzung, die überbaubare Grundstücksfläche und die örtlichen Verkehrsflächen enthält – § 30 Abs. 1 BauGB) **oder eines vorhabenbezogenen Bebauungsplans nach § 12 BauGB** liegen. Sonstige Innenbereichs- oder Außenbereichsvorhaben fallen somit nicht unter das Freistellungsverfahren nach Art. 58. Der Bebauungsplan muss rechtskräftig, also öffentlich bekannt gemacht sein. Das Vorliegen einer Satzung nach § 34 Abs. 4 BauGB oder nach § 35 Abs. 6 BauGB ist für eine Freistellung nicht ausreichend, selbst wenn im Einzelfall die Regelungsdichte einer solchen Satzung dem Bebauungsplan nahekommen sollte.

Das Vorhaben muss **zweitens** gemäß **Abs. 2 Nr. 2 sämtlichen Festsetzungen des Bebauungsplans oder der Satzung nach § 12 BauGB entsprechen sowie die örtlichen Bauvorschriften einhalten.** Sofern Ausnahmen oder Befreiungen erforderlich sind, ist stets eine Baugenehmigung notwendig. Eine isolierte Ausnahme oder Befreiung ist im Rahmen des Freistellungsverfahrens – anders als bei den verfahrensfreien Vorhaben des Art. 57 – nicht denkbar.

Drittens muss gemäß **Abs. 2 Nr. 3** für das Vorhaben die **Erschließung** gesichert sein. Das Gesetz beschränkt dabei die Erschließung ausdrücklich auf diejenige, die nach dem Baugesetzbuch erforderlich ist. Dabei ist natürlich die plangemäße Erschließung, die der Bebauungsplan festlegt, gemeint.

Die Gemeinde darf schließlich **viertens** gemäß **Abs. 2 Nr. 4 nicht** innerhalb eines Monats nach Vorlage der erforderlichen Unterlagen bei der Gemeinde **erklären, dass ein Baugenehmigungsverfahren durchzuführen ist** bzw. darf nicht eine vorläufige Untersagung nach § 15 Abs. 1 Satz 2 BauGB beantragen. Der **„Prüfungsmaßstab" für die Gemeinde** ist in Abs. 4 Satz 1 wiedergegeben. Aus dem Wort „insbesondere" ergibt sich dabei, dass die Gemeinde auch aus anderen Gründen

Art. 58
Genehmigungsfreistellung

ein Genehmigungsverfahren fordern kann, so dass der Prüfungsumfang und die Gründe für die Erklärung der Gemeinde letztlich unbegrenzt sind.

Die Gemeinde kann ein Genehmigungsverfahren beispielsweise verlangen, weil **das Vorhaben den Festsetzungen des Bebauungsplans** oder **örtlichen Bauvorschriften nicht entspricht** oder die **Erschließung nicht gesichert** ist. Auch wenn das Vorhaben den Festsetzungen des Bebauungsplans entspricht, jedoch den städtebaulichen Intentionen der Gemeinde zuwiderläuft, kann die Gemeinde die Erklärung abgeben und auf ihre **Absicht** hinweisen, eine **Veränderungssperre nach § 14 BauGB erlassen oder eine Zurückstellung nach § 15 BauGB beantragen** zu wollen. Des Weiteren kann die Gemeinde die Erklärung abgeben, weil sie aus **anderen Gründen** (z. B. Vorhaben verstößt gegen Art. 8) eine Überprüfung des Vorhabens in einem Genehmigungsverfahren für erforderlich hält.

Die Grenze für die Erklärung der Gemeinde ist das „kaum praktisch werdende Willkürverbot" (Gesetzesbegründung zur Bauordnungsnovelle 1994). Dabei kommt der Gemeinde auch keine – insbesondere haftungsrechtlich bedeutsame – Prüfungspflicht zu; das Verfahren bei der Gemeinde soll kein neuartiges bauaufsichtliches Verfahren darstellen. Somit will der Gesetzgeber in der Erklärung der Gemeinde auch keinen den Bauherrn belastenden Verwaltungsakt sehen. **Der Bauherr hat keinen Rechtsanspruch darauf, dass die Gemeinde von ihrer Erklärungsmöglichkeit keinen Gebrauch macht (Abs. 4 Satz 2).**

Die Erklärung der Gemeinde bedeutet im Übrigen nicht, dass sie sich in jedem Fall gegen das entsprechende Vorhaben wendet, sie bewirkt nur, dass statt der Genehmigungsfreiheit die grundsätzliche Genehmigungsbedürftigkeit eintritt und eine behördliche Prüfung durchgeführt wird. Die Erklärung ist nach ganz herrschender Auffassung auch kein – selbstständig anfechtbarer – Verwaltungsakt, sondern lediglich eine bloße **Realhandlung**.

Festzuhalten ist, dass eine Genehmigungsfreiheit überhaupt nur dann vorliegt, wenn das Vorhaben die Erfordernisse der Abs. 1 und 2 erfüllt. Sofern somit ein Bauvorhaben die Festsetzungen des Bebauungsplans nicht einhält, ist es genehmigungspflichtig, unabhängig davon, ob die Gemeinde eine Erklärung abgibt oder nicht.

Das Gesetz unterscheidet in Abs. 2 Nr. 4 im Übrigen zwischen der Erklärung der Gemeinde, dass ein Baugenehmigungsverfahren durchgeführt werden soll, und dem **Antrag nach § 15 Abs. 1 Satz 2 BauGB auf vorläufige Untersagung.** Das Verhältnis der landesrechtlichen Genehmigungsfreistellung und des bundesrechtlichen Instruments der vorläufigen Untersagung ist dabei nicht völlig geklärt. Richtig dürfte sein, dass beide Mechanismen selbstständig nebeneinander stehen (so auch Jäde in: Jäde/Dirnberger/Weiß, BauGB, § 15 Rdnr. 37). Letztlich dient § 15 Abs. 1 Satz 2 BauGB lediglich der Ergänzung für das Instrument der Zurückstellung des Baugesuchs nach § 15 BauGB, das ohne Substrat – also ohne den Bauantrag, der bei genehmigungsfreien Vorhaben logischerweise fehlt – nicht eingesetzt werden könnte. Von daher wäre die Regelung des § 15 Abs. 1 Satz 2 BauGB auf der Grund-

Genehmigungsfreistellung **Art. 58**

lage der Bayerischen Rechtslage unnötig. Wenn die Gemeinde erklärt, dass ein Genehmigungsverfahren durchgeführt werden muss, muss auch ein Bauantrag gestellt werden, der wiederum der Zurückstellung unterliegen würde. Die Unterscheidung zwischen den beiden Varianten dürfte in der Praxis keine Rolle spielen. Beantragt die Gemeinde die vorläufige Untersagung, obwohl die Voraussetzungen des § 15 Abs. 1 Satz 1 BauGB nicht vorliegen, wird man diesen Antrag als Erklärung, dass ein Baugenehmigungsverfahren durchgeführt werden soll, auszulegen haben. Dabei ist allerdings zu beachten, dass die Erklärung gegenüber dem Bauherrn erfolgt, während sich der Antrag an die Bauaufsichtsbehörde richtet.

4 Verfahren

Der Bauherr hat die erforderlichen Bauvorlagen – in der Regel in dreifacher Ausfertigung – bei der Gemeinde einzureichen (Abs. 3 Satz 1). Ist die Gemeinde nicht selbst Bauaufsichtsbehörde, hat sie unverzüglich eine Fertigung der Unterlagen der unteren Bauaufsichtsbehörde vorzulegen (Abs. 3 Satz 1 2. Halbsatz).

Die Bauvorlagenverordnung verzichtet im Gegensatz zum früheren Recht (vgl. § 3 BauVorlV a. F.) auf eine Sonderregelung für die Freistellungsvorlagen. Dies ist deshalb sinnvoll, weil die Vorlagen sich ohnehin nicht qualitativ unterscheiden und in nicht wenigen Fällen statt des Genehmigungsverfahrens doch ein Baugenehmigungsverfahren durchgeführt wird. Vorzulegen sind daher alle in § 3 BauVorlV aufgeführten Unterlagen.

Zusätzliche Unterlagen muss der Bauherr nur vorlegen, wenn die Gemeinde dies für die Genehmigungsfreistellung fordert. Dies kann dadurch geschehen, dass die Gemeinde – vorsorglich – eine Erklärung nach Abs. 2 Nr. 4 abgibt, diese aber von der auflösenden Bedingung abhängig macht, dass die entsprechenden Unterlagen vorgelegt werden (vgl. Ziffer 5.).

Nach Abs. 3 Satz 2 hat der Bauherr die Pflicht, spätestens mit der Vorlage der Bauunterlagen bei der Gemeinde die **Eigentümer der benachbarten Grundstücke von dem Bauvorhaben zu benachrichtigen**. Der Gesetzgeber hat nicht geregelt, in welcher Weise der Bauherr die Nachbarn informiert. Zweckmäßig ist es, die Unterschrift der Nachbarn einzuholen, da dann der Bauherr die Rechtssicherheit hat, dass das Bauvorhaben nicht durch Nachbareinsprüche verzögert wird. Die Unterschrift des Nachbarn unter den Bauplänen (Abs. 3 Satz 2 i. V. m. Art. 66 Abs. 1 Satz 2) gilt als Zustimmung.

Im Gegensatz zu genehmigungspflichtigen Bauvorhaben, bei denen die Gemeinde nach Art. 66 Abs. 1 Satz 3 auf Antrag prüfen kann, ob die Nachbarn beteiligt wurden, entfällt hier eine entsprechende Prüfung. Es ist somit die Angelegenheit des Bauherrn, ob und mit welchen Unterlagen er den Nachbarn von seinem Bauvorhaben informiert. Insofern trägt er auch das Risiko dafür, dass der Nachbar rechtlich gegen das Bauvorhaben vorgehen kann, wenn er nicht zugestimmt hat.

Die Gemeinde hat nach Abs. 3 Satz 3 eine maximale **Frist von einem Monat**, eine Äußerung zu dem Bauvorhaben gegenüber dem Bauherrn abzugeben. Sofern sich

Art. 58

Genehmigungsfreistellung

die Gemeinde nicht äußert, kann der Bauherr einen Monat nach Vorlage mit seinem Vorhaben beginnen. Die Frist beginnt erst zu laufen, wenn die Bauvorlagen vollständig bei der Gemeinde eingereicht worden sind. **Dabei ist zu beachten, dass der Ausführungsbeginn des Vorhabens mindestens eine Woche vorher auch der Bauaufsichtsbehörde schriftlich mitzuteilen ist** (Abs. 5 i. V. m. Art. 68 Abs. 7). Verfahrensmäßig wird die **Gemeinde**, bei der die Bauvorlagen in dreifacher Fertigung eingereicht wurden, in der Bauvorlagenverordnung **verpflichtet, eine Ausfertigung der Bauunterlagen an die Bauaufsichtsbehörde weiterzuleiten und eine weitere Ausfertigung dem Bauherrn zurückzugeben.**

Die Gemeinde kann aber schon vor Ablauf der Monatsfrist dem Bauherrn **mitteilen,** dass kein Baugenehmigungsverfahren durchgeführt werden soll bzw. sie eine Untersagung nach § 15 Abs. 1 Satz 2 BauGB nicht beantragen wird **(Abs. 3 Satz 4)**. In diesem Fall darf der Bauherr – vorausgesetzt er erfüllt die übrigen Voraussetzungen des Abs. 2 und sein Vorhaben entspricht auch ansonsten den öffentlich-rechtlichen Anforderungen – sofort mit der Bauausführung beginnen. Die Gemeinde hat die Bauaufsichtsbehörde von dieser Mitteilung zu unterrichten.

Sofern die Gemeinde die Erklärung im Sinn des Abs. 2 Nr. 4 abgibt, gibt sie die Unterlagen im Regelfall dem Bauherrn zurück (Abs. 4 Satz 3). Der Bauherr kann allerdings bereits bei der Vorlage erklären, dass er im Falle einer Erklärung der Gemeinde seine Vorlage als Bauantrag behandelt wissen will. Dann hat die Gemeinde den Antrag mit ihrer Stellungnahme an die untere Bauaufsichtsbehörde weiterzuleiten; ist sie selbst Bauaufsichtsbehörde, hat sie ihn förmlich zu verbescheiden (Abs. 4 Satz 4).

Nach früherem Recht „wirkte" die Freistellung zeitlich unbegrenzt. Mit anderen Worten konnte der Bauherr – falls die übrigen Voraussetzungen der Freistellung weiter vorlagen – auch nach längerer Zeit noch von ihr Gebrauch machen. Dies beinhaltete aber das Problem, dass nicht sichergestellt war, dass der Bauherr tatsächlich eine Prüfung insbesondere der noch vorliegenden Plankonformität des Vorhabens durchführte. Um insoweit Schwierigkeiten zu vermeiden, glich die Novelle 2008 gemäß **Abs. 3 Satz 5** die Freistellung in ihrer **„Geltungsdauer"** an die Baugenehmigung an. Will ein Bauherr mit der Ausführung seines Vorhabens mehr als **vier Jahre**, nachdem die Bauausführung zulässig geworden ist, beginnen, muss er – auch wenn sich planungsrechtlich nichts geändert haben sollte – erneut ein Freistellungsverfahren durchlaufen. Damit soll auch der Gemeinde die Gelegenheit gegeben werden, anlässlich des konkreten Vorhabens über etwaige Änderungen des zugrunde liegenden Bebauungsplans nachdenken zu können.

5 Inhalt der Erklärung bzw. der Mitteilung

Sofern die Gemeinde kein Genehmigungsverfahren für erforderlich hält, kann die Freistellungsmitteilung wie folgt lauten:

„Hiermit erklärt die Gemeinde, dass für das Bauvorhaben ... kein Genehmigungsverfahren durchgeführt werden soll. Es ist auch nicht beabsichtigt, eine Untersagung nach § 15 Abs. 1 Satz 2 BauGB zu beantragen."

Genehmigungsfreistellung Art. 58

Die Mitteilung kann von der Gemeinde mit „Nebenbestimmungen" versehen werden, z. B. „die Durchführung eines Genehmigungsverfahrens ist nicht erforderlich, wenn folgende Auflagen beachtet werden: Vor Baubeginn muss die Grundfläche der baulichen Anlage abgesteckt und die Höhenlage festgesetzt und abgenommen werden." Eine solche Auflage empfiehlt sich, wenn auf Grund der konkreten Geländesituation ansonsten die Gefahr für planabweichendes Bauen besteht.

Die Gemeinde kann die Freistellungserklärung beispielsweise auch mit der „Auflage" versehen, dass ein Freiflächengestaltungsplan vorzulegen ist. Dies ist sinnvoll, wenn wertvoller Baumbestand auf dem Grundstück vorhanden ist bzw. die Gemeinde im Bebauungsplan eine entsprechende Freiflächengestaltung festgesetzt hat. Des Weiteren kann (nicht muss) die Gemeinde die Freistellungserklärung mit Hinweisen nach Art. 58 Abs. 5 verbinden.

Rechtlich gesehen handelt es sich bei diesen Maßgaben nicht um Nebenbestimmungen im Rechtssinn; vielmehr macht die Gemeinde ihre Nichterklärung davon abhängig, dass der Bauherr bestimmte Handlungen oder Unterlassungen vornimmt. Mit anderen Worten gibt es keine durchsetzbare Verpflichtung des Bauherrn, die Maßgaben der Gemeinde zu akzeptieren. Tut er dies aber nicht, muss er ein Baugenehmigungsverfahren durchlaufen.

Bei der Abfassung der Erklärung sollte die Gemeinde keinesfalls Aussagen treffen, in denen die Gemeinde feststellt, dass das Bauvorhaben den Festsetzungen des Bebauungsplans entspricht. Eine solche Aussage würde die Verantwortung für die Rechtmäßigkeit des Bauvorhabens auf die Gemeinde verlagern und könnte somit Haftungsansprüche auslösen. Sofern die Gemeinde keine solche Aussage trifft, scheidet auch eine Haftung der Gemeinde aus (Abs. 4 Satz 2). Im Übrigen muss sich aus der Erklärung der eindeutige Wille der Gemeinde ergeben, dass die Rechtsfolge des Abs. 2 Nr. 4 gewollt ist (BayVGH, Beschluss vom 13.1.2000, NVwZ-RR 2001, S. 649).

6 Zuständigkeit für die Erklärung in der Gemeinde

Abs. 2 Nr. 4 und Abs. 3 enthalten keine Regelungen, wer in der Gemeinde die Erklärung abgeben kann. Die Erklärung der Gemeinde stellt in aller Regel ein **einfaches Geschäft der laufenden Verwaltung** dar (Art. 37 Abs. 1 Satz 1 Nr. 1 GO). Die Gemeindeverwaltung entscheidet dabei nicht über die Zulässigkeit von Befreiungen von den Festsetzungen eines Bebauungsplans, sondern sie prüft allenfalls, ob ein Vorhaben den Festsetzungen eines Bebauungsplans nach §30 Abs. 1 BauGB oder eines vorhabenbezogenen Bebauungsplans nach §12 BauGB entspricht. Dieses **Prüfungsverfahren** bedarf somit nicht der Beschlussfassung des Gemeinderats oder eines Ausschusses. Aus Abs. 3 Satz 3 wird deutlich, dass der Gesetzgeber im Sinn einer Verfahrensbeschleunigung davon ausgeht, dass die Prüfung von der Gemeindeverwaltung vorgenommen wird. Für die Praxis in den Gemeinden empfiehlt es sich, zu prüfen, ob so viele Freistellungsvorlagen in Bebauungsplangebieten zu erwarten sind, dass eine entsprechende Regelung über die Zuständigkeit in der Geschäftsordnung sinnvoll erscheint. Die Gemeindeverwaltung sollte die Angelegenheit jedoch dann dem Gemeinderat oder dem beschließenden Bauausschuss vorlegen, wenn (insbesondere bei alten Bebauungsplänen) das Bauvorhaben zwar den Festsetzungen des Bebauungsplans entspricht, jedoch „städtebauliche Spannungen" auslösen kann. Dies gilt insbesondere, wenn eine Änderung des Bebauungsplans mit den entsprechenden Sicherungsmitteln nach §§ 14, 15 BauGB in Betracht kommt. In diesem Fall obliegt die Zuständigkeit für die Entscheidung, ob eine Bebauungsplanänderung in Angriff genommen wird, nicht der Verwaltung, sondern den beschließenden Gremien der Gemeinde.

Sofern die Gemeinde Zweifel hat, ob ein Bauvorhaben den Festsetzungen des Bebauungsplans entspricht, sollte sie mit der Bauaufsichtsbehörde Rücksprache nehmen. Eine solche Rücksprache sollte auch dann erfolgen, wenn auf Grund der Gestaltung des Bauvorhabens (Art. 8) das Genehmigungsverfahren für erforderlich gehalten wird oder wenn Genehmigungsfreistellungen im Gewerbegebiet/ Industriegebiet durchgeführt werden und Konflikte mit der benachbarten Wohnbebauung zu befürchten sind.

7 Gebühren

Die Erklärung der Gemeinde stellt eine Amtshandlung dar und soll nach herrschender Meinung eine Angelegenheit des eigenen Wirkungskreises der Gemeinde betreffen (Taft in: Simon/Busse, Bayerische Bauordnung, Art. 58 RdNr. 38). Folgt man dieser Auffassung, ist die Gemeinde berechtigt, eine Gebühr auf Grund einer Gebührensatzung nach Art. 20 KG zu erheben. Nach Auffassung der Obersten Baubehörde zur Bauordnungsnovelle 1994 (BayGTZeitung 1995, S. 264) kann die Gebühr im unteren zweistelligen Bereich liegen; auf Grund der Erweiterung des Genehmigungsfreistellungsverfahrens kommt hier auch die Festlegung eines entsprechend höheren Gebührenrahmens in Betracht. Zu beachten ist, dass die Gebühr kein Äquivalent zu einer inhaltlichen Prüfung der Freistellungsvorlage darstellt. Denn diese Prüfung führt die Gemeinde im eigenen Interesse durch. Die Gebühr soll also nur den tatsächlich angefallenen Verwaltungsaufwand abdecken.

8 Bautechnische Nachweise und Bauvorlageberechtigung

Während nach früherem Recht die Frage der Notwendigkeit und Qualität der **bautechnischen Nachweise** verfahrensbezogen geregelt war und das Freistellungsverfahren eine spezielle Bestimmung hierzu enthalten hatte (Art. 64 Abs. 5 a. F.), stellt das Gesetz jetzt nur noch auf die Schwierigkeit des Vorhabens ab. Mit anderen Worten bestimmen sich die bautechnischen Nachweise nicht mehr danach, in welchem Verfahren das Vorhaben behandelt wird, sondern danach, ob und inwiefern das Vorhaben insbesondere in Bezug auf Standsicherheit und Brandschutz als schwierig anzusehen ist. Zentralnorm für diese Fragen ist **Art. 62,** auf den Abs. 5 Satz 1 verweist.

Genehmigungsfreistellung   Art. 58

Art. 61 Abs. 1 stellt mit der Formulierung, dass Bauvorlagen für die nicht verfahrensfreie Errichtung und Änderung von Gebäuden von einem bauvorlageberechtigten Entwurfsverfasser unterschrieben sein müssen, sicher, dass die **Bauvorlageberechtigung** auch im Genehmigungsfreistellungsverfahren zu beachten ist. Dies ergibt sich im Übrigen auch aus Abs. 5 Satz 2 i. V. m. Art. 64 Abs. 4 Satz 1.

Es ist aber nicht Aufgabe der Gemeinde nachzuprüfen, ob diese Nachweise vorliegen. Die Überprüfung dieser Unterlagen kann die Bauaufsichtsbehörde an der Baustelle vornehmen (vgl. Abs. 5 Satz 2 i. V. m. Art. 68 Abs. 6 Satz 3).

Die Gemeinde ist auch nicht für die Bauüberwachung nach Art. 77 zuständig; dies ist Aufgabe der unteren Bauaufsichtsbehörde.

9 Sonstige Pflichten des Bauherrn

Auch genehmigungsfreie Anlagen müssen das materielle Recht einhalten (Art. 55 Abs. 2).

Vor Baubeginn muss die Grundfläche abgesteckt sowie die Höhenlage festgelegt sein. Die Bauaufsichtsbehörde kann verlangen, dass Absteckung und Höhenlage von ihr abgenommen oder die Einhaltung der festgelegten Grundfläche und Höhenlage nachgewiesen wird. Die Bauvorlagen und die bautechnischen Nachweise müssen an der Baustelle von Baubeginn an vorliegen (Abs. 5 Satz 2 i. V. m. Art. 68 Abs. 6). Der Bauherr hat den Ausführungsbeginn und die Wiederaufnahme der Bauarbeiten nach einer Unterbrechung von mehr als sechs Monaten mindestens eine Woche vorher der Bauaufsichtsbehörde schriftlich mitzuteilen (Abs. 5 Satz 2 i. V. m. Art. 68 Abs. 7). **Das Bauvorhaben darf erst dann genutzt werden,** wenn die Anlage selbst sowie die Zufahrtswege, die Wasserversorgung, die Abwasserbeseitigung sowie die Gemeinschaftsanlagen in dem erforderlichen Umfang sicher benutzbar sind (Art. 78 Abs. 2 Satz 3). Dabei ist die beabsichtigte Aufnahme der Nutzung unter Vorlage bestimmter Bescheinigungen anzuzeigen (Art. 78 Abs. 2 Sätze 1 und 2). Mit der Bauausführung oder mit der Ausführung des jeweiligen Bauabschnitts darf erst begonnen werden, wenn die erforderlichen Bescheinigungen nach Art. 62 Abs. 3 und die Baubeginnsanzeige der Bauaufsichtsbehörde vorliegen (Abs. 5 Satz 2 i. V. m. Art. 68 Abs. 5 Nrn. 2 und 3). Im Übrigen gelten die Befugnisse der Bauaufsichtsbehörde zur Baueinstellung und Baubeseitigung nach Art. 75 und 76 entsprechend.

10 Regelungen in Bebauungsplänen und örtlichen Bauvorschriften nach Art. 81

Die Gemeinden sind gut beraten, auch weiterhin alte Bebauungspläne darauf zu überprüfen, ob jedes Bauvorhaben, welches nach den Festsetzungen der Bebauungspläne zulässig ist, mit ihren städtebaulichen Zielen übereinstimmt. Probleme können bei Wohngebieten z. B. dann entstehen, wenn Baugrenzen über mehrere Grundstücke gezogen wurden und entgegen der städtebaulichen Intention der Gemeinde, nur Einzelhäuser zuzulassen, auch Hausgruppen (z. B. Reihenhäuser

Art. 59 Vereinfachtes Baugenehmigungsverfahren

mit acht Wohneinheiten) zulässig sind und alle Grundstücke von einem Bauherrn aufgekauft werden. Städtebauliche Konflikte können auch entstehen, wenn unzureichende Vorgaben zur **Dachneigung und Gestaltung der im Bebauungsplan als zulässig festgesetzten Dachgauben** getroffen wurden.

Eine besondere Sorgfalt sollten die Gemeinden gerade wegen der Ausweitung des Anwendungsbereichs des Freistellungsverfahrens in den gewerblichen Bereich hinein bei Bebauungsplänen für Gewerbegebiete in der Nähe von Wohngebieten walten lassen. Generell sollte intensiv geprüft werden, ob durch eine entsprechende neue Gliederung des Gewerbegebiets Konflikte von Gewerbe und Wohnraum vermieden werden können.

Bei der Änderung von rechtsgültigen Bebauungsplänen ist jedoch zu beachten, dass Entschädigungsansprüche nach §§ 39, 42 BauGB entstehen können.

Des Weiteren sollte die Gemeinde prüfen, ob Gestaltungsvorschriften nach Art. 81 in einen Bebauungsplan aufgenommen werden sollen.

ABSCHNITT III
Genehmigungsverfahren

Art. 59
Vereinfachtes Baugenehmigungsverfahren

¹Außer bei Sonderbauten prüft die Bauaufsichtsbehörde

1. die Übereinstimmung mit den Vorschriften über die Zulässigkeit der baulichen Anlagen nach den §§ 29 bis 38 BauGB und den Regelungen örtlicher Bauvorschriften im Sinn des Art. 81 Abs. 1,
2. beantragte Abweichungen im Sinn des Art. 63 Abs. 1 und Abs. 2 Satz 2 sowie
3. andere öffentlich-rechtliche Anforderungen, soweit wegen der Baugenehmigung eine Entscheidung nach anderen öffentlich-rechtlichen Vorschriften entfällt, ersetzt oder eingeschlossen wird.

²Art. 62 bleibt unberührt.

Erläuterungen

Übersicht

1 Allgemeines
2 Prüfungsmaßstab im Rahmen des Art. 59
3 Prüfungskompetenz der Bauaufsichtsbehörde
4 Wirkungen der Baugenehmigung nach Art. 59

| Vereinfachtes Baugenehmigungsverfahren | Art. 59 |

1 Allgemeines

Das vereinfachte Genehmigungsverfahren wurde durch die Bauordnungsnovelle 1994 eingeführt. In der zweiten Stufe 1998 wurden bereits mit Ausnahme des Bereichs der Sonderbauten (Art. 2 Abs. 4) alle sonstigen Bauvorhaben – sofern sie nicht dem Freistellungsverfahren nach Art. 58 unterliegen – in diesem Verfahren abgewickelt. Die Einschränkung des Prüfungsumfangs verletzt nicht Bundesrecht (BVerwG, Beschluss vom 18.6.1997, ZfBR 1997, S. 324). Da die Verantwortung der Bauaufsichtsbehörde eingeschränkt wird, erhöht sich die Verantwortung des Bauherrn und des Entwurfverfassers (BGH, Urteil vom 27.9.2001, ZfBR 2002, S. 148) und der anderen am Bau Beteiligten. Das vereinfachte Genehmigungsverfahren ist das Standardgenehmigungsverfahren für die genehmigungspflichtigen Vorhaben. Es findet nach Satz 1 außer bei Sonderbauten auf alle genehmigungspflichtigen Vorhaben Anwendung.

Die **bautechnischen Nachweise** richten sich nach Art. 62; für die Einhaltung der Anforderungen an den Schall-, Wärme- und Erschütterungsschutz (Art. 13) ist der Entwurfverfasser verantwortlich (Art. 62 Abs. 1 Satz 2 i. V. m. Art. 61 Abs. 2, 3 und 4 Nrn. 2 bis 6). Der **Standsicherheitsnachweis** muss bei Gebäuden der **Gebäudeklassen 1 bis 3** (Art. 2 Abs. 3) und sonstigen baulichen Anlagen, die keine Gebäude sind, von einem Bauingenieur oder einem Architekten mit mindestens 3-jähriger Berufserfahrung in der Tragwerksplanung erstellt sein, der die Vorgaben des Art. 62 Abs. 2 erfüllt. Auch staatlich geprüfte Techniker der Fachrichtung Bautechnik und Handwerksmeister des Bau- und Zimmereifachs sind zur Erstellung des Standsicherheitsnachweises berechtigt, wenn sie mindestens drei Jahre zusammenhängende Berufserfahrung nachweisen und eine entsprechende Zusatzqualifikation nach Art. 62 Abs. 2 besitzen.

Der **Brandschutznachweis** kann grundsätzlich vom Entwurfsverfasser erstellt werden. Besonderheiten gelten für Gebäude der **Gebäudeklasse 4** sowie Mittel- und Großgaragen, bei denen der Brandschutznachweis von einem für das Bauvorhaben Bauvorlageberechtigten erstellt sein muss, der die erforderlichen Kenntnisse des Brandschutzes nachgewiesen hat und in einer von der Bayerischen Architektenkammer oder der Bayerischen Ingenieurekammer Bau zu führenden Liste eingetragen ist bzw. von einem Prüfsachverständigen für Brandschutz (Art. 62 Abs. 2 Satz 3). Bei Gebäuden der **Gebäudeklasse 5** muss der Brandschutznachweis durch einen Prüfsachverständigen bescheinigt sein oder wird bauaufsichtlich geprüft (Art. 62 Abs. 3 Satz 3).

Nach Art. 62 Abs. 4 werden nur unter den Voraussetzungen des Art. 62 Abs. 3 die bautechnischen Nachweise geprüft. Sofern bautechnische Nachweise **durch einen Prüfsachverständigen bescheinigt** werden, gelten die entsprechenden Anforderungen auch bei Abweichungen nach Art. 62 als eingehalten. Auch bei einer Typenprüfung bedarf es keiner Prüfung durch die Bauaufsichtsbehörde (Art. 62 Abs. 4 Satz 3).

Art. 59 Vereinfachtes Baugenehmigungsverfahren

Dabei müssen die erforderlichen Nachweise über Standsicherheit, einschließlich der Feuerwiderstandsdauer tragender Bauteile, Schall-, Wärme-, Erschütterungs- und vorbeugenden Brandschutz der Bauaufsichtsbehörde **nicht vorgelegt werden**, sondern lediglich vor Baubeginn, spätestens jedoch vor Ausführung der jeweiligen Bauabschnitte erstellt sein (Art. 62 Abs. 4).

2 Prüfungsmaßstab im Rahmen des Art. 59

Prüfungsmaßstab ist zunächst die **bauplanungsrechtliche Zulässigkeit** des Vorhabens nach §§ 29 bis 38 BauGB sowie die Einhaltung der **örtlichen Bauvorschriften**. Mit der Neufassung wird das im vereinfachten Genehmigungsverfahren verbleibende Prüfprogramm im Übrigen weiter reduziert. Nach der Gesetzesbegründung wurden die örtlichen Bauvorschriften deshalb im Prüfprogramm belassen, weil schwerlich plausibel zu machen ist, weshalb in einem Bebauungsplan integrierte örtliche Bauvorschriften über Satz 1 geprüft werden, isolierte örtliche Bauvorschriften hingegen nicht. In den bauplanungsrechtlichen Vorschriften gehen wegen des Gebots der Rücksichtnahme (§ 34 Abs. 1 Satz 1, § 35 Abs. 3 Satz 1 Nr. 3 BauGB, § 15 BauNVO) die Anforderungen des materiellen Immissionsschutzrechts auf (hierzu BVerfG, Urteil vom 4.10.1988, NVwZ 1998, S. 258, Urteil vom 17.10.1989, NVwZ 1990, S. 559).

Abweichungen vom sonstigen materiellen Bauplanungsrecht, z. B. das Erfordernis einer Ausnahme von einer Veränderungssperre nach § 14 Abs. 2 BauGB, sind – sofern kein eigenständiges Genehmigungsverfahren vorgesehen ist (§ 144 BauGB) – nach Art. 63 Abs. 2 zu behandeln.

Nicht mehr geprüft werden die **Stellplatzvorschriften**, sofern die Gemeinde keine Stellplatzsatzung nach Art. 81 erlassen hat, die **Abstandsvorschriften und Fragen der Baugestaltung**.

Nach Satz 1 Nr. 3 prüft die Bauaufsichtsbehörde andere öffentlich-rechtliche Anforderungen, soweit wegen der Baugenehmigung eine Entscheidung nach anderen öffentlich-rechtlichen Vorschriften entfällt, ersetzt oder eingeschlossen wird. Dabei handelt es sich z. B. um die wasserrechtliche Anlagengenehmigung nach Art. 20 BayWG, die denkmalschutzrechtliche Erlaubnis nach Art. 6 Abs. 3 DSchG und die Rodungserlaubnis nach Art. 9 BayWaldG.

3 Prüfungskompetenz der Bauaufsichtsbehörde

Sofern die Bauaufsichtsbehörde im Baugenehmigungsverfahren Verstöße gegen die Vorgaben der Bauordnung feststellt, die nicht zum Prüfungsprogramm gehören, kann die Baugenehmigung grundsätzlich erteilt werden (zur Ablehnung wegen fehlenden Sachbescheidungsinteresses vgl. jetzt die ausdrückliche Regelung in Art. 68 Abs. 1 Satz 1 2. Halbs.; zur früheren Rechtslage BayVGH, Beschluss vom 28.12.1998 – 14 B 95.1255; vgl. auch BayVGH, Beschluss vom 24.1.2006 – 14 ZB 04.3116 –; Urteil vom 9.3.2006, BayVBl. 2006, S. 537 m. abl. Anm. Jäde; Urteil vom 19.1.2009, BayVBl. 2009, S. 507; Urteil vom 1.7.2009, BayVBl. 2009, S. 727).

Baugenehmigungsverfahren Art. 60

Jedoch sollte die Bauaufsichtsbehörde den Bauherrn in der Baugenehmigung auf den Rechtsverstoß hinweisen. Ein solcher Hinweis erscheint auch deshalb sinnvoll, da die Bauaufsichtsbehörde prüfen muss, ob sie gegen diesen Rechtsverstoß mit bauaufsichtlichen Maßnahmen einschreitet. Die Bauaufsichtsbehörde kann die Baugenehmigung auch versagen, sofern der Verstoß so gravierend ist, dass der Bauherr kein rechtlich geschütztes Interesse an einer den Bau freigegebenen Genehmigung haben kann. Bei der Ermessensbetätigung muss die Bauaufsichtsbehörde prüfen, ob der Verstoß z. B. durch eine Abweichung nach Art. 63 legalisierbar ist.

4 Wirkungen der Baugenehmigung nach Art. 59

Im vereinfachten Genehmigungsverfahren reicht die Wirkung der Baugenehmigung nur soweit, wie das (eingeschränkte) Prüfprogramm des Art. 59. Im Übrigen trägt somit der Bauherr selbst die Verantwortung für die materielle Rechtmäßigkeit seines Vorhabens; insoweit kommen auch bauaufsichtliche Maßnahmen im Rahmen der Baukontrolle in Betracht (vgl. hierzu Art. 77).

Art. 60
Baugenehmigungsverfahren

¹**Bei Sonderbauten prüft die Bauaufsichtsbehörde**

1. **die Übereinstimmung mit den Vorschriften über die Zulässigkeit der baulichen Anlagen nach den §§ 29 bis 38 BauGB,**
2. **Anforderungen nach den Vorschriften dieses Gesetzes und aufgrund dieses Gesetzes,**
3. **andere öffentlich-rechtliche Anforderungen, soweit wegen der Baugenehmigung eine Entscheidung nach anderen öffentlich-rechtlichen Vorschriften entfällt, ersetzt oder eingeschlossen wird.**

²**Art. 62 bleibt unberührt.**

Erläuterungen

Übersicht

1 Prüfumfang (Satz 1)
2 Bautechnische Nachweise (Satz 2)

1 Prüfumfang (Satz 1)

Die Bayerische Bauordnung hat bereits mit der Novelle 1994 die Schlusspunkttheorie aufgegeben. Danach soll die Baugenehmigung der Schlusspunkt der Kette der für ein Vorhaben erforderlicher öffentlich-rechtlicher Zulassungsentscheidungen sein. Mit der Formulierung, dass eine Baugenehmigung nur dann versagt

Art. 60

werden darf, wenn das Vorhaben öffentlich-rechtlichen Vorschriften widerspricht, „die im bauaufsichtlichen Verfahren zu prüfen sind", hat sich das Gesetz eindeutig gegen diese Sichtweise entschieden. Gleichwohl entspricht die „herkömmliche" Baugenehmigung mit ihrem tendenziell umfassenden Prüfprogramm immer noch zumindest ansatzweise diesem Bild.

Das Gesetz will nun seit 2008 auch in diesem Bereich eine **Neukonzeption** erreichen. Auch im Rahmen der „herkömmlichen" Baugenehmigung, die ohnehin nur noch die Sonderbauten erfasst, wird eine spürbare Einschränkung des obligatorischen Prüfprogramms bewirkt. Zwar werden die bauplanungsrechtlichen Zulässigkeitstatbestände und auch die bauordnungsrechtlichen Anforderungen weiterhin umfassend präventiv geprüft. Im Bereich der sonstigen öffentlich-rechtlichen Vorschriften ist aber im Rahmen der „herkömmlichen" Baugenehmigung ähnlich wie im vereinfachten Verfahren nur noch das „aufgedrängte" öffentliche Recht Prüfungsmaßstab.

Das **Prüfprogramm der herkömmlichen Baugenehmigung** sieht wie folgt aus:

Geprüft wird die Übereinstimmung des Bauvorhabens mit den Vorschriften über die **planungsrechtliche Zulässigkeit** nach den §§ 29 bis 38 BauGB (Satz 1 Nr. 1); wie im vereinfachten Verfahren gibt das Gesetz die in vielen Fällen wertenden Entscheidungen des Bauplanungsrechts nicht aus der Hand.

Geprüft werden die Anforderungen nach der **Bauordnung** selbst und nach den Vorschriften, die auf Grund der Bauordnung erlassen worden sind (Satz 1 Nr. 2). Damit öffnet sich das Baugenehmigungsverfahren insbesondere für die Sonderbauverordnungen, die für viele Fälle des Sonderbaus Anwendung finden. Aber auch alle anderen Bestimmungen des Bauordnungsrechts – wie etwa Abstandsflächen, Verunstaltungsverbot oder Stellplätze – werden präventiv geprüft. Eingeschlossen in den Prüfumfang sind selbstverständlich auch die örtlichen Bauvorschriften des Art. 81.

Schließlich sind **andere öffentlich-rechtliche Anforderungen** zu prüfen, soweit wegen der Baugenehmigung eine Entscheidung nach anderen öffentlich-rechtlichen Vorschriften entfällt, ersetzt oder eingeschlossen wird (Satz 1 Nr. 3). Damit sind in Bezug auf die Koordinierung von baurechtlichem Verfahren und sonstigem öffentlichem Fachrecht **drei Konstellationen** denkbar:

- Wegen der **Baugenehmigung entfällt** eine Entscheidung nach anderen öffentlich-rechtlichen Vorschriften, **wird ersetzt oder eingeschlossen**. In diesen Fällen bleibt es dabei, dass die entsprechenden fachrechtlichen Anforderungen im Baugenehmigungsverfahren geprüft werden und ihre Einhaltung Voraussetzung der Erteilung der Baugenehmigung ist.

- Baugenehmigung und fachrechtliche Gestattung stehen **unverbunden nebeneinander** (sog. parallele Anlagengenehmigung). In dieser Konstellation hat sich ebenfalls prinzipiell nichts geändert. Innerhalb des Baugenehmigungsverfahrens werden die fachrechtlichen Anforderungen nicht geprüft; die fach-

Bauvorlageberechtigung **Art. 61**

rechtliche Entscheidung stellt das Vorliegen dieser Voraussetzungen vielmehr bindend für die Baugenehmigungsbehörde fest. Die Baugenehmigung kann auch vor Erteilung der fachrechtlichen Gestattung und gleichsam ohne Rücksicht auf sie ausgesprochen werden. Unberührt davon bleibt die Möglichkeit der Bauaufsichtsbehörde, die Erteilung der Baugenehmigung wegen mangelndem Sachbescheidungsinteresse abzulehnen, wenn die fachrechtliche Gestattung verweigert worden ist oder offenkundig nicht erteilt werden kann.

- Für die fachrechtlichen Anforderungen gibt es – noch – **kein eigenes Gestattungsverfahren**. In diesem Fall werden die fachrechtlichen Anforderungen – auch im Baugenehmigungsverfahren – nicht geprüft. Das Fachrecht muss entscheiden, ob ggf. ein eigenständiges Gestattungsverfahren eingeführt werden muss oder eine Koordination mit dem Baugenehmigungsverfahren erfolgen soll.

2 Bautechnische Nachweise (Satz 2)

Satz 2 verweist auf Art. 62. Das bedeutet, dass auch im „herkömmlichen" Baugenehmigungsverfahren die Einhaltung der Anforderungen an die Standsicherheit, den Brand-, Schall-, Wärme- und Erschütterungsschutz regelmäßig über bautechnische Nachweise sichergestellt und nicht von der Bauaufsichtsbehörde geprüft werden soll.

Art. 61
Bauvorlageberechtigung

(1) Bauvorlagen für die nicht verfahrensfreie Errichtung und Änderung von Gebäuden müssen von einem Entwurfsverfasser unterschrieben sein, der bauvorlageberechtigt ist.

(2) Bauvorlageberechtigt ist, wer
1. die Berufsbezeichnung „Architektin" oder „Architekt" führen darf,
2. in die von der Bayerischen Ingenieurekammer-Bau zu führende Liste der bauvorlageberechtigten Ingenieure eingetragen ist; vergleichbare Eintragungen anderer Länder gelten auch im Freistaat Bayern.

(3) ¹Bauvorlageberechtigt sind ferner die Angehörigen der Fachrichtungen Architektur, Hochbau oder Bauingenieurwesen, die nach dem Ingenieurgesetz die Berufsbezeichnung „Ingenieurin" oder „Ingenieur" führen dürfen, sowie die staatlich geprüften Techniker der Fachrichtung Bautechnik und die Handwerksmeister des Maurer- und Betonbauer- sowie des Zimmererfachs für
1. freistehende oder nur einseitig angebaute oder anbaubare Wohngebäude der Gebäudeklassen 1 bis 3 mit nicht mehr als drei Wohnungen,
2. eingeschossige gewerblich genutzte Gebäude mit freien Stützweiten von nicht mehr als 12 m und nicht mehr als 250 m²,

Art. 61

3. land- oder forstwirtschaftlich genutzte Gebäude,
4. Kleingaragen im Sinn der Rechtsverordnung nach Art. 80 Abs. 1 Satz 1 Nr. 3,
5. einfache Änderungen von sonstigen Gebäuden.

²Staatsangehörige eines anderen Mitgliedstaates der Europäischen Union oder eines nach dem Recht der Europäischen Gemeinschaft gleichgestellten Staates sind im Sinn des Satzes 1 bauvorlageberechtigt, wenn sie eine vergleichbare Berechtigung besitzen und dafür den staatlich geprüften Technikern der Fachrichtung Bautechnik oder den Handwerksmeistern des Maurer- und Betonbauer- sowie des Zimmererfachs vergleichbare Anforderungen erfüllen mussten.

(4) Bauvorlageberechtigt ist ferner, wer

1. unter Beschränkung auf sein Fachgebiet Bauvorlagen aufstellt, die üblicherweise von Fachkräften mit einer anderen Ausbildung als sie die in Abs. 2 genannten Personen haben, aufgestellt werden,
2. für ein Amt ab der Besoldungsgruppe A 10 in der Fachlaufbahn Naturwissenschaft und Technik, fachlicher Schwerpunkt bautechnischer und umweltfachlicher Verwaltungsdienst, qualifiziert ist, für seine Tätigkeit für seinen Dienstherrn,
3. einen berufsqualifizierenden Hochschulabschluss eines Studiums der Fachrichtung Architektur, Hochbau (Art. 49 Abs. 1 der Richtlinie 2005/36/EG des Europäischen Parlaments und des Rates vom 7. September 2005 über die Anerkennung von Berufsqualifikationen, ABl. L 255 S. 22, ber. 2007 ABl. L 271 S. 18, 2008 ABl. L 93 S. 28, 2009 ABl. L 33 S. 49, zuletzt geändert durch Verordnung (EU) Nr. 623/2012 vom 11. Juli 2012 (ABl. L 180 S. 9) oder Bauingenieurwesen nachweist, danach mindestens zwei Jahre auf dem Gebiet der Entwurfsplanung von Gebäuden praktisch tätig gewesen ist und Bedienstete oder Bediensteter einer juristischen Person des öffentlichen Rechts ist, für die dienstliche Tätigkeit,
4. die Berufsbezeichnung „Innenarchitektin" oder „Innenarchitekt" führen darf, für die mit der Berufsaufgabe verbundenen baulichen Änderungen von Gebäuden,
5. Ingenieurin oder Ingenieur der Fachrichtung Innenausbau ist und eine praktische Tätigkeit in dieser Fachrichtung von mindestens zwei Jahren ausgeübt hat, für die Planung von Innenräumen und die damit verbundenen baulichen Änderungen von Gebäuden; Abs. 3 Sätze 2 und 3 gelten entsprechend,
6. einen Studiengang der Fachrichtung Holzbau und Ausbau, den das Staatsministerium des Innern als gleichwertig mit einer Ausbildung nach Abs. 3 einschließlich der Anforderungen aufgrund der Rechtsverordnung nach Art. 80 Abs. 3 anerkannt hat, erfolgreich abgeschlossen hat, für die Bauvorhaben nach Abs. 3, sofern sie in Holzbauweise errichtet werden; Abs. 3 Sätze 2 und 3 gelten entsprechend.

(5) ¹In die Liste der bauvorlageberechtigten Ingenieure nach Abs. 2 Nr. 2 ist auf Antrag von der Bayerischen Ingenieurekammer-Bau einzutragen, wer

1. aufgrund eines Studiums des Bauingenieurwesens die Voraussetzungen zur Führung der Berufsbezeichnung „Ingenieur" oder „Ingenieurin" nach dem Gesetz zum Schutze der Berufsbezeichnung „Ingenieur" und „Ingenieurin" – Ingenieurgesetz – IngG – (BayRS 702-2-W) in der jeweils geltenden Fassung, erfüllt oder einen berufsqualifizierenden Hochschulabschluss eines Studiums der Fachrichtung Hochbau (Art. 49 Abs. 1 der Richtlinie 2005/36/EG) nachweist und

2. danach mindestens zwei Jahre auf dem Gebiet der Entwurfsplanung von Gebäuden praktisch tätig gewesen ist.

²Art. 6 des Baukammerngesetzes (BauKaG) gilt entsprechend. ³Dem Antrag sind die zur Beurteilung erforderlichen Unterlagen beizufügen. ⁴Hat die Bayerische Ingenieurekammer-Bau nicht innerhalb der in Art. 42a BayVwVfG festgelegten Frist entschieden, gilt der Antrag als genehmigt.

(6) ¹Personen, die in einem anderen Mitgliedstaat der Europäischen Union oder einem nach dem Recht der Europäischen Gemeinschaft gleichgestellten Staat als Bauvorlageberechtigte niedergelassen sind, sind ohne Eintragung in die Liste nach Abs. 2 Nr. 2 bauvorlageberechtigt, wenn sie

1. eine vergleichbare Berechtigung besitzen und

2. dafür dem Abs. 5 Satz 1 Nrn. 1 und 2 vergleichbare Anforderungen erfüllen mussten.

²Sie haben das erstmalige Tätigwerden als Bauvorlageberechtigter vorher der Bayerischen Ingenieurekammer-Bau anzuzeigen und dabei

1. eine Bescheinigung darüber, dass sie in einem Mitgliedstaat der Europäischen Union oder einem nach dem Recht der Europäischen Gemeinschaft gleichgestellten Staat rechtmäßig als Bauvorlageberechtigte niedergelassen sind und ihnen die Ausübung dieser Tätigkeiten zum Zeitpunkt der Vorlage der Bescheinigung nicht, auch nicht vorübergehend, untersagt ist, und

2. einen Nachweis darüber, dass sie im Staat ihrer Niederlassung für die Tätigkeit als Bauvorlageberechtigter mindestens die Voraussetzungen des Abs. 6 Satz 1 Nrn. 1 und 2 erfüllen mussten,

vorzulegen; sie sind in einem Verzeichnis zu führen. ³Die Bayerische Ingenieurekammer-Bau hat auf Antrag des Bauvorlageberechtigten zu bestätigen, dass die Anzeige nach Satz 2 erfolgt ist; sie kann das Tätigwerden als Bauvorlageberechtigter untersagen und die Eintragung in dem Verzeichnis nach Satz 2 löschen, wenn die Voraussetzungen des Satzes 1 nicht erfüllt sind.

(7) ¹Personen, die in einem anderen Mitgliedstaat der Europäischen Union oder einem nach dem Recht der Europäischen Gemeinschaft gleichgestellten Staat als Bauvorlageberechtigte niedergelassen sind, ohne dass die Voraussetzung für die Vergleichbarkeit im Sinn des Abs. 6 Satz 1 Nr. 2 erfüllt ist, sind

Art. 61
Bauvorlageberechtigung

bauvorlageberechtigt, wenn ihnen die Bayerische Ingenieurekammer-Bau bescheinigt hat, dass sie die Anforderungen des Abs. 5 Satz 1 Nrn. 1 und 2 tatsächlich erfüllen; sie sind in einem Verzeichnis zu führen. ²Die Bescheinigung wird auf Antrag erteilt. ³Abs. 5 Sätze 3 und 4 sind entsprechend anzuwenden.

(8) ¹Anzeigen und Bescheinigungen nach den Abs. 6 und 7 sind nicht erforderlich, wenn bereits in einem anderen Land eine Anzeige erfolgt ist oder eine Bescheinigung erteilt wurde; eine weitere Eintragung in die von der Bayerischen Ingenieurekammer-Bau geführten Verzeichnisse erfolgt nicht. ²Verfahren nach den Abs. 5 bis 7 können über die einheitliche Stelle nach den Vorschriften des Bayerischen Verwaltungsverfahrensgesetzes abgewickelt werden.

(9) ¹Unternehmen dürfen Bauvorlagen als Entwurfsverfasser unterschreiben, wenn sie diese unter der Leitung eines Bauvorlageberechtigten nach den Abs. 2 bis 4, 6 und 7 aufstellen. ²Auf den Bauvorlagen ist der Name des Bauvorlageberechtigten anzugeben.

(10) Für Bauvorlageberechtigte, die weder Mitglied der Bayerischen Architektenkammer noch der Bayerischen Ingenieurekammer-Bau sind, gilt Art. 24 Abs. 1 Satz 2 Nr. 4 BauKaG entsprechend.

Erläuterungen

Übersicht

1 Allgemeines
2 Bauvorlageberechtigung der Architekten und Ingenieure
3 Bauvorlageberechtigte (Fach-)Hochschulabsolventen, Techniker und Handwerksmeister
4 Bauvorlageberechtigung der Fachentwurfsverfasser und der bautechnischen Verwaltungsbediensteten
5 Bauvorlageberechtigung für Personen aus anderen Mitgliedstaaten der EU
6 Bauvorlageberechtigung für Unternehmen

1 Allgemeines

Die Bauvorlagen sind nach Abs. 1 von einem bauvorlageberechtigten Entwurfsverfasser zu unterschreiben (vgl. hierzu auch Art. 64 Abs. 4 Satz 1). Dabei muss der Entwurfsverfasser die Bauvorlagen nicht selbst gefertigt haben, er übernimmt aber mit der Unterschrift die Verantwortung für die Einhaltung der öffentlich-rechtlichen Vorschriften. Die Bauvorlageberechtigung beinhaltet die formelle Qualifikation des Entwurfsverfassers; das materielle Können ist in Art. 51 geregelt. Die Anforderungen an den Ersteller der bautechnischen Nachweise finden sich in Art. 62.

Die Bauaufsichtsbehörde soll die Bauvorlagen gem. Art. 69 Abs. 2 zurückgeben, wenn bei dem Bauherrn oder Entwurfsverfasser die Bauvorlageberechtigung zweifelhaft ist. Die fehlende Bauvorlageberechtigung des Entwurfsverfassers stellt insoweit einen erheblichen Mangel der Bauvorlagen dar. Die Bauvorlageberechtigung nach Abs. 1 bezieht sich nur auf die **nicht verfahrensfreie** Errichtung und Änderung von Gebäuden, erfasst wird also das Freistellungsverfahren, während für die verfahrensfreien Vorhaben nach Art. 57 keine Bauvorlageberechtigung notwendig ist.

Grundsätzlich gilt die Bauvorlageberechtigung für alle Bauvorhaben, also auch für einen Antrag auf Teilbaugenehmigung (Art. 70). Beim Antrag auf **Vorbescheid** ist zu differenzieren: Im Prinzip ist auch im Vorbescheidsverfahren (Art. 71) eine Bauvorlageberechtigung erforderlich (vgl. BayVGH, Urteil vom 31.5.2001, BayVBl. 2002, 339). Keine Bauvorlageberechtigung ist aber notwendig, wenn im Rahmen des Vorbescheids etwa nur die Frage geklärt werden soll, ob das Grundstück planungsrechtlich bebaubar ist.

Auch beim **Zustimmungsverfahren** nach Art. 73 bleibt das Erfordernis einer Bauvorlageberechtigung bestehen. Es handelt sich bei den davon erfassten Vorhaben nicht um verfahrensfreie Anlagen (anders zur Formulierung des früheren Rechts noch die Vorauflage; wie hier Geiger in: Simon/Busse, Bayerische Bauordnung, Art. 61 RdNr. 14).

Ausweislich des eindeutigen Wortlauts der Vorschrift gilt Art. 61 aber nicht für **Nutzungsänderungen**, sofern keine genehmigungspflichtigen baulichen Änderungen damit verbunden sind, und ebenfalls nicht für die Errichtung oder Änderung von **Anlagen, die keine Gebäude sind.**

2 Bauvorlageberechtigung der Architekten und Ingenieure

Architekten und Ingenieure sind nach Abs. 2 uneingeschränkt bauvorlageberechtigt. Notwendig ist, dass sie in der Architektenliste (Art. 2 Abs. 1 BayArchG) oder in der Liste der bauvorlageberechtigten Ingenieure eingetragen sind.

3 Bauvorlageberechtigte (Fach-)Hochschulabsolventen, Techniker und Handwerksmeister

Fachhochschulabsolventen, Techniker und Handwerksmeister sind nach Abs. 3 eingeschränkt für die in Ziffer 1 bis 5 aufgezählten baulichen Anlagen bauvorlageberechtigt (sog. **kleine Bauvorlageberechtigung**). Als wichtigster Anwendungsfall besteht bei diesem Personenkreis nach Abs. 3 Nr. 1 die Bauvorlageberechtigung für freistehende oder nur einseitig angebaute oder anbaubare Wohngebäude der Gebäudeklassen 1 bis 3 mit nicht mehr als drei Wohnungen.

4 Bauvorlageberechtigung der Fachentwurfsverfasser und der bautechnischen Verwaltungsbediensteten

Eingeschränkt bauvorlageberechtigt sind Fachentwurfsverfasser und bautechnische Verwaltungsbedienstete. Unter Abs. 4 Nr. 1 fallen Fachentwurfsverfasser, die eine andere Ausbildung als die in Abs. 2 genannten Personen haben, z. B. Landschaftsarchitekten oder Ingenieure, die nicht dem Bauingenieurwesen zuzurechnen sind (z. B. für Maschinenbau und für Heizungs- und Lüftungstechnik).

Art. 61
Bauvorlageberechtigung

Unter Abs. 4 Nr. 2 fallen Personen, die die Befähigung zum höheren oder gehobenen bautechnischen Verwaltungsdienst besitzen, sofern sie in einem Arbeitsverhältnis zu einem Dienstherrn (Bund, Länder, Landkreise, Gemeinden etc.) stehen und ihre Bauvorlageberechtigung für Bauaufgaben ihres Dienstherrn ausüben.

In der Novelle 2008 wurde mit Abs. 4 Nr. 5 eine entsprechende Bauvorlageberechtigung für Ingenieure der Fachrichtung Innenausbau mit einer Praxiszeit von mehr als zwei Jahren aufgenommen, allerdings beschränkt auf die Planung von Innenräumen und die damit verbundenen baulichen Änderungen von Gebäuden.

5 Bauvorlageberechtigung für Personen aus anderen Mitgliedstaaten der EU

In Umsetzung der Richtlinie 2006/123/EG (EU-Dienstleistungsrichtlinie) hat der Bauordnungsgesetzgeber eine Reihe von Änderungen in der Bauvorlageberechtigung vorgenommen. Dies betrifft vor allem Abs. 3 Satz 2 und Abs. 6 bis 8. Die Regelungen wollen unnötige Doppelprüfungen der Bauvorlageberechtigung vermeiden, gleichzeitig aber gewährleisten, dass alle bauvorlageberechtigten Personen über ein hinreichendes Qualifikationsniveau verfügen.

Für **Architekten** aus anderen Mitgliedstaaten der EU ergibt sich die Bauvorlageberechtigung bereits aus der Berechtigung, die Berufsbezeichnung „Architekt" führen zu dürfen. Bei in Bayern niedergelassenen Architekten sind also die gleichen Voraussetzungen zu erfüllen, denen auch bayerische Architekten unterliegen. Bei nicht niedergelassenen Architekten reicht es grundsätzlich, wenn sie zur Ausübung des Berufs „Architekt" rechtmäßig in ihrem Mitgliedstaat niedergelassen sind; notwendig ist lediglich eine Anzeige bei der Architektenkammer (Art. 2 Abs. 3 Satz 1 BauKaG).

Im Übrigen müssen in anderen Mitgliedstaaten Bauvorlageberechtigte ihr erstmaliges Tätigwerden bei der Bayerischen Ingenieurekammer-Bau lediglich anzeigen, wenn sie zur Erlangung der Bauvorlageberechtigung in ihrem Mitgliedstaat mindestens vergleichbare Anforderungen erfüllen mussten. Dies haben sie gegenüber der Bayerischen Ingenieurekammer-Bau nachzuweisen (Abs. 6). Ansonsten sind in einem anderen Mitgliedstaat Bauvorlageberechtigte auch in Bayern bauvorlagenberechtigt, wenn sie zwar zur Erlangung der Bauvorlageberechtigung im Niederlassungsstaat geringere Anforderungen erfüllen mussten als nach der BayBO, den Anforderungen aber tatsächlich gerecht werden. Dies muss aber von der Bayerischen Ingenieurekammer-Bau bescheinigt worden sein (Abs. 7).

6 Bauvorlageberechtigung für Unternehmen

Unternehmen sind nach Abs. 6 Satz 1 bauvorlageberechtigt, wenn die Bauvorlagen unter Leitung eines Vorlageberechtigten nach Abs. 2 bis 4, 6 und 7 aufgestellt werden. Der Name des Bauvorlageberechtigten ist auf den Bauvorlagen anzugeben (Abs. 6 Satz 2). Der Begriff des Unternehmens wurde vom Gesetzgeber nicht präzisiert. Es ist dann von einem Unternehmen auszugehen, wenn die Tätigkeit über das herkömmliche Tätigkeitsfeld des Entwurfsverfassers hinausgeht und z. B. das Unternehmen Bauvorhaben ganz oder teilweise erstellt, Bauleistungen erbringt oder Baustoffe liefert.

Art. 62
Bautechnische Nachweise

(1) ¹Die Einhaltung der Anforderungen an die Standsicherheit, den Brand-, Schall- und Erschütterungsschutz ist nach näherer Maßgabe der Verordnung aufgrund des Art. 80 Abs. 4 nachzuweisen (bautechnische Nachweise); die Erforderlichkeit des Wärmeschutznachweises nach Vorschriften zur Energieeinsparung bleibt unberührt. ²Das gilt nicht für verfahrensfreie Bauvorhaben, einschließlich der Beseitigung von Anlagen, soweit nicht in diesem Gesetz oder in der Rechtsverordnung aufgrund des Art. 80 Abs. 4 anderes bestimmt ist. ³Die Bauvorlageberechtigung nach Art. 61 Abs. 2, 3 und 4 Nrn. 2 bis 6 schließt die Berechtigung zur Erstellung der bautechnischen Nachweise ein, soweit nicht nachfolgend Abweichendes bestimmt ist. ⁴Art. 61 Abs. 10 ist anzuwenden.

(2) ¹Der Standsicherheitsnachweis muss bei

1. Gebäuden der Gebäudeklassen 1 bis 3,
2. sonstigen baulichen Anlagen, die keine Gebäude sind,

erstellt sein von

– Personen mit einem berufsqualifizierenden Hochschulabschluss eines Studiums der Fachrichtung Architektur, Hochbau (Art. 49 Abs. 1 der Richtlinie 2005/36/EG) oder des Bauingenieurwesens mit einer mindestens dreijährigen Berufserfahrung in der Tragwerksplanung; sie dürfen auch bei anderen Bauvorhaben den Standsicherheitsnachweis erstellen,

– im Rahmen ihrer Bauvorlageberechtigung von staatlich geprüften Technikern der Fachrichtung Bautechnik und Handwerksmeistern des Maurer- und Betonbauer- sowie des Zimmererfachs (Art. 61 Abs. 3), wenn sie mindestens drei Jahre zusammenhängende Berufserfahrung nachweisen und die durch Rechtsverordnung gemäß Art. 80 Abs. 3 näher bestimmte Zusatzqualifikation besitzen,

– im Rahmen ihrer Bauvorlageberechtigung Bauvorlageberechtigten nach Art. 61 Abs. 4 Nr. 6.

²Der Brandschutznachweis muss bei Gebäuden der Gebäudeklasse 4, ausgenommen Sonderbauten sowie Mittel- und Großgaragen im Sinn der Rechtsverordnung nach Art. 80 Abs. 1 Satz 1 Nr. 3, erstellt sein von

1. einem für das Bauvorhaben Bauvorlageberechtigten, der die erforderlichen Kenntnisse des Brandschutzes nachgewiesen hat,
2. a) einem Angehörigen eines Studiengangs der Fachrichtung Architektur, Hochbau (Art. 49 Abs. 1 der Richtlinie 2005/36/EG), Bauingenieurwesen oder eines Studiengangs mit Schwerpunkt Brandschutz, der ein Studium an einer deutschen Hochschule oder ein gleichwertiges Studium an einer ausländischen Hochschule abgeschlossen hat, oder
   b) einem Absolventen einer Ausbildung für Ämter ab der dritten Qualifikationsebene in der Fachlaufbahn Naturwissenschaft und Technik, Schwerpunkt feuerwehrtechnischer Dienst,

Art. 62

der nach Abschluss der Ausbildung mindestens zwei Jahre auf dem Gebiet der brandschutztechnischen Planung und Ausführung von Gebäuden oder deren Prüfung praktisch tätig gewesen ist und die erforderlichen Kenntnisse des Brandschutzes nachgewiesen hat, oder

3. einem Prüfsachverständigen für Brandschutz als Brandschutzplaner.

[3]Brandschutzplaner nach Satz 2 Nrn. 2 und 3 dürfen auch bei anderen Bauvorhaben den Brandschutznachweis erstellen. [4]Tragwerksplaner nach Satz 1 erster Spiegelstrich und Brandschutzplaner nach Satz 2 Nrn. 1 und 2 müssen unter Beachtung des Art. 61 Abs. 5 Sätze 3 und 4 in einer von der Bayerischen Architektenkammer oder der Bayerischen Ingenieurekammer-Bau zu führenden Liste eingetragen sein, für die Art. 6 BauKaG entsprechend gilt; vergleichbare Eintragungen anderer Länder gelten auch im Freistaat Bayern. [5]Für Personen, die in einem anderen Mitgliedstaat der Europäischen Union oder einem nach dem Recht der Europäischen Gemeinschaft gleichgestellten Staat zur Erstellung von Standsicherheits- oder Brandschutznachweisen niedergelassen sind, gelten Art. 61 Abs. 6 bis 8 mit der Maßgabe entsprechend, dass die Anzeige bzw. der Antrag auf Erteilung einer Bescheinigung bei der nach Satz 3 zuständigen Stelle einzureichen ist.

(3) [1]Bei

1. Gebäuden der Gebäudeklassen 4 und 5,
2. wenn dies nach Maßgabe eines in der Rechtsverordnung nach Art. 80 Abs. 4 geregelten Kriterienkatalogs erforderlich ist, bei

   a) Gebäuden der Gebäudeklassen 1 bis 3,

   b) Behältern, Brücken, Stützmauern, Tribünen,

   c) sonstigen baulichen Anlagen, die keine Gebäude sind, mit einer freien Höhe von mehr als 10 m

muss der Standsicherheitsnachweis bei Sonderbauten durch die Bauaufsichtsbehörde, einen Prüfingenieur oder ein Prüfamt geprüft, im Übrigen durch einen Prüfsachverständigen bescheinigt sein. [2]Das gilt nicht für

1. Wohngebäude der Gebäudeklassen 1 und 2,
2. nicht oder nur zum vorübergehenden Aufenthalt einzelner Personen bestimmte oberirdische eingeschossige Gebäude mit freien Stützweiten von nicht mehr als 12 m und nicht mehr als 1 600 m².

[3]Bei

1. Sonderbauten,
2. Mittel- und Großgaragen im Sinn der Verordnung nach Art. 80 Abs. 1 Satz 1 Nr. 3,
3. Gebäuden der Gebäudeklasse 5

muss der Brandschutznachweis durch einen Prüfsachverständigen bescheinigt sein oder wird bauaufsichtlich geprüft.

Bautechnische Nachweise **Art. 62**

(4) ¹Außer in den Fällen des Abs. 3 werden bautechnische Nachweise nicht geprüft; Art. 63 bleibt unberührt. ²Werden bautechnische Nachweise durch einen Prüfsachverständigen bescheinigt, gelten die entsprechenden Anforderungen auch in den Fällen des Art. 63 als eingehalten. ³Einer Prüfung durch die Bauaufsichtsbehörde, einen Prüfingenieur oder ein Prüfamt oder einer Bescheinigung durch einen Prüfsachverständigen bedarf es ferner nicht, soweit für das Bauvorhaben Standsicherheitsnachweise vorliegen, die von einem Prüfamt allgemein geprüft sind (Typenprüfung); Typenprüfungen anderer Länder gelten auch im Freistaat Bayern.

Erläuterungen

Übersicht

1 Allgemeines
2 Standsicherheit
3 Brandschutz
4 Typenprüfungen

Zur Neufassung 2013:

Die Anforderungen an den Wärmeschutz wurden bei dieser Vorschrift gestrichen, da der Wärmeschutznachweis sich nach den Bestimmungen der Energieeinsparverordnung richtet.

Bei der Qualifikation der Erstellung des Brandschutznachweises nach Abs. 2 Sätze 2 und 3 wurden zusätzlich weitere Personen aufgenommen (Angehörige des Studiengangs der Fachrichtung Architektur, Hochbau, Bauingenieurwesen oder eines Studiengangs mit Schwerpunkt Brandschutz sowie Absolventen einer Ausbildung für Ämter ab der 3. Qualifikationsebene in der Fachlaufbahn Naturwissenschaft und Technik, Schwerpunkt feuerwehrtechnischer Dienst, die berechtigt sind, den Brandschutznachweis zu erstellen).

1 Allgemeines

Die Vorschriften über die bautechnischen Nachweise gehören zu den **Grundbestandteilen der durch die Novellen 1994 und 1998 eingeführten bauordnungsrechtlichen Regelungsphilosophie.** Der Rückzug präventiver Kontrolle durch die Bauaufsichtsbehörden erforderte eine Kompensation über privaten Sachverstand, der durch die Erstellung und ggf. Überprüfung bautechnischer Nachweise einbezogen und dessen Einsatz dadurch dokumentiert wird. Dieses System wurde im Prinzip auch 2008 beibehalten. Die bautechnischen Nachweise sollen sich – nur – mit den Bereichen **Standsicherheit, Brandschutz sowie Schall-, und Erschütterungsschutz** auseinandersetzen. Der Wärmeschutznachweis bestimmt sich nur noch nach den Bestimmungen der Energieeinsparverordnung (EnEV).

Art. 62 fasst – begrüßenswerterweise – die im früheren Recht verstreut geregelten Bestimmungen über die bautechnischen Nachweise in einer Vorschrift zusammen. Darüber hinaus sind die bautechnischen Nachweise in Bezug auf ihr jeweiliges Anforderungsniveau nicht mehr verfahrens-, sondern **vorhabensabhängig** konzipiert.

Art. 62

Grundsätzlich **keine bautechnischen Nachweise** benötigen die **verfahrensfreien Vorhaben.** Das Gesetz behält sich allerdings vor, davon Ausnahmen in einer noch zu erstellenden Rechtsverordnung vorzusehen (etwa die Verpflichtung zur Erstellung eines Energie- oder Wärmebedarfsausweises). Für die **Beseitigung von baulichen Anlagen** gelten die Sondervorschriften des Art. 57 Abs. 5 Sätze 3 bis 5.

Im Übrigen bleibt es bei dem bewährten **dreistufigen System der bautechnischen Nachweise:**

- Im Prinzip genügt für die Erstellung der bautechnischen Nachweise die (allgemeine) **Bauvorlageberechtigung** (Abs. 1 Satz 2). Eine Überprüfung dieser Nachweise findet grundsätzlich **nicht statt** (Abs. 4 Satz 1).
- Für bestimmte Bauvorhaben ist in Bezug auf den Standsicherheitsnachweis und den Brandschutznachweis eine **erhöhte Qualifikation des Nachweiserstellers** erforderlich (Abs. 2), insbesondere weil insoweit auf eine Überprüfung durch ein „drittes und viertes Auge" verzichtet wird.
- Schließlich ist wiederum für bestimmte Vorhaben und in Bezug auf den Standsicherheitsnachweis bzw. den Brandschutznachweis eine Überprüfung im Sinne eines **„Vier-Augen-Prinzips"** notwendig (Abs. 3).

Die bautechnischen Nachweise müssen ebenso wie die Bauvorlagen an der Baustelle von Baubeginn an vorliegen (Art. 68 Abs. 6 Satz 3). Die nach Abs. 3 erforderlichen Bescheinigungen über die Überprüfung der bautechnischen Nachweise müssen vor Baubeginn der Bauaufsichtsbehörde vorliegen (Art. 68 Abs. 5 Nr. 2).

Werden bautechnische Nachweise durch einen Prüfsachverständigen **bescheinigt,** gelten die materiellen Anforderungen des Bauordnungsrechts als eingehalten (Abs. 4 Satz 2). Das heißt, das Gesetz formuliert eine materielle Legalitätsfiktion der Bescheinigung. Dies gilt auch dann, wenn der Prüfsachverständige Abweichungen im Sinn des Art. 63 bescheinigt.

2 Standsicherheit

Eine besondere Qualifikation zur **Erstellung des Standsicherheitsnachweises** ist erforderlich bei Gebäuden der Gebäudeklasse 1 bis 3 (Art. 2 Abs. 3) sowie bei sonstigen baulichen Anlagen, die keine Gebäude sind. In diesen Fällen muss der Standsicherheitsnachweis gemäß Abs. 2 Sätze 1 und 2 erstellt sein von

- Architekten oder Bauingenieuren mit mindestens dreijähriger Berufserfahrung in der Tragwerksplanung und einem entsprechenden Listeneintrag oder
- staatlich geprüften Technikern der Fachrichtung Bautechnik oder Handwerksmeistern des Bau- und Zimmererfachs mit mindestens dreijähriger zusammenhängender Berufserfahrung und Zusatzqualifikation nach Art. 80 Abs. 3 des Entwurfs oder
- Absolventen des Studiengangs Holzbau im Bereich der „kleinen Bauvorlageberechtigung" für Holzbauten gemäß Art. 61 Abs. 4 Nr. 6.

Bautechnische Nachweise   Art. 62

Damit ist die geplante Regelung mit dem früheren Art. 68 Abs. 7 Satz 2 a. F. vergleichbar.

Eine **Überprüfung des Standsicherheitsnachweises** im Sinne des „Vier-Augen-Prinzips" findet gemäß Abs. 3 Sätze 1 und 2 statt

- **immer** bei Gebäuden der Gebäudeklasse 4 und 5,
- **nach Maßgabe der Kriterien in Anlage 2 (Kriterienkatalog nach § 15 Abs. 3)** zur BauVorlV bei Gebäuden der Gebäudeklasse 1 bis 3, bei Behältern, Brücken, Stützmauern, Tribünen, bei sonstigen baulichen Anlagen, die keine Gebäude sind, mit einer freien Höhe von mehr als 10 m,
- **nie** bei Wohngebäuden der Gebäudeklassen 1 und 2 sowie bei nicht oder nur zum vorübergehenden Aufenthalt einzelner Personen bestimmten oberirdischen eingeschossigen Gebäuden mit freien Stützweiten von nicht mehr als 12 m und nicht mehr als 1 600 m² Fläche.

Damit kommt es für die Anwendung des „Vier-Augen-Prinzips" nicht mehr darauf an, ob es sich bei dem Vorhaben um einen **Sonderbau** handelt. Diese Unterscheidung spielt nur noch bei der Qualifizierung des „dritten und vierten" Auges eine Rolle. Während bei Sonderbauten weiterhin eine Überprüfung durch die Bauaufsichtsbehörde oder die – hoheitlich tätigen – Prüfingenieure oder Prüfämter erfolgt, genügt außerhalb dieses Bereichs eine Bescheinigung des – privatrechtlich handelnden – Prüfsachverständigen für Standsicherheit.

3 Brandschutz

Eine besondere **Qualifikation zur Erstellung des Brandschutznachweises** ist gemäß Abs. 2 Sätze 2 und 3 erforderlich bei Gebäuden der Gebäudeklasse 4 ausgenommen Sonderbauten sowie Mittel- und Großgaragen. Der Anwendungsbereich der Vorschrift dürfte vergleichsweise schmal sein, gleichwohl ist die Sonderbehandlung aus Gründen des Verhältnismäßigkeitsprinzips gerechtfertigt. Der Brandschutznachweis muss dann erstellt sein von

- einem für das Bauvorhaben Bauvorlageberechtigten, der die erforderlichen Kenntnisse des Brandschutzes nachgewiesen hat und einen entsprechenden Listeneintrag besitzt, oder
- einem Prüfsachverständigen für Brandschutz.
- Durch die Novelle 2013 wurden zusätzlich weitere Personen aufgenommen, nämlich unter gewissen weiteren Voraussetzungen Angehörige des Studiengangs der Fachrichtung Architektur, Hochbau, Bauingenieurwesen oder eines Studiengangs mit Schwerpunkt Brandschutz sowie Absolventen einer Ausbildung für Ämter ab der dritten Qualifikationsebene (früher: gehobener Dienst) in der Fachlaufbahn Naturwissenschaft und Technik, Schwerpunkt feuerwehrtechnischer Dienst.

Die Regelung ähnelt dem früheren Art. 68 Abs. 7 Satz 3 a. F.

Art. 63
Abweichungen

Eine **Überprüfung des Brandschutznachweises** erfolgt gemäß Abs. 3 Satz 3 bei allen Sonderbauten, bei Mittel- und Großgaragen im Sinne der GaStellV sowie bei Gebäuden der Gebäudeklasse 5. Umgesetzt wird diese Überprüfung nach Wahl des Bauherrn durch eine Bescheinigung eines Prüfsachverständigen für Brandschutz oder über eine – hoheitliche – Prüfung der Bauaufsichtsbehörde. Dieses Wahlrecht ist dadurch bedingt, dass immer noch vergleichsweise wenig dieser Prüfsachverständiger für den Brandschutz zur Verfügung stehen.

4 Typenprüfungen

Abs. 4 Satz 3 enthält der Sache nach das früher in § 12 BauPrüfV a. F. geregelte Institut der Typenprüfung. Diese Typenprüfung kann nur von einem Prüfamt für Standsicherheit, nicht aber von Prüfingenieuren oder Prüfsachverständigen vorgenommen werden.

Art. 63
Abweichungen

(1) [1]Die Bauaufsichtsbehörde kann Abweichungen von Anforderungen dieses Gesetzes und aufgrund dieses Gesetzes erlassener Vorschriften zulassen, wenn sie unter Berücksichtigung des Zwecks der jeweiligen Anforderung und unter Würdigung der öffentlich-rechtlich geschützten nachbarlichen Belange mit den öffentlichen Belangen, insbesondere den Anforderungen des Art. 3 Abs. 1 vereinbar sind; Art. 3 Abs. 2 Satz 3 bleibt unberührt. [2]Der Zulassung einer Abweichung bedarf es nicht, wenn bautechnische Nachweise durch einen Prüfsachverständigen bescheinigt werden.

(2) [1]Die Zulassung von Abweichungen nach Abs. 1 Satz 1, von Ausnahmen und Befreiungen von den Festsetzungen eines Bebauungsplans, einer sonstigen städtebaulichen Satzung oder von Regelungen der Baunutzungsverordnung ist gesondert schriftlich zu beantragen; der Antrag ist zu begründen. [2]Für Anlagen, die keiner Genehmigung bedürfen, sowie für Abweichungen von Vorschriften, die im Genehmigungsverfahren nicht geprüft werden, gilt Satz 1 entsprechend; bei Bauvorhaben, die einer Genehmigung bedürfen, ist der Abweichungsantrag mit dem Bauantrag zu stellen.

(3) [1]Über Abweichungen nach Abs. 1 Satz 1 von örtlichen Bauvorschriften sowie über Ausnahmen und Befreiungen nach Abs. 2 Satz 1 entscheidet bei verfahrensfreien Bauvorhaben die Gemeinde nach Maßgabe der Abs. 1 und 2. [2]Im Übrigen lässt die Bauaufsichtsbehörde Abweichungen von örtlichen Bauvorschriften im Einvernehmen mit der Gemeinde zu; § 36 Abs. 2 Satz 2 BauGB gilt entsprechend.

Abweichungen   Art. 63

Erläuterungen

Übersicht
1 Allgemeines
2 Anwendungsbereich
3 Isolierte Abweichung nach Abs. 3 Satz 1
4 Abweichungen durch die Baugenehmigungsbehörde
5 Antragsverfahren bei Abweichungen

1 Allgemeines

Die bisher im Bauordnungsrecht geläufige Unterscheidung zwischen Abweichungen, Ausnahmen und Befreiungen wurde bereits durch die Bauordnungsnovelle 1994 aufgegeben und durch den Oberbegriff der Abweichung ersetzt.

Abweichungen sind von allen materiellen bauaufsichtlichen Anforderungen der Bauordnung selbst und der auf ihrer Grundlage erlassenen Vorschrift möglich, nicht jedoch von Verfahrensvorschriften. Durch die Regelung des Abs. 2 wird festgestellt, dass die Vorschrift auch für Abweichungen genehmigungsfreier Vorhaben von planungsrechtlichen Vorgaben in Bebauungsplänen sowie von der Baunutzungsverordnung anwendbar ist.

Neu eingeführt durch die Bauordnungsnovelle 2008 wurde die **Zuständigkeit der Gemeinde,** abschließend über die Zulassung von Abweichungen von örtlichen Bauvorschriften nach Art. 81 sowie über Ausnahmen und Befreiungen von den Festsetzungen eines Bebauungsplans, einer sonstigen städtebaulichen Satzung oder von Regelungen der BauNVO bei **verfahrensfreien Vorhaben** zu entscheiden. Es handelt sich dabei um eine Aufgabe, die dem **eigenen Wirkungskreis der Gemeinde** zuzuordnen ist. Dies liegt darin begründet, dass sich die Entscheidung über die Abweichungen auf Bebauungspläne und örtliche Bauvorschriften bezieht, die von der Gemeinde in eigener Zuständigkeit beschlossen wurden. Für Abweichungen bei genehmigungspflichtigen Verfahren besteht nach Abs. 3 Satz 2 durch die Verweisung auf § 36 Abs. 2 Satz 2 BauGB eine ausdrückliche Verpflichtung der Bauaufsichtsbehörde, die Gemeinden bei Abweichungen von gemeindlichen Bauvorschriften zu beteiligen.

2 Anwendungsbereich

Der Anwendungsbereich des Abs. 1 erfasst Abweichungen von bauaufsichtlichen Anforderungen der Bauordnung und auf Grund dieses Gesetzes erlassener Vorschriften. Dabei darf eine Abweichung nur dann zugelassen werden, wenn sie unter Berücksichtigung der jeweiligen Anforderungen und unter Würdigung der nachbarlichen Interessen mit den öffentlichen Belangen vereinbar ist. Neben Art. 63 findet nach Abs. 1 Satz 1 2. HS Art. 3 Abs. 2 S. 3 bei Abweichungen ebenfalls Anwendung. Danach kann von den technischen Baubestimmungen abgewichen werden, wenn mit einer anderen Lösung in gleichem Maße die allgemeinen Anforderungen des Art. 3 Abs. 1 erfüllt werden können (vgl. Art. 3 Ziffer 3). Diese Abweichung ist Kraft Gesetzes ohne behördliche Zulassung gegeben.

Art. 63
Abweichungen

Bei Abweichungen ist stets zu prüfen, ob diese unter Berücksichtigung des **Zwecks der jeweiligen Anforderung** mit den entsprechenden Vorschriften vereinbar ist. Es ist somit darauf abzustellen, ob ein anderer ebenfalls geeigneter Weg dem Schutzzweck der Norm, von der abgewichen werden soll, Rechnung tragen kann (BayVGH, Beschluss vom 22.9.2006, ZfBR 2007, S. 586).

Der Erlass einer Abweichung nach Abs. 1 steht im Ermessen der Bauaufsichtsbehörde (vgl. aber die Möglichkeit der Abweichung durch Sachverständigenentscheidung nach Abs. 1 Satz 2) bzw. bei verfahrensfreien Vorhaben der Gemeinde (Abs. 3 Satz 1). In welchem Maß die Vorschriften der Bauordnung Abweichungen gestatten, hängt einmal von dem Zweck der Vorschriften, zum anderen vom konkreten Bauvorhaben ab. Eine absolute Schranke für Abweichungen besteht dann, wenn durch die zuzulassende Abweichung erhebliche Gefahren für Leben und Gesundheit entstünden. Stets muss die Abweichung mit öffentlichen Belangen vereinbar sein. Insofern ist eine Gesamtschau der öffentlichen Belange vorzunehmen und eine Gewichtung anzustellen. Entgegenstehen können öffentliche Belange, wenn in einem von Satteldächern geprägten Gebiet ein Walmdach gebaut werden soll (VGH BW, Urteil vom 11.3.2009, BauR 2009, S. 1712). Des Weiteren sind die nachbarlichen Interessen zu würdigen; die Nachbarbelange dürfen nicht zurückgestellt werden, wenn das Gebot der Rücksichtnahme verletzt wird (vgl. hierzu Art. 66 Ziffer 2).

Eine Abweichung ist nur dann gerechtfertigt, wenn eine Ausnahmesituation besteht, d. h. ein atypischer Sachverhalt vorliegt (BayVGH, Urteil vom 28.6.2005, BayVBl. 2006, S. 114, a.M. VGH BW, Urteil vom 16.6.2003, NVwZ 2004, S. 357). Anders ist die Sachlage zu beurteilen, wenn die Vorschrift bereits eine Regelung enthält, die die Voraussetzungen für Abweichungen aufzeigt (OVG Münster, Urteil vom 3.5.2007, BauR 2007, S. 1560).

3 Isolierte Abweichung nach Abs. 3 Satz 1

Die Neufassung des Abs. 3 Satz 1 stellt klar, dass es einer sog. isolierten Abweichung der Gemeinde bedarf, wenn ein genehmigungsfreies Bauvorhaben von den Festsetzungen eines Bebauungsplans oder einer sonstigen städtebaulichen Satzung abweicht. Wenn ein genehmigungsfreies Vorhaben, wie z. B. eine Garage, von den Festsetzungen eines Bebauungsplans abweicht, aber auch, wenn im unbeplanten Innenbereich in einem Bürogebäude Wohnräume im Dachgeschoss errichtet werden sollen (vgl. Art. 57 Abs. 4), war bisher eine Entscheidung der Bauaufsichtsbehörde erforderlich. Insofern führte der Gesetzgeber mit Abs. 3 Satz 1 eine Verfahrenserleichterung ein, die es dem Bauherrn ermöglicht, formlos bei der Gemeinde die Abweichung schriftlich zu beantragen. Es handelt sich hier um eine eigenständige Genehmigungspflicht (so BayVGH, Urteil vom 1.7.2005, BayVBl 2006, S. 469). Die Gemeinde muss prüfen, ob die Abweichung unter den Vorgaben des Art. 63 Abs. 1, also auch der nachbarlichen Belange und den Anforderungen des Art. 3 Abs. 1 erteilt werden kann. Sie kann für die Entscheidung eine Gebühr verlangen.

Zu beachten ist, dass beim unbeplanten Innenbereich Abweichungen nur bezüglich der zulässigen Art der baulichen Nutzung erteilt werden können. Sofern einem an sich genehmigungsfreien Bauvorhaben die sonstigen Tatbestandsmerkmale des § 34 BauGB entgegenstehen, ist keine Abweichung möglich, sondern es bedarf eines Bauantrags.

4 Abweichungen durch die Baugenehmigungsbehörde

Nach Abs. 3 Satz 2 können Abweichungen von den Festsetzungen eines Bebauungsplans oder von gemeindlichen Bauvorschriften (z. B. Ortsgestaltungssatzung) von der Bauaufsichtsbehörde nur im Einvernehmen mit der Gemeinde zugelassen werden. Nach § 36 Abs. 2 Satz 2 BauGB gilt das Einvernehmen als erteilt, wenn es die Gemeinde nach Eingang des Antrags nicht innerhalb von zwei Monaten verweigert hat.

5 Antragsverfahren bei Abweichungen

Die Zulassung von Abweichungen von bauordnungs- sowie von Ausnahmen und Befreiungen nach Bauplanungsrecht ist nach Abs. 2 Satz 1 gesondert schriftlich zu beantragen und zu begründen. Nach der Novelle 2009 ist der Antrag auf Abweichung bei genehmigungspflichtigen Vorhaben zusammen mit dem Bauantrag zu stellen. Wenn Abweichungen zum Prüfprogramm des Bauantrages gehören, scheidet ein selbständiges Abweichungsverfahren aus (Hess VGH, Beschluss vom 5.2.2009, DÖV 2009, S. 466). Damit soll die Verantwortlichkeit des Bauherrn und namentlich auch der Entwurfsverfasser für die Einhaltung der materiell-rechtlichen Anforderung herausgehoben werden.

Nach der Gesetzesbegründung stellt die Begründungspflicht für diesen Antrag keine Zulässigkeitsvoraussetzung dar, sondern lediglich eine Ordnungsvorschrift. Es ist die Zielsetzung dieser Vorschrift, nicht die Zulassung von Abweichungen zu erschweren, sondern der Bauaufsichtsbehörde bzw. der Gemeinde, dadurch, dass der Bauherr mit dem Entwurfsverfasser dazu angehalten wird, die Motive für seine Abweichung darzutun, eine bauherrnfreundliche Entscheidung zu erleichtern.

Art. 64
Bauantrag, Bauvorlagen

(1) ¹Der Bauantrag ist schriftlich bei der Gemeinde einzureichen. ²Diese legt ihn, sofern sie nicht selbst zur Entscheidung zuständig ist, mit ihrer Stellungnahme unverzüglich bei der Bauaufsichtsbehörde vor. ³Die Gemeinden können die Ergänzung oder Berichtigung unvollständiger oder unrichtiger Bauanträge verlangen.

(2) ¹Mit dem Bauantrag sind alle für die Beurteilung des Bauvorhabens und die Bearbeitung des Bauantrags erforderlichen Unterlagen (Bauvorlagen) einzu-

Art. 64

reichen. ²Es kann gestattet werden, dass einzelne Bauvorlagen nachgereicht werden.

(3) In besonderen Fällen kann zur Beurteilung der Einwirkung des Bauvorhabens auf die Umgebung verlangt werden, dass es in geeigneter Weise auf dem Baugrundstück dargestellt wird.

(4) ¹Der Bauherr und der Entwurfsverfasser haben den Bauantrag und die Bauvorlagen zu unterschreiben. ²Soweit der Eigentümer oder der Erbbauberechtigte dem Bauvorhaben zugestimmt hat, ist er verpflichtet, bauaufsichtliche Maßnahmen zu dulden, die aus Nebenbestimmungen der Baugenehmigung herrühren.

Erläuterungen

Übersicht

1 Allgemeines
2 Bauantrag
3 Behandlung des Bauantrags durch die Gemeinde
4 Bauvorlagen (Abs. 2)
5 Unterschriften auf dem Bauantrag und den Bauvorlagen

1 Allgemeines

Die Vorschrift enthält die wesentlichen Verfahrensregeln zum Bauantrag und den Bauvorlagen; sie wird durch die Bauvorlagenverordnung (BauVorlV) ergänzt. Dabei gilt Art. 64 auch für Werbeanlagen, teilweise für den Vorbescheid (Art. 71 Satz 4), genehmigungsfreie Vorhaben nach Art. 58 Abs. 5.

Die Gemeinde legt den Bauantrag, soweit sie nicht selbst zur Entscheidung zuständig ist, mit ihrer Stellungnahme der unteren Bauaufsichtsbehörde vor. Selbst zur Entscheidung zuständig sind die kreisfreien Städte, die großen Kreisstädte sowie die Gemeinden, denen das Innenministerium die Aufgabe der unteren Bauaufsichtsbehörde übertragen hat. Die übrigen kreisangehörigen Gemeinden haben den Bauantrag nach Abs. 1 Satz 2 vorzubehandeln, dies gilt auch für die Mitgliedsgemeinden von Verwaltungsgemeinschaften. Deren Stellungnahmen sind von der Mitgliedsgemeinde und nicht von der Verwaltungsgemeinschaft wahrzunehmen (§ 1 Nr. 1 der Verordnung über Aufgaben der Mitgliedsgemeinden von Verwaltungsgemeinschaften vom 30.4.1995, GVBl. 1995, S. 259).

2 Bauantrag

Der Bauantrag bestimmt den Gegenstand des Baugenehmigungsverfahrens. Er kann neben Anträgen auf Befreiungen und Abweichungen (Art. 63 Abs. 2) auch Anträge auf straßenrechtliche Ausnahmen umfassen, für die die untere Bauaufsichtsbehörde zuständig ist. Jedoch beinhaltet der Bauantrag Anträge auf Abweichungen (Art. 63) nicht automatisch, sondern es müssen hierzu eigene Anträge

Bauantrag, Bauvorlagen Art. 64

gestellt werden. Sonstige Verwaltungsakte, die neben der Baugenehmigung erforderlich sind, müssen grundsätzlich besonders beantragt werden (z. B. eine Befreiung nach dem Bayerischen Naturschutzgesetz).

Der Antragsteller ist der Bauherr. Er hat den Bauantrag schriftlich einzureichen (Art. 50 Abs. 1 Satz 2).

Das Bayerische Staatsministerium des Innern hat mit der Bekanntmachung über Bauvordrucke und -vorlagen „Stellungnahme der Gemeinde" Bauantragsvordrucke bekannt gemacht und verbindlich eingeführt. Daher dürfen Bauanträge nur unter Verwendung dieser Vordrucke eingereicht werden.

3 Behandlung des Bauantrags durch die Gemeinde

Die Gemeinde legt den Bauantrag, sofern sie nicht selbst für die Entscheidung zuständig ist (Art. 63 Abs. 3 Satz 1), mit ihrer Stellungnahme der unteren Bauaufsichtsbehörde (Art. 53) vor. Sie prüft die Vollständigkeit des Bauantrags (Abs. 1 Satz 3) und hat ein Rückgaberecht, wenn der Bauantrag unvollständig oder unrichtig ist. Sofern unvollständige Anträge nicht zurückgegeben werden, gilt nach Ablauf der 2-Monats-Frist des Einvernehmens als erteilt. Der Antrag ist auch dann als wirksam anzusehen, wenn er beim Landratsamt als unterer Bauaufsichtsbehörde gestellt wird (BayVGH, Beschluss vom 19.5.1999, BayVBl. 2000, S. 20).

Die Gemeinde kann auf Antrag des Bauherrn prüfen, ob die Nachbarbeteiligung (Art. 66) durchgeführt wurde. Sie hat zum Bauantrag eine **Stellungnahme** abzugeben, sofern sie nicht selbst zur Entscheidung zuständig ist (Abs. 1 Satz 2). Die Stellungnahme der Gemeinde ist ein behördeninterner Mitwirkungsakt im Baugenehmigungsverfahren, der nach Auffassung des Bayrischen Staatsministeriums des Innern keine kostenpflichtige Amtshandlung darstellt. Die Stellungnahme kann sich auf alle für die Beurteilung des Bauantrags maßgeblichen Sach- und Rechtsfragen, insbesondere also die Beachtung des Planungs- und Bauordnungsrechts, aber auch des sonstigen öffentlichen Baurechts erstrecken.

Die Gemeinde sollte sich in ihrer Stellungnahme auf die planungsrechtlichen Aspekte und die in Satzungen nach Art. 81 geregelten Punkte beschränken. In planungsrechtlicher Hinsicht hat die Gemeinde über die Zulässigkeit von Vorhaben nach §§ 31, 33 bis 35 BauGB ihr Einvernehmen zu erteilen. Für die Erteilung des Einvernehmens läuft ab Eingang des Bauantrags bei der Gemeinde nach § 36 Abs. 2 BauGB **eine Frist von zwei Monaten.** Nach Fristablauf gilt das Einvernehmen als erteilt, die Zurücknahme oder der Widerruf ist nicht möglich (so BVerwG, Urteil vom 12.12.1996, BayGTZeitung 1997, S. 160). Auch eine Wiedereinsetzung in den vorherigen Stand scheidet aus (BayVGH, Beschluss vom 27.10.2000, BayVBl. 2001, S. 242). Das Einvernehmen der Gemeinde ist auch für Ausnahmen von einer Veränderungssperre (§ 14 Abs. 2 BauGB) und für die Fälle des § 173 Abs. 1 BauGB notwendig. Versagt die Gemeinde ihr Einvernehmen, so ist die Bauaufsichtsbehörde hieran gebunden, wenn nicht ein Verfahren nach Art. 67 in Betracht kommt.

Art. 64

Bauantrag, Bauvorlagen

Die Gemeinde kann einen Bauantrag auch zum Anlass nehmen eine Bauleitplanung einzuleiten (BVerwG, Beschluss vom 8.1.2002, BRS 65, S. 239) und dies durch eine Veränderungssperre oder eine Zurückstellung nach § 15 BauGB zu sichern (BVerwG, Urteil vom 16.9.2004, NVwZ 2005, S. 213).

Die Gemeinde darf aber ihre Entscheidung über ihr Einvernehmen nicht von Gründen abhängig machen, die nicht auf **Planungsrecht oder einer gemeindlichen Ortssatzung** (Art. 63 Abs. 3 Satz 2) beruhen. Insbesondere bei Fragen der Ortsgestaltung (Art. 8) hat die Gemeinde keine Entscheidungsbefugnis, sofern keine Ortssatzung vorliegt. Etwas anderes gilt nur dann, wenn das Planungsrecht (z. B. das Ortsbild nach § 34 BauGB) beeinträchtigt wird.

Dabei hat die Gemeinde auch zu beachten, dass die Baugenehmigung eine gebundene Entscheidung darstellt; insofern sind Auflagen nur dann zulässig, wenn ohne sie das Einvernehmen verweigert werden müsste.

Zuständiges Gemeindeorgan ist in der Regel der Gemeinderat (Art. 30 Abs. 2 GO) oder ein beschließender Ausschuss (Art. 32 Abs. 2 bis 4 GO), sofern es sich nicht um eine laufende Angelegenheit der Verwaltung handelt, vgl. hierzu Art. 53 Ziffer 2 und Art. 58 Ziffer 5. In unaufschiebbaren Fällen ist stets der Bürgermeister zuständig (Art. 37 Abs. 3 GO). Für den Ausschluss von Gemeinderatsmitgliedern wegen Befangenheit gilt Art. 49 GO.

Die Gemeinde hat den Bauantrag mit ihrer Stellungnahme **unverzüglich**, also ohne schuldhaftes Zögern, der Bauaufsichtsbehörde vorzulegen. Eine Verletzung dieser Verpflichtung stellt eine Amtspflichtverletzung dar und kann zu Schadensersatzansprüchen des Bauherrn gegen die Gemeinde führen (BGH, Urteil vom 21.12.2000, BayVBl. 2001, S. 506). Nach der neuen Rechtsprechung des BGH (Urteil vom 16.9.2010, NVwZ 2011, S. 249) hat die Bauaufsichtsbehörde die Pflicht, ein rechtswidrig verweigertes Einvernehmen zu ersetzen, bei gebundenen Entscheidungen (§§ 33, 34, 35 BauGB) trifft die Gemeinde somit keine haftungsrechtliche Mitverantwortung.

Zu beachten ist, dass die Gemeinde ihre Entscheidung über das gemeindliche Einvernehmen nicht von wirtschaftlichen Gegenleistungen abhängig machen darf (s. hierzu Busse, BayGTZeitung 1998, S. 147, 2009, S. 265, ders. BayVBl. 1994, S. 353).

Im Rechtsbehelfsverfahren kann die Gemeinde weitere Gründe, die aus ihrer Sicht der Zulässigkeit des Vorhabens entgegenstehen, vorbringen (BVerwG, Urteil vom 20.5.2010, ZfBR 2010, S. 675).

4 Bauvorlagen (Abs. 2)

Mit dem Bauantrag sind die in der Bauvorlagenverordnung aufgeführten Bauvorlagen einzureichen. Vorzulegen sind nach § 3 BauVorlV ein Auszug aus dem Katasterwerk und der Lageplan, die Bauzeichnungen, die Baubeschreibung, die Nachweise der Standsicherheit und des Brandschutzes soweit sie bauaufsichtlich geprüft werden und die Angaben zur Erschließung. Die im Zuge der Novelle 2008

Behandlung des Bauantrags Art. 65

neu gefasste Bauvorlagenverordnung entspricht dabei weitgehend der früheren Rechtslage. Allerdings ist die Sonderregelung für das Freistellungsverfahren weggefallen.

Nach Abs. 3 kann von der Gemeinde sowie von der unteren Bauaufsichtsbehörde zur Beurteilung, wie sich die bauliche Anlage in die Umgebung einfügt, verlangt werden, dass die bauliche Anlage in geeigneter Weise auf dem Grundstück dargestellt wird (z. B. durch Markierungsstangen, Phantomgerüste, Modelle oder Ballone).

5 Unterschriften auf dem Bauantrag und den Bauvorlagen

Der Bauherr und der bauvorlageberechtigte Entwurfsverfasser haben den Bauantrag und die Bauvorlagen zu unterschreiben (Art. 64 Abs. 4). Ohne die Unterschriften ist der Bauantrag nicht wirksam (BayVGH, Urteil vom 31.5.2001, BayVBl. 2002, S. 339).

Art. 65
Behandlung des Bauantrags

(1) ¹Die Bauaufsichtsbehörde hört zum Bauantrag diejenigen Stellen,

1. deren Beteiligung oder Anhörung für die Entscheidung über den Bauantrag durch Rechtsvorschrift vorgeschrieben ist, oder

2. ohne deren Stellungnahme die Genehmigungsfähigkeit des Bauantrags nicht beurteilt werden kann;

die Beteiligung oder Anhörung entfällt, wenn die jeweilige Stelle dem Bauantrag bereits vor Einleitung des Baugenehmigungsverfahrens schriftlich zugestimmt hat. ²Bedarf die Erteilung der Baugenehmigung der Zustimmung oder des Einvernehmens einer anderen Körperschaft, Behörde oder sonstigen Stelle, so gilt diese als erteilt, wenn sie nicht einen Monat nach Eingang des Ersuchens verweigert wird; von der Frist nach Halbsatz 1 abweichende Regelungen durch Rechtsvorschrift bleiben unberührt. ³Stellungnahmen bleiben unberücksichtigt, wenn sie nicht innerhalb eines Monats nach Aufforderung zur Stellungnahme bei der Bauaufsichtsbehörde eingehen, es sei denn, die verspätete Stellungnahme ist für die Rechtmäßigkeit der Entscheidung über den Bauantrag von Bedeutung.

(2) ¹Ist der Bauantrag unvollständig oder weist er sonstige erhebliche Mängel auf, fordert die Bauaufsichtsbehörde den Bauherrn zur Behebung der Mängel innerhalb einer angemessenen Frist auf. ²Werden die Mängel innerhalb der Frist nicht behoben, gilt der Antrag als zurückgenommen.

Art. 65

Behandlung des Bauantrags

Erläuterungen

Übersicht

1 Allgemeines
2 Am Baugenehmigungsverfahren zu beteiligende Stellen
3 Beschleunigungsgrundsatz, Monatsfrist
4 Antragskonferenz
5 Mangelhafte Bauvorlagen

1 Allgemeines

Die Neufassung des Art. 65 strafft die bisherige Fassung der Regelung deutlich und präzisiert durch den Verzicht auf den vagen Begriff der „Träger öffentlicher Belange" eindeutig den Kreis am Baugenehmigungsverfahren zu beteiligender dritter Stellen. Insofern wird neu geregelt, **welche Verwaltungsträger im Baugenehmigungsverfahren anzuhören sind,** nämlich nur solche Stellen, deren Beteiligung oder Anhörung für die Entscheidung über den Bauantrag durch Rechtsvorschrift vorgeschrieben ist (Nr. 1) oder ohne deren Stellungnahme die Genehmigungsfähigkeit des Bauantrags nicht beurteilt werden kann (Nr. 2). Insofern wird klargestellt, dass in materieller Hinsicht einer Verfahrensteilhabe am Baugenehmigungsverfahren eine strikte Grenze durch den Verfahrenszweck gezogen ist, nämlich die Genehmigungs(un)fähigkeit des Bauvorhabens festzustellen.

Schon bisher galt bei der Behandlung des Bauantrags in Art. 69 a. F. das Prinzip, dass bei einem Bauantrag, einem Antrag auf Vorbescheid oder einer Typengenehmigung und einem Antrag auf Zustimmung nach Art. 73, dass die Behörden und Stellen als Träger öffentlicher Belange zu hören sind, deren Aufgabenbereich durch das Vorhaben berührt wird. Durch die Neuregelung 2008 wurde dem **Beschleunigungsgrundsatz** verstärkt Rechnung getragen (siehe hierzu auch Art. 10 S. 2 und Art. 71b BayVwVfG). Zugleich legt Abs. 1 Satz 1 2. Halbsatz fest, dass die **Beteiligung oder Anhörung entfällt,** wenn die jeweilige Stelle dem Bauantrag bereits vor Einleitung des Baugenehmigungsverfahrens schriftlich zugestimmt hat. Nach der Gesetzesbegründung soll der Bauherr damit die Möglichkeit erhalten, etwa mit Fachbehörden bereits im Vorfeld des Baugenehmigungsverfahrens das Bauvorhaben abzuklären und auf diese Weise eine Verfahrensbeschleunigung zu erzielen.

Neu geregelt wurde in Abs. 1 Satz 2 neben der Fiktionsfrist für nach Ablauf von einem Monat verspätet eingehende Stellungnahmen anderer Körperschaften, Behörden oder sonstiger Stellen, dass diese von der Bauaufsichtsbehörde auch nicht berücksichtigt werden dürfen (Abs. 1 Satz 3). In Anlehnung an die Bestimmungen der Planungsbeschleunigungsgesetze (z. B. § 4a Abs. 6 Satz 1 BauGB) wird eine Ausnahme hiervon lediglich für den Fall vorgesehen, dass die **Rechtmäßigkeit der Entscheidung** über den Bauantrag von der (verspäteten) Stellungnahme abhängt. Dies gestattet es, eine zwingend erforderliche Stellungnahme ggf. abzuwarten. In der Gesetzesbegründung wird dies gerechtfertigt, weil unabhängig von

Behandlung des Bauantrags **Art. 65**

einer etwaigen Verfristung der Stellungnahme die Bauaufsichtsbehörde unverändert die Verantwortung für die Rechtmäßigkeit der erteilten Baugenehmigung (aber auch eine ablehnenden Entscheidung) trägt. Das Verfahren bei unvollständigen oder sonst mangelhaften Bauvorlagen wurde in Abs. 2 klarer und vollzugsfreundlicher geregelt. Damit soll dem Grundgedanken der verstärkten Eigenverantwortung des Bauherrn Rechnung getragen werden. Für den Fall **unvollständiger oder sonst erheblich mangelhafter Bauanträge** ist zwingend vorgeschrieben, dass die Bauaufsichtsbehörde den Bauherrn zur Beseitigung des Mangels binnen angemessener Frist aufzufordern hat. Dabei wird an das fruchtlose Verstreichen der Frist eine Rücknahmefiktion mit entsprechenden Kostenfolgen geknüpft. Bauherrnfreundlich erscheint diese Regelung nicht, da schon bisher die Bauaufsichtsbehörde nach Art. 69 Abs. 3 a. F. verpflichtet war, Bauvorlagen unverzüglich zur Berichtigung zurückzugeben und es durchaus sachliche Gründe geben kann, dass der Bauherr nicht in der Lage ist, Mängel innerhalb einer bestimmten Frist zu beheben.

2 Am Baugenehmigungsverfahren zu beteiligende Stellen

Nach der bisherigen Regelung wurde von der Bauaufsichtsbehörde die Beteiligung der Fachbehörden auf der Grundlage der Bekanntmachung vom 6.11.2001 (AllMBl. 2001, S. 634) durchgeführt. Nunmehr muss die Bauaufsichtsbehörde prüfen, ob eine Rechtsvorschrift die Beteiligung einer Stelle vorschreibt oder ob sie ohne die Stellungnahme einer Fachstelle die Genehmigungsfähigkeit des Bauantrags nicht beurteilen kann. Die Bauaufsichtsbehörde hat dafür zu sorgen, dass nach Art. 71b BayVwVfG das Verfahren in angemessener Frist abgeschlossen wird. Die Rechtsprechung sieht eine 3-Monats-Frist für die Entscheidung über Bauanträge noch als angemessen an (BayVGH, Urteil vom 3.9.2002, BayVBl. 2003, S. 273). Die Beteiligung der zu hörenden Fachstellen wird in der Regel schriftlich unter Fristsetzung erfolgen (Stammverfahren vgl. Art. 71d Satz 1 BayVwVfG). Generell kommen folgende Behörden in Betracht:

- Die Kreisverwaltungsbehörde z. B. als untere Immissionsschutzbehörde und als Naturschutzbehörde (an die Stelle der Kreisverwaltungsbehörde tritt die Regierung als höhere Naturschutzbehörde bzw. Immissionsschutzbehörde, solange die Kreisverwaltungsbehörde nicht über eine hauptamtliche Fachkraft des Naturschutzes bzw. einen Umweltingenieur verfügt),
- das Wasserwirtschaftsamt,
- das Vermessungsamt,
- das Landesamt für Denkmalpflege,
- das Straßenbauamt,
- das Gesundheitsamt,
- ferner die Bayerische Versicherungskammer – Abteilung Brandversicherung,
- das Veterinäramt,
- das Gewerbeaufsichtsamt,

Art. 65
Behandlung des Bauantrags

- die Straßenverkehrsbehörde bei Bauvorhaben mit erheblichen Auswirkungen auf den Straßenverkehr und
- das Amt für Landwirtschaft.

Dabei kann es im Einzelfall notwendig sein, weitere Stellen anzuhören, z. B. den Fachberater für Fischerei oder den Fachberater für Bienenzucht (BayObLG, Urteil vom 18.1.1991, BayVBl. 1991, S. 282). Festzuhalten ist jedoch, dass die Bauaufsichtsbehörde ihre Prüfung bei der Anhörung darauf zu beschränken hat, ob im Gesetz eine Anhörung vorgeschrieben ist oder sie nicht in der Lage ist, unter Berücksichtigung des Prüfprogramms nach Art. 59 (vereinfachtes Baugenehmigungsverfahren) und Art. 60 (Baugenehmigungsverfahren), eine abschließende Entscheidung für die Baugenehmigung zu treffen. Daher wird z. B. eine Beteiligung des Straßenbauamtes nur dann in Betracht kommen, wenn ein Bauvorhaben erhebliche Verkehrsbelastungen für überörtliche Straßen mit sich bringt bzw. in den Anbauverbotszonen bei solchen Straßen errichtet werden soll.

Eine Beteiligung der Naturschutzbehörde ist dann notwendig, wenn gesetzlich geschützte Biotope oder Landschaftsschutzgebiete, Naturschutzgebiete etc. tangiert sind oder das Bauvorhaben in eine besonders sensible Fauna und Flora eingreift.

Dritte können aus etwaigen Verstößen gegen die Anhörungspflicht keine Fehlerhaftigkeit der Baugenehmigung herleiten, da die Vorschrift lediglich innerdienstliche Verpflichtungen begründet (BayObLG, Urteil vom 18.1.1991, BayVBl. 1991, S. 282, BayVGH, Urteil vom 17.9.1991 – 1 B 90.1573). Sofern von vornherein feststeht, dass der Bauantrag abzulehnen ist, ist eine Behördenanhörung entbehrlich.

Ebenso entfällt die Beteiligung oder Anhörung, wenn die jeweilige Stelle dem Bauantrag bereits vor Einleitung des Baugenehmigungsverfahrens zugestimmt hat.

3 Beschleunigungsgrundsatz, Monatsfrist

Sofern die Erteilung der Baugenehmigung, der Zustimmung oder des Einvernehmens einer anderen Körperschaft, Behörde oder sonstigen Stelle bedarf, gilt diese als erteilt, wenn sie nicht einen Monat nach Eingang des Ersuchens verweigert wird. Mit dieser Vorschrift wird der Beschleunigungsgrundsatz für das Baugenehmigungsverfahren festgelegt. Damit soll verhindert werden, dass Baugenehmigungsverfahren durch die Nichtäußerung von Behörden ungebührlich lang verzögert werden. Im Gegensatz zu früheren Regelungen ist seit 2008 nicht vorgesehen, dass Behörden um Fristverlängerung ersuchen können. Jedoch gilt diese Frist nicht, wenn in einer anderen Rechtsvorschrift abweichende Regelungen vorgesehen sind oder wenn die **verspätete Stellungnahme für die Rechtmäßigkeit der Entscheidung** über den Bauantrag von Bedeutung ist. Insofern wird die Bauaufsichtsbehörde bei der Anhörung von Behörden oder Stellen, ohne deren Stellungnahme die Genehmigungsfähigkeit des Bauantrags nicht beurteilt werden kann (Abs. 1 Nr. 2) im Regelfall auf eine verspätete Stellungnahme warten müssen, da ohne sie die Entscheidung nicht ergehen kann.

Behandlung des Bauantrags	Art. 65

Zum Tragen kommt die Fiktionswirkung, z. B. wenn ein Bauvorhaben im Landschaftsschutzgebiet liegt und die untere Naturschutzbehörde nicht innerhalb eines Monats widerspricht. Insofern gilt die nach dem Bayerischen Naturschutzgesetz vorgeschriebene Zustimmung zum Bauvorhaben als erteilt. Dabei hat die Zustimmungsfiktion ausschließlich verfahrensrechtliche Wirkung, d. h. sie beseitigt nur das verfahrensrechtliche Hindernis, welches in der fehlenden Zustimmung lag. Die Bauaufsichtsbehörde ist nach wie vor verpflichtet zu prüfen, ob die Baugenehmigung materiellrechtlich erteilt werden kann. Insofern ist die Äußerung oder Nichtäußerung einer Stelle von der Bauaufsichtsbehörde selbstständig rechtlich zu würdigen (BGH, Urteil vom 5.7.1990, BayVBl. 1991, S. 285).

Fälle, in denen vorgeschrieben ist, dass die Entscheidung nur mit Zustimmung, Einvernehmen oder Benehmen erteilt werden darf, sind z. B. Art. 10 Abs. 2, 23 Abs. 2, 24 Abs. 1 Satz 1 BayStrWG.

4 Antragskonferenz

Die frühere Regelung zur Antragskonferenz in Art. 69 Abs. 2 a. F. ist mit der Novelle 2008 entfallen; in der Gesetzesbegründung wird auf die entsprechende Regelung in Art. 71e BayVwVfG verwiesen. Insofern kann die Bauaufsichtsbehörde auch nach der Neuregelung einer Antragskonferenz zum Bauantrag einberufen werden, um zur Beschleunigung und Vereinfachung des Verfahrens einer Abstimmung mit den Fachbehörden und anderen beteiligten Stellen zu führen. Auf diese Weise können Kompromisse oder einvernehmliche Lösungen rasch gefunden und festgelegt werden, dass sämtliche Beteiligten an einem Tisch sitzen.

5 Mangelhafte Bauvorlagen

Sofern der Bauantrag unvollständig ist oder sonstige Mängel aufweist, schreibt Abs. 2 Satz 1 nunmehr zwingend vor, dass die Bauaufsichtsbehörde den Bauherrn zur Beseitigung der Mängel binnen angemessener Frist aufzufordern hat. Satz 2 knüpft – anstelle der bisherigen Möglichkeit, im Ermessensweg den Bauantrag zurückzuweisen – an das fruchtlose Verstreichen der Frist eine Rücknahmefiktion (mit entsprechenden Kostenfolgen für den Bauherrn, der dann überdies ggf. den Bauantrag neu zu stellen hat). Dieses Verfahren zwingt in der Praxis die Vorlageberechtigten stärker als früher, vollständige und ordnungsgemäße Bauunterlagen einzureichen. Zu befürchten ist, dass eine zu „bürokratische" Handhabung mit einer bürgernahen Verwaltung nicht zu vereinbaren ist, wenn die Bauunterlagen zur Nachbesserung zurückgegeben werden, obwohl im Ergebnis die fehlende Genehmigungsfähigkeit des Vorhabens in Betracht kommt. Daher sollte die Bauaufsichtsbehörde den Bauwerber auf die Unzulässigkeit seines Vorhabens hinweisen, wenn dieser Umstand bekannt ist bzw. ohne nähere Prüfung der Bauvorlagen festgestellt werden kann.

Bauvorlagen weisen dann Mängel auf, wenn sie nicht den **Anforderungen der BauVorlV** an Umfang oder Zahl entsprechen oder wenn die Unterschriften auf den Bauvorlagen oder die Bauvorlagenberechtigung des Entwurfsverfassers oder

Art. 66
Beteiligung des Nachbarn

Zeichnungen fehlen (BayVGH, Urteil vom 31.5.2001, BayVBl. 2002, S. 339, Jäde/ Famers BayVBl. 2008, S. 33). Solche Mängel können jedoch nicht angenommen werden, wenn die Behörde auf Bauvorlagen oder Angaben verzichtet (§ 1 Abs. 5 BauVorlV). Die Rückgabe der Unterlagen ist nicht selbstständig anfechtbar (§ 44a VwGO), sie kann im Rahmen der Verpflichtungsklage des Bauherrn auf Erteilung der Baugenehmigung überprüft werden.

Art. 66
Beteiligung des Nachbarn

(1) [1]Den Eigentümern der benachbarten Grundstücke sind vom Bauherrn oder seinem Beauftragten der Lageplan und die Bauzeichnungen zur Unterschrift vorzulegen. [2]Die Unterschrift gilt als Zustimmung. [3]Fehlt die Unterschrift des Eigentümers eines benachbarten Grundstücks, kann ihn die Gemeinde auf Antrag des Bauherrn von dem Bauantrag benachrichtigen und ihm eine Frist für seine Äußerung setzen. [4]Hat er die Unterschrift bereits schriftlich gegenüber der Gemeinde oder der Bauaufsichtsbehörde verweigert, unterbleibt die Benachrichtigung. [5]Ist ein zu benachrichtigender Eigentümer nur unter Schwierigkeiten zu ermitteln oder zu benachrichtigen, so genügt die Benachrichtigung des unmittelbaren Besitzers. [6]Hat ein Nachbar nicht zugestimmt oder wird seinen Einwendungen nicht entsprochen, so ist ihm eine Ausfertigung der Baugenehmigung zuzustellen.

(2) [1]Der Nachbar ist Beteiligter im Sinn des Art. 13 Abs. 1 Nr. 1 BayVwVfG. [2]Art. 28 BayVwVfG findet keine Anwendung. [3]Sind an einem Baugenehmigungsverfahren mindestens zehn Nachbarn im gleichen Interesse beteiligt, ohne vertreten zu sein, so kann die Bauaufsichtsbehörde sie auffordern, innerhalb einer angemessenen Frist einen Vertreter zu bestellen; Art. 18 Abs. 1 Sätze 2 und 3, Abs. 2 BayVwVfG finden Anwendung. [4]Bei mehr als 20 Beteiligten im Sinn des Satzes 3 kann die Zustellung nach Abs. 1 Satz 6 durch öffentliche Bekanntmachung ersetzt werden; die Bekanntmachung hat den verfügenden Teil der Baugenehmigung, die Rechtsbehelfsbelehrung sowie einen Hinweis darauf zu enthalten, wo die Akten des Baugenehmigungsverfahrens eingesehen werden können. [5]Sie ist im amtlichen Veröffentlichungsblatt der zuständigen Bauaufsichtsbehörde bekannt zu machen. [6]Die Zustellung gilt mit dem Tag der Bekanntmachung als bewirkt.

(3) [1]Ein Erbbauberechtigter tritt an die Stelle des Eigentümers. [2]Ist Eigentümer des Nachbargrundstücks eine Eigentümergemeinschaft nach dem Wohnungseigentumsgesetz, so genügt die Vorlage nach Abs. 1 Satz 1 an den Verwalter; seine Unterschrift gilt jedoch nicht als Zustimmung der einzelnen Wohnungseigentümer. [3]Der Eigentümer des Nachbargrundstücks nimmt auch die Rechte des Mieters oder Pächters wahr, die aus deren Eigentumsgrundrecht folgen.

Beteiligung des Nachbarn **Art. 66**

(4) ¹Bei baulichen Anlagen, die aufgrund ihrer Beschaffenheit oder ihres Betriebs geeignet sind, die Allgemeinheit oder die Nachbarschaft zu gefährden, zu benachteiligen oder zu belästigen, kann die Bauaufsichtsbehörde auf Antrag des Bauherrn das Bauvorhaben in ihrem amtlichen Veröffentlichungsblatt und außerdem in örtlichen Tageszeitungen, die im Bereich des Standorts der Anlage verbreitet sind, öffentlich bekannt machen; verfährt die Bauaufsichtsbehörde nach Halbsatz 1, finden Abs. 1 und 3 keine Anwendung. ²Mit Ablauf einer Frist von einem Monat nach der Bekanntmachung des Bauvorhabens sind alle öffentlich-rechtlichen Einwendungen gegen das Bauvorhaben ausgeschlossen. ³Die Zustellung der Baugenehmigung nach Abs. 1 Satz 6 kann durch öffentliche Bekanntmachung ersetzt werden; Abs. 2 Satz 6 sowie Satz 1 gelten entsprechend. ⁴In der Bekanntmachung nach Satz 1 ist darauf hinzuweisen,

1. wo und wann Beteiligte nach Art. 29 BayVwVfG die Akten des Verfahrens einsehen können,
2. wo und wann Beteiligte Einwendungen gegen das Bauvorhaben vorbringen können,
3. welche Rechtsfolgen mit Ablauf der Frist des Satzes 2 eintreten und
4. dass die Zustellung der Baugenehmigung durch öffentliche Bekanntmachung ersetzt werden kann.

Erläuterungen

Übersicht

1 Allgemeines
2 Begriff des Nachbarn
3 Die Bedeutung der Nachbarunterschrift
4 Verfahren bei der Nachbarbeteiligung
5 Nachbar als Verfahrensbeteiligter, Mehrheit von Nachbarn
6 Wohnungseigentümergemeinschaften als Nachbarn
7 Beteiligung von Mietern oder Pächtern von Nachbargrundstücken
8 Förmliches Verfahren für störende Betriebe

1 Allgemeines

Die Nachbarbeteiligung soll den Ausgleich der Interessen des Bauherrn und der Nachbarn bei einem Bauvorhaben ermöglichen. Sie dient – genau betrachtet – den Interessen des Bauherrn und nicht des Nachbarn. Denn der Bauherr erhält durch die Nachbarbeteiligung die Chance über die Nachbarunterschrift eine durch den Nachbarn nicht mehr beeinträchtigbare Rechtsposition zu erlangen. Über die Zustellung der Baugenehmigung an die Nachbarn, die nicht zugestimmt haben, wird überdies sichergestellt, dass regelmäßig Rechtsbehelfsfristen anlaufen, die dafür sorgen, dass rasch Gewissheit über die Bestandskraft einer Baugenehmigung eintritt.

Art. 66

Die Baugenehmigung ist ein Verwaltungsakt, der sowohl gegenüber dem Bauherrn, wie auch dem Nachbarn wirkt. Sie begünstigt den Bauherrn, kann aber den Nachbarn auch belasten. Daher kann der Nachbar, der einem Bauvorhaben nicht zugestimmt hat (vgl. Abs. 1 Satz 6), auch Rechtsbehelfe gegen die Baugenehmigung einlegen. Der Nachbar ist also nicht auf zivilrechtliche Rechtsbehelfe gegen den Bauherrn (vgl. §§ 906, 1004 BGB) beschränkt, sondern kann bei genehmigungspflichtigen Vorhaben öffentlich-rechtliche Abwehrrechte geltend machen; auch bei genehmigungsfreien – insbesondere nach Art. 58 freigestellten – Vorhaben (vgl. zur Nachbarbeteiligung insoweit Art. 58 Abs. 3 Satz 2 und die dortigen Erläuterungen) können die Nachbarn öffentlich-rechtliche Rechtsbehelfe ergreifen, um die Bauaufsichtsbehörden zu einem etwaigen Einschreiten zu zwingen. Die Anfechtungsklage des Nachbarn gegen eine Baugenehmigung führt nach § 212a BauGB aber nicht zur Baueinstellung des Vorhabens, da die Anfechtungsklage eines Dritten gegen eine bauaufsichtliche Zulassung eines Vorhabens keine aufschiebende Wirkung besitzt. Insoweit ist der Nachbar auf den vorläufigen Rechtsschutz angewiesen (also auf die Wiederherstellung der aufschiebenden Wirkung der Anfechtungsklage).

Zu beachten ist, dass **im Vorbescheidsverfahren von der Bauaufsichtsbehörde auf Antrag des Bauherrn von einer Nachbarbeteiligung abgesehen werden kann** (Art. 71 Satz 4).

2 Begriff des Nachbarn

Nachbarn sind die Grundstückseigentümer und die Erbbauberechtigten der benachbarten Grundstücke (Abs. 1 Satz 1 und Abs. 3). Ihnen werden die dinglich berechtigten Miteigentümer ähnlicher Stellung, insbesondere die Wohnungseigentümer (§ 1 WEG), gleichgestellt. Dingliche Rechte in diesem Sinne sind Rechte, die kraft bürgerlichem Recht nach Inhalt und Auswirkungen dem Eigentum nahe kommen, insbesondere eine Verfügungsbefugnis über das Grundstück enthalten und im Grundbuch oder einem entsprechenden öffentlichen Buch eingetragen sind. Deshalb sind auch die Inhaber von Dienstbarkeiten als dinglich Berechtigte anzusehen, wenn auf Grund der Dienstbarkeit das Recht besteht, auf dem Grundstück eine bauliche Anlage zu unterhalten (§§ 1018 ff. BGB), ferner Jagdausübungsberechtigte, Inhaber von selbstständigen Fischereirechten und schließlich auch die Käufer eines Grundstücks, auf die der Besitz sowie Nutzen und Lasten übergegangen sind, wenn zu deren Gunsten eine Auflassungsvormerkung in das Grundbuch eingetragen ist (BVerwG, Urteil vom 29.10.1982, BayVBl. 1983, S. 377; BayVGH, Beschluss vom 6.7.1990, BayVBl. 1990, S. 755). Eine rein obligatorische Berechtigung – wie etwa der Besitz auf Grund eines Miet- oder Pachtvertrags – begründet die Nachbarstellung nicht.

Die Grundstückseigentümer und dinglichen Berechtigten sind dann als Nachbarn anzusehen, wenn sich ihre Rechtsposition auf ein **benachbartes Grundstück** erstreckt. Mit anderen Worten sind Grundstücke in diesem Sinne benachbart, wenn sie durch das Vorhaben in ihren öffentlich-rechtlichen Belangen beeinträchtigt werden können, Dabei ist die Art des Bauvorhabens dafür maßgeblich, ob und welche öffentlich-rechtlichen Nachbarbelange im Einzelfall berührt werden können. Für gewöhnliche Wohnhausbauten sind Nachbarn in der Regel nur die unmittelbaren Angrenzer, auch wenn ihre Grundstücke nur an einem Punkt angrenzen (sog. Punktnachbarn), sowie die Eigentümer von Grundstücken, die nur durch schmale Grundstücksstreifen (z. B. Weg, Erschließungsstraße, Bach) getrennt sind. Für ein Hochhaus, einen Gewerbebetrieb oder einen Supermarkt wird ein größerer Umgriff maßgeblich sein. Stets muss jedoch eine gewisse räumliche Beziehung zum Baugrundstück bestehen.

Darauf hinzuweisen ist, dass der Nachbarbegriff des Art. 66 nicht identisch mit dem Kreis der Dritten ist, die durch ein Bauvorhaben in öffentlich-rechtlich geschützten nachbarlichen Belangen betroffen sein können. So kann z. b. bei einer Anlage mit Emissionen (Gaststätte, Diskothek, Gewerbebetrieb etc.) auch ein Dritter in seinen Rechten verletzt sein, der keine dingliche Rechtsposition besitzt. Dies führt aber nicht dazu, dass diese Betroffenen gegen eine Baugenehmigung zulässigerweise Anfechtungsklage erheben könnten. Zwar wird insoweit in der Literatur immer wieder eine Ausdehnung der rechtlich geschützten Nachbarrechte diskutiert (vgl. Schlichter, ZfBR 1978, S. 12, NVwZ 1983, S. 641). Im Baurecht bleibt es aber dabei, dass eine dingliche Rechtsposition zur Erhebung von Rechtsbehelfen zu fordern ist (BVerwG, Beschluss vom 20.4.1998, NVwZ 1998, S. 956; OVG NRW, Beschluss vom 11.4.1997, BRS 59 Nr. 194; kritisch allerdings wieder Seibel, BauR 2003, S. 1674; zur Frage, wie lediglich obligatorisch Berechtigte ihre Positionen geltend machen müssen, vgl. Ziffer 7.).

Nachbarn können ihre materiellen Abwehrrechte auch gegenüber einem Bauvorhaben **verwirken**. Eine Verwirkung setzt dabei erstens das Verstreichen eines längeren Zeitraums seit der Möglichkeit der Geltendmachung des Rechts und zweitens besondere Umstände voraus, die die verspätete Geltendmachung als Verstoß gegen Treu und Glauben erscheinen lassen (vgl. aus der Rechtsprechung z. B. BVerwG, Beschluss vom 16.4.2002, ZfBR 2003, S. 488; OVG NRW, Beschluss vom 10.6.2005, NVwZ-RR 2006, S. 236). Der für die Verwirkung maßgebliche Zeitraum der Untätigkeit des Nachbarn ist regelmäßig länger zu bemessen, als die Zeit, die ihm nach den verfahrensrechtlichen Rechtsbehelfsfristen für die Geltendmachung eines Rechts eingeräumt wird (BVerwG, Urteil vom 16.5.1991, BayVBl. 1991, S. 726), insgesamt sind für die Frage des insoweit maßgeblichen Zeitraums aber die Umstände des Einzelfalls maßgebend (vgl. z. B. OVGMV, Beschluss vom 5.11.2001, NVwZ-RR 2003, 15).

Materiell ist ein Nachbar in seinen Rechten nur dann verletzt, wenn ein Bauvorhaben eine Vorschrift nicht einhält, die **nachbarschützend** ist; dabei sind nicht alle Normen des öffentlichen Baurechts in diesem Sinne – potenziell – drittschützend (grundlegend BVerwG, Urteil vom 19.9.1986, BayVBl. 1987, S. 151). Baurechtliche Normen vermitteln dann Nachbarschutz, wenn sie auch der Rücksichtnahme auf individuelle Interessen des Nachbarn dienen. Ein ausführlicher Überblick über nachbarschützende Vorschriften im Baurecht findet sich bei Dirnberger in: Simon/

Art. 66
Beteiligung des Nachbarn

Busse, Art. 71 RdNr. 235 ff. An dieser Stelle kann nur auf ganz wenige Gesichtspunkte hingewiesen werden. Im Bauplanungsrecht kommt der Art der baulichen Nutzung – unabhängig davon, ob sie im Bebauungsplan festgesetzt ist oder ob sie sich aus der Eigenart der näheren Umgebung ergibt – immer nachbarschützende Wirkung zu (BVerwG, Urteil vom 16.9.1993, NJW 1994, S. 1546). Im Übrigen stellt insoweit das Gebot der Rücksichtnahme die zentrale Rechtsfigur dar (grundlegend BVerwG, Urteil vom 25.2.1977, NJW 1978, S. 62); dabei kann das Gebot der Rücksichtnahme sogar dann verletzt sein, wenn ein Vorhaben die zur Sicherung der Belange des Nachbarn dienenden Abstandsflächenvorschriften einhält (BVerwG, Urteil vom 11.1.1999, NVwZ 1999, S. 879). Im Bauordnungsrecht vermitteln insbesondere die Vorschriften über die Abstandsflächen Nachbarschutz, ohne dass es insoweit auf eine tatsächliche Beeinträchtigung des Nachbarn ankäme (vgl. Großer Senat des BayVGH, Beschluss vom 17.4.2000, BayVBl. 2000, S. 562).

3 Die Bedeutung der Nachbarunterschrift

Der Bauherr besitzt dann eine gesicherte Rechtsposition, wenn er die **Nachbarunterschrift** zu seinem Bauvorhaben erhält, da diese als Zustimmung gilt (Abs. 1 Satz 2). In der Zustimmung ist dann ein Rechtsbehelfsverzicht auf öffentlich-rechtliche geschützte Nachbarrechte anzusehen, wenn der Nachbar bei der Erteilung seiner Zustimmung die Tragweite seiner Erklärung hinreichend erkennen konnte (vgl. BayVGH, Urteil vom 31.10.1979, BauR 1980, S. 55). Vom Nachbarn erhobene Rechtsbehelfe wären bereits unzulässig, jedenfalls aber unbegründet. Bürgerlich-rechtliche Wirkungen kommen jedoch der Zustimmung nicht zu (BayObLG, Urteil vom 2.7.1990, BayVBl. 1991, S. 28).

Zu beachten ist, dass sich die Nachbarunterschrift immer nur auf das konkrete Vorhaben bezieht, das sich aus den vorgelegten Unterlagen ergibt (vgl. z. B. HessVGH, Beschluss vom 7.12.1994, NVwZ-RR 1995, S. 495). Sie wirkt auch gegenüber dem Rechtsnachfolger. Die Nachbarunterschrift ist nur bis zum Zugang dieser Unterschrift auf den Bauvorlagen bei der Bauaufsichtsbehörde frei widerrufbar (Großer Senat des BayVGH, Beschluss vom 3.11.2005, BayVBl. 2006, S. 246).

4 Verfahren bei der Nachbarbeteiligung

Nach Abs. 1 Satz 1 sind vom Bauherrn oder seinem Beauftragten den Eigentümern der benachbarten Grundstücke (und Erbbauberechtigten, vgl. Abs. 3 Satz 1) sowie Eigentümergemeinschaften nach dem Wohnungseigentumsgesetz (Abs. 3 Satz 2) der Lageplan und die Bauzeichnungen zur Unterschrift vorzulegen. Durch die Bauordnungsnovelle 1994 wurde die bis zu diesem Zeitpunkt geltende ausnahmslose Verpflichtung der Gemeinde aufgehoben, den Nachbarn bei fehlender Unterschrift zu benachrichtigen und ihn zu einer Äußerung aufzufordern. Nach Abs. 1 Satz 3 erfolgt eine Benachrichtigung durch die Gemeinde **nur noch auf Antrag des Bauherrn;** ohne seinen ausdrücklich zu äußernden Willen unterbleibt die Nachbarbeteiligung. Im Übrigen ist die Nachbarbeteiligung auch bei einem

Beteiligung des Nachbarn   **Art. 66**

Antrag des Bauherrn ins Ermessen der Gemeinde („kann") gestellt; hält die Gemeinde beispielsweise eine Benachrichtigung für aussichtslos, braucht sie sie nicht durchzuführen. Eine Benachrichtigung unterbleibt im Übrigen in jedem Fall, wenn der Nachbar seine Unterschrift bereits schriftlich gegenüber der Gemeinde oder dem Bauherrn verweigert hat (Abs. 1 Satz 4). Wenn ein zu benachrichtigender Eigentümer nur unter Schwierigkeiten zu ermitteln oder zu benachrichtigen ist, kann auch der unmittelbare Besitzer (Mieter, Pächter) benachrichtigt werden (Abs. 1 Satz 5). Sofern der Nachbar nicht zugestimmt oder Einwendungen erhoben hat, denen nicht entsprochen wurde, ist ihm eine Ausfertigung der Baugenehmigung zuzustellen (Abs. 1 Satz 6).

Dieses Verfahren der Nachbarbeteiligung findet nur im Rahmen des Baugenehmigungsverfahrens statt. Es ist nicht auf ein Verfahren nach Art. 58 anwendbar. Bei der Genehmigungsfreistellung ist die Nachbarbenachrichtigung speziell in Art. 58 Abs. 3 geregelt.

5 Nachbar als Verfahrensbeteiligter, Mehrheit von Nachbarn

In Abs. 2 Satz 1 wird klargestellt, dass der Nachbar eine Beteiligtenstellung kraft Gesetzes hat. Durch den Ausschluss des Art. 28 BayVwVfG (Abs. 2 Satz 2) wird festgelegt, dass keine gesonderte Anhörung des Nachbarn neben dem Verfahren nach Art. 66 erforderlich ist.

Abs. 2 Satz 3 ordnet die modifizierte Anwendung der verwaltungsverfahrensrechtlichen Vorschriften über Massenverfahren für das baurechtliche Genehmigungsverfahren an. Die Bauaufsichtsbehörde ist nach Abs. 2 Satz 3 bei einer Nachbarbeteiligung von mindestens 10 Nachbarn im gleichen Interesse berechtigt, jedoch nicht verpflichtet, unter Fristsetzung die Bestellung eines Vertreters dieser Nachbarn zu fordern. Ein gleiches Interesse liegt bei Nachbarn, die sich gegen ein Bauvorhaben wenden, in aller Regel vor (BayVGH, Beschluss vom 3.2.1997, NVwZ-RR 1998, S. 487).

Bei mehr als 20 Beteiligten kann nach Abs. 2 Satz 4 die Zustellung der Ausfertigung der Baugenehmigung (Abs. 1 Satz 6) durch öffentliche Bekanntmachung ersetzt werden. Dieses Verfahren wird sich bei größeren Wohnungseigentümergemeinschaften als Nachbarn anbieten.

6 Wohnungseigentümergemeinschaften als Nachbarn

Abs. 3 Satz 2 enthält eine Sonderregelung für die Nachbarbeteiligung bei Wohnungseigentümergemeinschaften. Die Vorschrift befriedigt praktisch wenig und verringert die damit einhergehenden Probleme nur im beschränkten Umfang. Die praktische Schwierigkeit liegt darin, dass das Wohnungseigentum eine qualifizierte Form des Miteigentums ist, die in Durchbrechung der §§ 93, 94 BGB das Miteigentum an einem Grundstück und an nicht in Sondereigentum stehenden Teilen des Gebäudes (Gemeinschaftseigentum) untrennbar mit dem Sondereigentum der Wohnung verknüpft. Träger materieller Rechte, die aus dem Eigentum

Art. 66
Beteiligung des Nachbarn

fließen, sind daher stets die einzelnen Wohnungseigentümer, sodass jeder von ihnen die öffentlich-rechtlichen Nachbarrechte sowohl hinsichtlich seines Sondereigentums, als auch hinsichtlich des gemeinschaftlichen Eigentums geltend machen kann. Die Handlungen des Verwalters können die Wohnungseigentümer nur binden, soweit sich dies aus dem Gesetz oder auf Grund einer rechtsgeschäftlichen Vollmacht ergibt.

Der Verwalter kann jedoch nur dann die Zustimmung zu einem Bauvorhaben für eine Wohnungseigentümergemeinschaft erteilen, wenn er eine entsprechende rechtsgeschäftliche Vollmacht hierzu besitzt. Diese ist ihm durch Wohnungseigentumsgesetz nicht eingeräumt.

Daher wird in Abs. 3 Satz 2 festgelegt, dass für die Nachbarbeteiligung die Vorlage an den Verwalter einer Wohnungseigentümergemeinschaft genügt; jedoch gilt seine Unterschrift nicht als Zustimmung der einzelnen Wohnungseigentümer.

7 Beteiligung von Mietern oder Pächtern von Nachbargrundstücken

Die Nachbarbeteiligung des Art. 66 beschränkt sich – wie bereits erwähnt – auf den Eigentümer, auf sonstige dinglich Berechtigte bzw. auf den Erbbauberechtigten. Dabei nimmt der Eigentümer des Nachbargrundstückes auch die Rechte des Mieters oder Pächters wahr, die aus deren „Eigentumsgrundrecht" folgen.

Der Gesetzgeber geht davon aus, dass keine verfassungsrechtliche Verpflichtung besteht, die Nachbarbeteiligung auf obligatorisch Berechtigte (Mieter, Pächter) auszudehnen. Nach seiner Auffassung genügt es, wenn der Nachbar deren Rechte gleichsam treuhänderisch wahrnimmt, wie dies in Abs. 3 Satz 3 klargestellt wird. Zwar hat das Bundesverfassungsgericht (Beschluss vom 26.5.1993, NJW 1993, S. 2035) festgestellt, dass auch der Mieter oder Pächter eine durch Art. 14 GG geschützte Rechtsstellung innehat, jedoch zugleich darauf hingewiesen, dass der Mieter oder Pächter eine vom jeweiligen Eigentümer abgeleitete Rechtsstellung besitzt. Daher hält es der Gesetzgeber für sachgerecht, dass der Mieter oder Pächter selbst nicht gegen die Bauvorhaben vorgehen kann, sondern hierzu nur der Eigentümer berechtigt ist.

8 Förmliches Verfahren für störende Betriebe

Gemäß Abs. 4 kann auf Antrag des Bauherrn bei störenden Betrieben ein förmliches Verfahren nach Abs. 4 durchgeführt werden. Über den Antrag des Bauherrn hat die Bauaufsichtsbehörde nach pflichtgemäßem Ermessen zu entscheiden. Der Antrag des Bauherrn ist darauf gerichtet, dass ein Bauvorhaben im Sinn des Abs. 4 Satz 1 im amtlichen Veröffentlichungsblatt und außerdem in den örtlichen Tageszeitungen, die im Bereich des Standorts der Anlage verbreitet sind, öffentlich bekannt zu machen ist.

In der Bekanntmachung muss das Vorhaben beschrieben sein und es müssen die Hinweise nach Abs. 4 Satz 4 aufgenommen werden. Ort und Zeitraum für die Akteneinsicht (vgl. Art. 29 BayVwVfG) müssen in der Bekanntmachung enthalten

Ersetzung des gemeindlichen Einvernehmens **Art. 67**

sein (Abs. 4 Satz 4 Nr. 1), des weiteren Ort und Zeitraum zur Geltendmachung von Einwendungen durch die Beteiligten (Abs. 4 Satz 4 Nr. 2). Es muss ein Hinweis enthalten sein, dass mit Ablauf der Frist von einem Monat nach der Bekanntmachung des Vorhabens alle öffentlich-rechtlichen Einwendungen gegen das Vorhaben ausgeschlossen sind (Abs. 4 Satz 4 Nr. 3). Auch ist in der Bekanntmachung darauf hinzuweisen, dass die Zustellung der Baugenehmigung durch öffentliche Bekanntmachung ersetzt werden kann (Abs. 4 Satz 4 Nr. 4).

Die förmliche Bekanntmachung hat bei Einhaltung des Verfahrens die Wirkung, dass öffentlich-rechtliche Einwendungen von Nachbarn nicht mehr vorgebracht werden können. Im Rahmen des Abs. 4 gilt im Übrigen nicht der enge Nachbarbegriff, der eine dingliche Berechtigung voraussetzt. Sofern die Bauaufsichtsbehörde das Verfahren durch Erteilung der Baugenehmigung abschließt, kann die Zustellung der Baugenehmigung durch öffentliche Bekanntmachung ersetzt werden. Nach Abs. 4 Satz 3, Abs. 2 Satz 6 gilt die Zustellung an die Nachbarn mit dem Tag der Bekanntmachung als bewirkt.

Art. 67
Ersetzung des gemeindlichen Einvernehmens

(1) ¹Hat eine Gemeinde ihr nach § 14 Abs. 2 Satz 2, § 22 Abs. 5 Satz 1, § 145 Abs. 1 Satz 2, § 173 Abs. 1 Satz 2 Halbsatz 1 BauGB oder nach Art. 63 Abs. 3 Satz 2 Halbsatz 1 erforderliches Einvernehmen rechtswidrig versagt und besteht ein Rechtsanspruch auf Erteilung der Genehmigung, kann das fehlende Einvernehmen nach Maßgabe der Abs. 2 bis 4 ersetzt werden; in den Fällen der § 36 Abs. 1 Sätze 1 und 2 BauGB ist das fehlende Einvernehmen nach Maßgabe von Abs. 2 bis 4 zu ersetzen. ²Außer in den Fällen des § 36 Abs. 2 Satz 3 BauGB besteht kein Rechtsanspruch auf Ersetzung des gemeindlichen Einvernehmens.

(2) Art. 112 der Gemeindeordnung (GO) findet keine Anwendung.

(3) ¹Die Genehmigung gilt zugleich als Ersatzvornahme im Sinn des Art. 113 GO; sie ist insoweit zu begründen. ²Entfällt die aufschiebende Wirkung der Anfechtungsklage gegen die Genehmigung nach § 80 Abs. 2 Satz 1 Nr. 3 oder 4 VwGO, hat die Anfechtungsklage auch insoweit keine aufschiebende Wirkung, als die Genehmigung als Ersatzvornahme gilt.

(4) ¹Die Gemeinde ist vor Erlass der Genehmigung anzuhören. ²Dabei ist ihr Gelegenheit zu geben, binnen angemessener Frist erneut über das gemeindliche Einvernehmen zu entscheiden.

Art. 67 Ersetzung des gemeindlichen Einvernehmens

Erläuterungen

Übersicht

1 Allgemeines
2 Verfahren
3 Gemeinde als Baugenehmigungsbehörde

Zur Neufassung 2013:

Die bisherige Regelung der Ersetzung des gemeindlichen Einvernehmens räumte der Bauaufsichtsbehörde ein Ermessen „kann" bei der Entscheidung über die Ersetzung des gemeindlichen Einvernehmens ein. Aufgrund der neuen Rechtsprechung des Bundesgerichtshofs (BGH Urt. v. 16.9.2010 IIIZR 29/10, NvWZ 2011, 249) geht die bundesrechtliche Regelung über die Ersetzung des rechtswidrig versagten gemeindlichen Einvernehmens (§ 36 Abs. 2 Satz 3 BauGB) der landesrechtlichen Ersetzungsregelung des Art. 67 BayBO vor. Daher wurde die Vorschrift entsprechend angepasst und festgelegt, dass in den Fällen des § 36 Abs. 1 Sätze 1 und 2 BauGB das fehlende Einvernehmen nach Maßgabe der Absätze 2 bis 4 zu ersetzen ist. Da damit jedoch nur ein Teil der einvernehmenspflichtigen Vorgänge erfasst wird (§§ 31, 33 bis 35 BauGB) verbleiben die übrigen Fälle im Anwendungsbereich der bisherigen Ermessensvorschrift nach Art. 67 Abs. 1 Satz 1 Hs. 1. Es handelt sich hier um die Ausnahme von der Veränderungssperre (§ 14 Abs. 2 Satz 2 BauGB), die Bildung von Wohnungseigentum in Fremdenverkehrsgemeinden (§ 22 Abs. 4 Satz 1 BauGB), die sanierungsrechtliche Genehmigung durch die Baugenehmigungsbehörde (§ 145 Abs. 1 Satz 2 BauGB) und die Genehmigung bei der Erhaltungssatzung durch die Baugenehmigungsbehörde (§ 173 Abs. 1 Satz 2 Hs. 1 BauGB).

1 Allgemeines

Nach Abs. 1 bezieht sich der Anwendungsbereich der Vorschrift auf das Städtebaurecht, d.h. auf die Verweigerung des Einvernehmens zu einer Ausnahme von der Veränderungssperre (§ 14 Abs. 2 Satz 2 BauGB), einer Versagung der Genehmigung nach § 22 BauGB (§ 22 Abs. 5 Satz 1 BauGB) sowie der Verweigerung des Einvernehmens nach § 36 Abs. 1 Sätze 1 und 2 BauGB und des Einvernehmens für eine Abweichung nach Art. 63 Abs. 1. Voraussetzung für die Anwendung der Vorschrift ist die Beurteilung durch die Bauaufsichtsbehörde, dass das Einvernehmen rechtswidrig versagt wurde. Nach der Änderung der **BayBO 2013** wird nunmehr differenziert. Sofern es sich um ein gemeindliches Einvernehmen zu einem Bauvorhaben nach §§ 31, 33 bis 35 BauGB handelt, ist ein rechtswidrig versagtes gemeindliches Einvernehmen (§ 36 Abs. 2 Satz 3 BauGB) zwingend zu ersetzen. Damit entspricht der Gesetzgeber dem Urteil des Bundesgerichtshofs vom 16.9.2010 IIIZR 29/10, NvWZ 2011, 249 in dem ausgeführt wird, dass die bundesrechtliche Regelung über die Ersetzung des rechtswidrig versagten gemeindlichen Einvernehmens landesrechtlichen Ersetzungsregelungen wie Art. 67 BayBO vor-

Ersetzung des gemeindlichen Einvernehmens **Art. 67**

geht, da das „können" im Licht der verfassungsrechtlichen Eigentumsgewährleistung des Art. 14 Abs. 1 Satz 1 GG als „müssen" zu verstehen ist. Insofern kann das Landesrecht den Anspruch des Bauherrn auf Einvernehmensersetzung nicht, wie es ursprünglich in Art. 67 Abs. 1 Satz 2 BayBO geregelt war, ausschließen. Da § 36 Abs. 1 Satz 1 BauGB nicht alle Fälle der einvernehmenspflichtigen Vorgänge erfasst, sind die übrigen Fälle, wie das Einvernehmen zu einer Ausnahme von der Veränderungssperre (§ 14 Abs. 2 Satz 2 BauGB), das Einvernehmen für die Teilungsgenehmigung in Fremdenverkehrsgebieten (§ 22 Abs. 4 Satz 1 BauGB), das Einvernehmen für eine baurechtliche Genehmigung im Rahmen eines Sanierungsgebiets (§ 145 Abs. 1 Satz 2 BauGB) sowie das Einvernehmen zu einer Baugenehmigung im Geltungsbereich einer Erhaltungssatzung (§ 173 Abs. 1 Satz 2 Hs. 1 BauGB) in das Ermessen der Baugenehmigungsbehörde gestellt. Der Ausschluss des Anspruchs auf Einvernehmensersetzung darf in diesen Fällen vom Landesgesetzgeber geregelt werden (Jäde, KommP 2013, S. 9).

Die Verpflichtung der Bauaufsichtsbehörde, das Einvernehmen nach § 36 Abs. 2 Satz 3 BauGB zu ersetzen, besteht jedoch nur dann, wenn die Gemeinde das Einvernehmen rechtswidrig versagt hat. Dies ist nach § 36 Abs. 2 BauGB dann der Fall, wenn die Gemeinde die Verweigerung des Einvernehmens auf andere als den in §§ 31, 33, 34 und 35 BauGB genannten Gründen versagt hat. Wenn ein Rechtsanspruch des Bauherrn auf Zulassung des Vorhabens besteht, ist die Gemeinde zur Erteilung ihres Einvernehmens verpflichtet. Insbesondere ist es der Gemeinde verwehrt, ihr Einvernehmen deshalb zu versagen, weil das Vorhaben ihren Planungsvorstellungen nicht entspricht. Die Beteiligung an der Entscheidung der Baugenehmigungsbehörde ermöglicht es der Gemeinde, gerade ihren Planungswillen zu betätigen (BVerwG, NJW 1966, 513). So kann die Gemeinde eine Aufstellung eines Bebauungsplans beschließen, der die planungsrechtlichen Vorgaben für die Zulässigkeit eines Bauvorhabens verändert und die Planung nach Maßgabe der §§ 14, 15 BauGB sichern (BVerwG UPR 1992, 234).

Bei der Entscheidung über Befreiungen von den Festsetzungen eines Bebauungsplans ist zu beachten, dass der Gemeinde ein eigener Gestaltungsspielraum zukommt.

2 Verfahren

Das förmliche Beanstandungsverfahren nach Art. 112 GO entfällt (Abs. 2). Die Ersatzvornahme im Sinn des Art. 113 GO wird durch die Erteilung der Genehmigung bewirkt; sie ist daher zwingend zu begründen (Abs. 3 Satz 2).

Vor Erlass der Genehmigung ist die Gemeinde anzuhören (Abs. 4 Satz 1). Dabei darf die Genehmigung nicht sofort erteilt werden, vielmehr ist der Gemeinde eine **angemessene Frist** einzuräumen, um erneut über das gemeindliche Einvernehmen zu entscheiden. Die Dauer der angemessenen Frist richtet sich nach den Umständen des Einzelfalls. Bei Baugenehmigungen muss der Gemeinde ein ausreichender Zeitraum eingeräumt werden, damit sie auch bauleitplanerische Maß-

Art. 68

nahmen und entsprechende Sicherungsmittel durchführen kann, um ein ursprünglich rechtswidrig verweigertes Einvernehmen nachträglich zu rechtfertigen (vgl. dazu BVerwG, Urteil vom 12.12.1991, NVwZ 1992, S. 878 BayVGH, Beschluss vom 25.7.1997, 26 CS 97.1469, Jäde, BayVBl. 2000, S. 481).

Die Erteilung der Genehmigung stellt gegenüber der Gemeinde einen belastenden Verwaltungsakt (BayVGH, Beschluss vom 27.10.2000, BayVBl. 2001, S. 242) dar, den sie anfechten kann. Da das Widerspruchsverfahren entfallen ist, muss Anfechtungsklage erhoben werden. Diese hat keine aufschiebende Wirkung (Abs. 3 in Verbindung mit § 212a BauGB). Daraus folgt, dass die Gemeinde, die gegen die Beanstandung vorgehen will, neben der Klage auch einstweiligen Rechtsschutz (§ 80a Abs. 1 Nr. 2, Abs. 3 VwGO) benötigen wird, da sonst möglicherweise während des Hauptsacheverfahrens bereits vollendete Tatsachen geschaffen sind.

3 Gemeinde als Baugenehmigungsbehörde

Aufgehoben wurde die bisherige Regelung, die bestimmte, dass auf die Gemeinde, die zugleich als Genehmigungsbehörde tätig ist, die Regelung des Art. 67 entsprechend für die Ersetzung des gemeindlichen Einvernehmens angewendet werden kann. In der Gesetzesbegründung wird darauf hingewiesen, dass nach der älteren Rechtsprechung des Bundesverwaltungsgerichts die Gemeinde, die zugleich Genehmigungsbehörde ist, zwar nicht ein Einvernehmen mit sich selbst herzustellen hat, aber gegenüber der staatlichen Widerspruchsbehörde über eine einvernehmensartige wehrfähige Rechtsposition verfügt (BVerwG, Urteil vom 11.11.1968, DÖV 1969, S. 146). Da das Bundesverwaltungsgericht diese Rechtsprechung mit Urteil vom 19.8.2004 (BVerwGE 121, S. 339) aufgegeben hat, besteht nach Auffassung des Gesetzgebers kein Bedürfnis für die Regelung dieser Fallkonstellation.

Art. 68
Baugenehmigung und Baubeginn

(1) ¹Die Baugenehmigung ist zu erteilen, wenn dem Bauvorhaben keine öffentlich-rechtlichen Vorschriften entgegenstehen, die im bauaufsichtlichen Genehmigungsverfahren zu prüfen sind; die Bauaufsichtsbehörde darf den Bauantrag auch ablehnen, wenn das Bauvorhaben gegen sonstige öffentlich-rechtliche Vorschriften verstößt. ²Die durch eine Umweltverträglichkeitsprüfung ermittelten, beschriebenen und bewerteten Umweltauswirkungen sind nach Maßgabe der hierfür geltenden Vorschriften zu berücksichtigen.

(2) ¹Die Baugenehmigung bedarf der Schriftform; Art. 3a BayVwVfG findet keine Anwendung. ²Sie ist nur insoweit zu begründen, als ohne Zustimmung des Nachbarn von nachbarschützenden Vorschriften abgewichen wird oder der Nachbar gegen das Bauvorhaben schriftlich Einwendungen erhoben hat; Art. 39 Abs. 2 Nr. 2 BayVwVfG bleibt unberührt. ³Sie ist mit einer Ausfertigung der mit

Baugenehmigung und Baubeginn   Art. 68

einem Genehmigungsvermerk zu versehenden Bauvorlagen dem Antragsteller und, wenn diese dem Bauvorhaben nicht zugestimmt hat, der Gemeinde zuzustellen.

(3) Wird die Baugenehmigung unter Auflagen oder Bedingungen erteilt, kann eine Sicherheitsleistung verlangt werden.

(4) Die Baugenehmigung wird unbeschadet der privaten Rechte Dritter erteilt.

(5) Mit der Bauausführung oder mit der Ausführung des jeweiligen Bauabschnitts darf erst begonnen werden, wenn
1. die Baugenehmigung dem Bauherrn zugegangen ist sowie
2. die Bescheinigungen nach Art. 62 Abs. 3 und
3. die Baubeginnsanzeige
der Bauaufsichtsbehörde vorliegen.

(6) ¹Vor Baubeginn müssen die Grundfläche der baulichen Anlage abgesteckt und ihre Höhenlage festgelegt sein. ²Die Bauaufsichtsbehörde kann verlangen, dass Absteckung und Höhenlage von ihr abgenommen oder die Einhaltung der festgelegten Grundfläche und Höhenlage nachgewiesen wird. ³Baugenehmigungen, Bauvorlagen, bautechnische Nachweise, soweit es sich nicht um Bauvorlagen handelt, sowie Bescheinigungen von Prüfsachverständigen müssen an der Baustelle von Baubeginn an vorliegen.

(7) Der Bauherr hat den Ausführungsbeginn genehmigungspflichtiger Bauvorhaben und die Wiederaufnahme der Bauarbeiten nach einer Unterbrechung von mehr als sechs Monaten mindestens eine Woche vorher der Bauaufsichtsbehörde schriftlich mitzuteilen (Baubeginnsanzeige).

Erläuterungen

Übersicht

1 Allgemeines
2 Rechtsanspruch auf Baugenehmigung, Prüfungsumfang
3 Schriftform, Begründung der Baugenehmigung
4 Auflagen, Bedingungen, Sicherheitsleistungen
5 Unterrichtung der Gemeinde
6 Baubeginn
7 Nachbarrechtsbehelfe gegen die Baugenehmigung
8 Rechtsschutz gegen die Ablehnung der Baugenehmigung
9 Rechtsbehelfe der Gemeinde gegen die Baugenehmigung
10 Rücknahme und Widerruf der Baugenehmigung

Art. 68

1 Allgemeines

Die Baugenehmigung ist ein Verwaltungsakt, durch den festgestellt wird, dass das Vorhaben mit den öffentlich-rechtlichen Vorschriften, die im bauaufsichtlichen Genehmigungsverfahren zu prüfen sind, in Einklang steht. Sie wird als mitwirkungsbedürftiger Bescheid (Abs. 1 Satz 1) nur wirksam, wenn sie von einem ordnungsgemäßen Antrag des Bauherrn gedeckt ist. Insofern wird das Vorhaben durch den Antrag des Bauherren in seinem Umfang bestimmt (BayVGH, Beschluss vom 21.1.2008, Fundst. 2008, S. 308, VG Koblenz, Urteil vom 11.5.2000, BauR 2000, S. 1487). Zugleich ist die Baugenehmigung eine gebundene Erlaubnis, d. h. es besteht ein Rechtsanspruch auf Baugenehmigung. Eine Versagung ist nur zulässig, wenn das Vorhaben den im bauaufsichtlichen Genehmigungsverfahren zu prüfenden öffentlich-rechtlichen Vorschriften widerspricht. Die Baugenehmigung ist ein feststellender Verwaltungsakt, da sie verbindlich erklärt, dass das Vorhaben, im Zeitpunkt der Erteilung der Genehmigung **den Vorschriften, die im bauaufsichtlichen Genehmigungsverfahren zu prüfen sind, nicht widerspricht**. Dabei hat die Baugenehmigung Doppelwirkung, d. h. die antragsgemäße Baugenehmigung ist für den Bauherrn ein begünstigter Verwaltungsakt; sie kann gegenüber den Nachbarn zugleich ein belastender Verwaltungsakt sein (vgl. auch Art. 77 Ziffer 1). Sofern die Baugenehmigung abgelehnt wird, liegt ein belastender Verwaltungsakt gegenüber dem Bauherrn vor.

Die Baugenehmigung ist sach- und nicht personenbezogen; **insofern gilt sie für und gegen den Rechtsnachfolger des Bauherrn**. Bei einem Bauherrnwechsel nach Stellung des Bauantrags aber vor der Erteilung der Baugenehmigung wird die Baugenehmigung gegenüber dem neuen Bauherrn nur wirksam, wenn er sie nachweislich erhalten hat.

Die Baugenehmigung ist vor Baubeginn zu erteilen. Soweit Bauvorhaben ohne Genehmigung durchgeführt wurden, aber genehmigungsfähig sind, muss die Baugenehmigung auch nachträglich erteilt werden.

Der Bauherr ist nicht gehindert, einen neuen, andersartigen Bauantrag für das gleiche Baugrundstück zu stellen und nach Genehmigung des zweiten Bauantrags trotzdem nach der ersten Baugenehmigung zu bauen. Er kann allerdings nicht einzelne Teile verschiedener Baugenehmigungen kombinieren (vgl. BayObLG, Beschluss vom 29.3.1988, BayVBl., S. 697). Eine Genehmigung kann sich jedoch auf Teile eines bereits genehmigten Vorhabens beziehen, die geändert werden sollen und somit die früher erteilte Baugenehmigung ergänzen (BayVGH, Beschluss vom 13.2.2007, BauR 2007, S. 1562). Dem Bauherrn steht es auch frei, seinen Bauantrag wieder zurückzunehmen.

Inhaltlich erfasst die Baugenehmigung die bestimmungsgemäße Nutzung des genehmigten Baus. Daher ist es Aufgabe der Baugenehmigungsbehörde, den Nutzungszweck möglichst genau festzulegen (OVG Berlin, Urteil vom 7.5.1999, BRS 62, S. 653). Nur dann kann im Einzelfall festgestellt werden, welche Nutzung mit welcher Variationsbreite genehmigt wurde (vgl. BVerwG, Urteil vom 18.5.1990, BayVBl. 1990 S. 726 – vgl. aber Art. 70).

Baugenehmigung und Baubeginn   Art. 68

2 Rechtsanspruch auf Baugenehmigung, Prüfungsumfang

Der Bauherr hat einen Rechtsanspruch auf Baugenehmigung, wenn das Vorhaben zulässig ist (Abs. 1 Satz 1). Dabei hat die untere Bauaufsichtsbehörde zivilrechtliche Fragen grundsätzlich nicht zu prüfen (Abs. 4). Der Bauherr hat das Risiko der zivilrechtlichen Realisierbarkeit des Vorhabens (BGH, Urteil vom 6.7.2000, NJW 2000, S. 2996). Die Behörde kann einen Bauantrag ablehnen, wenn das **Sachbescheidungsinteresse** fehlt. Diese Möglichkeit hat der Gesetzgeber auf Grund des Änderungsantrages der CSU- und FDP-Landtagsfraktionen vom 13.5.2009 (LT/DS 16/1351) in der Neufassung des Art. 68 Abs. 1 S. 1 ausdrücklich aufgenommen. Damit hat er die Rechtsprechung der BayVGH vom 19.1.2009 (2 BV 08.2567) ausdrücklich korrigiert, die es als unzulässig ansah, dass die Bauaufsichtsbehörde einen Bauantrag ablehnte, weil dem Bauvorhaben andere – außerhalb des Prüfungsprogramms nach Art. 59, 60 – öffentlich-rechtliche Vorschriften entgegenstanden. In der Gesetzesbegründung wird festgestellt, dass die Rechtsprechung zur Folge hatte, dass die Bauaufsichtsbehörden die Baugenehmigung in derartigen Fällen erteilen, gleichzeitig aber eine Baueinstellung oder Baubeseitigung verfügen mussten. Dieses Sachbescheidungsinteresse kann auch verneint werden, wenn die Genehmigung für den Antragsteller ersichtlich nutzlos ist, da er das Vorhaben aus tatsächlichen und rechtlichen Gründen nicht realisieren kann. Das Sachbescheidungsinteresse fehlt jedoch nicht deshalb, weil in einem Zweifelsfall der Bauherr den Nachweis nicht erbringen kann, dass der Grundstückseigentümer oder der Erbbauberechtigte dem Bauvorhaben zustimmt (s. BayVGH, Urteil vom 8.9.1998, BayVBl. 1999, S. 215 – Baugenehmigung darf nicht abgelehnt werden, weil Vorhaben Nachbargrundstück überbaut). Die Bauaufsichtsbehörde ist berechtigt, eine Baugenehmigung dann zu versagen, wenn privatrechtliche liquide Urteile die Versagung rechtfertigen (vgl. BayVGH, Urteil vom 12.5.1986, BayVBl., S. 595). In Art. 55 Abs. 2 wird klargestellt, dass die bauaufsichtlichen Eingriffsbefugnisse von einer Beschränkung der Prüfung öffentlich-rechtlicher Vorschriften im Genehmigungsverfahren unberührt bleiben. Daraus folgt, dass die Bauaufsichtsbehörde bei der Baukontrolle berechtigt ist, z. B. auch die Einhaltung des Schall- und Wärmeschutzes zu prüfen.

Die Baugenehmigung kann erteilt werden, wenn das Bauvorhaben den öffentlich-rechtlichen Vorschriften, die im Rahmen des Baugenehmigungsverfahrens zu prüfen sind, entspricht, jedoch sonstige Vorschriften (z. B. sanierungsrechtlicher Art) entgegenstehen.

Zu den im Baugenehmigungsverfahren zwingend notwendigen Zustimmungen zählt insbesondere das **Einvernehmen der Gemeinde** nach den §§ 36, 14, 173 Abs. 1 BauGB. Die Gemeinde hat über ihr Einvernehmen innerhalb bestimmter Fristen zu entscheiden. Bei Bauvorhaben gilt nach § 36 Abs. 2 Satz 2 BauGB die Frist von 2 Monaten (vgl. hierzu Art. 65 Ziffer 3). Wenn die Gemeinde ihr Einvernehmen verweigert, muss die Baugenehmigung abgelehnt werden, sofern kein Verfahren nach Art. 67 durchgeführt wird.

::rehm   Bayerische Bauordnung Handkommentar   345

Art. 68
Baugenehmigung und Baubeginn

Die Anforderungen an das Baugenehmigungsverfahren des Art. 68 gelten für das **vereinfachte Baugenehmigungsverfahren** (Art. 59) und **das Baugenehmigungsverfahren für Sonderbauten** (Art. 60). Dabei kommt es seit dem Änderungsgesetz 1994 nur darauf an, dass das Vorhaben **nicht den öffentlich-rechtlichen Vorschriften widerspricht**, die im bauaufsichtlichen Genehmigungsverfahren zu prüfen sind. Die Bauordnung 2008 hat diese Prüfung nochmals für wichtige Fallgruppen in Art. 59 und 60 eingeschränkt (z. B. Stellplatznachweis, Abstandsflächen, Baugestaltung sowie Schall-, Wärme- und Erschütterungsschutz). Insofern stellt die Baugenehmigung nicht mehr einen Schlusspunkt einer umfassenden baurechtlichen Überprüfung dar, sondern nur eine beschränkte öffentlich-rechtliche Unbedenklichkeitsbescheinigung (hierzu Jäde, NVwZ 1995, S. 672, ders., UPR 1998, S. 326, ders., ZfBR 2000, S. 519). Im Rahmen des vorgegebenen Prüfungsumfangs ist die Baugenehmigung immer noch eine weitreichende Unbedenklichkeitsbescheinigung mit dem Zweck, die Erfüllung aller im Verfahren zu prüfenden öffentlich-rechtlichen Voraussetzungen sicherzustellen (BayVGH, Beschluss vom 15.9.1998, BayVBl. 1999, S. 309). Wenn eine Baugenehmigung für eine Änderung des Vorhabens begehrt wird, bezieht sich die bauplanungsrechtliche Prüfung auf das Gesamtvorhaben in seiner geänderten Gestalt. Sofern für die Änderung des Bauvorhabens nur einzelne bauplanungsrechtliche Anforderungen maßgeblich sind, ist die Prüfung darauf zu beschränken (BVerfG, Beschluss vom 4.2.2000, NVwZ 2000, S. 1047).

Nach Abs. 1 Satz 2 sind im Rahmen einer Baugenehmigung die durch eine **Umweltverträglichkeitsprüfung** ermittelten, beschriebenen und bewerteten Umweltauswirkungen nach Maßgabe der hierfür geltenden Vorschriften zu berücksichtigen. In der Gesetzesbegründung wird hierzu ausgeführt, dass nach der Änderung des § 17 des Gesetzes über die Umweltverträglichkeitsprüfung nicht mehr gewährleistet ist, dass die Umweltverträglichkeitsprüfung bei baugenehmigungsbedürftigen Vorhaben (Nr. 18 der Anlage 1 zum UVPG) ausschließlich im Bauleitplanverfahren abzuarbeiten ist. Insofern sind Fälle denkbar, in denen die Umweltverträglichkeitsprüfung ganz oder teilweise im Baugenehmigungsverfahren geleistet werden muss (hierzu Gaentzsch, UPR 2001, S. 287, 290, Hamann, ZfBR 2006, S. 537). Eine Veränderung der materiellen Anforderungen an Bauvorhaben ist damit – wegen der allein verfahrensrechtlichen Bedeutung der Umweltverträglichkeitsprüfung – nicht verbunden. Der Verweis auf die „hierfür geltenden Vorschriften" schließt die verfahrensrechtlichen Regelungen des Abschn. III des 5. Teils des Bayerischen Verwaltungsverfahrensgesetzes ein.

3 Schriftform, Begründung der Baugenehmigung

Die Baugenehmigung ist nur wirksam, wenn sie schriftlich erteilt wurde. Die elektronische Form ist für die Baugenehmigung nicht zugelassen; Art. 3a BayVwVfG ist nicht anwendbar. Nach Abs. 2 Satz 2 ist eine Begründung notwendig, wenn von nachbarschützenden Vorschriften abgewichen wird, und der Nachbar dieser Abweichung nicht zugestimmt hat. Eine Begründung ist auch dann notwendig,

Baugenehmigung und Baubeginn   Art. 68

wenn der Nachbar gegen das Bauvorhaben schriftlich (sonstige) Einwendungen erhoben hat. Mit dieser Begründungspflicht erwartet sich der Gesetzgeber eine Verbesserung der Befriedungsfunktion der Baugenehmigung. Jedoch bedarf es dann keiner Begründung der Baugenehmigung, wenn dem Nachbarn die Auffassung der Bauaufsichtsbehörde bereits bekannt ist (Art. 39 Abs. 2 Nr. 2 BayVwVfG). Eine solche Kenntnis kann z. B. aus einer im Vorfeld der Genehmigungserteilung geführten Korrespondenz gegeben sein. Der Genehmigungsvermerk z. B. auf den Bauzeichnungen ist erforderlich, damit diese Bestandteil der Baugenehmigung werden; der Vermerk ersetzt aber nicht die Baugenehmigung (BayVGH, Beschluss vom 5.12.2001, 26 ZB 01.1174).

4 Auflagen, Bedingungen, Sicherheitsleistungen

Der Baugenehmigung können Nebenbestimmungen beigefügt werden; die wichtigsten Nebenbestimmungen sind Auflagen, Bedingungen, Verlangen einer Sicherheitsleistung, Widerrufsvorbehalt und Befristung. Diese Nebenbestimmungen sind nach Art. 36 Abs. 1 BayVwVfG dann zulässig, wenn sie durch Rechtsvorschrift zugelassen sind. Des Weiteren sind Nebenbestimmungen erlaubt, wenn sie sicherstellen sollen, dass die gesetzlichen Voraussetzungen des Verwaltungsakts erfüllt werden können. In diesem Fall müssen sie dazu dienen, Genehmigungshindernisse auszuräumen oder Genehmigungsvoraussetzungen zu erhalten. Sie sind dann unzulässig, wenn z. B. umfassende Änderungen des Bauvorhabens notwendig sind, sodass ein neuer Bauantrag notwendig ist (vgl. BayVGH, Urteil vom 18.7.2002, BRS GS, 835 zur Zulässigkeit von Grenzwerten in Nebenbestimmungen). Nebenbestimmungen können unter den Voraussetzungen der Art. 48, 49 BayVwVfG auch nachträglich verfügt werden.

Auflagen sind Nebenbestimmungen, die den Bauherrn zu einem bestimmten Tun, Dulden oder Unterlassen verpflichten und selbstständig erzwingbar sind (Art. 36 Abs. 2 Nr. 4 BayVwVfG). Auflagen sind grundsätzlich selbstständig anfechtbar, sofern sie nicht mit dem Gesamtinhalt der Baugenehmigung in einem untrennbaren Zusammenhang stehen, sodass ohne sie die Baugenehmigung nicht erteilt worden wäre. **Bedingungen** (Art. 36 Abs. 2 Nr. 2 BayVwVfG) sind Nebenbestimmungen, die die rechtliche Wirksamkeit der Baugenehmigung von einem außerhalb der Entscheidung liegenden Ereignis abhängig machen (z. B. Baubeginn wird von Vorlage eines geprüften Standsicherheitsnachweises abhängig gemacht).

Die Bauaufsichtsbehörde kann nach Abs. 4 eine Sicherheitsleistung verlangen, wenn die Baugenehmigung unter Auflagen oder Bedingungen erteilt wird (zur Art der Sicherheitsleistung vgl. §§ 132 ff. BGB).

Bauliche Anlagen, die von vornherein oder nach dem Antrag des Bauherrn nur auf beschränkte Zeit errichtet werden können oder sollen, können widerruflich oder befristet genehmigt werden z. B. für die Umnutzung eines bestehenden Gebäudes in ein Tanzcafé, wenn die möglichen Immissionen für die Nachbarschaft heute nicht einschätzbar sind. Die Zulässigkeit von Befristungen und

Art. 68
Baugenehmigung und Baubeginn

Widerrufsvorbehalten ergibt sich aus Art. 36 Abs. 2 Nr. 1 bzw. Art. 36 Abs. 2 Nr. 3 BayVwVfG. Sinnvoll ist ein Widerrufsvorbehalt z. B. für die nur vorläufige Genehmigung eines Betriebes. Für andere bauliche Anlagen wird eine Befristung dann in Betracht kommen, wenn ihre Dauerhaftigkeit begrenzt ist oder z. B. der Abbau von Kies und Steinen zeitlich begrenzt werden soll. Nach § 9 Abs. 2 BauGB ist das **Baurecht auf Zeit** im Rahmen von Bebauungsplänen festsetzbar. Dieses macht Befristungen und sonstige Nebenbestimmungen in der Baugenehmigung erforderlich.

5 Unterrichtung der Gemeinde

Nach Abs. 2 Satz 3 ist der Gemeinde eine Ausfertigung der Baugenehmigung zuzustellen, wenn diese dem Bauvorhaben nicht zugestimmt hat. Die sonstige Unterrichtung der Gemeinde ist in der Bauvorlagenverordnung geregelt, sie ist stets über die Erteilung der Baugenehmigung zu informieren.

6 Baubeginn

Abs. 5 wurde 2008 neu geregelt; der Gesetzgeber hat präzise festgelegt, wann mit der Bauausführung oder mit der Ausführung des jeweiligen Bauabschnittes begonnen werden darf. Danach darf ein Baubeginn erst dann erfolgen

- wenn die Baugenehmigung dem Bauherrn zugegangen ist,
- die Bescheinigungen nach Art. 62 Abs. 3 (insbesondere Standsicherheitsnachweis für Sonderbauten) und
- die Baubeginnsanzeige der Bauaufsichtsbehörde

vorliegen.

Dabei ist der **Baubeginn** die Aufnahme der Bauarbeiten, die im Unterschied zu bloßen Vorbereitungshandlungen der Ausführung des Bauvorhabens, einschließlich Baugrubenaushub, objektiv unmittelbar dienen (BayVGH, Urteil vom 29.8.1987, BayVBl. 1988, S. 149). Die Bauausführung wird spätestens mit dem Aushub der Baugrube begonnen. Der Bauherr hat den Ausführungsbeginn nach Abs. 7 der Bauaufsichtsbehörde anzuzeigen.

Um zu sichern, dass das Vorhaben entsprechend den materiellrechtlichen Vorschriften und den Anforderungen der Bauaufsichtsbehörde entsprechend ausgeführt wird, muss vor Baubeginn vom Bauherrn die Grundfläche der baulichen Anlage abgesteckt und ihre Höhenlage festgelegt sein (Abs. 6 Satz 1). Die Bauaufsichtsbehörde kann die Abnahme (sog. **Schnurgerüstabnahme**) anordnen. Sie kann gleichzeitig einen Nachweis über die Einhaltung der festgelegten Grundfläche und Höhenlage verlangen. An der Baustelle müssen Baugenehmigung, Bauvorlagen, bautechnische Nachweise sowie die Bescheinigungen nach Art. 62 Abs. 3 von Baubeginn an vorliegen, damit eine wirksame Baukontrolle erfolgen kann.

Baugenehmigung und Baubeginn   Art. 68

7 Nachbarrechtsbehelfe gegen die Baugenehmigung

Nachbarrechtsbehelfe haben nach der Neufassung des Baugesetzbuchs keine aufschiebende Wirkung. Nach § 212a Abs. 1 BauGB hat die Anfechtungsklage eines Dritten gegen die bauaufsichtliche Zulassung eines Vorhabens keine aufschiebende Wirkung (in Bayern ist das Widerspruchsverfahren auch im Bereich des Baugenehmigungsverfahrens abgeschafft). Die Bauaufsichtsbehörde kann nach § 80 Abs. 2 VwGO die Vollziehung aussetzen. Auf Antrag kann auch das für die Entscheidung über die Rechtmäßigkeit der Baugenehmigung zuständige Gericht die aufschiebende Wirkung ganz oder teilweise anordnen (§ 80 Abs. 5, § 80a Abs. 3 VwGO). Dabei kann die Wiederherstellung der aufschiebenden Wirkung von der Leistung einer Sicherheit oder von anderen Auflagen abhängig gemacht werden; sie kann auch befristet werden (vgl. auch §§ 80a Abs. 1 Nr. 2, Abs. 3 VwGO).

8 Rechtsschutz gegen die Ablehnung der Baugenehmigung

Der Bauherr kann gegen die vollständige oder teilweise Versagung der Baugenehmigung oder gegen ihn belastende Nebenbestimmungen mit der Verpflichtungsklage (§ 42 Abs. 1 VwGO) vorgehen. Die Verpflichtungsklage ist begründet, wenn die Ablehnung oder Unterlassung der Baugenehmigung rechtswidrig ist und der Bauherr dadurch in seinen Rechten verletzt wird (zu den Rechtsbehelfen des Nachbarn vgl. Art. 66 Ziffer 1).

9 Rechtsbehelfe der Gemeinde gegen die Baugenehmigung

Wurde eine Baugenehmigung ohne das planungsrechtliche Einvernehmen erteilt, kann die Gemeinde ebenfalls gegen die Baugenehmigung mit Anfechtungsklage (§ 42 Abs. 1 VwGO) vorgehen. Jedoch hat auch der Rechtsbehelf der Gemeinde gegen die Baugenehmigung keine aufschiebende Wirkung (vgl. oben Ziffer 7). Dabei werden Rechte der Gemeinde nicht verletzt, wenn dem Bauherrn trotz gemeindlichen Einvernehmens die Genehmigung versagt wird. Wurde die Baugenehmigung trotz fehlendem gemeindlichem Einvernehmen erteilt, ohne dass ein Verfahren nach Art. 67 durchgeführt wurde, ist die Baugenehmigung aufzuheben (BVerwG, Urteil vom 10.8.1988, ZfBR 1989, S. 39, Urteil vom 12.12.1991, NVwZ 1992, S. 878).

10 Rücknahme und Widerruf der Baugenehmigung

Für die Rücknahme und den Widerruf der Baugenehmigung gelten Art. 48 ff. BayVwVfG. Rücknahme und Widerruf sind Ermessensentscheidungen, von denen nur Gebrauch gemacht werden darf, wenn eine (heute fehlerhafte) Baugenehmigung nicht durch eine Ausnahme oder Befreiung geheilt werden kann. Dabei sind die Grundsätze der Gesetzmäßigkeit der Verwaltung und der Vertrauensschutz des Bauherrn gegeneinander abzuwägen. Rücknahme und Widerruf können nur unter bestimmten Ausschlussfristen ausgeübt werden. Die Jahresfrist des Art. 48 Abs. 4 Satz 1 BayVwVfG beginnt erst im Zeitpunkt der behördlichen Kenntnis von der Rechtswidrigkeit der Entscheidung und von allen für die Rücknahmeentschei-

Art. 69 Geltungsdauer der Baugenehmigung und der Teilbaugenehmigung

dung erheblichen Tatsachen zu laufen (BVerwG, Urteil vom 19.5.1985, NVwZ 1986, S. 19, Beschluss vom 5.5.1988, BayVBl. 1988, S. 539).

Art. 69
Geltungsdauer der Baugenehmigung und der Teilbaugenehmigung

(1) Sind in ihnen keine anderen Fristen bestimmt, erlöschen die Baugenehmigung und die Teilbaugenehmigung, wenn innerhalb von vier Jahren nach ihrer Erteilung mit der Ausführung des Bauvorhabens nicht begonnen oder die Bauausführung vier Jahre unterbrochen worden ist; die Einlegung eines Rechtsbehelfs hemmt den Lauf der Frist bis zur Unanfechtbarkeit der Genehmigung.

(2) ¹Die Frist nach Abs. 1 kann auf schriftlichen Antrag jeweils bis zu zwei Jahre verlängert werden. ²Sie kann auch rückwirkend verlängert werden, wenn der Antrag vor Fristablauf bei der Bauaufsichtsbehörde eingegangen ist.

Erläuterungen

Übersicht

1 Allgemeines
2 Fristberechnung
3 Fristverlängerung

1 Allgemeines

Die Baugenehmigung und Teilbaugenehmigung gelten nach Abs. 1 regelmäßig vier Jahre. Die Geltungsdauer kann in der Genehmigung auch abweichend bestimmt werden, und zwar kürzer oder länger als die gesetzliche Regelfrist. Fehlt eine solche Bestimmung, so erlischt die (Teil-)Baugenehmigung, wenn nicht innerhalb von vier Jahren nach Erteilung der Genehmigung mit der Ausführung des Vorhabens begonnen wurde. Gleiches gilt, sofern die Bauausführung vier Jahre unterbrochen worden ist.

2 Fristberechnung

Fristbeginn ist nach Abs. 1 Halbsatz 1 die Erteilung der Genehmigung, d. h. die Zustellung der Genehmigung an den Bauherrn (Art. 68 Abs. 2 Satz 3). Dabei ist zu beachten, dass die Einlegung eines Rechtsbehelfs den Lauf der Frist bis zur Unanfechtbarkeit der Baugenehmigung hemmt (Abs. 1 2. Halbsatz). Die Frist läuft auch dann nicht, wenn innerhalb von vier Jahren mit dem Bau begonnen wird. Hierzu rechnet insbesondere der Aushub der Baugrube (BayVGH, Urteil vom 15.1.1979, BayVBl. 1979, S. 500). Dabei kommt es auf das durch die Baugenehmigung zugelassene Vorhaben an, sodass die Baugenehmigung für ein einheitliches Vorhaben nicht erlischt, wenn innerhalb der Geltungsdauer das Hauptgebäude, aber nicht das Nebengebäude fertig gestellt wird (BayVGH, Urteil vom 26.4.1990, BayVBl.

Teilbaugenehmigung   Art. 70

1991, S. 567). Anders verhält es sich, wenn ein anderes Vorhaben als das genehmigte ausgeführt wird (BayObLG, Urteil vom 18.12.2000, BayVBl. 2001, S. 729).

Sofern das Bauvorhaben **nur teilweise fertig gestellt** wird, ist bezüglich der nicht ausgeführten Teile zu prüfen, ob die Bauausführung vier Jahre unterbrochen worden ist. Ist dies der Fall, kann der Fristablauf dazu führen, dass inzwischen geänderte baurechtliche Vorschriften der Vollendung der baulichen Anlage entgegenstehen.

3 Fristverlängerung

Die Vierjahresfrist kann auf schriftlichen Antrag des Bauherrn jeweils um bis zu zwei Jahre verlängert werden (Abs. 2). Diese Verlängerung ist möglich, wenn von der Baugenehmigung kein Gebrauch gemacht oder wenn die Bauausführung unterbrochen wurde. Die Fristverlängerung ist auch mehrfach möglich, und zwar auch für eine kürzere Zeit als zwei Jahre. Bei der **Verlängerung sind die gleichen materiellen Anforderungen wie für die Neuerteilung** zu prüfen (BayVGH, Urteil vom 9.4.1975, BayVBl. 1975, S. 505). Insofern haben Gemeinde und Bauaufsichtsbehörde zu prüfen, ob die ursprüngliche Baugenehmigung rechtswidrig war oder sich die Sach- und Rechtslage geändert haben. Strittig ist, ob ein Verlängerungsantrag neuer Bauvorlagen, also auch der Beteiligung der Nachbarn der Gemeinde und sonstiger Stellen, bedarf. Dies ist zu bejahen (BayVGH, Urteil vom 9.4.1974, BayVBl. 1975, S. 505). Die Entscheidung über den Verlängerungsantrag ist ein Verwaltungsakt.

Sofern der Antrag nicht rechtzeitig gestellt wurde, erlischt die Baugenehmigung. Es kommt somit keine Verlängerung in Betracht, sondern es muss ein neuer Bauantrag gestellt werden. Möglich ist jedoch die Wiedereinsetzung in den vorherigen Stand (Art. 31 Abs. 7 Satz 2 BayVwVfG, BayVGH, Beschluss vom 19.5.1999, BayVBl. 2000, S. 20). Eine Verlängerung kommt nach Abs. 2 Satz 2 auch in Betracht, wenn der Antrag vor Fristablauf **bei der Bauaufsichtsbehörde** eingegangen ist.

Art. 70
Teilbaugenehmigung

[1]Ist ein Bauantrag eingereicht, kann der Beginn der Bauarbeiten für die Baugrube und für einzelne Bauteile oder Bauabschnitte auf schriftlichen Antrag schon vor Erteilung der Baugenehmigung gestattet werden (Teilbaugenehmigung); eine Teilbaugenehmigung kann auch für die Errichtung einer baulichen Anlage unter Vorbehalt der künftigen Nutzung erteilt werden, wenn und soweit die Genehmigungsfähigkeit der baulichen Anlage nicht von deren künftiger Nutzung abhängt. [2]Art. 67 und 68 gelten entsprechend.

Art. 70 Teilbaugenehmigung

Erläuterungen

Übersicht
1 Allgemeines
2 Prüfungsumfang bei der Teilbaugenehmigung
3 Wirkungen der Teilbaugenehmigung

1 Allgemeines

Nach Satz 1 stellt die Teilbaugenehmigung eine endgültige Gestattung von Teilen eines Vorhabens (Baugrube, einzelne Bauteile oder Bauabschnitte) dar. Eine Erweiterung hat die Teilbaugenehmigung durch Satz 2 auf Grund der Bauordnungsnovelle 1994 erfahren. Es ist seither zulässig, eine Genehmigung für die Errichtung einer baulichen Anlage insgesamt aufzunehmen und einen Vorbehalt für die (noch unbekannte) künftige Nutzung zu erteilen. Voraussetzung hierfür ist, dass die Genehmigungsfähigkeit der baulichen Anlage nicht von deren künftiger Nutzung abhängt. Eine solche Abhängigkeit ist z. B. dann nicht gegeben, wenn eine Teilbaugenehmigung für ein Geschäftshaus beantragt wird, ohne dass die konkrete künftige Nutzung z. B. durch Läden, Büros etc. angegeben wird. Gleiches gilt für die Errichtung eines Gebäudes, bei dem keine Angabe erfolgt, ob dieses später als Pension oder Wohnung genutzt wird. Eine Teilbaugenehmigung ist jedoch nicht zulässig, falls die Bausubstanz so zugeschnitten ist, dass sie sich nur für eine ganz spezifische Nutzung oder eine schmale Bandbreite von Nutzungen eignet. Die Teilbaugenehmigung unterscheidet sich von der Baugenehmigung dadurch, dass sie sich nur auf einzelne Bauteile oder Bauabschnitte oder auf das gesamte Vorhaben ohne Nutzungsangabe bezieht.

2 Prüfungsumfang bei der Teilbaugenehmigung

Die Teilbaugenehmigung setzt voraus, dass bereits ein Bauantrag eingereicht ist. Sie darf nur erteilt werden, wenn das gesamte Vorhaben genehmigungsfähig ist. Insbesondere müssen somit die städtebauliche Zulässigkeit, Standort und Nutzungsart sowie die grundsätzliche bauaufsichtliche, vor allem statische Unbedenklichkeit vorläufig geprüft und bejaht sein.

Damit enthält die Teilbaugenehmigung ein vorläufiges positives Gesamturteil für die Errichtung des Gesamtvorhabens (OVG Bbg, Beschluss vom 19.2.1997, NVwZ-RR 1998, S. 484).

3 Wirkungen der Teilbaugenehmigung

Die Teilbaugenehmigung berechtigt zur Ausführung des genehmigten Teils des Vorhabens und nimmt somit einen Teil der Baugenehmigung vorweg. Da sie unter der Voraussetzung erteilt wird, dass das gesamte Vorhaben genehmigungsfähig ist, kann nach ihrer Erteilung die Genehmigung des gesamten Vorhabens grundsätzlich nicht mehr abgelehnt werden. Soweit die Teilbaugenehmigung die Ausführung des Vorhabens zulässt, steht sie in ihrer bestandsschützenden Wirkung

Vorbescheid **Art. 71**

einer Baugenehmigung gleich, sodass ein Anpassungsverlangen ohne zusätzliche Anforderungen vor dem Hintergrund des Bestandsschutzes nicht gerechtfertigt werden kann. Insofern kann ein solches Anpassungsverlangen – soweit die Teilbaugenehmigung keinen Widerrufsvorbehalt enthält – nur unter den einen Bestandsschutz durchbrechenden Voraussetzungen des Art. 54 Abs. 4 gestellt werden.

Die spätere Baugenehmigung muss sich nicht mehr auf die Teile beziehen, die von der Teilbaugenehmigung bereits erfasst sind. In diesem Fall bleibt die Teilbaugenehmigung wirksam und wird durch die Baugenehmigung ergänzt (so jetzt auch Decker in: Simon/Busse, Art. 70 RdNr. 62). Die Baugenehmigung kann jedoch bei einem entsprechenden Antrag des Bauherrn auch das gesamte Vorhaben zum Gegenstand haben; dann wird die Teilbaugenehmigung mit der Baugenehmigung gegenstandslos.

Im Übrigen entspricht das Verfahren dem Baugenehmigungsverfahren (vgl. die Kommentierung zu Art. 68).

Art. 71
Vorbescheid

[1]Vor Einreichung des Bauantrags ist auf Antrag des Bauherrn zu einzelnen Fragen des Bauvorhabens ein Vorbescheid zu erteilen. [2]Der Vorbescheid gilt drei Jahre, soweit in ihm keine andere Frist bestimmt ist. [3]Die Frist kann auf schriftlichen Antrag jeweils bis zu zwei Jahre verlängert werden. [4]Art. 64 bis 67, Art. 68 Abs. 1 bis 4 und Art. 69 Abs. 2 Satz 2 gelten entsprechend; die Bauaufsichtsbehörde kann von der Anwendung des Art. 66 absehen, wenn der Bauherr dies beantragt.

Erläuterungen

Übersicht

1 Allgemeines
2 Verfahren
3 Gegenstand des Vorbescheids
4 Geltungsdauer des Vorbescheids
5 Rechtsbehelfe

1 Allgemeines

Die Regelung über den Vorbescheid enthält die Voraussetzungen, unter denen sich die Gemeinde – im Rahmen der Entscheidung über das gemeindliche Einvernehmen – und die Bauaufsichtsbehörde zu Teil- und Vorfragen im Vorfeld von Bauanträgen verbindlich zu äußern haben. Der Vorbescheid ist ein einfaches, kostensparendes Mittel für den Bauherrn, die Fragen über die Zulässigkeit eines Bau-

Art. 71
Vorbescheid

vorhabens abzuklären (zum Vorbescheid allgemein Dirnberger, Bayerischer Gemeindetag 2007, S. 194).

Der Vorbescheid ist eine **bindende, befristete, schriftliche Erklärung der unteren Bauaufsichtsbehörde,** dass einem Vorhaben in bestimmten Einzelfragen das im Zeitpunkt der Entscheidung geltende öffentliche Baurecht (vgl. Satz 4 in Verbindung mit Art. 68 Abs. 1) nicht entgegensteht. Der Vorbescheid ist von seiner Rechtsnatur mit der Baugenehmigung vergleichbar; er unterscheidet sich nur insofern, dass er regelmäßig nur eine auf den Vorbescheidsantrag beschränkte und keine umfassende Prüfung der für die Baugenehmigung relevanten Fragen enthält und dass er unter keinen Umständen zum Baubeginn berechtigt.

Der Vorbescheid kann auch ausschließlich über die planungsrechtliche oder bodenrechtliche Zulässigkeit von Vorhaben eine Vorwegentscheidung treffen (sog. Bebauungsgenehmigung vgl. § 42 Abs. 6 BauGB; hierzu BVerwG, Urteil vom 17.3.1989, NVwZ 1989, S. 863). Nach Auffassung des BayVGH darf dabei die Frage der Erschließung wohl nicht ausgeklammert werden (BayVGH, Beschluss vom 29.11.1999, BayVBl. 2000, S. 314m. abl. Anm. Jäde). Lässt ein Vorbescheidsantrag nicht klar erkennen, in welchem Umfang die bauplanungsrechtliche Zulässigkeit eines Vorhabens geprüft werden soll, darf die Bauaufsichtsbehörde in der Regel davon ausgehen, dass nach einer „Bebauungsgenehmigung" gefragt wird (BayVGH, Urteil vom 2.7.2004, UPR 2005, S. 234).

Ein Vorbescheid kann jedoch nicht erteilt werden, wenn das Bauvorhaben die Voraussetzungen des Freistellungsverfahrens (Art. 58) einhält. Dies ergibt sich daraus, dass Satz 1 die Zulässigkeit der späteren Einreichung eines Bauantrags voraussetzt, die Vorschrift daher auf genehmigungsfreie Vorhaben keine Anwendung finden kann.

Liegen die Voraussetzungen für die Erteilung des Vorbescheids vor, muss die Bauaufsichtsbehörde den entsprechenden Vorbescheid erteilen; ein Ermessen kommt ihr nicht zu. Stimmt das Vorhaben mit den ausdrücklich nachgefragten Vorschriften überein, kann es jedoch aus anderen Gründen nicht verwirklicht werden, darf die Bauaufsichtsbehörde den Vorbescheid allerdings wegen fehlenden Sachbescheidungsinteresses ablehnen. Dies gilt aber nur dann, wenn sich die anderweitigen rechtlichen Hindernisse schlechthin nicht ausräumen lassen (BVerwG, Urteil vom 24.10.1980, NJW 1981, S. 2426; OVG NRW, Urteil vom 6.2.2003, NVwZ-RR 2003, S. 823).

Der positive Vorbescheid regelt in einem vorweggenommenen Verfahren einen Ausschnitt der Baugenehmigung. Die zur Entscheidung gestellte Frage ist im Baugenehmigungsverfahren nicht mehr zu prüfen (BVerwG, Urteil vom 3.2.1984, NJW 1984, S. 1473). Von einer „Bindungswirkung" zu sprechen (vgl. BVerwG, Urteil vom 4.3.1983, BRS 40 Nr. 71) ist deshalb zumindest missverständlich. Die Regelungen des Bauvorbescheids werden in die Baugenehmigung lediglich redaktionell übernommen. Nach ganz herrschender Auffassung muss die Gemeinde aber gleichwohl im Rahmen der Baugenehmigung nochmals über ihr Einverneh-

Vorbescheid | Art. 71

men entscheiden, auch wenn dies bereits im Rahmen des Vorbescheidsantrags geschehen ist (OVG Bbg, Beschluss vom 4.11.1996, LKV 1997, S. 377; HessVGH, Beschluss vom 11.4.1990, NVwZ 1990, S. 1185). Wichtigste Folge der „Bindungswirkung" ist es, dass sich der Vorbescheid – soweit er reicht – gegenüber nachfolgenden Rechtsänderungen durchsetzt. Dies gilt insbesondere für eine nach Erteilung einer Bebauungsgenehmigung in Kraft getretene Veränderungssperre nach § 14 BauGB (BVerwG, Urteil vom 3.2.1984, NJW 1984 S. 1473; Nds. OVG, Urteil vom 31.3.1989, NVwZ 1990, S. 685).

2 Verfahren

Der Vorbescheid setzt einen schriftlichen Antrag des Bauherrn voraus (Satz 4 i. V. m. Art. 64 Abs. 1 Satz 1), der bei der Gemeinde einzureichen ist (Satz 4 i. V. m. Art. 64 Abs. 1 Satz 1) und die ihn mit ihrer Stellungnahme unverzüglich an die Bauaufsichtsbehörde weiterzuleiten hat.

Der Vorbescheidsantrag ist mit den notwendigen Bauvorlagen (Satz 4 i. V. m. Art. 64 Abs. 2 sowie § 5 BauVorlV) bei der Gemeinde einzureichen. Er muss so klar formuliert sein und die entsprechende Baubeschreibung enthalten, dass die im Vorbescheid gestellten Fragen beantwortet werden können. Die Gemeinde hat bei der Entscheidung die Zweimonatsfrist nach § 36 Abs. 2 Satz 2 BauGB zu beachten. Grundsätzlich sind die Bauvorlagen von einem bauvorlageberechtigten Entwurfsverfasser zu erstellen, auch wenn die Vorschrift über den Vorbescheid nicht unmittelbar auf Art. 61 verweist (vgl. Satz 4 i. V. m. Art. 64 Abs. 4; BayVGH, Urteil vom 31.5.2001 – 2 B 97.719 –). Die Nachbarbeteiligung ist entsprechend Art. 66 durchzuführen, sofern der Bauherr nicht beantragt, von der Nachbarbeteiligung abzusehen. Dabei ist zu beachten, dass die Gemeinde die Nachbarbeteiligung gemäß Art. 66 Abs. 1 Satz 3 bei fehlenden Nachbarunterschriften nur auf Antrag des Bauherrn durchführt. Sofern die Nachbarbeteiligung unterbleibt, kann auf Antrag des Bauherrn die Bauaufsichtsbehörde von der Zustellung der Baugenehmigung nach Art. 66 Abs. 1 Satz 6 oder einer Beteiligung nach Abs. 2 bis 4 absehen. In diesem Fall hat jedoch die Bauaufsichtsbehörde ein Verfahrensermessen, ob sie dem Antrag nachkommt. Dies wird dann nicht sinnvoll sein, wenn Fragen des Gebots der Rücksichtnahme eines Bauvorhabens auf die Nachbarschaft im Raum stehen, da dann die Entscheidung nur einheitlich getroffen werden kann.

Die Bauaufsichtsbehörde hat die Fachbehörden zu beteiligen (Satz 4 i. V. m. Art. 65 Abs. 1); für den Vorbescheid selbst gelten im Wesentlichen die Vorschriften für die Baugenehmigung (Satz 4 i. V. m. § 68 Abs. 1 bis 4).

3 Gegenstand des Vorbescheids

Gegenstand des Vorbescheid können einzelne Fragen sein, über die in der Baugenehmigung zu entscheiden ist; die Fragen müssen nicht unbedingt aus dem Bereich des Baurechts stammen, wenn sie nur abschließend in der Baugenehmigung geregelt werden (BayObLG, Urteil vom 4.6.1976, BayVBl. 1976, S. 599; vgl. auch BayVGH, Urteil vom 19.4.2004, NJOZ 2004, S. 4223). Die Fragen müssen sich

Art. 71
Vorbescheid

auf ein konkretes Vorhaben beziehen. Sie können auch mehrere Alternativen umfassen. Insbesondere können Fragen zur Zulässigkeit des Bauvorhabens auf einem Grundstück nach §§ 31, 33, 34 oder 35 BauGB, wie z. B. Sicherung und auch Möglichkeit der Erschließung, Art und Maß der baulichen Nutzung (§§ 1 ff., 16 ff. BauNVO), Bauweise (§ 22 BauNVO), überbaubaren Grundstücksfläche (§ 23 BauNVO), Zufahrt zum Baugrundstück (Art. 4 Abs. 1 Nr. 2, Abs. 2 und 3), Festlegung der Geländeoberfläche oder der Höhenlage (Art. 2 Abs. 4), Gestaltung (Art. 11), Garagen und Stellplätze (Art. 52 und 53) sowie Ausnahmen und Befreiungen von den Festsetzungen eines Bebauungsplans (§ 31 BauGB) und Abweichungen von sonstigen baurechtlichen Vorschriften (Art. 70) gestellt werden. Zulässig ist es auch, nach der vollständigen Übereinstimmung eines Vorhabens mit allen maßgeblichen öffentlich-rechtlichen Vorschriften zu fragen.

An die Bestimmtheit der Fragen sind keine übertriebenen Anforderungen zu stellen. Die Bauaufsichtsbehörde hat die Aufgabe auszulegen, was mit dem Antrag gemeint sein könnte, sie muss sich aber innerhalb des vom Antragsteller umschriebenen Vorhabens halten (Nds. OVG, Urteil vom 10.9.2003, BauR 2004, S. 482; OVG NRW, Urteil vom 20.2.2004, NVwZ-RR 2004, S. 558). Lässt sich ein konkreter Inhalt allerdings nicht ableiten, bleibt der Bauaufsichtsbehörde keine Wahl, als den Erlass eines Vorbescheids abzulehnen (OVG Bbg, Beschluss vom 23.4.1999, NVwZ-RR 200, S. 271).

4 Geltungsdauer des Vorbescheids

Der Vorbescheid gilt drei Jahre, wenn er nicht kürzer befristet ist. Für die Fristberechnung gilt Art. 31 BayVwVfG. Die Bindungswirkung gilt für den nachfolgenden Bauantrag. Hinsichtlich des Bauantrags sind die Gemeinde und die Bauaufsichtsbehörde an die im Vorbescheid geklärten Fragen gebunden. Der Vorbescheid verliert mit Ablauf der Dreijahresfrist seine Bindungswirkung. Diese kann jedoch mehrmals um zwei Jahre verlängert werden (Satz 3). Die Verlängerung ist auch noch nach Fristablauf und damit für einen erloschenen Vorbescheid möglich, wenn der Bauherr sie nur vor Ablauf der Geltungsdauer des Vorbescheids beantragt hat.

Bei der Prüfung, ob eine Verlängerung in Betracht kommt, ist nicht nur zu prüfen, ob sich die Sach- oder Rechtslage geändert hat, sondern auch, ob bei der Erteilung des Vorbescheids die Rechtslage zutreffend gewürdigt wurde (vgl. OVG NRW, Urteil vom 2.12.1987, DÖV 1988, S. 842).

5 Rechtsbehelfe

Die Erteilung oder Ablehnung eines Vorbescheids kann mit Rechtsbehelfen angefochten werden; insoweit wird auf die Ausführungen zur Baugenehmigung verwiesen (vgl. hierzu Art. 68 Ziffer 7). Zu beachten ist, dass ein Vorbescheid ohne Beteiligung der Nachbarn erteilt werden kann. Daher laufen auch keine Rechtsbehelfsfristen für die Nachbarn. Hierauf sollte von der Bauaufsichtsbehörde im Vorbescheid ausdrücklich hingewiesen werden (vgl. zum Verhältnis der Nachbarrechtsbehelfe gegen den Vorbescheid und die Baugenehmigung BayVGH, Beschluss vom 1.4.1999, BayVBl. 1999, S. 467; Beschluss vom 31.3.1992, BayVBl. 1993, S. 85).

Art. 72
Genehmigung fliegender Bauten

(1) ¹Fliegende Bauten sind bauliche Anlagen, die geeignet und bestimmt sind, wiederholt an wechselnden Orten aufgestellt und zerlegt zu werden. ²Baustelleneinrichtungen gelten nicht als fliegende Bauten.

(2) ¹Fliegende Bauten dürfen nur aufgestellt und in Gebrauch genommen werden, wenn vor ihrer erstmaligen Aufstellung oder Ingebrauchnahme eine Ausführungsgenehmigung erteilt worden ist. ²Die Ausführungsgenehmigung wird für eine bestimmte Frist erteilt, die höchstens fünf Jahre betragen soll; sie kann auf schriftlichen Antrag von der für die Ausführungsgenehmigung zuständigen Behörde oder der nach Art. 80 Abs. 5 Nr. 5 bestimmten Stelle jeweils um bis zu fünf Jahre verlängert werden, wenn das der Inhaber vor Ablauf der Frist schriftlich beantragt. ³Die Ausführungsgenehmigung kann vorschreiben, dass der fliegende Bau vor jeder Inbetriebnahme oder in bestimmten zeitlichen Abständen jeweils vor einer Inbetriebnahme von einem Sachverständigen abgenommen wird. ⁴Ausführungsgenehmigungen anderer Länder der Bundesrepublik Deutschland gelten auch im Freistaat Bayern.

(3) Keiner Ausführungsgenehmigung bedürfen

1. fliegende Bauten bis zu 5 m Höhe, die nicht dazu bestimmt sind, von Besuchern betreten zu werden,
2. fliegende Bauten mit einer Höhe bis zu 5 m, die für Kinder betrieben werden und eine Geschwindigkeit von höchstens 1 m/s haben,
3. Bühnen, die fliegende Bauten sind, einschließlich Überdachungen und sonstigen Aufbauten mit einer Höhe bis zu 5 m, einer Grundfläche bis zu 100 m² und einer Fußbodenhöhe bis zu 1,50 m,
4. erdgeschossige Zelte und betretbare Verkaufsstände, die fliegende Bauten sind, jeweils mit einer Grundfläche bis zu 75 m²,
5. aufblasbare Spielgeräte mit einer Höhe des betretbaren Bereichs von bis zu 5 m oder mit überdachten Bereichen, bei denen die Entfernung zum Ausgang nicht mehr als 3 m, oder, sofern ein Absinken der Überdachung konstruktiv verhindert wird, nicht mehr als 10 m, beträgt,
6. Toilettenwagen.

(4) ¹Für jeden genehmigungspflichtigen fliegenden Bau ist ein Prüfbuch anzulegen. ²Wird die Aufstellung oder der Gebrauch des fliegenden Baus wegen Mängeln untersagt, die eine Versagung der Ausführungsgenehmigung rechtfertigen würden, ist das Prüfbuch einzuziehen und der für die Ausfüh-

Art. 72

rungsgenehmigung zuständigen Behörde oder Stelle zuzuleiten. ³In das Prüfbuch sind einzutragen

1. die Erteilung der Ausführungsgenehmigung und deren Verlängerungen unter Beifügung einer mit einem Genehmigungsvermerk versehenen Ausfertigung der Bauvorlagen,
2. die Übertragung des fliegenden Baus an Dritte,
3. die Änderung der für die Ausführungsgenehmigung zuständigen Behörde oder Stelle,
4. Durchführung und Ergebnisse bauaufsichtlicher Überprüfungen und Abnahmen,
5. die Einziehung des Prüfbuchs nach Satz 2.

⁴Umstände, die zu Eintragungen nach Nrn. 2 und 3 führen, hat der Inhaber der Ausführungsgenehmigung der dafür zuletzt zuständigen Behörde oder Stelle unverzüglich anzuzeigen.

(5) ¹Die beabsichtigte Aufstellung genehmigungspflichtiger fliegender Bauten ist der Bauaufsichtsbehörde mindestens eine Woche zuvor unter Vorlage des Prüfbuchs anzuzeigen, es sei denn, dass dies nach der Ausführungsgenehmigung nicht erforderlich ist. ²Genehmigungsbedürftige fliegende Bauten dürfen nur in Betrieb genommen werden, wenn

1. sie von der Bauaufsichtsbehörde abgenommen worden sind (Gebrauchsabnahme), es sei denn, dass dies nach der Ausführungsgenehmigung nicht erforderlich ist oder die Bauaufsichtsbehörde im Einzelfall darauf verzichtet, und
2. in der Ausführungsgenehmigung vorgeschriebene Abnahmen durch Sachverständige nach Abs. 2 Satz 3 vorgenommen worden sind.

(6) ¹Auf fliegende Bauten, die der Landesverteidigung oder dem Katastrophenschutz dienen, finden die Abs. 1 bis 5 und Art. 73 keine Anwendung. ²Sie bedürfen auch keiner Baugenehmigung.

Erläuterungen

Übersicht

1 Allgemeines
2 Begriff der fliegenden Bauten
3 Ausführungsgenehmigung
4 Anzeige, Gebrauchsabnahme

Zur Neufassung 2013:

In Abs. 3 Nr. 4 werden erdgeschossige Zelte, die fliegende Bauten sind, erdgeschossigen betretbaren Verkaufsständen gleichgestellt.

Von dem Erfordernis einer Ausführungsgenehmigung werden in Abs. 3 auch die aufblasbaren Spielgeräte freigestellt.

Genehmigung fliegender Bauten   Art. 72

1 Allgemeines

Die Vorschrift unterwirft fliegende Bauten einem Sonderverfahren. Damit trägt der Gesetzgeber dem Umstand Rechnung, dass es sich bei fliegenden Bauten nicht um ortsfeste, also unbewegliche, sondern um bewegliche bauliche Anlagen handelt.

Neben dem Verfahren nach Art. 72 (hierzu Bek. des StMI vom 15.6.2009, AllMBl. 2009, S. 219) kommen auch Sondervorschriften nach §§ 60a und b GewO, § 4 BImSchG und Art. 19 LStVG in Betracht.

2 Begriff der fliegenden Bauten

Fliegende Bauten sind bauliche Anlagen, die geeignet und dazu bestimmt sind, wiederholt an wechselnden Orten aufgestellt und zerlegt zu werden (Abs. 1 Satz 1). Hierzu gehören z. B. Luftschaukeln, Rutschbahnen, Tribünen, Buden und Zelte, aber im Einzelfall auch Tragluftbauten. Erdgeschossige betretbare Verkaufsstände bedürfen als fliegende Bauten nur dann keiner Ausführungsgenehmigung, wenn sie nicht dazu bestimmt sind, von Besuchern betreten zu werden (Nr. 1). Durch die Änderung der **Bauordnung 2013** werden nunmehr erdgeschossige Zelte bis zu einer Größe von 75 m^2 diesen betretbaren Verkaufsständen gleichgestellt. Somit bedürfen die Zelte dann einer Ausführungsgenehmigung, wenn sie dazu bestimmt sind, Besucherverkehr aufzunehmen.

Bauten, die dazu bestimmt sind, nur an einem Ort aufgestellt zu werden, sind jedoch keine fliegenden Bauten. Sie unterliegen dem gewöhnlichen bauaufsichtlichen Verfahren (so z. B. ein Tragluftbau, der auf einem Grundstück für Sportzwecke aufgestellt wird). Ortsfeste Fahrgeschäfte bedürfen einer Baugenehmigung (Jäde, BayVBl. 2009, S. 715).

3 Ausführungsgenehmigung

Die Einzelheiten sind in der Bekanntmachung des StMI vom 15.6.2009 (AllMBl. 2009, S. 219) zu den Anforderungen des Baurechts an fliegende Bauten geregelt.

Eine Ausführungsgenehmigung ist für fliegende Bauten notwendig, bevor sie erstmals aufgestellt und in Gebrauch genommen werden (Abs. 2 Satz 1). Dabei wird diese Genehmigung für eine bestimmte Frist, maximal fünf Jahre, erteilt (Abs. 1 Satz 2). Auf Antrag kann sie um bis zu 5 Jahre verlängert werden; der Antrag muss vor Fristablauf schriftlich gestellt werden. Zuständig ist die für die Ausführungsgenehmigung zuständige Behörde oder die nach Art. 80 Abs. 5 Nr. 5 bestimmte Stelle. Je nach Regierungsbezirk ist für die Ausführungsgenehmigung der Technische Überwachungsverein Bayern sowie die Landesgewerbeanstalt Bayern zuständig (vgl. zur Verordnung über Zuständigkeit zur Erteilung von Ausführungsgenehmigung für fliegende Bauten vom 18.7.1991, GVBl. S. 211).

In Abs. 3 sind die fliegenden Bauten aufgeführt, die **keiner Ausführungsgenehmigung** bedürfen. Die Ausnahmetatbestände des Art. 72 Abs. 3 sind auf die

Art. 72 Genehmigung fliegender Bauten

bereits seit längerer Zeit existierenden „herkömmlichen" fliegenden Bauten, wie Zelte, Fahrgeschäfte, Bühnen und dergleichen zugeschnitten. Durch die Änderung der **Bauordnung 2013** wird eine neue Nr. 5 angefügt, die die erst seit kürzerer Zeit bestehenden „aufblasbaren Spielgeräte" berücksichtigt. In der Gesetzesbegründung wird ausgeführt, dass diese Spielgeräte befreit werden können, soweit aufgrund ihrer Abmessungen Gefahren für die Sicherheit der Besucher nicht zu befürchten sind. Bei der Verfahrensfreistellung werden die Höhe der für Besucher betretbaren Bereiche sowie unabhängig davon die Fluchtweglänge unter überdachten Bereichen begrenzt. Überdachte nicht betretbare Flächen haben in diesem Zusammenhang i. d. R. keine Bedeutung. Mit den gewählten Formulierungen sollen praktikable Abgrenzungskriterien zur Verfügung gestellt werden, ohne auf die nahezu grenzenlose räumliche Vielfalt aufblasbarer Spielgeräte unnötig eingehen zu müssen.

Nach Abs. 4 besteht die Verpflichtung des Inhabers, für jeden genehmigungspflichtigen fliegenden Bau ein **Prüfbuch** anzulegen. Nach Abs. 4 Satz 3 sind in das Prüfbuch die Erteilung der Ausführungsgenehmigung und deren Verlängerungen, die Übertragung des fliegenden Baus an Dritte, die Änderung der für die Ausführungsgenehmigung zuständigen Stelle oder Behörde, die Durchführung und Ergebnisse bauaufsichtlicher Prüfungen und Abnahmen sowie die Einziehung des Prüfbuchs einzutragen. Das Prüfbuch muss nach Abs. 4 Satz 2 dann eingezogen und der für die Ausführungsgenehmigung zuständigen Behörde oder Stelle zugeleitet werden, wenn eine Untersagung der Aufstellung oder des Gebrauchs des fliegenden Baus wegen Mängeln erfolgt ist.

Der Inhaber der Ausführungsgenehmigung ist verpflichtet, der dafür zuletzt zuständigen Behörde oder Stelle unverzüglich mitzuteilen, wenn der fliegende Bau an einen Dritten übertragen wurde oder sich eine Änderung der Zuständigkeit nach Abs. 4 Nr. 3 ergeben hat.

4 Anzeige, Gebrauchsabnahme

Der Betreiber muss der Bauaufsichtsbehörde mindestens eine Woche vorher die beabsichtigte Aufstellung genehmigungspflichtiger fliegender Bauten schriftlich anzeigen, es sei denn, dass in der Ausführungsgenehmigung eine andere Regelung enthalten ist (Abs. 5 Satz 1).

Die Ausführungsgenehmigung berechtigt nur dann einen genehmigungsbedürftigen fliegenden Bau zu benutzen, wenn er von der Bauaufsichtsbehörde abgenommen worden ist, es sei denn, dies ist nach der Ausführungsgenehmigung nicht notwendig (Abs. 5 Satz 2 Nr. 2). Sofern in der Ausführungsgenehmigung eine Abnahme durch Sachverständige vorgeschrieben ist, muss diese ebenfalls vor Inbetriebnahme stattfinden.

Nach Abs. 6 sind fliegende Bauten genehmigungsfrei, wenn sie der Landesverteidigung oder dem Katastrophenschutz dienen. Auf diese fliegende Bauten findet Art. 72 keine Anwendung.

Art. 73
Bauaufsichtliche Zustimmung

(1) ¹Nicht verfahrensfreie Bauvorhaben bedürfen keiner Baugenehmigung, Genehmigungsfreistellung, Anzeige und Bauüberwachung (Art. 57 Abs. 5, Art. 58, 68, 77 und 78), wenn
1. die Leitung der Entwurfsarbeiten und die Bauüberwachung einer Baudienststelle des Bundes, eines Landes oder eines Bezirks übertragen sind und
2. die Baudienststelle mindestens mit einem Bediensteten, der für ein Amt ab der Besoldungsgruppe A 14 in der Fachlaufbahn Naturwissenschaft und Technik, fachlicher Schwerpunkt bautechnischer und umweltfachlicher Verwaltungsdienst, qualifiziert ist, und mit sonstigen geeigneten Fachkräften ausreichend besetzt

ist. ²Solche Bauvorhaben bedürfen der Zustimmung der Regierung (Zustimmungsverfahren). ³Die Zustimmung der Regierung entfällt, wenn die Gemeinde nicht widerspricht und die Nachbarn dem Bauvorhaben zustimmen. ⁴Keiner Baugenehmigung, Genehmigungsfreistellung oder Zustimmung bedürfen unter den Voraussetzungen des Satzes 1 Baumaßnahmen in oder an bestehenden Gebäuden, soweit sie nicht zur Erweiterung des Bauvolumens oder zu einer der Genehmigungspflicht unterliegenden Nutzungsänderung führen.

(2) ¹Der Antrag auf Zustimmung ist bei der Regierung einzureichen. ²Die Regierung prüft
1. die Übereinstimmung des Bauvorhabens mit den Vorschriften über die Zulässigkeit der baulichen Anlagen nach den §§ 29 bis 38 BauGB und den Regelungen örtlicher Bauvorschriften im Sinn des Art. 81 Abs. 1 sowie
2. andere öffentlich-rechtliche Anforderungen, soweit wegen der Zustimmung eine Entscheidung nach anderen öffentlich-rechtlichen Vorschriften entfällt, ersetzt oder eingeschlossen wird.

³Die Regierung entscheidet über Abweichungen von den nach Satz 2 zu prüfenden sowie sonstigen Vorschriften, soweit sie drittschützend sind; darüber hinaus bedarf die Zulässigkeit von Ausnahmen, Befreiungen und Abweichungen keiner bauaufsichtlichen Entscheidung. ⁴Die Gemeinde ist vor Erteilung der Zustimmung zu hören; § 36 Abs. 2 Satz 2 Halbsatz 1 BauGB gilt entsprechend. ⁵Im Übrigen sind die Vorschriften über das Genehmigungsverfahren entsprechend anzuwenden.

(3) ¹Die Baudienststelle trägt die Verantwortung dafür, dass die Errichtung, die Änderung, die Nutzungsänderung und die Beseitigung baulicher Anlagen den öffentlich-rechtlichen Vorschriften entsprechen; die Verantwortung für die Unterhaltung baulicher Anlagen trägt die Baudienststelle nur, wenn und solang sie der für die Anlage Verantwortliche ausschließlich ihr überträgt. ²Die Baudienststelle kann Sachverständige in entsprechender Anwendung der Art. 62

Art. 73
Bauaufsichtliche Zustimmung

Abs. 3 und Art. 77 Abs. 2 sowie der aufgrund des Art. 80 Abs. 2 erlassenen Rechtsverordnung heranziehen. ³Die Verantwortung des Unternehmers (Art. 52) bleibt unberührt.

(4) ¹Bauvorhaben, die der Landesverteidigung, dienstlichen Zwecken der Bundespolizei oder dem zivilen Bevölkerungsschutz dienen, sind vor Baubeginn mit Bauvorlagen in dem erforderlichen Umfang der Regierung zur Kenntnis zu bringen; Abs. 1 Satz 3 gilt entsprechend. ²Im Übrigen wirken die Bauaufsichtsbehörden nicht mit.

(5) ¹Für nicht verfahrensfreie Bauvorhaben der Landkreise und Gemeinden gelten die Abs. 1 Sätze 2 bis 4 sowie die Abs. 2 und 3 entsprechend, soweit der Landkreis oder die Gemeinde mindestens mit einem Bediensteten, der für ein Amt ab der Besoldungsgruppe A 14 in der Fachlaufbahn Naturwissenschaft und Technik, fachlicher Schwerpunkt bautechnischer und umweltfachlicher Verwaltungsdienst, qualifiziert ist, und mit sonstigen geeigneten Fachkräften ausreichend besetzt ist und diesen Bediensteten die Leitung der Entwurfsarbeiten und die Bauüberwachung übertragen sind. ²An Stelle der Regierung ist die untere Bauaufsichtsbehörde zuständig.

Erläuterungen

Übersicht

1 Allgemeines
2 Zustimmungsverfahren
3 Sonderverfahren für Anlagen der Landesverteidigung, der Bundespolizei oder des zivilen Bevölkerungsschutzes (Abs. 4)
4 Verantwortung der Baudienststelle (Abs. 3)
5 Bauvorhaben der Landkreise und Gemeinden (Abs. 5)

Zur Neufassung 2013:

In Abs. 4 Satz 1 werden die Worte dem „Zivilschutz" durch die Worte „dem zivilen Bevölkerungsschutz" ersetzt.

Durch den Verweis auf Abs. 1 Satz 3 entfällt das Kenntnisgabeverfahren, wenn die Gemeinde der Errichtung der in Abs. 4 genannten Anlagen nicht widerspricht.

1 Allgemeines

Art. 73 betrifft Bauvorhaben, die von einer öffentlichen Baudienststelle geplant und überwacht werden. Bereits durch Art. 2 des 2. VerwModG vom 26.7.2005 (GVBl. 2005, S. 287) wurde festgelegt, dass der **Anknüpfungspunkt für das Zustimmungsverfahren die öffentliche Baudienststelle** und nicht mehr der öffentliche Bauherr Bund, Länder und Gemeinden ist. Die öffentlichen Bauherrn spielen insofern eine Rolle, als sie Rechtsträger der Baudienststelle sein müssen,

Bauaufsichtliche Zustimmung   Art. 73

nicht mehr jedoch die Bauherrnrolle einnehmen. Bei den von der Vorschrift erfassten Bauvorhaben handelt es sich z. B. um Vorhaben des Bundes, der Deutschen Bundesbank, der Bundesanstalt für Flugsicherung, der Bundeswasserstraßenverwaltung, der Hochschulen, der Länder, der Landeshafenverwaltung und der Bayerischen Versicherungskammer und der Bezirke. Da nicht mehr darauf abgestellt wird, dass der Bund, das Land oder der Bezirk als Bauherr tätig wird, können unter das Zustimmungsverfahren auch Bauvorhaben von Körperschaften des öffentlichen Rechts, sowie Vorhaben des Privatrechts fallen.

Für Sonderfälle des § 37 BauGB richtet sich die Zustimmung nach Bundesrecht; für die Anwendung der Landesbauordnung ist insofern kein Raum (BVerwG, Beschluss vom 21.11.2000, UPR 2001, S. 147).

Es ist für Bauvorhaben des Bundes, der Länder und der Bezirke nach Abs. 1 Satz 3 keine Zustimmung der Regierung erforderlich, wenn die Gemeinde nicht widerspricht und die Nachbarn dem Vorhaben zustimmen.

Die Entscheidung der Gemeinde richtet sich im Prüfungsumfang nach den Kriterien, die im Rahmen des gemeindlichen Einvernehmens zu berücksichtigen sind (vgl. Art. 60 Ziffer 1). Die Gemeinde muss innerhalb von 2 Monaten Stellung nehmen (§ 36 Abs. 2 Satz 2 1. Halbs. BauGB entsprechend). Des Weiteren ist das Zustimmungsverfahren durchzuführen, wenn die Nachbarn dem Vorhaben nicht zustimmen. Insofern kommt es nicht darauf an, ob die fehlende Nachbarzustimmung rechtlich begründet ist; vielmehr ist bereits dann ein Zustimmungsverfahren durchzuführen, wenn die Zustimmung der Nachbarn nicht erteilt wurde.

Auch bei **Bauvorhaben der Gemeinden und der Landkreise** kann nach der Neuregelung des Abs. 5 ebenfalls vom Zustimmungsverfahren abgesehen werden. Sofern die Nachbarn zustimmen, können die Bauvorhaben der Landkreise und Gemeinden **genehmigungsfrei** errichtet werden. Erforderlich ist jedoch ausreichend qualifiziertes Personal beim Landkreis bzw. bei der Gemeinde.

2   Zustimmungsverfahren

Ist ein Zustimmungsverfahren nach Abs. 1 Satz 1 durchzuführen, so tritt an die Stelle der Baugenehmigung durch die untere Bauaufsichtsbehörde oder der Baugenehmigungsfreistellung die Zustimmung durch die Regierung (Zustimmungsverfahren). Die Zustimmung ersetzt nur die Baugenehmigung oder die Freistellung bzw. die Anzeige. Genehmigungen oder Erlaubnisse, die nach anderen Rechtsvorschriften im Zusammenhang mit der Errichtung und Nutzung der baulichen Anlage erforderlich sind, entfallen nicht.

Genehmigungs- und zustimmungsfrei können Bauvorhaben des Bundes, der Länder und der Bezirke aber auch der Landkreise und Gemeinden errichtet werden, wenn die Voraussetzungen des Abs. 1 Satz 3 und Abs. 5 vorliegen. Für die **Bauvorhaben des Bundes, der Länder und der Bezirke** wurde diese Regelung bereits durch das Änderungsgesetz 1994 und das zweite Verwaltungsmodernisierungsgesetz vom 26.7.2005 (GVBl. 2005, S. 287) eingeführt. Für Hochbauten des Freistaats

Art. 73
Bauaufsichtliche Zustimmung

Bayern vgl. RL Bau (Gem Bek. vom 25.5.2011, AllMBL 2011, S. 309). Voraussetzung hierfür ist, dass die Gemeinde nicht widerspricht und die Nachbarn dem Vorhaben zustimmen. In diesen Fällen besteht kein Bedürfnis mehr für eine Zustimmung der Regierung, da für die Betroffenen „keine Rechtsminderungen eintreten". Neu geregelt wurde dies in Abs. 5 auch für die Landkreise und für die Gemeinden (vgl. hierzu Ziffer 5).

Genehmigungs- und zustimmungsfrei sind nach Abs. 1 Satz 4 Baumaßnahmen in und an bestehenden Gebäuden, die nicht der Erweiterung des Bauvolumens dienen und nicht zu einer genehmigungspflichtigen Änderung führen. Hiervon sind vor allem Umbaumaßnahmen im Inneren erfasst. Erweiterungen oder Anbauten fallen nicht darunter. Sofern es nach anderen Rechtsvorschriften (z. B. § 4 Satz 2 FStrG, Art. 56) keiner Baugenehmigung bedarf, entfällt die Zustimmung ebenfalls.

Der **Antrag auf Zustimmung** ist von der Baudienststelle bei der Regierung einzureichen (Abs. 2 Satz 1). Zur Verfahrensbeschleunigung ist es zweckmäßig, dass die Baudienststelle gleichzeitig mit der Antragstellung bei der Regierung allen beteiligten Stellen, der Gemeinde sowie den Trägern öffentlicher Belange eine vollständige Antragsausfertigung mit der Bitte übersendet, auf dem Dienstwege die Stellungnahme der Regierung gegenüber abzugeben. Nach Abs. 2 Satz 5 gelten die Vorschriften für das Baugenehmigungsverfahren entsprechend. Dies bezieht sich z. B. auf den Bauantrag und die Nachbarbeteiligung. Daher sind dem Antrag die Bauvorlagen beizufügen, die für die Beurteilung des Vorhabens notwendig sind. Vor Einreichung des Zustimmungsantrags ist die **Nachbarbeteiligung** durchzuführen, da diese dem Vorhaben zustimmen müssen.

Die **Gemeinde** ist im Zustimmungsverfahren zu beteiligen (vgl. oben Ziffer 1). Sofern das notwendige Einvernehmen fehlt, muss die Regierung die Zustimmung zu dem öffentlichen Bauvorhaben ablehnen, sofern keine rechtsaufsichtliche Ersetzung (Art. 67) durchgeführt wird (zum Verfahren nach § 37 BauGB s. HessVGH, Beschluss vom 7.12.2000, NVwZ 2007, S. 823).

Eine Sonderregelung enthält § 38 BauGB hinsichtlich des planungsrechtlichen Einvernehmens der Gemeinde. Unter den dort genannten Voraussetzungen kann auch ohne das Einvernehmen der Gemeinde eine Zulassung erfolgen.

Die Regierung entscheidet über den Zustimmungsantrag. Dabei ist nach der Neufassung der Bauordnung das **Prüfprogramm** der Regierung nach Abs. 2 auf die planungsrechtliche Beurteilung, die örtlichen Bauvorschriften sowie andere öffentlich-rechtliche Anforderungen, soweit wegen der Zustimmung (Baugenehmigung) eine Entscheidung nach anderen öffentlich-rechtlichen Vorschriften entfällt oder ersetzt wird, beschränkt. Die bautechnische Ausführung unterliegt nicht der Prüfung der Regierung. Im Übrigen gelten für die Zustimmung dieselben Grundsätze wie für die Baugenehmigung. Die Zustimmung kann unter Auflagen oder Bedingungen erlassen werden, um sie mit öffentlich-rechtlichen Vorschriften in Einklang zu bringen. Die Zustimmung ist gegenüber Nachbarn sowie gegenüber der Gemeinde ein Verwaltungsakt; sie ist wesensgleich mit der Baugenehmigung (Nds. OVG, Urteil vom 26.3.1998, BRS 60, S. 525). Dies gilt nach Koch/Molodovsky/Famers Art. 73 Rn. 11 auch, wenn die Zustimmung gegenüber Behörden oder Organen des Freistaats Bayern erteilt wird, die nicht denselben weisungsbefugten Stellen wie die Regierung unterstehen. Sofern dagegen eine solche Unterordnung vorliegt, ist die Zustimmung als innerdienstlicher Rechtsakt anzusehen.

Die Zustimmung ist dem Antragsteller, also der Baudienststelle zuzustellen. Sie ist auch dem Nachbarn zuzustellen, wenn er dem Bauvorhaben nicht zugestimmt hat (Abs. 2 Satz 5, Art. 66).

Eine **Bauüberwachung** nach Art. 77 und 78 erfolgt durch die Regierung und die untere Bauaufsichtsbehörde nicht. Nach Fertigstellung der baulichen Anlage bestehen jedoch keine Sonderregelungen. Es verbleibt insoweit bei der Zuständigkeit der unteren Bauaufsichtsbehörde, die im Rahmen ihrer Zuständigkeit die Bauaufsicht ausführen und die notwendigen Anordnungen erlassen kann.

3   Sonderverfahren für Anlagen der Landesverteidigung, der Bundespolizei oder des zivilen Bevölkerungsschutzes (Abs. 4)

Bauvorhaben des Bundes, die der Landesverteidigung, dienstlichen Zwecken der Bundespolizei oder dem Zivilschutz dienen, unterliegen nach Abs. 4 Sonderregelungen. Sie sind vor Baubeginn mit Bauvorlagen der Regierung lediglich zur Kenntnis zu bringen. Mit dem Verweis auf Abs. 1 Satz 3 Hs. 1 der Vorschrift entfällt das Kenntnisgabeverfahren, wenn die Gemeinde der Errichtung der in Abs. 4 genannten Anlagen nicht widerspricht. Diese durch die Änderung der **Bauordnung 2013** eingeführten Neuregelung liegt darin begründet, dass das Kenntnisgabeverfahren dem Zweck dient, beim Widerspruch der Gemeinde ein Trägerverfahren für die Inhalte des § 37 BauGB zur Verfügung zu stellen. Die bisherige Regelung ist somit in Fällen, in denen die Gemeinde dem Vorhaben nicht widerspricht, nicht erforderlich. Im Übrigen wirken die Bauaufsichtsbehörden nicht mit (Abs. 4 Satz 2). Nach Beendigung der besonderen Nutzung bzw. Privilegierung nach § 37 BauGB sind auf diese Anlagen die Vorschriften des allgemeinen Städtebaurechts anzuwenden (BVerwG, Beschluss vom 21.11.2000, BauR 2001, S. 610, Urteil vom 13.12.2007, ZfBR 2008, S. 297).

4   Verantwortung der Baudienststelle (Abs. 3)

Nach Abs. 3 liegt es in der Verantwortung der Baudienststelle, für die Einhaltung der öffentlich-rechtlichen Vorschriften bei der Errichtung, Änderung, Nutzungsänderung und der Beseitigung der Baumaßnahme zu sorgen. Hierzu gehört auch die Leitung der Entwurfs- und der Ausführungsarbeiten, insbesondere auch die bautechnische Prüfung der Planung und Bauausführung und die Bauüberwachung.

Neu seit 2008 wird in Abs. 3 Satz 1 Halbs. 2 die Verantwortlichkeit für den Unterhalt der baulichen Anlagen der Baudienststelle nur noch insoweit zugewiesen, als sie ihr vom Nutzer – dem für die Anlage primär sicherheitsrechtlich Verantwortlichen – übertragen wird. Die neue Regelung trägt dem Umstand Rechnung, dass die Nutzer öffentlicher Bauten in zunehmendem Maß selbst Maßnahmen des Bauunterhalts vornehmen oder vornehmen lassen, so dass die Verantwortlichkeit für den jeweils gegebenen Unterhaltszustand des Gebäudes von der Baudienststelle nicht mehr wahrgenommen und getragen werden kann. Vom Nutzer wird daher gefordert, dass er insoweit eine unzweideutige klare Entscheidung trifft.

5 Bauvorhaben der Landkreise und Gemeinden (Abs. 5)

Abs. 5 Satz 1 der Neufassung 2008 ermöglicht seither durch die entsprechende Anwendung des Abs. 1 Satz 3 ein zustimmungsfreies Bauen auch bei Bauvorhaben der Landkreise und Gemeinden, sofern sie über eine qualitativ derjenigen einer Baudienststelle entsprechende personelle Besetzung verfügen. Notwendig ist mindestens ein Bediensteter mit der Befähigung zum höheren bautechnischen Verwaltungsdienst sowie sonstige geeignete Fachkräfte (Jäde/Farmer BayVBl. 2008, S. 38). Dies bedeutet für die Landkreise, dass sie ohne bauaufsichtliche Zustimmung der Regierung nach Abs. 1 Satz 3 bauen dürfen, wenn die Gemeinde nicht widerspricht und die Nachbarn dem Bauvorhaben zustimmen.

Für die Gemeinden entfällt das Zustimmungsverfahren schon dann, wenn die Nachbarn dem Bauvorhaben zustimmen.

Nach der Gesetzesbegründung ist diese Regelung gerechtfertigt, weil die Vorschrift nicht mehr an die staatliche Bauherreneigenschaft anknüpft, so dass sich die bisherige, damit begründete Beschränkung nicht mehr aufrechterhalten lässt. Zuständig bleibt bei zustimmungspflichtigen Vorhaben – anstelle der Regierung – wegen ihrer Orts- und Sachnähe die untere Bauaufsichtsbehörde, die ggf. die Gemeinde selbst sein kann.

Im Übrigen gilt auch die Regelung des Abs. 1 Satz 4 für die Landkreise und die Gemeinden, so dass keiner Baugenehmigung, Genehmigungsfreistellung, Anzeige oder Zustimmung Baumaßnahmen in oder an bestehenden Gebäuden bedürfen, soweit sie nicht zur Erweiterung des Bauvolumens oder zu einer der Genehmigungspflicht unterliegenden Nutzungsänderung führen.

ABSCHNITT IV
Bauaufsichtliche Maßnahmen

Art. 74
Verbot unrechtmäßig gekennzeichneter Bauprodukte

Sind Bauprodukte entgegen Art. 20 mit dem Ü-Zeichen gekennzeichnet, kann die Bauaufsichtsbehörde die Verwendung dieser Bauprodukte untersagen und deren Kennzeichnung entwerten oder beseitigen lassen.

Einstellung von Arbeiten   **Art. 75**

Erläuterungen

Übersicht

Allgemeines

Allgemeines

Die Bauaufsichtsbehörde hat nach Art. 74 die Befugnis, mit dem Ü-Zeichen gekennzeichnete Bauprodukte (vgl. Art. 2 Abs. 10) nicht zur Verwendung zuzulassen, sowie die Kennzeichnung zu entwerten oder zu beseitigen, wenn die Voraussetzungen des Art. 20 nicht eingehalten wurden. Richtiger Adressat der Maßnahmen ist der Verwender des Bauprodukts, d. h. Bescheide werden sich regelmäßig gegen den Bauherrn (Art. 50) und den Unternehmer (Art. 52 Satz 2) richten.

Art. 75
Einstellung von Arbeiten

(1) ¹Werden Anlagen im Widerspruch zu öffentlich-rechtlichen Vorschriften errichtet, geändert oder beseitigt, kann die Bauaufsichtsbehörde die Einstellung der Arbeiten anordnen. ²Das gilt auch dann, wenn

1. die Ausführung eines Bauvorhabens entgegen den Vorschriften des Art. 68 Abs. 5 begonnen wurde oder
2. bei der Ausführung
   a) eines genehmigungsbedürftigen Bauvorhabens von den genehmigten Bauvorlagen,
   b) eines genehmigungsfreigestellten Bauvorhabens von den eingereichten Unterlagen
   abgewichen wird,
3. Bauprodukte verwendet werden, die entgegen Art. 15 Abs. 1 keine CE-Kennzeichnung oder kein Ü-Zeichen tragen,
4. Bauprodukte verwendet werden, die unberechtigt mit der CE-Kennzeichnung (Art. 15 Abs. 1 Satz 1 Nr. 2) oder dem Ü-Zeichen (Art. 20 Abs. 4) gekennzeichnet sind.

(2) Werden unzulässige Arbeiten trotz einer schriftlich oder mündlich verfügten Einstellung fortgesetzt, kann die Bauaufsichtsbehörde die Baustelle versiegeln oder die an der Baustelle vorhandenen Bauprodukte, Geräte, Maschinen und Bauhilfsmittel in amtlichen Gewahrsam bringen.

Art. 75

Einstellung von Arbeiten

Erläuterungen

Übersicht

1 Allgemeines
2 Voraussetzung der Baueinstellung
3 Adressat der Baueinstellung
4 Verfahren
5 Versiegelung

1 Allgemeines

Die Vorschrift enthält die allgemeine Befugnis für die Bauaufsichtsbehörde, rechtswidrige Arbeiten einzustellen. Als „Sofortmaßnahme" kommt eine Baueinstellung bereits dann in Betracht, wenn der Bau **formell rechtswidrig** (d. h. ohne Baugenehmigung oder planabweichend) begonnen oder durchgeführt wird; im Rahmen der Baueinstellung wird eine Genehmigungsfähigkeit in der Regel nicht geprüft. Die Vorschrift gilt auch für Arbeiten, die ohne die entsprechende Genehmigung des Denkmalschutzgesetzes (Art. 6, 7, 8 Abs. 2, 15 Abs. 1 Satz 2 DSchG) vorgenommen wurden.

Für die Einstellung von Abgrabungsarbeiten kann im Geltungsbereich des BayAbgrG auch Art. 4 Abs. 2 Satz 2 BayAbgrG anwendbar sein.

Für Anlagen nach dem Bundesimmissionsschutzgesetz besteht eine spezielle Regelung für die Baueinstellung in § 20 BImSchG.

Neben der Baueinstellung ist auch eine Nutzungsuntersagung nach Art. 76 Satz 2 anzuordnen, sofern eine bereits fertig gestellte rechtswidrige Anlage benutzbar ist.

2 Voraussetzung der Baueinstellung

Nach der Grundregelung des Abs. 1 kann die Bauaufsichtsbehörde nach pflichtgemäßem Ermessen die Einstellung der Bauarbeiten anordnen, wenn mit der Ausführung eines Vorhabens entgegen den Vorschriften des Art. 68 Abs. 5 begonnen wurde oder Anlagen im Widerspruch zu öffentlich-rechtlichen Vorschriften errichtet, geändert, abgebrochen oder beseitigt werden.

Die Baueinstellung bezieht sich auf **Arbeiten an Anlagen**, d. h. sowohl an baulichen Anlagen (Art. 2 Abs. 1), aber auch an anderen Anlagen, an die nach der Bauordnung oder auf Grund der Bauordnung Anforderungen gestellt werden (Art. 1 Abs. 1 Satz 2). Der Prüfungsumfang der Baueinstellung ist durch das Tatbestandsmerkmal „im Widerspruch zu öffentlich-rechtlichen Vorschriften" eröffnet. Somit kann die Baueinstellung nach dem Bauordnungs- und Bauplanungsrecht oder auch nach anderen öffentlich-rechtlichen Vorschriften, z. B. Immissionsschutzrecht, verfügt werden, soweit diese Vorschriften anlagenbezogen sind. Jedoch muss stets ein konkreter Verstoß vorliegen; der Verdacht, dass eine genehmigte Anlage für eine ungenehmigte Nutzung verwendet wird, reicht nicht aus (VGH BW, Beschluss vom 10.2.2005, BauR 2005, S. 1461 – Anfangsverdacht reicht aus).

Einstellung von Arbeiten   **Art. 75**

Die häufigsten Fälle sind in Abs. 1 Satz 2 aufgezählt. Somit kommt eine Baueinstellung insbesondere dann in Betracht, wenn ohne die erforderliche Genehmigung, Zustimmung oder Anzeige **mit dem Bau begonnen** wurde, der Bauherr von Nebenbestimmungen der Genehmigung, Zustimmung oder Anzeige abgewichen ist oder das erforderliche Verfahren (z. B. fehlende Anzeige des Baubeginns) nicht eingehalten wurde. Bei **Nachbarklagen** gegen die Baugenehmigung kommt in der Regel keine Baueinstellung in Betracht, da diese Klagen keine aufschiebende Wirkung mehr besitzen (§ 212a BauGB).

Sofern es sich um **verfahrensfreie Anlagen** (Art. 57) handelt, kann eine Baueinstellung angeordnet werden, wenn das Bauvorhaben materiell rechtswidrig ist (z. B. Grenzgarage verletzt das Gebot der Rücksichtnahme auf den Nachbarn).

Die Bauaufsichtsbehörde **kann**, d. h. sie muss nicht, den Bau einstellen. Für die Baueinstellung reicht die formelle Rechtswidrigkeit aus; d. h. die materielle Rechtmäßigkeit (Übereinstimmung des Vorhabens mit dem materiellen Recht) ist bei der Baueinstellung nicht zu prüfen (BayVGH, Beschluss vom 9.2.2006, Az. 25 ZB 04.2589, VGH BW, Beschluss vom 3.8.2004 NVwZ-RR 2005, S. 10). In aller Regel besteht ein öffentliches Interesse an der Einstellung unerlaubter Bauarbeiten. Insofern soll z. B. ein Bau eingestellt werden, bei dem wesentliche Planabweichungen vorliegen. Die Behörde kann dann untätig bleiben, wenn im Einzelfall mit einem baldigen positiven Abschluss des Genehmigungsverfahrens gerechnet werden kann oder lediglich unwesentliche Planabweichungen vorliegen. Sofern Rechte Dritter oder der Gemeinde verletzt werden, können diese einen Anspruch auf Baueinstellung haben.

Im Rahmen des Verhältnismäßigkeitsgrundsatzes hat die Behörde insbesondere bei in wesentlichen Teilen genehmigten Bauvorhaben zu prüfen, inwieweit die Baueinstellung auf abgrenzbare, materiell rechtswidrige Teile einer baulichen Anlage beschränkt werden kann. Dabei wird die Bauaufsichtsbehörde auch zu prüfen haben, ob provisorische Maßnahmen zum Schutz gegen Witterungseinflüsse gestattet werden können. Der Einbau von Fenstern und der Heizung ist jedoch keine solche Maßnahme (BayVGH, Beschluss vom 30.11.2005, Az. 1 CE 05.153, Jäde BayVBl. 2006, 204). Bei einer fehlerhaften Baueinstellung können Amtshaftungsansprüche entstehen (BGH, Urteil vom 5.7.2001, BayVBl. 2001, S. 695).

3 Adressat der Baueinstellung

Die Baueinstellung wird im Regelfall gegenüber dem Bauherrn (Art. 50) ausgesprochen. Es kommt jedoch auch eine Anordnung gegenüber dem Unternehmer (Art. 52) in Betracht. Dabei wirkt dieser Verwaltungsakt grundsätzlich nur gegenüber dem Adressaten. Die an den Bauherrn gerichtete Anordnung bindet zwar auch die am Bau Beteiligten, die vom Bauherrn zur Ausführung des Bauvorhabens bestimmt sind; diese sind jedoch nicht selbstständig befugt, die Anordnung anzufechten. Nach Art. 54 Abs. 2 Satz 3 gelten die Anordnungen auch gegenüber

Art. 75

Rechtsnachfolgern des Bauherrn sowie gegenüber Personen, die nach Erlass der Baueinstellung ein Besitzrecht z. B. als Mieter des Gebäudes erlangt haben.

4 Verfahren

Die Baueinstellung ist ein Verwaltungsakt. Die Betroffenen sind somit grundsätzlich anzuhören (Art. 28 Abs. 1 BayVwVfG). Eine **Anhörung** kann nach Art. 28 Abs. 2 und 3 BayVwVfG insbesondere dann entfallen, wenn eine sofortige Entscheidung wegen Gefahr im Verzug oder im öffentlichen Interesse notwendig ist.

Die Baueinstellung tritt außer Kraft, wenn die Bauausführung genehmigt wird.

Zuständig für die Baueinstellung ist grundsätzlich die **untere Bauaufsichtsbehörde**. Die **Polizei** kann die Einstellung von Bauarbeiten anordnen, soweit eine entsprechende Tätigkeit der Bauaufsichtsbehörde nicht rechtzeitig möglich ist. Wird die mündlich von der Polizei verfügte Einstellung von der Bauaufsichtsbehörde schriftlich bestätigt, so liegt darin wegen des Wechsels der Zuständigkeit auch der Neuerlass eines Verwaltungsaktes. **Gemeinden** können nach Art. 7 LStVG ausnahmsweise tätig werden.

Die Baueinstellung kann schriftlich, elektronisch aber auch mündlich, z. B. durch einen Baukontrolleur **verfügt werden** (Art. 37 Abs. 2 Satz 1 BayVwVfG). Eine mündliche Baueinstellung wird mit der Bekanntgabe wirksam (Art. 43 Abs. 1 BayVwVfG). Eine elektronische oder mündliche Baueinstellung ist schriftlich zu bestätigen, wenn hieran ein berechtigtes Interesse besteht und der Betroffene dies unverzüglich verlangt (Art. 37 Abs. 2 Satz 2 BayVwVfG). Die Baueinstellung muss hinreichend bestimmt sein; d. h. es muss für den Adressaten klar und verständlich sein, was mit Unterlassung, z. B. „sämtlicher Bauarbeiten" gemeint ist (OVG Saar, Beschluss vom 9.3.2010, NVwZ – RR 2010, S. 427). Die Anordnung sollte den Zeitraum, für den sie gelten soll, enthalten.

Baueinstellungen sind in der Regel für **sofort vollziehbar** zu erklären (§ 80 Abs. 2 Nr. 4, Abs. 3 VwGO). Das besondere öffentliche Interesse an einer geordneten baulichen Entwicklung verbietet es, dass gesetzwidrige Bauarbeiten fortgeführt werden. Der Sondervollzug ist schriftlich zu begründen (§ 80 Abs. 3 VwGO); Einzelheiten zum konkreten Bauvorhaben sind jedoch nicht darzustellen, wenn sich das besondere öffentliche Interesse unabhängig vom konkreten Einzelfall aus der Art der getroffenen Verwaltungsmaßnahme ergibt.

Bei **genehmigungsfreien Vorhaben** wird das besondere öffentliche Interesse besonders zu begründen sein.

Die Vollstreckung einer Baueinstellung wird regelmäßig durch Androhung eines Zwangsgeldes nach dem Verwaltungsverfahrens- und Vollstreckungsgesetz erfolgen.

Beseitigung von Anlagen, Nutzungsuntersagung Art. 76

5 Versiegelung

Nach pflichtgemäßem Ermessen kann die Bauaufsichtsbehörde auch die Baustelle versiegeln, überwachen oder bestimmte Gegenstände in amtlichen Gewahrsam bringen (Abs. 2). Stets ist der Grundsatz der Verhältnismäßigkeit zu beachten; es ist eine eigene Versiegelungs-, Überwachungs- oder Beschlagnahmeanordnung zu erlassen. Diese Anordnung kann, wie die Baueinstellung, mündlich erlassen und schriftlich bestätigt werden.

Dabei ist die Versiegelung das scharfe Schwert bei der Baueinstellung, weil seine Nichtbeachtung strafrechtsrelevante Folgen hat (Tatbestand des Siegelbruchs § 136 StGB). Die Versiegelung kann erst dann angeordnet werden, wenn ein Rechtsbehelf gegen die Baueinstellung keine aufschiebende Wirkung hat. Zweck der Versiegelung ist, die Fortsetzung unzulässiger Bauarbeiten zu verhindern, nicht aber eine Benutzungsuntersagung durchzusetzen oder eine drohende unerlaubte Nutzung zu verhindern (BayVGH, Beschluss vom 26.2.1987, BayVBl. 1987, S. 437). Die Versiegelung kann auch dadurch vorgenommen werden, dass auf der Baustelle ein Anschlag angebracht wird, dass die Baustelle durch Versiegelung stillgelegt ist und weitere Arbeiten untersagt sind. Dieser Anschlag muss die Bauaufsichtsbehörde bezeichnen und Datum, Dienstsiegel und Unterschrift des zuständigen Bediensteten tragen.

Auch für die Versiegelung ist grundsätzlich ein besonderes öffentliches Interesse an der Vollziehung zu bejahen, weil sie ihren Zweck nicht erfüllen könnte, wenn mit ihrem Vollzug bis zur Unanfechtbarkeit gewartet werden müsste.

Art. 76
Beseitigung von Anlagen, Nutzungsuntersagung

¹Werden Anlagen im Widerspruch zu öffentlich-rechtlichen Vorschriften errichtet oder geändert, so kann die Bauaufsichtsbehörde die teilweise oder vollständige Beseitigung der Anlagen anordnen, wenn nicht auf andere Weise rechtmäßige Zustände hergestellt werden können. ²Werden Anlagen im Widerspruch zu öffentlich-rechtlichen Vorschriften genutzt, so kann diese Nutzung untersagt werden. ³Die Bauaufsichtsbehörde kann verlangen, dass ein Bauantrag gestellt wird.

Erläuterungen

Übersicht

1 Allgemeines
2 Sonderregelungen
3 Voraussetzungen der Beseitigungsanordnung
4 Bestandsschutz
5 Herstellen rechtmäßiger Zustände auf andere Weise

Art. 76 Beseitigung von Anlagen, Nutzungsuntersagung

6 Ermessen, Verhältnismäßigkeit, Gleichbehandlung
7 Adressaten der Beseitigungsanordnung
8 Bestimmtheit, Begründung, Sofortvollzug der Beseitigungsanordnung
9 Vollstreckung
10 Nutzungsuntersagung (Satz 2)
11 Ermessen bei der Nutzungsuntersagung
12 Verfahren, Adressaten der Nutzungsuntersagung

1 Allgemeines

Die Vorschrift enthält drei Befugnisnormen:

- die Befugnis, die vollständige oder teilweise Beseitigung von Anlagen anzuordnen (Satz 1),
- die Befugnis, die Nutzung von Anlagen ganz oder teilweise zu verbieten (Satz 2) und
- die Befugnis, einen Bauantrag zu verlangen (Satz 3).

Art. 76 dient dem öffentlichen Interesse an einer geordneten baulichen Entwicklung. Die Vorschrift befugt die Bauaufsichtsbehörde, die Baubeseitigung und die Nutzungsuntersagung für Anlagen auszusprechen, die gegen das Baurecht verstoßen und auch nicht nachträglich genehmigt werden können.

2 Sonderregelungen

Für bestehende bauliche Anlagen kann auch Art. 54 Abs. 4 Grundlage für eine Beseitigung bilden. Für Anlagen an Gewässern bildet Art. 63 Abs. 1 BayWG eine besondere Befugnisnorm zum Einschreiten. Im Straßenrecht kommt eine Anordnung nach Art. 18a BayStrWG in Betracht. Bei Verstößen gegen den Naturschutz können Anordnungen nach Art. 8, Art. 34, Art. 36 BayNatSchG erlassen werden. Im Einzelfall kann es angezeigt sein, eine Beseitigungsanordnung (z. B. bauliche Anlage im Naturschutzgebiet) auf mehrere Befugnisnormen zu stützen.

Eine Sondervorschrift, die Art. 76 vorgeht, besteht für Anlagen, die nach dem Bundesimmissionsschutzgesetz genehmigungsbedürftig sind, in § 20 BImSchG. Für verbotene Ablagerungen kommen Art. 20 und 31 Bayerisches Abfallwirtschaftsgesetz zur Anwendung. Neben Art. 76 kann auch eine Ahndung nach Ordnungswidrigkeitenrecht (Art. 79) erfolgen.

3 Voraussetzungen der Beseitigungsanordnung

Eine Beseitigungsanordnung kommt in Betracht, wenn **Anlagen** im Widerspruch zu öffentlich-rechtlichen Vorschriften errichtet oder geändert werden.

Den Tatbestand können eine bauliche Anlage (Art. 1 Abs. 1), aber auch andere Anlagen erfüllen, an die nach der Bauordnung oder auf Grund der Bauordnung Anforderungen gestellt werden (Art. 1 Abs. 1 Satz 2).

Voraussetzung ist, dass die Anlage im **Widerspruch zu öffentlich-rechtlichen Vorschriften** errichtet oder geändert wird. Der Widerspruch zu Vorschriften des Zivilrechts rechtfertigt die Baubeseitigung ebenso wenig, wie personenbezogene Regelungen (z. B. § 35 GewO). Im Regelfall wird eine Baubeseitigung auf den Widerspruch zu den Vorschriften des Bauordnungs- und Bauplanungsrechts gestützt werden.

Dabei erfordert eine Beseitigung, dass die **Anlage formell** (ohne Baugenehmigung oder in Abweichung der Baugenehmigung) **und materiell** (keine nachträgliche Genehmigungsfähigkeit der Anlage) **rechtswidrig** ist. Dies ist strittig. Nach Koch/Molodovsky/Famers Art. 76 Rn. 26, 35 reicht es aus, wenn die Anlage formell rechtswidrig ist. Auch dort wird aber ausgeführt, dass Gründe des Eigentumsschutzes dazu führen können, dass eine Beseitigungsanordnung nur bei materieller Rechtswidrigkeit in Betracht kommt. Bei genehmigungsfreien Anlagen ist nur auf die materielle Rechtswidrigkeit abzustellen.

Wenn eine Baugenehmigung vorliegt, kommt eine Beseitigung dann nicht in Betracht, wenn die Anlage durch die Genehmigung zugelassen wurde. Während der Geltung der Genehmigung ist die materielle Rechtmäßigkeit zu unterstellen (BGH, Urteil vom 3.2.2000, BayVBl. 2000, S. 506). Auch eine Duldungszusage (z. B. durch Abschluss eines öffentlich-rechtlichen Vertrages, BayVGH Urteil vom 21.1.2004, BayVBl. 2005, S. 115) schließt eine Beseitigungsanordnung aus.

Sofern die Behörde eine rechtswidrig genehmigte Anlage beseitigen will, muss sie zunächst die Baugenehmigung mit Wirkung für die Vergangenheit zurücknehmen oder widerrufen. Eine Baugenehmigung fehlt auch, wenn sie auf Rechtsbehelfe eines Dritten aufgehoben wurde (BVerwG, Beschluss vom 9.2.2000, ZfBR 2000, S. 490). Ein Bauvorhaben ist dann nicht von der Baugenehmigung gedeckt, wenn von der Baugenehmigung abgewichen wurde.

4 Bestandsschutz

Ein Bauvorhaben ist dann rechtswidrig, wenn es nach heutiger Rechtslage im Widerspruch zum formellen und materiellen Recht steht.

Eine Beseitigung kommt jedoch dann nicht in Betracht, wenn die Anlage **Bestandsschutz** genießt. Ein Bestandsschutz besteht dann, wenn die Anlage zu irgendeinem namhaften oder beachtlichen Zeitpunkt dem maßgeblichen materiellen Baurecht entsprochen hat (BVerwG, Urteil vom 13.6.1980, DVBl. 1981, S. 97). Es wird jedoch in der Literatur angezweifelt, ob das verfassungsrechtliche Begriff des Bestandsschutzes noch trägt oder durch den Bundes-/Landesgesetzgeber eingeengt werden darf (Koch/Molodovsky/Famers Art. 76 Rn. 52 ff., Decker in: Simon/Busse, Art. 76). Hierfür soll sprechen, dass nach Art. 76 Satz 1 grundsätzlich auf dem Zeitpunkt der Errichtung der Anlagen abzustellen ist und nicht auf spätere Zeitpunkte. Eine Beseitigungsanordnung kommt in jedem Fall nicht in Betracht, wenn die Anlagen im Zeitpunkt der Entscheidung nach Art. 76 materiell legal ist. Der Umfang des Bestandsschutzes richtet sich nach dem Baubestand

Art. 76 Beseitigung von Anlagen, Nutzungsuntersagung

oder dessen Nutzung, der in dem Zeitpunkt noch nachhaltig vorhanden ist, in dem der Schutz gegenüber einer geänderten Rechtslage wirksam werden soll (BVerwG, Urteil vom 11.2.1977, NJW 1977, S. 1932). Sofern eine bauliche Anlage im Zeitpunkt der Errichtung oder Änderung mit dem materiellen Recht in Einklang stand, war sie materiell legal; sie ist bestandsgeschützt. Das nachträglich ungünstigere Recht hat außer Betracht zu bleiben.

Somit können z. B. rechtswidrige Anlagen aus der Zeit vor Inkrafttreten der Bauordnung (1.10.1962) entsprechend dem Grundsatz, dass jeweils das günstigste Recht anzuwenden ist, nur beseitigt werden, wenn für sie im Zeitpunkt der Errichtung oder Änderung eine Rechtsgrundlage zum Erlass einer entsprechenden Anordnung bestand und sie zu keinem Zeitpunkt materiell rechtmäßig waren. So bestand z. B. bei Wochenendhäusern nach §6 Abs. 1 BayBO 1901 eine Genehmigungspflicht, es sei denn, es handelte sich nur um ein nach §6 Abs. 2 BayBO 1901 geringfügiges Bauwerk. Zur Genehmigungspflicht einer Einfriedung nach §6 Abs. 1 BayBO 1901 (vgl. BayVGH, Urteil vom 4.6.1987, BayVBl. 1988, S. 368).

Der Verlust einer planungsrechtlichen Privilegierung (insbesondere § 35 Abs. 1 BauGB) beendet den Bestandsschutz und führt zur materiellen Illegalität des Vorhabens (BVerwG, Beschluss vom 21.11.2000, UPR 2001, S. 147). Dies soll nach Koch/Molodovsky/Famers Art. 76 Rn. 32 eine Beseitigung jedoch nicht gestatten, wenn die Anlage nicht in Widerspruch zu öffentlich-rechtlichen Vorschriften errichtet wurde.

Dabei obliegt es der Bauaufsichtsbehörde zu klären, ob die Voraussetzungen für eine Beseitigungsanordnung vorliegen. Grundsätzlich trägt die Bauaufsichtsbehörde die **Beweislast**; anders ist es, wenn sich der Betroffene auf Bestandsschutz beruft, da er sich mit diesem Gesichtspunkt gegen eine mittlerweile rechtswidrige Nutzung verteidigt. Gleiches gilt für den Nachweis der Baugenehmigung, die den Betroffenen obliegt (OVG NRW, Beschluss vom 18.1.2001, ZfBR 2001, S. 354).

5 Herstellen rechtmäßiger Zustände auf andere Weise

Die Bauaufsichtsbehörde hat stets zu prüfen, ob die beanstandete bauliche Anlage durch Auflagen oder Befreiungen mit dem öffentlichen Recht in Einklang gebracht werden kann. Sofern bei rechtswidrigen genehmigungspflichtigen Vorhaben die Möglichkeit einer nachträglichen Genehmigung nicht ausgeschlossen werden kann, soll die Bauaufsichtsbehörde **einen Bauantrag verlangen** (Satz 3).

6 Ermessen, Verhältnismäßigkeit, Gleichbehandlung

Bei Vorliegen der tatbestandlichen Eingriffsvoraussetzungen hat die Bauaufsichtsbehörde nach **pflichtgemäßem Ermessen** zu entscheiden, ob sie einschreitet oder nicht. Dabei entspricht es regelmäßig dem pflichtgemäßen Ermessen, die Beseitigung rechtswidriger Anlagen anzuordnen (BVerwG, Urteil vom 11.4.2002, ZfBR 2002, S. 673, BayVGH, Urteil vom 16.12.1981, BayVBl. 1982, S. 435). Erhebliche finanzielle Verluste des Betroffenen auf Grund der Beseitigung hindern den Erlass der Beseitigungsanordnung nicht (BVerwG, Beschluss vom 30.8.1996, BRS 58 Nr. 90); auch die persönlichen, wirtschaftlichen Verhältnisse des Betroffenen sind grundsätzlich nicht zu berücksichtigen. Die Befugnis zum Einschreiten besteht in der Regel auch bei Vorhaben, die bereits seit langer Zeit bestehen. Nach Auffassung des Verwaltungsgerichtshofs kann die Beseitigungsbefugnis grundsätzlich nicht verwirkt werden (BayVGH, Urteil vom 17.8.1998, BayVBl. 1999, S. 590).

Im Rahmen des Ermessens hat die Bauaufsichtsbehörde zu prüfen, ob eine **teilweise oder vollständige Beseitigung** der Anlage in Betracht kommt (BayVGH, Urteil vom 9.6.2000, BayVBl. 2001, S. 211). Diese Entscheidung richtet sich nach dem Grundsatz der Verhältnismäßigkeit; insofern scheidet eine Beseitigungsanordnung für die Gesamtanlage aus, wenn durch die Wegnahme bestimmter Teile ein genehmigungsfähiger Zustand erreicht werden kann. Sofern ein Bauvorhaben nicht in voneinander trennbare, selbstständige Baukörper aufteilbar ist, erfasst eine teilweise Rechtswidrigkeit das gesamte Vorhaben (BVerwG, Urteil vom 11.4.2002, BauR 2002, S. 1520). Dabei ist es Sache des Betroffenen vorzuschlagen, wie das Gebäude verkleinert werden kann, sodass es nicht mehr baurechtswidrig ist (BayVGH, Urteil vom 18.5.1984, BayVBl. 1985, S. 177). So kann z. B. die Beseitigung einer Hütte gegen das Übermaßverbot verstoßen, wenn ihre „Umsetzung" ausreicht. Jedoch ist die Beseitigungspflicht nicht erfüllt, wenn ein Schwarzbau lediglich umgesetzt oder geringfügig verändert wird (BayVGH, Urteil vom 31.7.2007, Fundst. 2008, 75 zum Anspruch Dritter oder der Gemeinde auf Einschreiten der Bauaufsichtsbehörde vgl. Art. 54 Ziffer 2).

Der **Gleichbehandlungsgrundsatz** gebietet es nicht, baurechtswidrige Zustände bei einer Vielzahl von Fällen „flächendeckend" zu bekämpfen, sondern es kann im Wege der Einzelanordnung vorgegangen werden, sofern hierfür sachliche Gründe bestehen (BVerwG, Beschluss vom 19.2.1992, BayVBl. 1992, S. 597). Insofern ist es nicht willkürlich, wenn die Behörde nicht gleichzeitig gegen alle Schwarzbauten in einem Gebiet vorgeht. Sofern in einem Gebiet eine Häufung bauordnungswidriger Zustände besteht, muss die Behörde jedoch für ihr Einschreiten ein der Sachlage angemessenes System besitzen und danach vorgehen (BVerwG, Urteil vom 2.3.1973, DVBl. 1973 S. 636).

Wenn die Bauaufsichtsbehörde eine Duldung eines „Schwarzbaus" gestatten will, muss sie die Mitwirkungsbefugnisse anderer Stellen (insbesondere der Gemeinde) beachten (BVerwG, Urteil vom 12.12.1991, NVwZ 1992, S. 878). Sofern eine Beseitigungsanordnung nicht erlassen oder aufgehoben wird, kann die Gemeinde unter Hinweis auf ihre Planungshoheit dagegen Rechtshilfe einlegen (BVerwG, Urteil vom 14.4.2000, BayVBl. 2001, S. 22).

7 Adressaten der Beseitigungsanordnung

Adressaten der Beseitigungsanordnung sind der **Verhaltens- und der Zustandsstörer**. Die Bauaufsichtsbehörde kann unter mehreren Verantwortlichen grundsätzlich wählen, an wen sie sich halten will. Sofern die Behörde den Verhaltensstö-

Art. 76 Beseitigung von Anlagen, Nutzungsuntersagung

rer kennt (z. B. Grundstückspächter, der eine ungenehmigte Jagdhütte errichtet), hat sie sich in der Regel an den Verursacher zu halten (vgl. auch Art. 54 Ziffer 3).

Dabei kann es zur Durchsetzung der Beseitigung notwendig werden, dass die Bauaufsichtsbehörde den Zustandsstörer (z. B. Grundstückseigentümer) durch eine **Duldungsanordnung** verpflichtet, die Maßnahmen gegen den Verhaltensstörer zu dulden (BayVGH, Beschluss vom 24.10.2005, BRS 69, S. 865). Die Duldungsanordnung findet ihre Rechtsgrundlage in der sinngemäßen Anwendung des Art. 76 in Verbindung mit den im Polizeirecht geltenden Grundsätzen (Art. 9 PAG, Art. 9 LStVG). Die Duldung kann auch durch öffentlich-rechtlichen Vertrag geregelt werden (Bay VGH, Urteil vom 21.1.2004, BayVBl. 2005, S. 115). Die Duldungsanordnung kann Vollstreckungsvoraussetzung sein. Ihr Fehlen berührt nicht die Rechtmäßigkeit der Beseitigungsanordnung, sondern nur deren Durchsetzbarkeit (BayVGH, Urteil vom 21.9.1990, BayVBl. 1991, S. 245). Nach Art. 54 Abs. 2 Satz 3 neuer Fassung bedarf es jedoch gegenüber Personen, die erst nach Erlass der Baubeseitigungsanordnung ein Besitzrecht an der baulichen Anlage erlangt haben, keiner Duldungsanordnung. In diesen Fällen erstreckt sich die Anordnung kraft Gesetzes auf diesen Personenkreis.

8 Bestimmtheit, Begründung, Sofortvollzug der Beseitigungsanordnung

Die Beseitigungsanordnung ist dann hinreichend **bestimmt**, wenn aus ihrem gesamten Inhalt sowie aus den, den Beteiligten bekannten, näheren Umständen des Falles hinreichende Klarheit über den Lebenssachverhalt gewonnen werden kann. Sind mehrere Anlagen zu beseitigen, so sind sie im Einzelnen aufzuführen. Aus der Anordnung muss sich der Umfang der Beseitigung ergeben. Die Anordnung, eine bauliche Anlage so zu ändern, dass sie der Baugenehmigung entspricht, ist nicht hinreichend bestimmt.

Die Anordnung muss ausreichend **begründet** sein (Art. 39 BayVwVfG). Bei der Ermessensentscheidung muss das Für und Wider dann abgewogen werden, wenn konkrete Anhaltspunkte dafür sprechen, von einer Beseitigung (teilweise) Abstand zu nehmen, d. h. den rechtswidrigen Zustand zu dulden.

Für die **sofortige Vollziehung** (§ 80 Abs. 2 Nr. 4, Abs. 3 VwGO) muss im Einzelfall ein **besonderes** Interesse an der sofortigen Durchführung des Verwaltungsaktes gegeben sein (Eilbedürftigkeit), das das Interesse des Betroffenen am Rechtsschutz überwiegt. Für einen bereits seit vielen Jahren bestehenden Schwarzbau wird die Eilbedürftigkeit oft nicht angenommen werden können. Gründe, die die sofortige Vollziehung rechtfertigen, können insbesondere Gefahren für Leben und Gesundheit, z. B. für Standsicherheit oder für die Sicherheit und Leichtigkeit des Verkehrs sein. Auch die Befürchtung, ein Schwarzbau werde ohne sofortiges Einschreiten weitere Bezugsfälle zur Folge haben, kann einen sofortigen Vollzug rechtfertigen (OVG Lüneburg, Beschluss vom 19.5.2010, ZfBR 2010, S. 585 – Werbeanlagen).

9 Vollstreckung

Das regelmäßige Zwangsmittel ist das Zwangsgeld (Art. 31 VwZVG). Eine Ersatzvornahme ist nur dann zulässig, wenn das Zwangsgeld keinen Erfolg verspricht (Art. 32 VwZVG). Die Zwangsmittel sind in der Regel zusammen mit der Beseitigungsanordnung anzudrohen (Art. 36 VwZVG). Zu den Vollstreckungsvoraussetzungen gehört auch die notwendige Duldungsanordnung (vgl. oben Ziffer 7). Die Zwangsgeldandrohung ist zwar nicht rechtswidrig, wenn bei ihrem Erlass die Duldungsanordnung noch fehlt, jedoch nicht durchsetzbar.

Die Beseitigungsanordnung muss nicht mit einer Fristsetzung verbunden werden; die Fristsetzung ist aber für die Vollstreckung bedeutsam. Dabei darf die Frist nicht so kurz sein, dass der Betroffene keinen wirksamen Rechtsschutz mehr erlangen kann. Es empfiehlt sich, die Fristbestimmung, für den Fall der Einlegung von Rechtsbehelfen mit einem Zusatz zu versehen, wonach die Anordnung z. B. „binnen eines Monats nach Eintritt der Unanfechtbarkeit des Bescheids" zu vollziehen ist.

10 Nutzungsuntersagung (Satz 2)

Die Nutzungsuntersagung ist zulässig, wenn die Anlage im Widerspruch zu öffentlich-rechtlichen Vorschriften benutzt wird. Für die Nutzungsuntersagung gelten im Wesentlichen die gleichen Erwägungen wie für die Beseitigungsanordnung.

Inhalt der Anordnung ist nach Satz 2 die Untersagung einer bestimmten Nutzung einer Anlage. Sie kann das Verbot für den Eigentümer zur Selbstnutzung sowie das Verbot zur Nutzung durch Dritte umfassen (VGH BW, Urteil vom 29.10.1990, BauR 1991, S. 300). Aus der Anordnung sollte hervorgehen, ob sie befristet oder auf Dauer gelten soll. Die Anordnung schließt darüber hinaus auch das Verbot ein, die Nutzung durch Dritte zu ermöglichen. Dabei bietet die Nutzungsuntersagung keine Grundlage für Räumungsanordnungen, z. B. das Leermachen von Räumen (BayVGH, Urteil vom 15.5.1986, BayVBl. 1987, S. 51).

Die Nutzungsuntersagung setzt voraus, dass Anlagen im **Widerspruch zu öffentlich-rechtlichen Vorschriften** benutzt werden.

Ein formeller Verstoß rechtfertigt die Nutzungsuntersagung dann, wenn das Verbot nur einstweilen oder befristet ausgesprochen wird. Auf Dauer kann eine Nutzung nur dann untersagt werden, wenn sie **formell und materiell illegal** ist. Diese Frage ist jedoch strittig. Nach wohl herrschender Auffassung kommt eine Nutzungsuntersagung auf Dauer auch in Betracht, wenn lediglich formelle Vorschriften der Nutzung entgegenstehen (für materielle Rechtswidrigkeit, BayVGH, Beschluss vom 6.2.1980, BayVBl., 1980 S. 246, VGH B-W, Beschluss vom 22.1.1996, UPR 1996, S. 31, für lediglich formelle Rechtswidrigkeit BayVGH, Beschluss vom 5.7.2004, BayVBl. 2005, S. 117, Beschluss vom 29.9.1981, BayVBl. 1982, S. 51).

Die nur materielle Illegalität rechtfertigt dann eine Nutzungsuntersagung, wenn die Nutzung oder Nutzungsänderung genehmigungsfrei ist. Eine nach heutigem Recht materiell rechtswidrige, jedoch durch eine (alte) Baugenehmigung formell legale Nutzung kann nicht untersagt werden.

11 Ermessen bei der Nutzungsuntersagung

Ebenso wie bei der Beseitigungsanordnung entspricht es im Regelfall dem pflichtgemäßen Ermessen, eine rechtswidrige Nutzung zu untersagen. Ein Ermessensfehlgebrauch liegt aber dann vor, wenn z. B. eine Betriebseinschränkung statt eines umfassenden Nutzungsverbots in Betracht kommt. Soweit soziale Härten entstehen können, sind bei der Nutzungsuntersagung auch Räumungsfristen abzuwägen (BayVGH, Beschluss vom 5.12.2005, BayVBl. 2006, S. 705: Nutzungsuntersagung kann bis Genehmigungsfähigkeit unverhältnismäßig sein).

12 Verfahren, Adressaten der Nutzungsuntersagung

Für das Verfahren und die Adressaten gelten grundsätzlich die gleichen Erwägungen wie für die Beseitigungsanordnung (vgl. hierzu oben Ziffer 7 ff.). Sofern von mehreren Nutzungsmöglichkeiten nur einzelne untersagt werden, muss die Nutzungsuntersagung, um hinreichend bestimmt zu sein, näher angeben, in welchen Punkten die Nutzung (z. B. Nutzung einer Scheune als Möbellager) zu ändern ist. Bei der Nutzungsuntersagung von Gebäuden kann eine Nutzungsuntersagung sowohl gegen den Eigentümer wie auch gegenüber dem Mieter angeordnet werden. Eine Duldungsanordnung kommt gegenüber dem Miteigentümer, dem Grundstückseigentümer etc. in Betracht.

Zu **Zwangsmitteln** vgl. oben Ziffer 9.

ABSCHNITT V
Bauüberwachung

Art. 77
Bauüberwachung

(1) Die Bauaufsichtsbehörde kann die Einhaltung der öffentlich-rechtlichen Vorschriften und Anforderungen und die ordnungsgemäße Erfüllung der Pflichten der am Bau Beteiligten überprüfen.

(2) [1]**Die Bauaufsichtsbehörde sowie nach Maßgabe der Rechtsverordnung gemäß Art. 80 Abs. 2 der Prüfingenieur, das Prüfamt oder der Prüfsachverständige überwachen die Bauausführung bei baulichen Anlagen**
1. **nach Art. 62 Abs. 3 Satz 1 hinsichtlich des von ihr oder ihm geprüften oder bescheinigten Standsicherheitsnachweises,**
2. **nach Art. 62 Abs. 3 Satz 3 hinsichtlich des von ihr oder ihm geprüften oder bescheinigten Brandschutznachweises.**

Bauüberwachung   Art. 77

²Bei Gebäuden der Gebäudeklasse 4, ausgenommen Sonderbauten sowie Mittel- und Großgaragen im Sinn der Verordnung nach Art. 80 Abs. 1 Satz 1 Nr. 3, ist die mit dem Brandschutznachweis übereinstimmende Bauausführung vom Nachweisersteller oder einem anderen Nachweisberechtigten im Sinn des Art. 62 Abs. 2 Satz 2 zu bestätigen. ³Wird die Bauausführung durch einen Prüfsachverständigen bescheinigt oder nach Satz 2 bestätigt, gelten insoweit die jeweiligen bauaufsichtlichen Anforderungen als eingehalten.

(3) ¹Bei Bauvorhaben im Sinn des Art. 62 Abs. 3 Satz 2 Nr. 2 ist der Ersteller des Standsicherheitsnachweises nach Art. 62 Abs. 2 Satz 1 auch für die Einhaltung der bauaufsichtlichen Anforderungen an die Standsicherheit bei der Bauausführung verantwortlich; benennt der Bauherr der Bauaufsichtsbehörde einen anderen Tragwerksplaner im Sinn des Art. 62 Abs. 2 Satz 1, ist dieser verantwortlich. ²Ein verantwortlicher Tragwerksplaner im Sinn des Satzes 1 ist nicht erforderlich bei land- oder forstwirtschaftlichen Betriebsgebäuden und gewerblichen Lagergebäuden mit freien Stützweiten von nicht mehr als 12 m und
1. nicht mehr als 500 m² oder
2. nicht mehr als 1 600 m², wenn sie statisch einfach sind.

(4) Im Rahmen der Bauüberwachung können Proben von Bauprodukten, soweit erforderlich, auch aus fertigen Bauteilen zu Prüfzwecken entnommen werden.

(5) Im Rahmen der Bauüberwachung ist jederzeit Einblick in die Genehmigungen, Zulassungen, Prüfzeugnisse, Übereinstimmungszertifikate, Zeugnisse und Aufzeichnungen über die Prüfungen von Bauprodukten, in die Bautagebücher und andere vorgeschriebene Aufzeichnungen zu gewähren.

Erläuterungen

Übersicht

1 Allgemeines
2 Verantwortlichkeit der Nachweisberechtigten
3 Umfang der Bauüberwachung
4 Betretungs- und Prüfungsrecht
5 Befugnisse im Rahmen der Baukontrolle

1 Allgemeines

Durch die Bauordnungsnovelle 2008 wurde in Art. 77 Abs. 1 der Grundsatz der bauaufsichtlichen Überwachungsbefugnis aus Art. 78 Abs. 1 Satz 1 a. F. übernommen. In Abs. 2 Satz 1 ist geregelt, dass neben der Bauaufsichtsbehörde der Prüfingenieur, das Prüfamt oder der Bausachverständige die Bauausführung prüfpflichtiger Bauvorhaben überwacht. Dabei wird mit der Formulierung „des von ihm geprüften und bescheinigten bautechnischen Nachweises" klargestellt, dass der

Art. 77

Bauüberwachung

die Nachweise prüfende Prüfingenieur, das Prüfamt oder der Prüfsachverständige jeweils auch die Bauüberwachung wahrzunehmen hat. Die nähere Ausgestaltung der Überwachung ist in der Verordnung nach Art. 80 Abs. 2 näher geregelt.

Abs. 2 Satz 2 sieht hinsichtlich des Brandschutzes bei Gebäuden der Gebäudeklasse 4 die Bestätigung der mit dem Brandschutznachweis übereinstimmenden Bauausführung durch den Nachweisersteller oder einen anderen Nachweisberechtigten vor. Ausgenommen hiervon sind die Sonderbauten sowie Mittel- und Großgaragen im Sinn der Verordnung nach Art. 80 Abs. 1 Nr. 3, bei denen nach Art. 62 Abs. 3 Satz 3 Nr. 1 und 2 das Vier-Augen-Prinzip gilt. Sofern die Bauausführung durch einen Prüfsachverständigen bescheinigt oder einen Nachweisberechtigten bestätigt wird, bestimmt Abs. 2 Satz 3, dass insoweit die bauaufsichtlichen Anforderungen als eingehalten gelten.

Für die Bauüberwachung gilt der Opportunitätsgrundsatz, d. h. die Bauaufsichtsbehörde entscheidet grundsätzlich nach pflichtgemäßem Ermessen, ob und inwieweit die Ausführung genehmigungspflichtiger Bauvorhaben überwacht wird. Dieses Ermessen wurde durch die Neufassung 2008 des Abs. 2 für die Fälle eingeschränkt, in denen die Bauaufsichtsbehörde, der Prüfingenieur, das Prüfamt oder der Prüfsachverständige (nach Maßgabe der Rechtsverordnung nach Art. 80 Abs. 2) die Bauausführung bei Gebäuden der Gebäudeklassen 4 und 5 (Art. 62 Abs. 3 Satz 1 i. V. m. Art. 2 Abs. 3) hinsichtlich des von ihr oder ihm geprüften oder bescheinigten Standsicherheitsnachweises zu überwachen hat. Insofern ist nach Abs. 3 Satz 1 der Ersteller des **Standsicherheitsnachweises** (oder ein vom Bauherrn benannter anderer Tragwerksplaner nach Abs. 3 Satz 1 2. Halbsatz) für die in dieser Vorschrift genannten Bauvorhaben auch für die ordnungsgemäße Ausführung der Standsicherheit verantwortlich.

Insofern ist die Bauaufsichtsbehörde, der Prüfingenieur, das Prüfamt oder der Prüfsachverständige verpflichtet, eine Überwachung nach Maßgabe der Rechtsverordnung nach Art. 80 Abs. 2 bei der Bauausführung vorzunehmen.

Bei Gebäuden der Gebäudeklasse 4 (ausgenommen Sonderbauten sowie Mittel- und Großgaragen) ist die mit dem Brandschutznachweis übereinstimmende Bauausführung vom Nachweisersteller oder einem anderen Nachweisberechtigten (Prüfsachverständiger nach Art. 62 Abs. 3 Satz 3) zu bestätigen.

Für die Bauaufsichtsbehörde besteht eine **Beschränkung der Baukontrolle,** wenn die Bauausführung durch einen Prüfsachverständigen bescheinigt wurde oder eine Bestätigung nach Abs. 2 Satz 2 erfolgt ist. Hier besteht eine (widerlegbare) Vermutung für die Ordnungsmäßigkeit der Baumaßnahme, sofern diese entsprechend der Bescheinigung ausgeführt wird. Wenn jedoch die Bauaufsichtsbehörde davon Kenntnis erlangt, dass die Baumaßnahme im bescheinigten Prüffeld gegen die Vorgaben der Bauordnung verstößt, hat sie insbesondere bei Gefahren für Leben und Gesundheit der künftigen Nutzer einzuschreiten. Im Übrigen liegt eine Maßnahme im Ermessen der Baukontrolle. Im Rahmen der Baukontrolle kann die Bauaufsichtsbehörde Besichtigungen des Rohbaus und der fertigen baulichen

Anlage, aber auch weitere Kontrollmaßnahmen durchführen. Die Bauaufsichtsbehörde hat bei der Bauüberwachung darauf zu achten, dass keine Gefahren vom Bauwerk für die Allgemeinheit, aber auch für den Bauherrn, die Benutzer und die Besucher durch mangelnde Bausicherheit ausgehen können. Die Bauüberwachungspflicht lässt die öffentlich-rechtliche Verantwortung des Bauherrn und der anderen am Bau Beteiligten (Art. 49 ff.) unberührt.

Dabei übt die Bauaufsichtsbehörde ihre Kontrollfunktion allein im öffentlichen Interesse aus. Eine Rohbau- und Schlussabnahme gibt es in Bayern nicht.

Sofern die Voraussetzungen des Abs. 2 Satz 2 vorliegen, hat der Nachweisersteller (oder ein anderer Nachweisberechtigter) bezogen auf den **Brandschutz** die ordnungsgemäße Bauausführung zu bestätigen.

In der Gesetzesbegründung wird zur Regelung des Abs. 2 Satz 2 ausgeführt, dass hinsichtlich des Brandschutzes die Bestätigung der mit dem Brandschutznachweis übereinstimmenden Bauausführung durch den Nachweisersteller oder einen anderen Nachweisberechtigten ausreicht.

Diese abweichende Regelung ist deshalb gerechtfertigt, weil die Anforderungen für die **Gebäudeklasse 4** so reduziert wurden, dass es besonders darauf ankommt, dass sie eingehalten worden sind, insbesondere bei der Holzbauweise.

Personenidentität zwischen Nachweisersteller und überwachender Person ist insoweit aus Gründen der Baupraxis nicht zu fordern. Um die Unterscheidung zwischen Prüfsachverständigen und überwachenden Fachplanern nicht zu verwischen, sollen die Fachplaner nicht die Bescheinigungen ausstellen, sondern die ordnungsgemäße Bauausführung „bestätigen". Ausgenommen hiervon sind Sonderbauten sowie Mittel- und Großgaragen im Sinn der Verordnung nach Art. 80 Abs. 1 Satz 1 Nr. 3 bei denen nach Art. 62 Abs. 3 Satz 3 Nr. 1 und 2 das Vier-Augen-Prinzip gilt.

Im Rahmen der Bauüberwachung können die Bauaufsichtsbehörde, der Prüfingenieur, das Prüfamt oder der Prüfsachverständige Besichtigungen des Rohbaus und der fertigen baulichen Anlage, aber auch weitere Kontrollmaßnahmen durchführen (Art. 54 Abs. 2 Satz 4). **Dabei ist für Prüfingenieur, Prüfamt und Prüfsachverständigen die Bauüberwachung auf die von ihr zu verantwortenden Nachweise beschränkt; die Bauaufsichtsbehörde hat dagegen** nach Abs. 1 die **generelle Überwachungsbefugnis.** Sie hat darauf zu achten, dass keine Gefahren vom Bauwerk für die Allgemeinheit, aber auch für den Bauherrn, die Benutzer und die Besucher durch mangelnde Bausicherheit ausgehen können. Die Bauüberwachungspflicht lässt die öffentlich-rechtliche Verantwortung des Bauherrn und der anderen am Bau Beteiligten (Art. 49 ff.) unberührt.

2 Verantwortlichkeit der Nachweisberechtigten

Die Nachweisberechtigten sind im Rahmen des Abs. 2 für die Bauausführung der von ihnen geprüften oder bescheinigten Nachweise verantwortlich. Unter dem

Art. 77

Bauüberwachung

Begriff der Verantwortlichkeit ist die Pflicht zu verstehen, die Bauausführung der prüfpflichtigen Bauvorhaben zu überwachen und damit sicherzustellen, dass das Bauvorhaben entsprechend der von ihnen geprüften oder bescheinigten Nachweise errichtet wird. Hierzu bestehen in der Bauüberwachung die Befugnisse nach Art. 77, 78.

Bei Bauvorhaben gemäß Art. 62 Abs. 3 Satz 2 Nr. 2, das sind Gebäude der **Gebäudeklassen 1 bis 3** (ausgenommen die in Art. 62 Abs. 3 Satz 2 aufgeführten Gebäude sowie land- und forstwirtschaftliche Betriebsgebäude und gewerbliche Lagergebäude mit freien Stützweiten von nicht mehr als 12 m und mit Grundflächen von nicht mehr als 500 m^2) ist der Ersteller des Standsicherheitsnachweises auch für die Einhaltung der bauaufsichtlichen Anforderungen an die Standsicherheit bei der Bauausführung verantwortlich. Jedoch kann der Bauherr der Bauaufsichtsbehörde einen anderen Tragwerksplaner benennen, dem dann die Verantwortung obliegt.

3 Umfang der Bauüberwachung

Aufgabe der Bauaufsichtsbehörde nach Abs. 1 ist es, die Einhaltung der öffentlich-rechtlichen Vorschriften und Anforderungen sowie die ordnungsgemäße Erfüllung der Pflichten der am Bau Beteiligten (Art. 49 ff.) zu überprüfen. Dabei wird die Bauaufsicht ihren Schwerpunkt auf den Baubeginn und die Rohbauarbeiten legen müssen. Hier wird entschieden, ob das Bauvorhaben entsprechend den Bauunterlagen errichtet wird, sodass durch die frühzeitige Baukontrolle auch finanzielle Schäden für den Bauherrn und Zeitverzögerungen abgewendet werden können. Bei genehmigungspflichtigen Vorhaben gehört es zu den gewöhnlichen Überwachungsmaßnahmen, die Absteckung und Höhenlage der baulichen Anlage bzw. die entsprechenden Nachweise zu prüfen (Art. 68 Abs. 6 Satz 2). Dabei umfasst die Prüfung die Übereinstimmung der baulichen Anlage nach Standort, Größe und Nutzungsmöglichkeit mit der Baugenehmigung.

Darüber hinaus wird die Baukontrolle sich auf eine stichprobenhafte Prüfung beschränken. Besondere Prüfungen kommen dann in Betracht, wenn das Vorhaben technische Schwierigkeiten insbesondere bei der Bewehrung aufwirft.

Auch bei Vorhaben, die von der Baugenehmigung nach Art. 58 freigestellt sind, ist im Übrigen die sog. Schnurgerüstabnahme durchzuführen (vgl. Art. 58 Abs. 5 i. V. m. Art. 68 Abs. 6). **Die Beschränkungen im Bereich der präventiven Prüfung, d. h. im Baugenehmigungsverfahren, die durch die neuen Regelungen in der Bauordnung eingeführt wurden, führen – mit Ausnahme der in Ziffer 1 dargestellten Regelung – zu keiner Beschränkung der bauaufsichtlichen Eingriffsbefugnisse.**

Die Bauaufsichtsbehörde kann nach Abs. 4 auch die Verwendbarkeit der **Bauprodukte** prüfen und entsprechende Nachweise anfordern. Insofern kommt auch eine Probeentnahme aus fertigen Bauteilen in Betracht. Die Kosten der Prüfung durch Sachverständige hat der Bauherr als Auslagen zu tragen (Art. 10 KG, Tarif Nr. 22.5 des Kostenverzeichnisses).

Bauzustandsanzeigen, Aufnahme der Nutzung   Art. 78

4 Betretungs- und Prüfungsrecht

Zwar ist die Anzeigepflicht der Fertigstellung des Rohbaus durch den Bauherrn in der Neufassung der Bauordnung 2008 entfallen, jedoch sollen dadurch nicht die Kontrollbefugnisse der Bauaufsichtsbehörde eingeschränkt werden. Das Betretungsrecht der mit der Bauüberwachung Beauftragten ergibt sich aus Art. 54 Abs. 2 Satz 4. Die Einsicht- und Überprüfungsrechte nach Abs. 5 erfassen die Zulassung, Prüfzeugnisse, Übereinstimmungserklärungen, Übereinstimmungszertifikate, Überwachungsnachweise, Zeugnisse und Aufzeichnungen über die Prüfungen von Bauprodukten (vgl. Art. 15 ff.). Die Betretungsrechte können im Wege des Verwaltungszwangs nach dem Bayerischen Verwaltungszustellungs- und Vollstreckungsgesetz durchgesetzt werden. Dabei kann es im Einzelfall auch notwendig sein, im Bescheidswege dem Bauherrn gegenüber das Betretungsrecht (mit Angabe des Termins) auszusprechen.

5 Befugnisse im Rahmen der Baukontrolle

Stellt die Bauaufsichtsbehörde im Rahmen der Bauüberwachung Verstöße gegen Bauvorschriften fest, so kann sie nach pflichtgemäßem Ermessen eine Beseitigung der Mängel verlangen, die Bauarbeiten einstellen (Art. 75), Tekturpläne verlangen (Art. 76 Satz 3), die Nutzung untersagen (Art. 76 Satz 2), eine Frist zur Abstellung von Mängeln setzen, sonstige Sicherheitsanordnungen treffen (Art. 54 Abs. 2 Satz 2) oder die Beseitigung anordnen (Art. 76 S. 1). Zudem kann nach Art. 74 ein Verwendungsverbot unrechtmäßig gekennzeichneter Bauprodukte angeordnet werden.

Art. 78
Bauzustandsanzeigen, Aufnahme der Nutzung

(1) ¹Die Bauaufsichtsbehörde, der Prüfingenieur, das Prüfamt oder der Prüfsachverständige kann verlangen, dass ihm Beginn und Beendigung bestimmter Bauarbeiten angezeigt werden. ²Die Bauarbeiten dürfen erst fortgesetzt werden, wenn die Bauaufsichtsbehörde, der Prüfingenieur, das Prüfamt oder der Prüfsachverständige der Fortführung der Bauarbeiten zugestimmt hat.

(2) ¹Der Bauherr hat die beabsichtigte Aufnahme der Nutzung einer nicht verfahrensfreien baulichen Anlage mindestens zwei Wochen vorher der Bauaufsichtsbehörde anzuzeigen. ²Mit der Anzeige nach Satz 1 sind vorzulegen

1. bei Bauvorhaben nach Art. 62 Abs. 3 Satz 1 eine Bescheinigung des Prüfsachverständigen über die ordnungsgemäße Bauausführung hinsichtlich der Standsicherheit,
2. bei Bauvorhaben nach Art. 62 Abs. 3 Satz 3 eine Bescheinigung des Prüfsachverständigen über die ordnungsgemäße Bauausführung hinsichtlich des Brandschutzes (Art. 77 Abs. 2 Satz 1), soweit kein Fall des Art. 62 Abs. 3 Satz 3 zweite Alternative vorliegt,
3. in den Fällen des Art. 77 Abs. 2 Satz 2 die jeweilige Bestätigung.

Art. 78 Bauzustandsanzeigen, Aufnahme der Nutzung

³Eine bauliche Anlage darf erst benutzt werden, wenn sie selbst, Zufahrtswege, Wasserversorgungs- und Abwasserentsorgungs- sowie Gemeinschaftsanlagen in dem erforderlichen Umfang sicher benutzbar sind, nicht jedoch vor dem in Satz 1 bezeichneten Zeitpunkt.

(3) Feuerstätten dürfen erst in Betrieb genommen werden, wenn der Bezirkskaminkehrermeister oder der bevollmächtigte Bezirksschornsteinfeger die Tauglichkeit und die sichere Benutzbarkeit der Abgasanlagen bescheinigt hat; ortsfeste Verbrennungsmotoren und Blockheizkraftwerke dürfen erst dann in Betrieb genommen werden, wenn er die Tauglichkeit und sichere Benutzbarkeit der Leitungen zur Abführung von Verbrennungsgasen bescheinigt hat.

Erläuterungen

Übersicht

1 Allgemeines
2 Anzeige des Beginns und der Beendigung von Bauarbeiten
3 Nutzungsaufnahme
4 Nutzung der baulichen Anlage
5 Inbetriebnahme von Anlagen der technischen Gebäudeausrüstung

Zur Neufassung 2013:

In Abs. 3 Hs. 1 werden nach dem Wort „Bezirkskaminkehrermeister" die Worte: „Oder der bevollmächtigten Bezirksschornsteinfeger" eingefügt. Damit wird der neuen Terminologie der bundesrechtlichen Regelungen Rechnung getragen.

1 Allgemeines

Die Vorschriften des Art. 77 (Bauüberwachung) und des Art. 78 (Bauzustandsanzeige, Aufnahme der Nutzung) stehen im Zusammenhang und enthalten seit 2008 ein neues gestuftes System für bauaufsichtliche Prüfung. Während in Art. 77 Abs. 2 für die Bauaufsichtsbehörde den Prüfingenieur, das Prüfamt oder den Prüfsachverständigen bestimmte Überwachungspflichten hinsichtlich der Standsicherheit und des Brandschutzes vorgeschrieben sind, gewährt Abs. 1 diesem Personenkreis das Recht, Bauzustandsanzeigen zu verlangen.

Insofern soll nicht auf bestimmte formalisierte Anzeigen wie die frühere Rohbaufertigstellungsanzeige und die Anzeige der beabsichtigten Nutzungsaufnahme abgestellt werden, sondern es liegt im Ermessen der Bauaufsichtsbehörde sowie des Prüfingenieurs, des Prüfamtes oder des Prüfsachverständigen, für die von ihnen geprüften Nachweise eine Anzeige über den Beginn und die Beendigung bestimmter Bauarbeiten zu fordern. In der Gesetzesbegründung wird zum alten System ausgeführt, dass dieses an bestimmten Einschnitten in der Verwirklichung des Bauvorhabens und damit vor allem an bautechnischen Kontrollaspekten ori-

Bauzustandsanzeigen, Aufnahme der Nutzung   Art. 78

entierte System seine Berechtigung in dem Maße verliert, in welchem bei kleineren und einfacheren Bauvorhaben die Verantwortung von vornherein der Sphäre des Bauherrn zugewiesen und im Übrigen Prüfsachverständige und Prüfingenieure (auch) zur Überwachung der Bauausführung eingeschaltet werden. Die für die bauaufsichtsbehördliche Bauüberwachung stets verbleibenden Gegenstände – etwa die mit den in einer Baugenehmigung festgeschriebenen bauplanungsrechtlichen Vorgaben übereinstimmende Bauausführung – stehen mit diesen Phasen der Verwirklichung des Bauvorhabens in keinem Zusammenhang und werden außerhalb der formalisierten Bauabnahmen im Rahmen der allgemeinen Bauüberwachung abgearbeitet. Art. 78 ersetzt daher das bisherige System formalisierter Bauabnahmen durch ein System von Anzeigen mit denen die Einhaltung der formal abnahmebedürftigen Anforderungen nachgewiesen wird.

In Abs. 1 Satz 1 wird geregelt, dass die Bauaufsichtsbehörde, der Bauingenieur oder das Prüfamt oder der Prüfsachverständige verlangen kann, dass ihm Beginn und Beendigung bestimmter Bauarbeiten angezeigt werden. Insofern wird diesem Personenkreis die Entscheidung darüber überlassen, ob bei Abschluss oder vor Beginn bestimmter Bauarbeiten überhaupt Maßnahmen der Bauüberwachung vorgenommen werden sollen.

Abs. 1 Satz 2 bestimmt für diesen Fall, dass die Bauarbeiten erst fortgesetzt werden dürfen, wenn dieser Personenkreis dem zugestimmt hat. Die Regelung ist nach Art. 79 Abs. 1 Satz 1 Nr. 11 bußgeldbewehrt.

Abs. 2 Satz 1 verpflichtet den Bauherrn, die beabsichtigte Aufnahme der Nutzung einer nicht verfahrensfreien baulichen Anlage mindestens zwei Wochen vorher der Bauaufsichtsbehörde anzuzeigen.

Nach Abs. 2 Satz 2 Nr. 1 und 2 sind mit der Anzeige der beabsichtigten Nutzungsaufnahme – soweit für das jeweilige Bauvorhaben erforderlich – die Bescheinigungen über die ordnungsgemäße Bauausführung im Sinn des Art. 77 Abs. 2 Satz 1, nach Nr. 3 ferner die Bestätigungen nach Art. 77 Abs. 2 Satz 2 vorzulegen.

Nach Abs. 2 wird für Anlagen der technischen Gebäudeausrüstung wie Feuerstätten die Inbetriebnahme von der Bescheinigung des Bezirkskaminkehrermeisters abhängig gemacht und insofern Art. 78 Abs. 4 a. F. entsprochen.

2 Anzeige des Beginns und der Beendigung von Bauarbeiten

Nach Abs. 1 Satz 1 kann verlangt werden, dass der Beginn und die Beendigung bestimmter Bauarbeiten anzuzeigen sind. Damit wird der Bauaufsichtsbehörde, dem Prüfingenieur, dem Prüfamt oder Prüfsachverständigen die Entscheidung darüber überlassen, ob bei Abschluss oder vor Beginn bestimmter Bauarbeiten überhaupt Maßnahmen der Bauüberwachung vorgenommen werden sollen. Insofern obliegt es der Bauaufsichtsbehörde und den jeweiligen für die Standsicherheit und den Brandschutzverantwortlichen selbst zu beurteilen, wann zweckmäßigerweise die Ordnungsmäßigkeit der Bauausführung im Hinblick auf bestimmt Anforderungen überprüft wird.

Art. 78 Bauzustandsanzeigen, Aufnahme der Nutzung

Nach Abs. 1 Satz 2 dürfen die Bauarbeiten erst dann fortgesetzt werden, wenn die Bauaufsichtsbehörde, der Prüfingenieur, das Prüfamt oder der Prüfsachverständige dem zugestimmt hat. Diese Regelung ist nach Art. 79 Abs. 1 Satz 1 Nr. 11 bußgeldbewehrt.

3 Nutzungsaufnahme

Nach Abs. 2 wird der Bauherr verpflichtet, die beabsichtigte Nutzungsaufnahme einer nicht verfahrensfreien baulichen Anlage mindestens zwei Wochen vorher der Bauaufsichtsbehörde anzuzeigen. Damit soll der Bauaufsichtsbehörde eine Kontrolle des Vorliegens der Benutzbarkeitsvoraussetzungen ermöglicht werden. Zugleich ist gemäß Abs. 2 Satz 2 Nr. 1 bis 3 die für die Bauvorhaben nach Art. 62 Abs. 3 Satz 1 erforderliche Bescheinigung über die ordnungsgemäße Bauausführung der Standsicherheit sowie für die Bauvorhaben nach Art. 62 Abs. 3 Satz 1 Halbsatz 1 eine Bescheinigung des Prüfsachverständigen über die ordnungsgemäße Bauausführung hinsichtlich des Brandschutzes vorzulegen, sofern nicht die Prüfung durch die Bauaufsichtsbehörde nach Art. 62 Abs. 3 Satz 3 Halbsatz 2 erfolgen muss.

Des Weiteren ist für Gebäude der Gebäudeklasse 4 gemäß Art. 77 Abs. 2 Satz 2 eine Bestätigung über die mit dem Brandschutznachweis übereinstimmende Bauausführung vom Nachweisersteller oder einem anderen Nachweisberechtigten im Sinn des Art. 62 Abs. 2 Satz 3 vorzulegen.

4 Nutzung der baulichen Anlage

Nach Abs. 2 Satz 3 darf eine bauliche Anlage erst benutzt werden, wenn sie selbst benutzbar ist und Zufahrtswege, Wasserversorgungs- und Abwasserbeseitigungsanlagen sowie Gemeinschaftsanlagen in dem erforderlichen Umfang sicher benutzbar sind (OVG Münster, Beschluss vom 5.6.2009, ZfBR 2009, S. 895). Bei den Gemeinschaftsanlagen sind Kinderspielplätze, Lärmschutzanlagen etc. gemeint. Auch in diesem Fall gilt jedoch, dass die Nutzungsaufnahme frühestens zwei Wochen nach der Anzeige gegenüber der Bauaufsichtsbehörde nach Abs. 2 Satz 1 erfolgen darf.

5 Inbetriebnahme von Anlagen der technischen Gebäudeausrüstung

Nach Abs. 3 dürfen Feuerstätten erst in Betrieb genommen werden, wenn der Bezirkskaminkehrermeister die Tauglichkeit und die sichere Benutzbarkeit der Abgasanlagen bescheinigt hat. Dies gilt nach OVG Münster (Beschluss vom 11.11.2003, BauR 2004, S. 480) auch bei der Auswechslung von Feuerstätten.

Durch die Änderung der **BayBO 2013** kann die Bescheinigung auch vom bevollmächtigten Bezirksschornsteinfeger erteilt werden. Durch die Nennung der bevollmächtigten Bezirksschornsteinfeger wird der neuen Terminologie der bundesrechtlichen Regelung Rechnung getragen. Das Gesetz zur Neuregelung des Schornsteinfegerwesens vom 26.11.2008 beinhaltet in Art. 1 das Schornsteinfegerhandwerksgesetz. Nach dessen Übergangsregelung wandeln sich ab einem bestimmten Zeitpunkt die bereits bestehenden Bestellungen zum Bezirksschornsteinfeger (in Bayern Bezirkskaminkehrermeister) in Bestallungen zum bevollmächtigten Bezirksschornsteinfeger um. Um diesem Umstand Rechnung zu tragen, führt Art. 78 Abs. 3 nun beide Berufsbezeichnungen auf.

Für ortsfeste Verbrennungsmotoren und Blockheizkraftwerke ist ebenfalls die Inbetriebnahme davon abhängig, dass der Bezirkskaminkehrermeister die Tauglichkeit und sichere Benutzbarkeit der Leitungen zur Abführung von Verbrennungsgasen bescheinigt hat. Insofern flankiert diese Vorschrift die grundsätzliche Verfahrensfreiheit von Anlagen der technischen Gebäudeausrüstung nach Art. 57 Abs. 1 Nr. 2.

SECHSTER TEIL
Ordnungswidrigkeiten, Rechtsvorschriften

Art. 79
Ordnungswidrigkeiten

(1) ¹Mit Geldbuße bis zu fünfhunderttausend Euro kann belegt werden, wer vorsätzlich oder fahrlässig

1. einem Gebot oder Verbot einer Rechtsverordnung nach Art. 80 Abs. 1 bis 4 oder einer Satzung nach Art. 81 Abs. 1 oder einer vollziehbaren Anordnung der Bauaufsichtsbehörde aufgrund einer solchen Rechtsverordnung oder Satzung zuwiderhandelt, sofern die Rechtsverordnung oder die Satzung für einen bestimmten Tatbestand auf diese Bußgeldvorschrift verweist,

2. einer vollziehbaren schriftlichen Anordnung der Bauaufsichtsbehörde aufgrund dieses Gesetzes zuwiderhandelt,

3. entgegen Art. 9 Abs. 1 eine Baustelle nicht ordnungsgemäß einrichtet, entgegen Art. 9 Abs. 2 Verkehrsflächen, Versorgungs-, Abwasserbeseitigungs- oder Meldeanlagen, Grundwassermessstellen, Vermessungszeichen, Abmarkungszeichen oder Grenzzeichen nicht schützt oder zugänglich hält oder entgegen Art. 9 Abs. 3 ein Schild nicht oder nicht ordnungsgemäß anbringt,

4. Bauprodukte entgegen Art. 15 Abs. 1 Nr. 1 ohne Ü-Zeichen verwendet,

5. entgegen Art. 19 Abs. 1 Sätze 1 und 2, auch in Verbindung mit einer Rechtsverordnung nach Art. 19 Abs. 2, Bauarten anwendet,

6. entgegen Art. 20 Abs. 5 ein Ü-Zeichen nicht oder nicht ordnungsgemäß anbringt,

7. als Verfügungsberechtigter entgegen Art. 5 Abs. 2 Satz 1 Halbsatz 2 Zu- oder Durchfahrten, Aufstellflächen oder Bewegungsflächen nicht frei hält,

8. entgegen Art. 55 Abs. 1, Art. 63 Abs. 1 Satz 1 oder Art. 70 bauliche Anlagen errichtet, ändert oder benutzt oder entgegen Art. 57 Abs. 5 Satz 2 eine Beseitigung nicht oder nicht rechtzeitig anzeigt,

Art. 79

Ordnungswidrigkeiten

9. entgegen Art. 58 Abs. 3 Sätze 3 und 4, auch in Verbindung mit Satz 5, mit der Ausführung eines Bauvorhabens beginnt,
10. entgegen Art. 72 Abs. 2 Satz 1 fliegende Bauten aufstellt oder einer nach Art. 72 Abs. 2 Satz 3 mit einer Ausführungsgenehmigung verbundenen vollziehbaren Auflage zuwiderhandelt oder entgegen Art. 72 Abs. 5 Satz 1 die Aufstellung eines fliegenden Baus nicht oder nicht rechtzeitig anzeigt oder entgegen Art. 72 Abs. 5 Satz 2 einen fliegenden Bau in Gebrauch nimmt,
11. entgegen Art. 68 Abs. 5, auch in Verbindung mit Art. 57 Abs. 5 Satz 6, mit der Bauausführung, der Ausführung eines Bauabschnitts oder der Beseitigung einer Anlage beginnt, entgegen Art. 78 Abs. 1 Bauarbeiten fortsetzt, entgegen Art. 78 Abs. 2 Satz 1 in Verbindung mit Satz 2 die Aufnahme der Nutzung nicht, nicht rechtzeitig oder nicht richtig anzeigt oder entgegen Art. 78 Abs. 3 Feuerstätten, Verbrennungsmotoren oder Blockheizkraftwerke in Betrieb nimmt,
12. entgegen Art. 68 Abs. 7 den Ausführungsbeginn oder die Wiederaufnahme der Bauarbeiten nicht oder nicht rechtzeitig mitteilt,
13. entgegen Art. 50 Abs. 1 Satz 1 keine geeigneten Beteiligten bestellt oder entgegen Art. 50 Abs. 1 Satz 3 eine Mitteilung nicht oder nicht rechtzeitig erstattet oder entgegen Art. 52 Abs. 1 Satz 2 einen Nachweis nicht erbringt oder nicht bereithält.

[2]Ist eine Ordnungswidrigkeit nach Satz 1 Nrn. 9 bis 11 begangen worden, können Gegenstände, auf die sich die Ordnungswidrigkeit bezieht, eingezogen werden; § 23 des Gesetzes über Ordnungswidrigkeiten (OWiG) ist anzuwenden.

(2) Mit einer Geldbuße bis zu fünfhunderttausend Euro belegt werden kann ferner, wer
1. unrichtige Angaben macht oder unrichtige Pläne oder Unterlagen vorlegt, um einen nach diesem Gesetz vorgesehenen Verwaltungsakt zu erwirken oder zu verhindern,
2. vorsätzlich unrichtige Angaben in dem Kriterienkatalog nach Art. 62 Abs. 3 Satz 1 Nr. 2 macht,
3. ohne dazu berechtigt zu sein, bautechnische Nachweise im Sinn des Art. 57 Abs. 5 Satz 3, des Art. 62 Abs. 1 Satz 1 Halbsatz 1 oder des Art. 78 Abs. 2 Satz 2 erstellt, bescheinigt oder bestätigt,
4. als Prüfsachverständiger unrichtige Bescheinigungen über die Einhaltung bauordnungsrechtlicher Anforderungen ausstellt.

Ordnungswidrigkeiten **Art. 79**

Erläuterungen

Übersicht

1 Allgemeines
2 Die einzelnen Tatbestände
3 Einziehung von Gegenständen

1 Allgemeines

Die Vorschrift regelt die einzelnen Ordnungswidrigkeitentatbestände. Die Voraussetzungen der Ahndung, die Rechtsfolgen der Handlung (z. B. Geldbuße, Einziehung etc.), die Verjährung, das Ermittlungs- und Rechtsbehelfsverfahren sowie dessen Kosten sind im **Gesetz über Ordnungswidrigkeiten** (OWiG) vom 2.1.1975 (BGBl. I S. 80), zuletzt geändert durch Gesetz vom 29.7.2009 (BGBl. I S. 2258, 2353) geregelt.

Im OWiG erfolgt auch die Abgrenzung der Zuständigkeiten der Verwaltungsbehörde und der Justizorgane (Gericht, Staatsanwaltschaft) bei der Verfolgung und Ahndung von Ordnungswidrigkeiten. Den Verwaltungsbehörden obliegt die Verfolgung und Ahndung von Ordnungswidrigkeiten nur dann nicht, wenn die Staatsanwaltschaft oder das Gericht zuständig ist. Im Strafverfahren ist die Staatsanwaltschaft für die Verfolgung der Tat auch unter dem rechtlichen Gesichtspunkt einer Ordnungswidrigkeit zuständig. Sofern mit der Ordnungswidrigkeit keine Straftat zusammenhängt, verfolgen und ahnden die Kreisverwaltungsbehörden oder die Großen Kreisstädte sowie die kreisangehörigen Gemeinden, denen die Aufgaben der unteren Bauaufsichtsbehörden übertragen wurden, Ordnungswidrigkeiten nach Art. 79. Das Ermittlungsverfahren zur Verfolgung von Ordnungswidrigkeiten kann durch Feststellung der sachlich zuständigen Verwaltungsbehörde oder der Polizei eingeleitet werden. Dabei handeln diese Behörden bei der Verfolgung von Ordnungswidrigkeiten nach pflichtgemäßem Ermessen (§§ 47 und 53 OWiG). Bevor gegen einen Betroffenen ein Bußgeldbescheid erlassen wird, ist er anzuhören (§ 35 OWiG). Für die Sachverhaltsaufklärung und die Heranziehung von Beweismitteln gelten § 46 Abs. 1 OWiG und §§ 48 ff. der Strafprozessordnung (StPO).

Ein **Ermittlungsverfahren** kann dann eingeleitet werden, wenn Anhaltspunkte für eine Ordnungswidrigkeit vorliegen und der Verfolgung keine Hindernisse entgegenstehen. Der Abschluss eines Verfahrens kann eine Einstellung, die Abgabe an die Staatsanwaltschaft, eine Verwarnung oder ein Bußgeldbescheid sein (vgl. §§ 41, 46, 56 und 65 OWiG).

Die Verfolgung einer Tat als Ordnungswidrigkeit des Baurechts setzt eine rechtswidrige und schuldhafte Handlung im Sinn des Art. 79 voraus.

Als Täter kommen nur natürliche Personen in Betracht. Die Handlung einer juristischen Person wird den Personen zugerechnet, die für die juristische Person oder Personenvereinigungen gehandelt haben (§ 9 OWiG).

Art. 79

Die Verfolgung von Ordnungswidrigkeiten nach Abs. 1 verjährt in drei Jahren (§ 31 Abs. 2 Nr. 1 OWiG), von Ordnungswidrigkeiten nach Abs. 2 in zwei Jahren (§ 31 Abs. 2 Nr. 2 OWiG).

Der Mindestbetrag einer Geldbuße beträgt für vorsätzliche Ordnungswidrigkeiten bis zu 500 000 Euro. Nach § 17 Abs. 4 OWiG soll die Geldbuße den wirtschaftlichen Vorteil, den der Täter aus der Ordnungswidrigkeit gezogen hat, übersteigen. Sofern das gesetzliche Höchstmaß hierzu nicht ausreicht, kann es überschritten werden.

2 Die einzelnen Tatbestände

- Abs. 1 Nr. 1

Verstöße gegen eine vom Innenministerium nach Art. 80 Abs. 1 bis 4 erlassenen Rechtsverordnung oder einer Ortsgestaltungssatzung wie entsprechender vollziehbarer Anordnungen sind nach Abs. 1 Nr. 1 strafbewehrt. Als Täter kommt hier der Bauherr, der Entwurfsverfasser oder der Unternehmer in Betracht.

- Abs. 1 Nr. 2

Der Tatbestand findet Anwendung, wenn Anordnungen getroffen wurden, die vollziehbar, also entweder unanfechtbar oder sofort vollziehbar sind (§ 80 Abs. 2 VwGO).

- Abs. 1 Nr. 3

Als Täter einer nicht ordnungsgemäß eingerichteten Baustelle sowie der Verstöße gegen Art. 9 Abs. 2 und 3 kommt primär der Unternehmer in Betracht, für die Nichtanbringung der Bautafel jedoch auch der Bauherr.

- Abs. 1 Nr. 4

Ordnungswidrig handelt, wer geregelte und nicht geregelte Bauprodukte ohne Ü-Zeichen verwendet (vgl. hierzu Art. 20)

- Abs. 1 Nr. 5

Ordnungswidrig handelt, wer entgegen Art. 19 Bauarten anwendet. Der Tatbestand bezieht sich auf nicht geregelte Bauarten.

- Abs. 1 Nr. 6

Ordnungswidrig handelt, wer Bauprodukte ohne Ü-Zeichen verwendet. Ein Ü-Zeichen wird dann in unbefugter Weise angebracht, wenn ein solches für das Bauprodukt nicht erteilt wurde oder die Zuteilung abgelaufen, widerrufen oder entzogen wurde.

- Abs. 1 Nr. 7

Ordnungswidrig handelt, wer Zu- und Durchfahrten, Aufstellflächen oder Bewegungsflächen für die Feuerwehr nicht frei hält und damit als Verfügungsberechtigter entgegen Art. 5 Abs. 2 Satz 1 Halbsatz 2 handelt. Als Verfügungsberechtigter komme der Eigentümer, der Pächter oder Mieter in Betracht.

- Abs. 1 Nr. 8

Nach diesem Tatbestand sind auch Anzeigepflichten (Art. 57 Abs. 5 Satz 2) und die vorzeitige Errichtung, Änderung oder Benutzung einer baulichen Anlage (Art. 55 Abs. 1, Art. 58, Art. 63 Abs. 1 Satz 1) bußgeldbewehrt.

- Abs. 1 Nr. 9

Bußgeldbewehrt nach Art. 58 Abs. 3 bis 5 ist der unzulässige Baubeginn im Genehmigungsfreistellungsverfahren. Es darf mit dem Bauvorhaben nach Art. 58 Abs. 3 Satz 3 erst ein Monat nach Vorlage der erforderlichen Unterlagen bei der Gemeinde begonnen werden. Ein Baubeginn ist nur möglich, wenn eine entsprechende Mitteilung der Gemeinde an den Bauherrn ergangen ist. Dies gilt auch, wenn der Bauherr mit der Ausführung des Bauvorhabens mehr als vier Jahre nachdem die Bauausführung zulässig geworden ist, beginnen will.

- Abs. 1 Nr. 10

Der Tatbestand ist erfüllt, wenn bei fliegenden Bauten die Aufstellung nicht rechtzeitig angezeigt wird bzw. eine Aufstellung ohne Ausführungsgenehmigung erfolgt oder einer vollziehbaren Auflage in der Ausführungsgenehmigung zuwider gehandelt wird.

- Abs. 1 Nr. 11

Bußgeldbewehrt ist der Beginn mit der Bauausführung von nicht verfahrensfreien baulichen Anlagen, der Ausführung eines entsprechenden Bauabschnittes oder der Beginn der Beseitigung einer Anlage entgegen Art. 57 Abs. 5 Satz 6. Gleiches gilt, wenn gegen Bauzustandsanzeigen nach Art. 78 Abs. 1 und Abs. 2 Satz 1 verstoßen wird sowie bei Feuerstätten eine Inbetriebnahme ohne Freigabe durch den Bezirkskaminkehrermeister erfolgt.

- Abs. 1 Nr. 12

Ein eigener Tatbestand wurde für den Verstoß gegen die Baubeginnsanzeige bei Ausführungsbeginn oder Wiederaufnahme der Bauarbeiten entgegen Art. 68 Abs. 7 geschaffen.

- Abs. 1 Nr. 13

Bußgeldbewehrt ist ein Verstoß gegen die Verpflichtung des Bauherrn geeignete Entwurfsverfasser und Unternehmer zu bestellen sowie den Bauherrnwechsel unverzüglich anzuzeigen (Art. 50 Abs. 1 Sätze 1 und 3). Bußgeldbewehrt ist auch ein Verstoß des Unternehmers gegen seine Verpflichtung, die Nachweise über die Verwendbarkeit der Bauprodukte und Bauarten auf der Baustelle bereit zu halten.

- Abs. 2 Nr. 1

Durch diese Vorschrift wird der Personenkreis (z. B. Bauherr, Entwurfsverfasser, Nachbarn) erfasst, der unrichtige Angaben macht oder unrichtige Pläne oder Unterlagen vorlegt, um einen Verwaltungsakt (z. B. Baugenehmigung) zu erwirken oder zu verhindern.

Art. 80

- Abs. 2 Nr. 2
  Die Novelle 2009 hat einen eigenen Tatbestand geschaffen für den Fall, dass im Kriterienkatalog des Art. 62 Abs. 3 Satz 1 Nr. 2 vorsätzlich unrichtige Angaben gemacht werden.
- Abs. 2 Nr. 3
  Ordnungswidrig handelt, wer ohne Berechtigung bautechnische Nachweise erstellt, bescheinigt oder bestätigt.
- Abs. 2 Nr. 4
  Bußgeldbewehrt ist auch die unrichtige Ausstellung von Bescheinigungen durch den Prüfsachverständigen.

3 Einziehung von Gegenständen

Nach Abs. 1 Satz 2 dürfen bei Ordnungswidrigkeiten nach Abs. 1 Satz 1 Nr. 9 bis 11 Gegenstände auf die sich die Ordnungswidrigkeit bezieht, eingezogen werden, die Einzelheiten der Einziehung sind in § 22 des Gesetzes über Ordnungswidrigkeiten geregelt.

Art. 80
Rechtsverordnungen

(1) [1]Zur Verwirklichung der in Art. 3 Abs. 1 bezeichneten Anforderungen wird das Staatsministerium des Innern ermächtigt, durch Rechtsverordnung Vorschriften zu erlassen über

1. die nähere Bestimmung allgemeiner Anforderungen der Art. 4 bis 46,
2. Anforderungen an Feuerungsanlagen (Art. 40),
3. Anforderungen an Garagen (Art. 2 Abs. 8),
4. besondere Anforderungen oder Erleichterungen, die sich aus der besonderen Art oder Nutzung der baulichen Anlagen für Errichtung, Änderung, Unterhaltung, Betrieb und Nutzung ergeben (Art. 2 Abs. 4), sowie über die Anwendung solcher Anforderungen auf bestehende bauliche Anlagen dieser Art,
5. Erst-, Wiederholungs- und Nachprüfung von Anlagen, die zur Verhütung erheblicher Gefahren oder Nachteile ständig ordnungsgemäß unterhalten werden müssen, und die Erstreckung dieser Nachprüfungspflicht auf bestehende Anlagen,
6. die Anwesenheit fachkundiger Personen beim Betrieb technisch schwieriger baulicher Anlagen und Einrichtungen wie Bühnenbetriebe und technisch schwierige fliegende Bauten einschließlich des Nachweises der Befähigung dieser Personen.

[2]In diesen Rechtsverordnungen kann wegen der technischen Anforderungen auf Bekanntmachungen besonders sachverständiger Stellen mit Angabe der Fundstelle verwiesen werden.

(2) ¹Das Staatsministerium des Innern wird ermächtigt, durch Rechtsverordnung Vorschriften zu erlassen über
1. Prüfingenieure und Prüfämter, denen bauaufsichtliche Prüfaufgaben einschließlich der Bauüberwachung und der Bauzustandsbesichtigung übertragen werden, sowie
2. Prüfsachverständige, die im Auftrag des Bauherrn oder des sonstigen nach Bauordnungsrecht Verantwortlichen die Einhaltung bauordnungsrechtlicher Anforderungen prüfen und bescheinigen.

²Die Rechtsverordnungen nach Satz 1 regeln, soweit erforderlich,
1. die Fachbereiche und die Fachrichtungen, in denen Prüfingenieure, Prüfämter und Prüfsachverständige tätig werden,
2. die Anerkennungsvoraussetzungen und das Anerkennungsverfahren,
3. Erlöschen, Rücknahme und Widerruf der Anerkennung einschließlich der Festlegung einer Altersgrenze,
4. die Aufgabenerledigung,
5. die Vergütung.

³Das Staatsministerium des Innern kann durch Rechtsverordnung ferner
1. den Leitern und stellvertretenden Leitern von Prüfämtern die Stellung eines Prüfsachverständigen nach Satz 1 Nr. 2 zuweisen,
2. soweit für bestimmte Fachbereiche und Fachrichtungen Prüfsachverständige nach Satz 1 Nr. 2 noch nicht in ausreichendem Umfang anerkannt sind, anordnen, dass die von solchen Prüfsachverständigen zu prüfenden und zu bescheinigenden bauordnungsrechtlichen Anforderungen bauaufsichtlich geprüft werden können,
3. soweit Tragwerksplaner nach Art. 62 Abs. 2 Satz 1 Halbsatz 1 oder Brandschutzplaner nach Art. 62 Abs. 2 Satz 3 noch nicht in ausreichendem Umfang eingetragen sind, anordnen, dass die Standsicherheits- oder Brandschutznachweise bauaufsichtlich geprüft werden und die Bauausführung bauaufsichtlich überwacht wird.

(3) ¹Das Staatsministerium des Innern wird ermächtigt, durch Rechtsverordnung Vorschriften für eine Zusatzqualifikation im Sinn des Art. 62 Abs. 2 Satz 1 zu erlassen, die bezogen auf die Bauvorhaben nach Art. 61 Abs. 3 Satz 1 ausreichende Kenntnisse und Fertigkeiten hinsichtlich Standsicherheit, Schall-, Wärme- und baulichen Brandschutz sicherstellen. ²Dabei können insbesondere geregelt werden
1. die Notwendigkeit einer staatlichen Anerkennung, die die erfolgreiche Ablegung der Prüfung voraussetzt,
2. die Voraussetzungen, die Inhalte und das Verfahren für diese Prüfung,
3. das Verfahren sowie die Voraussetzungen der Anerkennung, ihren Widerruf, ihre Rücknahme und ihr Erlöschen,

Art. 80

4. Weiter- und Fortbildungserfordernisse sowie
5. die Maßnahmen bei Pflichtverletzungen.

(4) ¹Das Staatsministerium des Innern wird ermächtigt, durch Rechtsverordnung Vorschriften zu erlassen über

1. Umfang, Inhalt und Zahl der erforderlichen Unterlagen einschließlich der Vorlagen bei der Anzeige der beabsichtigten Beseitigung von Anlagen nach Art. 57 Abs. 5 Satz 2 und bei der Genehmigungsfreistellung nach Art. 58,
2. die erforderlichen Anträge, Anzeigen, Nachweise, Bescheinigungen und Bestätigungen, auch bei verfahrensfreien Bauvorhaben,
3. das Verfahren im Einzelnen.

²Es kann dabei für verschiedene Arten von Bauvorhaben unterschiedliche Anforderungen und Verfahren festlegen.

(5) Das Staatsministerium des Innern wird ermächtigt, durch Rechtsverordnung

1. die Zuständigkeit für die Zustimmung und den Verzicht auf Zustimmung im Einzelfall (Art. 18) auf ihm unmittelbar nachgeordnete Behörden zu übertragen,
2. die Zuständigkeit für die Anerkennung von Prüf-, Zertifizierungs- und Überwachungsstellen (Art. 23 Abs. 1) auf das Deutsche Institut für Bautechnik zu übertragen,
3. das Ü-Zeichen festzulegen und zu diesem Zeichen zusätzliche Angaben zu verlangen,
4. das Anerkennungsverfahren nach Art. 23 Abs. 1, die Voraussetzungen für die Anerkennung, ihre Rücknahme, ihren Widerruf und ihr Erlöschen zu regeln, insbesondere auch Altersgrenzen festzulegen, sowie eine ausreichende Haftpflichtversicherung zu fordern,
5. zu bestimmen, dass Ausführungsgenehmigungen für fliegende Bauten nur durch bestimmte Bauaufsichtsbehörden oder durch von ihm bestimmte Stellen erteilt werden, und die Vergütung dieser Stellen zu regeln.

(6) ¹Das Staatsministerium des Innern wird ermächtigt, durch Rechtsverordnung zu bestimmen, dass die Anforderungen der aufgrund des § 34 des Produktsicherheitsgesetzes (ProdSG) und des § 49 Abs. 4 des Energiewirtschaftsgesetzes erlassenen Rechtsverordnungen entsprechend für Anlagen gelten, die weder gewerblichen noch wirtschaftlichen Zwecken dienen und in deren Gefahrenbereich auch keine Arbeitnehmer beschäftigt werden. ²Es kann auch die Verfahrensvorschriften dieser Verordnungen für anwendbar erklären oder selbst das Verfahren bestimmen sowie Zuständigkeiten und Gebühren regeln. ³Dabei kann es auch vorschreiben, dass danach zu erteilende Erlaubnisse die Baugenehmigung einschließlich der zugehörigen Abweichungen einschließen und dass § 35 Abs. 2 ProdSG insoweit Anwendung findet.

Rechtsverordnungen **Art. 80**

(7) ¹Das Staatsministerium des Innern wird ermächtigt, durch Rechtsverordnung die zuständigen Behörden zur Durchführung
1. des Baugesetzbuchs,
2. des § 6b Abs. 9 des Einkommensteuergesetzes,
3. der Verordnung (EG) Nr. 765/2008 des Europäischen Parlaments und des Rates vom 9. Juli 2008 über die Vorschriften für die Akkreditierung und Marktüberwachung im Zusammenhang mit der Vermarktung von Produkten und zur Aufhebung der Verordnung (EWG) Nr. 339/93 des Rates (ABl. L 218 S. 30), der Verordnung (EU) Nr. 305/2011 und des Bauproduktengesetzes

in den jeweils geltenden Fassungen zu bestimmen, soweit nicht durch Bundesgesetz oder Landesgesetz etwas anderes vorgeschrieben ist. ²Die Zuständigkeiten nach Satz 1 Nr. 3 können auch auf das Deutsche Institut für Bautechnik übertragen werden.

Erläuterungen

Übersicht

1 Allgemeines
2 Die einzelnen Ermächtigungen
   2a Abs. 1
   2b Abs. 2
   2c Abs. 3
   2d Abs. 4
   2e Abs. 5
   2f Abs. 6
   2g Abs. 7

1 Allgemeines

Die Vorschrift ermächtigt in Abs. 1 bis 7 das Staatsministerium des Innern zum Erlass und damit auch zur Änderung und Aufhebung von **Rechtsverordnungen**. Neben diesen Rechtsverordnungen sind auch die **Verwaltungsvorschriften** zu nennen, die von (übergeordneten) Verwaltungsbehörden bekannt gemacht werden und entweder der Rechtsauslegung von Normen oder der Ermessensausübung dienen sollen. Anders als Rechtsvorschriften haben sie keine unmittelbare Auswirkung gegenüber dem Bürger. Bei Ermessensrichtlinien hat der Bürger aber einen Anspruch darauf, dass auch in seinem Fall nicht ohne sachlichen Grund von der übrigen Ermessenshandhabung abgewichen wird (BVerwG, Urteil vom 10.12.1969, NJW 1970, S. 675, BayVGH, Urteil vom 5.5.1977, BayVBl. 1977, S. 700). Eine Abweichung von Verwaltungsvorschriften muss aber möglich bleiben, soweit wesentliche Besonderheiten des Einzelfalls sie rechtfertigen (BVerwG, Beschluss vom 1.6.1979, NJW 1980, S. 75).

2 Die einzelnen Ermächtigungen

Die einzelnen Ermächtigungen sind in den Absätzen aufgelistet:

2a Abs. 1

enthält Ermächtigungen zur Konkretisierung **materieller Anforderungen** an bauliche Anlagen. Damit entspricht die Vorschrift weitgehend dem früheren Art. 90 Abs. 1 a. F.

2b Abs. 2

enthält die erforderlichen Ermächtigungen zur Regelung der Rechtsverhältnisse **der Prüfämter, der Prüfingenieure und der Prüfsachverständigen.** Dabei formuliert die Vorschrift auch die Legaldefinitionen der Prüfingenieure und Prüfämter einerseits sowie der Prüfsachverständigen andererseits.

2c Abs. 3

ermächtigt das Staatsministerium des Innern, die Vorschriften für eine **Zusatzqualifikation** für staatlich geprüfte Techniker der Fachrichtung Bautechnik und Handwerksmeister des Bau- und Zimmereifachs zu erlassen. Das sichert, dass dieser Personenkreis für die Erstellung der Nachweise über Standsicherheit bei Vorhaben im Sinne des § 62 Abs. 2 Satz 1 hinreichend qualifiziert ist. Die Vorschrift entspricht dem früheren Art. 90 Abs. 11 a. F.

2d Abs. 4

ermöglicht in einer Rechtsverordnung Bestimmungen über das bauaufsichtliche **Verfahren,** insbesondere zu den Bauvorlagen bzw. zu den erforderlichen Anträge, Anzeigen, Nachweise, Bescheinigungen und Bestätigungen zu treffen und hat damit einen vergleichbaren Regelungsgehalt wie der frühere Art. 90 Abs. 4 a. F.

2e Abs. 5

enthält verschiedene Ermächtigungsgrundlagen, die sich mit Bestimmungen der **Bauprodukte** beschäftigen, sowie die Ermächtigung, die **Zuständigkeit bei fliegenden Bauten** zu übertragen. Damit wurden die früheren in Art. 90 Abs. 2, Abs. 7 und Abs. 8 a. F. enthaltenen Vorschriften zusammengefasst und ergänzt.

2f Abs. 6

ermächtigt das Staatsministerium des Innern, bestimmte materielle und formelle **Anforderungen aus dem Produktsicherheitsrecht** auch auf Anlagen zu übertragen, die weder gewerblichen noch wirtschaftlichen Zwecken dienen und in deren Gefahrenbereich auch keine Arbeitnehmer beschäftigt werden. Damit entspricht die Vorschrift dem früheren Art. 90 Abs. 3 a. F.

Örtliche Bauvorschriften   Art. 81

2g Abs. 7

beinhaltet schließlich Verordnungsermächtigungen zur **Bestimmung von zuständigen Behörden** nach dem Baugesetzbuch und anderen Bundesgesetzen, die nach früherem Recht in Art. 92 a. F. enthalten waren.

Art. 81
Örtliche Bauvorschriften

(1) Die Gemeinden können durch Satzung im eigenen Wirkungskreis örtliche Bauvorschriften erlassen

1. über besondere Anforderungen an die äußere Gestaltung baulicher Anlagen zur Erhaltung und Gestaltung von Ortsbildern,
2. über das Verbot der Errichtung von Werbeanlagen aus ortsgestalterischen Gründen,
3. über die Lage, Größe, Beschaffenheit, Ausstattung und Unterhaltung von Kinderspielplätzen (Art. 7 Abs. 2),
4. über Zahl, Größe und Beschaffenheit der Stellplätze für Kraftfahrzeuge und der Abstellplätze für Fahrräder, einschließlich des Mehrbedarfs bei Änderungen und Nutzungsänderungen der Anlagen sowie die Ablösung der Herstellungspflicht und die Höhe der Ablösungsbeträge, die nach Art der Nutzung und Lage der Anlage unterschiedlich geregelt werden kann,
5. über die Gestaltung der Plätze für bewegliche Abfallbehälter und der unbebauten Flächen der bebauten Grundstücke sowie über die Notwendigkeit, Art, Gestaltung und Höhe von Einfriedungen; dabei kann bestimmt werden, dass Vorgärten nicht als Arbeitsflächen oder Lagerflächen benutzt werden dürfen,
6. über von Art. 6 abweichende Maße der Abstandsflächentiefe, soweit dies zur Gestaltung des Ortsbildes oder zur Verwirklichung der Festsetzungen einer städtebaulichen Satzung erforderlich ist oder der Verbesserung der Wohnqualität dient und eine ausreichende Belichtung sowie der Brandschutz gewährleistet sind,
7. in Gebieten, in denen es für das Straßen- und Ortsbild oder für den Lärmschutz oder die Luftreinhaltung bedeutsam oder erforderlich ist, darüber, dass auf den nicht überbaubaren Flächen der bebauten Grundstücke Bäume nicht beseitigt oder beschädigt werden dürfen, und dass die Flächen nicht unterbaut werden dürfen.

(2) ¹Örtliche Bauvorschriften können auch durch Bebauungsplan oder, soweit das Baugesetzbuch dies vorsieht, durch andere Satzungen nach den Vorschriften des Baugesetzbuchs erlassen werden. ²In diesen Fällen sind, soweit das Baugesetzbuch kein abweichendes Verfahren regelt, die Vorschriften des Ersten und des Dritten Abschnitts des Ersten Teils, des Ersten Abschnitts des Zweiten

Art. 81
Örtliche Bauvorschriften

Teils des Ersten Kapitels, die §§ 13, 13a, 30, 31, 33, 36, 214 und 215 BauGB entsprechend anzuwenden.

(3) ¹Anforderungen nach den Abs. 1 und 2 können in der Satzung auch zeichnerisch gestellt werden. ²Die zeichnerischen Darstellungen können auch dadurch bekannt gemacht werden, dass sie bei der erlassenden Behörde zur Einsicht ausgelegt werden. ³Hierauf ist in der Satzung hinzuweisen.

Erläuterungen

Übersicht

1 Allgemeines
2 Ermächtigungen nach Abs. 1
   2a   Abs. 1 Nr. 1
   2b   Abs. 1 Nr. 2
   2c   Abs. 1 Nr. 3
   2d   Abs. 1 Nr. 4
   2e   Abs. 1 Nr. 5
   2f   Abs. 1 Nr. 6
   2g   Abs. 1 Nr. 7
3 Örtliche Bauvorschriften im Bebauungsplan
4 Satzungsverfahren
5 Abweichungen

Zur Neufassung 2013:

In Abs. 2 Satz 2 wird durch eine Verweisung auf §§ 13 und 13a BauGB gewährleistet, dass die örtlichen Bauvorschriften auch bei Bebauungsplänen im vereinfachten und im beschleunigten Verfahren der Innenentwicklung gelten.

1 Allgemeines

Die Vorschrift ermächtigt die Gemeinden zum Erlass von örtlichen Bauvorschriften, deren Regelungsinhalte sich auf die Gestaltung, Gestattung und Ausstattung baulicher Anlagen und anderer Anlagen, die Festlegung von Ablösebeträgen und Herstellungspflichten, abweichende Festlegungen, geringere und größere Abstandsflächen, beziehen können. Dabei können die örtlichen Bauvorschriften allgemeine und historische Gestaltungspflege ebenso zum Ziel haben wie Fragen der Wohnqualität und der Grünordnung. Klargestellt wird in der Neufassung des Abs. 1, dass die örtlichen Bauvorschriften **dem eigenen Wirkungskreis** der Gemeinde zuzuordnen sind (hierzu BayVGH, Urteil vom 16.12.1996, NVwZ 1998, S. 205).

Insbesondere werden Anforderungen an bauliche Anlagen (Abs. 1 Nr. 1), das Verbot von Werbeanlagen aus ortsgestalterischen Gründen (Abs. 1 Nr. 2), Kinderspielplätze (Abs. 1 Nr. 3), Stellplätze für Kraftfahrzeuge (Abs. 1 Nr. 4), Stellplätze für Fahrräder (Abs. 1 Nr. 4), Einfriedungen (Abs. 1 Nr. 5), Abstandsflächen (Abs. 1 Nr. 6) und Lärm- und Luftreinhaltung (Abs. 1 Nr. 7) geregelt.

Örtliche Bauvorschriften   **Art. 81**

Die örtlichen Bauvorschriften können für das gesamte Gemeindegebiet sowie die Teile davon, aber auch für Ortsteile sowie für bestimmte Bauten, Straßen, Plätze oder Gebiete erlassen werden. Dabei konkretisieren die örtlichen Bauvorschriften die allgemeinen gesetzlichen Anforderungen der Bauordnung und stellen, bezogen auf die konkreten Schutzziele, darüber hinausgehende Anforderungen auf. Es liegt in der Verantwortung der Gemeinde, ob sie die allgemeinen Vorschriften für ausreichend erachtet oder den Erlass örtlicher Bauvorschriften beschließt. Neben der konkreten örtlichen Situation, die Regelungen zum Schutz des Ortsbildes etc. notwendig machen kann, sollte die Gemeinde auf Grund der seit 2008 neuen bauordnungsrechtlichen Vorschriften, wie z. B. keine Überprüfung des Stellplatznachweises ohne Stellplatzsatzung durch die Bauaufsichtsbehörde (Art. 59), der Genehmigungsfreiheit von Grenzgaragen (vgl. hierzu Art. 57 Abs. 1 Nr. 1b), die Zulässigkeit von genehmigungsfreien Einfriedungen bis 2 m Höhe sowie die Genehmigungsfreiheit von Werbeanlagen an der Stätte der Leistung in überplanten Gewerbe- und Industriegebieten, den Erlass örtlicher Bauvorschriften erwägen.

Da örtliche Bauvorschriften in die Gestaltungsfreiheit des Einzelnen eingreifen, dürfen sie nur erlassen werden, **wenn sie erforderlich sind.** Es ist genau zu prüfen, welche Gebiete in den Schutzbereich einbezogen werden sollen und der räumliche Geltungsbereich ist klar festzulegen (BayVGH, Beschluss vom 18.2.1991, BayVBl. 1991, S. 406). Die Rechtsaufsichtsbehörden sind nicht befugt, die Unwirksamkeit der Ortsvorschriften verbindlich festzustellen, sie haben jedoch die Möglichkeit der Normenkontrollklage.

Das Gesetz zur Vereinfachung und Beschleunigung bau- und wasserrechtlicher Verfahren beinhaltete in 2007 auch eine Änderung des Ausführungsgesetzes zur Verwaltungsgerichtsordnung (AGVwGO). Art. 5 Satz 2 Nr. 2 AGVwGO bestimmt, dass **Normenkontrollen gegen Satzungen** nach Art. 81 Abs. 1 und 2 eingeschränkt werden. Antragsbefugt sind nur noch Behörden, sofern die Rechtssache grundsätzliche Bedeutung hat (zum Begriff vgl. § 132 Abs. 2 Nr. 1 VwGO). Der Rechtsschutz des Bürgers wird nicht unzumutbar eingeschränkt, da dieser weiterhin die Möglichkeit hat, im Rahmen der Einzelanfechtung (z. B. gegen belastende selbstständige Auflagen in Baugenehmigungen) eine Inzidentkontrolle von Satzungen nach Art. 81 Abs. 1 und 2 zu erreichen (kritisch Geiger, BayVBl. 1995, S. 587, s. aber Allesch, BayVBl. 1996, S. 331).

2 Ermächtigungen nach Abs. 1

Die Vorschrift ermächtigt die Gemeinden, besondere Bauvorschriften zu erlassen.

2a Abs. 1 Nr. 1

Nr. 1 ermächtigt die Gemeinden, besondere Anforderungen an die äußere Gestaltung zu erlassen. Im Gegensatz zu Art. 11 kann durch eine entsprechende Bauvorschrift nicht nur der Schutz vor Verunstaltungen sichergestellt, sondern es kann grundsätzlich auch eine darüber hinausgehende **positive** Gestaltungspflege fest-

Art. 81

Örtliche Bauvorschriften

gelegt werden. Die Gemeinde kann **besondere Anforderungen an die äußere Gestaltung baulicher Anlagen** stellen, sofern diese Bestimmungen erforderlich sind, **die Erhaltung und Gestaltung von Ortsbildern** zu gewährleisten. Somit sind Vorschriften dann zulässig, wenn sie gebietsspezifisch gestalterische Absichten für das Orts-, Straßen- oder Landschaftsbild verfolgen (OVG Rh-Pf, Urteil vom 22.9.1988, DÖV 1989, S. 727). Zu beachten ist jedoch, dass die Gemeinde mit der Ortsgestaltungssatzung **nicht bauplanungsrechtliche Themen** (z. B. überbaubare Grundstücksflächen) regeln darf (BVerwG, Beschluss vom 31.5.2005, ZfBR 2005, S. 559, Urteil vom 11.10.2007, NVwZ 2008, S. 311). Die besonderen Anforderungen an die äußere Gestaltung können sich z. B. auf Gebäudestellung, -breite, -höhenlage und -grundriss, Dachform (Firstrichtung, Dachneigung, Farbe und Material der Dacheindeckung, Dachbegrünung, -aufbauten und -öffnungen), Fassadengliederung, Fenster, Türen, An- und Vorbauten beziehen.

Vorschriften können auch für die äußere Gestaltung von **Werbeanlagen**, die ebenfalls bauliche Anlagen darstellen (Art. 81 Abs. 1 Nr. 2), aufgestellt werden (z. B. Farbe, Ausführung, Art und Farbe des Lichts, Plakatwerbung bei Schaufenstern). Dabei sind auch generalisierende Regelungen über Werbeanlagen zulässig, jedoch ist zu beachten, dass Verbote nur aus ortsgestalterischen Gründen gerechtfertigt sind und der Grundsatz der Verhältnismäßigkeit gewahrt bleiben muss (vgl. hierzu auch unten Ziffer 3).

Besondere Anforderungen können nur in Orten mit erhaltenswerter (einheitlicher) „Dachlandschaft" an **Außenantennen** gestellt werden; sie sind jedoch dann nicht mehr von Art. 81 gedeckt, wenn das Grundrecht auf Informationsfreiheit verletzt ist (vgl. BVerfG, Beschluss vom 11.12.1991, NVwZ 1992, S. 463). Insofern können zwar Antennen auf Hausdächern untersagt werden, das Verbot steht aber unter dem Vorbehalt des umfassenden und gleichwertigen technischen Ersatzes. Ein Ausschluss von Mobilfunkantennen wird im Rahmen einer Ortsgestaltungssatzung regelmäßig nicht zulässig sein. Unter Umständen können durch Regelungen über die Höhe und Gestaltung von Dachaufbauten gewisse Ausschlusskriterien für Mobilfunkantennen festgelegt werden.

Die Gemeinde kann bei entsprechender Abwägung auch dann eine örtliche Bauvorschrift erlassen, wenn das Gebiet bereits bebaut ist und z. B. statt Flachdächern Satteldächer festsetzen (VGH Bad.-Württ., Urteil vom 29.1.1992, UPR 1992, S. 276). Aufgrund einer solchen Satzung sind jedoch Anordnungen gegenüber bestehenden, bestandsgeschützten Gebäuden nicht möglich.

Die gestalterischen Anforderungen müssen **hinreichend bestimmt** sein.

2b Abs. 1 Nr. 2

In Abs. 1 Nr. 2 ist die Ermächtigung für die Gemeinden aufgenommen, eine **örtliche Bauvorschrift über das Verbot der Errichtung von Werbeanlagen** aus ortsgestalterischen Gründen zu erlassen. Nach der Gesetzesbegründung soll damit klargestellt werden, dass die örtliche Bauvorschrift ein Verbot von Werbeanlagen nur

Örtliche Bauvorschriften   **Art. 81**

aus ortsgestalterischen Gründen festlegen kann. Dies erfolgt insbesondere in Abgrenzung zum Bauplanungsrecht. Eine solche Satzung wird nach dem Grundsatz der Verhältnismäßigkeit in der Regel gemeindeweit nur allgemeine Verbote, z. B. zum baulichen Maß von Werbeanlagen oder zu besonders störenden Effekten (z. B. Lichtreklamen [BVerwG, Urteil vom 22.2.1980, BayVBl. 1980, S. 408], zu wechselnden Lichtquellen [VGH Bad.-Württ., Beschluss vom 24.2.2003, VBlBW 2003, S. 285]) enthalten können. Für abgegrenzte Gemeindeteile, z. B. Fremdenverkehrsbereich, Altstadtgebiet, Gewerbegebiet, können detaillierte Regelungen getroffen werden. Ein generelles Verbot der Werbung mit Großflächentafeln in Mischgebieten ist jedoch nichtig (BVerwG, Urteil vom 28.4.1972, BayVBl. 1973, S. 471). Jedoch kann der Ausschluss von Fremdwerbung zulässig sein (OVG Bremen, Urteil vom 20.2.2001, BRS 65, S. 685). Zulässig ist es, das Anbringen von Werbetafeln und Warenautomaten in Vorgärten und Einfriedungen in reinen Wohngebieten zu untersagen (BVerwG, Urteil vom 22.2.1980, BayVBl. 1980, S. 598).

2c Abs. 1 Nr. 3

Nach dieser Vorschrift können die Gemeinden Vorgaben über die Lage, Größe und Beschaffenheit, Ausstattung und Unterhaltung von **Kinderspielplätzen** nach Art. 7 Abs. 2 erlassen. Da Flächen von Gemeinschaftsanlagen in einem Bebauungsplan festgesetzt werden können (§ 9 Abs. 1 Nr. 22 BauGB) können diese ortsgestalterischen Regelungen auch in den Bebauungsplan integriert werden. Möglich ist es, die Ausstattung von Kinderspielplätzen mit den notwendigen Spielgeräten zu regeln.

2d Abs. 1 Nr. 4

Nach Abs. 1 Nr. 4 kann die Gemeinde eine **Stellplatzsatzung** sowie eine **Fahrradstellplatzsatzung** erlassen. Festgelegt werden kann auch, der Mehrbedarf bei Änderungen und Nutzungsänderungen der Anlagen sowie die Ablösung der Herstellungspflichten und die Höhe der Ablöse. Durch die Neuregelung der Bauordnung kommt einer Stellplatzsatzung sowie einer Regelung über die Ablösung besondere Bedeutung zu. Zum einen wird der Stellplatznachweis im vereinfachten Verfahren von der Bauaufsichtsbehörde nach Art. 59 nur noch geprüft, wenn eine entsprechende Regelung durch örtliche Bauvorschriften der Gemeinde erlassen wurde, zum anderen wird in Art. 47 der Verpflichtung des Bauherrn zum Stellplatznachweis die Ablöse gleichgestellt.

Der Gesetzgeber weist in der Gesetzesbegründung darauf hin, dass in der Rechtsverordnung des Innenministeriums zum Stellplatznachweis nur Mindestvorgaben geregelt werden, so dass es in der Verantwortung der Gemeinde liegt, durch eine eigene Satzung die gemeindebezogenen Erfordernisse festzulegen (vgl. hierzu Mustersatzung über Stellplätze, Garagen und Einfriedungen). Das Verbot von Doppelparkgaragen kann im Rahmen einer Stellplatzsatzung nicht erlassen werden (BayVGH, Urteil vom 22.10.1991, Fundstelle 1982, S. 186).

Art. 81
Örtliche Bauvorschriften

Die **Ablösebeträge für Kraftfahrzeugstellplätze** können ebenfalls durch Satzung geregelt werden. Zweckmäßig ist es, hier bei der Angemessenheit zwischen ober- und unterirdischen Stellplätzen zu unterscheiden. Dabei enthält die Bauordnung keine Vorschrift, wonach der Ablösebetrag einen bestimmten Vomhundertsatz der Herstellungskosten nicht übersteigen darf. Nicht mehr möglich ist es, wie bisher in Art. 91 Abs. 2 Nr. 4 a. F. vorgesehen, eine Satzung zu erlassen, nach der innerhalb des Geltungsbereichs die Herstellung von Stellplätzen auch dann unterbunden werden kann, wenn die Stellplätze auf dem Baugrundstück oder in der Nähe errichtet werden könnten. Diese bisherige Satzungsermächtigung, die es in den Innenstädten und Ballungsräumen ermöglichen sollte, Verkehrskonzepte umzusetzen, die den motorisierten Individualverkehr in der Innenstadt beschränken, wurde 2008 aufgehoben. In der Gesetzesbegründung wurde hierzu ausgeführt, dass es sich bei dem Erlass von Ausschluss- und Beschränkungssatzungen um gemeindliche Entscheidungen im Rahmen der kommunalen Verkehrspolitik handelt, deren Finanzierung nicht auf den Bauherren überwälzt werden soll, so dass eine Regelung im bzw. auf Grund des Bauordnungsrechts schon kompetenzrechtlich zumindest problematisch ist (vgl. BVerwG, Beschluss vom 31.5.2005, ZfBR 2005, S. 559). Durch die Beseitigung dieser Ablösepflicht sollen zugleich die im Hinblick auf die Abgrenzung einer Sonderabgabe von einer unzulässigen Steuer bestehenden verfassungsrechtlichen Bedenken ausgeräumt werden (BVerwG, Urteil vom 16.9.2004, BVerwGE 122, S. 1).

2e Abs. 1 Nr. 5

Nach dieser Vorschrift können die Gemeinden Satzungen über die Gestaltung der **Plätze für bewegliche Abfallbehälter und der unbebauten Flächen** der bebauten Grundstücke erlassen. Jedoch ist bei gestalterischen Vorschriften über die unbebauten Flächen darauf zu achten, dass nicht planungsrechtliche Regelungen getroffen werden, da diese nur durch Festsetzungen in Bebauungsplänen erfolgen können (siehe dazu oben Ziffer 2) Des Weiteren können Art, Gestaltung und Höhe von Einfriedungen geregelt werden. So ist es möglich, die Notwendigkeit und das **Verbot von Einfriedungen** im Interesse eines einheitlichen Straßenbildes zu regeln. Auch die Art und Gestaltung von Einfriedungen (Mauern, Zäune, Hecken) sowie die Höhe können geregelt werden (BayVGH, Urteil vom 22.2.2000, Fundst. 2000, 322). Im Hinblick auf die Genehmigungsfreiheit von Einfriedungen bis 2 m erscheint es sinnvoll, eine entsprechende Regelung zu erlassen.

2f Abs. 1 Nr. 6

Die Möglichkeit der Gemeinde, von Art. 6 abweichende Maße der **Abstandsflächentiefe** zu erlassen, wurde in Abs. 1 Nr. 6 an bestimmte Voraussetzungen geknüpft. Eine solche Regelung ist nur zulässig, wenn sie zur Gestaltung des Ortsbildes oder zur Verwirklichung der Festsetzung einer städtebaulichen Satzung erforderlich ist, oder der Verbesserung der Wohnqualität, dient. Zudem muss eine ausreichende Belichtung sowie der Brandschutz gewährleistet sein. In der Gesetzesbegründung 2007 wurde darauf hingewiesen, dass damit nicht die Regelung einer abweichenden Abstandsflächentiefe gestattet wird. Hierfür hat der Gesetzgeber eine eigene Ermächtigungsgrundlage in Art. 6 Abs. 7 geschaffen (vgl. Art. 6 Ziffer 15). Die Neufassung des Abs. 1 Nr. 6 erlaubt seit 2008 die Festlegung abweichender – hier: größerer – Abstandsflächen auch zur Verbesserung der Wohnqualität, um eine bessere Belichtung zu erreichen. Da dieses Schutzgut eine Materie des Landesrechts ist, kann eine solche Regelung auch vor dem Hintergrund der neuen Rechtsprechung des Bundesverwaltungsgerichts zum Verhältnis von Bauordnungs- und Bauplanungsrecht getroffen werden (BVerwG, Beschluss vom 31.5.2005, ZfBR 2005, S, 559).

2g Abs. 1 Nr. 7

Die Vorschrift ermächtigt die Gemeinden, die **Erhaltung von Bäumen** auf den nicht überbauten Flächen der bebauten Grundstücke vorzuschreiben sowie die Unterbauung dieser Flächen zu verbieten, sofern die übrigen Voraussetzungen eingehalten sind. Die Gebiete müssen exakt bezeichnet sein.

3 Örtliche Bauvorschriften im Bebauungsplan

Örtliche Bauvorschriften können nach Abs. 2 auch durch Bebauungsplan oder durch andere Satzungen nach dem BauGB, z. B. durch eine Ortsabrundungssatzung, erlassen werden. Die maßgeblichen Regelungen des Bauplanungsrechts wurden ausdrücklich in die Verweisung des Abs. 2 aufgenommen. Weiter wurde die Verweisung auch auf die planungssichernden Instrumente der Veränderungssperre und Zurückstellung von Bauvorhaben erstreckt sowie die Fehlerklärungs- und Unbeachtlichkeitsregelungen (§ 215a BauGB) einbezogen. Mit der Änderung der **BayBO 2013** wurde eine Verweisung auf §§ 13 und 13a BauGB aufgenommen. Damit wird klargestellt, dass örtliche Bauvorschriften auch bei Bebauungsplänen im vereinfachten und im beschleunigten Verfahren der Innenentwicklung gelten.

4 Satzungsverfahren

Es steht im pflichtgemäßen Ermessen der Gemeinde, ob örtliche Bauvorschriften erlassen werden sollen. Die Satzung ist **nicht genehmigungspflichtig**. Nach Abs. 3 sind in Satzungen auch zeichnerische Darstellungen, z. B. über die beabsichtigte Gestaltung eines Straßenzugs, der Dächer, Fassaden, Fenster, Gesimse und Balkone zulässig. Eine Begründung ist für eine solche Satzung nicht erforderlich (BVerfG, Beschluss vom 3.11.1992, ZfBR 1993, S. 89). Die Grundsätze des Abwägungsgebots sind jedoch zu beachten (VGH Bad.-Württ., Urteil vom 19.9.2002, UPR 2003, S. 317, BRS 65, S. 657).

5 Abweichungen

Für Abweichungen von örtlichen Bauvorschriften ist die Bauaufsichtsbehörde zuständig; sie bedürfen des Einvernehmens der Gemeinde (Art. 63 Abs. 3 Satz 2). Bei verfahrensfreien Bauvorhaben entscheidet die Gemeinde über Abweichungen von örtlichen Bauvorschriften in eigener Zuständigkeit (Art. 63 Abs. 3 Satz 1).

SIEBTER TEIL
Ausführungsbestimmungen zum Baugesetzbuch

Art. 82
Frist zur Nutzungsänderung ehemaliger landwirtschaftlicher Gebäude

Die Frist nach § 35 Abs. 4 Satz 1 Nr. 1 Buchst. c BauGB ist nicht anzuwenden. Durch Gesetz vom 28.5.2009 (GVBl. S. 218) wurde die Befristung der Vorschrift aufgehoben.

Erläuterungen

Die Nutzungsänderung eines früheren land- und forstwirtschaftlichen Betriebsgebäudes im Außenbereich ist grundsätzlich nicht privilegiert, sondern **ein sonstiges Vorhaben gemäß § 35 Abs. 2 BauGB.** Die Weiternutzung solcher Gebäude kann insbesondere dann genehmigt werden, wenn eine **Teilprivilegierung nach § 35 Abs. 4 Satz 1 Nr. 1 BauGB** gegeben ist. Voraussetzung hierfür ist u. a., dass die Aufgabe der bisherigen Nutzung nicht länger als sieben Jahre zurückliegt. Aufgrund der Ermächtigung des § 245b Abs. 2 BauGB sind die Länder befugt, zu bestimmen, dass die 7-Jahresfrist nicht anzuwenden ist. Hiervon hat der bayerische Gesetzgeber in Art. 82 Gebrauch gemacht.

Die früher in der Ermächtigungsgrundlage des § 245b BauGB enthaltene Befristung wurde im Rahmen der ROG-Novellierung 2009 gestrichen.

ACHTER TEIL
Übergangs- und Schlussvorschriften

Art. 83
Übergangsvorschriften

(1) – *aufgehoben* –

(2) – *aufgehoben* –

(3) Als Tragwerksplaner im Sinn des Art. 62 Abs. 2 Satz 1 Halbsatz 1 in der ab 1. Januar 2008 geltenden Fassung gelten die im Sinn des Art. 68 Abs. 7 Satz 2 in der bis zum 31. Dezember 2007 geltenden Fassung Nachweisberechtigten.

(4) Als Brandschutzplaner im Sinn des Art. 62 Abs. 2 Satz 3 in der ab 1. Januar 2008 geltenden Fassung gelten die im Sinn des Art. 68 Abs. 7 Satz 3 in der bis zum 31. Dezember 2007 geltenden Fassung Nachweisberechtigten sowie die auf der Grundlage der Verordnung nach Art. 90 Abs. 9 in der bis zum 31. Dezember 2007 geltenden Fassung anerkannten verantwortlichen Sachverständigen für vorbeugenden Brandschutz.

Übergangsvorschriften **Art. 83**

(5) – *aufgehoben* –

(6) Art. 53 Abs. 1 Satz 2 in der bis zum 31. Dezember 2007 geltenden Fassung findet keine Anwendung im Geltungsbereich von Satzungen, die aufgrund von Art. 91 Abs. 2 Nr. 4 in der bis zum 31. Dezember 2007 geltenden Fassung erlassen worden sind.

(7) Soweit § 20 Abs. 1 BauNVO zur Begriffsbestimmung des Vollgeschosses auf Landesrecht verweist, gilt insoweit Art. 2 Abs. 5 in der bis zum 31. Dezember 2007 geltenden Fassung fort.

Erläuterungen

Übersicht

1 Allgemeines
2 Fortgeltung der Legaldefinition des Vollgeschosses

1 Allgemeines

Der achte Teil betrifft Vorschriften zu Überleitungsfragen, die durch die Bauordnung 2008 zu lösen waren. Insofern wurden die bereits eingeleiteten **Genehmigungsverfahren** grundsätzlich nach dem früheren Recht behandelt. Der Bauherr konnte jedoch das neue Recht wählen. Auch für Genehmigungsfreistellungen war Art. 64 BayBO a. F. anzuwenden. Daher galt **bei alten Genehmigungsfreistellungen** auch nicht die in 2008 eingeführte zeitliche Beschränkung der Geltungsdauer der Freistellung auf vier Jahre nach Art. 58 Abs. 3 Satz 5. Beim Zustimmungsverfahren war den Landkreisen und Gemeinden ein Verfahrenswahlrecht eröffnet worden, sie konnten ab 2008 bei eigenen Vorhaben wählen, ob ein Baugenehmigungsverfahren durchzuführen ist, bei dem lediglich die technische Prüfung und die Bauüberwachung nach Art. 86 Abs. 6 a. F. entfällt oder ob sie unter den Voraussetzungen des Art. 73 Abs. 5 das Bauvorhaben verfahrensfrei durchführen wollten. Voraussetzung hierfür war jedoch, dass ausreichend qualifiziertes Personal (Bedienstete mit der Befähigung zum höheren bautechnischen Verwaltungsdienst und mit sonstigen geeigneten Fachkräften) vorhanden war.

Abs. 1 legt mit der Bauordnungsnovelle 2008 fest, dass für auch zum Zeitpunkt des Inkrafttreten des Gesetzes eingeleitete Genehmigungsverfahren das bisher geltende Recht anzuwenden ist, soweit der Bauherr nicht gegenüber der Gemeinde oder der Baugenehmigungsbehörde erklärt, dass das neue Recht gelten soll. Dies gilt nach Abs. 2 sinngemäß für bereits eingeleitete Genehmigungsfreistellungen.

Abs. 3 und Abs. 4 enthalten Bestandsschutzregelungen für die nach bisherigem Recht bautechnisch Nachweisberechtigten.

Abs. 5 eröffnet bei der bauaufsichtlichen Zustimmung nach Art. 73 den Landkreisen und Gemeinden ein Verfahrenswahlrecht.

Art. 84

Abs. 6 stellt klar, dass auf der Grundlage einer Ausschluss- oder Beschränkungssatzung für Stellplätze nach Art 91 Abs. 2 Nr. 4 a. F. keine Stellplatzablöse gefordert werden darf.

Abs. 7 enthält eine Fortgeltungsregelung zur bisherigen Legaldefinition des Vollgeschosses in Art. 2 Abs. 5 a. F.

2 Fortgeltung der Legaldefinition des Vollgeschosses

Die frühere Regelung über die Legaldefinition des Vollgeschosses lautete wie folgt:

Art. 2 Abs. 5a. F.; [1]Vollgeschosse sind Geschosse, die vollständig über der natürlichen oder festgelegten Geländeroberfläche liegen und über mindestens zwei Drittel ihrer Grundfläche eine Höhe von mindestens 2,3 m haben. [2]Als Vollgeschosse gelten Kellergeschosse, deren Deckenunterkante im Mittel mindesten 1,2 m höher liegt, als die natürliche oder festgelegte Geländeoberfläche.

Der Gesetzgeber hat Art. 2 Abs. 5 a. F. seinerzeit nicht in das neue Gesetz 2008 übernommen. In der Gesetzesbegründung wurde hierzu ausgeführt, dass die Definition des Vollgeschosses entfällt, da dem Vollgeschossbegriff keine bauordnungsrechtliche Bedeutung mehr zukommt (LT-Drs. 15/7161, S. 40). Da jedoch nicht absehbar ist, wann der Bundesgesetzgeber eine bauplanungsrechtliche Legaldefinition des Vollgeschosses in § 20 Abs. 1 BauNVO aufnimmt, bestimmte Abs. 7, dass die Legaldefinition des Vollgeschosses in Art. 2 Abs. 5 a. F. fortgilt. Diese soll erst dann entfallen, wenn eine bundesrechtliche Regelung vorliegt. (Siehe hierzu Art. 2 Ziffer 10 zur Kommentierung des Vollgeschosses.)

Art. 84
Inkrafttreten[1])

[1]Dieses Gesetz tritt am 1. Oktober 1962 in Kraft. [2]Die Vorschriften über die Ermächtigung zum Erlass von Rechtsverordnungen und von örtlichen Bauvorschriften treten jedoch bereits am 1. August 1962 in Kraft.

---

1) Diese Vorschrift betrifft das Inkrafttreten des Gesetzes in der ursprünglichen Fassung vom 1. August 1962 (GVBl. S. 179, ber. S. 250). Der Zeitpunkt des Inkrafttretens der späteren Änderungen ergibt sich aus den jeweiligen Änderungsgesetzen.

Erläuterungen

Übersicht

1 Allgemeines

Die Vorschrift betrifft die ursprüngliche Fassung der Bauordnung vom 1.8.1962 (GVBl. S. 179), die am 1.10.1962 in Kraft getreten ist.

Für die Änderung vom 20.12.2011 z. B. bestimmte § 41 des Gesetzes zur zur Anpassung von Gesetzen an das Gesetz zum Neuen Dienstrecht in Bayern (GVBl. S. 689), dass die entsprechenden Änderungen am 1.1.2012 in Kraft treten sollten.

1) Art. 68 (1) S1 Hs1 Anspruch

2) Art. 2 (4) Sonderbau?

ja → Art. 60 S1

Nein → Art. 59 S1

3) Art. 59 S1/60 S1 Bauplanungsrechtl. zulässig? (§§ 29–37 BauGB)

4) Bauliche Anlage gem. § 29 (1) BauGB? Errichtung/Änderung/Nutzung?

5) Siehe n. Seite 7) ff.

0 BPL:

1) § 30 Abs. 1 / Abs. 1
- Art & Maß
- überbaub. G.
- Bauweise
- Erschließung

2) Bei Nichteinhaltung: Befreiung möglich? § 31 (2) BauGB

3) Bei Befreiung: Einvernehmen der Gemeinde? § 36 (1) S1

Befreiung BPL:

§ 31 (2)

1) Grundzüge Pl betroffen?

2) ~ berührt?

3) Gründe des Gemeinwohl (soziale Einrichtungen)

3) b) städtebaul. vertretbar (könnte Teil eines B-Plans sein)

c) u. U. Nachb (Mögliche Baumaßnahme wurde n. bedacht)

4) § 15 (1) BauNVO?

5) § 36 Einvernehmen Gemeinde

6) Art. 63 (2) schriftl. Antrag + Begründung

② Nach § 34:
(ohne Satzung)

1) Bebauungskomplex mit vorhandener Bebauung mit gew. Gewicht (10-15 Gebäude)
   - kl. Bauliche unterbrochen Zusammenhang nicht
   - Grundstück an Rande des Innenbereichs: bei 3 Seite ohne Bebauung → Außenbereich
   - orga. Siedlungsstruktur
   - Baugrundstück ist Teil davon

2) Nähere Umgebung bestimmen

3) Einfügen:
   a) Art der Nutzung: Entspricht die nähere Umgebung bzgl. Art d.
      (§ 34(2))   Nutzung ein Gebiet gem. § 1 (2) BauNVO ?

      Ja → Einfügen / Nein → Gemengelage (Fügt es sich ein?)

   b) Maß d. Nutzg / c) Bauweise / d) überbaub. G. (BauNVO nur als Ausl.)

4) Gesunde Wohn- / Arbeitsverhältnisse? § 34 (3)

5) § 34 (3) Abweichungen?

6) § 36 (1) Einvernehmen der Gemeinde?

7) a) Bei Art. 59: 51 Nr. 1 Abstandsflächen?
                    Satzung?
      Abweichungen nach Art. 63?

   b) Sonderbau Art. 60

Gastellv | **Anhang 1**

Verordnung über den Bau und Betrieb von Garagen sowie über die Zahl der notwendigen Stellplätze (GaStellV)

vom 30.11.1993 (GVBl. S. 910, BayRS 2132-1-4-I), zuletzt geändert durch § 2 V vom 8.7.2009 (GVBl. S. 332)

Auf Grund von Art. 90 Abs. 1 Nrn. 1 und 3 der Bayerischen Bauordnung (BayBO) in der Fassung der Bekanntmachung vom 4. August 1997 (GVBl. S. 433, BayRS 2132-1-I) und Art. 38 Abs. 3 des Landesstraf- und Verordnungsgesetzes erlässt das Bayerische Staatsministerium des Innern folgende Verordnung:

Inhaltsübersicht

TEIL I
Allgemeine Vorschriften

§ 1 Begriffe und allgemeine Anforderungen

TEIL II
Bauvorschriften

§ 2 Zu- und Abfahrten
§ 3 Rampen
§ 4 Einstellplätze und Fahrgassen
§ 5 Lichte Höhe
§ 6 Tragende Wände, Decken, Dächer
§ 7 Außenwände
§ 8 Trennwände
§ 9 Brandwände als Gebäudeabschlusswand
§ 10 Rauchabschnitte, Brandabschnitte
§ 11 Verbindung zu anderen Räumen und zwischen Garagengeschossen
§ 12 Rettungswege
§ 13 Beleuchtung
§ 14 Lüftung
§ 15 Feuerlöschanlagen, Rauch- und Wärmeabzug
§ 16 Brandmeldeanlagen

TEIL III
Betriebsvorschriften

§ 17 Betriebsvorschriften für Garagen
§ 18 Abstellen von Kraftfahrzeugen in anderen Räumen als Garagen

Anhang 1

GaStellV

TEIL IV
Bauvorlagen, Prüfungen
§ 19   Bauvorlagen

TEIL V
Notwendige Stellplätze
§ 20   Notwendige Stellplätze

TEIL VI
Schlussvorschriften
§ 21   Weitergehende Anforderungen
§ 22   Ordnungswidrigkeiten
§ 23   Übergangsvorschriften
§ 24   Inkrafttreten
Anlage

TEIL I
Allgemeine Vorschriften

§ 1
Begriffe und allgemeine Anforderungen

(1) [1]Offene Garagen sind Garagen, die unmittelbar ins Freie führende unverschließbare Öffnungen in einer Größe von insgesamt mindestens einem Drittel der Gesamtfläche der Umfassungswände haben. [2]Offene Mittel- und Großgaragen haben diese Öffnungen mindestens in gegenüberliegenden Umfassungswänden, die nicht mehr als 70 m voneinander entfernt sind. [3]Stellplätze mit Schutzdächern (Carports) gelten als offene Garagen.

(2) Geschlossene Garagen sind Garagen, die die Voraussetzungen nach Abs. 1 nicht erfüllen.

(3) [1]Oberirdische Garagen sind Garagen, deren Fußboden im Mittel nicht mehr als 1,50 m unter oder mindestens an einer Seite in Höhe oder über der Geländeoberfläche liegt. [2]Unterirdische Garagen sind Garagen, die die Voraussetzungen des Satzes 1 nicht erfüllen.

(4) Automatische Garagen sind Garagen ohne Personen- und Fahrverkehr, in denen die Kraftfahrzeuge mit mechanischen Förderanlagen von der Garagenzufahrt zu den Einstellplätzen und zum Abholen an die Garagenausfahrt befördert werden.

(5) Ein Einstellplatz ist die Fläche, die dem Abstellen eines Kraftfahrzeuges in einer Garage dient.

(6) ¹Die Nutzfläche einer Garage ist die Summe aller Flächen der Einstellplätze und der Verkehrsflächen. ²Einstellplätze auf Dächern (Dacheinstellplätze) und die dazugehörigen Verkehrsflächen werden der Nutzfläche nicht zugerechnet, soweit nichts anderes bestimmt ist.

(7) ¹Garagen sind mit einer Nutzfläche
1. bis 100 m² Kleingaragen,
2. über 100 m² und bis 1000 m² Mittelgaragen,
3. über 1000 m² Großgaragen.

²Automatische Garagen mit mehr als 50 Einstellplätzen gelten als Großgaragen.

(8) Soweit in dieser Verordnung nichts Abweichendes geregelt ist, sind auf tragende aussteifende und raumabschließende Bauteile von Garagen die Anforderungen der Bayerischen Bauordnung an diese Bauteile in Gebäuden der Gebäudeklasse 5 anzuwenden; Art. 28 Abs. 3 Satz 2, Art. 29 Abs. 4 Nrn. 1 und 2, Art. 32 Abs. 3 Satz 2 Nr. 1, Art. 33 Abs. 1 Satz 3 Nr. 1, Art. 34 Abs. 1 Satz 2 Nr. 2, Art. 37 Abs. 1 Satz 3 Nr. 4, Art. 38 Abs. 1 Nrn. 1 und 3 sowie Art. 39 Abs. 5 Nrn. 1 und 3 BayBO sind nicht anzuwenden.

TEIL II
Bauvorschriften

§ 2
Zu- und Abfahrten

(1) ¹Zwischen Garagen und öffentlichen Verkehrsflächen müssen Zu- und Abfahrten von mindestens 3 m Länge vorhanden sein. ²Abweichungen können gestattet werden, wenn wegen der Sicht auf die öffentliche Verkehrsfläche keine Bedenken bestehen.

(2) Vor den die freie Zufahrt zur Garage zeitweilig hindernden Anlagen, wie Schranken oder Tore, ist ein Stauraum für wartende Kraftfahrzeuge vorzusehen, wenn dies wegen der Sicherheit und Leichtigkeit des Verkehrs erforderlich ist.

(3) ¹Die Fahrbahnen von Zu- und Abfahrten vor Mittel- und Großgaragen müssen mindestens 2,75 m breit sein; der Halbmesser des inneren Fahrbahnrandes muss mindestens 5 m betragen. ²Für Fahrbahnen im Bereich von Zu- und Abfahrtssperren genügt eine Breite von 2,30 m. ³Breitere Fahrbahnen sind in Kurven mit Innenhalbmessern von weniger als 10 m vorzusehen, wenn dies wegen der Verkehrssicherheit erforderlich ist.

(4) Großgaragen müssen getrennte Fahrbahnen für Zu- und Abfahrten haben.

Anhang 1

GaStellV

(5) ¹Vor Großgaragen ist neben den Fahrbahnen der Zu- und Abfahrten ein mindestens 0,80 m breiter Gehweg erforderlich, soweit nicht für Fußgänger besondere Fußwege vorhanden sind. ²Der Gehweg muss gegenüber der Fahrbahn erhöht oder verkehrssicher abgegrenzt werden.

(6) In den Fällen der Absätze 3 bis 5 sind die Dacheinstellplätze und die dazugehörigen Verkehrsflächen der Nutzfläche zuzurechnen.

§ 3
Rampen

(1) ¹Rampen von Mittel- und Großgaragen dürfen nicht mehr als 15 v. H., bei gewendelten Rampenteilen bezogen auf den inneren Fahrbahnrand, geneigt sein. ²Die Breite der Fahrbahnen auf diesen Rampen muss mindestens 2,75 m, in gewendelten Rampenbereichen mindestens 3,50 m betragen. ³Gewendelte Rampenteile müssen eine ausreichende Querneigung haben. ⁴Der Halbmesser des inneren Fahrbahnrandes muss mindestens 5 m betragen.

(2) Zwischen öffentlicher Verkehrsfläche und einer Rampe mit mehr als 10 v. H. Neigung muss eine geringer geneigte Fläche mit weniger als 5 v. H. Neigung und von mindestens 3 m Länge liegen.

(3) ¹In Großgaragen müssen Rampen, die auch zum Begehen bestimmt sind, einen mindestens 0,80 m breiten Gehweg haben, der gegenüber der Fahrbahn erhöht oder verkehrssicher abgegrenzt ist. ²An Rampen, die von Personen nicht begangen werden dürfen, ist auf das Verbot hinzuweisen.

§ 4
Einstellplätze und Fahrgassen

(1) ¹Ein notwendiger Einstellplatz muss mindestens 5 m lang sein. ²Die lichte Breite eines Einstellplatzes muss mindestens betragen

1. 2,30 m, wenn keine Längsseite,
2. 2,40 m, wenn eine Längsseite,
3. 2,50 m, wenn jede Längsseite des Einstellplatzes durch Wände, Stützen, andere Bauteile oder Einrichtungen begrenzt ist,
4. 3,50 m, wenn der Einstellplatz für Behinderte bestimmt ist.

(2) Fahrgassen müssen, soweit sie unmittelbar der Zu- oder Abfahrt von Einstellplätzen dienen, hinsichtlich ihrer Breite mindestens die Anforderungen der folgenden Tabelle erfüllen; Zwischenwerte sind geradlinig einzuschalten:

Anhang 1

Anordnung der Einstellplätze zur Fahrgasse	Erforderliche Fahrgassenbreite (in m) bei einer Einstellplatzbreite von		
	2,30 m	2,40 m	2,50 m
90°	6,50	6,25	6,00
60°	4,50	4,25	4,00
45°	3,50	3,25	3,00

(3) Fahrgassen in Mittel- und Großgaragen müssen, soweit sie nicht unmittelbar der Zu- oder Abfahrt von Einstellplätzen dienen, mindestens 3 m, bei Gegenverkehr mindestens 5 m breit sein.

(4) [1]Einstellplätze auf kraftbetriebenen Hebebühnen brauchen abweichend von Absatz 1 Nrn. 1 bis 3 nur 2,30 m breit zu sein; die Fahrgassen müssen mindestens 8 m breit sein, wenn die Hebebühnen Fahrspuren haben oder beim Absenken in die Fahrgasse hineinragen. [2]Einstellplätze auf geneigten kraftbetriebenen Hebebühnen sind in allgemein zugänglichen Garagen nicht zulässig.

(5) [1]Einstellplätze auf horizontal verschiebbaren Plattformen sind in Fahrgassen zulässig, wenn
1. eine Breite der Fahrgasse von mindestens 2,75 m erhalten bleibt,
2. die Plattformen nicht vor kraftbetriebenen Hebebühnen angeordnet werden und
3. in Fahrgassen mit Gegenverkehr kein Durchgangsverkehr stattfindet.
[2]Absatz 1 Sätze 1 und 2 gelten nicht für diese Plattformen.

(6) [1]Die einzelnen Einstellplätze und die Fahrgassen sind mindestens durch Markierungen am Boden leicht erkennbar und dauerhaft gegeneinander abzugrenzen. [2]Dies gilt nicht für
1. Kleingaragen ohne Fahrgassen,
2. Einstellplätze auf kraftbetriebenen Hebebühnen,
3. Einstellplätze auf horizontal verschiebbaren Plattformen.
[3]Mittel- und Großgaragen müssen in jedem Geschoss leicht erkennbare und dauerhafte Hinweise auf Fahrtrichtungen und Ausfahrten haben.

(7) Abschlüsse zwischen Fahrgasse und Einstellplätzen sind in Mittel- und Großgaragen nur zulässig, wenn wirksame Löscharbeiten möglich bleiben.

(8) Die Absätze 1 bis 6 gelten nicht für automatische Garagen.

§ 5
Lichte Höhe

[1]Garagen müssen in zum Begehen bestimmten Bereichen, auch unter Unterzügen, Lüftungsleitungen und sonstigen Bauteilen eine lichte Höhe von mindestens 2 m haben. [2]Dies gilt nicht für kraftbetriebene Hebebühnen.

Anhang 1

GaStellV

§ 6
Tragende Wände, Decken, Dächer

(1) In Mittel- und Großgaragen müssen tragende Wände sowie Decken über und unter den Garagengeschossen feuerbeständig sein.

(2) Liegen Einstellplätze nicht mehr als 22 m über der Geländeoberfläche, so brauchen tragende Wände und Decken

1. von oberirdischen Mittel- und Großgaragen nur feuerhemmend zu sein und aus nichtbrennbaren Baustoffen zu bestehen, soweit nicht bei Garagen in sonst anders genutzten Gebäuden nach Art. 25 und 29 BayBO weitergehende Anforderungen an das Gebäude gestellt werden,

2. von eingeschossigen oberirdischen Mittel- und Großgaragen, auch mit Dacheinstellplätzen, nur feuerhemmend zu sein oder aus nichtbrennbaren Baustoffen zu bestehen, wenn das Gebäude allein der Garagennutzung dient,

3. von offenen Mittel- und Großgaragen nur aus nichtbrennbaren Baustoffen zu bestehen, wenn das Gebäude allein der Garagennutzung dient.

(3) ¹In Kleingaragen müssen tragende Wände sowie Decken feuerhemmend sein oder aus nichtbrennbaren Baustoffen bestehen. ²Das gilt nicht, wenn

1. das Gebäude allein der Garagennutzung dient; Abstellräume bis 20 m² Grundfläche bleiben dabei unberücksichtigt,

2. die Garagen offene Kleingaragen sind,

3. die Kleingaragen in sonst anders genutzten Gebäuden liegen, an deren tragende und aussteifende Wände und Decken nach Art. 25 und 29 BayBO keine Anforderungen gestellt werden.

(4) Für befahrbare Dächer von Garagen gelten die Anforderungen an Decken.

(5) Tragende Wände und Decken brauchen bei automatischen Garagen nur aus nichtbrennbaren Baustoffen zu bestehen, wenn das Gebäude allein als automatische Garage genutzt wird.

(6) Bekleidungen und Dämmschichten unter Decken und Dächern müssen

1. in Großgaragen aus nichtbrennbaren,

2. in Mittelgaragen aus mindestens schwer entflammbaren

Baustoffen bestehen.

(7) Für Pfeiler, Stützen und Rampen gelten die Absätze 1 bis 6 sinngemäß.

(8) In Mittel- und Großgaragen müssen sonstige Wände, Tore und Einbauten, insbesondere Einrichtungen für mechanische Parksysteme, aus nichtbrennbaren Baustoffen bestehen.

§ 7
Außenwände

[1]Nichttragende Außenwände und nichttragende Teile von Außenwänden von Mittel- und Großgaragen müssen aus nichtbrennbaren Baustoffen bestehen. [2]Das gilt nicht für Außenwände von eingeschossigen oberirdischen Mittel- und Großgaragen, wenn das Gebäude allein der Garagennutzung dient.

§ 8
Trennwände

(1) [1]Zwischen Garagen und anders genutzten Gebäuden sind feuerbeständige Trennwände erforderlich. [2]Für geschlossene Kleingaragen einschließlich Abstellräumen mit nicht mehr als 20 m² Grundfläche genügen Wände, die feuerhemmend sind oder aus nichtbrennbaren Baustoffen bestehen. [3]Satz 1 gilt nicht für offene Kleingaragen.

(2) Für Wände zwischen Garagen und nicht zur Garage gehörenden Räumen, sofern sie keine Trennwände nach Abs. 1 sind, gilt Art. 27 Abs. 3 Satz 1 BayBO entsprechend.

(3) Absatz 2 gilt nicht für Trennwände
1. zwischen Kleingaragen und Räumen, die nur Abstellzwecken dienen und nicht mehr als 20 m² Grundfläche haben,
2. zwischen offenen Kleingaragen und anders genutzten Räumen.

§ 9
Brandwände als Gebäudeabschlusswand

(1) Anstelle von Brandwänden nach Art. 28 Abs. 2 Nr. 1 BayBO genügen
1. bei eingeschossigen oberirdischen Mittel- und Großgaragen feuerbeständige Wände ohne Öffnungen, wenn das Gebäude allein der Garagennutzung dient,
2. bei geschlossenen Kleingaragen einschließlich Abstellräumen mit nicht mehr als 20 m² Grundfläche mindestens feuerhemmende oder aus nichtbrennbaren Baustoffen bestehende Wände ohne Öffnungen.

(2) Art. 28 Abs. 2 Nr. 1 BayBO gilt nicht für offene Kleingaragen.

§ 10
Rauchabschnitte, Brandabschnitte

(1) [1]Geschlossene Großgaragen müssen durch mindestens feuerhemmende und aus nichtbrennbaren Baustoffen bestehende Wände in Rauchabschnitte unterteilt sein. [2]Die Nutzfläche eines Rauchabschnitts darf
1. in oberirdischen geschlossenen Garagen höchstens 5000 m²,
2. in sonstigen geschlossenen Garagen höchstens 2500 m²

Anhang 1　　　　　　　　　　　　　　　　　　　　　　　　　　　GaStellV

betragen; sie darf doppelt so groß sein, wenn die Garagen automatische Löschanlagen haben. ³Ein Rauchabschnitt darf sich auch über mehrere Geschosse erstrecken.

(2) ¹Öffnungen in den Wänden nach Absatz 1 müssen mit selbstschließenden und mindestens dichtschließenden Abschlüssen aus nichtbrennbaren Baustoffen versehen sein. ²Die Abschlüsse dürfen Feststellanlagen haben, die bei Raucheinwirkung ein selbsttätiges Schließen bewirken; sie müssen auch von Hand geschlossen werden können. ³Öffnungen in Decken zwischen Rauchabschnitten sind unzulässig.

(3) Automatische Garagen müssen durch innere Brandwände in Brandabschnitte von höchstens 6000 m³ Brutto-Rauminhalt unterteilt sein; Absatz 1 gilt nicht für automatische Garagen.

(4) Art. 28 Abs. 2 Nr. 2 BayBO gilt nicht für Garagen.

§ 11
Verbindung zu anderen Räumen und zwischen Garagengeschossen

(1) Flure, Treppenräume und Aufzugsvorräume, die nicht nur der Benutzung der Garagen dienen, dürfen verbunden sein

1. mit geschlossenen Mittel- und Großgaragen nur durch Räume mit feuerbeständigen Wänden und Decken sowie mindestens feuerhemmenden, rauchdichten und selbstschließenden in Fluchtrichtung aufschlagenden Türen (Sicherheitsschleusen); zwischen Sicherheitsschleusen und Fluren oder Treppenräumen sowie Aufzugsvorräumen genügen selbstschließende und rauchdichte Türen,

2. mit anderen Garagen unmittelbar nur durch Öffnungen mit feuerhemmenden, dicht- und selbstschließenden Türen.

(2) Garagen dürfen mit sonstigen nicht zur Garage gehörenden Räumen unmittelbar nur durch Öffnungen mit feuerhemmenden, dicht- und selbstschließenden Türen verbunden sein.

(3) Automatische Garagen dürfen mit nicht zur Garage gehörenden Räumen sowie mit anderen Gebäuden nicht verbunden sein.

(4) Die Absätze 1 und 2 gelten nicht für Verbindungen

1. zu offenen Kleingaragen,

2. zwischen Kleingaragen und Räumen oder Gebäuden, die nur Abstellzwecken dienen und nicht mehr als 20 m² Grundfläche haben.

(5) Türen zu Treppenräumen, die Garagengeschosse miteinander verbinden, müssen feuerhemmend, rauchdicht und selbstschließend sein.

GaStellV **Anhang 1**

§ 12
Rettungswege

(1) ¹Jede Mittel- und Großgarage muss in jedem Geschoss mindestens zwei möglichst entgegengesetzt liegende Ausgänge haben, die unmittelbar ins Freie oder in Treppenräume notwendiger Treppen führen. ²Von zwei Rettungswegen darf einer auch über eine Rampe führen. ³Bei oberirdischen Mittel- und Großgaragen, deren Einstellplätze im Mittel nicht mehr als 3 m über der Geländeoberfläche liegen, sind Treppenräume für notwendige Treppen nicht erforderlich. ⁴Die Rettungswege müssen auch dann erreicht werden können, wenn Tore zwischen Rauchabschnitten geschlossen sind.

(2) Die nutzbare Breite der Rettungswege muss an jeder Stelle 80 cm betragen, Treppen müssen eine nutzbare Laufbreite von 1 m haben.

(3) ¹Von jeder Stelle einer Mittel- und Großgarage muss in demselben Geschoss mindestens ein Treppenraum einer notwendigen Treppe oder, wenn Treppenräume nicht erforderlich sind, mindestens eine notwendige Treppe oder ein Ausgang ins Freie
1. bei offenen Mittel- und Großgaragen in einer Entfernung von höchstens 50 m,
2. bei geschlossenen Mittel- und Großgaragen in einer Entfernung von höchstens 30 m

über Fahrgassen und Gänge erreichbar sein. ²Die Entfernung ist in der Lauflinie zu messen.

(4) ¹In Mittel- und Großgaragen müssen leicht erkennbare und dauerhaft beleuchtete Hinweise auf die Ausgänge vorhanden sein. ²In Großgaragen müssen die zu den notwendigen Treppen oder zu den Ausgängen ins Freie führenden Wege auf dem Fußboden durch dauerhafte und leicht erkennbare Markierungen sowie an den Wänden durch beleuchtete Hinweise gekennzeichnet sein.

(5) Für Dacheinstellplätze gelten die Absätze 1 bis 4 sinngemäß.

(6) Die Absätze 1 bis 4 gelten nicht für automatische Garagen.

§ 13
Beleuchtung

(1) ¹In Mittel- und Großgaragen muss eine allgemeine elektrische Beleuchtung vorhanden sein. ²Sie muss so beschaffen und mindestens in zwei Stufen derartig schaltbar sein, dass an allen Stellen der Nutzflächen und Rettungswege gemäß § 17 Abs. 2 in der ersten Stufe eine Beleuchtungsstärke von mindestens 1 Lux und in der zweiten Stufe von mindestens 20 Lux erreicht wird.

(2) In geschlossenen Großgaragen und in mehrgeschossigen unterirdischen Mittelgaragen muss zur Beleuchtung der Rettungswege eine Sicherheitsbeleuchtung vorhanden sein; das gilt nicht für eingeschossige Garagen mit festem Benutzerkreis.

(3) Die Absätze 1 und 2 gelten nicht für automatische Garagen.

Anhang 1

GaStellV

§ 14
Lüftung

(1) ¹Geschlossene Mittel- und Großgaragen müssen maschinelle Abluftanlagen und so große und so verteilte Zuluftöffnungen haben, dass alle Teile der Garage ausreichend gelüftet werden. ²Bei nicht ausreichenden Zuluftöffnungen muss eine maschinelle Zuluftanlage vorhanden sein. ³Es kann verlangt werden, dass die Abluftöffnungen so hoch gelegt werden, dass die Abluft in den freien Windstrom geführt wird.

(2) ¹Für geschlossene oberirdische und eingeschossige unterirdische Mittel- und Großgaragen mit geringem Zu- und Abgangsverkehr, wie Wohnhausgaragen, genügt eine natürliche Lüftung durch Lüftungsöffnungen oder über Lüftungsschächte, wenn

1. die Lüftungsöffnungen oder die Lüftungsschächte einen freien Gesamtquerschnitt von mindestens 1500 cm² je Einstellplatz haben,
2. die Lüftungsöffnungen in den Außenwänden oberhalb der Geländeoberfläche in einer Entfernung von höchstens 35 m einander gegenüberliegen,
3. die Lüftungsschächte untereinander einen Abstand von höchstens 20 m haben und
4. Lüftungsöffnungen und Lüftungsschächte unverschließbar und so angeordnet sind, dass eine ausreichende Durchlüftung der Garage ständig gesichert ist.

²Die Mündungen der Lüftungsschächte müssen zu Fenstern von Aufenthaltsräumen einen ausreichenden Abstand einhalten. ³Bei Lüftungsschächten mit mehr als 2 m Höhe ist der Querschnitt nach Nummer 1 zu verdoppeln.

(3) Für geschlossene Mittel- und Großgaragen genügt abweichend von den Absätzen 1 und 2 eine natürliche Lüftung, wenn im Einzelfall auf Grund einer Bescheinigung eines Prüfsachverständigen zu erwarten ist, dass der Mittelwert des Volumengehalts an Kohlenmonoxid in der Luft, gemessen über jeweils eine halbe Stunde und in einer Höhe von 1,50 m über dem Fußboden (CO-Halbstundenmittelwert), auch während der regelmäßigen Verkehrsspitzen im Mittel nicht mehr als 100 ppm (= 100 cm³/m³) betragen wird und wenn dies auf der Grundlage von ununterbrochenen Messungen, die nach Inbetriebnahme der Garage über einen Zeitraum von mindestens einem Monat durchzuführen sind, von einem Prüfsachverständigen bescheinigt wird.

(4) ¹Die maschinellen Abluftanlagen sind so zu bemessen, dass der CO-Halbstundenmittelwert unter Berücksichtigung der regelmäßig zu erwartenden Verkehrsspitzen nicht mehr als 100 ppm beträgt. ²Diese Anforderungen gelten als erfüllt, wenn die Abluftanlage in Garagen mit geringem Zu- und Abgangsverkehr mindestens 6 m³, bei anderen Garagen mindestens 12 m³ Abluft in der Stunde je m² Garagennutzfläche abführen kann; für Garagen mit regelmäßig besonders hohen Verkehrsspitzen kann im Einzelfall verlangt werden, dass die nach Satz 1 erforderliche Leistung der Abluftanlage durch einen Prüfsachverständigen bescheinigt wird.

Anhang 1

(5) [1]Maschinelle Abluftanlagen müssen in jedem Lüftungssystem mindestens zwei gleich große Ventilatoren haben, die bei gleichzeitigem Betrieb zusammen den erforderlichen Gesamtvolumenstrom erbringen. [2]Jeder End- und Hilfsstromkreis einer maschinellen Zu- oder Abluftanlage ist so auszuführen, dass ein elektrischer Fehler nicht zum Ausfall der gesamten Lüftungsanlage führt. [3]Andere elektrische Anlagen dürfen nicht an die Stromkreise für die Lüftungsanlage angeschlossen werden. [4]Soll das Lüftungssystem zeitweise nur mit einem Ventilator betrieben werden, müssen die Ventilatoren so geschaltet sein, dass sich bei Ausfall eines Ventilators der andere selbstständig einschaltet.

(6) [1]Geschlossene Großgaragen mit nicht nur geringem Zu- und Abgangsverkehr müssen CO-Anlagen zur Messung und Warnung (CO-Warnanlagen) haben. [2]Die CO-Warnanlagen müssen so beschaffen sein, dass bei einem CO-Gehalt der Luft von mehr als 250 ppm über ein akustisches Signal und durch Blinkzeichen dazu aufgefordert wird, die Motoren abzustellen und die Garage zügig zu verlassen. [3]Während dieses Zeitraums müssen die Garagenausfahrten ständig offen gehalten werden. [4]Die CO-Warnanlagen müssen an eine Ersatzstromquelle angeschlossen sein.

(7) Die Absätze 1 bis 6 gelten nicht für automatische Garagen.

§ 15
Feuerlöschanlagen, Rauch- und Wärmeabzug

(1) [1]Nichtselbstständige Feuerlöschanlagen müssen vorhanden sein

1. in geschlossenen Garagen mit mehr als 20 Einstellplätzen auf kraftbetriebenen Hebebühnen, wenn jeweils mehr als zwei Kraftfahrzeuge übereinander angeordnet werden können,
2. in automatischen Garagen mit nicht mehr als 20 Einstellplätzen.

[2]Automatische Löschanlagen müssen vorhanden sein

1. in Geschossen von Großgaragen, die unter dem ersten unterirdischen Geschoss liegen, wenn das Gebäude nicht allein der Garagennutzung dient,
2. in automatischen Garagen mit mehr als 20 Einstellplätzen.

[3]Die Art der Feuerlöschanlage ist im Einzelfall im Benehmen mit der für den abwehrenden Brandschutz zuständigen Dienststelle festzulegen.

(2) Geschlossene Großgaragen müssen für den Rauch- und Wärmeabzug

1. Öffnungen ins Freie haben, die insgesamt mindestens 1000 cm^2 je Einstellplatz groß, von keinem Einstellplatz mehr als 20 m entfernt und im Decken- oder oberen Wandbereich angeordnet sind, oder
2. maschinelle Rauch- und Wärmeabzugsanlagen haben, die sich bei Raucheinwirkung selbsttätig einschalten, mindestens für eine Stunde einer Temperatur von 300 °C standhalten, deren elektrische Leitungsanlagen bei äußerer Brandeinwirkung für mindestens die gleiche Zeit funktionsfähig bleiben und in der Stunde einen mindestens zehnfachen Luftwechsel gewährleisten.

Anhang 1
GaStellV

(3) Absatz 2 gilt nicht für Garagen, die
1. Lüftungsöffnungen oder Lüftungsschächte nach § 14 Abs. 2 oder 3 haben,
2. automatische Löschanlagen und eine maschinelle Abluftanlage nach § 14 Abs. 4 haben, die mindestens 12 m^3 Abluft in der Stunde je m^2 Garagennutzfläche abführen kann.

§ 16
Brandmeldeanlagen

[1]Geschlossene Großgaragen müssen Brandmeldeanlagen haben. [2]Geschlossene Mittelgaragen müssen Brandmeldeanlagen haben, wenn sie in Verbindung stehen mit baulichen Anlagen oder Räumen, für die Brandmeldeanlagen erforderlich sind. [3]Jedes Auslösen automatischer Feuerlöschanlagen ist über eine Brandmeldeanlage anzuzeigen.

TEIL III
Betriebsvorschriften

§ 17
Betriebsvorschriften für Garagen

(1) Die Zu- und Abfahrten und die Rettungswege sind bis zur öffentlichen Verkehrsfläche verkehrssicher und frei zu halten; das gilt auch bei Eis- und Schneeglätte.

(2) In Mittel- und Großgaragen muss die allgemeine elektrische Beleuchtung nach § 13 Abs. 1 während der Benutzungszeit mit einer Beleuchtungsstärke von mindestens 20 Lux, während der Betriebszeit ständig mit einer Beleuchtungsstärke von mindestens 1 Lux eingeschaltet sein, soweit nicht Tageslicht mit einer entsprechenden Beleuchtungsstärke vorhanden ist.

(3) [1]Lüftungsöffnungen und -schächte dürfen nicht verschlossen oder zugestellt werden. [2]Maschinelle Lüftungsanlagen und CO-Warnanlagen müssen so gewartet werden, dass sie ständig betriebsbereit sind. [3]CO-Warnanlagen müssen ständig eingeschaltet sein. [4]Maschinelle Abluftanlagen müssen so betrieben werden, dass der CO-Halbstundenmittelwert nicht mehr als 100 ppm beträgt (§ 14 Abs. 4).

(4) [1]In Mittel- und Großgaragen dürfen brennbare Stoffe außerhalb von Kraftfahrzeugen nur in unerheblichen Mengen aufbewahrt werden. [2]In Kleingaragen dürfen bis zu 200 l Dieselkraftstoff und bis zu 20 l Benzin in dicht verschlossenen, bruchsicheren Behältern aufbewahrt werden.

§ 18
Abstellen von Kraftfahrzeugen in anderen Räumen als Garagen

(1) Kraftfahrzeuge dürfen in Treppenräumen, Fluren und Kellergängen nicht abgestellt werden.

(2) Kraftfahrzeuge dürfen in sonstigen Räumen, die keine Garagen sind, nur abgestellt werden, wenn
1. das Gesamtfassungsvermögen der Kraftstoffbehälter aller abgestellten Kraftfahrzeuge nicht mehr als 12 l beträgt,
2. Kraftstoff außer dem Inhalt der Kraftstoffbehälter abgestellter Kraftfahrzeuge in diesen Räumen nicht aufbewahrt wird und
3. diese Räume keine Zündquellen oder leicht entzündlichen Stoffe enthalten.

(3) Absatz 2 gilt nicht für Kraftfahrzeuge, die Arbeitsmaschinen sind, wenn die Batterie ausgebaut ist, und für Ausstellungs-, Verkaufs-, Werk- und Lagerräume für Kraftfahrzeuge.

TEIL IV
Bauvorlagen, Prüfungen

§ 19
Bauvorlagen

Die Bauvorlagen müssen zusätzliche Angaben enthalten über:
1. die Zahl, Abmessung und Kennzeichnung der Einstellplätze und Fahrgassen sowie über die Rettungswege,
2. die Brandmelde- und Feuerlöschanlagen,
3. den Rauch- und Wärmeabzug,
4. die CO-Warnanlagen,
5. die natürliche Lüftung oder die maschinellen Lüftungsanlagen,
6. die Sicherheitsbeleuchtung.

TEIL V
Notwendige Stellplätze

§ 20
Notwendige Stellplätze

^{1}Die Zahl der notwendigen Stellplätze im Sinn des Art. 47 Abs. 1 Satz 1, Abs. 2 Satz 1 BayBO bemisst sich nach der Anlage. ^{2}Ist eine Nutzung nicht in der Anlage aufgeführt, ist die Zahl der notwendigen Stellplätze in Anlehnung an eine oder mehrere vergleichbare Nutzungen zu ermitteln.

Anhang 1

TEIL VI
Schlussvorschriften

§ 21
Weitergehende Anforderungen

(1) Soweit eine Garage für Kraftfahrzeuge bestimmt ist, deren Länge mehr als 5 m und deren Breite mehr als 2 m beträgt, können weitergehende Anforderungen als nach dieser Verordnung zur Erfüllung des Art. 3 Abs. 1 BayBO im Einzelfall gestellt werden.

(2) Für geschlossene Großgaragen können im Einzelfall von den Brandschutzdienststellen Feuerwehrpläne gefordert werden.

§ 22
Ordnungswidrigkeiten

Nach Art. 79 Abs. 1 Satz 1 Nr. 1 BayBO kann mit Geldbuße bis zu fünfhunderttausend Euro belegt werden, wer vorsätzlich oder fahrlässig

1. entgegen § 17 Abs. 1 die Zu- oder Abfahrten oder die Rettungswege nicht verkehrssicher oder frei hält,
2. entgegen § 17 Abs. 2 Mittel- und Großgaragen nicht ständig beleuchtet,
3. entgegen § 17 Abs. 3 Satz 1 Lüftungsöffnungen oder -schächte verschließt oder zustellt,
4. entgegen § 17 Abs. 3 Satz 3 CO-Warnanlagen nicht ständig eingeschaltet lässt,
5. entgegen § 17 Abs. 3 Satz 4 maschinelle Lüftungsanlagen so betreibt, dass der genannte Wert des CO-Gehaltes der Luft überschritten wird,
6. – *aufgehoben* –

§ 23
Übergangsvorschriften

Auf die zum Zeitpunkt des Inkrafttretens dieser Verordnung bestehenden Garagen sind die Betriebsvorschriften (§ 17) sowie die Vorschriften über Prüfung sicherheitsrelevanter technischer Anlagen und Einrichtungen (§ 20) entsprechend anzuwenden.

§ 24
Inkrafttreten

Diese Verordnung tritt am 1. Januar 1994 in Kraft.

GaStellV **Anhang 1**

Anlage

Nr.	Verkehrsquelle	Zahl der Stellplätze	hiervon für Besucher in %
1.	**Wohngebäude**		
1.1	Einfamilienhäuser	1 Stellplatz je Wohnung	–
1.2	Mehrfamilienhäuser und sonstige Gebäude mit Wohnungen	1 Stellplatz je Wohnung	10
1.3	Gebäude mit Altenwohnungen	0,2 Stellplätze je Wohnung	20
1.4	Wochenend- und Ferienhäuser	1 Stellplatz je Wohnung	–
1.5	Kinder-, Schüler- und Jugendwohnheime	1 Stellplatz je 20 Betten, mindestens 2 Stellplätze	75
1.6	Studentenwohnheime	1 Stellplatz je 5 Betten	10
1.7	Schwestern-/Pflegerwohnheime	1 Stellplatz je 2 Betten, mindestens 3 Stellplätze	10
1.8	Arbeitnehmerwohnheime	1 Stellplatz je 4 Betten, mindestens 3 Stellplätze	20
1.9	Altenwohnheime	1 Stellplatz je 15 Betten, mindestens 3 Stellplätze	50
1.10	Altenheime, Langzeit- und Kurzzeitpflegeheime	1 Stellplatz je 12 Betten bzw. Pflegeplätze, mindestens 3 Stellplätze	50
1.11	Tagespflegeeinrichtungen	1 Stellplatz je 12 Pflegeplätze, mindestens 3 Stellplätze	50
1.12	Obdachlosenheime, Gemeinschaftsunterkünfte für Leistungsberechtigte nach dem Asylbewerberleistungsgesetz	1 Stellplatz je 30 Betten, mindestens 3 Stellplätze	10
2.	**Gebäude mit Büro-, Verwaltungs- und Praxisräumen**		

Anhang 1

GaStellV

Nr.	Verkehrsquelle	Zahl der Stellplätze	hiervon für Besucher in %
2.1	Büro- und Verwaltungsräume allgemein	1 Stellplatz je 40 m² NF[1ature]	20
2.2	Räume mit erheblichem Besucherverkehr (Schalter-, Abfertigungs- oder Beratungsräume, Arztpraxen und dergl.)	1 Stellplatz je 30 m² NF[1], mindestens 3 Stellplätze	75
3.	**Verkaufsstätten**		
3.1	Läden	1 Stellplatz je 40 m² NF (V)[2], mindestens 2 Stellplätze je Laden	75
3.2	Waren- und Geschäftshäuser (einschließlich Einkaufszentren, großflächigen Einzelhandelsbetrieben)	1 Stellplatz je 40 m² NF (V)[2]	75
4.	**Versammlungsstätten (außer Sportstätten), Kirchen**		
4.1	Versammlungsstätten von überörtlicher Bedeutung (z. B. Theater, Konzerthäuser, Mehrzweckhallen)	1 Stellplatz je 5 Sitzplätze	90
4.2	Sonstige Versammlungsstätten (z. B. Lichtspieltheater, Schulaulen, Vortragssäle)	1 Stellplatz je 10 Sitzplätze	90
4.3	Gemeindekirchen	1 Stellplatz je 30 Sitzplätze	90
4.4	Kirchen von überörtlicher Bedeutung	1 Stellplatz je 20 Sitzplätze	90
5.	**Sportstätten**		
5.1	Sportplätze ohne Besucherplätze (z. B. Trainingsplätze)	1 Stellplatz je 300 m² Sportfläche	–
5.2	Sportplätze und Sportstadien mit Besucherplätzen	1 Stellplatz je 300 m² Sportfläche, zusätzlich 1 Stellplatz je 15 Besucherplätze	–

GaStellV **Anhang 1**

Nr.	Verkehrsquelle	Zahl der Stellplätze	hiervon für Besucher in %
5.3	Turn- und Sporthallen ohne Besucherplätze	1 Stellplatz je 50 m² Hallenflächen	–
5.4	Turn- und Sporthallen mit Besucherplätzen	1 Stellplatz je 50 m² Hallenfläche; zusätzlich 1 Stellplatz je 15 Besucherplätze	–
5.5	Freibäder und Freiluftbäder	1 Stellplatz je 300 m² Grundstücksfläche	–
5.6	Hallenbäder ohne Besucherplätze	1 Stellplatz je 10 Kleiderablagen	–
5.7	Hallenbäder mit Besucherplätzen	1 Stellplatz je 10 Kleiderablagen, zusätzlich 1 Stellplatz je 15 Besucherplätze	–
5.8	Tennisplätze ohne Besucherplätze	2 Stellplätze je Spielfeld	–
5.9	Tennisplätze mit Besucherplätzen	2 Stellplätze je Spielfeld, zusätzlich 1 Stellplatz je 15 Besucherplätze	–
5.10	Squashanlagen	2 Stellplätze je Court	–
5.11	Minigolfplätze	6 Stellplätze je Minigolfanlage	–
5.12	Kegel-, Bowlingbahnen	4 Stellplätze je Bahn	–
5.13	Bootshäuser und Bootsliegeplätze	1 Stellplatz je 5 Boote	–
5.14	Fitnesscenter	1 Stellplatz je 40 m² Sportfläche	–
6.	**Gaststätten und Beherbergungsbetriebe**		
6.1	Gaststätten	1 Stellplatz je 10 m² Gastfläche	75
6.2	Spiel- und Automatenhallen, Billard-Salons, sonst. Vergnügungsstätten	1 Stellplatz je 20 m² NF[1], mind. 3 Stellplätze	90

Anhang 1

GaStellV

Nr.	Verkehrsquelle	Zahl der Stellplätze	hiervon für Besucher in %
6.3	Hotels, Pensionen, Kurheime und andere Beherbergungsbetriebe	1 Stellplatz je 6 Betten, bei Restaurationsbetrieb Zuschlag nach 6.1 oder 6.2	75
6.4	Jugendherbergen	1 Stellplatz je 15 Betten	75
7.	**Krankenanstalten**		
7.1	Krankenanstalten von überörtlicher Bedeutung	1 Stellplatz je 4 Betten	60
7.2	Krankenanstalten von örtlicher Bedeutung	1 Stellplatz je 6 Betten	60
7.3	Sanatorien, Kuranstalten, Anstalten für langfristig Kranke	1 Stellplatz je 4 Betten	25
7.4	Ambulanzen	1 Stellplatz je 30m² NF[1], mindestens 3 Stellplätze	75
8.	**Schulen, Einrichtungen der Jugendförderung**		
8.1	Grundschulen, Schulen für Lernbehinderte	1 Stellplatz je Klasse	–
8.2	Hauptschulen, sonstige allgemeinbildende Schulen, Berufsschulen, Berufsfachschulen	1 Stellplatz je Klasse, zusätzlich 1 Stellplatz je 10 Schüler über 18 Jahre	10
8.3	Sonderschulen für Behinderte	1 Stellplatz je 15 Schüler	–
8.4	Hochschulen	1 Stellplatz je 10 Studierende	–
8.5	Tageseinrichtungen für Kinder	1 Stellplatz je 30 Kinder, mindestens 2 Stellplätze	–
8.6	Jugendfreizeitheim und dergl.	1 Stellplatz je 15 Besucherplätze	–
8.7	Berufsbildungswerke, Ausbildungswerkstätten und dergl.	1 Stellplatz je 10 Auszubildende	–

GaStellV   **Anhang 1**

Nr.	Verkehrsquelle	Zahl der Stellplätze	hiervon für Besucher in %
9.	**Gewerbliche Anlagen**		
9.1	Handwerks- und Industriebetriebe	1 Stellplatz je 70 m² NF[1]) oder je 3 Beschäftigte	10
9.2	Lagerräume, -plätze, Ausstellungs-, Verkaufsplätze	1 Stellplatz je 100 m² NF[1]) oder je 3 Beschäftigte	–
9.3	Kraftfahrzeugwerkstätten	6 Stellplätze je Wartungs- oder Reparaturstand	–
9.4	Tankstellen	Bei Einkaufsmöglichkeit über Tankstellenbedarf hinaus: Zuschlag nach 3.1 (ohne Besucheranteil)	–
9.5	Automatische Kfz-Waschanlagen	5 Stellplätze je Waschanlage[3])	–
10.	**Verschiedenes**		
10.1	Kleingartenanlagen	1 Stellplatz je 3 Kleingärten	–
10.2	Friedhöfe	1 Stellplatz je 1500 m² Grundstücksfläche, jedoch mindestens 10 Stellplätze	–

1) NF = Nutzfläche nach DIN 277 Teil 2
2) NV (V) = Verkaufsnutzfläche
3) Zusätzlich muss ein Stauraum für mindestens 10 Kraftfahrzeuge vorhanden sein.

Anhang 2

Satzung über Stellplätze, Garagen und Einfriedungen[1])

Die Stadt Starnberg erlässt auf Grund des Art. 23 der Gemeindeordnung für den Freistaat Bayern (GO) i.d.F. der Bekanntmachung vom 6.1.1993 (GVBl. S. 65) – BayRS 2020–1–1–I – sowie Art. 81 der Bayerischen Bauordnung (BayBO) i.d.F. der Bekanntmachung vom 14. August 2007 (GVBl. S. 588) – BayRS 2132–1–I – folgende örtliche Bauvorschrift als

SATZUNG

§ 1
Geltungsbereich

Die Satzung gilt für das Gebiet der Stadt Starnberg mit Ausnahme der Gebiete, für die rechtsverbindliche Bebauungspläne mit abweichenden Festsetzungen gelten.

§ 2
Einfriedungen

(1) Als Einfriedungen sind nur Holzzäune, schmiedeeiserne Zäune, lebende Hecken aus heimischen Gewächsen oder Drahtzäune zulässig. Die Verwendung von Stacheldraht ist untersagt. Zaunsockel mit einer Höhe von mehr als 15 cm dürfen nur errichtet werden, wenn sie zur Stützung des dahinterliegenden Geländes notwendig sind.

(2) Einfriedungen dürfen nicht als geschlossene Bretterwand oder als Mauer ausgeführt werden.

(3) Betonsäulen sind an Drahtzäunen unzulässig. Bei Holzzäunen sind sie so anzulegen, dass sie durch das Holz verdeckt sind.

(4) Einfriedungen dürfen nicht mit Matten bespannt oder mit Kunststoffplatten oder ähnlichem Material verkleidet werden.

(5) Zäune dürfen an der Straßenfront eine Gesamthöhe von 1,20 m, gemessen von der Geländehöhe am Straßenrand, nicht überschreiten. Einfriedungshecken dürfen eine Höhe von 2,00 m nicht überschreiten. Die Hecken sind niedriger zu halten, wenn sonst der Blick auf die Landschaft für die Öffentlichkeit beeinträchtigt werden würde.

(6) Die Einfriedungen zur Straßenfront müssen dem Orts-, Landschafts- und Straßenbild angepasst werden, insbesondere dürfen keine grellen Farben verwendet werden.

(7) Einfriedungen sind stets in einem ordnungsgemäßen Zustand zu halten.

---
1) Es handelt sich bei der abgedruckten Satzung um eine an die Bauordnung 2008 angepasste, gegenüber der von der Stadt erlassenen Regelung inhaltlich modifizierte Fassung.

Anhang 2

(8) Einfriedungen, straßenseitig über 1,20 m, im Übrigen über 1,80 m Höhe, sind generell unzulässig.

(9) Ausnahmsweise sind Anlagen zum Lärmschutz bis zu einer Höhe von max. 2,50 m, in besonderen Gefällelagen bis zum max. 3,50 m zulässig, wenn die Anforderungen an gesunde Wohn- und Arbeitsverhältnisse dies erfordern und das Straßen- und Ortsbild nicht beeinträchtigt wird.

§ 3
Stellplätze und Garagen

1 Zahl der Stellplätze und besondere Bestimmungen

1.1 Die Anzahl der auf Grund Art. 47 BayBO herzustellenden Stellplätze für Kraftfahrzeuge ist nach den in der Anlage festgelegten Richtzahlen zu berechnen.

1.2 Die Richtzahlen entsprechen dem durchschnittlichen Bedarf. Für bauliche Anlagen oder Nutzungen, die in den Richtzahlen nicht erfasst sind, ist der Stellplatzbedarf nach den besonderen Verhältnissen im Einzelfall unter sinngemäßer Berücksichtigung der Richtzahlen für Verkehrsquellen mit vergleichbarem Stellplatzbedarf zu ermitteln.

1.3 Für Anlagen mit regelmäßigem Lastkraftwagenverkehr ist auch eine ausreichende Anzahl von Stellplätzen für Lastkraftwagen nachzuweisen. Auf ausgewiesenen Ladezonen dürfen keine Stellplätze nachgewiesen werden.

1.4 Für Anlagen, bei denen ein Besucherverkehr durch Autobusse zu erwarten ist, ist auch eine ausreichende Anzahl von Stellplätzen für Busse nachzuweisen.

1.5 Werden bauliche oder andere Anlagen errichtet, bei denen ein Zu- und Abfahrtverkehr zu erwarten ist, so sind Fahrradstellplätze in ausreichender Anzahl und Größe sowie in geeigneter Beschaffenheit herzustellen. Anzahl und Größe der Stellplätze richten sich nach der Art der vorhandenen und zu erwartenden Benutzer und Besucher der Anlagen.

1.6 Werden Anlagen verschiedenartig genutzt, so ist der Stellplatzbedarf für jede Nutzung (Verkehrsquelle) getrennt zu ermitteln. Eine gegenseitige Abrechnung ist bei zeitlich getrennter Nutzung möglich.

1.7 Der Vorplatz vor Garagen (Stauraum) gilt nicht als Stellplatz im Sinne dieser Satzung.

2 Anordnung, Gestaltung und Ausstattung von Stellplätzen und Garagen

2.1 Stellplätze für Besucher müssen leicht und auf kurzem Wege erreichbar sein. Soweit sie durch Tiefgaragenplätze nachgewiesen sind, sind Hinweisschilder aufzustellen.

2.2 Stellplätze für gastronomische Einrichtungen und Beherbergungsbetriebe sind so anzuordnen, dass sie leicht auffindbar sind. Auf sie ist durch entsprechende Schilder hinzuweisen.

Anhang 2

2.3 Mehr als 4 zusammenhängende Stellplätze bzw. Garagen sind nur über eine gemeinsame Zu- und Abfahrt mit einer Höchstbreite von 6 m an die öffentliche Verkehrsfläche anzuschließen.

2.4 Es ist eine ausreichende Bepflanzung der Zufahrten und Stellflächen vorzusehen. Die Flächen sind unversiegelt bzw. mit wassergebundener Decke und breitflächiger Versickerung (z. B. Rasensteine) anzulegen. Stellplätze sind durch Bepflanzungen abzuschirmen. Stellplatzanlagen für mehr als 10 Pkws sind durch Bäume und Sträucher zu gliedern. Dabei ist spätestens nach jeweils 5 Stellplätzen ein mindestens 1,5 m breiter Bepflanzungsstreifen anzulegen.

§ 4

Abweichungen

Von den Vorschriften der Satzung können Abweichungen nach Art. 63 Abs. 3 Satz 2 BayBO von der Bauaufsichtsbehörde im Einvernehmen mit der Stadt Starnberg erteilt werden. Über Abweichungen bei verfahrensfreien Vorhaben entscheidet die Stadt Starnberg (Art. 63 Abs. 3 Satz 1 BayBO).

§ 5

Ordnungswidrigkeiten

Mit Geldbuße gemäß Art. 79 Abs. 1 Satz 1 Nr. 1 BayBO kann belegt werden, wer vorsätzlich oder fahrlässig gegen die §§ 1–3 verstößt.

§ 6

Inkrafttreten

Die Satzung tritt eine Woche nach ihrer Bekanntmachung in Kraft.

Anhang 2

Richtzahlen für den Stellplatzbedarf

Anlage
zu § 3 Abs. 1 Nr. 1

Nr.	Verkehrsquelle	Zahl der Stellplätze (Stpl.)		hiervon f. Besucher in v.H.
1	Wohngebäude	je Wohnung		
1.1	Einfamilienhäuser	bis 250 m² über 250 m²	2 Stpl. 3 Stpl.	
1.2	Mehrfamilienhäuser je Wohnung	bis 60 m² bis 120 m² über 120 m²	1 Stpl. 2 Stpl. 3 Stpl.	10
		ab sechs WE sind ⅓ Besucherstellplätze oberirdisch auszuweisen		
1.3	Gebäude mit Altenwohnungen[1])	0,2 Stpl. je Wohnung		20
1.4	Wochenend- und Ferienhäuser	1 Stpl. je Wohnung		–
1.5	Kinder- und Jugendwohnheime	1 Stpl. je 15 Betten, jedoch mind. 2 Stpl.		75
1.6	Studentenwohnheim	1 Stpl. je 2 Betten		10
1.7	Schwesternwohnheime	1 Stpl. je 2 Betten, jedoch mind. 3 Stpl.		10
1.8	Arbeitnehmerwohnheime	1 Stpl. je 2 Betten, jedoch mind. 3 Stpl.		20
1.9	Altenwohnheime, Altenheime, Wohnheime für Behinderte	1 Stpl. je 8 Betten, jedoch mind. 3 Stpl.		75
2	Gebäude mit Büro-, Verwaltungs- und Praxisräumen[2])			
2.1	Büro- und Verwaltungsräume allgemein	1 Stpl. je 35 m² Hauptnutzfläche, Näheres s. Anhang		20
2.2	Räume mit erheblichem Besucherverkehr (Schalter-, Abfertigungs- oder Beratungsräume und dgl.)	1 Stpl. je 25 m² Hauptnutzfläche, jedoch mind. 3 Stpl.		75
2.3	Arztpraxen	1 Stpl. je 25 m² Hauptnutzfläche, Näheres s. Anhang		

---

1) Die Wohnungen müssen auf Dauer für die Benutzung durch alte Personen bestimmt sein, dies muss in ihrer Ausstattung zum Ausdruck kommen.
2) Flächen für Kantinen, Erfrischungsräume u. Ä. bleiben außer Ansatz.

Anhang 2

Nr.	Verkehrsquelle	Zahl der Stellplätze (Stpl.)	hiervon f. Besucher in v. H.
3	Verkaufsstätten[1])[2])		
3.1	Läden, Waren- und Geschäftshäuser ohne Supermärkte	1 Stpl. je 35 m² Verkaufsnutzfläche, jedoch mind. 1 Stpl. je Laden	75
3.2	Verbrauchermärkte	1 Stpl. je 25 m² Verkaufsnutzfläche	90
3.3	Lebensmittelmärkte	je nach Größe, Näheres s. Anhang	
4	Versammlungsstätten (außer Sportstätten), Kirchen		
4.1	Versammlungsstätten von überörtlicher Bedeutung (z. B. Theater, Konzerthäuser, Mehrzweckhallen)	1 Stpl. je 5 Sitzplätze	90
4.2	Mehrzweckhallen von örtlicher Bedeutung	1 Stpl. je 10 Besucher; entspricht 1 Stpl. je 15 m² Hallenfläche	
4.3	Sonstige Versammlungsstätten (z. B. Lichtspieltheater, Schulaulen, Vortragssäle	1 Stpl. je 7 Sitzplätze	90
4.4	Gemeindekirchen	1 Stpl. je 20 Sitzplätze	90
4.5	Kirchen von überörtlicher Bedeutung	1 Stpl. je 10 Sitzplätze	90
5	Sportstätten		
5.1	Sportplätze ohne Besucherplätze (z. B. Trainingsplätze)	1 Stpl. je 300 m² Sportfläche	
5.2	Sportplätze und Sportstadien mit Besucherplätzen	1 Stpl. je 300 m² Sportfläche zusätzlich 1 Stpl. je 10 Besucherplätze	
5.3	Spiel- und Sporthallen ohne Besucherplätze	1 Stpl. je 50 m² Hallenfläche	
5.4	Spiel-, Sport- sowie Eislaufhallen mit Besucherplätzen	1 Stpl. je 50 m² Hallenfläche, zusätzlich 1 Stpl. je 10 Besucherplätze	
5.5	Freibäder und Freiluftbäder	1 Stpl. je 250 m² Grundstücksfläche	
5.6	Hallenbäder ohne Besucherplätze	1 Stpl. je 7 Kleiderablagen	

1) Flächen für Kantinen, Erfrischungsräume u. Ä. bleiben außer Ansatz.
2) Ist die Lagerfläche erheblich größer als die Verkaufsnutzfläche, so ist für die Gesamtlagerfläche ein Zuschlag nach Nr. 9.2 zu machen.

Anhang 2

Nr.	Verkehrsquelle	Zahl der Stellplätze (Stpl.)	hiervon f. Besucher in v.H.
5.7	Hallenbäder mit Besucherplätzen	1 Stpl. je 7 Kleiderablagen, zusätzlich 1 Stpl. je 7 Besucherplätze	
5.8	Tennisplätze mit Besucherplätzen	2 Stellplätze je Spielfeld, zusätzlich 2 Stellplätze je 7 Besucherplätze	
5.9	Minigolfplätze	6 Stpl. je Minigolfanlage	
5.10	Kegelbahnen Bowlingbahnen	4 Stpl. je Bahn 2 Stpl. je Bahn	
5.11	Bootshäuser und Bootsliegeplätze	1 Stpl. je 3 Boote	
5.12	Squashanlagen	1 Stpl. je Spielfeld bei Restaurationsbetrieb Zuschlag nach 6.1	
5.13	Fitnesscenter	1 Stpl. je 3 Geräte	
6	Gaststätten und Beherbergungsbetriebe		
6.1	Gaststätten	1 Stpl. je 5 Sitzplätze, mindestens 1 Stpl. je 10 m² Nettogastraumfläche	75
6.2	Biergärten	1 Stpl. je 7 Sitzplätze	
6.3	Diskotheken/Tanzlokale/Stehlokale u. Ä.	4 Stpl. je 10 m² Nettogastraumfläche	
6.4	Hotels, Pensionen, Kurheime u. andere Beherbergungsbetriebe	1 Stpl. je 3 Betten, für zugehörigen Restaurationsbetrieb Zuschlag nach Nr. 6.1	75
6.5	Jugendherbergen	1 Stpl. je 10 Betten	75
7	Krankenanstalten		
7.1	Universitätskliniken	1 Stpl. je 2 Betten	50
7.2	Krankenanstalten von überörtlicher Bedeutung	1 Stpl. je 3 Betten	60
7.3	Krankenanstalten von örtlicher Bedeutung	1 Stpl. je 4 Betten	60
7.4	Sanatorien, Kuranstalten, Anstalten für langfristig Kranke	1 Stpl. je 2 Betten	25
7.5	Altenpflegeheime, Pflegeheime für Behinderte	1 Stpl. je 6 Betten	75

Anhang 2

Nr.	Verkehrsquelle	Zahl der Stellplätze (Stpl.)	hiervon f. Besucher in v. H.
8	Schulen, Einrichtungen der Jugendförderung		
8.1	Grundschulen, Hauptschulen, Sondervolksschulen	1,5 Stpl. je Klasse	
8.2	Sonstige allgemeinbildende Schulen, Berufsschulen, Berufsfachschulen	8 Stpl. je Klasse	
8.3	Sonderschulen für Behinderte	1,5 Stpl. je Klasse	
8.4	Hochschulen	1 Stpl. je 2 Stundenten	
8.5	Kindergärten, Kindertagesstätten und dgl.	2 Stpl. je Gruppe	
8.6	Jugendfreizeitheime und dgl.	1 Stpl. je 20 m² Hauptnutzfläche	
8.7	Berufsbildungswerke, Ausbildungswerkstätten u. Ä.	1 Stpl. je 10 Auszubildende	
9	Gewerbliche Anlagen		
9.1	Handwerks- und Industriebetriebe[1]	1 Stpl. je 50 m² Nutzfläche oder je 3 Beschäftigte	15
9.2	Lagerräume, Lagerplätze, Ausstellungs- und Verkaufsflächen	1 Stpl. je 80 m² Nutzfläche oder je 3 Beschäftigte	
9.3	Kraftfahrzeugwerkstätten	5 Stellplätze je Wartungs- oder Reparaturstand	
9.4	Tankstellen mit Pflegeplätzen	8 Stpl. je Pflegeplatz	
9.5	Automatische Kraftfahrzeugwaschanlagen[2]	5 Stpl. je Waschanlage	
9.6	Kraftfahrzeugwaschplätze zur Selbstbedienung	3 Stpl. je Waschplatz	
10	Verschiedenes		
10.1	Kleingartenanlagen	1 Stpl. je 3 Kleingärten	
10.2	Friedhöfe	1 Stpl. je 1500 m² Grundstücksfläche, jedoch mindestens 10 Stpl.	

---

1) Der Stellplatzbedarf ist in der Regel nach der Nutzfläche zu berechnen, ergibt sich dabei ein offensichtliches Missverhältnis zum tatsächlichen Stellplatzbedarf, so ist die Zahl der Beschäftigten zugrunde zu legen.

2) Zusätzlich muss ein Stauraum für mindestens 15 Kraftfahrzeuge vorhanden sein.

Anhang 2

Anhang
zu den Stellplatzrichtlinien

zu Punkt 2.1	Büro-, Verwaltungsräume und dazugehörige Besprechungsräume (= HNF)	**Regel** 1 Stellplatz je 35 m² HNF oder 1 Stellplatz je 3 Beschäftigte
	bei Möblierungsnachweis: Büros mit einer Fläche von	
	ca. 10 m² HNF pro Arbeitsplatz	1 Stellplatz je 30 m² HNF
	ca. 15 m² HNF pro Arbeitsplatz	1 Stellplatz je 35 m² HNF
	ca. 20 m² HNF pro Arbeitsplatz	1 Stellplatz je 40 m² HNF
zu Punkt 2.3	Praxen	**Regel** 1 Stellplatz je 25 m² HNF
	Arztpraxen mit Therapiepersonal, Praxisgemeinschaften oder kleinräumige Praxen	1 Stellplatz je 20 m² HNF
zu Punkt 3.3	Lebensmittelmärkte	bis 200 m² 1 Stellplatz je 30 m² VF
		bis 400 m² 1 Stellplatz je 25 m² VF
		bis 700 m² 1 Stellplatz je 20 m² VF
		bis 1000 m² 1 Stellplatz je 15 m² VF
		über 1000 m² 1 Stellplatz je 10 m² VF

HNF = Hauptnutzfläche
VF = Verkaufsfläche

BauVorlV **Anhang 3**

Verordnung über Bauvorlagen und bauaufsichtliche Anzeigen (Bauvorlagenverordnung – BauVorlV)

vom 10.11.2007 (GVBl. S. 792, BayRS 2132-1-2-I), zuletzt geändert durch § 1 V vom 7.12.2012 (GVBl. S. 732)

Aufgrund von Art. 80 Abs. 4 der Bayerischen Bauordnung (BayBO) in der Fassung der Bekanntmachung vom 14. August 2007 (GVBl. S. 588, BayRS 2132-1-I) und Art. 7 Abs. 2 des Bayerischen Abgrabungsgesetzes (BayAbgrG) vom 27. Dezember 1999 (GVBl. S. 532, 535, BayRS 2132-2-I) erlässt das Bayerische Staatsministerium des Innern folgende Verordnung:

Inhaltsübersicht

ERSTER TEIL
Allgemeines

§ 1 Begriff, Beschaffenheit
§ 2 Anzahl

ZWEITER TEIL
Vorzulegende Bauvorlagen

§ 3 Bauliche Anlagen
§ 4 Werbeanlagen
§ 5 Vorbescheid
§ 6 Beseitigung von Anlagen

DRITTER TEIL
Inhalt der Bauvorlagen

§ 7 Auszug aus dem Katasterwerk, Lageplan
§ 8 Bauzeichnungen
§ 9 Baubeschreibung
§ 10 Standsicherheitsnachweis
§ 11 Brandschutznachweis
§ 12 Nachweise für Schall- und Erschütterungsschutz
§ 13 Übereinstimmungsgebot

VIERTER TEIL
Abgrabungsplan

§ 14 Abgrabungsplan

Anhang 3   BauVorlV

FÜNFTER TEIL
Bauzustandsanzeigen

§ 15   Baubeginnsanzeige
§ 16   Anzeige der beabsichtigten Nutzungsaufnahme

SECHSTER TEIL
Inkrafttreten, Außerkrafttreten

§ 17   Inkrafttreten, Außerkrafttreten
Anlage 1   Zeichen und Farben für Bauvorlagen
Anlage 2   Kriterienkatalog nach § 15 Abs. 3

ERSTER TEIL
Allgemeines

§ 1
Begriff, Beschaffenheit

(1) [1]Bauvorlagen sind die einzureichenden Unterlagen, die für die Beurteilung des Bauvorhabens und die Bearbeitung des Bauantrags (Art. 64 Abs. 2 Satz 1 BayBO), für die Anzeige der beabsichtigten Beseitigung (Art. 57 Abs. 5 Satz 2 BayBO) oder für die Genehmigungsfreistellung (Art. 58 Abs. 3 Satz 1 Halbsatz 1 BayBO) erforderlich sind. [2]Bautechnische Nachweise gelten auch dann als Bauvorlagen im Sinn dieser Verordnung, wenn sie der Bauaufsichtsbehörde nicht vorzulegen sind.

(2) [1]Bauvorlagen müssen aus alterungsbeständigem Papier oder gleichwertigem Material lichtbeständig hergestellt sein und dem Format DIN A4 entsprechen oder auf diese Größe gefaltet sein. [2]Art. 3a des Bayerischen Verwaltungsverfahrensgesetzes (BayVwVfG) bleibt unberührt.

(3) Hat das Staatsministerium des Innern Vordrucke öffentlich bekannt gemacht, sind diese zu verwenden.

(4) Die Bauaufsichtsbehörde darf ein Modell oder weitere Nachweise verlangen, wenn dies zur Beurteilung des Bauvorhabens erforderlich ist.

(5) Die Bauaufsichtsbehörde soll auf Bauvorlagen nach dem Zweiten Teil und einzelne Angaben in den Bauvorlagen sowie auf bautechnische Nachweise einschließlich deren Prüfung und deren Bescheinigung durch Prüfsachverständige verzichten, soweit diese zur Beurteilung der Genehmigungsfähigkeit des Bauvorhabens nicht erforderlich sind.

§ 2
Anzahl

¹Bauvorlagen sind dreifach, ist die Gemeinde zugleich Bauaufsichtsbehörde, zweifach einzureichen. ²Die Bauaufsichtsbehörde kann Mehrfertigungen verlangen, soweit dies zur Beteiligung von Stellen nach Art. 65 Abs. 1 Satz 1 Halbsatz 1 BayBO (Sternverfahren) erforderlich ist; die Mehrfertigungen müssen nicht nach Art. 51 Abs. 2 Satz 2, Art. 64 Abs. 4 Sätze 1 und 2 BayBO unterschrieben sein. ³Im Fall der Errichtung, Änderung oder Nutzungsänderung einer baulichen Anlage mit Arbeitsstätten mit einem höheren Gefährdungspotential ist eine weitere Ausfertigung vorzulegen, die die Bauaufsichtsbehörde an das Gewerbeaufsichtsamt der zuständigen Regierung weiterleitet; ein höheres Gefährdungspotential liegt in der Regel nicht vor bei

1. Schulen, Hochschulen und ähnlichen Einrichtungen,
2. Gesundheitseinrichtungen, ausgenommen Krankenhäuser,
3. Heimen und sonstigen Einrichtungen zur Unterbringung oder Pflege von Personen sowie Tageseinrichtungen für Kinder, behinderte und alte Menschen, ausgenommen Werkstätten für Menschen mit Behinderung,
4. Gast- und Beherbergungsstätten und Lagereinrichtungen mit voraussichtlich weniger als 20 Beschäftigten,
5. Büro- und Verwaltungsgebäuden,
6. Anlagen des Dienstleistungs- sowie des Verlags- und Mediengewerbes, ausgenommen Anlagen des Druckgewerbes,
7. Anlagen des Bau- und Elektroinstallationsgewerbes,
8. Verkaufsstätten mit einer Fläche von weniger als 2000 m²,
9. Anlagen der Land- und Forstwirtschaft sowie der Fischerei,
10. Anlagen von Verkehrsbetrieben, ausgenommen Anlagen zum Güterumschlag,
11. Anlagen von Versorgungsbetrieben, ausgenommen Anlagen zum Güterumschlag.

ZWEITER TEIL
Vorzulegende Bauvorlagen

§ 3
Bauliche Anlagen

Vorzulegen sind:
1. ein aktueller Auszug aus dem Katasterwerk und, soweit es sich nicht um Änderungen baulicher Anlagen handelt, bei denen Außenwände und Dächer sowie die Nutzung nicht verändert werden, der Lageplan (§ 7),
2. die Bauzeichnungen (§ 8),

Anhang 3

BauVorlV

3. die Baubeschreibung (§ 9),

4. bei Sonderbauten der Nachweis der Standsicherheit (§ 10), soweit er bauaufsichtlich geprüft wird, andernfalls die Erklärung des Tragwerksplaners nach Maßgabe des Kriterienkatalogs der Anlage 2.

5. der Nachweis des Brandschutzes (§ 11), soweit er bauaufsichtlich geprüft wird und nicht bereits in den übrigen Bauvorlagen enthalten ist,

6. die erforderlichen Angaben über die gesicherte Erschließung hinsichtlich der Versorgung mit Wasser und Energie sowie der Entsorgung von Abwasser und der verkehrsmäßigen Erschließung, soweit das Bauvorhaben nicht an eine öffentliche Wasser- oder Energieversorgung oder eine öffentliche Abwasserentsorgungsanlage angeschlossen werden kann oder nicht in ausreichender Breite an einer öffentlichen Verkehrsfläche liegt,

7. bei Bauvorhaben im Geltungsbereich eines Bebauungsplans, der Festsetzungen darüber enthält, eine Berechnung des zulässigen, des vorhandenen und des geplanten Maßes der baulichen Nutzung,

8. soweit erforderlich, die Erklärung der Übernahme einer Abstandsfläche nach Art. 6 Abs. 2 Satz 3 Halbsatz 1 BayBO,

9. erforderliche Abweichungsanträge (Art. 63 BayBO).

§ 4
Werbeanlagen

(1) Vorzulegen sind:

1. ein aktueller Auszug aus dem Katasterwerk mit Einzeichnung des Standorts,

2. eine Zeichnung (Abs. 2) und Beschreibung (Abs. 3) oder eine andere geeignete Darstellung der Werbeanlage, wie ein farbiges Lichtbild oder eine farbige Lichtbildmontage,

3. bei Sonderbauten der Nachweis der Standsicherheit (§ 10), soweit er bauaufsichtlich geprüft wird, andernfalls die Erklärung des Tragwerkplaners nach Maßgabe des Kriterienkatalogs der Anlage 2.

(2) Die Zeichnung muss die Darstellung der Werbeanlage und ihre Maße, auch bezogen auf den Standort und auf Anlagen, an denen die Werbeanlage angebracht oder in deren Nähe sie aufgestellt werden soll, sowie Angaben über die Farbgestaltung enthalten.

(3) In der Beschreibung sind die Art und die Beschaffenheit der Werbeanlage, sowie, soweit erforderlich, die Abstände zu öffentlichen Verkehrsflächen sowie zu benachbarten Signalanlagen und Verkehrszeichen anzugeben.

§ 5
Vorbescheid

Vorzulegen sind diejenigen Bauvorlagen, die zur Beurteilung der durch den Vorbescheid zu entscheidenden Fragen des Bauvorhabens erforderlich sind.

§ 6
Beseitigung von Anlagen

Vorzulegen sind:
1. ein Lageplan, der die Lage der zu beseitigenden Anlagen unter Bezeichnung des Grundstücks nach Katasterwerk sowie nach Straße und Hausnummer darstellt (§ 7),
2. in den Fällen des Art. 57 Abs. 5 Satz 3 Halbsatz 1 BayBO die Erklärung des Tragwerksplaners über die Standsicherheit angebauter Gebäude.

DRITTER TEIL
Inhalt der Bauvorlagen

§ 7
Auszug aus dem Katasterwerk, Lageplan

(1) ¹Der Auszug aus dem Katasterwerk (Ausschnitt aus der Flurkarte) muss das Baugrundstück und die benachbarten Grundstücke im Umkreis von mindestens 50 m darstellen. ²Das Baugrundstück ist zu kennzeichnen. ³Der Auszug ist mit dem Namen des Bauherrn, der Bezeichnung des Bauvorhabens und dem Datum des dazugehörigen Bauantrags oder der Unterlagen nach Art. 58 Abs. 3 Satz 1 Halbsatz 2 BayBO zu beschriften.

(2) ¹Der Lageplan ist auf der Grundlage des Auszugs aus dem Katasterwerk zu erstellen. ²Dabei ist ein Maßstab nicht kleiner als 1:1000 zu verwenden. ³Ein größerer Maßstab ist zu wählen, wenn es für die Beurteilung des Bauvorhabens erforderlich ist. ⁴Der Auszug muss jeweils von der katasterführenden Behörde (Art. 12 Abs. 4 des Vermessungs- und Katastergesetzes – VermKatG) beglaubigt oder durch ein automatisiertes Abrufverfahren gemäß Art. 11 Abs. 2 VermKatG zum Zweck der Bauvorlage abgerufen worden sein.

(3) Der Lageplan muss, soweit dies zur Beurteilung des Bauvorhabens erforderlich ist, enthalten:
1. den Maßstab und die Nordrichtung,
2. die katastermäßigen Flächen, Flurstücksnummern und die Flurstücksgrenzen des Baugrundstücks und der benachbarten Grundstücke,
3. die im Grundbuch geführte Bezeichnung des Baugrundstücks und der benachbarten Grundstücke mit den jeweiligen Eigentümerangaben,

Anhang 3

BauVorlV

4. die vorhandenen baulichen Anlagen auf dem Baugrundstück und den benachbarten Grundstücken mit Angabe ihrer Nutzung, First- und Außenwandhöhe, Dachform und der Art der Außenwände und der Bedachung,

5. Baudenkmäler einschließlich Ensembles sowie geschützte Teile von Natur und Landschaft auf dem Baugrundstück und auf den Nachbargrundstücken,

6. Leitungen, die der öffentlichen Versorgung mit Wasser, Gas, Elektrizität, Wärme, der öffentlichen Abwasserentsorgung oder der Telekommunikation und Rohrleitungen, die dem Ferntransport von Stoffen dienen, sowie deren Abstände zu der geplanten baulichen Anlage,

7. die angrenzenden öffentlichen Verkehrsflächen mit Angabe der Breite, der Straßenklasse und der Höhenlage mit Bezug auf das Höhenbezugssystem,

8. Hydranten und andere Wasserentnahmestellen für die Feuerwehr,

9. die Festsetzungen eines Bebauungsplans für das Baugrundstück über die überbaubaren und die nicht überbaubaren Grundstücksflächen,

10. die geplante bauliche Anlage unter Angabe der Außenmaße, der Dachform und der Höhenlage des Erdgeschossfußbodens zur Straße,

11. die Höhenlage der Eckpunkte des Baugrundstücks und der Eckpunkte der geplanten baulichen Anlage mit Bezug auf das Höhenbezugssystem,

12. die Aufteilung der nicht überbauten Flächen unter Angabe der Lage und Breite der Zu- und Abfahrten, der Anzahl, Lage und Größe der Kinderspielplätze, der Stellplätze und der Flächen für die Feuerwehr,

13. die Abstände der geplanten baulichen Anlage zu anderen baulichen Anlagen auf dem Baugrundstück und auf den benachbarten Grundstücken, zu den Nachbargrenzen sowie die Abstandsflächen der geplanten baulichen Anlagen und der bestehenden Anlagen auf dem Baugrundstück und den Nachbargrundstücken,

14. die Abstände der geplanten baulichen Anlage zu oberirdischen Gewässern,

15. geschützten Baumbestand.

(4) Der Inhalt des Lageplans nach Abs. 3 ist auf besonderen Blättern in geeignetem Maßstab darzustellen, wenn der Lageplan sonst unübersichtlich würde.

(5) [1]Im Lageplan sind die Zeichen oder Farben der Anlage 1 zu verwenden; im Übrigen ist die Planzeichenverordnung 1990 (PlanzV 90) vom 18. Dezember 1990 (BGBl. 1991 I S. 58) entsprechend anzuwenden. [2]Sonstige Darstellungen sind zu erläutern.

§ 8
Bauzeichnungen

(1) [1]Für die Bauzeichnungen ist ein Maßstab von 1:100 zu verwenden. [2]Ein größerer Maßstab ist zu wählen, wenn er zur Darstellung der erforderlichen Eintragung notwendig ist; ein kleinerer Maßstab kann gewählt werden, wenn er dafür ausreicht.

(2) In den Bauzeichnungen sind darzustellen:
1. die Grundrisse aller Geschosse mit Angabe der vorgesehenen Nutzung der Räume und mit Einzeichnung der
   a) Treppen,
   b) lichten Durchgangsmaße der Türen sowie deren Art, Anordnung und Aufschlagrichtung an und in Rettungswegen,
   c) Abgasanlagen,
   d) Räume für die Aufstellung von Feuerstätten unter Angabe der Nennleistung sowie der Räume für die Brennstofflagerung unter Angabe der vorgesehenen Art und Menge des Brennstoffes,
   e) Aufzugsschächte, Aufzüge und der nutzbaren Grundflächen der Fahrkörbe von Personenaufzügen,
   f) Installationsschächte, -kanäle und Lüftungsleitungen, soweit sie raumabschließende Bauteile durchdringen,
   g) Räume für die Aufstellung von Lüftungsanlagen.
2. die Schnitte, aus denen folgende Punkte ersichtlich sind:
   a) die Gründung der geplanten baulichen Anlage und, soweit erforderlich, die Gründungen anderer baulicher Anlagen,
   b) der Anschnitt der vorhandenen und der geplanten Geländeoberfläche,
   c) die Höhenlage des Erdgeschossfußbodens mit Bezug auf das Höhenbezugssystem,
   d) die Höhe der Fußbodenoberkante des höchstgelegenen Geschosses, in dem ein Aufenthaltsraum möglich ist, über der geplanten Geländeoberfläche,
   e) die lichten Raumhöhen,
   f) der Verlauf der Treppen und Rampen mit ihrem Steigungsverhältnis,
   g) die Wandhöhe im Sinn des Art. 6 Abs. 4 BayBO,
   h) die Dachhöhen und Dachneigungen,
3. die Ansichten der geplanten baulichen Anlage mit dem Anschluss an Nachbargebäude unter Angabe von Baustoffen und Farben, der vorhandenen und geplanten Geländeoberfläche sowie des Straßengefälles.

(3) In den Bauzeichnungen sind anzugeben:
1. der Maßstab und die Maße,
2. die wesentlichen Bauprodukte und Bauarten,
3. die Rohbaumaße der Fensteröffnungen in Aufenthaltsräumen,
4. bei Änderung baulicher Anlagen die zu beseitigenden und die geplanten Bauteile.

(4) In den Bauzeichnungen sind die Zeichen oder Farben der Anlage 1 zu verwenden.

Anhang 3

§ 9
Baubeschreibung

¹In der Baubeschreibung sind das Bauvorhaben und seine Nutzung zu erläutern, soweit dies zur Beurteilung erforderlich ist und die notwendigen Angaben nicht im Lageplan und den Bauzeichnungen enthalten sind. ²Die Gebäudeklasse und die Höhe im Sinn des Art. 2 Abs. 3 Satz 2 BayBO sind anzugeben. ³Die Baukosten der baulichen Anlagen einschließlich der dazugehörenden Wasserversorgungsanlagen auf dem Baugrundstück sind anzugeben.

§ 10
Standsicherheitsnachweis

(1) Für den Nachweis der Standsicherheit tragender Bauteile einschließlich ihrer Feuerwiderstandsfähigkeit nach § 11 Abs. 1 Satz 1 Nr. 1 sind eine Darstellung des gesamten statischen Systems sowie die erforderlichen Konstruktionszeichnungen, Berechnungen und Beschreibungen vorzulegen.

(2) ¹Die statischen Berechnungen müssen die Standsicherheit der baulichen Anlagen und ihrer Teile nachweisen. ²Die Beschaffenheit des Baugrunds und seine Tragfähigkeit sind anzugeben. ³Soweit erforderlich, ist nachzuweisen, dass die Standsicherheit anderer baulicher Anlagen und die Tragfähigkeit des Baugrunds der Nachbargrundstücke nicht gefährdet werden.

(3) Die Standsicherheit kann auf andere Weise als durch statische Berechnungen nachgewiesen werden, wenn hierdurch die Anforderungen an einen Standsicherheitsnachweis in gleichem Maße erfüllt werden.

§ 11
Brandschutznachweis

(1) Für den Nachweis des Brandschutzes sind im Lageplan, in den Bauzeichnungen und in der Baubeschreibung, soweit erforderlich, anzugeben:
1. das Brandverhalten der Baustoffe (Baustoffklasse) und die Feuerwiderstandsfähigkeit der Bauteile (Feuerwiderstandsklasse) entsprechend den Benennungen nach Art. 24 BayBO oder entsprechend den Klassifizierungen nach den Anlagen zur Bauregelliste A Teil 1,
2. die Bauteile, Einrichtungen und Vorkehrungen, an die Anforderungen hinsichtlich des Brandschutzes gestellt werden, wie Brandwände und Decken, Trennwände, Unterdecken, Installationsschächte und -kanäle, Lüftungsanlagen, Feuerschutzabschlüsse und Rauchschutztüren, Öffnungen zur Rauchableitung, einschließlich der Fenster nach Art. 33 Abs. 8 Satz 2 BayBO,
3. die Nutzungseinheiten, die Brand- und Rauchabschnitte,
4. die aus Gründen des Brandschutzes erforderlichen Abstände innerhalb und außerhalb des Gebäudes,

5. der erste und zweite Rettungsweg nach Art. 31 BayBO, insbesondere notwendige Treppenräume, Ausgänge, notwendige Flure, mit Rettungsgeräten der Feuerwehr erreichbare Stellen einschließlich der Fenster, die als Rettungswege nach Art. 31 Abs. 2 Satz 2 BayBO dienen, unter Angabe der lichten Maße und Brüstungshöhen,
6. die Flächen für die Feuerwehr, Zu- und Durchgänge, Zu- und Durchfahrten, Bewegungsflächen und die Aufstellflächen für Hubrettungsfahrzeuge,
7. die Löschwasserversorgung.

(2) ¹Bei Sonderbauten, Mittel- und Großgaragen müssen, soweit es für die Beurteilung erforderlich ist, zusätzlich Angaben gemacht werden, insbesondere über:
1. brandschutzrelevante Einzelheiten der Nutzung, insbesondere auch die Anzahl und Art der die bauliche Anlage nutzenden Personen sowie Explosions- oder erhöhte Brandgefahren, Brandlasten, Gefahrstoffe und Risikoanalysen,
2. Rettungswegbreiten und -längen, Einzelheiten der Rettungswegführung und -ausbildung einschließlich Sicherheitsbeleuchtung und -kennzeichnung,
3. technische Anlagen und Einrichtungen zum Brandschutz, wie Branderkennung, Brandmeldung, Alarmierung, Brandbekämpfung, Rauchableitung, Rauchfreihaltung,
4. die Sicherheitsstromversorgung,
5. die Bemessung der Löschwasserversorgung, Einrichtungen zur Löschwasserentnahme sowie die Löschwasserrückhaltung,
6. betriebliche und organisatorische Maßnahmen zur Brandverhütung, Brandbekämpfung und Rettung von Menschen und Tieren wie Feuerwehrplan, Brandschutzordnung, Werkfeuerwehr, Bestellung von Brandschutzbeauftragten und Selbsthilfekräften.

²Anzugeben ist auch, weshalb es der Einhaltung von Vorschriften wegen der besonderen Art oder Nutzung baulicher Anlagen oder Räume oder wegen besonderer Anforderungen nicht bedarf (Art. 54 Abs. 3 Satz 2 BayBO). ³Der Brandschutznachweis kann auch gesondert in Form eines objektbezogenen Brandschutzkonzepts dargestellt werden.

§ 12
Nachweise für Schall- und Erschütterungsschutz

Die Berechnungen müssen den nach bauordnungsrechtlichen Vorschriften geforderten Schall- und Erschütterungsschutz nachweisen.

§ 13
Übereinstimmungsgebot

Die Bauzeichnungen, Baubeschreibungen, Berechnungen und Konstruktionszeichnungen sowie sonstige Zeichnungen und Beschreibungen, die den bautechnischen Nachweisen zugrunde liegen, müssen miteinander übereinstimmen und gleiche Positionsangaben haben.

Anhang 3

VIERTER TEIL
Abgrabungsplan

§ 14
Abgrabungsplan

¹Für den Abgrabungsplan (Art. 7 Abs. 1 Satz 1 BayAbgrG) gelten die Vorschriften des Ersten bis Dritten Teils entsprechend. ²In den Fällen des Art. 8 BayAbgrG bleiben weitergehende Anforderungen nach Abschnitt III des Fünften Teils BayVwVfG unberührt.

FÜNFTER TEIL
Bauzustandsanzeigen

§ 15
Baubeginnsanzeige

(1) ¹Soweit bautechnische Nachweise nicht bauaufsichtlich geprüft und nicht durch einen Prüfsachverständigen bescheinigt werden, ist eine Erklärung des jeweiligen Nachweiserstellers nach Art. 62 Abs. 1 Satz 2, Abs. 2 BayBO über die Erstellung des bautechnischen Nachweises spätestens mit der Baubeginnsanzeige (Art. 68 Abs. 7, Art. 58 Abs. 5 Satz 2 BayBO) vorzulegen. ²Wird das Bauvorhaben abschnittsweise ausgeführt, muss die Erklärung spätestens bei Beginn der Ausführung des jeweiligen Bauabschnitts vorliegen.

(2) Für die nach Art. 68 Abs. 5 Nr. 2 BayBO vorzulegenden Bescheinigungen nach Art. 62 Abs. 3 BayBO gilt Abs. 1 Satz 2 entsprechend.

(3) ¹Muss der Standsicherheitsnachweis bei Bauvorhaben nach Art. 62 Abs. 3 Satz 1 Nr. 2 BayBO nicht bauaufsichtlich geprüft und nicht durch einen Prüfsachverständigen bescheinigt werden, ist spätestens mit der Baubeginnsanzeige eine Erklärung des Tragwerksplaners hierüber nach Maßgabe des Kriterienkatalogs der Anlage 2 vorzulegen. ²Dies gilt nicht für Bauvorhaben nach Art. 62 Abs. 3 Satz 2 BayBO.

§ 16
Anzeige der beabsichtigten Nutzungsaufnahme

Sind bei einem Bauvorhaben wiederkehrende bauaufsichtliche Prüfungen durch Rechtsverordnung nach Art. 80 Abs. 1 Satz 1 Nr. 4 oder 5 BayBO oder im Einzelfall vorgeschrieben, ist mit der Anzeige nach Art. 78 Abs. 2 Satz 1 BayBO über die in Art. 78 Abs. 2 Satz 2 BayBO genannten Bescheinigungen und Bestätigungen hinaus der Brandschutznachweis (§ 11) vorzulegen, soweit er nicht bauaufsichtlich geprüft ist.

SECHSTER TEIL
Inkrafttreten, Außerkrafttreten

§ 17
Inkrafttreten, Außerkrafttreten

[1]Diese Verordnung tritt am 1. Januar 2008 in Kraft. [2]Mit Ablauf des 31. Dezember 2007 tritt die Bauvorlagenverordnung (BauVorlV) vom 8. Dezember 1997 (GVBl. S. 822, ber. 1998 S. 271, BayRS 2132-1-2-I), zuletzt geändert durch Verordnung vom 22. Januar 2007 (GVBl. S. 58), außer Kraft.

(3) Im AB:

1) Privilegierung? § 35 (1)

2) Stehen öffentl. Belange entgegen? § 35 (3)
(z.B. FNP)

3) Teilprivilegiert? § 35 (2) + (4)

4) Nein: Geltungsbereich Außenbereichssatzung § 35 (2) + (6)?
↳ Beeinträ. öffentl. Belange?

5) Nein: Sonstiges Vorhaben § 35 (2)
→ Nur in Einzelfällen

6) Erschließung?

7) Gemeindl. Einvernehmen § 36 (1) S1?
↓
s. weiteres Vorgehen (1) + (2)

Anhang 3

BauVorlV

Anlage 1

Zeichen und Farben für Bauvorlagen
(zu §7 Abs. 5 und §8 Abs. 4)

		Zeichen:	Farbe:
1.	Grenzen des Grundstücks		Violett
2.	vorhandene bauliche Anlagen oder Bauteile		Grau
3.	geplante bauliche Anlagen oder Bauteile		Rot
4.	zu beseitigende bauliche Anlagen oder Bauteile		Gelb
5.	Flächen, auf denen Abstandsflächen nach Art. 6 Abs. 2 Satz 3 BayBO übernommen sind		Braun

Anhang 3

Anlage 2
Kriterienkatalog nach § 15 Abs. 3

Sind die nachfolgenden Kriterien ausnahmslos erfüllt, ist eine Prüfung des Standsicherheitsnachweises nicht erforderlich:

1. Die Baugrundverhältnisse sind eindeutig und erlauben eine übliche Flachgründung entsprechend DIN 1054. Ausgenommen sind Gründungen auf setzungsempfindlichem Baugrund.
2. Bei erddruckbelasteten Gebäuden beträgt die Höhendifferenz zwischen Gründungssohle und Erdoberfläche maximal 4 m. Einwirkungen aus Wasserdruck müssen rechnerisch nicht berücksichtigt werden.
3. Angrenzende bauliche Anlagen oder öffentliche Verkehrsflächen werden nicht beeinträchtigt. Nachzuweisende Unterfangungen oder Baugrubensicherungen sind nicht erforderlich.
4. Die tragenden und aussteifenden Bauteile gehen im Wesentlichen bis zu den Fundamenten unversetzt durch. Ein rechnerischer Nachweis der Gebäudeaussteifung, auch für Teilbereiche, ist nicht erforderlich.
5. Die Geschossdecken sind linienförmig gelagert und dürfen für gleichmäßig verteilte Lasten (kN/m^2 und Linienlasten aus nichttragenden Wänden (kN/m) bemessen werden. Geschossdecken ohne ausreichende Querverteilung erhalten keine Einzellasten.
6. Die Bauteile der baulichen Anlage oder die bauliche Anlage selbst können mit einfachen Verfahren der Baustatik berechnet oder konstruktiv festgelegt werden. Räumliche Tragstrukturen müssen rechnerisch nicht nachgewiesen werden. Besondere Stabilitäts-, Verformungs- und Schwingungsuntersuchungen sind nicht erforderlich.
7. Außergewöhnliche sowie dynamische Einwirkungen sind nicht vorhanden. Beanspruchungen aus Erdbeben müssen rechnerisch nicht verfolgt werden.
8. Besondere Bauarten wie Spannbetonbau, Verbundbau, Leimholzbau und geschweißte Aluminiumkonstruktionen werden nicht angewendet.

Anhang 4

Verordnung über die Prüfingenieure, Prüfämter und Prüfsachverständigen im Bauwesen (PrüfVBau)

vom 29.11.2007 (GVBl. S. 829, BayRS 2132-1-10-I),
zuletzt geändert durch § 1 Nr. 63 G vom 8.4.2013 (GVBl. S. 174)

Aufgrund des Art. 80 Abs. 2 der Bayerischen Bauordnung (BayBO) in der Fassung der Bekanntmachung vom 14. August 2007 (GVBl. S. 588, BayRS 2132-1-I) erlässt das Bayerische Staatsministerium des Innern folgende Verordnung:

Inhaltsverzeichnis

ERSTER TEIL
Allgemeine Vorschriften

§ 1 Anwendungsbereich
§ 2 Prüfingenieure und Prüfsachverständige
§ 3 Voraussetzungen der Anerkennung
§ 4 Allgemeine Voraussetzungen
§ 5 Allgemeine Pflichten
§ 6 Anerkennungsverfahren
§ 7 Erlöschen, Widerruf und Rücknahme der Anerkennung
§ 8 Führung der Bezeichnung Prüfingenieur oder Prüfsachverständiger
§ 9 Gleichwertigkeit, gegenseitige Anerkennung

ZWEITER TEIL
Prüfingenieure und Prüfsachverständige für Standsicherheit; Prüfämter für Standsicherheit, Typenprüfung

ERSTER ABSCHNITT
Prüfingenieure und Prüfsachverständige für Standsicherheit

§ 10 Besondere Voraussetzungen
§ 11 Prüfungsausschuss
§ 12 Prüfungsverfahren
§ 13 Aufgabenerledigung

ZWEITER ABSCHNITT
Prüfämter für Standsicherheit, Typenprüfung

§ 14 Prüfämter für Standsicherheit
§ 15 Typenprüfung

Anhang 4

PrüfVBau

DRITTER TEIL
Prüfsachverständige für Brandschutz

§ 16 Besondere Voraussetzungen
§ 17 Prüfungsausschuss
§ 18 Prüfungsverfahren
§ 19 Aufgabenerledigung

VIERTER TEIL
Prüfsachverständige für Vermessung im Bauwesen

§ 20 Besondere Voraussetzungen
§ 21 Aufgabenerledigung

FÜNFTER TEIL
Prüfsachverständige für die Prüfung sicherheitstechnischer Anlagen und Einrichtungen

§ 22 Besondere Voraussetzungen
§ 23 Fachrichtungen
§ 24 Aufgabenerledigung

SECHSTER TEIL
Prüfsachverständige für den Erd- und Grundbau

§ 25 Besondere Voraussetzungen
§ 26 Verfahren
§ 27 Aufgabenerledigung

SIEBTER TEIL
Vergütung

ERSTER ABSCHNITT
Vergütung für die Prüfämter, Prüfingenieure und Prüfsachverständigen für Standsicherheit

§ 28 Allgemeines
§ 29 Anrechenbare Bauwerte und Bauwerksklassen
§ 30 Berechnungsart der Vergütung
§ 31 Höhe der Vergütung
§ 32 Abrechnungsstelle
§ 33 Vergütung der Prüfämter
§ 34 Umsatzsteuer, Fälligkeit

ZWEITER ABSCHNITT
Vergütung für die Prüfsachverständigen für Brandschutz, für die Prüfung sicherheitstechnischer Anlagen und Einrichtungen sowie für Erd- und Grundbau

§ 35 Vergütung für die Prüfsachverständigen für Brandschutz, für die Prüfung sicherheitstechnischer Anlagen und Einrichtungen sowie für Erd- und Grundbau

DRITTER ABSCHNITT
Vergütung für die Prüfsachverständigen für Vermessung im Bauwesen

§ 36 Vergütung für die Prüfsachverständigen für Vermessung im Bauwesen

ACHTER TEIL
Ordnungswidrigkeiten

§ 37 Ordnungswidrigkeiten

NEUNTER TEIL
Schlussvorschriften

§ 38 Inkrafttreten, Außerkrafttreten, Übergangsvorschriften
Anlagen 1 bis 3

ERSTER TEIL
Allgemeine Vorschriften

§ 1
Anwendungsbereich

[1]Diese Verordnung regelt die Anerkennung und Tätigkeit der Prüfingenieure und Prüfsachverständigen in den Fachbereichen nach Satz 2, ferner die Rechtsverhältnisse der Prüfämter und die Typenprüfung. [2]Prüfingenieure und Prüfsachverständige werden anerkannt im Fachbereich Standsicherheit; Prüfsachverständige werden darüber hinaus anerkannt in den Fachbereichen

1. Brandschutz,
2. Vermessung im Bauwesen,
3. sicherheitstechnische Anlagen und Einrichtungen sowie
4. Erd- und Grundbau.

§ 2
Prüfingenieure und Prüfsachverständige

(1) [1]Prüfingenieure nehmen in ihrem jeweiligen Fachbereich bauaufsichtliche Prüfaufgaben aufgrund der Bayerischen Bauordnung oder von Vorschriften auf-

Anhang 4

PrüfVBau

grund der Bayerischen Bauordnung im Auftrag der Bauaufsichtsbehörde wahr. ²Sie unterstehen der Fachaufsicht des Staatsministeriums des Innern.

(2) ¹Prüfsachverständige prüfen und bescheinigen in ihrem jeweiligen Fachbereich im Auftrag des Bauherrn oder des sonstigen nach Bauordnungsrecht Verantwortlichen die Einhaltung bauordnungsrechtlicher Anforderungen, soweit dies in der Bayerischen Bauordnung oder in Vorschriften aufgrund der Bayerischen Bauordnung vorgesehen ist; sie nehmen keine hoheitlichen bauaufsichtlichen Prüfaufgaben wahr. ²Die Prüfsachverständigen sind im Rahmen der ihnen obliegenden Pflichten unabhängig und an Weisungen des Auftraggebers nicht gebunden.

§ 3
Voraussetzungen der Anerkennung

Soweit nachfolgend nichts anderes geregelt ist, werden als Prüfingenieure und Prüfsachverständige nur Personen anerkannt, welche die allgemeinen Voraussetzungen des § 4 sowie die besonderen Voraussetzungen ihres jeweiligen Fachbereichs und, soweit erforderlich, ihrer jeweiligen Fachrichtung nachgewiesen haben.

§ 4
Allgemeine Voraussetzungen

¹Prüfingenieure und Prüfsachverständige können nur Personen sein, die
1. nach ihrer Persönlichkeit Gewähr dafür bieten, dass sie ihre Aufgaben ordnungsgemäß im Sinn des § 5 erfüllen,
2. die Fähigkeit besitzen, öffentliche Ämter zu bekleiden,
3. eigenverantwortlich und unabhängig tätig sind,
4. den Geschäftssitz im Freistaat Bayern haben und
5. die deutsche Sprache in Wort und Schrift beherrschen.

²Eigenverantwortlich tätig im Sinn des Satzes 1 Nr. 3 ist,
1. wer seine berufliche Tätigkeit als einziger Inhaber eines Büros selbstständig auf eigene Rechnung und Verantwortung ausübt,
2. wer
   a) sich mit anderen Prüfingenieuren/Prüfsachverständigen, Ingenieuren oder Architekten zum Zweck der Berufsausübung zusammengeschlossen hat,
   b) innerhalb dieses Zusammenschlusses Vorstand, Geschäftsführer oder persönlich haftender Gesellschafter mit einer rechtlich gesicherten leitenden Stellung ist und
   c) kraft Satzung, Statut oder Gesellschaftsvertrag dieses Zusammenschlusses seine Aufgaben als Prüfingenieur und Prüfsachverständiger selbstständig, auf eigene Rechnung und Verantwortung und frei von Weisungen ausüben kann

oder

3. wer als Hochschullehrer im Rahmen einer Nebentätigkeit in selbstständiger Beratung tätig ist.
³Unabhängig tätig im Sinn des Satzes 1 Nr. 3 ist, wer bei Ausübung seiner Tätigkeit weder eigene Produktions-, Handels- oder Lieferinteressen hat noch fremde Interessen dieser Art vertritt, die unmittelbar oder mittelbar im Zusammenhang mit seiner Tätigkeit stehen.

§ 5
Allgemeine Pflichten

(1) ¹Prüfingenieure und Prüfsachverständige haben ihre Tätigkeit unparteiisch, gewissenhaft und gemäß den bauordnungsrechtlichen Vorschriften zu erfüllen; sie müssen sich darüber und über die Entwicklungen in ihrem Fachbereich stets auf dem Laufenden halten und über die für ihre Aufgabenerfüllung erforderlichen Geräte und Hilfsmittel verfügen. ²Die Prüfung der bautechnischen Nachweise muss am Geschäftssitz des Prüfingenieurs oder des Prüfsachverständigen, für den die Anerkennung als Prüfingenieur oder Prüfsachverständiger ausgesprochen worden ist, erfolgen. ³Unbeschadet weitergehender Vorschriften dürfen sich Prüfingenieure und Prüfsachverständige bei ihrer Tätigkeit der Mitwirkung befähigter und zuverlässiger, an ihrem Geschäftssitz fest angestellter Mitarbeiter nur in einem solchen Umfang bedienen, dass sie deren Tätigkeit jederzeit voll überwachen können. ⁴Prüfingenieure und Prüfsachverständige müssen mit einer Haftungssumme von mindestens je 500 000 € für Personen- sowie für Sach- und Vermögensschäden je Schadensfall, die mindestens zweimal im Versicherungsjahr zur Verfügung stehen muss, haftpflichtversichert sein; die Anerkennungsbehörde ist zuständige Stelle im Sinn des § 117 Abs. 2 des Versicherungsvertragsgesetzes.

(2) Ergeben sich Änderungen der Verhältnisse der Prüfingenieure und Prüfsachverständigen nach § 6 Abs. 2 Satz 2 Nrn. 4 und 5, sind sie verpflichtet, dies der Anerkennungsbehörde (§ 6 Abs. 1) unverzüglich anzuzeigen.

(3) ¹Die Errichtung einer Zweitniederlassung als Prüfingenieur oder Prüfsachverständiger in der Bundesrepublik Deutschland bedarf der Genehmigung durch die Anerkennungsbehörde. ²Dem Antrag sind die für die Genehmigung erforderlichen Nachweise beizugeben, insbesondere sind Angaben zur Eigenverantwortlichkeit der Tätigkeit in der Zweitniederlassung, zu den Mitarbeitern, die bei der Prüftätigkeit mitwirken sollen, sowie zur Sicherstellung der Überwachung der ordnungsgemäßen Bauausführung zu machen. ³Die Genehmigung ist zu versagen, wenn wegen der Zahl der Mitarbeiter, über die der Prüftätigkeit mitwirken sollen, der Entfernung zwischen den Niederlassungen oder aus anderen Gründen Bedenken gegen die ordnungsgemäße Aufgabenerledigung bestehen. ⁴Liegt die Zweitniederlassung in einem anderen Land, entscheidet die Anerkennungsbehörde im Einvernehmen mit der Anerkennungsbehörde des anderen Landes. ⁵Für die Prüftätigkeit an der Zweitniederlassung gelten Abs. 1 Sätze 2 und 3 sowie § 13 Abs. 3 Satz 2 und § 30 Abs. 6 Satz 1 entsprechend.

Anhang 4

PrüfVBau

(4) Prüfingenieure und Prüfsachverständige dürfen nicht tätig werden, wenn sie, ihre Mitarbeiter oder Angehörige des Zusammenschlusses nach §4 Satz 2 Nr.2 bereits, insbesondere als Entwurfsverfasser, Nachweisersteller, Bauleiter oder Unternehmer, mit dem Gegenstand der Prüfung oder der Bescheinigung befasst waren oder wenn ein sonstiger Befangenheitsgrund vorliegt.

(5) ¹Der Prüfingenieur oder Prüfsachverständige, der aus wichtigem Grund einen Auftrag nicht annehmen kann, muss die Ablehnung unverzüglich erklären. ²Er hat den Schaden zu ersetzen, der aus einer schuldhaften Verzögerung dieser Erklärung entsteht.

(6) Ergibt sich bei der Tätigkeit der Prüfingenieure und Prüfsachverständigen, dass der Auftrag teilweise einem anderen Fachbereich oder einer anderen Fachrichtung zuzuordnen ist, sind sie verpflichtet, den Auftraggeber zu unterrichten.

§ 6
Anerkennungsverfahren

(1) ¹Über den Antrag auf Anerkennung entscheidet
1. bei Prüfingenieuren für Standsicherheit das Staatsministerium des Innern,
2. bei Prüfsachverständigen für Brandschutz der Eintragungsausschuss bei der Bayerischen Architektenkammer,
3. im Übrigen der Eintragungsausschuss bei der Bayerischen Ingenieurekammer-Bau

(Anerkennungsbehörde). ²Örtlich zuständig ist die Anerkennungsbehörde des Geschäftssitzes des Bewerbers.

(2) ¹Im Antrag auf Anerkennung muss angegeben sein,
1. für welche Fachbereiche und, soweit vorgesehen, für welche Fachrichtungen die Anerkennung beantragt wird, und
2. ob und wie oft der Bewerber sich bereits erfolglos auch in einem anderen Land der Bundesrepublik Deutschland einem Anerkennungsverfahren in diesen Fachbereichen und, soweit vorgesehen, in diesen Fachrichtungen unterzogen hat.

²Dem Antrag sind die für die Anerkennung erforderlichen Nachweise beizugeben, insbesondere
1. ein Lebenslauf mit lückenloser Angabe des fachlichen Werdegangs bis zum Zeitpunkt der Antragstellung,
2. je eine Kopie der Abschluss- und Beschäftigungszeugnisse,
3. der Nachweis über den Antrag auf Erteilung eines Führungszeugnisses zur Vorlage bei einer Behörde, der nicht älter als drei Monate sein soll, oder ein gleichwertiges Dokument eines Mitgliedstaates der Europäischen Union,
4. Angaben über etwaige sonstige Niederlassungen,

5. Angaben über eine etwaige Beteiligung an einer Gesellschaft, deren Zweck die Planung oder Durchführung von Bauvorhaben ist, und

6. die Nachweise über die Erfüllung der besonderen Voraussetzungen für die Anerkennung in den jeweiligen Fachbereichen und, soweit vorgesehen, in den jeweiligen Fachrichtungen.

³Die Anerkennungsbehörde kann, soweit erforderlich, weitere Unterlagen anfordern.

(3) ¹Über die Erteilung ist innerhalb von drei Monaten nach Vorlage der vollständigen Unterlagen zu entscheiden; die Anerkennungsbehörde kann die Frist gegenüber dem Bewerber einmal um bis zu zwei Monate verlängern. ²Der Antrag gilt als genehmigt, wenn über ihn nicht innerhalb der nach Satz 1 maßgeblichen Frist entschieden worden ist. ³Das Verfahren kann über eine einheitliche Stelle nach den Vorschriften des Bayerischen Verwaltungsverfahrensgesetzes abgewickelt werden.

(4) Das Staatsministerium des Innern führt in den Fällen des Abs. 1 Satz 1 Nr. 1, die Bayerische Architektenkammer in den Fällen des Abs. 1 Satz 1 Nr. 2 und die Bayerische Ingenieurekammer-Bau in den Fällen des Abs. 1 Satz 1 Nr. 3 nach Fachbereichen und Fachrichtungen gesonderte Listen der Prüfingenieure und Prüfsachverständigen, die in geeigneter Weise bekannt zu machen sind.

(5) ¹Verlegt der Prüfingenieur oder der Prüfsachverständige seinen Geschäftssitz, für den die Anerkennung als Prüfingenieur oder als Prüfsachverständiger ausgesprochen worden ist, in ein anderes Land der Bundesrepublik Deutschland, hat er dies der Anerkennungsbehörde anzuzeigen. ²Die Anerkennungsbehörde übersendet die über den Prüfingenieur oder Prüfsachverständigen vorhandenen Akten der Anerkennungsbehörde des Landes, in dem der Prüfingenieur oder Prüfsachverständige seinen neuen Geschäftssitz begründen will. ³Diese trägt den Prüfingenieur oder Prüfsachverständigen in die von ihr geführte Liste nach Abs. 4 ein; damit erlischt die Eintragung in die Liste nach Abs. 4 in dem Land des ursprünglichen Geschäftssitzes. ⁴Im Übrigen findet ein neues Anerkennungsverfahren nicht statt.

§ 7
Erlöschen, Widerruf und Rücknahme der Anerkennung

(1) Die Anerkennung erlischt, wenn

1. der Prüfingenieur oder der Prüfsachverständige gegenüber der Anerkennungsbehörde schriftlich darauf verzichtet,

2. der Prüfingenieur oder der Prüfsachverständige die Fähigkeit zur Bekleidung öffentlicher Ämter verliert,

3. der erforderliche Versicherungsschutz (§ 5 Abs. 1 Satz 4) nicht mehr besteht oder

4. der Prüfingenieur oder der Prüfsachverständige das 68. Lebensjahr vollendet hat.

(2) Unbeschadet des Art. 49 BayVwVfG kann die Anerkennung widerrufen werden, wenn der Prüfingenieur oder der Prüfsachverständige

1. in Folge geistiger und körperlicher Gebrechen nicht mehr in der Lage ist, seine Tätigkeit ordnungsgemäß auszuüben,
2. gegen die ihm obliegenden Pflichten schwerwiegend, wiederholt oder mindestens grob fahrlässig verstoßen hat,
3. seine Tätigkeit in einem Umfang ausübt, die eine ordnungsgemäße Erfüllung seiner Pflichten nicht erwarten lässt, oder
4. in der Bundesrepublik Deutschland außerhalb des Geschäftssitzes, für den die Anerkennung als Prüfingenieur oder Prüfsachverständiger ausgesprochen worden ist, ohne die erforderliche Genehmigung nach § 5 Abs. 3 Zweitniederlassungen als Prüfingenieur oder Prüfsachverständiger einrichtet.

(3) Art. 48 BayVwVfG bleibt unberührt.

(4) Die Anerkennungsbehörde soll in Abständen von mindestens fünf Jahren nachprüfen, ob die Anerkennungsvoraussetzungen noch vorliegen.

§ 8
Führung der Bezeichnung Prüfingenieur oder Prüfsachverständiger

Wer nicht als Prüfingenieur oder Prüfsachverständiger in einem bestimmten Fachbereich oder, soweit vorgesehen, in einer bestimmten Fachrichtung nach dieser Verordnung anerkannt ist, darf die Bezeichnung Prüfingenieur oder Prüfsachverständiger für diesen Fachbereich und für diese Fachrichtung nicht führen.

§ 9[1])
Gleichwertigkeit, gegenseitige Anerkennung

(1) [1]Die Anerkennung als Prüfingenieur und die Anerkennung als Prüfsachverständiger für den jeweiligen Fachbereich und, soweit vorgesehen, für die jeweilige Fachrichtung sind gleichwertig. [2]Vergleichbare Anerkennungen anderer Länder gelten auch im Freistaat Bayern, solange der Prüfingenieur oder der Prüfsachverständige das 68. Lebensjahr noch nicht vollendet hat; eine weitere Eintragung in die von der Anerkennungsbehörde nach § 6 Abs. 4 geführte Liste erfolgt nicht.

(2) [1]Personen, die in einem anderen Mitgliedstaat der Europäischen Union oder einem nach dem Recht der Europäischen Gemeinschaften gleichgestellten Staat

---

1) **Anm. d. Verlages:**
§ 3 Abs. 3 V vom 15.3.2012 (GVBl. S. 91) enthält folgende Übergangsbestimmung:
„(3) § 9 Abs. 1 Satz 2 PrüfVBau in der Fassung vom 1. Januar 2012 gilt für Prüfingenieure und Prüfsachverständige, die am 31. März 2012 über eine vergleichbare Anerkennung eines anderen Landes verfügt haben, bis zum Ablauf des 31. Dezember 2013."

zur Wahrnehmung von Aufgaben im Sinn dieser Verordnung niedergelassen sind, sind berechtigt, als Prüfingenieur oder Prüfsachverständiger Aufgaben nach dieser Verordnung auszuführen, wenn sie

1. hinsichtlich des Tätigkeitsbereichs eine vergleichbare Berechtigung besitzen,
2. dafür hinsichtlich der Anerkennungsvoraussetzungen und des Nachweises von Kenntnissen vergleichbare Anforderungen erfüllen mussten und
3. die deutsche Sprache in Wort und Schrift beherrschen.

²Sie haben das erstmalige Tätigwerden vorher der Anerkennungsbehörde anzuzeigen und dabei

1. eine Bescheinigung darüber, dass sie in einem Mitgliedstaat der Europäischen Union oder einem nach dem Recht der Europäischen Gemeinschaften gleichgestellten Staat rechtmäßig zur Wahrnehmung von Aufgaben im Sinn dieser Verordnung niedergelassen sind und ihnen die Ausübung dieser Tätigkeiten zum Zeitpunkt der Vorlage der Bescheinigung nicht, auch nicht vorübergehend, untersagt ist, und
2. einen Nachweis darüber, dass sie im Staat ihrer Niederlassung dafür die Voraussetzungen des Satzes 1 Nr. 2 erfüllen mussten,

vorzulegen. ³Die Anerkennungsbehörde soll das Tätigwerden untersagen, wenn die Voraussetzungen des Satzes 1 nicht erfüllt sind; sie hat auf Antrag zu bestätigen, dass die Anzeige nach Satz 2 erfolgt ist.

(3) ¹Personen, die in einem anderen Mitgliedstaat der Europäischen Union oder einem nach dem Recht der Europäischen Gemeinschaften gleichgestellten Staat zur Wahrnehmung von Aufgaben im Sinn dieser Verordnung niedergelassen sind, ohne im Sinn des Abs. 2 Satz 1 Nr. 2 vergleichbar zu sein, sind berechtigt, als Prüfingenieur oder Prüfsachverständiger Aufgaben nach dieser Verordnung auszuführen, wenn ihnen die Anerkennungsbehörde bescheinigt hat, dass sie die Anforderungen hinsichtlich der Anerkennungsvoraussetzungen, des Nachweises von Kenntnissen und des Tätigkeitsbereichs nach dieser Verordnung erfüllen. ²Die Bescheinigung wird auf Antrag erteilt, dem die zur Beurteilung erforderlichen Unterlagen beizufügen sind. ³§ 6 Abs. 3 gilt entsprechend.

(4) ¹Anzeigen und Bescheinigungen nach den Abs. 2 und 3 sind nicht erforderlich, wenn bereits in einem anderen Land eine Anzeige erfolgt ist oder eine Bescheinigung erteilt wurde. ²Verfahren nach den Abs. 2 und 3 können über eine einheitliche Stelle nach den Vorschriften des Bayerischen Verwaltungsverfahrensgesetzes abgewickelt werden.

Anhang 4

PrüfVBau

ZWEITER TEIL
Prüfingenieure und Prüfsachverständige für Standsicherheit; Prüfämter für Standsicherheit, Typenprüfung

ERSTER ABSCHNITT
Prüfingenieure und Prüfsachverständige für Standsicherheit

§ 10
Besondere Voraussetzungen

(1) ¹Als Prüfingenieure und Prüfsachverständige für Standsicherheit in den Fachrichtungen Massivbau, Metallbau und Holzbau werden nur Personen anerkannt, die
1. das Studium des Bauingenieurwesens an einer deutschen Hochschule oder ein gleichwertiges Studium an einer ausländischen Hochschule abgeschlossen haben,
2. seit mindestens zwei Jahren als mit der Tragwerksplanung befasster Ingenieur eigenverantwortlich und unabhängig oder als hauptberuflicher Hochschullehrer tätig sind,
3. mindestens zehn Jahre mit der Aufstellung von Standsicherheitsnachweisen, der technischen Bauleitung oder mit vergleichbaren Tätigkeiten betraut gewesen sind, wovon sie mindestens fünf Jahre lang Standsicherheitsnachweise aufgestellt haben und mindestens ein Jahr lang mit der technischen Bauleitung betraut gewesen sein müssen; die Zeit einer technischen Bauleitung darf jedoch nur bis zu höchstens drei Jahren angerechnet werden,
4. über die erforderlichen Kenntnisse der einschlägigen bauordnungsrechtlichen Vorschriften verfügen,
5. durch ihre Leistungen als Ingenieure überdurchschnittliche Fähigkeiten bewiesen haben und
6. die für einen Prüfingenieur oder Prüfsachverständigen erforderlichen Fachkenntnisse und Erfahrungen besitzen.

²Das Vorliegen der Anerkennungsvoraussetzungen nach Satz 1 Nrn. 3 bis 6 ist durch eine Bescheinigung des Prüfungsausschusses nachzuweisen.

(2) ¹Prüfsachverständige für Standsicherheit sind auch
1. Prüfingenieure für Standsicherheit sowie
2. die Leiter und stellvertretenden Leiter der Prüfämter (§ 14), die im Auftrag und auf Rechnung des jeweiligen Prüfamts und abweichend von § 4 Satz 1 Nr. 3 nicht eigenverantwortlich und unabhängig tätig werden.

²Die Rechtswirkung des Satzes 1 tritt nicht ein, wenn die Personen nach Satz 1 gegenüber dem Eintragungsausschuss bei der Bayerischen Ingenieurekammer-Bau erklären, dass sie nicht als Prüfsachverständige für Standsicherheit tätig werden wollen.

§ 11
Prüfungsausschuss

(1) Beim Staatsministerium des Innern wird ein Prüfungsausschuss gebildet.

(2) ¹Der Prüfungsausschuss besteht aus mindestens sechs Mitgliedern. ²Das Staatsministerium des Innern beruft die Mitglieder des Prüfungsausschusses sowie, soweit erforderlich, stellvertretende Mitglieder für den Verhinderungsfall. ³Dem Prüfungsausschuss sollen mindestens angehören:
1. ein Hochschulprofessor für jede Fachrichtung,
2. ein Mitglied aus dem Bereich der Bauwirtschaft oder der freiberuflich tätigen Bauingenieure,
3. ein von der Vereinigung der Prüfingenieure in Bayern vorgeschlagenes Mitglied und
4. ein Mitglied aus dem Geschäftsbereich des Staatsministeriums des Innern, das die Voraussetzungen für den Einstieg in der vierten Qualifikationsebene in der Fachlaufbahn Naturwissenschaft und Technik, fachlicher Schwerpunkt bautechnischer und umweltfachlicher Verwaltungsdienst, erfüllt.

⁴Die Berufung erfolgt für fünf Jahre; Wiederberufungen sind zulässig. ⁵Abweichend von Satz 4 endet die Mitgliedschaft im Prüfungsausschuss, wenn die Voraussetzungen für die Berufung nach Satz 3 nicht mehr vorliegen oder mit der Vollendung des 68. Lebensjahres; der Abschluss eines eingeleiteten Prüfungsverfahrens bleibt unberührt. ⁶Das Staatsministerium des Innern ist berechtigt, an den Sitzungen und Beratungen des Prüfungsausschusses ohne Stimmrecht teilzunehmen.

(3) ¹Die Mitglieder des Prüfungsausschusses sind unabhängig und an Weisungen nicht gebunden. ²Sie sind zur Unparteilichkeit und Verschwiegenheit verpflichtet. ³Sie sind ehrenamtlich tätig und haben Anspruch auf Ersatz der notwendigen Auslagen einschließlich der Reisekosten.

(4) Der Prüfungsausschuss gibt sich eine Geschäftsordnung.

§ 12
Prüfungsverfahren

(1) ¹Die Anerkennungsbehörde leitet die Antragsunterlagen nach § 6 Abs. 2 Satz 2 Nrn. 1, 2 und 6 dem Prüfungsausschuss zu. ²Der Prüfungsausschuss bescheinigt gegenüber der Anerkennungsbehörde das Vorliegen der Anerkennungsvoraussetzungen nach § 10 Abs. 1 Satz 1 Nrn. 3 bis 6. ³Die Entscheidung ist zu begründen.

(2) ¹Der Prüfungsausschuss kann verlangen, dass der Bewerber seine Kenntnisse schriftlich und mündlich nachweist. ²Der Bewerber kann bei mündlichen Prüfungsleistungen verlangen, dass ihm der Prüfungsausschuss die Gründe für die vorgenommene Bewertung unmittelbar im Anschluss an die Eröffnung des

Anhang 4

Ergebnisses mündlich darlegt. ³Die Einwendungen gegen die Bewertung der Prüfungsleistungen sind innerhalb von zwei Wochen nach Bekanntgabe der Bewertung gegenüber der Anerkennungsbehörde schriftlich zu begründen. ⁴Sie werden dem Prüfungsausschuss zur Überprüfung seiner Bewertung zugeleitet. ⁵§ 74 Abs. 1 Satz 2 und Abs. 2 der Verwaltungsgerichtsordnung bleiben unberührt.

(3) ¹Ein Bewerber, der die Prüfung nach Abs. 2 nicht bestanden hat, kann sie insgesamt nur zweimal wiederholen; dies gilt auch, soweit die Prüfung in einem anderen Land der Bundesrepublik Deutschland nicht bestanden worden ist. ²Die Prüfung ist im gesamten Umfang zu wiederholen.

§ 13
Aufgabenerledigung

(1) ¹Prüfingenieure für Standsicherheit dürfen bauaufsichtliche Prüfaufgaben nur wahrnehmen, Prüfsachverständige für Standsicherheit Bescheinigungen nur hinsichtlich baulicher Anlagen ausstellen, für deren Fachrichtung sie anerkannt sind. ²Sie sind auch berechtigt, einzelne Bauteile mit höchstens durchschnittlichem Schwierigkeitsgrad der anderen Fachrichtungen zu prüfen. ³Gehören wichtige Teile einer baulichen Anlage mit überdurchschnittlichem oder sehr hohem Schwierigkeitsgrad zu Fachrichtungen, für die der Prüfingenieur oder der Prüfsachverständige für Standsicherheit nicht anerkannt ist, hat er unter seiner Federführung weitere, für diese Fachrichtungen anerkannte Prüfingenieure oder Prüfsachverständige für Standsicherheit hinzuzuziehen, deren Ergebnisse der Überprüfung in den Prüfbericht oder in die Bescheinigung aufzunehmen sind; der Auftraggeber ist darüber zu unterrichten.

(2) Prüfingenieure und Prüfsachverständige dürfen Prüfaufträge nur annehmen, wenn sie unter Berücksichtigung des Umfangs ihrer Prüftätigkeit und der Zeit, die sie benötigen, um auf der Baustelle anwesend zu sein, die Überwachung der ordnungsgemäßen Bauausführung nach Art. 77 BayBO sicherstellen können.

(3) ¹Prüfingenieure und Prüfsachverständige für Standsicherheit können sich als Hochschullehrer vorbehaltlich der dienstrechtlichen Regelungen auch hauptberuflicher Mitarbeiter aus dem ihnen zugeordneten wissenschaftlichen Personal bedienen. ²Angehörige des Zusammenschlusses nach § 4 Satz 2 Nr. 2 stehen fest angestellten Mitarbeitern nach § 5 Abs. 1 Satz 3 gleich, sofern der Prüfingenieur oder der Prüfsachverständige für Standsicherheit hinsichtlich ihrer Mitwirkung bei der Prüftätigkeit ein Weisungsrecht hat und die Prüfung der Standsicherheitsnachweise am Geschäftssitz des Prüfingenieurs oder des Prüfsachverständigen, für den die Anerkennung als Prüfingenieur oder Prüfsachverständiger ausgesprochen worden ist, erfolgt.

(4) ¹Prüfingenieure und Prüfsachverständige für Standsicherheit prüfen die Vollständigkeit und Richtigkeit der Standsicherheitsnachweise. ²Das Staatsministerium des Innern kann für den Prüfbericht des Prüfingenieurs und die Bescheinigung des Prüfsachverständigen ein Muster einführen und dessen Verwendung

vorschreiben. ³Verfügt der Prüfingenieur oder der Prüfsachverständige für Standsicherheit nicht über die zur Beurteilung der Gründung erforderliche Sachkunde oder hat er Zweifel hinsichtlich der verwendeten Annahmen oder der bodenmechanischen Kenngrößen, sind von ihm im Einvernehmen mit dem Auftraggeber Prüfsachverständige für den Erd- und Grundbau einzuschalten.

(5) ¹Prüfingenieure und Prüfsachverständige für Standsicherheit überwachen die ordnungsgemäße Bauausführung hinsichtlich der von ihnen geprüften oder bescheinigten Standsicherheitsnachweise. ²Für die Bescheinigung der ordnungsgemäßen Bauausführung darf sich der Bauherr nur aus wichtigem Grund eines anderen Prüfsachverständigen für Standsicherheit als desjenigen bedienen, der den Standsicherheitsnachweis bescheinigt hat. ³Ein wichtiger Grund liegt insbesondere vor, wenn der zuvor bescheinigende Prüfsachverständige verstorben oder auf unbestimmte Zeit erkrankt ist. ⁴Es genügt eine stichprobenartige Überwachung der ordnungsgemäßen Bauausführung.

(6) Liegen die Voraussetzungen für die Erteilung der Bescheinigungen nach Abs. 4 und 5 nicht vor, unterrichtet der Prüfsachverständige unverzüglich die Bauaufsichtsbehörde.

(7) ¹Die Prüfingenieure und die Prüfsachverständigen für Standsicherheit haben ein Verzeichnis über die von ihnen ausgeführten Prüfaufträge und die von ihnen erteilten Bescheinigungen nach einem vom Staatsministerium des Innern festgelegten Muster zu führen. ²Das Verzeichnis ist jeweils für ein Kalenderjahr, spätestens am 31. Januar des folgenden Jahres, der Anerkennungsbehörde vorzulegen. ³Der Eintragungsausschuss bei der Bayerischen Ingenieurkammer-Bau und das Staatsministerium des Innern unterrichten sich über Tatsachen, die Zweifel an der ordnungsgemäßen Erfüllung der Pflichten durch die Prüfsachverständigen für Standsicherheit, die zugleich Prüfingenieure sind, begründen.

ZWEITER ABSCHNITT
Prüfämter für Standsicherheit, Typenprüfung

§ 14
Prüfämter für Standsicherheit

(1) ¹Prüfämter für Standsicherheit sind vom Staatsministerium des Innern anerkannte Behörden, die bauaufsichtliche Prüfaufgaben im Bereich der Standsicherheit wahrnehmen. ²Organisationen der Technischen Überwachung können für die Bereiche Fliegende Bauten und Windenergieanlagen als Prüfamt anerkannt werden. ³Die Prüfämter unterstehen der Fachaufsicht des Staatsministeriums des Innern.

(2) ¹Die Prüfämter müssen mit geeigneten Ingenieuren besetzt sein. ²Sie müssen von einer im Bauingenieurwesen besonders vorgebildeten und erfahrenen Person, die die Voraussetzungen für den Einstieg in der vierten Qualifikationsebene in der

Anhang 4

PrüfVBau

Fachlaufbahn Naturwissenschaft und Technik, fachlicher Schwerpunkt bautechnischer und umweltfachlicher Verwaltungsdienst, erfüllt, geleitet werden. [3]Für Organisationen der Technischen Überwachung kann das Staatsministerium des Innern Ausnahmen von den Anforderungen des Satzes 2 zulassen.

(3) Anerkennungen anderer Länder der Bundesrepublik Deutschland gelten auch im Freistaat Bayern.

§ 15
Typenprüfung

(1) Sollen prüf- oder bescheinigungspflichtige bauliche Anlagen oder Teile von baulichen Anlagen (Art. 62 Abs. 3 BayBO) in gleicher Ausführung an mehreren Stellen errichtet oder verwendet werden, ohne dass deren Standsicherheit bauaufsichtlich geprüft oder durch einen Prüfsachverständigen bescheinigt ist, müssen die Standsicherheitsnachweise von einem Prüfamt geprüft sein (Typenprüfung).

(2) [1]Die Geltungsdauer der Typenprüfung ist zu befristen; sie soll nicht mehr als fünf Jahre betragen. [2]Sie kann auf schriftlichen Antrag um jeweils höchstens fünf Jahre verlängert werden.

DRITTER TEIL
Prüfsachverständige für Brandschutz

§ 16
Besondere Voraussetzungen

[1]Als Prüfsachverständige für Brandschutz werden nur Personen anerkannt, die

1. als Angehörige der Fachrichtung Architektur, Hochbau, Bauingenieurwesen oder eines Studiengangs mit Schwerpunkt Brandschutz ein Studium an einer deutschen Hochschule, ein gleichwertiges Studium an einer ausländischen Hochschule abgeschlossen haben oder für ein Amt mindestens der Besoldungsgruppe A 10 in der Fachlaufbahn Naturwissenschaft und Technik, fachlicher Schwerpunkt feuerwehrtechnischer Dienst, qualifiziert sind,
2. danach mindestens fünf Jahre Erfahrung in der brandschutztechnischen Planung und Ausführung von Gebäuden, insbesondere von Sonderbauten unterschiedlicher Art mit höherem brandschutztechnischen Schwierigkeitsgrad, oder deren Prüfung,
3. die erforderlichen Kenntnisse im Bereich des abwehrenden Brandschutzes,
4. die erforderlichen Kenntnisse des Brandverhaltens von Bauprodukten und Bauarten,
5. die erforderlichen Kenntnisse im Bereich des anlagentechnischen Brandschutzes und

6. die erforderlichen Kenntnisse der einschlägigen bauordnungsrechtlichen Vorschriften besitzen.

²Das Vorliegen der Anerkennungsvoraussetzungen nach Satz 1 Nrn. 2 bis 6 ist durch eine Bescheinigung des Prüfungsausschusses nachzuweisen.

§ 17
Prüfungsausschuss

(1) ¹Bei der Bayerischen Architektenkammer wird ein Prüfungsausschuss gebildet. ²Der Prüfungsausschuss besteht aus sechs Mitgliedern. ³Dem Prüfungsausschuss sollen angehören:
1. ein von der Bayerischen Architektenkammer benanntes Mitglied,
2. ein von der Bayerischen Ingenieurekammer-Bau benanntes Mitglied,
3. ein vom Staatsministerium des Innern benanntes Mitglied aus dem Bereich der Bauaufsicht,
4. ein vom Staatsministerium des Innern benanntes Mitglied aus dem Bereich der Feuerwehr,
5. ein von der Bayerischen Architektenkammer berufenes Mitglied aus dem Bereich der Sachversicherer und
6. ein von der Bayerischen Architektenkammer berufenes Mitglied aus dem Bereich der Baustoffforschung oder -prüfung.

(2) § 11 Abs. 2 Sätze 4 bis 6, Abs. 3 und 4 gelten entsprechend.

§ 18
Prüfungsverfahren

(1) ¹Die Anerkennungsbehörde leitet die Antragsunterlagen nach § 6 Abs. 2 Satz 2 Nrn. 1, 2 und 6 dem Prüfungsausschuss zu. ²Der Prüfungsausschuss bescheinigt gegenüber der Anerkennungsbehörde das Vorliegen der Anerkennungsvoraussetzungen nach § 16 Satz 1 Nr. 2 bis 6.

(2) § 12 Abs. 1 Satz 3, Abs. 2 und 3 gelten entsprechend.

§ 19
Aufgabenerledigung

(1) ¹Prüfsachverständige für Brandschutz prüfen die Vollständigkeit und Richtigkeit der Brandschutznachweise; sie haben sich bei der örtlichen Feuerwehr (örtlicher Kommandant und Kreisbrandrat, ggf. Stadtbrandrat) über örtliche Festlegungen, die vorhandene Ausrüstung und die im Brandfall zur Verfügung stehenden Einsatzkräfte zu informieren sowie die von den Feuerwehren zur Wahrung der Belange des Brandschutzes erhobenen Forderungen zu würdigen. ²Prüfsachverständige für Brandschutz überwachen die ordnungsgemäße Bauausführung hinsichtlich der Verwirklichung der von ihnen bescheinigten Brandschutznachweise.

Anhang 4

PrüfVBau

(2) § 13 Abs. 2, 3 und 4 Satz 2, Abs. 5 Sätze 2 bis 4, Abs. 6 und 7 gelten entsprechend.

VIERTER TEIL
Prüfsachverständige für Vermessung im Bauwesen

§ 20
Besondere Voraussetzungen

Als Prüfsachverständige für Vermessung im Bauwesen werden Personen anerkannt, die
1. ein Studium im Studiengang Vermessungswesen an einer deutschen Hochschule oder ein gleichwertiges Studium an einer ausländischen Hochschule mit Erfolg abgeschlossen haben und
2. über eine dreijährige Berufserfahrung im Vermessungswesen verfügen.

§ 21
Aufgabenerledigung

[1]Prüfsachverständige für Vermessung im Bauwesen bescheinigen die Einhaltung der in den Bauvorlagen oder bauaufsichtlich festgelegten Grundfläche und Höhenlage im Sinn von Art. 68 Abs. 6 Satz 2 BayBO. [2]§ 5 Abs. 4 gilt nicht.

FÜNFTER TEIL
Prüfsachverständige für die Prüfung sicherheitstechnischer Anlagen und Einrichtungen

§ 22
Besondere Voraussetzungen

(1) Als Prüfsachverständige für die Prüfung sicherheitstechnischer Anlagen und Einrichtungen im Sinn von § 1 Satz 1, § 2 Abs. 1 der Sicherheitsanlagen-Prüfverordnung (SPrüfV) werden nur Personen anerkannt, die
1. ein Ingenieurstudium an einer deutschen Hochschule oder ein gleichwertiges Studium an einer ausländischen Hochschule abgeschlossen haben,
2. den Nachweis ihrer besonderen Sachkunde in der Fachrichtung im Sinn von § 23, auf die sich ihre Prüftätigkeit beziehen soll, durch ein Fachgutachten einer vom Staatsministerium des Innern bestimmten Stelle erbracht haben,
3. als Ingenieure mindestens fünf Jahre in der Fachrichtung, in der die Prüftätigkeit ausgeübt werden soll, praktisch tätig gewesen sind und dabei mindestens zwei Jahre bei Prüfungen mitgewirkt haben.

(2) Abweichend von § 4 Satz 1 Nr. 3 müssen Prüfsachverständige für die Prüfung sicherheitstechnischer Anlagen und Einrichtungen nicht eigenverantwortlich tätig sein, wenn sie Beschäftigte eines Unternehmens oder einer Organisation sind, deren Zweck in der Durchführung vergleichbarer Prüfungen besteht und deren Beschäftigte für die Prüftätigkeit nach Abs. 1 keiner fachlichen Weisung unterliegen.

(3) ¹Bedienstete einer öffentlichen Verwaltung mit den für die Ausübung der Tätigkeit als Prüfsachverständige erforderlichen Kenntnissen und Erfahrungen für technische Anlagen und Einrichtungen gelten im Zuständigkeitsbereich dieser Verwaltung als Prüfsachverständige nach Abs. 1. ²Sie werden in der Liste nach § 6 Abs. 4 nicht geführt.

§ 23
Fachrichtungen

¹Prüfsachverständige für die Prüfung sicherheitstechnischer Anlagen und Einrichtungen können für folgende Fachrichtungen anerkannt werden:

1. Lüftungsanlagen (§ 2 Abs. 1 Nr. 1 SPrüfV),

2. CO-Warnanlagen (§ 2 Abs. 1 Nr. 2 SPrüfV),

3. Rauch- und Wärmeabzugsanlagen (§ 2 Abs. 1 Nr. 3 SPrüfV),

4. Brandmelde- und Alarmierungsanlagen (§ 2 Abs. 1 Nr. 6 SPrüfV),

5. Sicherheitsstromversorgungen (§ 2 Abs. 1 Nr. 7 SPrüfV),

6. Feuerlöschanlagen (§ 2 Abs. 1 Nrn. 4 und 5 SPrüfV).

²Die Anerkennung nach Satz 1 Nr. 1 kann auf Lüftungsanlagen für Garagen (§ 14 Abs. 1 der Verordnung über den Bau und Betrieb von Garagen sowie über die Zahl der notwendigen Stellplätze) beschränkt werden.

§ 24
Aufgabenerledigung

¹Die Prüfsachverständigen für die Prüfung sicherheitstechnischer Anlagen und Einrichtungen bescheinigen die Übereinstimmung der technischen Anlagen und Einrichtungen mit den öffentlich-rechtlichen Anforderungen im Sinn von §§ 1 und 2 SPrüfV. ²Werden festgestellte Mängel nicht in der von den Prüfsachverständigen festgelegten Frist beseitigt, haben sie die Bauaufsichtsbehörde unverzüglich zu unterrichten.

Anhang 4

SECHSTER TEIL
Prüfsachverständige für den Erd- und Grundbau

§ 25
Besondere Voraussetzungen

(1) ¹Als Prüfsachverständige für den Erd- und Grundbau werden nur Personen anerkannt, die
1. als Angehörige der Fachrichtung Bauingenieurwesen, der Geotechnik oder eines Studiengangs mit Schwerpunkt Ingenieurgeologie ein Studium an einer deutschen Hochschule oder ein gleichwertiges Studium an einer ausländischen Hochschule abgeschlossen haben,
2. neun Jahre im Bauwesen tätig, davon mindestens drei Jahre im Erd- und Grundbau mit der Anfertigung oder Beurteilung von Standsicherheitsnachweisen betraut gewesen sind,
3. über vertiefte Kenntnisse und Erfahrungen im Erd- und Grundbau verfügen,
4. weder selbst noch ihre Mitarbeiter noch Angehörige des Zusammenschlusses nach § 4 Satz 2 Nr. 2 an einem Unternehmen der Bauwirtschaft oder an einem Bohrunternehmen beteiligt sind.

²Der Nachweis der Anerkennungsvoraussetzungen nach Satz 1 Nr. 3 ist durch ein Fachgutachten eines Beirats, der bei einer vom Staatsministerium des Innern bestimmten Stelle gebildet ist, zu erbringen. ³Über das Vorliegen der Zulassungsvoraussetzung nach Satz 1 Nr. 4 hat der Bewerber eine besondere Erklärung abzugeben.

(2) Abweichend von § 4 Satz 1 Nr. 3 müssen Prüfsachverständige für den Erd- und Grundbau nicht eigenverantwortlich tätig sein, wenn sie in fachlicher Hinsicht für ihre Tätigkeit allein verantwortlich sind und Weisungen nicht unterliegen.

§ 26
Verfahren

¹Dem Beirat ist ein Verzeichnis aller innerhalb eines Zeitraums von zwei Jahren vor Antragstellung erstellten Baugrundgutachten vorzulegen, von denen mindestens zehn Gutachten, wovon zwei wiederum gesondert vorzulegen sind, die Bewältigung überdurchschnittlicher Aufgaben zeigen müssen. ²Der Beirat erstellt ein Fachgutachten über die Anerkennungsvoraussetzungen nach § 25 Abs. 1 Satz 1 Nr. 3. ³§ 12 Abs. 1 Satz 3 und Abs. 3 gelten entsprechend.

§ 27
Aufgabenerledigung

¹Prüfsachverständige für Erd- und Grundbau bescheinigen die Vollständigkeit und Richtigkeit der Angaben über den Baugrund hinsichtlich Stoffbestand, Struk-

tur und geologischer Einflüsse, dessen Tragfähigkeit und die getroffenen Annahmen zur Gründung oder Einbettung der baulichen Anlage. ²§ 13 Abs. 3 gilt entsprechend.

SIEBTER TEIL
Vergütung

ERSTER ABSCHNITT
Vergütung für die Prüfämter, Prüfingenieure und Prüfsachverständigen für Standsicherheit

§ 28
Allgemeines

(1) ¹Die Prüfingenieure und Prüfsachverständigen für Standsicherheit erhalten für ihre Leistungen eine Vergütung. ²Die Vergütung besteht
1. bei den Prüfingenieuren aus der Gebühr,
2. bei den Prüfsachverständigen aus dem Honorar
sowie den notwendigen Auslagen.

(2) ¹Die Gebühr und das Honorar richten sich nach den anrechenbaren Bauwerten (§ 29 Abs. 1 und 2) und der Bauwerksklasse (§ 29 Abs. 4), soweit die Leistungen nicht nach dem Zeitaufwand (§ 31 Abs. 5) zu vergüten sind; der zeitliche Prüfaufwand ist für jeden Auftrag festzuhalten. ²Für die Bestimmung der anrechenbaren Bauwerte ist Anlage 1 in der zum Zeitpunkt der Erteilung des Prüf- oder Bescheinigungsauftrags geltenden Fassung, für die Berechnung der Gebühr oder des Honorars Anlage 3 in der zum Zeitpunkt der abschließenden Leistungserbringung geltenden Fassung maßgeblich.

(3) Wird die Prüfung aus Gründen abgebrochen, die vom Prüfingenieur oder vom Prüfsachverständigen für Standsicherheit nicht zu vertreten sind, so wird die Prüfung entsprechend der anteilig erbrachten Leistung vergütet.

(4) Schuldner der Vergütung ist, wer die Prüfung in Auftrag gegeben hat.

(5) Ein Nachlass auf die Gebühr und das Honorar ist unzulässig.

§ 29
Anrechenbare Bauwerte und Bauwerksklassen

(1) ¹Für die in Anlage 1 aufgeführten baulichen Anlagen sind die anrechenbaren Bauwerte aus dem Brutto-Rauminhalt der baulichen Anlage, vervielfältigt mit dem jeweils angegebenen Wert je Kubikmeter Brutto-Rauminhalt, zu berechnen. ²Die anrechenbaren Bauwerte in Anlage 1 basieren auf der Indexzahl 1,000 für das Jahr 2005. ³Für die folgenden Jahre sind die dort angegebenen anrechenbaren Bau-

Anhang 4

PrüfVBau

werte jährlich mit einer Indexzahl zu vervielfältigen, die sich aus dem arithmetischen Mittel der vom Statistischen Bundesamt ermittelten jährlichen Baupreisindizes für Bauleistungen am Bauwerk für den Neubau von Wohngebäuden, Bürogebäuden und gewerblichen Betriebsgebäuden errechnet; maßgeblich sind die jeweiligen Baupreisindizes des Vorjahres ohne Umsatzsteuer. [4]Die fortgeschriebenen anrechenbaren Bauwerte gelten jeweils ab dem 1. Juni jeden Jahres.

(2) [1]Für die nicht in der Anlage 1 aufgeführten baulichen Anlagen sind die anrechenbaren Bauwerte die Kosten nach § 48 Abs. 1 bis 3 der Honorarordnung für Architekten und Ingenieure (HOAI). [2]Zu den anrechenbaren Bauwerten zählen auch die nicht in den Kosten nach Satz 1 enthaltenen Kosten für Bauteile, für die ein Standsicherheitsnachweis geprüft werden muss, ausgenommen die Kosten für Außenwandbekleidungen und für Fassaden. [3]Bei Umbauten sind auch die Kosten für Abbrucharbeiten anrechenbar. [4]Nicht anrechenbar sind die auf die Kosten nach den Sätzen 1 bis 3 entfallende Umsatzsteuer und die in § 48 Abs. 4 HOAI genannten Kosten. [5]Bei der Ermittlung der anrechenbaren Bauwerte ist von den Kosten der Kostenberechnung auszugehen, die ortsüblich im Zeitpunkt der Auftragserteilung für die Herstellung der baulichen Anlagen erforderlich sind. [6]Einsparungen durch Eigenleistungen oder Vergünstigungen sind nicht zu berücksichtigen.

(3) Die anrechenbaren Bauwerte sind jeweils auf volle tausend Euro aufzurunden.

(4) [1]Die zu prüfenden baulichen Anlagen werden entsprechend ihrem statischen und konstruktiven Schwierigkeitsgrad in fünf Bauwerksklassen nach Anlage 2 eingeteilt. [2]Besteht eine bauliche Anlage aus Bauteilen mit unterschiedlichem Schwierigkeitsgrad, so ist sie entsprechend dem überwiegenden Leistungsumfang einzustufen.

(5) Mit dem Prüfauftrag teilt die untere Bauaufsichtsbehörde dem Prüfingenieur die anrechenbaren Bauwerte, die für die Gebührenberechnung anzuwendende Bauwerksklasse und etwaige Zuschläge mit.

§ 30
Berechnungsart der Vergütung

(1) [1]Die Grundgebühr und das Grundhonorar errechnen sich in Abhängigkeit von den anrechenbaren Bauwerten (§ 29 Abs. 1 und 2) und der Bauwerksklasse (§ 29 Abs. 4) nach Maßgabe der Gebühren- und Honorartafel nach Anlage 3. [2]Für Zwischenwerte der anrechenbaren Bauwerte sind die Grundgebühr und das Grundhonorar durch geradlinige Interpolation zu ermitteln.

(2) [1]Umfasst ein Prüfauftrag mehrere in statisch-konstruktiver Hinsicht unterschiedliche bauliche Anlagen, so sind die Gebühr und das Honorar für jede einzelne bauliche Anlage getrennt zu ermitteln. [2]Gehören bauliche Anlagen jedoch der gleichen Bauwerksklasse an, so sind, wenn sie auch im Übrigen in statisch-

konstruktiver Hinsicht weitgehend vergleichbar sind und die Bauvorlagen gleichzeitig zur Prüfung vorgelegt werden, die anrechenbaren Bauwerte dieser baulichen Anlagen zusammenzufassen; die Gebühr und das Honorar sind danach wie für eine einzige bauliche Anlage zu ermitteln. ³Abs. 3 und 4 bleiben unberührt.

(3) ¹Umfasst ein Prüfauftrag mehrere bauliche Anlagen mit gleichen Standsicherheitsnachweisen einschließlich gleichen Nachweisen der Feuerwiderstandsfähigkeit der tragenden Bauteile, so ermäßigen sich die Gebühren und die Honorare nach § 31 Abs. 1 Nrn. 1 bis 5 sowie nach Abs. 2 und 3 für die zweite und jede weitere bauliche Anlage auf ein Zehntel. ²Für Abweichungen in einzelnen baulichen Anlagen mit zusätzlichen rechnerischen Nachweisen und zugehörigen Konstruktionszeichnungen ist die Gebühr nach § 31 Abs. 5 zu berechnen.

(4) ¹Besteht eine bauliche Anlage aus gleichartigen durch Dehnfugen unterteilten Abschnitten, für welche zumindest derselbe rechnerische Standsicherheitsnachweis und dieselben Nachweise der Feuerwiderstandsfähigkeit der tragenden Bauteile gelten sollen, so ermäßigen sich die Gebühr und das Honorar nach § 31 Abs. 1 Nrn. 1 bis 5 sowie Abs. 2 und 3 für den zweiten und jeden weiteren gleichartigen Abschnitt auf die Hälfte. ²Das gilt nicht, wenn nur Deckenfelder, Stützenzüge oder Binder in einer baulichen Anlage gleich sind.

(5) Bauhilfskonstruktionen, ausgenommen Baugrubensicherungen, ohne direkte Verbindung zum oder Abhängigkeit vom Bauwerk oder ohne direkte Verbindung zu oder Abhängigkeit von neu zu erstellenden Bauteilen, für die Standsicherheitsnachweise zu prüfen sind, gelten als gesonderte bauliche Anlagen.

(6) ¹Fahrtkosten für notwendige Reisen, die über den Umkreis von 15 km vom Geschäftssitz des Prüfingenieurs oder des Prüfsachverständigen für Standsicherheit hinausgehen, können in Höhe der steuerlich zulässigen Pauschalsätze in Ansatz gebracht werden. ²Fahrt- und Wartezeiten sind nach dem Zeitaufwand (§ 31 Abs. 5) zu ersetzen. ³Sonstige Auslagen werden nur erstattet, wenn dies bei Auftragserteilung schriftlich vereinbart worden ist.

§ 31
Höhe der Vergütung

(1) Der Prüfingenieur und der Prüfsachverständige für Standsicherheit erhalten:
1. für die Prüfung der rechnerischen Nachweise der Standsicherheit
   die Grundgebühr oder das Grundhonorar nach Anlage 3,
2. für die Prüfung der zugehörigen Konstruktionszeichnungen in statisch-konstruktiver Hinsicht
   die Hälfte der Gebühr oder des Honorars nach Nr. 1,
3. für die Prüfung von Elementplänen des Fertigteilbaus sowie Werkstattzeichnungen des Metall- und Ingenieurholzbaus

Anhang 4

PrüfVBau

je nach dem zusätzlichen Aufwand einen Zuschlag zur Gebühr oder zum Honorar nach Nr. 2 bis zur Hälfte der Gebühr oder des Honorars nach Nr. 1,

4. für die Prüfung

a) des Nachweises der Feuerwiderstandsfähigkeit der tragenden Bauteile

ein Zwanzigstel der Gebühr oder des Honorars nach Nr. 1, höchstens jedoch ein Zwanzigstel der sich aus der Bauwerksklasse 3 ergebenden Gebühr oder des Honorars nach Nr. 1,

b) der Konstruktionszeichnungen auf Übereinstimmung mit dem Nachweis bzw. auf Einhaltung weiterer Forderungen nach lfd. Nr. 3.1 der Liste der Technischen Baubestimmungen, falls eine Feuerwiderstandsfähigkeit höher als feuerhemmend zu berücksichtigen ist,

ein Zehntel der Gebühr oder des Honorars nach Nr. 1, höchstens jedoch je ein Zehntel der sich aus der Bauwerksklasse 3 ergebenden Gebühr oder des Honorars nach Nr. 1,

5. für die Prüfung der rechnerischen Nachweise für bauliche Anlagen der Bauwerksklassen 3 bis 5 (Anlage 2), wenn diese nur durch besondere elektronische Vergleichsrechnungen an komplexen räumlichen Tragsystemen (Untersuchung am Gesamtsystem) geprüft werden können,

je nach dem zusätzlichen Aufwand einen Zuschlag bis zu drei Vierteln der Gebühr oder des Honorars nach Nr. 1,

6. für die Prüfung einer Lastvorberechnung

zusätzlich bis zu ein Viertel der Gebühr oder des Honorars nach Nr. 1,

7. für die Prüfung von Nachträgen zu den Nachweisen infolge von Änderungen oder Fehlern bei einem Umfang der Nachträge von mehr als einem Zwanzigstel

eine Gebühr oder ein Honorar je nach dem zusätzlichen Aufwand, in der Regel eine Gebühr oder ein Honorar nach den Nrn. 1, 2, 3, 4 oder Nr. 6 vervielfacht mit dem Verhältnis des Umfangs der Nachträge zum ursprünglichen Umfang, höchstens jedoch jeweils die Gebühren oder die Honorare nach den Nrn. 1, 2, 3, 4 oder Nr. 6.

(2) Für die Prüfung von Standsicherheitsnachweisen bei Nutzungsänderungen, Umbauten und Aufstockungen wird je nach dem zusätzlichen Aufwand ein Zuschlag bis zur Hälfte der Gebühr oder des Honorars nach Abs. 1 Nrn. 1 und 2 vergütet.

(3) Werden Teile des rechnerischen Nachweises der Standsicherheit in größeren Zeitabständen vorgelegt und wird dadurch der Prüfaufwand erheblich erhöht, wird ein Zuschlag bis zur Hälfte der Gebühr oder des Honorars nach Abs. 1 Nr. 1 vergütet.

(4) In besonderen Fällen können, wenn die Gebühren oder die Honorare nach Abs. 1 bis 3 in einem groben Missverhältnis zum Aufwand für die Leistung ste-

hen, abweichend davon höhere oder niedrigere Gebühren oder Honorare berechnet werden, die den besonderen Schwierigkeitsgrad oder den veränderten Umfang einer Leistung berücksichtigen.

(5) [1]Nach Zeitaufwand werden vergütet

1. Leistungen, die durch anrechenbare Bauwerte nicht zu erfassende bauliche Anlagen oder Bauteile zum Gegenstand haben oder bei denen die über die anrechenbaren Bauwerte nach § 29 Abs. 1 und 2 ermittelten Gebühren oder Honorare in einem groben Missverhältnis zum Aufwand stehen,
2. die Prüfung von Nachweisen der Standsicherheit von Außenwandbekleidungen und Fassaden, für die ein Standsicherheitsnachweis geführt werden muss,
3. die Prüfung von besonderen rechnerischen Nachweisen für die Feuerwiderstandsfähigkeit der tragenden Bauteile,
4. die Prüfung von zusätzlichen Nachweisen wie Erdbebenschutz, Militärlastklassen, Bergschädensicherung, Bauzustände und Baugrubensicherung,
5. die Überwachung von Baumaßnahmen in statisch-konstruktiver Hinsicht,
6. sonstige Leistungen, die in den Nrn. 1 bis 5 und in Abs. 1 bis 4 nicht aufgeführt sind.

[2]Bei der Berechnung der Gebühr und des Honorars ist die Zeit anzusetzen, die üblicherweise von einer entsprechend ausgebildeten Fachkraft benötigt wird. [3]Für jede Arbeitsstunde wird ein Betrag von 1,847 v. H. des Monatsgrundgehalts eines Landesbeamten in der Endstufe der Besoldungsgruppe A 15 berechnet. [4]Der Betrag ist auf volle Euro aufzurunden. [5]In dem Stundensatz ist die Umsatzsteuer enthalten.

(6) Als Mindestgebühr und als Mindesthonorar für eine Prüfung wird der zweifache Stundensatz nach Abs. 5 vergütet.

§ 32
Abrechnungsstelle

Die Prüfsachverständigen für Standsicherheit sollen sich zur einheitlichen Vertragsgestaltung und zur Abrechnung ihrer Honorare der Bewertungs- und Verrechnungsstelle der Prüfsachverständigen für Bayern GmbH an der Bayerischen Ingenieurekammer-Bau bedienen.

§ 33
Vergütung der Prüfämter

(1) Die Prüfämter erhalten eine Vergütung nach Maßgabe der §§ 28 bis 31 sowie nach den folgenden Vorschriften.

(2) Für die Typenprüfung (§ 15) einschließlich der Prüfung von Bemessungstabellen und für die Verlängerung der Geltungsdauer von Typenprüfungen ist das Zweifache der nach dem Zeitaufwand ermittelten Gebühr zu erheben.

Anhang 4

PrüfVBau

§ 34
Umsatzsteuer, Fälligkeit

(1) ¹Mit der Gebühr für den Prüfingenieur für Standsicherheit ist die Umsatzsteuer abgegolten. ²Der Prüfsachverständige für Standsicherheit hat die in seinem Honorar enthaltene Umsatzsteuer in seiner Rechnung gesondert auszuweisen, sofern sie nicht nach § 19 Abs. 1 des Umsatzsteuergesetzes unerhoben bleibt.

(2) ¹Die Gebühr und das Honorar werden mit Eingang der Rechnung fällig. ²Bis zur Schlussabrechnung kann eine Berichtigung der anrechenbaren Bauwerte, der Bauwerksklasse und der Zuschläge verlangt oder ein besonderer Fall (§ 31 Abs. 4) geltend gemacht werden.

ZWEITER ABSCHNITT
Vergütung für die Prüfsachverständigen für Brandschutz, für die Prüfung sicherheitstechnischer Anlagen und Einrichtungen sowie für Erd- und Grundbau

§ 35
Vergütung für die Prüfsachverständigen für Brandschutz, für die Prüfung sicherheitstechnischer Anlagen und Einrichtungen sowie für Erd- und Grundbau

(1) ¹Die Prüfsachverständigen für Brandschutz, für die Prüfung sicherheitstechnischer Anlagen und Einrichtungen sowie für Erd- und Grundbau erhalten für ihre Tätigkeit ein Honorar und die notwendigen Auslagen. ²Das Honorar wird nach dem Zeitaufwand abgerechnet. ³Bei der Berechnung des Honorars ist die Zeit anzusetzen, die unter regelmäßigen Verhältnissen von einer entsprechend ausgebildeten Fachkraft benötigt wird. ⁴§ 28 Abs. 1, 3 bis 5, § 30 Abs. 6, § 31 Abs. 5 Sätze 2 bis 5, § 34 Abs. 1 Satz 2, Abs. 2 Satz 1 sowie § 37 Abs. 2 gelten entsprechend.

(2) Als Mindesthonorar gilt der zweifache Stundensatz nach § 31 Abs. 5 Sätze 2 bis 5.

DRITTER ABSCHNITT
Vergütung für die Prüfsachverständigen für Vermessung im Bauwesen

§ 36
Vergütung für die Prüfsachverständigen für Vermessung im Bauwesen

Die Prüfsachverständigen für Vermessung im Bauwesen erhalten für ihre Tätigkeit eine Vergütung auf der Grundlage von Nr. 1.5 der Anlage 1 der Honorarordnung für Architekten und Ingenieure (HOAI) in der Fassung der Bekanntmachung vom 11. August 2009 (BGBl. I S. 2732).

ACHTER TEIL
Ordnungswidrigkeiten

§ 37
Ordnungswidrigkeiten

(1) Nach Art. 79 Abs. 1 Satz 1 Nr. 1 BayBO kann mit – Geldbuße bis zu fünfhunderttausend Euro belegt werden, wer entgegen § 8 die Bezeichnung Prüfingenieur oder Prüfsachverständiger führt.

(2) Nach Art. 79 Abs. 1 Satz 1 Nr. 1 BayBO kann mit Geldbuße bis zu fünfhunderttausend Euro belegt werden, wer entgegen § 28 Abs. 5 einen Nachlass auf das Honorar gewährt.

(3) – *aufgehoben* –

NEUNTER TEIL
Schlussvorschriften

§ 38
Inkrafttreten, Außerkrafttreten, Übergangsvorschriften

(1) Diese Verordnung tritt am 1. Januar 2008 in Kraft.

(2) Nach der Verordnung über die verantwortlichen Sachverständigen im Bauwesen (SachverständigenverordnungBau – SVBau) vom 24. September 2001 (GVBl. S. 578, BayRS 2132-1-10-I) anerkannte verantwortliche Sachverständige für die Fachbereiche Standsicherheit, vorbeugender Brandschutz, Vermessung im Bauwesen, sicherheitstechnische Anlagen und Einrichtungen sowie Erd- und Grundbau gelten als Prüfsachverständige im Sinn dieser Verordnung für die entsprechenden Fachbereiche.

(3) – *aufgehoben* –

(4) – *aufgehoben* –

Anhang 4

Anlage 1
(zu § 29 Abs. 1 Satz 1 PrüfVBau)

Tabelle der durchschnittlichen anrechenbaren Bauwerte je Kubikmeter Brutto-Rauminhalt
Bezugsjahr 2005 = 100 v. H.

Art der baulichen Anlage	anrechenbare Bauwerte in Euro/m³
1. Wohngebäude	98
2. Wochenendhäuser	86
3. Büro- und Verwaltungsgebäude, Banken und Arztpraxen	132
4. Schulen	125
5. Kindertageseinrichtungen	112
6. Hotels, Pensionen und Heime bis jeweils 60 Betten, Gaststätten	112
7. Hotels, Heime und Sanatorien mit jeweils mehr als 60 Betten	130
8. Krankenhäuser	146
9. Versammlungsstätten, wie Mehrzweckhallen, soweit nicht unter Nrn. 11 und 12, Theater, Kinos	112
10. Hallenbäder	121
11. eingeschossige, hallenartige Gebäude mit nicht mehr als 30 000 m³ Brutto-Rauminhalt, wie Verkaufsstätten, Fabrik-, Werkstatt- und Lagergebäude in einfachen Rahmen- oder Stiel-Konstruktionen sowie einfache Sporthallen und landwirtschaftliche Betriebsgebäude, soweit nicht unter Nr. 19	
11.1 bis 2 500 m³ Brutto-Rauminhalt	
Bauart schwer[1])	48
sonstige Bauart	40
11.2 der 2 500 m³ übersteigende Brutto-Rauminhalt bis 5 000 m³	
Bauart schwer[1])	40
sonstige Bauart	33

1) Gebäude mit Tragwerken, die überwiegend in Massivbauart errichtet werden.

Anhang 4

Art der baulichen Anlage	anrechenbare Bauwerte in Euro/m³
11.3 der 5 000 m³ übersteigende Brutto-Rauminhalt bis 30 000 m³	
Bauart schwer[1])	33
sonstige Bauart	26
12. konstruktiv andere eingeschossige Verkaufsstätten, Sportstätten	74
13. konstruktiv andere eingeschossige Fabrik-, Werkstatt- und Lagergebäude	66
14. mehrgeschossige Verkaufsstätten	
14.1 bis 30 000 m³ Brutto-Rauminhalt	100
14.2 der 30 000 m³ übersteigende Brutto-Rauminhalt bis 60 000 m³	81
14.3 der 60 000 m³ übersteigende Brutto-Rauminhalt	70
15. mehrgeschossige Fabrik-, Werkstatt- und Lagergebäude	
15.1 bis 30 000 m³ Brutto-Rauminhalt	87
15.2 der 30 000 m³ übersteigende Brutto-Rauminhalt bis 60 000 m³	70
15.3 der 60 000 m³ übersteigende Brutto-Rauminhalt	60
16. eingeschossige Garagen, ausgenommen offene Kleingaragen	72
17. mehrgeschossige Mittel- und Großgaragen	87
18. Tiefgaragen	134
19. Schuppen, Kaltställe, offene Feldscheunen, offene Kleingaragen und ähnliche Gebäude	35
20. Gewächshäuser	
20.1 bis 1 500 m³ Brutto-Rauminhalt	26
20.2 der 1 500 m³ übersteigende Brutto-Rauminhalt	15

---

1) Gebäude mit Tragwerken, die überwiegend in Massivbauart errichtet werden.

Anhang 4

PrüfVBau

Zuschläge auf die anrechenbaren Bauwerte:

– bei Gebäuden mit mehr als fünf Vollgeschossen oder beim Nachweis nach lfd. Nr. 2.2.1 (DIN 1053-1, Abschnitt 7) der Liste der Technischen Baubestimmungen	5 v. H.
– mit Hochhäusern vergleichbar hohe Gebäude	10 v. H.
– bei Geschossdecken außer bei den Nrn. 16 bis 18, die mit Gabelstaplern, Schwerlastwagen oder Schienenfahrzeugen befahren werden, für die betreffenden Geschosse	10 v. H.
– bei Hallenbauten mit Kränen, bei denen der Standsicherheitsnachweis für die Kranbahnen geprüft werden muss, für den von den Kranbahnen erfassten Hallenbereich, vervielfacht mit der Indexzahl nach § 29 Abs. 1	39 €/m²

Sonstiges:

– Für die Berechnung des Brutto-Rauminhalts ist DIN 277-1 : 2005-02 maßgebend.

– Die in der Tabelle angegebenen Werte berücksichtigen nur Flachgründungen mit Streifen- oder Einzelfundamenten. Mehrkosten für andere Gründungen, wie Pfahlgründungen, Schlitzwände, sind getrennt zu ermitteln und den anrechenbaren Kosten hinzuzurechnen. Bei Flächengründungen, für die rechnerische Nachweise zu prüfen sind (z. B. bei elastisch gebetteten Sohlplatten), sind je Quadratmeter Sohlplatte 2,00 m³ abzüglich dem Volumenanteil der Sohlplatte je Quadratmeter zum Brutto-Rauminhalt hinzuzurechnen, höchstens jedoch 1,50 m³ je Quadratmeter Sohlplatte.

– Bei Gebäuden mit gemischter Nutzung ist, soweit Nutzungsarten nicht nur Nebenzwecken dienen, für die Ermittlung der anrechenbaren Bauwerte die offensichtlich überwiegende Nutzung maßgebend. Liegt ein offensichtliches Überwiegen einer Nutzung nicht vor, sind für die Gebäudeteile mit verschiedenen Nutzungsarten, im Hochbau in der Regel geschossweise, die anrechenbaren Bauwerte anteilig zu ermitteln. Dies gilt auch für Wohngebäude mit darunter liegender Tiefgarage.

Anhang 4

Anlage 2
(zu § 29 Abs. 4 PrüfVBau)
Bauwerksklassen

Bauwerksklasse 1

Tragwerke mit sehr geringem Schwierigkeitsgrad, insbesondere einfache statisch bestimmte ebene Tragwerke aus Holz, Stahl, Stein oder unbewehrtem Beton mit vorwiegend ruhenden Lasten, ohne Nachweis horizontaler Aussteifung;

Bauwerksklasse 2

Tragwerke mit geringem Schwierigkeitsgrad, insbesondere statisch bestimmte ebene Tragwerke in gebräuchlichen Bauarten ohne vorgespannte Konstruktionen und Verbundkonstruktionen mit vorwiegend ruhenden Lasten,
- einfache Dach- und Fachwerkbinder,
- Kehlbalkendächer,
- Deckenkonstruktionen mit vorwiegend ruhenden Flächenlasten, die nach gebräuchlichen Tabellen berechnet werden können,
- Mauerwerksbauten mit bis zur Gründung durchgehenden tragenden Wänden ohne Nachweis der horizontalen Aussteifung des Gebäudes,
- Stützwände einfacher Art,
- Flachgründungen einfacher Art (Einzel- und Streifenfundamente);

Bauwerksklasse 3

Tragwerke mit durchschnittlichem Schwierigkeitsgrad, insbesondere schwierige statisch bestimmte und statisch unbestimmte ebene Tragwerke in gebräuchlichen Bauarten ohne vorgespannte Konstruktionen und ohne schwierige Stabilitätsuntersuchungen,
- einfache Verbundkonstruktionen des Hochbaus ohne Berücksichtigung des Einflusses von Kriechen und Schwinden,
- Tragwerke für Gebäude mit Abfangung von tragenden beziehungsweise aussteifenden Wänden,
- Tragwerke für Rahmen- und Skelettbauten, bei denen die Stabilität der einzelnen Bauteile mit Hilfe von einfachen Formeln oder Tabellen nachgewiesen werden kann,
- Behälter einfacher Konstruktion,
- Schornsteine ohne Schwingungsberechnung,
- Maste mit einfachen Abspannungen, bei denen der Seildurchhang vernachlässigt werden kann,
- ein- und zweiachsig gespannte mehrfeldrige Decken unter ruhenden Lasten, soweit sie nicht der Bauwerksklasse 2 zuzuordnen sind,

Anhang 4

PrüfVBau

- Flächengründungen einfacher Art,
- Stützwände ohne Rückverankerung bei schwierigen Baugrund- und Belastungsverhältnissen und einfach verankerte Stützwände,
- ebene Pfahlrostgründungen;

Bauwerksklasse 4

Tragwerke mit überdurchschnittlichem Schwierigkeitsgrad, insbesondere statisch und konstruktiv schwierige Tragwerke in gebräuchlichen Bauarten und Tragwerke, für deren Standsicherheits- und Festigkeitsnachweis schwierig zu ermittelnde Einflüsse zu berücksichtigen sind

- statisch bestimmte räumliche Fachwerke,
- weitgespannte Hallentragwerke in Ingenieurholzbaukonstruktion,
- mehrgeschossige Bauwerke mit unregelmäßiger Grundrissgestaltung und wiederholt im Grundriss verspringenden Aussteifungselementen, bei deren Schnittgrößenermittlung die Formänderungen zu berücksichtigen sind,
- Bauwerke, bei denen Aussteifung und Stabilität durch Zusammenwirken von Fertigteilen sichergestellt und nachgewiesen werden muss,
- unregelmäßige mehrgeschossige Rahmentragwerke und Skelettbauten, Kesselgerüste,
- einfache Trägerroste und einfache orthotrope Platten,
- Hallentragwerke mit Kranbahnen,
- vorgespannte Fertigteile,
- Tragwerke für schwierige Rahmen- und Skelettbauten sowie turmartige Bauten, bei denen der Nachweis der Stabilität und Aussteifung die Anwendung besonderer Berechnungsverfahren erfordert,
- einfache Faltwerke nach der Balkentheorie,
- statisch bestimmte und einfache statisch unbestimmte Tragwerke, deren Schnittkraftermittlung nach Theorie II. Ordnung erfolgen muss,
- statisch bestimmte und statisch unbestimmte Tragwerke des Hochbaus unter Einwirkung von Vorspannung, soweit sie nicht der Bauwerksklasse 5 zuzuordnen sind,
- Verbundkonstruktionen, soweit sie nicht den Bauwerksklassen 3 oder 5 zuzuordnen sind,
- einfache Tragwerke nach dem Traglastverfahren,
- einfache Rotationsschalen,
- Tankbauwerke aus Stahl mit einfachen Stabilitätsnachweisen,
- Behälter und Silos schwieriger Konstruktion, auch in Gruppenbauweise,
- Maste, Schornsteine, Maschinenfundamente mit einfachen Schwingungsuntersuchungen,

- schwierige Abspannungen von Einzelmasten oder Mastgruppen,
- Seilbahnkonstruktionen,
- schwierige verankerte Stützwände, schwierige statisch unbestimmte Flächengründungen, schwierige ebene oder räumliche Pfahlgründungen, besondere Gründungsverfahren, Unterfahrungen;

Bauwerksklasse 5

Tragwerke mit sehr hohem Schwierigkeitsgrad, insbesondere statisch und konstruktiv ungewöhnlich schwierige Tragwerke und schwierige Tragwerke in neuen Bauarten,
- räumliche Stabtragwerke,
- statisch unbestimmte räumliche Fachwerke,
- Faltwerke, Schalentragwerke, soweit sie nicht der Bauwerksklasse 4 zuzuordnen sind,
- statisch unbestimmte Tragwerke, die Schnittkraftermittlungen nach Theorie II. Ordnung unter Berücksichtigung des nichtlinearen Werkstoffverhaltens erfordern,
- Tragwerke mit Standsicherheitsnachweisen, die nur unter Zuhilfenahme modellstatischer Untersuchungen beurteilt werden können,
- Tragwerke mit Schwingungsuntersuchungen, soweit sie nicht der Bauwerksklasse 4 zuzuordnen sind,
- seilverspannte Zeltdachkonstruktionen und Traglufthallen bei Behandlung nach der Membrantheorie,
- mit Hochhäusern vergleichbar hohe Gebäude, bei denen ein Stabilitätsnachweis nach Theorie II. Ordnung erforderlich sowie das Schwingungsverhalten zu untersuchen ist,
- Verbundkonstruktionen nach der Plastizitätstheorie oder mit Vorspannung,
- schwierige Trägerroste und schwierige orthotrope Platten,
- Turbinenfundamente.

Anhang 4

Anlage 3
(zu § 30 Abs. 1 Satz 1 und § 31 Abs. 1 Nr. 1 PrüfVBau)
Gebührentafel und Honorartafel in Euro[1]

Anrechenbare Bauwerte	Grundgebühr und Grundhonorar Prüfung Standsicherheitsnachweis				
	Bauwerksklasse				
Euro	1	2	3	4	5
10 000	102	136	203	271	339
15 000	141	188	281	375	469
20 000	177	236	354	472	590
25 000	212	282	423	565	706
30 000	245	327	490	653	817
35 000	277	370	554	739	924
40 000	308	411	617	822	1 028
45 000	339	452	678	903	1 130
50 000	369	492	737	983	1 229
75 000	510	680	1 020	1 360	1 700
100 000	642	856	1 284	1 711	2 140
150 000	887	1 184	1 775	2 367	2 959
200 000	1 117	1 490	2 235	2 980	3 725
250 000	1 336	1 782	2 672	3 562	4 453
300 000	1 545	2 062	3 091	4 121	5 153
350 000	1 748	2 332	3 497	4 662	5 829
400 000	1 945	2 595	3 891	5 188	6 486
450 000	2 137	2 852	4 275	5 701	7 127
500 000	2 325	3 102	4 652	6 202	7 754
1 000 000	4 048	5 401	8 099	10 798	13 500
1 500 000	5 600	7 472	11 202	14 936	18 672
2 000 000	7 048	9 404	14 100	18 800	23 504
3 500 000	11 029	14 714	22 064	29 418	36 778

1) In der Gebühr und in dem Honorar ist die Umsatzsteuer enthalten.

Anhang 4

Anrechenbare Bauwerte	Grundgebühr und Grundhonorar Prüfung Standsicherheitsnachweis				
	Bauwerksklasse				
Euro	1	2	3	4	5
5 000 000	14 670	19 575	29 350	39 130	48 920
10 000 000	25 540	34 080	51 100	68 130	85 180
15 000 000	35 325	47 130	70 680	94 230	117 810
20 000 000	44 480	59 340	88 960	118 620	148 300
25 000 000	53 175	70 925	106 350	141 800	177 300
Bei anrechenbaren Bauwerten über 25 000 000 € errechnen sich die Gebühr und das Honorar aus dem Tausendstel der jeweiligen anrechenbaren Bauwerte, vervielfältigt mit nachstehend aufgeführten Faktoren.					
	2,127	2,837	4,254	5,672	7,091

Stichwortverzeichnis

Das Verzeichnis ist eine Ergänzung zum Inhaltsverzeichnis. Es soll helfen, Textstellen durch Angabe der Seitenzahl zu finden.

Abfallbehälter 221
Abflusslose Gruben 217
Abgasanlagen 172, 206, 212, 214, 222, 282
Abstandsflächenirrelevante bauliche Anlagen 75
Abwasserbeseitigung Bauordnungsrecht 216
Abweichungen von örtlichen Bauvorschriften 321, 323, 403
Anlagen der Außenwerbung 9
Anwendungsbereich der BayBO 2
Anzeige Beginn und Beendigung der Bauarbeiten 385
Anzeige der beabsichtigten Nutzungsaufnahme 386
Architekt Bauvorlageberechtigung 313
Aufbewahrung fester Abfallstoffe 221
Aufenthaltsräume 20, 223
Aufenthaltsräume im Dachgeschoss 225
Aufenthaltsräume im Kellergeschoss 20, 197, 199
Aufgaben und Befugnisse der Bauaufsichtsbehörden 260
Auflagen zur Baugenehmigung 326, 347
Aufschüttungen 11
Aufschüttungen verfahrensfreie 285
Aufzüge 203
Ausgänge 190, 192
Ausnahme 321
Außenwände 160, 287

Bad 228
Barrierefreiheit 196, 233, 242
Barrierefreiheit Wohnungen 17, 242
Bauantrag 324
Bauarten 26, 143
Bauaufsichtsbehörden 255, 261, 264
Baubeginn 348
Bauberatung 263
Baubeseitigung 292, 372
Baudenkmäler 30, 142
Baudienststelle 362, 365
Baueinstellung 368
Baugenehmigung 307, 344
Baugestaltung 107, 109
Bauherr 248
Baukunst 108
Bauleiter 113, 245, 251
Bauliche Anlage 9
Bauliche Anlage genehmigungsfreie 279
Bäume 104
Bauprodukte Verwendbarkeit 134
Baustelle 112
Baustelleneinrichtungen Ausnahmen von der Genehmigungspflicht 288
Baustellenlärm 114
Baustoffe 26, 118, 119, 154
Bautafel 114
Bauteile 26, 154, 206, 286
Bauüberwachung 380, 385
Bauvoranfrage 354
Bauvorlageberechtigte 312, 355
Bauvorlagen 324
Bedachung 178, 287
Befristung der Baugenehmigung 347
Behindertenaufzüge 205

Stichwortverzeichnis

Benutzbarkeit von Erschließungsanlagen 53
Bepflanzung 104
Beschneiungsanlagen 271
Beseitigung 30
Bestandsschutz 236, 264, 373
Bestehende bauliche Anlagen Garagen- und Stellplatzpflicht 235
Bestehende bauliche Anlagen nachträgliche Anforderungen 264
Betretungsrecht 263, 383
Betriebsgebäude landwirtschaftliche 12
Biogasanlagen 220, 284
Biomasselager 284
Biotope 330
Blitzschutzanlagen 222, 282
Blockheizkraftwerke 215, 282, 387
Brandschutz 118
Brennstoffe 212
Brennwände 168
Bund bauliche Maßnahmen 363

Campingplätze 11, 19
Carports 60, 232
CE-Kennzeichnung 128, 135

Dachaufbauten 180, 291, 400
Dächer 178, 322
Dachflächenfenster 179, 180, 200, 225, 286
Dachgauben 74, 287, 291
Dachgeschoss 22, 158
Decken 174
Delegation 256, 257
Duldungsanordnung 263, 377
Duplexgaragen 235, 236

Einvernehmen der Gemeinde 269, 325, 345, 355, 363, 403
EnEV Energienachweise, Energieausweise 214

Entwurfsverfasser Aufgaben und Pflichten 251
Erschließung 52

Fachbehörden 269, 328, 329, 355
Fahnenmasten 283
Fahrgastunterstände 281
Fahrradabstellanlagen 289
Fahrsilos 284
Fassaden 161, 175
Fenster 161, 198, 199, 286
Feuerbeständige Bauteile 154
Feuerhemmende Bauteile 154
Feuerstätten 25, 212, 386
Feuerungsanlagen 211, 212, 282
Feuerwiderstandsklassen 120, 157
Fingierte bauliche Anlagen 10
Flächenberechnung 13
Fliegende Bauten 19, 359
Flugplätze Anwendungsbereich der Bauordnung 291
Flure notwendige 184, 196
Freischankflächen verfahrensfreie 289
Friedhöfe 271, 291
Friedhöfe, genehmigungsfreie Anlagen auf 289
Fristen im Baugenehmigungsverfahren 350
Fristsetzung 377
Fristverlängerung 351

Galerien 174
Gänge 159, 196
Garagen 25, 230, 231, 235
Gasbehälter 215, 284
GaStellV 232
Gebäude 11
Gebäudeklassen 12, 119
Gebühr 302
Gefahrabwehr 27
Geltungsdauer der Bau- und Teilbaugenehmigung 350

Stichwortverzeichnis

Gemeinden 256, 321
Gemeinden Prüfungsrecht bei verfahrensfreien Bauvorhaben 297
Gemeindesatzungen als örtliche Bauvorschriften 398
Genehmigungsfreistellung 295
Geschosse 20
Gestaltung 27
Gewächshäuser genehmigungsfreie 281
Gleichbehandlungsgrundsatz 375
Gleichstellung behinderter Menschen 242
Grenzbebauung 75
Grenzgaragen 75
Grundstück Anforderungen 51
Grundstück Bebaubarkeit 52
Grundstücksteilung 53
Güllebehälter genehmigungsfreier 284

Haftung der Bauaufsichtsbehörden Amtshaftung 264, 369
Handwerksmeister Bauvorlageberechtigung 313
Hecken 2, 402
Heime 17
Heizräume Anforderungen 208
Himmelsstrahler 127
Hinterliegergrundstücke 52
Hinweiszeichen Ausnahmen von der Genehmigungspflicht 287
Hochfeuerhemmende Bauteile 154
Hochhaus 15, 222, 335
Höhe 194
Holzschutz 117

Immissionen 116
Ingenieure Bauvorlageberechtigung 313
Inkrafttreten der BayBO 407
Innenarchitekt 314
Installationsschacht 206, 282

Instandhaltung Überwachung 261
Institut für Bautechnik Regelungen für Bauprodukte 143
Intensivpflege 16
Isolierte Abweichung 322

Jägerstände Ausnahmen von der Genehmigungspflicht 290
Justizvollzugsanstalten 19

Kellergeschoss 23, 159, 187, 199
Kinderspielplätze 105, 127, 289
Kindertagesstätten 185
Kleingaragen 169, 232
Kleingärten 282
Kleinkläranlagen 217
Kräne 2, 113
Küche 208, 227
Kunstwerke 109

Lagerplätze 11
Länder 363
Landschaftsarchitekt 313
Lärm auf der Baustelle 114
Leitungen in Brandwänden 172
Lichte Höhe von Aufenthaltsräumen 22
Lüftungsanlagen 208

Maibaum 283
Maschine 10
Masten Ausnahmen von der Genehmigungspflicht 283
Mauern, verfahrensfreie 284
Mehrkammerabsetzgrube 218
Menschen mit Behinderung 242
Mobilfunkempfangsanlage 283

Nachbarbeteiligung 333
Nennwärmeleistung 212
Niedrigenergiegebäude 125
Niedrigstenergiegebäude 125

Stichwortverzeichnis

Nutzungsänderung 61, 266, 291
Nutzungsuntersagung 368, 372, 377

Oberirdische Geschosse 24
Oberste Baubehörde 255
Öffentliche Sicherheit und Ordnung 27
Öffentlich-rechtliche Verantwortung der am Bau Beteiligten 245
Ordnungswidrigkeiten Verfahren 389
Örtliche Bauvorschriften 2, 290, 296, 306, 398, 399

Parkhäuser 15, 232, 305, 319
Pflege von Personen 16, 185
Polizei und Bauaufsichtsbehörde 370
Primärenergiebedarf 125, 213
Prüfsachverständige Nachweisberechtigte 318
Prüfung von Bauprodukten bei der Bauüberwachung 382
Prüfzeugnis für Bauprodukte und Bauarten 140

Rauchkamine 212
Rauchwarnmelder 18, 229
Räume Aufenthaltsräume 223
Rechtsnachfolger 262
Rechtsnachfolger Bauherr 248, 344
Rechtsverordnungen 395
Regale genehmigungsfrei 289
Regeln der Baukunst 108
Regierungen als höhere Bauaufsichtsbehörden 255
Rettungsweg zweiter 182
Rücksichtnahmegebot 239, 322, 336

Sachverständige verantwortliche 245, 382
Sammelkanalisation 216
Sanitäre Anlagen 220
Schallschutz von Gebäuden 124, 125
Schaufenster Werbeanlagen 9

Schmalseitenprivileg 71
Schnurgerüst 348, 382
Schwarzbauen als Ordnungswidrigkeit 375
Schwerbehinderte 200, 242
Schwerentflammbare Baustoffe 153
Sicherheitsleistung bei Baugenehmigungen 347
Solaranlagen 76, 161, 180, 282, 291
Sonderbauten 11, 14, 119, 158, 184, 186, 188, 196, 203, 296, 308, 319
Spielplatzpflicht 105
Standsicherheit 115, 318, 380
Standsicherheitsnachweis 305, 318, 380, 386
Stellplätze 25, 230, 235
Stellplätze Ablösebeträge 238, 402
Stellplätze genehmigungsfreie 231, 280, 289
Stellplätze Herstellungspflicht 233
Stellplätze Mehrfachnutzung 234
Stellplätze notwendige 230
Stellplätze örtliche Bauvorschriften 234, 401
Stellplatzpflicht Ablösung 238
Stellungnahme der Gemeinde 324
Störer 262

Techniker Bauvorlageberechtigung 313
Technische Baubestimmungen für Standsicherheit 115
Teilbaugenehmigung 352
Teilung von Grundstücken 53
Terrassen 201, 290
Tiefgaragen 232
Tragwerksplaner 380
Trennwände 163, 227
Treppen 183, 186
Treppenräume 183, 187, 190, 191
Türen 161, 198, 286

Überdeckungsverbot 64
Übereinstimmungsnachweis für Bauprodukte 145
Übernahme von Abstandsflächen 63
Überwachung von Bauprodukten 137, 149, 382
Umweltverträglichkeitsprüfung 346
Untergeschosse 24
Unternehmer 252

Verantwortlichkeit der am Bau Beteiligten 245, 251
Vereinfachtes Baugenehmigungsverfahren 305, 346
Verfahrensfreie Bauvorhaben 279, 313
Verkaufseinrichtungen 288
Verkaufsstätten 15, 243
Verkehrssicherheit 126, 188
Verkleidungen von Außenwänden 161
Versammlungsstätten 16, 222
Versiegelung der Baustelle 371
Verunstaltung 107
Verwirkung 335
Vollgeschoss 20, 406
Vorbauten 74, 172
Vorbescheid 313, 353

Wandhöhe 64
Warenautomaten 287
Wärme-, Schall- und Erschütterungsschutz 124
Wasserbauten 270
Werbeanlagen Genehmigungsfreiheit 287
Windenergieanlagen 60, 108, 118, 270, 282
Windenergieatlas 118
Wochenendhäuser 290, 374
Wohnungen 226
Wohnungen barrierefreie 228
Wohnwege als Erschließung 52, 53

Zäune genehmigungsfreie 285, 402
Zeltlagerplätze als bauliche Anlagen 11, 286, 288, 359
Zufahrt 52, 54
Zulassung allgemeine bauaufsichtliche 138
Zustandsstörer 245, 262, 375
Zustimmungsverfahren Bauvorhaben der Landkreise und Gemeinden 363, 366
Zweckentfremdung von Wohnraum 227